国家卫生和计划生育委员会"十二五"规划教材
全国高等医药教材建设研究会"十二五"规划教材
全国高等学校教材

供卫生管理及相关专业用

组织行为学（第2版）

Organization Behavior

主　编　刘　毅

副主编　杨艳杰　尹爱田

编　者（以姓氏笔画为序）

王　全（武汉大学）　　　　　杨善发（安徽医科大学）

尹爱田（山东大学）　　　　　陈俊峰（大连医科大学）

刘鲁蓉（成都中医药大学）　　陈　捷（北京中医药大学）

刘　毅（四川大学）　　　　　荆春燕（浙江中医药大学）

吴均林（华中科技大学）　　　钱　明（天津医科大学）

杨小丽（重庆医科大学）　　　崔光成（齐齐哈尔医学院）

杨艳杰（哈尔滨医科大学）

秘　书　岳　琳（四川大学）

人民卫生出版社

图书在版编目（CIP）数据

组织行为学/刘毅主编. —2版. —北京：人民卫生出版社，2013

ISBN 978-7-117-17669-9

Ⅰ.①组… Ⅱ.①刘… Ⅲ.①组织行为学–医学院校–教材 Ⅳ.①C936

中国版本图书馆CIP数据核字（2013）第170787号

人卫社官网	www.pmph.com	出版物查询，在线购书
人卫医学网	www.ipmph.com	医学考试辅导，医学数据库服务，医学教育资源，大众健康资讯

组织行为学

第 2 版

主　　编：刘　毅

出版发行：人民卫生出版社（中继线 010-59780011）

地　　址：北京市朝阳区潘家园南里 19 号

邮　　编：100021

E - mail：pmph @ pmph.com

购书热线：010-59787592　010-59787584　010-65264830

印　　刷：北京虎彩文化传播有限公司

经　　销：新华书店

开　　本：787×1092　1/16　印张：25　插页：8

字　　数：530 千字

版　　次：2005 年 2 月第 1 版　　2013 年 9 月第 2 版

　　　　　2021 年 11 月第 2 版第 8 次印刷（总第 9 次印刷）

标准书号：ISBN 978-7-117-17669-9/R·17670

定价（含光盘）：55.00 元

打击盗版举报电话：010-59787491　E-mail：WQ @ pmph.com

（凡属印装质量问题请与本社市场营销中心联系退换）

全国高等学校卫生管理专业
第二轮规划教材修订说明

我国卫生管理专业创办于1985年,第一本卫生管理专业教材出版于1987年,时至今日已有26年的时间。随着我国卫生事业的快速发展,卫生管理专业人才队伍逐步壮大,卫生管理专业教材从无到有,从少到多。为适应我国卫生管理专业的发展和教学需要,人民卫生出版社于2005年2月出版了第1轮全国高等学校卫生管理专业规划教材,其中单独编写教材10种,与其他专业共用教材5种,共计15种。这套教材出版八年来,为我国卫生管理人才的培养,以及医疗卫生管理事业科学化、规范化管理做出了重要的贡献。

当前,随着我国医疗卫生体制改革的不断深入,国家对卫生管理专业人才的需求量增加,卫生管理专业有了日新月异的发展,知识更新越来越快速,专业设置越来越细化,使得第1轮的教材已不能适应目前国内卫生管理专业发展和人才培养的需要。2012年在原卫生部领导的支持和关心下,全国高等医药教材建设研究会、人民卫生出版社开始组织第二轮规划教材的编写工作。全国高等医药教材建设研究会在2011年9月成立了"第二届全国高等学校卫生管理专业教材评审委员会",经过会上及会后的反复论证最终确定本次修订工作出版31种教材,并计划作为2013年秋季教材和2014年春季教材在全国出版发行。此次教材的修订工作是在贯彻党的十八大关于"深化教育领域综合改革"精神的背景下,在落实教育部、原卫生部联合下发的《关于实施临床医学教育综合改革的若干意见》的前提下,根据《国家医药卫生中长期人才发展规划(2011—2020年)》的任务要求,并结合国家卫生和计划生育委员会的总体要求,坚持"三基、五性、三特定"的原则,组织全国各大院校卫生管理专业的专家一起编写。

第二轮教材的修订工作从2012年7月开始,其修订和编写特点如下:

1. 教材编写修订工作是在教育部、国家卫生和计划生育委员会的领导和支持下,由全国高等医药教材建设研究会规划,卫生管理专业教材评审委员会审定,院士专家把关,全国各医学院校知名专家教授编写,人民卫生出版社高质量出版。

2. 教材编写修订工作是根据教育部培养目标、卫生管理部门行业要求、社会用人需求，在全国进行科学调研的基础上，借鉴国内外医学人才培养模式和教材建设经验，充分研究论证本专业人才素质要求、学科体系构成、课程体系设计和教材体系规划后，科学进行的。

3. 在全国广泛、深入调研基础上，总结和汲取了第一轮教材的编写经验和成果，尤其是对一些不足之处进行了大量的修改和完善，并在充分体现科学性、权威性的基础上，更考虑其全国范围的代表性和适用性。

4. 教材编写修订工作着力进行课程体系的优化改革和教材体系的建设创新——科学整合课程、淡化学科意识、实现整体优化、注重系统科学、保证点面结合。继续坚持"三基、五性、三特定"和"多级论证"的教材编写原则，以确保教材质量。

5. 教材内部各环节合理设置，含有丰富的内容和活跃的版式设计。包含章前案例、知识拓展、知识链接、本章小结、关键术语、习题、教学建议等，从多方面、多角度给予知识的讲授，促进知识的理解，深化内容的记忆。

6. 为适应教学资源的多样化，实现教材系列化、立体化建设，每种教材都配有配套光盘，方便老师教学和学生自主学习。

本轮卫生管理专业规划教材共计31种，全部为核心课程，单独编写教材，不再与其他专业共用。其中"管理基础课程部分"7种，"专业课程部分"20种，"选择性课程部分"4种。

本套教材所有31种书均为国家卫生和计划生育委员会"十二五"规划教材，计划于2013年秋季和2014年春季全部出版发行。

说明：2013年2月本套教材基本完稿，2013年3月"中华人民共和国卫生部"（简称"卫生部"）更名为"中华人民共和国国家卫生和计划生育委员会"（简称"国家卫生和计生委"）。本套教材的编委会已经考虑到此类问题，并把教材中相关名称作了修改，但是许多法规和文件还在沿用以前的名称，为了保持学术的严谨性，此类地方出现的名称不做修改。由于时间紧张，如有修改不到位的地方还请广大师生批评指正！

全国高等学校卫生管理专业第二轮规划教材目录

书　名	版　次	主　编	
1. 管理学基础	第2版	冯占春	吕　军
2. 经济学原理		刘国恩	李　玲
3. 组织行为学	第2版	刘　毅	
4. 公共事业管理概论		殷　俊	
5. 公共关系学		王　悦	
6. 人际沟通及礼仪		隋树杰	
7. 公文写作与处理	第2版	邱心镜	
8. 管理流行病学		毛宗福	姜　潮
9. 卫生管理统计及软件应用		贺　佳	
10. 卫生管理运筹学	第2版	秦　侠	
11. 卫生管理科研方法		王　健	
12. 社会医学		卢祖洵	姜润生
13. 卫生事业管理学		张　亮	胡　志
14. 卫生服务营销管理	第2版	梁万年	
15. 卫生经济学		孟庆跃	
16. 卫生法学		黎东生	
17. 医疗保障学	第2版	姚　岚	熊先军
18. 卫生政策学	第2版	郝　模	
19. 药品管理学		张新平	刘兰茹
20. 卫生监督学	第2版	樊立华	
21. 医院管理学	第2版	张鹭鹭	王　羽
22. 卫生保健伦理学		佟子林	
23. 卫生财务管理		程　薇	
24. 卫生人力资源管理		毛静馥	
25. 卫生信息管理学	第2版	胡西厚	
26. 卫生项目管理		王亚东	
27. 卫生技术评估		陈　洁	于德志
28. 卫生应急管理		吴群红	杨维中
29. 国际卫生保健		马　进	
30. 健康管理学		郭　清	
31. 公共卫生概论		姜庆五	

全国高等学校卫生管理专业
第二届教材评审委员会名单

全国高等学校卫生管理专业
第二轮规划教材目录

书　名	版　次	主　编
1. 管理学基础	第2版	冯占春　吕　军
2. 经济学原理		刘国恩　李　玲
3. 组织行为学	第2版	刘　毅
4. 公共事业管理概论		殷　俊
5. 公共关系学		王　悦
6. 人际沟通及礼仪		隋树杰
7. 公文写作与处理	第2版	邱心镜
8. 管理流行病学		毛宗福　姜　潮
9. 卫生管理统计及软件应用		贺　佳
10. 卫生管理运筹学	第2版	秦　侠
11. 卫生管理科研方法		王　健
12. 社会医学		卢祖洵　姜润生
13. 卫生事业管理学		张　亮　胡　志
14. 卫生服务营销管理	第2版	梁万年
15. 卫生经济学		孟庆跃
16. 卫生法学		黎东生
17. 医疗保障学	第2版	姚　岚　熊先军
18. 卫生政策学	第2版	郝　模
19. 药品管理学		张新平　刘兰茹
20. 卫生监督学	第2版	樊立华
21. 医院管理学	第2版	张鹭鹭　王　羽
22. 卫生保健伦理学		佟子林
23. 卫生财务管理		程　薇
24. 卫生人力资源管理		毛静馥
25. 卫生信息管理学	第2版	胡西厚
26. 卫生项目管理		王亚东
27. 卫生技术评估		陈　洁　于德志
28. 卫生应急管理		吴群红　杨维中
29. 国际卫生保健		马　进
30. 健康管理学		郭　清
31. 公共卫生概论		姜庆五

全国高等学校卫生管理专业
第二届教材评审委员会名单

顾　问
王陇德　文历阳　陈贤义

主任委员
张　亮

副主任委员
郝　模　孟庆跃　胡　志　杜　贤

委　员
（以姓氏笔画为序）

马　进　王　羽　王　悦　毛宗福　孔军辉

申俊龙　任　苒　杨　晋　李士雪　吴群红

邱鸿钟　张新平　张鹭鹭　高建民　郭　岩

郭　清　梁万年　景　琳　曾　诚

秘　书
王　静　戴薇薇

主编简介

刘　毅

男，1964年3月生于重庆。四川大学华西公共卫生学院副院长，卫生管理教研室主任、教授。兼任四川大学应用心理与心理健康教育研究所副所长，四川省检察院特约检察员，民进成都市委常委，教育部科学技术奖励评审专家，四川省医药卫生决策专家咨询委员会委员，四川省卫生厅慢性非传染性疾病预防控制委员会专家组成员，四川省突发公共卫生事件专家咨询委员会委员，《中华现代医院管理》杂志常务编委，《中国公共卫生管理》杂志编委，《现代预防医学》杂志编委，《预防医学情报》杂志编委。

在四川大学华西公共卫生学院卫生管理干部培训中心从事教学工作27年。主要从事卫生事业管理的教学与研究，在教学第一线为本科生和研究生开设管理心理学、组织行为学、卫生人力资源管理、卫生政策、领导艺术等课程，参与各级各类卫生管理干部培训，多次获得各级优秀教学工作奖励。近十年间，作为课题负责人承担各级科研课题或国际项目二十余项；在各级学术期刊发表论文近四十余篇；主编国家级规划教材或其他教材3部、副主编教材6部，参编教材多部，主编（副主编）教材多次获得优秀教材奖励。

副主编简介

杨艳杰

女，1965年11月生于吉林。现任哈尔滨医科大学公共卫生学院副院长，组织行为学/医学心理学教研室主任，教授，博士生导师。心理学领域学术带头人。兼任俄罗斯布拉戈维申斯克师范大学客座教授、博士生导师，中国高等教育学会医学心理学分会副理事长，中国心理卫生协会理事，中华医学会行为医学分会常务理事。

从事教学工作至今23年，主持国家科技部、国家卫生计生委、教育部及国家自然基金等各类科研项目三十余项；以第一完成人获省部级科技成果奖励十余项；主编国家规划教材及著作二十余部，在国内外发表学术论文六十余篇。获黑龙江省政府2008"感动龙江"年度人物，黑龙江省优秀医务工作者。

尹爱田

男，生于1954年3月，山东大学卫生管理与政策研究中心副主任、教授、博士研究生导师。兼任中国卫生经济学会理事，山东省卫生管理专家委员会副主任委员，山东省卫生经济协会副会长，《中国医院院长》杂志编委等职务。

承担过世界卫生组织、联合国儿童基金会、国家科技部、国家自然科学基金、国家卫生计生委、教育部社科基金、山东省卫生厅等部门或机构科研项目六十余项。曾获得山东省科技进步二等奖3项，三等奖5项；山东省软科学一等奖2项，二等奖2项；山东省教育厅科技成果二等奖1项，三等奖1项。获得山东省卫生科技创新人才称号。在国内外学术期刊发表学术论文二百余篇，主编和参编教材12部。

前　言

　　组织行为学是在管理科学发展的基础上产生和发展起来的,是一门多学科、多层次相交叉的边缘性学科,其研究的直接目的在于联系组织管理者工作实际,促进其工作行为,提高组织的工作绩效。组织行为学自20世纪80年代传入中国后,逐渐成为管理理论的重要组成部分,也是卫生管理类专业以及其他管理专业的核心课程之一。

　　我国自开展卫生管理教育以来,历时三十余年,目前已经形成专科、本科、研究生教育多层次的教育体系,在卫生管理人才培养模式以及课程体系的建设方面有了长足的发展。各有关医学院校和卫生管理培训机构相继开设了组织行为学课程,同时开展了组织行为学的教学与研究,并取得了一定成绩。随着社会经济的进步,管理理论研究不断深入,组织行为学的理论与实践也在不断发展。因此,我们在第1版的基础上,召集开设组织行为学课程的13所高等院校的专家参与本教材的修订与编写工作。各位编委在现有学科发展基础上,结合教学实践以及各类学生的需求反馈,为本书作出了富有成效的工作。

　　本教材内容仍以目前组织行为学的理论体系为主线,保持其系统性。教材注重理论知识的新颖性和针对性,根据目前学科发展,精简理论介绍,增加新的理论进展,并且力求针对卫生管理领域管理实践编写,尽量将卫生管理实践中的研究成果融合于教材中,使整个课程内容适应实际的发展,既保持这门学科的基本内涵,又富有时代感。本教材还注重实用性和可操作性,增加案例内容,并将案例分析融合在各章节理论中,突出教材的实践和思考。同时修改和增加了在卫生管理中的一些测评方法、调查分析工具,以利于教师的教学和学生(学员)的自我测量、评价以及在卫生管理工作中的应用,使教材在介绍理论知识的同时,更具有可操作性。

　　本教材的主要教学对象是卫生管理类各专业、医学以及预防医学等专业的学生。教材在编写过程中兼顾了课堂教学和学生自学,因此既适合本科学生学习,也可作为研究生的参考用书,还可用于各级各类卫生管理干部的在职培训教材。

由于编者的水平有限，本教材内容难免有不尽如人意及疏漏之处，恳请广大读者给予指教，不胜感激。

本教材在编写过程中，得到四川大学相关部门领导的关怀与支持；同时受到第1版主编陈立教授以及各位编委的关心并提供很多有益的建议；本教材编写秘书岳琳老师以及屈伟同学在本书编写过程中付出了辛勤劳动，在此一并表示衷心感谢。本教材编写中，参考了大量相关教材及专著，在此对其作者致以诚挚的谢意！

刘　毅

2013年3月

目 录

第一章 绪 论

第二章 人性假设理论

第三章　需要、动机与行为

第四章　激 励 理 论

第五章 社 会 认 知

第六章 态度与管理

第七章 个性与管理

第八章　工作压力与管理

第九章　群体与团队

第十章 群 体 行 为

第十一章　人际交往与沟通

第十二章　领　导　行　为

第十三章 组 织 发 展

第十四章 组 织 变 革

第十五章　组 织 文 化

第十六章　组织行为测评

绪　论

学习目标

通过本章的学习,你应该能够:

掌握　组织行为学的基本概念和基本研究方法。

熟悉　组织行为学的研究对象与研究内容。

了解　组织行为学的发展历史及当前挑战,了解组织行为学在卫生管理中的应用和意义。

第一节　组织行为学概述

组织行为学通过研究个体、群体、领导以及组织内行为的规律,提高组织的效能。合理地运用组织行为学的知识,不仅可以增强员工之间的沟通和发挥员工的潜质,还可以有效地进行人力资源管理,提高组织效率。组织行为学不是与其他管理理论同时产生的,而是在管理科学理论发展到一定阶段后才产生,它有着自身的发展特点、研究内容和研究方法。

一、组织行为学的基本概念

组织行为学是一门新兴学科,其内涵和外延都处在发展变化中,不同的研究者根据自己研究的内容对组织行为学进行了不同的定义。

美国学者迪尔(Deal TE)认为,组织行为学是一门应用社会科学,它研究组织中个人、团体和组织的行为问题。另一位美国学者杜布林(A.J. Dubrin)提出,组织行为学是系统研究组织中所有成员的行为,以成员个人、群体、整个组织及其外部环境的相互作用所形成的行为作研究对象的一门科学。在杜布林的著作《组织行为学基础——应用的前景》中,又推崇加拿大学者凯利(J. Kelly)的定义,凯利认为组织行为学是对组织的性质进行系统的研究,即组织是怎样产生、成长和发展的,它怎样对各个成员、对组成这些组织的群体、对其他组织以及更大型的机构发生作用的研究。

上述研究的相同之处在于他们没有停留在组织中人的行为表现上,而是概括反映了组织行为学的本质内容,进一步揭示行为产生的原因及其规律性。

在众多学者研究的基础上,我们将组织行为学定义为:组织行为学(organization behavior)是研究一定组织体系中人的心理和行为表现及其规律,提高管理人员预测、引导和控制人的行为的能力,以实现组织目标的科学。

笔记

组织行为学定义中包含了组织行为学的研究范围和研究目的。组织行为学的研究范围并不是研究一切人类的心理和行为的规律,只是研究一定组织范围内的人的心理与行为规律。不仅是研究单个人的心理和行为,而且还要研究聚集在一起的人群的心理和行为。因此又可分为:个体心理与行为,群体心理与行为以及整个组织的心理与行为。

组织行为学研究的目的是在掌握一定组织中人的心理和行为规律性的基础上,提高预测、引导、控制人的行为的能力,以实现组织既定的目标。特别是要采取相应的措施变消极行为为积极行为,以取得最佳的工作绩效。

知识拓展

与组织行为学密切相关的基本概念及内容

(一)组织

组织可以从动态和静态两个方面来理解,一是指作为实体本身的组织,另一个是指作为一个过程的组织。传统组织观认为组织是一个相互影响、相互依靠,为了达成共同目标的工作群体的集合,这个群体中人们之间的相互关系是在一定的组织机构下确定形成的。现代组织观则认为组织是一个开放的、整合的社会-技术系统。

随着人类社会实践活动的发展,人们对组织含义的理解也在不断演变和拓展,对组织含义的解释也是多种多样的,然而任何一个组织都应该包含目标导向、人的集合、专业分工及协调、开放的社会—技术系统四方面的内容。综合上述四个方面,我们可以把组织定义为:组织(organization)是由一定的人群构成的,通过专业分工协作来实现组织目标的开放性社会-技术系统。统一目标,协作愿望,信息联系是一个组织存在的有效条件。

(二)组织行为

行为(behavior)最原始的含义是指生命有机体的运动和活动,人类行为规律有目标律、动机律、强化律、遗传律、环境律、发展律、差异律、本我律八大规律。

组织行为的定义可以描述为:组织内部的个人和群体所产生的行为,以及组织与外部环境之间的交互作用和组织自身的运行状态。

管理(management),就是在特定的环境下,对组织所拥有的资源进行有效地计划、组织、激励、领导和控制,以达到既定组织目标的过程。

对组织行为进行分析和研究时可分为个体、群体、组织三个层次,组织和环境相互作用,不断地进行物质、能量、信息的交换,在构成组织的各种资源要素和环境中,人的因素是最活跃的因素,组织的目标正是在管理者、员工和利益相关者之间的互动过程中得以实现的。管理者在组织中起着极其重要的作用,而且对组织行为有着直接的影响,明茨伯格将管理者扮演的主要角色分为10种(图1-1)。

笔记

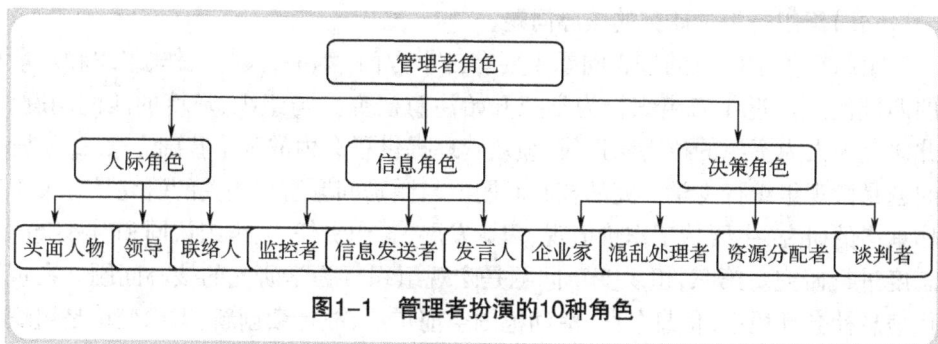

图1-1 管理者扮演的10种角色

二、组织行为学的研究对象与内容

组织行为学的研究对象主要是探索人的行为规律和人的行为激励,提高激励人的心理和行为的各种途径与技巧,其目的是达到最大限度地提高组织管理效能。组织行为学是一门综合性、边缘性学科,其研究的主要内容如下所述。

(一)个体行为

个体行为是指在组织环境中个人的所作所为。个体行为的内在动因是人的心理活动,个体行为的发展过程、态度、个性、价值观以及自我意识的发展、社会认知的确定、人格特征的形成等是个体心理的主要内容。组织行为学通过对个体心理与行为的研究,并对它进行引导和控制,使之符合组织目标。

(二)群体行为

组织中的人们总是处在不同程度的或亲近或疏远的关系之中,并呈现为不同的群体。要有效地达到管理目标,就必须研究群体的心理与行为,包括群体的合作与竞争、群体的特征、团体的凝聚力、群体的冲突与沟通以及群体间的人际关系等。掌握群体行为形成的原因,有利于管理者对群体行为进行有效地协调与控制。

(三)领导行为

领导行为主要影响组织、群体和个体行为,是影响组织生产或工作效率的一个关键因素。虽然领导者作为普通个人,领导班子作为一般群体,有其一般性规律,但是在管理活动中,由于领导者的特殊地位、角色身份、职责与功能,决定了他们的特殊性和重要性。领导行为研究的目的在于为领导者的选拔、培训与考核提供理论依据,有利于提高领导艺术水平和领导效率。

(四)组织行为与组织效率

组织是个体和群体实现某种目标的工具,组织状况直接影响个体或群体的行为效率,组织行为直接关系到组织自身的生存和发展,因此对于组织行为研究具有十分重要的意义。组织行为研究的内容主要包括组织结构、组织设计、组织决策、组织文化以及组织变革与发展等问题。分析组织结构、组织文化、管理体制对组织成员心理和行为以及组织效率的影响,以期形成良好的组织气氛,促进组织管理效率的提高;探索组织变革、组织发展的原则和模式,促进组织不断完善和发展。

笔记

(五)组织行为学研究的核心问题

组织行为学研究的核心问题主要有三个方面：第一，人与工作、组织和环境的匹配问题。近年来组织行为学家开始注意研究人与组织、环境的匹配问题。此研究为人力资源的招聘和选拔、绩效管理提供了有力的理论基础。第二，激励问题是微观组织行为学研究的核心问题。与激励问题密切相关的研究是有关工作承诺的研究，主要从工作价值观、职业发展、工作责任心、组织认同和对社会的态度进行研究。第三，组织变革问题是宏观组织行为学研究的核心问题。在现代信息社会环境中，信息分散、活动范围空前扩展，故持续创新、组织变革是组织最具有发展意义的核心任务。变革不仅可以提高组织效率和竞争力，还有利于形成组织创新的习惯和文化。

知识拓展

杰克·韦尔奇的"4E和1P"

通用电气在杰克·韦尔奇20年前刚刚掌舵的时候是美国的第十大公司，处于下滑阶段，但是20年之后，通用电气成了全世界的头号企业。在这个过程中，韦尔奇从经营理念到领导方式、企业的组织文化、和经营战略等方面都进行了一系列卓有成效的变革，并提出了"4E和1P"计划。

第一个"E"是积极向上的活力（energy），他们总是满怀热情地开始一天的工作，同样充满热情地结束一天的辛劳，很少会在中途显出疲惫。他们不抱怨工作的辛苦，他们热爱工作，也热爱生活。第二个"E"是激励别人的能力（energize），懂得激励别人的人能鼓舞自己的团队，承担起看似不能完成的任务，并且享受战胜困难的喜悦。第三个"E"是决断力（edge），即对麻烦的是非问题作出决定的勇气。第四个"E"是执行力（execute），即落实工作任务的能力，你可以拥有积极向上的活力，懂得激励自己周围的每一个人，能够作出坚决的判断，然而有执行力的人非常明白，"赢"才是结果。"1P"是激情（passion），是对工作有一种衷心的、强烈的、真实的兴奋感。

韦尔奇的"4E和1P"计划在将通用电气从一家老迈的制造业官僚机构改造为世界上最大、最有价值的跨国企业之一的过程中起到了显著的作用，是组织行为学研究内容的重要组成部分。通过对组织行为学的学习，我们可以把握人的心理与行为，了解人的真正需求，充分调动人的积极性，整合组织中的人力资源，从而有效地对组织中的人员进行管理和授权，提高组织效率，达到组织目标。

——摘自杰克·韦尔奇《赢》第 20 节"（4E和1P）"计划

三、组织行为学的理论基础与相关学科

组织行为学的方法和理论体系最初来源于对行为科学产生作出重大贡献的五大学科，即心理学、社会学、社会心理学、人类学和政治学。也应用了诸如伦理学、生理学等与人类行为有关的其他学科理论。

笔记

（一）心理学

心理学（psychology）是研究心理现象规律的科学。所谓心理现象包括心理活动过程、状态和个性心理特征两部分。一般认为，心理活动是内省的，行为是外显的。要研究组织中人的外显行为的规律性，必须以心理学作为理论基础，因为心理活动和心理特征是人们产生行为的重要原因和内部动力。

心理学又分为个体心理学与社会心理学。个体心理学集中于个体的心理活动和特征的分析，是一切心理学研究的基础。社会心理学是把个人作为社会人来研究心理现象规律的学科。任何一个人都不能离开社会而生存，个体的心理活动是难以与群体、组织和整个社会生活分割开来的。社会心理学一方面研究社会对个人行为的影响，一方面研究社会受个人行为的影响。组织行为学是以个体的一般心理现象及行为规律为基础，进而研究群体的行为，以及个人与群体之间的相互关系的学科。因此，研究组织行为学，首先要研究普通心理学关于人的心理活动和个性心理特征的基础知识，进而研究社会对个人心理的影响以及人与社会的相互关系。

（二）社会学

社会学（sociology）是一门综合性较强的学科，它把社会作为一个整体，综合研究社会现象各方面的关系及其发展变化的规律性。从广义上说，社会是人类关系的体现，包括人类所有直接和间接的关系。从狭义上说，所谓社会就是某种特殊的和比较具体的人类结合体。任何社会都是有组织的，而社会的组织又是由各种制度维系的。一般说来，社会学是研究社会关系的科学。社会关系又可分为动态的和静态的两种。动态的是指社会中人们的互动，如合作与冲突等。静态的是指社会现象的关系模式，如家庭结构、群体、组织、阶级等。

研究组织行为学就是要运用社会学的知识来探索人在社会关系中表现出来的行为。组织是由很多群体组合而成的，所以组织行为学把组织看作一个开放的有机的社会系统。组织、群体和个人之间存在着彼此互相依存的关系。组织、群体和个人与环境构成互动的、复杂的社会体系。

组织中人的行为是离不开社会关系的，因此研究组织中人的行为必须从其所处的整个社会关系着手，这样才能全面地认识人的行为规律。

（三）人类学

人类学（anthropology）是研究人类的科学。它分为体质人类学、文化人类学和考古学。而其中与组织行为学关系最为密切的是文化人类学。人类的行为并不是完全出于本能，人的行为中文化性的行为多于生物性的行为。人类通过不断的社会化过程，使行为超越了本能行为，在文化环境中逐步形成价值观、规范、风俗、习惯、民族性等。由于各国文化背景的差异，其所熏陶出来的民族性格也有所不同。同一个组织的成员中在教育程度、家庭背景、社会环境等方面也存在着文化差异性，都会影响他们的态度与行为。

文化与社会是紧密相连的，生活在社会中的人离不开文化的影响。组织的管理者和领导者对组织成员和群体的个性和共性要有深入的了解。不仅要针对不同个人的文化性特点，而且要针对不同文化背景的群体和组织，采取相应的领

笔记

导方式和管理方式。管理方式如能结合国情、社会习俗等文化背景,就可取得明显成效。因此,有效的管理就应该对社会文化环境、国民性格等进行分析研究,从而采取相应的管理方式。

（四）政治学等其他与人类行为有关的学科理论

政治学等其他学科的知识,也是研究组织行为的理论基础。政治学中的权力与冲突问题,伦理学中的道德规范,都会影响组织中人的行为。人体犹如一个生物钟,有他自己的生物节奏的规律性,有体力、智力、情绪的低潮与高潮,这些都会影响人的行为。20世纪80年代,组织行为学开始研究工作压力对个体、群体、组织的行为和工作绩效的影响,主要分析当人们承受工作压力时身体所作出的生理反应,压力所引起的身体生物结构的变化,以及如何防治疾病等。

（五）组织行为学与管理心理学的区别

组织行为学与管理心理学的研究对象相似,即都是研究一定组织中的人的心理与行为活动的规律性,并且都以组织中的人为主要研究对象。然而,两者在研究对象的内在关系处理上侧重点不同,即管理心理学在研究人的心理与行为两者关系时,侧重于研究人的心理,即研究人的怎么样的心理会导致什么样的行为,而行为及其后效又会影响人们发生怎么样的心理。组织行为学在研究人的心理与行为两者关系时,则侧重于研究人的行为,即研究行为发生的原因、过程、特点、效果等,行为与心理是一种怎么样的关系等。另组织行为学与管理心理学的学科性质、理论基础和形成背景也各不相同（表1-1）。

表1-1 组织行为学与管理心理学的比较

	组织行为学	管理心理学
研究对象	一定组织中人的行为（指外观的活动、动作、运动、反应或行动）	管理过程中各层次人员的心理（包括感觉、知觉、记忆、思维、情绪、意志、气质、性格等心理现象的总称）
理论基础	社会科学、行为科学、管理科学、自然科学等	心理学、社会学、经济学、教育学、管理学、生理学等
学科性质	行为科学	心理科学
形成背景	1949年"行为科学"一词出现,1953年正式命名 20世纪60年代末开始形成组织行为学 20世纪80年代组织行为学分为宏观组织行为学和微观组织行为学	莉莲·吉尔布雷斯《管理心理学》（1914）首次使用"管理心理学"一词 20世纪20年代和30年代工业心理学与人际关系学说的发展 莱维特（1958）正式使用"管理心理学"（Leavitt,1964）,管理心理学成为独立学科

四、学习组织行为学在卫生管理工作中的意义

近几年我国卫生事业的发展与改革的实践表明,加强组织行为学的研究和应用,对改进管理工作和提高管理水平;对于培养和选拔各级卫生管理人才;改进领导作风和提高领导水平;对于提高工作绩效和改进干群关系;调动广大职工群众的积极性、主动性和创造性;增强医疗卫生单位的活力和提高我国卫生事业

笔记

的发展水平等都具有重要意义。

首先有助于加强以人为中心的管理。组织行为学认为人是组织的主体,现代化的管理中,最重要的管理是对人的管理。实现管理的目标,就要实行合乎人情味的管理,建立以人为中心的而不是以工作任务为中心的管理制度。科学技术越发展,就越要重视人的因素,重视提高人的素质,提高脑力劳动者的比重。据统计,体力劳动和脑力劳动的耗费比重,在机械化水平低下的情况下一般为9∶1;在中等机械化水平下为6∶4;在全盘自动化的情况下,为10∶9。特别是进入信息化时代,对脑力劳动的要求越来越高。比如20世纪70年代美国新增加的近2000万就业人员中,就有90%左右的人在高技术信息服务业工作。实践证明,越是高级的脑力劳动者,就越发需要实行具有人情味的管理,充分发挥其主动性和自觉性,而不能主要靠监督。

其次有助于合理地使用人才。组织中的每一个人均有他们各自的个性特征,有他们不同的气质、能力和性格。而组织行为学的个体行为部分,通过对个性理论及其测定方法的研究,通过对个人绩效考核方法的研究,使组织领导能够全面地了解每个人的性格特点和能力所长,从而安排与之相适应的工作岗位和职务,真正做到扬长避短、人尽其才、才尽其用,取得最佳的用人效益。同时,也可为我国当前的劳动人事制度改革,为制定用人和育人政策,提供科学依据。

再次有助于改善人际关系。组织中的职工绝不可能孤立行事,必然在一定的工作群体中与他人协作配合,发生各种各样的关系。组织行为学对群体行为规律的研究,为改善人际关系,发挥群体的功能,提高群体绩效等提供了依据。组织行为学主张,把组织中的正式群体和非正式群体的作用结合起来,满足人们归属和友谊的需要,有利于进一步提高群体绩效。

学习组织行为学还有助于提高领导水平。在不同的社会制度下,领导者与被领导者的关系具有不同的阶级性质,不能混为一谈。任何组织的领导者又是生产和工作任务的协调者和指挥员。领导者与职工的关系,除了具有一般意义上的生产关系的一面,还有社会关系的一面。组织行为学中关于有效领导者应具备的素质、领导艺术和如何根据不同情况采用不同的领导方式等原理原则,对于提高我们的领导者水平具有重要的学习意义。

第二节　组织行为学的发展

组织行为学形成的直接原因是行为科学的产生与发展,但它的产生还有更深层的理论准备和知识积累。

一、组织行为学的产生

组织行为学的产生,是组织演变、管理理论发展的必然结果。从最初管理思想的出现到管理理论的形成、发展,人类对管理活动的认识在经历了一个过程后才变得成熟起来,特别是人们对管理活动的认识从关注与企业生产密切相关的因素到重视人的因素,更是人类社会对管理活动认识上的一次质变。组织行为

笔记

学的产生正是人们对管理活动认识上质变的结果。组织行为学的产生标志着人类的管理活动从以"事"为中心转变到以"人"为中心；由原来对"纪律"的研究，发展到对人的"行为"的研究；由原来的"监督"管理，发展到"激励"管理；由原来的"独裁式"管理，发展到"参与式"管理。所以，要了解组织行为学的产生、发展，首先必须了解对组织行为学产生起到影响和推动作用的管理理论，从管理理论的发展演变中来进一步认识组织行为学的意义和它的重要作用。

（一）古典管理理论

古典管理理论形成于19世纪末和20世纪初的欧美，它可分为科学管理理论和组织管理理论。

1. 科学管理理论　泰勒（F.W. Taylor）是科学管理理论的代表人物，《计件工资制》《车间管理》和《科学管理原理》等著作中强调了工作定额、标准化、能力与工作相适应、差别计件工资制、计划职能与执行职能相分离等科学管理理论包含的重要内容。

与泰勒同时代的人中有不少管理学家也对科学管理理论作出了贡献，例如美国工程师吉尔布雷斯（F.B. Gilbreth）夫妇在动作研究和工作简化方面所作出的突出贡献；美国管理学家甘特（H. Gantt）所创造的"甘特图表"，这种图表现在也常被用来编制进度计划和提出"计件奖励工资制"等。

2. 一般行政管理理论　法约尔（H. Fayol）是一般管理理论的代表人物，他的行政管理才能为人所赏识。1900年，他提出了一整套组织行政管理的理论。与泰勒分析研究个别工人不同，他着重分析高层管理的问题。他认为他在管理上的成功不是由于他个人的领导能力，而是应用一般行政管理原则的结果，提出了组织管理的十四项原则：分工（division of work）；权力与责任（authority and responsibility）；纪律（discipline）；统一指挥（unity of command）；统一指导（unity of direction）；个人利益服从整体利益（subordination of individual to general interest）；报酬（remuneration）；集权化（centralization）；等级链（scalar chain）；秩序（order）；公平（equity）；人员稳定（stability of tenure）；首创精神（initiative）和团结精神（esprit de corps）。另外，他还提出了计划、组织、指挥、协调和控制五个管理基本要素，提出管理是经营的六种智能活动之一的管理观点。

3. 行政组织理论　韦伯（M. Weber）是行政组织理论的主要代表人物，他在《社会组织与经济组织》一书中提出了"理想的行政组织体系"理论。该理论强调任何组织都必须有某种形式的权力作为基础，才能实现目标。该理论强调高度结构化的、正式的、非人格化的理想行政组织体系是强制控制的合理手段，是达到目标、提高效率的最有效形式。韦伯的行政组织体系主要有：存在明确的分工；等级体系；员工选拔与任用；公职任命制；管理人员专职化；管理者是工作人员；管理人员行为规范；"理性关系准则"等特点。韦伯的这一理论，对泰勒、法约尔的理论是一种补充，对后来的管理学家，特别是组织理论学家产生很大影响。

4. 其他相关管理理论　巴纳德（C.D. Barnard）是社会系统学派理论的主要代表人物，他在《经理人员的职能》一书中认为，组织是两人或更多人经过有意识地协调而形成的活动或力量系统。该理论强调的主要内容有：①经理人员在组织中是最重要的因素，制定并维持一个信息系统是经理人员的主要职能；②使组织中每个人都能作出贡献；③阐明并确定本组织的目标。巴纳德把组织分为正式组织和非正式组织。明确的目标、协作的意愿和良好的沟通是正式组织存在和法则的必备条件。非正式组织是在正式组织中存在的一种因工作上的联系而形成的有一定的看法、习惯和准则的无形的组织，对正式组织有双重作用，既有不利影响，也可能对组织的发展有利。

英国管理学家厄威克（L.E. Urwick）的综合管理理论把科学管理理论和组织管理理论综合为一体。他认为，管理过程由计划、组织和控制三个主要职能构成。科学调查和分析是指导管理职能的基本原则。他确定了与三个主要职能相对应的原则：预测、协调和指挥；还提出了管理过程中的中间目标是秩序、稳定、首创精神和集体精神。他确信，只要管理人员在履行管理职能时，注意遵循相应的原则，这四个目标就都可以实现。他的理论展示了古典管理理论的全貌（表1-2）。

表1-2 古典管理理论主要内容简介表

		代表人物	主 要 内 容
科学管理理论		泰勒	工作定额，标准化，能力与工作相适应，差别计件工资制，计划职能与执行职能相分离
组织管理理论	一般管理理论	法约尔	十四项原则：分工、权力与责任、纪律、统一指挥、统一指导、个人利益服从整体利益、报酬、集权化、等级链、秩序、公平、人员稳定、首创精神、团结精神
	行政组织理论	韦伯	明确的分工、等级体系、员工选拔与任用、公职任命制、管理人员专职化、管理者是工作人员、管理人员行为规范、理性关系准则
其他相关理论及内容	社会系统学派理论	巴纳德	《经理人员的职能》：明确目标、协作意愿、良好沟通
	综合管理理论	厄威克	科学管理理论和组织管理理论综合一体，计划、组织、控制三个主要职能，预测、协调和指挥三个对应原则，管理过程的四个中间目标：秩序、稳定、首创精神和集体精神

（二）行为管理理论

行为管理理论始于20世纪20年代，早期被称为人际关系学说，以后发展为行为科学。

1. 行为管理理论产生的背景 泰勒制推行的初期，曾对推动资本主义生产发展起了积极作用。早期古典管理理论认为工作中的人是被动的，需要加以管理和控制。在这种管理观念的指导下，管理过程完全是一种计划、指挥、控制的过程，人的能动性完全置于管理的思考之外。一方面，人只是被当作机器的附属品，劳动强度不断增加，剥削加重，因而引起了工人的强烈不满和反抗，劳资矛盾

笔记

日益尖锐。另一方面,由于专业化分工,使得各个生产工序的操作更加单调乏味,而企业又缺乏精神方面的有效引导,使工人的生产情绪受到影响,生产效率不断下降。为了发展生产,提高生产率,资本家开始寻找新的管理理论和管理方法来指导管理活动。

2. 霍桑实验 1924年,美国科学院曾派调查委员会来到西部电器公司所属的霍桑工厂,对两个继电器装配小组的女工进行工作场所照明、工间休息、点心供应等物质条件的变化与工人生产率关系的实验,称"霍桑实验"(Hawthorne experiment)。其目的在于求得可用数量表达的这两者间的因果关系。但是,实验所得的结果与原来的预想完全相反,以毫无结论而告终。1927年,哈佛大学心理学教授梅奥(G.E. Mayo)带领哈佛的实验小组到霍桑工厂继续进行实验,直到1932年才结束。因此,霍桑实验先后共进行了8年。

霍桑实验的主要内容与基本过程包括以下四个方面:

(1)照明实验:这个实验是研究照明条件变化对生产效率的影响。该项实验前后持续了两年半的时间,但一直不能断定工场照明条件和产量之间是否有某种关系。

(2)福利实验:这个实验是确定改善福利、工作时间以及其他条件对生产的影响。经过实验分析发现,在调动积极性、提高产量方面,人群关系是比福利措施更重要的因素。

(3)群体实验:这个实验是挑选14名男工在单独房间里从事绕线、焊接和检验工作,并实行特殊的计件工资制度。实验者原来设想,实行这套奖励办法会使工人更加努力工作,以便得到更多的报酬。但观察结果发现,产量只保持在中等水平上,每个工人平均日产量都差不多,而且工人并不如实地报告产量。深入调查发现,这个班组为了保护他们的群体利益,自发地形成了一些规范。他们之所以维持中等水平的产量,是担心产量提高,管理当局会改变现行奖励制度。这一实验表明,工人为了维护班组内部团结,可以放弃物质利益的引诱。梅奥据此提出"非正式群体"的概念,认为在正式组织中存在着自发形成的非正式群体,这种群体有自己的特殊规范,对人们的行为起着调节和控制作用。

(4)谈话实验:梅奥等人在霍桑工厂组织了大规模的态度调查,用了两年多的时间,找工人个别谈话二万一千多人次。这项谈话实验收到了意想不到的效果,霍桑工厂的产量大幅度提高。这是由于工人长期以来对工厂的各项管理制度和方法有许多不满,无处发泄。谈话使他们把这些不满都发泄了出来,感到心情舒畅,从而使产量大幅度上升。

上述实验一直进行到1932年结束。最后得出的结论是:

(1)劳动条件的变化固然影响劳动者的生产热情,但劳动条件与生产效率之间并不存在着直接的因果关系。

(2)劳动条件并非是增加生产效率的第一要素。

(3)改善劳动者的士气(态度)及人与人之间的关系,使人们心情愉快地工作并对自己的工作感到满意,这才是增加生产、提高工效的决定性因素。

笔记

　　1933年梅奥出版了《工业文明中人的问题》一书,便是对霍桑实验所作的总结,该书系统地提出了人际关系学(human relation theory)的许多重要的新的管理观念,主要有:

　　(1)以前的管理把人假设为"经济人",认为金钱是刺激积极性的唯一动力,霍桑实验证明人是"社会人",心理社会因素影响着人的生产积极性。

　　(2)以前的管理者认为生产效率主要受工作方法和工作条件的制约,霍桑实验证明主要取决于员工的积极性、士气,而积极性、士气则取决于员工的家庭和社会生活以及企业中人与人的关系。

　　(3)以前的管理只注意组织机构、职权划分、规章制度等正式群体的问题,霍桑实验发现除正式群体外,员工中还存在着非正式群体,这种非正式群体有它特殊的感情和倾向,影响着员工的行为。

　　(4)新型领导者要能提高员工的满足感,要学会倾听和善于与员工进行沟通,使正式组织的经济需要与非正式组织的社会需要取得平衡。

　　3. 从"人际关系学说"到"行为科学"　梅奥等人所创建的人际关系学说开辟了管理的新领域,引起了更多的管理学家对人的行为的研究,并且出现了行为科学。因此人际关系学说可以当作是行为科学的开端。行为科学正式出现于20世纪40年代末和50年代初。这主要是1949年在美国芝加哥大学召开的一次跨学科的讨论会上,大家都认为可以利用当时在自然科学和社会科学两方面所取得的成果来研究人的行为问题,经过讨论提出了建立一门学科的问题,并正式把这门综合性极强的学科定名为"行为科学"(behavior sciences),形成了行为科学学派。行为科学是对员工在生产中的行为以及这些行为产生的原因进行分析研究的学科。它涉及职工的需要、动机、个性、情绪、思想,特别是人群之间的相互关系等。由于人的行为表现是多方面的,所以对人的行为的研究要涉及多种学科,主要有心理学、社会学、社会心理学、人类学、生理学等。

　　行为科学在几十年的发展中,有一个很重要的特点,就是由理论研究逐渐转向实际应用研究。行为科学知识运用的范围非常广泛,包括政治、经济和文化等各个领域,凡有关人的或人的心理行为的问题都需要行为科学的理论与知识来说明。因此,从行为科学涉及的学科领域来说,它有很多分支学科,如政治行为学、教育行为学、医学行为学、消费行为学、犯罪行为学等。20世纪60年代,行为科学的又一个重要发展方向是组织行为的研究,它的主要内容是论述企业组织内个人和群体的行为。其特征是既注意人的因素,又注意组织的因素,是人际关系学派和组织理论的综合。后来的20多年中行为科学主要是围绕着组织行为的一些课题发展的,因而把这个学科称为"组织行为学"。组织行为学形成的直接原因是行为科学的产生与发展。

　　当今非营利性组织如学校、医院、政府机构等的研究也受到越来越多的关注,人力资源成为组织最重要的资源,满足人的需要、提高人的生活质量被看作组织活动的终极目的,需要以全新的视野来审视组织行为。

笔记

管理运动

19世纪40~50年代,美国掀起了铁路建设的热潮,由于建立了保护自由竞争、投资利益的制度和规范的资本市场,使美国铁路企业一开始就走上了公司制道路,从此公司制就作为一种组织创新的形式风靡世界。股份公司使企业规模突破了个人资本的限制,使得投资巨人、拥有数千数万员工的企业成为现实,企业规模进一步扩大。此后在美国、德国发起的"电器革命",进一步促进了生产力的发展,电能的运用使整个行业的团队工作规模进一步加大,大规模的股份制企业从铁路行业扩展到各个行业。同时交通、通讯产业的兴起,人际交往、社会联系的技术条件有划时代的改变,一方面提高了市场交易效率,促进了生产服务的社会化和一体化市场的发育并形成了国际市场;另一方面降低了管理成本,许多企业逐步实现了大规模生产、大规模分配的结合,产供销一体化经营。于是在企业规模加大、跨国公司方兴未艾的同时,企业内部的劳动分工、机构设置进一步复杂化,多层次化。

原有的管理方法难以适应新的形势。这样,组织创新迫切需要新的管理理论做保证。这一时期,股份公司制所有权、控制权的分离产生了新的社会阶层——职业经理人员(被称为"经理革命"),也形成了专业管理理论研究队伍的主体,从而形成了社会性的管理研究潮流——"管理运动"。

19世纪后期是管理研究的黄金时期,19世纪50~60年代间尼尔·麦卡勒姆、汤姆森、亨利、普尔等人对美国铁路企业管理的研究是"管理运动"的先声,对以后的管理实践和理论有重大的影响。1886年耶鲁大学校长亨利·汤发表论文《作为经济学家的工程师》,点燃了"管理运动"的火炬。此后,"管理运动"如火如荼地发展起来,杜邦等人对企业财务的研究,爱默生对消除浪费、降低成本和直线职能制改进效率的研究,柯克把科学管理扩大应用到教育市政组织上,斯隆创造事业部制,福特发明流水线生产方式等,各种崭新的管理方法纷至沓来。

——摘自孙卫敏.组织行为学.济南:山东人民出版社,2006

二、组织行为学的发展

对于组织行为的探索贯穿于组织理论和管理实践发展的始终,因此从广义上讲,组织行为学的发展过程实质上是组织行为研究不断深化的过程。组织行为学的发展是组织管理理论、人力资源学派、权变理论和组织文化理论不断融合的结果。

(一)人力资源学派的出现

20世纪50年代后期美国出现了经济衰退,人际关系学派的片面强调搞好关系的观点,迫切需要修正。这时人们对需要、动机、群体动力等研究也趋于深化,加上科学技术突飞猛进地发展,组织成员的需要和期望发生了深刻变化。这些客观因素促使行为科学家重新探讨激励员工积极性的途径。于是在人际关系理论基础上形成了一个新的学派——人力资源学派,其主要观点是:企业中发生种种问题的根源在于未能充分发掘职工的潜力。

麦格雷戈(D.M. McGregor)1960年在他所著《企业中的人性方面》一书中总结了人性假设中对立的两种观点,即"X理论"和"Y理论"。他认为传统管理理论来源于教会和军队,没有接触现代化的政治、社会和经济,因此把人看成厌恶工作,需要严格控制的消极因素,他将这种假设称之为"X理论";而现实生活中许多现象不符合"X理论"的观点,人并不天生厌恶工作,人们在工作中能自我控制。在现代社会中,一般人没有充分发挥出其潜力,他将这种观点称之为"Y理论"。他认为现代组织的管理者应让职工负有更多的责任,以发挥他们的潜力。

(二)权变理念引入管理领域

从科学管理到"X理论"和"Y理论",都受着19世纪哲学中决定论思想的支配,其出发点都认为处理管理问题可有一个普遍适用的最佳方案。在人力资源学派成长的过程中,权变理论逐渐进入管理领域,认为管理的对象和环境变化多端,简单化的、普遍适用的方案并不存在。因此,必须按照对象和情景的实际情况,选择具体对策。组织行为学就是在这一思想的基础上建立起来的。组织行为学认为,遵循权变理念,并不等于没有理论,而是告诉人们怎样从错综复杂的情景中寻找关键性变量。然后找出各变量间的因果关系,从而针对一定的情景,使用相应的对策。目前组织行为学的理论和方法,虽然倾向于人力资源学派,可是对其他学派也兼收并蓄,形成了一个综合性的知识体系,把关于人的管理思想推进到了一个新的阶段。近十余年来对领导行为、激励方式、组织设计、工作再设计等的研究,都是在权变观点的指导下进行,管理者不能把所有的人视为同一,用一个固定的模式进行管理,而是要洞察他们的特点,因人而异,对症下药,才能收到好的成效。

(三)管理中的组织文化研究

组织文化是组织在长期的运作过程中逐步形成的共同的文化观念,是由领导者倡导、为员工所认同的本组织的目标、价值观念和行为准则。组织文化触发的契机是第二次世界大战后日本经济神话般的迅速崛起。从20世纪70年代末开始,一些美国学者对日本企业做了深入的分析研究,总结出了日本企业成功的两条基本经验:一是善于吸收外国的先进经验为己所用;二是在企业管理中注重文化因素。即注重树立全体员工共同的价值观念,注重人际关系,重视做人的工作,他们把这些因素称为"组织风土"。认为"组织风土"是日本企业经过长期管理实践才产生的通过员工的行为举止表现出来的企业文化。战后日本企业正是通过各种手段致力于企业文化的建设,成功地激发了员工的自觉性、责任感、成就欲,增强了员工对企业的向心力、认同感、凝聚力,使全体员工同心协力为组织目标的实现而努力工作,从根本上提高了企业的核心竞争力。

美国学者对组织文化在日本经济腾飞中所起作用的研究,是管理理论研究的新突破,也使组织行为学的研究走向更为深入和成熟的阶段。组织文化理论的崛起带来了组织行为学和管理理论研究中两个基本假设的突破,即关于"观念人"及"生活组织"两个假设的确立。

"观念人"（ideological man）的假设认为，人在本能上确有多种需要，也希望自己的需要不断得到满足，然而，作为一个人，更重要的是自己的信念和价值观。

"生活组织"（living behavior）的假设认为，不能仅从单纯的经济角度去考察和认识一个组织，还应该从社会学角度来看不同组织的职能。组织文化理论认为，组织不仅是人们工作之处，也是人们的生活场所，各种组织是联系物质生活和精神生活的可选方，具有社会性和经济性的双重使命。

组织文化理论从其基本假设到具体管理方式和管理措施都是对理性管理模式的突破，这是管理思想的一次重要转变，也是现代管理发展的必然趋势，有利于组织行为学的深入研究。

（四）组织行为学在中国的发展

我国组织行为学在研究和从业人员数量、成果数量和创新性、社会影响等方面与西方发达国家特别是美国相比，存在较大的差距。1980年中国心理学会工业心理专业委员会的成立，标志着我国组织行为学的起步。中国行为科学学会成立于1985年，实际上是组织行为学会，迄今为止各省市基本上都成立了行为科学学会。

从20世纪80年代开始，我国有两个工业心理学的专门研究机构从事组织行为学的研究。一个是中国科学院心理研究所社会经济与心理行为研究中心（原名工业心理研究室），另一个是浙江大学的工程心理学（原杭州大学的工业心理专业）。它们均为博士学位授予单位。20世纪90年代之后，随着我国人力资源管理热的兴起，全国许多高校的管理学院的部分教师开始从事组织行为学的教学和研究，出版了许多管理心理学和组织行为学的著作，一批硕士生和博士生以组织行为学领域作为学位论文的课题开展多方面的研究，包括激励、人员测评、岗位胜任特征、工作业绩评价、管理培训与发展、领导的CPM理论、变革型领导、管理决策、跨文化研究、组织气氛和组织文化、组织公民行为等内容。

三、组织行为学面临的挑战与进展

（一）组织行为学面临的挑战

随着经济全球化发展，组织面临着更激烈的市场竞争，由此带来的压力，不仅体现在组织的外部环境，也反映在组织的内部管理中。组织员工的知识、技能、素质以及价值观念不断发生变化，如何最大限度地调动员工工作积极性，挖掘员工潜能，高效率地实现组织目标是组织行为学面临的新挑战。

1. 国际化竞争的挑战　管理不分国家的边界，世界已成为一个全球市场，很多跨国公司经营失败的主要原因是不能融合异国文化。如一个组织的变动可能立刻会影响全球各地的管理者和组织者，经济全球化促进了国家之间的分工协作，同时对企业的国际化经营提出了客观要求。

2. 技术进步的挑战　如今高科技无所不在，与我们生活息息相关，例如电子计算机在组织管理中的运用，不论硬件还是软件发展速度都极为惊人，跟不上变化速度的组织就要被淘汰。目前大多数组织实现了办公自动化，这些新技术不仅提高了人们活动的速度,还改变了产品的生产过程,改变了生产的效率和生产的品质,也改变了许多工作的性质。组织内部决策管理者的决策模式、员工之间的沟通方式也因此发生了根本的变化。由于科学技术的快速发展,组织对员工的知识背景和学习能力的要求日渐提高,组织能否给员工提供系统、适用的培训,成为人力资源管理的重要内容,建立学习型组织成为现代组织的发展方向。

3. 对组织要求不断提高的挑战　随着社会的进步,经济的发展,人们消费水平的提高,对组织的要求也不断提高。激烈的市场竞争对组织提出了四个方面的要求。

（1）时间: 满足顾客对产品和服务在时间方面的要求: 交货期要短而准,组织要高效率地组织运作,谁的囤货能迅速满足用户要求,谁就能争取用户。

（2）质量: 满足顾客在产品和服务质量方面的要求: 组织必须生产达到质量标准的产品,提供优质服务。现代组织的质量绩效更体现在不断改进产品或服务质量满足顾客现实和潜在的需要,成本满足顾客对产品和服务在价格和使用成本方面的需要。不仅产品形成过程中的成本要低,而且在用户使用过程中成本也要低。成本的高低是衡量组织经济绩效的重要指标。

（3）服务满足顾客对产品相关服务的需要: 现代组织就需注重建立管理体系,保证组织管理中的决策、生产流程等要素,提高质量品质。

4. 人力资源方面的挑战　高新技术的发展改变了工业革命的传统格局,提升了人力资源在组织运作中的地位和作用:①劳动者不再是机器的附庸,越来越具有主动性、积极性、创造性。个体对组织也会提出自己的要求,追求自己在组织中的位置,强调有机会发挥自己的特殊贡献。②组织对员工的激励手段和政策也在不断发生变化,不同时期员工的需求不同,应采取差异化的政策和措施才能有效调动员工的积极性。③在选择多样化,追求地位平等的环境中,个人与组织的关系也在发生变化。在管理活动中需加强组织契约,特别是人们的心理契约,员工的忠诚不能仅靠物质的因素来维持,更需要情感上的沟通与联系,只有在情感上对企业忠心耿耿的员工,才是组织的真正财富。

（二）组织行为学的研究趋势与进展

进入21世纪以来,组织行为学有一些新的发展动向,主要表现有如下几个方面:

第一,组织变革已成为全球化经济竞争中组织行为学研究的首要问题。随着经济全球化的潮流和经济结构调整,对企业重组、战略管理、跨国公司或国际合资企业管理的研究呈现强劲势头,由复杂性增加而导致研究的注意力全面转向整个组织层面。管理决策、探索组织变革的分析框架、理想的组织模式、干预理论以及变革代理人的角色是这个方面研究的主要内容。另外,与组织变革密切相关的还有领导行为研究、激励机制研究和企业文化研究。受权变理论的影响,先后出现了多种领导理论、激励理论和文化学派等。

第二,组织行为学强调对人力资源的系统开发。组织行为学更加关注研究管理者决策、技术创新和员工适应中必须具备的胜任素质,更加关注如何充分利用和开发人力资源。相应的组织行为学研究由原来的局部、分散转变为整体、系统。目前有关胜任特征评价、个体对于组织的适应性和干预问题的研究等人力

笔记

资源问题正向纵深发展。

第三,组织行为学研究更加关注国家目标。国家的发展目标不同程度地影响着组织的环境,调整着组织行为,目前组织行为学家把组织作为开放的社会-技术系统来看待和研究,研究领域已突破传统框架,涉及管理培训与发展、工业业绩评价、管理决策、组织气氛和组织文化、跨文化比较等新领域。

第四,组织行为学研究不仅强调生产率,还关注工作生活质量。组织行为学认为强调生产率与强调工作生活质量并非相互排斥的。如果工作生活质量不令人满意,是很难实现高生产率的。相反,高的生产率是拥有改善工作生活质量所必需资源的先决条件。组织行为学越来越重视有关工作满意度、雇员安全与健康、组织文化、组织承诺、心理契约、压力管理、工作—家庭平衡等方面内容的研究。

(三)组织行为学研究新领域–积极组织行为学

积极组织行为学的提出是受积极心理学理论的影响,在理论的研究上专注于人的积极优势和心理能力的驱动,而不是仅仅把传统的组织行为学概念进行翻新或者简单地由消极面转到积极面。鲁森斯将积极组织行为学(positive organizational behavior, POB)定义为:为提高工作绩效,对心智能力测量、开发及有效的管理,并以员工的积极活力为导向的应用学科。这个定义包括来自态度、人格、激励和领导能力。这一定义既为积极组织行为学的未来发展奠定了研究的框架,也将其与传统取向的组织行为学划清了界限。

积极组织行为学研究对工作绩效的贡献主要体现在自我效能、希望、乐观、主观幸福感、情绪智力等几个方面。积极组织行为学复原力概念的提出是积极组织行为学理论研究与实践应用不断完善理论模型的拓展。近年来,越来越多的学者认识到研究积极组织行为的意义,并力求转换学术研究的价值取向,认为积极组织学术研究应该以追求员工健康和幸福为使命,以便实现组织、员工及研究者共同获益的三赢局面。然而,由于积极组织行为学仅仅关注对个人微观行为水平的定量研究,其目前的基础架构在系统性上存在局限,没有在宏观层面考虑组织环境、组织结构、组织文化、领导力、制度、政策等因素对组织绩效的影响,未来将会在组织实践的要求下进一步发展和完善,真正将个体、组织与社会系统有效地连接起来,从而体现出组织科学的作用。

第三节 组织行为学的研究方法

一、组织行为学研究的基本原则

任何一门科学都有与之相适应的一套合乎科学性的研究方法,没有科学的研究方法,就无法揭示客观规律,组织行为学也和其他科学一样,也有一套作为揭示事物客观规律的科学的研究方法。这些研究方法要遵循科学研究方法的一般原则:

1. 研究程序的公开性 任何一项科学研究都必须公开说明研究的全过程、所用的程序、所测的变量和测量方法。使其他研究人员,只要按照这种程序去做,就能得到同样的结论,起到进一步验证的作用。

笔记

2. 收集资料的客观性　在科学研究中，研究人员要尽量避免受自己个性和主观偏见的影响，也就是要客观、如实地收集数据和资料，这样才能得出正确的结论。

3. 观察与实验条件的可控性　由于影响人的行为和工作绩效的因素是多方面的，为了要找出某一因素与人的工作绩效的关系，就必须把其他可能影响工作绩效的因素控制在一定条件下，而集中精力专门观察和实验这一因素对工作的影响。研究条件是可控的，才能在研究中按照预定的要求选择相关因素，才能对研究结果进行比较，所得结论才是可信的。

4. 分析方法的系统性　分析方法的系统性是指要把每个影响事物变化的因素都置于整个大系统中去研究分析；还要把有关方面的知识从过去到现在加以系统化、条理化。即从纵横两个维度进行研究，才是科学的研究方法，才能得出正确的结论。

5. 所得结论的再现性　只要采取上述公开相同的研究程序，收集的数据资料是客观的，在相同可控的条件下，不断重复做相同的实验，相同的结论就会不断出现。这才能证明所得结论是符合客观规律的。

6. 对未来的预见性　由于所用的研究方法是科学的，所得结论是反映客观规律的，运用这个规律就可以预见未来，从而有可能事先采取有效措施来预防消极行为，引导积极行为的发生。

> **知识拓展**
>
> ### 米尔格拉姆的服从与反抗权威实验
>
> 美国著名心理学家斯坦利·米尔格拉姆则真的把人性研究带入了实验室，服从与反抗实验的方法如下：
>
> 每次实验有三人参加，即"被实验者"、"实验者"和"实验助手"。"被实验者"负责提问和控制电击按钮；"实验助手"负责回答问题；"实验者"负责监督。在"实验助手"回答"被实验者"提出的问题出现错误时，要求"被实验者"对"实验助手"实施电击惩罚，电压从15伏特到50伏特，共有30个档次。
>
> 为了使"被实验者"体验设备的威力，在开始实验之前，在45伏特档位，电击一下"被实验者"。实验开始后，"实验助手"被绑在电椅上，按照预订计划，"实验助手"作了很多错误的回答，"被实验者"就开始实施他认为的越来越强烈的电击惩罚，实际上，"实验助手"根本没受电击。随着名义电压升高，"被实验者"听到了越来越强烈的要求停止电击惩罚的呼叫声，实际上，这些喊声是根据电压档位不同事先录制的。如果喊声使"被实验者"产生恻隐之心，他对继续实施电击惩罚犹豫不决时，"实验者"就命令他继续实施电击惩罚。"被实验者"必须在互不相容的两个要求中作出选择，执行命令，继续对"实验助手"实施更强的电击惩罚，或者违抗命令，满足"实验助手"的乞求。实验证明：权威并非法力无边，而是随着"实验助手"被惩罚程度的增加而减弱。随着电击强度的增加，有些"被实验者"拒绝对"实验助手"实施更强的电击。

笔记

米尔格拉姆通过实验得出如下结论:①当"被实验者"和"实验助手"在同一房间时,服从的程度减小,而且,如果是由"被实验者"亲自操纵电击按钮对"实验助手"直接进行电击惩罚,则服从程度进一步减弱。②当"实验者"(主持人或权威)不在场时,服从程度急剧下降。③当"被实验者"发生团体抗衡情况时,服从程度下降。④当"被实验者"仅仅通过助手而不是由他亲自实施电击时,服从程度增强。

研究方法是揭示研究对象的手段,任何一门以某种客观规律性为研究对象的科学,都有与之相适应的一套合乎科学的研究方法。组织行为学作为一门科学,必须按照一定的研究程序,探讨组织环境中人们行为的规律性,组织行为学与其他科学一样,也是具有作为揭示其客观规律性手段的科学方法。

二、组织行为学的研究模型

组织行为学模型就在于通过定量的数学方法揭示个体、群体或组织心理和行为及其行为有效性之间的相互关系(如相关关系或者因果关系)。组织行为学在三个层面研究一定组织中人的行为:①个体水平:主要研究个性特征、知觉、价值观和态度以及能力对个体行为的影响;②群体水平:主要研究沟通模式、领导方式、权力和政治、群体间关系和冲突水平如何影响个体和群体行为;③组织水平:主要研究正式组织的设计、技术和工作过程、组织文化、工作压力水平等对个体、群体和组织行为的影响。

个体、群体和组织心理和行为的结果总是通过特定的外部有效性表现出来,从而显示心理和行为(自变量)与行为有效性(因变量)之间的某种因果关系。自变量有时通过中间/中介变量影响因变量。

根据哈克曼(Hackman)对行为有效性(performance effectiveness)的研究,如果以下三个标准得到满足,就可以说个体、群体或组织在有效地从事工作:①组织的产出(产品或服务)超过那些接受、评价或使用这种产出的个体或群体所需要的最低质量或数量标准;②从事目前工作的经历有助于提高组织进一步完成新工作的能力;③组织中的人在本组织中工作所获得的经验,有利于他们自身的成长和满足程度的提高。

表现行为有效性的指标比较常见的有:①效果(effectiveness);②效率(efficiency);③缺勤(absenteeism);④离职(turnover);⑤工作满意度(job satisfaction)等。效果和效率是两个不同的概念,前者是指方向、目标正确,做正确的事;后者是指快速地实现目标,正确地做事,少走弯路。从目前国际流行的实证研究方法来看,许多变量需要通过具有一定信度和效度的量表加以测量。

三、组织行为学研究的技术方法

组织行为学研究的技术方法是多种多样的。观察法,调查法,心理测验法,案例法,情景模拟法,系统法和实验法是目前常用的研究方法。

笔记

（一）观察法

在日常生活条件下，观察者通过感官直接观察他人行为，并把观察结果按时间顺序作系统记录的研究方法，称为观察法。在现代研究中，观察可借助于各种视听辅助手段，如录像、录音、摄影等，观察法按被观察者所处的实际情境特点，可分为自然观察与控制观察两种。

1. 自然观察法　自然观察是在完全自然的条件下所进行的观察，被观察者一般并不知道自己正处于被观察状态。例如，要了解医务人员成就动机的水平，可以观察他们在临床、科研、培训及考试等各种不同场合的行为。

2. 控制观察法　控制观察是在限定条件下进行的观察，被观察者可能知道，也可能不知道自己正处于被观察的地位。例如，为了进行护理操作的时间—动作分析，观察者就需要系统地观察护士的操作方式。

从观察者与被观察者之间的关系来说，观察法可分为参与观察和非参与观察。观察者直接参与被观察者的活动，并在共同活动中进行观察的方法称为参与观察；观察者不参与被观察者的活动，以旁观者身份进行观察的方法称为非参与观察。

观察法目的明确、使用方便、所得材料比较系统，已在组织行为学中得到广泛应用。但运用这种方法，只能了解大量的表面现象，很难了解复杂现象的本质特征，不能对"为什么"作出回答。因此，最好能与其他方法结合使用，以取得较好的效果。

（二）调查法

调查法是运用各种调查的方法了解被调查者对某一事物（包括人）的想法、感情和态度等。可用的调查法有：

1. 会谈法　研究者通过面对面的谈话，以口头信息沟通的方式直接了解他人的心理状态和行为特征的方法称为会谈法。根据谈话过程中结构模式的不同，可以把会谈法分为两大类：结构式会谈和非结构式会谈。结构式会谈组织严密，层次分明，具有固定的谈话模式。研究者根据预先拟定的提纲或程序提出问题，被研究者依次对问题进行回答。这些问题一般涉及的范围较小，整个谈话过程中被研究者犹如作了一份口头问卷。如招聘工作中的第一次谈话，了解年龄、学历、工作经历等就属于结构式会谈。非结构式会谈内容松散，层次交错，气氛活跃，没有固定的模式。研究者提出的问题涉及范围很广，被研究者可以根据自己的想法主动地无拘束地回答。通过这种谈话，双方不仅交换了意见，也交流了感情。

运用会谈法时，既要根据谈话的目的，保持主要谈话问题的基本内容和方向，也要根据被研究者的回答，对问题进行适当的调整，更要善于发现被研究者的顾虑和思想动向，进行有效的引导，还要注意在整个谈话过程中保持无拘无束和轻松愉快的和谐气氛。会谈法简单易行，便于迅速取得第一手资料，因而使用范围较为广泛。但会谈法的有关被研究者行为特征和心理特点的结论必须从被研究者的答案中去寻找，所以有较大局限性。

2. 电话调查法　这种方法是通过给被调查者打电话的方式了解有关情况，优点是省时节约，效率高。但这种方法也有缺点，它不像会谈法那样可以采取多

笔记

种方式详细询问和解释问题,容易使被调查者产生误解。此种方法只能用于电话普及的地方。

3. 问卷调查法 运用内容明确、表达正确的问卷量表,让被研究者根据个人情况,选择答案的研究方法称为问卷调查法。常用的问卷量表有是非法、选择法和等级排列法三种格式。

(1)是非法:要求被研究者对问卷中每个题目作出"是"或"否"的回答。

(2)选择法:要求被研究者从并列的两种或者若干种假设中作出选择。

(3)等级排列法:要求被研究者对各种可供选择的答案,按其重要程度排列出等级顺序。

问卷法的优点是可以在较短的时间内取得广泛的资料,并使结果达到数量化。但问卷法所取得的材料很难进行质量分析,因而无法把所得结论与被研究者的实际行为进行比较。

(三)心理测验法

心理测验法是采用标准化的心理测验量表或精密的测量仪器,来测定被试者有关的心理品质的研究方法。例如常用的心理测验有智力测验、人格测验、操作能力测验、语言能力测验、管理能力测验、学术倾向测验、心理健康测验等。在人力资源开发与管理中,心理测验常常被用来进行人员考核、岗位测量与导引、职工选拔等。在运用测验法时,应将测验的信度和效度控制在一个合理的范围内。

(四)案例法

案例法是研究人员利用正式的或非正式的访问谈话,发调查表和实地观察所搜集的资料,以及从组织的各种记录与档案中去搜集有关个人、群体或组织的各种情况,用文字、录音、录像等方式如实地记录下来,提供给学生和有实际工作经验的人员进行研究或讨论、分析。案例法是体现理论与实践、知识与能力、历史与现实、教学与研究、科学与艺术五统一的极好方法。

案例法的研究是否成功,受多种因素的影响,如案例本身的质量、案例分析的组织等都会影响案例法的效果。因为案例是事物本身的客观展示,变量多,解决问题的方法是开放性的,无法证明某种答案正确与否,所以结果的信度、效度和普遍性无法确切说明。尽管如此,案例教学在管理教育中的作用仍越来越重要,这种现实管理工作的虚拟式训练,是运用理论去解决实际管理问题的最好桥梁。

(五)情景模拟法

情景模拟法是根据被试者所担任的职务,测试者编一套与岗位实际情况相似的测试场景,将被测试者放在模拟的工作环境中,由测试者观察其才能、行为,并按照一定规范对测试行为进行评定。情景模拟测评一般通过公文处理、小组讨论、上下级对话、口试等方法进行。无领导小组讨论,在人员选拔、岗位晋升工作中应用广泛,从讨论中可以了解被试者的语言表达、思维、应变、驾驭等方面的能力。由于情景模拟方法具有针对性、客观性、预测性、动态性等特点,所以对人员考核的信度、效度较高,但对主持者的技术要求也比较高。

（六）系统法

在现代社会中,组织是一个有目的的、开放的社会系统,因此,应用系统理论研究组织行为与管理问题也是顺理成章的。随着社会的进步,经济与科学技术的发展,组织这个系统变得越来越复杂,又由于社会的快速发展,使组织处在一个不断变化的动态环境中。对于解决"复杂"的"动态"问题,系统分析是有效的方法,理论和实践都证明系统的方法有助于分析复杂的动态问题。

系统学派的卡斯特(F.E. Kast)、米勒(J.G. Miller)和罗森茨韦克(J.E. Rosenzweig)指出,任何组织都可分为目标、技术、管理、结构和社会心理五个子系统,并特别强调要从总体和相互联系上,研究各种因素对实现组织总目标的作用。他们主张把组织看成是一个与外部环境不断进行物质和信息交流的开放系统。分析研究组织问题离不开环境,要求在研究组织的行为与管理时,既要分析组织内的五个子系统,又要研究与五个子系统紧密联系的外在环境。

系统方法给人们一种从整个组织及其环境的相互作用中分析组织行为的方法,为系统和管理理论的汇合提供了基础,同时也为分析组织内部各分系统之间的关系提供了基础。这个方法避免了组织设计和管理实践中过于简单化的倾向,反映了对各分系统之间关系及协作模式的寻求,导入了组织管理中的权变观点。

（七）实验法

由于人类行为的复杂性,许多变量不容易控制,因而人们很难确定一定的行为就是某一组织特点的直接产物,而实验法能克服现场研究法中的缺点。这种方法要求先假设一个或多个自变量对另一个或另几个因变量的影响,然后设计一个实验,有系统地改变自变量,再测量这些改变对因变量的影响,实验法主要有两种类型:

1. 实验室实验法　实验室实验是在有意设定的实验室内进行的,通常是借助于各种仪器设备,在严格控制的条件下,通过反复实验和测量而取得精确的数据。这种实验可以模拟自然环境或工作环境中的条件,来研究被试者的某种心理活动。如对汽车司机的应变实验,可以模拟自然景色,汽车除了没有轮胎,其他都是完好的,司机的前方设一个电视屏幕,使被试者有如身临其境,然后让电视屏幕中的马路上突然出现障碍,从而在仪表的控制下检查司机紧急刹车的应变反应。显然,由于实验室实验多具有人为性,所得的结果往往与实际情况存在一定的距离,只能用于对一些简单的心理现象的研究。

2. 自然实验法　自然实验法又称现场实验法,是在正常的工作条件下,适当地控制与实际工作活动有关的因素,以促成被试者某种心理现象的出现,这种研究有较大的现实意义。自然实验法既可以主动地控制实验条件,又可以在自然情景下进行,因而其结果更符合实际。但是,它不如观察法广泛,也不如实验室实验法精确,有时,由于现场条件系统的复杂性,许多可变因素要全部排除或在短期内保持不变,往往很难做到,必须进行周密的计划,并坚持长期观察研究才能成功。

（刘　毅）　笔记

本 章 小 结

组织行为学主要研究个体、群体、领导以及组织内行为的规律,旨在提高组织效率。本章小结如下:①介绍了组织行为学的基本概念及研究内容,组织行为学学科理论基础,组织行为学的产生和发展以及面临的挑战,使读者更深的理解组织行为学在卫生管理领域应用的重要意义。②介绍了个体行为、群体行为和领导行为的基本内容,提出了人与工作、组织和环境匹配,激励问题和组织变革是组织行为学研究的核心问题。③比较了组织行为学与管理心理学的区别与联系,分析了组织行为学的研究模型与方法,为后面章节的学习奠定了基础。

【讨论思考题】

1. 什么是组织行为学?
2. 组织行为学与管理心理学的区别主要有哪些?
3. 积极组织行为学的研究重点有哪些?
4. 组织行为学的研究方法主要有哪些?
5. 简述组织行为学的产生与发展。
6. 简述学习组织行为学在卫生管理中的应用及意义。

笔记

人性假设理论

通过本章的学习,你应该能够:

掌握 经济人假设的理论及内涵;社会人假设的理论及内涵;自我实现人假设的理论及内涵;复杂人假设的理论及内涵。

熟悉 人性假设管理措施及其应用;人性研究的范畴及概念。

了解 人性假设对我国卫生组织管理和组织制度建设的启示。

案例 2－1

惠普公司是当今世界上最大的科技组织之一,从1939年诞生于一间车库中开始,70多年来,惠普公司不断成长,截至目前,已经发展成为全球第二大PC厂商。在技术竞争异常激烈的今天,惠普之所以能够成功,除了依赖其技术的革新、独特的发展视角外,还应归功于它的用人方式。

惠普公司由斯坦福大学的两位毕业生威廉·休利特(William Hewlett)及戴维·帕卡德(David Packard)创办,公司成立伊始,他们就定下了组织的目标:一个团体的成功是该团体中每个成员朝着共同目标集体奋斗的结果。正是在这种核心目标下,惠普形成了独特的人才观念。他们认为公司是围绕个人、个人尊严以及对个人贡献的肯定建立起来的。他们十分突出信任并尊重个人的管理理念。惠普将那些能力超卓、个性迥异及富于创新的人纳入公司,承认他们作出的努力和贡献,并确立了积极奉献的价值观。

由于惠普一直注重依靠内因前进,所以要求各级管理者必须关心员工的正确发展,不断为员工提供充分的富有挑战性的机会以及长期发展机会,提供培训和教育项目以提高他们的能力,为今后更重要的工作做准备。

同时,他们也高度重视个人意见,以求所有人能最大限度地得到个人发展并做出贡献。惠普通过积极支持或创建顶级项目,扩充了可供雇佣和晋升的人才库。通过在各种不同的工作中吸引人才和收集想法来扩展公司知识库、增强技术能力,这些都极大增强了其全球竞争力。

组织活动的核心是人,组织管理的重点是对人的管理,其本质是对组织中人的行为管理。美国麻省理工学院教授道格拉斯·麦格雷戈(D.M. McGregor)在其1960年出版著名的《论企业的人事》一书中曾明确地指出:有关人性和人们行为的假设,对于管理人员的工作方式是极为重要的。管理人员以他们对人性的假设为依据,可用不同的方式来组织、领导、控制和激励人

笔记

们的积极性。为此,一个组织要采取什么样的激励措施,是由组织管理者的价值观所决定的。

第一节　人性的基本概念

人性(humanity)的研究是组织行为学的基础理论。人性研究的复杂性自古以来就是各学派学者们争论不休的问题,在此,我们是在分析研究的基础上求同存异。总的来讲,现代"人性观"的研究大都从人的本质、人的价值以及人的需求三个方面来进行研究。

一、人的本质

在对人的本质进行的研究过程中,德国著名哲学家费尔巴哈(L.A. Feuerbach)提出了自然人性本质观,他认为人是类的存在物,人的本质即是人作为一个类的共同特性。他将人的本质主要归结为人的自然属性,从感性直观的视角,把人的本质看成是"单个人所固有的抽象物"。将人的肉体存在、人的两性关系和人的固有"理性"等看成是人的本质,认为这些与生俱来的东西便是人的本质,是无法改变的。

马克思(K.H. Marx)在沿用费尔巴哈关于"类"的提法的基础上,赋予其新的思想内容,提出了"自由自觉的劳动是人的类本质"的观点。人的本质不是与生俱来的,而是在生产劳动中才得以形成、丰富和发展的,离开了劳动,人就不能称其为人,只有在劳动中人才能真正发展成为人。物质生产劳动是人在其所创造的世界中自我表现、自我肯定的过程,也是人的本质力量得以实现,得以展开的过程。

马克思在实践的基础上,又提出了"人的本质并不是单个人所固有的抽象物,在其现实性上,它是一切社会关系的总和"的人的现实本质理论。社会关系是人们在其共同活动中结成的相互关系的总称。它包括经济关系(即物质关系或生产关系)、政治关系以及思想文化和其他社会生活中人们的相互关系。生产关系是一切社会关系的基础,并对其他社会关系起决定作用。人的本质说到底,是人的社会属性,是由人在生产关系中所处的地位决定的。但人的社会属性是不能离开自然属性而单独存在的,人性是人的自然属性和社会属性的统一。

在社会关系中考察人的本质是对"劳动是人的类本质"的进一步发展和深化。在劳动过程中,不仅形成了人与自然的关系,还形成了人与人之间的关系。劳动作为人与动物相区别的根本属性,更为重要的是搭起了人与人之间沟通的桥梁。通过劳动过程中的交往,人不再是一个个孤立的个体,人与人的关系便构成了社会关系。由于劳动具有不断生成发展的特性,因此,在劳动中形成的社会关系也是生动的、变化的。人的本质不是一成不变的,而是一个不断生成的过程,它基于实践,可以从类本质(劳动)和现实本质(一切社会关系的总和)两个角度来理解,体现了人能动性和受动性的统一,可以用下图(图2-1)来表达人的本质:

笔记

```
                  ┌─ 类间（类本质）–劳动（能动性）                        ┐
人的本质（生成性）┤                                                        ├ 实践（能动性与受动性）
                  └─ 类内（现实本质）–社会关系的总和（受动性）            ┘
```

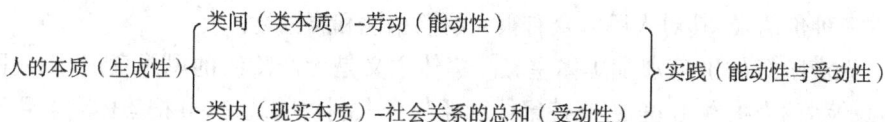

图2-1　人能动性与受动性的统一

1846年，马克思在《德意志意识形态》中指出："他们的需要即他们的本性"。马克思不仅赋予需要以前提性，而且赋予它以普遍性、永恒性和能动性。马克思还特别强调指出，"需要的发展是人的本质力量的新的证明和人的本质的新的充实"。人类发展史，就是一部人的需要即人的本性的不断改变和发展的历史。离开了人的需要，人的一切实践活动和一切社会关系都将不复存在。这一观点不仅涵盖了前两个界定的内容，同时揭示了前两个界定的原因。

综合上述的观点，可以将人的本质界定为：人基于某种需要，在一定的社会关系中、在所从事的实践活动过程中不断生成的历史存在物，即为我的、自觉的、社会性的实践活动过程中的生成物。人正是由于在某种动力（需要）的驱使下，在一定的社会关系里及所从事的改造世界的实践活动中，才获得人之为人的真正本质，成为具体的、现实中的人。

二、人的价值

人的价值是指人生的意义与作用，即指人活着为了什么？应该为国家、社会与他人做些什么？能够为国家、社会与他人做些什么？人的价值和人的本质是分不开的。

马克思在《评阿·瓦格纳的"政治经济学教科书"》中指出："'价值'这个普遍的概念是从人们对待满足他们需要的外界物的关系中产生的"，并且"人对成为满足他需要的外界物进行评价，赋予它们以价值或使它们具有'价值'属性"。价值是个中性的概念，不同的社会与不同的阶级都要运用这个概念，谈论做人的价值与尊严。但由于人们的价值观不同，因此对人生价值的看法也不尽相同。所谓价值观，是人们关于价值的基本理论、观点和看法，它是世界观的一个重要组成部分，包括对于价值的本质、功能、创造、认识、实现等有关价值的一系列问题的基本观点和看法。价值观带有鲜明的社会性、阶级性、系统性、主导性、层次性、共性与差异性。

自中世纪以来，人的价值观的发展经历了如下几个阶段：

欧洲中世纪时期，神权至上的观念占据统治地位。人被看成是上帝的奴仆，"人应当蔑视自己"，要绝对顺从上帝的意志。那时，人权、人的价值、人的尊严都是缺损的，是受到严重压抑的。

17～18世纪资产阶级革命中，许多资产阶级思想家用人性反对神性，用人权反对神权。他们颂扬人的伟大、人的价值、人的尊严和人性的完美；主张人性解放、自由、平等和博爱；反对中世纪的禁欲主义，追求人生的幸福和人间欢乐享受。这些主张，在资产阶级革命初期与上升时期，对反封建来说有进步意义。但资产阶级所追求的是个人主义的价值观，是与无产阶级的人生观、世界观根本对

笔记

立的一种价值观,其对人民群众有很大的欺骗性和腐蚀性。

无产阶级的价值观是集体主义。集体主义是无产阶级的思想意识,以人民群众的利益为根本出发点,坚持集体利益与个人利益的统一,并把集体利益置于个人利益之上。一个人如果脱离集体和社会,自己就无法生存,因而也就没有个人的价值可言。只有在集体中,个人才能获得全面发展。

在我国特色社会主义建设中,我们选择了社会主义市场经济,这就要求在评价人的价值和人生的意义时应注意两个方面:即一方面,社会应尊重和满足个人的利益和需要;另一方面,个人应对社会、对国家、对人民负责任,为社会与他人多作贡献。我们承认和重视个人的利益、需要与享受,但要以个人对社会所尽的责任和贡献为前提。我们承认个人的利益,尊重并维护个人的权利,而坚决反对损人利己、损公肥私、违背社会公德、危害人民群众和国家利益的个人主义的价值观念。无产阶级价值观的特征是:为人民服务,对人民负责,为实现社会主义、共产主义而奋斗,为全人类的解放做贡献。从这个意义上讲,人生的价值是奉献而不是索取。在建设社会主义市场经济的新时代,我们应该建立的是个人、集体、国家利益兼顾的价值观,融个人、集体价值理想于社会共同价值理想之中,并以"为无产阶级和全人类的解放事业作出贡献"这一最高价值理想作为最终奋斗的目标。

三、人的需要

评价客观事物是否有价值,同人的需要是分不开的。同样,评价人的价值是与人的理想、信念、追求等高层次需要分不开的。

马斯洛(A. Maslow)从心理学的层面,更确切地说是从"自我实现"的层面提出了人的需求理论。马斯洛把人的需要体系分为五个层次,即生理的需要、安全的需要、爱的需要、尊重的需要、自我实现的需要。一般来说,若前一个需要层次得到满足,便会出现对后一个需要层次的需求。在此基础上,马斯洛提出了社会的需要。但他所说的社会的需要,主要是指"所有人对创造性"的兴趣,是指"任何能长治久安的政治、社会、经济团体所必需的"创造性人物。马斯洛并将人的需求置于现实的社会需求条件中去分析。

与马斯洛从人的行为动机角度提出了人的需求理论不同,马克思主义关注的是人的发展动因。马克思主义认为,人类的历史活动产生于人类的需要。人们为了能够创造历史,必须能够生活。但是为了生活,首先就需要吃喝住穿以及其他一些东西,因此第一个历史活动就是生产满足这些需要的资料,即生产物质生活本身,这是"一切历史的基本条件"。

马克思主义同样对人的需要层次做过精辟的论述。马克思指出,在现实世界中,个人有许多需要,可分成自然的、精神的、社会的三种。把"衣、食、住"称为人的第一需要,并认为"已经得到满足的第一个需要本身、满足需要的活动和已经获得的为满足需要用的工具又引起新的需要"。1891年恩格斯(F.V. Engels)从物质资料的角度第一次提出了社会主义社会人的需要层次。他说,"在一个新的社会制度下,通过有计划地利用和进一步发展现有的巨大生产力,在人人都必

笔记

须劳动的条件下,生活资料、享受资料、发展一切体力和智力所需要的资料,都将同等地、愈益充分地交归社会全体成员支配。"马克思还指出,在共产主义社会高级阶段中,人的需要包含两个方面的内容:即劳动本身成了生活的第一需要;个性全面发展的需要。列宁(V.L. Lenin)关于共产主义劳动需要的论述,以及我们党关于物质文明与精神文明建设需要的决定,都是对马克思主义关于社会主义社会人的需要理论的发展。

马克思、费尔巴哈以及马斯洛等哲学家心理学家提出的关于人的本质、人的价值和人的需要的理论成为人们研究人性理论的基础,虽然这些理论还存在着一定的局限性,但对我们正确地评价国外组织行为学中的人性理论有着重要的指导意义。

第二节 人性假设及管理理论

美国麻省理工学院教授麦格雷戈在其1960年出版的《论组织的人事》一书中曾明确地指出:有关人性和人的行为的假设,对于决定管理人员的工作方式是极为重要的。各种管理人员以他们对人性的假设为依据,可用不同的方式来组织、领导、控制和激励人们。因此,有关人性假设的相关理论就成为阐释组织行为、改革组织管理方法的依据。西方理论界出现过大量关于人性假设的理论,但总结起来,主要有以下四种主要的观点。

一、"经济人"假设

(一)"经济人"假设理论的涵义

"经济人"(rational-economic man)也叫"唯利人"或"实利人"。这种假设起源于享乐主义哲学和亚当·斯密(Adam Smith)的关于劳动交换的经济理论,认为人的行为动机源于经济诱因,在于追求自身的最大利益。

1. "经济人"假设的主要观点如下:

(1)人类多数趋于天生懒惰,不愿多做工作。

(2)人类多数缺乏雄心,希望依赖他人,而不喜欢担负责任。

(3)人们多数喜欢以自我为中心而忽视组织目标。

(4)多数人安于现状,习惯于抵抗变革。

(5)人们易受欺骗,常有盲从举动。

2. 在此基础上,美国学者薛恩(E.H. Schein)进一步概括了"经济人"的特征,包括以下几点:

(1)人是由经济诱因来引发工作动机的,并谋求最大的经济利益。

(2)经济诱因在组织控制之下,人是被动受组织操纵、激发和控制而工作的。

(3)人的感情是非理性的,必须善于干涉他所追求的私利。

(4)组织必须设法控制个人的情感和无法预计的品质。

(二)X理论的基本内容

这里所说的X理论(theory X),是一种建立在"经济人"假设理论基础上的管

笔记

理理论,而不是一种人性理论。X理论阐述的是:假设人都是"经济人",那么管理者应如何去进行相应的管理。X理论是麦克雷戈1965年对"经济人"人性假设指导下的管理工作进行理论概括后提出的,其内容要点有:

1. 管理者从经济利益出发来使用生产中的人力、物力、财力。

2. 管理者的任务在于指导与激发员工的工作表现,并时常控制与修正他们的行为,以符合组织之需要。

3. 管理者必须管制其下属,并需要利用说明、奖赏、处罚与控制等方法。

"X理论"所包含的理论观点及管理方法深刻地影响了现代组织的管理策略,进一步说,许多管理论著中讨论的组织的原则,可以说都是以"X理论"的假设为基础而推演出来。例如,由X理论推论出的一项组织的基本原则称为"阶梯原则"(scalar principle),即透过权威的运用以执行督导与控制。

（三）"经济人"假设的相应管理策略

在"经济人"人性假设理论与X理论影响下出现的管理方式可以归纳为以下四个方面:

1. 管理重点是强调以工作任务为中心,完成生产任务,提高生产效率。

2. 管理的主要职能是计划、组织、经营、指导、控制、监督。他们只重视用指挥、控制、监督的方法来提高生产效率,完成任务指标,根本忽视人的情感、需要、动机、人际交往等社会心理因素在管理中的作用。

3. 领导方式是专制型的,认为管理工作是少数人的事,与广大员工无关。工人只是服从命令、听从指挥、接受管理、拼命干活,无须参与管理。

4. 在奖惩方面主要是"胡萝卜加大棒"的方法。即以金钱(增加工资奖金)来刺激工人的生产积极性,用惩罚来对付工人的"消极怠工"行为。

泰勒的科学管理方法就是"经济人"假设理论的具体体现。泰勒制的"时间-动作"分析的出发点就是只考虑了提高劳动生产效率,对工人的情感漠不关心;主张管理者与生产工人严格分开,反对工人参加管理。如伯利恒钢铁公司明文规定,除特殊者之外,不准4名以上的工人在一起干活,因为害怕工人罢工、怠工以抵制他们的管理;计件工资制的出发点是单纯用金钱刺激工人的生产积极性。

（四）对"经济人"假设的评价

1. 从社会经济历史背景来看,"经济人"假设风行于20世纪初到30年代的美国乃至欧洲组织管理界,采纳了古典经济理论的假设,认为人的推动力来自他要改变自己经济状况的愿望;换言之,人是受经济利益所推动的。就当时的时代背景而言,这种假设是有一定的历史原因的。当时美国工厂的工人绝大多数是第一代移民,他们对自己周围的环境一无所知,只是也只能是为追求足以维持生活的工资而辛勤劳动。但是,X理论却把这种状况过于极端化,从而把一般人看成是天生懒惰的,是追求经济利益的自私的人,因而犯了本质性的错误。

2. "经济人"假设以享乐主义哲学为基础,这种理论把人看成是非理性的,天生懒惰而不喜欢工作的"自然人"。"经济人"假设否认人的自觉性、主动性、创造性,把人看成机器。这与马克思主义的"人是社会的人","人的本质是社会关系总和"的观点相对立。

笔记

3."经济人"假设的人性观认为大多数人缺少雄心壮志,只有少数人起统治作用。因而把管理者与被管理者绝对对立起来,反对工人参与管理,否认工人在生产中的地位与作用,这种观点是完全错误的。

4."经济人"假设和X理论的科学意义就在于提出经济手段的刺激作用,也从一定程度上体现了从"满足人的需要"来调动积极性的含义。理论强调经济手段的作用也改变了当时放任自流的管理状态。提出了作为管理者如何有效利用经济措施来控制人的行为,促进了科学管理体制的建立。这对我们今天的管理实践仍有借鉴作用。例如,为强化我国的基层卫生人才队伍建设,在《中共中央国务院关于深化医药卫生体制改革的意见》中提出,制定优惠政策,鼓励优秀卫生人才到农村、城市社区和中西部地区服务。对长期在城乡基层工作的卫生技术人员在职称晋升、业务培训、待遇政策等方面给予适当倾斜。这些政策充分说明,在现实条件下,还不能够完全脱离"经济人"的假设来谈奉献。如果在稳定我国基层卫生人才队伍中没有实质性地经济激励政策,我国基层医疗卫生服务水平差、卫生人才素质低的问题就难以解决,也难以建立起满足改革目标要求的全科医生制度和"守门人"制度。

二、"社会人"假设

(一)"社会人"假设理论的涵义

"社会人"(social man)也称社交人。这种假设认为:人们在工作中得到的物质利益对于调动生产积极性只有次要意义,人们最重视的是工作中与周围人的友好关系,良好的人际关系是调动职工生产积极性的决定因素。社交人假设的理论基础是人际关系学说,这种学说是社会心理学家梅奥(G.E. Mayo)在霍桑实验中的经验总结。梅奥把重视社交和自我尊重的需要,轻视物质与经济利益需要的人称为"社会人"。

霍桑实验表明,人不是"经济人",而是"社会人"。工人并非孤立存在的个体,而是处于一定社会关系中的群体成员。梅奥认为,工业革命带来的机械化,使劳动丧失了原有的内涵,使工人变成了机器的附庸,工人需要在工作上的社会关系中去寻求意义。因此,工人的工作动机主要出于社会需要(如被同事喜爱和接受),通过与同事的关系而得到社会承认和归属感。工人对来自同事的社会影响力,要比对来自管理者的经济诱因和控制更为重视。管理者若能满足工人的社会需要,则能最大限度地提高其工作效率。梅奥卓越的分析揭示了群体生产中的心理秘密,找到了提高效率的组织管理方法,使他的"社会人"理论在20世纪30年代至50年代的西方管理界很受欢迎。

1. 梅奥的"社会人"假设的基本观点如下:

(1)人所受到的最主要的激励来源于社会需要的满足,以及得到和别人的关系及地位上的成就。

(2)由于工业革命以及工作合理化的结果,许多工作本身原来的意义不存在,应寻找工作的社会关系意义。

(3)来自群体中的社会力量对人的影响,比管理中的激励和控制对人的影响

笔记

更大。

（4）人只有在上级满足了他的社会需要和其他要求时，才会对管理作出响应。

2. 薛恩在此之上，提出的"社会人"特征如下：

（1）人类的工作是以满足社会需要为主，经过同事间的交往可以满足社交需要。

（2）工业革命与工业合理化造成分工过细，使工作本身变得单调乏味，因此必须从工作的社会关系中寻求其意义。

（3）人们对其所在团体的社会力的反应，远比对诱因管理的反应要强烈。

（4）人们最希望管理人员能满足自己的社会需要。

（二）人群关系理论

在"社会人"假设的基础上，梅奥提出了一种新的管理理论——"人群关系理论"（human relation theory）（或"人际关系理论"）。其要点是：

1. 管理人员不能只注意完成生产任务，而应把注意的重点放在关心人、满足人的需要上。

2. 管理人员不能只注意指挥、监督、计划、控制和组织，而更应该重视职工之间的关系，培养和形成职工的归属感和整体感。

3. 在实行奖励时，提倡集体的奖励制度，而不主张个人奖励制度。

4. 管理人员的职能也应有所改变，他们不应只限于制订计划、组织工序、检验产品等，而应在职工与上级之间起联络人的作用。一方面，要倾听职工的需求和了解职工的思想感情，另一方面要向上级反映职工的呼声。

在"社会人"的人性假设理论影响下，西方管理心理学提出了"参与管理"的新型管理方式。"参与管理"是指在不同程度上让职工或下级参加决策的研究和讨论，实行共同管理。

知识拓展

霍桑实验

1927年梅奥等人到芝加哥郊外的有2.5万工人的西方电器公司霍桑工厂，进行了有名的长达5年之久的"霍桑实验"。

（1）照明度实验：研究者在厂里选出一些绕线圈的工人，分为两个小组：一组在不同的照明度下工作，称为实验组；另一组仍然在不变的照明条件下工作，称为控制组。实验发现：虽然只增加实验组的照明度，但两个小组都增加了生产；而且当随即减弱照明度时，两组的产量仍然继续上升。研究者得出的结论是：工作场所的照明条件对两个小组的生产率很少或甚至没有什么影响。梅奥认为：实验室中的工人组成一个社会单位，对于受到研究者愈来愈多的关心而高兴，并培养出一种积极参与实验计划的感觉。正是这种心理上的变化促成了产量的提高。

（2）福利实验：该实验是第二阶段的研究，历时一年半。梅奥选出五名有经验的女工组成工作小组，让她们在一个单独的房间里从事继电器装配工作。实验开始前，梅奥通过各种渠道同女工们沟通感情，鼓励她们通力合作。

在实验的早期阶段,研究者为工人们逐步增加了一些福利措施,如缩短工作日、延长工间休息时间、免费供应茶点、实行计件工资制等,并对工作条件(如车间温度等)作了变换,结果产量得到提高。按照传统的管理理论,可以顺理成章地把产量的提高归因于福利措施的改善。但是,在继续进行的实验中,研究者取消了各种福利措施。按传统认识,这种变化必定使产量下降。但是结果与设想相反,产量仍然上升。显然,传统的管理理论无法解释其中隐藏着的更为复杂的动因。研究者得出结论是:导致产量增加的因素并非福利条件和工资制度,而是士气、监督和人际关系,尤其重要的是工人的社会需要。在实验期间,由于女工们感到自己是被特别选出的一群人,产生一种被重视的自豪感,由此形成积极参与的责任感,从而促使她们不断努力提高产量,而福利措施、工作条件等便退居次要地位。

（3）访谈实验:经过上述两个阶段的实验,研究者得出结论:工作的物质条件与生产率之间并没有重要的联系。因此他们提出,工作环境中的人的因素显然比工作的技术和物质条件对生产率具有更大的影响。于是,研究者在工厂中开始了访谈计划,请工人对管理当局的规划和政策、工头的态度和工作条件等问题作出回答。但这种规定好内容的访谈计划一开始就发现:工人总想就规定提纲以外的事情进行交谈。工人认为重要的事并不是公司或调查者认为意义重大的那些事。于是,访谈者及时把访谈计划改变成以不规定内容的方式进行,让工人任意发表意见,访谈者的任务就是让工人讲话,每次访谈的平均时间也从30分钟延长到了一小时至一个半小时。访谈者多听少说,"在他们同工人的个人接触中防止任何道德说教、劝告或情绪",详细记录工人的不满和意见。访谈计划持续了两年多,收到了意想不到的效果:工厂的产量大幅度地提高了。据分析认为,这是工人们长期以来对工厂的各项管理制度和方法存在许多不满,无处发泄。访谈计划的实行恰恰为他们提供了发泄的机会,发泄过后感到心情舒畅,提高了士气,从而提高了产量。

（4）群体实验:实验选择14名男工在隔离的观察室中进行中央交换机接线器的装配工作,具体的工作有三种:在接线柱上绕线、焊接头、检验前两项工作的质量。实行集体计件工资制:以小组的总产量为依据对每个工人付酬,并强调必须进行互相协作。研究者起初设想这种付酬方式可以使工作效率高的员工迫使效率低的员工提高工效,因为他们都想取得最高的经济利益。但观察发现,产量只维持在中等水平。调查发现:产量之所以维持在中等水平是因为工人估计到,如果产量超过了约定俗成的非正式标准,工资率将会降低,或者计件工资的计件基准将会提高。这些工人为了维护班组的群体利益,自发地形成了一些内部规范,使每个人的产量在那个非正式标准的上下浮动。为了使这内部规范得以实行,群体成员采用了一些内部纪律,如嘲笑、讽刺、"给上一拳",规范还规定不许向管理当局告密。这个群体中的工人把相互间感情看得很重要,为此他们宁可拒绝物质利益的引诱,维系感情实际上成了群体内部的一种激励因素。工人们甚至采取各种秘密的措施来维护自己在群体中的资格。总起来说,该调查的发现可概括为:①群体有意地限定产量而不顾管理当局有关产量的规定;②群体使工人产量报告平均化;③群体有一套办法使脱轨的成员就范。

正是根据这些发现,梅奥提出了"非正式群体"的概念,认为在正式的组织内存在着自发形成的非正式群体,这种群体有自己的特殊规范,对其成员的行为起着调节和控制作用。

员工们在这种参与模式下,感到自己被重视,体验到自我价值和归属,促进了群体凝聚力,从而提高了生产效率。"参与管理"是一种符合管理活动中职工心理规律的管理方式,其效果显著优于传统的"任务管理"。

(三)对"社会人"假设的评价

1. 从"经济人"假设到"社会人"假设是一大进步　大卫·里斯曼(D. Riesman)把泰勒时期叫做"考虑工作"的时代,而称梅奥时期为"考虑人"的时代。从历史来看,这种管理上的人性观的改变,是组织间竞争的加剧和组织中劳资关系紧张化的要求,迫使管理者不得不改变他们的看法。

2. "社会人"假设认为人际关系对于激发动机、调动员工的积极性是比物质奖励更为重要的因素　这对于现代组织制定和实行管理制度、决策制度、奖励制度,既克服平均主义,又增进员工内部的团结,培养集体凝聚力,都具有重要的参考价值。

3. 但是,还应看到"社会人"假设理论存在的弊端　"社会人"人性假设理论中所说的"社会",是指由一定的生产活动联系起来的自然人群。它抛开社会的生产关系和阶级关系,把"社会"作为生物学上类的概念提出来。它所特别强调的社交需要、建立良好的人际关系的需要,实质上是狭隘的心理需要。可见,"社会人"的人性理论还远不是全面揭示人的社会性的科学理论。另外,"社会人"假设过于否定了"经济人"假设和X理论的管理作用,完全忽视员工的经济需要,无疑也会挫伤员工的工作积极性。

三、"自我实现人"假设

(一)"自我实现人"假设理论的涵义

"自我实现人"(self-actualizing man)也叫"自动人",这种人性假设是20世纪50年代末,由马斯洛·阿吉里斯(C. Argyris)、麦格雷戈提出来的。其中,马斯洛的观点最具代表性,马斯洛在他的需要层次论中指出:自我实现是人类需要的最高层次。所谓"自我实现",是指人都需要发挥自己的潜力,表现自己的才能;只有当人的潜力充分发挥出来,才能充分表现出来时,人们才会感到最大的满足,即"每个人都必须成为自己所期望的那种人"。马斯洛的基本意思是说,人都有积极努力,充分发挥自己的能力,取得优良成绩的内在心理基础和可能性,这种可能性能否变为现实性,主要看有没有适宜的外部环境条件。

"自我实现人"假设认为:人并无好逸恶劳的天性,人们力求最大限度地将自身的潜能充分发挥出来,只有在工作中将自己的才能充分表现出来,才会感受到最大的满足。工作是满足人需要的最基本的社会活动和手段。

(二)Y理论的基本内容

麦格雷戈总结归纳了马斯洛、阿吉里斯及其他人的类似观点,结合管理问题,提出了一种与X理论相对立的理论——Y理论(theory Y),其基本观点如下:

1. 厌恶工作并不是普通人的本性。一般人都是勤奋的,如果环境条件有利的话,人们工作起来就像游戏和休息一样自然。

2. 外来控制和处罚的威胁不是促使人们努力达到组织目标的唯一手段。人们愿意实行自我管理和自我控制,完成应当完成的目标。

3. 致力于实现目标与实现目标后所得报酬在起作用。报酬是各种各样的,有外部的,也有内部的,其中最大的报酬是通过实现组织目标,而获得个人的自我满足、自我实现的需要。

4. 逃避责任、缺乏抱负以及强调安全感通常是经验的结果,而不是人的本性。在正常情况下,一般人不仅乐于接受任务,而且会主动地寻求责任。

5. 在人群中广泛存在着高度的想象力、智谋和解决组织中问题的创造性。

6. 在现代工业化社会条件下,普通人的智能潜力只利用了一部分,人们中间蕴藏着极大的潜力。

知识拓展

道格拉斯·麦格雷戈简介

道格拉斯·麦格雷戈,美国著名的行为科学家,人性假设理论创始人,管理理论的奠基人之一,X-Y理论管理大师。

道格拉斯·麦格雷戈是人际关系学派最具有影响力的思想家之一。麦格雷戈出生于1906年,他18岁的时候还是一个服务站的服务员,后在韦恩大学取得文学学士学位,1935年,他取得哈佛大学哲学博士学位,随后留校任教,1937—1964年期间在麻省理工学院任教,他教授的课程包括心理学和工业管理等,并对组织的发展有所研究。

1948—1954年在安第奥克学院任院长。任院长期间,麦格雷戈对当时流行的传统的管理观点和对人的特性的看法提出了疑问。1957年11月的美国《管理评论》杂志上发表了《组织的人性方面》(The Human Side of Enterprise)一文,提出了有名的"X理论与Y理论"。他的学生评价他说:"麦格雷戈有一种天赋,他能理解那些真正打动实际工作者的东西。"

(三)"自我实现人"假设的相应管理策略

1. 管理重点的变化 "经济人"假设的管理重点是重视任务而轻视人的因素;"社会人"假设的管理重点是重视人的因素;而"自我实现人"假设把管理重点又从重视人的因素转移到重视工作环境上面。但它重视环境因素不是把重点放在计划、组织、指导、监督、控制上面,而是主张创造一个适宜的工作环境、工作条件,能充分发挥人的潜能和才能,充分发挥个人的特长和创造力,也就是说,能够

笔记

充分地自我实现。

2. 管理者职能作用的变化 管理者的主要职能既不是生产的指挥者和控制者,也不是人际关系的调节者,而是生产环境与条件的设计者与采访者。他们的主要任务是创造适宜的环境条件,以发展人的聪明才智和创造力。

3. 奖励制度的变化 该假设重视内部奖励,即重视员工获得知识、施展才能,形成自尊、自重、自主、利他、创造等自我实现的需要来调动员工的积极性。麦格雷戈明确指出:管理的任务只是在于创造一个适当的环境——一个可以允许和鼓励每一位员工都能从工作中得到"内在奖励"的环境。外在奖励(如工资、提升、良好人际关系等)降到次要地位。

4. 管理制度的变化 该人性假设主张下放管理权限,建立较为充分的决策参与制度、提案制度、劳资会议制度、制订发展计划、选择具有挑战性的工作等,使劳动者显示出自己的能力,满足自我实现的需要。

(四)对"自我实现人"假设的评价

1. "自我实现人"假设的产生,有其特殊的社会历史背景。当时正值20世纪50年代后期,马斯洛提出"需要层次论"时,行为科学正在兴起,西方工业发展到高度机械化水平。这时,随着生产的发展,工人的工作日益专业化,特别是传送带工艺的普遍应用,把工人束缚在狭窄的工作范围内,工人只是机械地重复简单单调的动作,看不到自己的工作与整个组织任务的联系,因而缺乏兴趣,士气很低,影响产量和质量的提高。正是在这种情况下,出现了"自我实现人"假设理论,并提出了相应的管理措施,如工作扩大化、工作丰富化。

2. "自我实现人"假设重视人的内在精神需要,这比只重视外在诱因的"经济人"假设理论是一个巨大的进步。但"自我实现人"的人性假设理论并不是一个完美的理论,它也有自身的片面性和局限性。用辩证唯物主义的观点来看,人既不是天生懒惰的,也不是天生勤奋的,人不一定都把充分发挥自己的潜力,充分表现自己的才干作为最大的满足。另外,人的发展也不是自然成熟的过程,而是受到社会环境的影响和制约的。

3. "自我实现人"假设及相应的Y理论,仍有许多值得我们借鉴的地方。例如,尽量为员工的学习与深造创造条件,以充分发挥其聪明才干;注意内在奖励与外在奖励相结合,以调动员工的积极性;充分相信员工的独立性、创造性。

四、"复杂人"假设

(一)"复杂人"假设理论的涵义

"复杂人"(complex man)假设是20世纪60~70年代管理心理学家薛恩等提出来的。上述三种人性假设,均有其合理性的一面,但并不能适用于一切人。人类的最大需求并不可能都是一样的,而是因人、因时、因地而异的。不可能有纯粹的"经济人",也不可能有纯粹的"社会人"或"成就人",实际存在的,只是在各种情况下采取不同反应的"复杂人"。因为人是很复杂的,人的需要和潜力会随着年龄的增长、知识的增加、地位的改变,以及人与人之间关系的变化而各不相同,不能用单一模式去硬套。基于复杂人假设,摩尔斯(J.J. Malse)和洛希(J.W.

Larsch)提出了"全面管理"理论,也叫"应变管理理论"(contingent theory)。他们认为,人是"复杂人"而不单纯是某一种人,应根据具体情况而采取相应的管理措施。"复杂人"假设的基本要点是:

1. 人的需要是多种多样的,随着人的自身发展和社会生活条件的变化而发生变化,并且每个人的需要各不相同,需要的层次也因人而异。

2. 人在同一时期内有各种需要和动机,它们相互发生作用,并结合成为统一的整体,形成复杂的动机模式。例如:两个人都想得到高额奖金,其动机可能不一样。一个人可能是为了改善物质、文化生活,另一个人可能是把得到高额奖金看成是自己取得高的技术成就的标志。

3. 由于工作和生活条件的不断变化,人会不断产生新的需要和动机。这就是说,在人生活的某一特定时期,动机模式的形成是内部需要和外界环境相互作用的结果。

4. 一个人在不同单位或同一单位的不同部门工作,会产生不同的需要。例如:一个人在工作单位可以表现出很不合群,而在业余时间和非正式团体中却可以满足交往的需要。

5. 人可以依据自己的动机、能力和工作性质,来适应各种不同的管理方式。但是,不存在一种适用于各种人的万能管理方式。

(二)超Y理论的基本内容

麦克雷戈在《组织中的人性方面》一书中把根据"经济人"的人性假设提出的管理思想概括为X理论;把根据"自我实现人"的人性假设提出的管理思想概括为Y理论。摩尔斯和洛希则根据薛恩的"复杂人"的人性假设提出了新的管理理论——应变理论,这个理论又叫超Y理论(the theory of super-Y)。超Y理论并不要求管理人员放弃上述三种人性假设为基础的管理理论,而主要是探讨"管理功能"与"环境因素"之间的关系,要求管理人员根据具体人的不同情况,灵活地采取不同的管理措施。

"超Y理论"的主要观点是:

1. 人的需要和动机是多种多样、各不相同的,但主要是获得胜任感,这是基本相似的,可以用不同的方式来满足不同人的胜任感。

2. 组织结构、管理层次、职工培训、工作分配、工资报酬及控制水平等,只有随着工作性质、工作目标和员工的素质来确定,才能使人创造最佳效绩,实现胜任感。

3. 一个目标达到以后,便会产生一个新的,更高的目标,需要重新组合。

"超Y理论"既分析、运用了"X理论"和"Y理论",又不同于"X理论"和"Y理论",是一种提倡权宜应变的管理理论。从目前现实的管理世界中,很难找到一种典型的,完全属于某一类型的管理者,管理者所面对的人并不是一个不变化的"平均的人"。要想使员工时时保持良好的工作态度,有必要观察每一个员工的本性,从而给予不同程度、不同方式的引导和控制,使其发挥全力,这一现象恰好从侧面反映了"超Y理论"的观点。

(三)"复杂人"假设的相应管理策略

根据"超Y理论"提出的主要管理措施有:

笔记

1. 采用不同的组织形式提高管理效率。有的依据工作性质不同,时而采取固定的组织形式,时而采取灵活、变化的组织形式。有的采取直线式,有的采取直线职能式,有的采取立体形矩阵式形式。

2. 根据组织情况的不同,采取弹性、应变的领导方式,以提高管理的效率。若组织任务不明、工作混乱,应采取较严格控制的领导方式;若组织任务明确,则应采取民主的、授权的领导方式。创业阶段要有开拓奋斗型领导;成长阶段要有民主敬业与守业型领导;饱和阶段要有改革创新型领导。

3. 善于发现员工需要、动机、能力、个性的个别差异,因人、因时、因事、因地制宜地采取灵活多变的管理方式与奖酬方式。

(四)对"复杂人"假设的评价

"复杂人"的假设和应变理论含有辩证思想,主张根据不同的具体情况、针对不同的人采取灵活机动的管理措施,这无疑对具体的管理工作具有启发意义。如果能使管理真正做到针对每个具体个体实施恰当的方法,那么就有希望使组织中的每一个人都能最大限度地发挥自己的潜能,使工作达到最佳绩效。

"复杂人"人性假设理论及"超Y理论"与其他人性假设和管理理论一样,也有其局限性,不能机械地照搬。首先,这种人性假设过分强调个别差异,在某种程度上忽视了职工的共性,忽视了集体主义精神、团体意识、组织气氛在管理中的作用设想,在规模庞大的组织中,对每一个人都采用不同的管理方式,不要说管理者将疲于应付,而且实际上,这种不要一般性规则的管理已丧失了管理的基本意义;其次,过分强调管理措施的应变性、灵活性,不利于组织管理和制度的相对稳定,不利于正常规章制度的建立和稳定;再次,否认了管理规律的一般性特征,不利于管理科学的发展。

综上所述,西方人性假设理论的变化,从20世纪初的"经济人"假设,到20世纪70年代的"复杂人"假设,反映了对人性认识的深化与发展。不同管理理论与管理措施,不仅反映了人性认识上的差异,而且是与生产力发展水平、与职工的生活水平相联系的。西方的人性假设理论虽然存在着一定的局限性,但它揭示了管理的组织结构、管理方式对人性发展的依赖与影响。借鉴这些理论,根据马克思主义的人性观,发展适合我国特点的组织行为学理论具有重要的意义。

第三节 人性假设理论的启示

一、人性假设理论对组织管理的启示

(一)人性假设理论在组织管理中的应用

人性假设理论主要是针对人性提出来的一系列理论,它本着研究人性从而加强对人的管理的研究目的,只要组织管理者能够充分了解人性的特点,人性假设理论在当代组织管理中就会有用武之地。每个组织都有着自己原先的人性管理方式,当出现错误以后,对照人性假设理论的一些观点,便可以找到合理的解决方法,完善自己的管理措施,使人性假设理论能够在组织管理中发挥应有的作

笔记

用(图2-2)。

(二)树立以人为本的管理理念

在管理理念上,建立起以人为本的宗旨,从调动人的主动性、创造性和积极性的目标出发,这是管理研究从理论到实践发展到一定历史阶段的结果。在现代的组织中,人力资源作为组织发展的中坚力量,对组织的发展起到了积极的推动作用。人具有主观能动性,而组织中的任何一种物质资源都是客观的,需要通过人去利用和支配。因此,只有先管好了人,才能够合理地运用好其他资源。同时,人不仅可以支配客观资源,还可以运用自身的知识、能力为组织创造额外的价值,这是组织生存和发展的决定性因素。

图2-2 人性假设理论在组织管理中的应用

管理者的主要对象是人,如果管理措施不能够体现人本化、人性化的特征,将会导致管理工作的低效率乃至失败。人性化管理是现代组织管理的基本要求,这是由管理的本质特点所决定的。人性假设理论从不同角度对人性的本质进行了研究,其目的就是要求管理者在现代组织管理中根据人性假设理论的启示,辩证地运用好人性管理的有关措施,使组织管理工作充分体现以人为本的管理理念。

(三)营造自我实现的环境

马斯洛认为,人发展的终极目标是成为自我实现的人。人的发展除了自己努力外,还需要组织能够给员工创造一个体现自身价值、自我发展的条件和环境。

自我实现的条件和环境是由组织领导的思想观念和组织的管理制度所决定的,不同领导的思想观念形成不同的组织管理制度,不同的组织管理制度将对人的行为产生不同的影响。现代科学技术日新月异,任何组织要想在激烈竞争中立于不败之地,必须要重视对员工教育培训,使员工在不断吸收新知识、新观念的同时,通过提高自己来实现自身的价值。为提高员工自我实现的目标,组织应为员工的学习提供各种各样的机会,使员工在创造性地完成工作任务、实现组织目标的同时,也实现了自身的价值。为此,组织的管理制度是建立在"人性化"和充分发挥人的主观能动性的基础上。团队协作对实现员工自我价值是非常重要的条件,组织管理者应注重对员工团队精神的培育,使每一位员工都能够做到热爱团队、认同组织文化。另外,组织管理者应该通过制度建设为不同类型的员工提供富有挑战性、可以实现个人价值的工作。总而言之,"自我实现"的人性假设是具有"思想人"的理想追求,如果这种追求失去了应有的环境和条件,就会在挫折或失败中不断地破灭。现实条件下,我们看到不同类型专业人才的"跳槽"现象,不同类型专业人才移民到能够发挥自身能力、实现自我价值的国家的现象,都与"自我实现"的条件或环境的缺失有密切关系。一个组织,若不能够创造一个充分发挥个人才能,使员工有职业成就追求的工作环境,将难以有效实

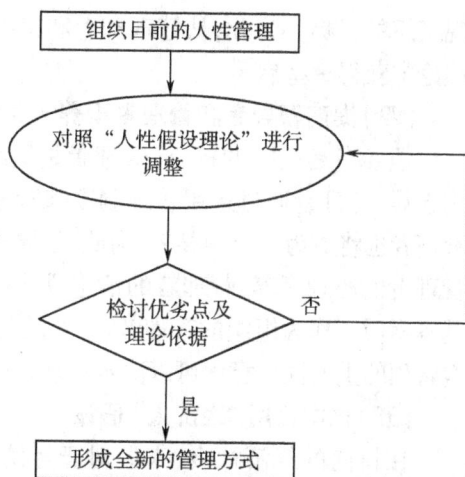

现组织的目标。为此,从管理理念和组织措施建设上,组织管理者应从人性假设理论中获得一些启示。

(四)提高领导者和管理者素养

领导者是组织的核心,管理者是组织的中坚。领导者通过个人的影响力影响下属,管理者通过运用管理制度来管理相应的人或事物。在一定条件范围内,管理者也将成为一个领导者。为此,领导艺术,管理者思想观念以及对人性的理解,管理者的心理素质,管理者的情感成熟程度,都是领导者或管理者所应当具有的基本素质。作为组织的管理者,重要的是正确认识、理解人性,意识到实行以人为本管理的重要性。意识可以决定行动,管理者的素养是实现以人为本管理。

(五)科学运用"经济人"假设

在目前的经济社会,人们对于经济利益是比较关注的,对于工作本能的反应,往往是经济利益上的满足程度,这也是由马斯洛需要层次理论的研究已经明确的现象。但是,"经济人"假设也有消极影响的方面。如果过于关注员工的个人经济利益,就会导致员工单纯追求"经济利益"而产生新的不平衡。因此,如果管理者长期从"经济人"假设的角度出发制定各种激励措施,那么会导致员工对工作和组织文化理解的错乱,他们会丧失目标的奋斗动力,会不断地追求金钱利益,"人性"将会被物质化,逐渐会影响到员工的整体品行。长此以往,这种以经济利益为目标的导向措施会违背管理规律,形成劣质组织文化,阻碍组织的健康发展。这就需要管理者科学地运用经济手段来提高员工的积极性。

二、人性假设理论对构建我国现代管理制度的启示

我国正处在社会经济转型的过程中,现代科学管理的思想正在逐步地建立和完善。其管理思想既不应回到"传统的孤立",也不应盲目的倾向西方,更不应在新、旧、中、西中徘徊不前。应从"古为今用、洋为中用"中汲取为我所用的管理思想,建立起适合我国国情的现代管理理论体系。为此,西方人性假设理论,在新的历史条件下对构建中国式管理理论体系也必然会给予一些管理思想上的启迪。

(一)建立"以人为本"的管理思想

组织管理理论与实践已经证明,有效管理的工作重点必须重视动员和组织广大职工的参与意识,使他们在获得自我价值的同时提高主动性和创造性,这也是从根本上增强组织活力,提高经济、社会效益的有效措施。各级领导干部和组织管理者都要坚决维护广大人民群众和职工的合法权益,保证他们的合理诉求。为此,在组织制度设计中,要建立人本为主的管理思想,形成人本管理的组织文化,完善以人为中心的组织工作体系。

(二)明确"以人为中心"的管理措施

"人"是构成世界的主题,在现实世界中,每个人都有多种多样的需要。如理论研究一样,我国的劳动者也同样存在多层次需要,既有以精神的满足为标志的高层次需要,也有以物的占有为标志的低层次需要。正是由于需要的多层次性,导致行为动机发生及对动机进行激励的手段也是多种多样的。以人为中心的管理就是要实现以人为本的组织管理体系,因此,制定激励机制的基本原则应当是:

笔记

1. 坚持思想政治工作密切结合实际管理工作的要求一道去做。

2. 坚持物质激励和精神激励相结合。

3. 坚持按劳分配为主体的社会主义分配原则。

管理体系中群体激励的内容和方法主要有目标激励,工作激励,行为规范激励等;个体激励的主要方法有尊重感化法,满足需要法,激发兴趣法,自我激励法等。

(三)培育先进的组织文化

文化的源泉是组织的历史,组织文化是与组织创立的价值观密不可分的。马克思指出:"'价值'这个普遍的概念是从人们对待满足他们需要的外界物的关系中产生的。"价值作为关系范畴,离不开主体,也离不开客体。客体对主体有积极意义就是有价值,没有积极意义或者消极意义就是无价值或负价值。对于管理学来说,价值观念是指管理主体对于管理客体环境自身有无意义的根本看法,是主体对客体进行选择的规范性认识。在现代管理中,人本管理思想是先进文化形成的基础,也是组织文化建设的主导思想。因此,在建立先进的组织文化体系中,形成共同的价值观念是至关重要的。只有共同的价值观念才有可能形成共同的行为趋向,保证组织目标的实现。但是共同价值观念的形成并不是一蹴而就的,要通过多种方式来培育和实现。培育和形成共同的价值观念,是个涉及政治、经济、社会心理、文化、环境诸方面的系统工程。一方面要在潜移默化的影响和规范下,形成群体行为的心理定势,即通过建立起群体的集体主义精神、文化定势来营造一个软约束机制;这个影响往往是不自觉的、无意识的,但它却又实实在在地起作用;另一方面要在"信条"、"准则"、制度、法律等刚性约束机制下形成自觉行为、整体行为。在培育共同价值观念的工程中,既要继续弘扬我国传统文化中的优秀遗产,使之为新时期服务,又要注重通过各种方式形成当代的规范机制。

(尹爱田)

本 章 小 结

组织管理中的重点是对人的管理,通过对人性的认识与掌握来明确调动人积极性的措施,任何管理措施都是建立在管理者价值观的基础上。为此小结如下:①任何管理活动都是以一定的人性假设为前提,管人需要对人有一个基本的、较为清楚的认识;②人性观的理论主要包括人的本质、人的价值以及人的需求三个方面;③西方的人性假设理论有多种,其中较为流行主要有四种:即"经济人"(rational-economic man)假设、"社会人"(social man)假设、"自我实现人"(self-actualizing man)假设和"复杂人"(complex man)假设的理论;④与四种人性假设理论相对应,有四种主要的管理理论,即"X理论"(theory X)、"人群关系理论"(human relation theory)、"Y理论"(theory Y)和"超Y理论"(the theory of super-Y);⑤管理者持何种人性假设,就会持何种管理理念,并表现出相应的管理行为,但没有任何一种理论能放之四海而皆准。对管理者来说,权变至关重要,人是组织中的核心要素。

笔记

【讨论思考题】

1.马克思的人的本质理论包含哪三方面的内容?

2."自我实现人"与"社会人"相比的优势?

3.X理论与Y理论的根本区别在何处?

4.人性假设理论对我国企事业单位的管理工作有哪些启示?

5.根据人性假设理论给我们的重要提示,你能够从案例2-1惠普公司的发展中得到哪些启示?在西方的四种人性假设理论中,我国卫生组织管理中,如何构建"以人为本"的管理理论?

笔记

第三章

需要、动机与行为

学习目标

通过本章的学习,你应该能够:

掌握 需要、动机和挫折的概念;需要、动机的种类;动机与行为的关系;动机与工作效率的关系。

熟悉 动机冲突的三种基本类型;动机的功能;挫折产生的原因。

了解 需要、动机与目标的关系;需要、动机与行为的关系。

案例 3-1

在成长过程中,杰里·斯莱特总是因为自己的独立而受到父母的表扬。上学后,他在课堂内外都表现得非常出色,他在学校担任通勤管理员和伙食班长职务。但是他的妈妈非常担心自己的孩子,因为他不能和同学很好地相处。对于这样的问题,杰里却说,我不需要他们,因为我能做的事情,他们并没有能力完成,我没有时间去帮助他们,我要提高我自己。杰里在高中和大学都非常出色,他的学习成绩在班上总是名列前茅,同时他还是高中和大学田径队中一位出色的长跑运动员。在大学的时候,他不愿意别人住在一起,自己单独住一个单元。毕业后,他进入一家大型的保险公司,不久就成为公司非常优秀的推销员。杰里非常自豪,因为他连续6年成为公司最出色的5位推销员之一。

在保险公司总部,负责主要人员晋升的执行委员会正在讨论中西部地区经理职位空缺的问题。人力资源部经理认为,中西部地区的业绩远远低于其他地区,正在拖整个公司的后腿,我们需要一个进取心很强的人来扭转这种局势。通过考察,我们建议杰里·斯莱特出任这个职位。大家已经看到,杰里的业绩是非常出色的,而且他的工作积极性也很高。所以我认为他是这个职位的最合适人选。

——摘自弗雷德·鲁森斯.王垒,等译.组织行为学.北京:人民邮电出版社,2004

需要是个体对生存和生活条件的客观需求的主观反映,也可以说是对客观现实的反映。它是个体心理活动的动力源泉。当个体对某些对象有需要时,就会出现心理上的不安与紧张,为了消除紧张,满足这种需要,就产生了行为的内驱力,即动机。从组织行为学来看,组织管理的重要问题之一就是如何有效地调动个体的积极性,而调动个体的积极性,就必须满足个体的合理需要,以激发起正确的动机。现实中,我们可以看到,个体有时会对几个对象同时产生多种不同

笔记

的需要,这些需要就会引发多个不同的动机,有时这些动机之间会发生冲突或者受到某些因素的影响,致使目的动机无法实现,使人产生挫折感。所以,研究需要、动机及挫折是组织行为学中个体心理的核心部分,它也为激励理论提供了客观依据。

第一节　需要与行为

一、需要的概念

需要(need)是个体对生理的和社会的客观需求在人脑中的反映。它是指客观的刺激作用于人的大脑所引起的个体缺乏某种东西时产生的一种心理状态。这种客观刺激既包括身体外部,也包括身体内部的刺激。人体为了生存和发展,就会对自然环境和社会环境产生一定的要求,例如人饿了想进食,是由于人饥饿时,血液中的血糖含量降低,血液成分失去了平衡所产生的刺激,经过神经系统将信息传输到人的下丘脑再传递到大脑皮质,产生了饥饿的感受,于是人们就有了进食的需要。为了充饥,有了对食物的需要;同样为了解渴,有了对水的需要;为了防寒,有了穿衣的需要;为了栖息,有了住房的需要;为了娱乐,有了歌唱的需要等。个体从基本的生理需要出发,进而产生劳动就业等一系列的社会需要。例如,振兴中华民族的要求反映到人的大脑,使人产生了强烈的责任感和劳动的需要。通过这些需要的满足,使人类获得与环境之间的平衡。

二、需要的产生

需要的形成和产生,主要源于客观的刺激。它分为两个方面:一是身体的内部刺激,它引起了个体的生理需要和心理活动需要。例如,机体因某种损害引起疼痛而需要诊治,这是生理、病理和心理上的需要。二是身体的外部刺激,它同样引起个体的多种需要。例如,某位医生服务态度好,医术也很高明,病人就会产生一定要让这位医生诊断治疗的择医心理需要。总之,需要的产生是有条件的,只有个体感到缺乏什么东西,产生不足的感觉或期望得到什么东西,有追求满足感觉时才能产生。需要作为客观需求的反映,不是消极被动的,它是受个体主观状况制约的,它同个体的兴趣、爱好、理想、信念以及世界观相联系,同时受个体的认知因素的影响。由于个体状况不同,需要也就不同。

三、需要的种类

个体的需要是多方面的,依据不同的标准,可以作出不同的分类。按照需要的来源进行分类,可分为自然需要和社会需要;按照需要对象的性质和内容进行分类,可划分为物质需要和精神需要。

(一)自然需要与社会需要

1. 自然需要　是指为了维持和延续生命所必需满足的需要,又称为生理需要,属于人们低层次的本能需要。如饮食、呼吸、睡眠、保暖、防御、繁殖等需要,它是由个体自身发展、遗传作用形成的。自然需要是人类和动物共有的,但动物只能依靠自然环境中现成的天然物质条件来满足它们本能的需要,而人类与动物的本质区别在于人类能够通过社会生产劳动,创造自己生存所必需的物质条件。另外,人类满足本能需要的方式也受着社会文化因素的制约和影响。

2. 社会需要 是指人们为了维持社会生活,从事社会生产和社会交往而形成的需要,是一种高级需要。如劳动、交际、成就、求知、道德、文化生活、尊重等方面的需要,这些需要是人类特有的,是在人类社会发展过程中形成的,并受社会生产和生活条件的制约。自然需要是社会需要的基础,而社会需要则是满足自然需要的正常条件。在现代社会中,一个健全的社会成员,在一定的生产关系中,都会占有一定的位置,起到一定的作用,这就能正常地满足他的自然需要。任何人必须有一定的社会行为(即便是违法和不道德的)才能满足他们的衣食之需。因此,社会需要与自然需要比较而言,始终是处于主导地位的。

(二)物质需要与精神需要

1. 物质需要 是指人们对生活用品的需要。它包括两个方面的内容:一是生理需要,即直接物质需要。如衣、食、住、行、用等需要,这是人的最基本也是最重要的需要。二是劳动的需要,即间接的物质需要。如劳动分工、劳动技能、劳动报酬等需要。物质需要既反映人们对自然界产品的需要,也反映人们对社会文化用品的需要,因此物质需要包括自然需要和社会需要。

2. 精神需要 是指人们为改善和提高生活水平而对文化教育、科学知识、道德观念、艺术欣赏、社交活动等方面的需要。即人对社会精神生活及精神产品的需要。

一般来说,在人的需要中,物质需要是基本的需要。但随着社会生产力的不断发展,物质和精神需要的内容会不断深化,范围也不断扩展,并且在物质生活条件有了一定保证的前提下,精神需要会向主导方向转化。物质需要与精神需要是统一的,物质需要是满足精神需要的基础,而精神需要又能调节、指导物质需要的满足。二者是相辅相成,不可取代的。

另外,还可以从其他角度进行分类,如按需要的实现程度,可分为现实需要和潜在需要等。

四、需要的特点

人的需要大致有如下特点:

1. 需要的指向性 即任何需要总是具有特定的对象的。例如,感到知识缺乏时就会有学习的需要,能满足学习的一切条件,就是学习需要的指向。需要总是对于某种东西的需要,包括对于某种物质性物品的需要,对于某种精神性因素的需要等。

2. 需要的连续性 人的需要并不会因为一次满足而终止,具有周而复始的特点。正如人体的新陈代谢,并不因某日摄取了足够的营养而终止,对某些人来说,有些需要是永无止境的。也有些比较复杂的需要并没有周期性,但是在具备一定条件时,它们也会多次重新出现,当然,这不是简单的重复。需要的不断重新出现是需要形成和发展的重要条件。

3. 需要的社会制约性 人是生活在特定的社会历史条件之中的,人的需要

笔记

是随着社会物质、精神文明的发展而不断发展变化的。在早期人类社会,人们的需要比较简单,大都是为了追求生理和安全的需要而活动。随着生产力的发展,人们物质文化水平的提高,需要变得越来越复杂,人们除了物质需要之外,还产生了多种多样的精神需要。如过去农民把"几亩地一头牛,老婆孩子热炕头"作为自己追求的生活目标,而新时期的农民,早已有了更为丰富、更为现代的理想生活目标。个体的需要都是在特定的历史条件下引发的,例如,原始人会产生获得一把石斧的需要,但是没有乘坐飞机的需要。因而,需要具有明显的社会制约性。

4. 需要的特殊性 需要因人而异,生活在社会中的每一个个体,由于所处的社会地位、个人的生活经历、对外界事物的主观感受等情况的不同,因而在需要方面也往往表现出不同的追求。例如,某大学同一专业的毕业生在就业选择时,有的选择从政,有的选择从商,有的选择从事科研工作,这些需要的差异主要与个体的兴趣、理想、信念及个性不同有关。

5. 需要的普遍性 虽然个体之间存在着许多的个性心理差异,但也有许多心理品质是一致的,即还存在着普遍性。对需要而言,也是这样。人们所说的"爱美之心,人皆有之"、"食色,性也",都反映了人类在需要方面的共性。我们说,不论是属于生理需要,还是属于社会需要,人类都有着某些共同的需要。主要原因有两点,一是人们感受内外刺激和形成感觉的生理器官、结构和机制是基本相同的,这是多数人产生共同需要的生理基础;二是人类的本性结构是人类心理结构的物质基础,既然人类的生理结构是相同的,那么,人们的心理结构和心理活动的规律也就必然有许多相同之处。所以,需要在一切正常人身上,也就有着许多共同的特征。

6. 需要的统一性 个体需要是意识与无意识,理性与非理性的统一。应该说,人的需要都应该是有意识的。例如,饿了要吃饭,渴了要喝水。人的需要又都是理性的。例如,为了多挣钱而拼命工作,但劳累时,就有休息的需要,而不是一直干下去,直至累死。但是,人的需要有时又是无意识的,如"男女搭配,干活不累"等现象就会有深刻的无意识内容,按照弗洛伊德的理论,人的心理结构由"本我"、"自我"、"超我"三个部分组成。"本我"即无意识,是一种性欲的原始、本能的冲动,它遵循"快乐的原则",强烈地寻求发泄和满足。在心理结构的三部分中,"本我"即无意识的欲望冲动是最根本的东西,它是人的先天的本质,是人的心理的根本要素。就是说人们的任何言行都不是偶然的,都是某种需要的表现,但这种需要自己未必能意识到,常常是无意识的。

另外,人的某些需要也存在着非理性成分,如"贪心不足蛇吞象"等就蕴含着需要的非理性内容。

第二节 动机与行为

一、动机的概念与功能

(一)动机的概念

动机(motivation)是一种驱使人进行活动,从而满足需要、达到目标的内部动力,又叫内驱力。对个体而言,动机往往是以愿望、兴趣、意图、信念、理想等形式表现出来,是激励人们行动的主观因素,是推动人们行为的直接原因。所以,动机是行为的直接动力。动机的实质是需要,但它又不是需要本身。动机产生于人的需要,在社会生活中形成并得到发展。所以,动机与需要有相似之处,但也有所区别。需要是人积极性的基础和源泉,动机则是推动人们去进行某项活动的直接原因。只有当人的需要具有某种特定的目标时,需要才转化为行动的动机。可见,动机是需要和行为的中介,需要引起动机,动机引发行为。例如,一个在沙漠中行走的人,十分口渴,他有饮水的强烈需要,但是周围如果没有水源,就不会促使他形成"找水、喝水"这样有目的的行动,只有当他发现远处有一片绿洲时,才会促使他进行有目的的行动,他会飞快地奔向水源。

动机同需要一样,有许多表现形式。人的行为不是由一种动机所驱使,在一般情况下,推动人们活动的是几种动机的综合。这种动机的综合被称为"动机模式"或"动机系统"。当多种动机指向同一目标时,这些动机所产生的合力效果就很大,如果多种动机指向不同的目标,尤其是当目标的方向相反时,那么个体的愿望根本无法得到满足,就会产生动机斗争,分散动机的力量,而使人出现焦虑不安、举棋不定的情形。

动机有其自身的结构。一般来说,动机包括两种因素,一是认知因素,即对自己内部需要,外界客观事物能否满足自己的需要,以及追求这种客观事物现实后果的认识。动机的形成,都是以这些认识为基础的。二是情感因素,即对客观对象认知过程中,总伴随着一定的情感体验,或喜欢或不喜欢、或满意或不满意,这些会有助于认知活动,对客观对象的认知有影响。

(二)动机的产生

心理学研究表明,动机是在需要的基础之上产生的,被意识到的需要又可成为愿望,愿望才能产生动机。但是需要产生动机和动机支配行为是有条件的。一是内在条件,也就是指个体缺乏某种东西或期望得到某种东西,所缺乏的东西可能是体内维持生理需要的物质因素(如水、食物等),也可能是社会环境中的心理因素(如友谊、社会交往等),当个体缺乏这些东西的时候,身心就会失去平衡,产生紧张状态,从而感到不舒服。二是外部条件,也就是指个体由外界的刺激而产生的需要。例如,看到游泳馆,就产生了要去游泳的需要;看到夏日的骄阳,就产生了打伞遮阳的需要。动机可以由当前的具体事物引起,也可以由事物的表象和概念或者个体的信念、道德和理想等引起。

总之,引起动机的外部刺激一定是能够满足需要的、现实的物质或精神的目的物。例如,人在饥饿的时候,必然有进食的需要。然而,在他行动所及的范围内,如果仅有一些垃圾,即便是"饥不择食",也不会引起就餐的动机。可见,这里所说的外部刺激,是指能满足需要的适宜刺激。

由此可见动机产生的过程实际上就是需要、驱力和目标相互转化的过程。当需要发生时,个体就会产生一种缺乏感,由此而产生消除缺乏感的驱力,从而向目标行动。因此,动机是在一种缺乏、不安、紧张的状态下,内心存储了行为的动力。当机体产生动机时,为满足动机必然会有行为的表现,这种表现就是为了

笔记

消除缺乏、不安、紧张等现象。当个体达到目标后,驱力就会被缓解,其生理和心理的不平衡状态也得到缓解。动机的产生过程可以用下图表示(图3-1)。

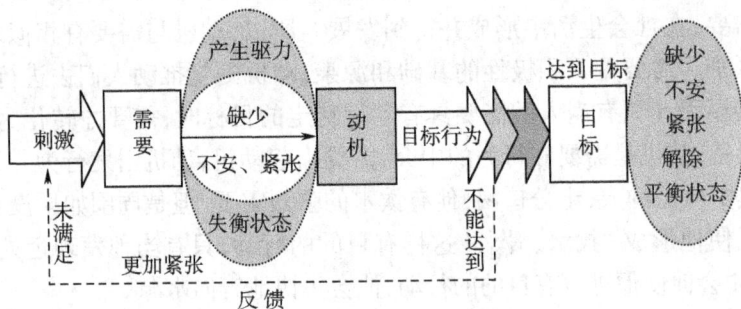

图3-1　动机的产生过程

(三)动机与目的

动机与目的相互联系、相互区别。动机是推动人们进行有目的活动的直接原因,是心理活动,而目的则是人们进行活动所要达到的结果。动机和目的有时是一致的。在人们的简单行为中,动机和目的是比较相符的;而在复杂的活动中,动机和目的是有区别的。目的相同,但推动人们达到目的的动机可能很不相同。比如,一些学生都把考上大学作为自己的目的,但他们的动机却各不相同。有人是受找到更好的工作,过上优越生活的动机所驱使;有人则可能是受到把农村户口转为城市居民户口的动机驱使等。另一方面,有时动机是相同的,但是体现目的的行动不一定相同。例如,工人积极生产,教师认真工作,学生努力学习,其动机都可能是为了国家的发展和繁荣,但是他们的行为表现形式却不一致。

在实践中,动机与目的的区别不是绝对的,一般说来,动机比目的更为内在,更为隐藏,是推动人们行动更为直接的因素。在一定条件下,动机可以转化为目的,目的也可以转化为动机。所以,在日常生活中,动机与目的有时被当作一回事。动机引起行动,行动引起变革客观事物的效果。动机和效果之间的关系可能是一致的,也可能是不一致的,但一个人的真实动机和行动效果之间总是有经常的、本质的联系。

(四)动机的功能

动机是活动或行为的直接原因,它能发动行为,规定行为的方向,保持或巩固行为,减弱或消除行为等。动机有下面几种功能:

1. 始发功能　动机是行为的直接原因,是行为的内驱力。动机能够引发行为,当人们只有某种需要,还没有形成动机的时候,需要还处于潜在状态,也没有具体的意愿和目标,当然也就没有行动。一旦形成动机,则可以立即唤起人们的行为,这种唤起作用,亦就是对行为的始发功能。

2. 指向功能　动机能够引导人们的行为朝着某个特定的方向、预期的目标前进。动机引起行为,是为了达到目标,以满足需要。因为在动机的认知成分中,已包含了目标的选择。所以,动机唤起的行为,实际上是一种达到目标的行为,即已规定行为的方向。这就是动机的指向功能。

笔记

46

3. 强化功能　动机对行为的调节作用,有加强和抑制两个方面,直到需要得到满足。动机可以因为行为的预期结果得到加强,并使行为重复出现;动机也可以因为行为的结果不良而得到削弱,并使行为减弱或消失。心理学家把前者称为正强化,后者称为负强化。正强化对行为起着肯定和加强的作用,负强化对行为起着否定和抑制的作用。

二、动机的种类与冲突

(一)动机的种类

人的动机是多种多样的,可以根据不同的标准进行分类。

1. 基本动机　人的一些动机是生理性的、非习得性的,它们可以称为生理动机、生物动机、非习得性动机或者基本动机,在这些名称中,基本动机更加全面。基本动机有两个标准,一是非习得性,二是基于生理的。它包括饥饿、口渴、睡眠、避免疼痛、性、母性照料等。

2. 一般动机　一般动机是非习得性的,但不是基于生理的。这种动机源于基本需要,而非一般需要。通常基本的需要寻求减少紧张和刺激,而一般需要则会引导个体增加刺激量。一般动机与组织行为直接或者间接相关。一般动机包括好奇心、控制和活动动机以及情感动机。

(1)好奇心、控制和活动动机:心理学家早期的研究发现,实验动物有着先天的动机或者驱力,这种动机驱使他们进行探索、控制物体或者进行活动。将实验动物猴子放置于一个不熟悉或者新奇的环境中时,该现象表现得非常明显。经过实验观察,心理学家推测的猴子存在好奇、控制和活动动机是存在的。这种动机同样发生在人类身上,而且更加强烈。我们在儿童身上可以看到他们的好奇心、控制和活动的动机很明显,这些动机尽管有时会让儿童陷入困境,但却会一直伴随他们进入成年,而且大有好处。在组织和社会中,如果不允许人们表达他们的好奇心、控制和活动的动机,他们可能就得不到激励。每天8个小时固定在办公室或机器边上的工作者,他们的好奇心、控制和活动的动机可能得到压抑。德克萨斯大学一项研究发现,把大多数时间花在自己对其缺乏控制的工作上的人,早亡的风险高出43个百分点,从事枯燥、被动工作的人,其早亡的风险也要高出35个百分点。好奇、控制和活动的动机如果不能进行很好的表达,组织或者社会将进入低迷、沉闷状态。

(2)情感动机:情感动机既属于基本动机,又属于次级动机。它与基本动机中的性动机有紧密联系,又与次级动机中的亲和动机存在联系,所以情感动机有时同时被归到三种动机类型中,有时又被看成是一个独立的动机类型。情感动机包括爱、爱情等情感成分,其所扮演的角色在现代社会中越来越重要。

3. 次级动机　在对组织行为的研究中,一般动机比基本动机重要,而次级动机就更加重要了。随着经济的发展,人类社会日趋复杂,在对行为的激励上习得的次级动机越发显示其重要性,习得的次级动机在组织行为的研究中是占主导地位。次级动机(secondary motives)与学习密不可分,某种动机归为次级动机,必须是学习得到的,人类许多动机都符合这样的标准,例如权力动机、成就动机

笔记

和亲和动机,当涉及组织行为时,安全和地位的动机也是重要的次级动机。

(1)权力动机:权力动机研究的时间较长,它的推崇者是心理学先驱阿德勒。阿德勒强调的是个体的将来,他认为占据个体主导地位的动机是对权力的追求。为了解释权力需要——控制他人的需要或动机,阿德勒引入了两个概念:自卑情结与代偿。他认为每一个儿童都会经历某种程度的自卑情结。当自卑情结与儿童天生的对权力的需要结合在一起以后,将规范所有的行为。对内心自卑情结的代偿与天生的权力动机联系在一起,决定了个体的生活方式。

现代心理学家不承认权力动机是天生的和占主导地位的,但是近年来这个问题又重新引起了人们的兴趣。在美国现代社会中,对权力的渴望随处可见。政治家可能是最好的例证,而任何一个在社会组织中拥有相当地位的个体,也都会表现出对权力的高度渴望。权力动机对于组织的领导以及组织中非正式的群体都有明显的应用价值。有关行动导向的文献强调员工授权的价值,建议使用权力作为奖赏,如采用让员工选择、制定自己的工作目标以及提高他们所承担的责任等,对员工进行激励。另外,权力动机包括社会权力动机与个人权力动机,它们是有区别的。社会权力是有效领导的一个特点,能够用于培养追随者对领导者的信任和尊重,经常与领导者的愿望联系在一起。个人权力主要是指个体支配他人以及实现领导者个人目标的能力。权力需要已经成为组织行为学研究所关注的最重要的一个动力学因素。

(2)成就动机:成就(achievement)被定义为个体希望完成挑战目标,在竞争的环境中获得成功以及渴望得到明确的绩效。一个具有高成就需要的个体在这个定义中的各方面均具有较高的水平。主题统觉测验是研究成就需要的有效工具,该测验能够很好地辨别和测量成就动机。该测验通过以下形式进行测试,例如,一张图画上一个年轻人正在耕地,太阳快要下山了。要求受测者根据在图片上看到的内容讲一个故事,这个故事的内容就能够投射出个体的主要动机。如果受测者认为图片中的人很遗憾,太阳都快下山了,可年轻人还有那么多的地要耕种,甚至他还想在下雨之前播种下去,这样的故事描述就会表明受测者有很高的成就动机。而如果受测者认为图片中的这个年轻人太高兴了,太阳快要下山了,年轻人终于可以回家了,喝上一杯酒好好休息一下,这样的故事描述就会表明受测者有较低的成就动机。这种测量成就动机的研究方法比较有效,所以心理学家经常以此为例,来反映出行为科学是可以产生知识和见解的。

哈佛大学的心理学家戴维·C·麦克莱兰(David C. McClelland)对成就动机和权力动机进行了大量的研究。麦克莱兰对多个成就动机的各个方面进行了全面的探讨,通过大量的研究得出了高成就动机者的一系列清晰的特征。这些具体的特征包括:中等的冒险水平、及时反馈的需要、对成就的满足、全身心投入工作等。

(3)亲和动机:亲和在人类的行为中扮演一个非常复杂同时也非常关键的角色。亲和(affiliation)可以被定义为个体寻求他人的认同、遵循他人对自己的期望以避免与他人发生冲突。具有高亲和动机的人表现出非常高的愿望,希望自己能够被其他人接受。行为科学家认为,亲和动机是一个非习得的驱力,其实在霍桑实验中,亲和动机对于组织成员行为的重要性就已经非常清晰了。工作

笔记

者的亲和动机强,就能够被团体所接受,成为团队中的一员。

高成就动机者的行为

高成就动机者的最佳代表是那些开创和管理自己事业的企业家,尽管他们不能在自己的公司工作超过5年,但是他们中的很多人是非常成功的,能够在一段不确定的时间内使企业保持领先。这些成功的企业家是如何做事的? 在开始他们的新工作之前,他们首先要避开哪些潜在的威胁和问题? 创业之前,他们首先要确保企业在刚开始的两年内生存下来,尤其对多数小型企业而言,是最关键的时期。他们所采取的战略步骤包括:

1. 制订一个五年计划　这可以确保企业运作的60个月内,他们有一个明确的目标。这个计划一般按年或者季度提前宣布。

2. 准备充足的资金　他们可能遇到的最大问题是资金链条断裂。为避免这种情况发生,成功的企业家一般准备比自己的预算多一些的资金储备来以防万一。这样一来,即使销售没有预想那样顺利,公司也有足够的资金渡过难关。

3. 对市场进行检验　成功的企业家会对他们的市场进行调查,以确保他们销售的产品或者服务在市场有足够的需求。如果需求不足,他们就会考虑其他区域的市场,如果需求旺盛,他们就会确定需要进一步开发的具体目标市场。

4. 不要将"不"作为答案　如果银行拒绝贷款,成功的企业家会找出其中的原因;如果他们的财务计划存在漏洞,他们会进行修改;如果项目的成本太高,他们会想办法降低成本。他们会在必要的时候重新回到银行申请贷款——或者找其他的金融机构为他们提供贷款。

——摘自弗雷德·鲁森斯.王垒,等译.组织行为学.北京:人民邮电出版社,2004

（4）安全动机:安全动机是个体在生活中习得的动机,能够保护他们免受生活突发事件的影响,避免那些使他们的基本、一般和次级动机无法得到满足的情境。安全是非常强烈的动机,无论是恐怖事件,还是日常生活中不安全的因素,例如,偿还房子贷款,维护爱情,保持一份好工作等,都需要安全动机。工作安全尤其会对组织行为产生很大的影响,在对组织承诺的讨论表明,由于企业裁员,以及临时工和合同工的盛行,各个层面的工作者都对自己的工作感到不安全。

4. 内源性动机和外源性动机　根据动机的来源可将其分为内源性动机和外源性动机。内源性动机是自个体内部产生的,即是这些激励因子将个体与任务或者工作本身联系起来。内源性报偿包括责任感、成功感、成就感,它们是通过经验习得的,还包括挑战感或竞争感,它们涉及某些要求比较高的任务或目标。完成有意义的工作总是与内在动机相联系的。

外源性动机是能够触及和观察到的,是由他人或机构进行分配的。在工作环境中,外源性动机包括工资、福利和晋升;也包括避免惩罚,例如避免解雇或者调职等。对于组织而言,外源性激励因素经常被用于鼓励员工达到更高的绩效水平或者新的目标。

内源性动机和外源性动机不是完全独立的。许多激励因素既包含内源性动机又包含外源性动机。例如,销售员在销售竞赛中获得了优胜并且得到了奖励,是一个外源性激励的因子,但是在竞争的情境中获得"优胜",也可能成为销售员更大的内源性动机。

5. 积极动机与消极动机　根据对社会作用的利弊将动机分为积极动机和消极动机。动机引起的行为对社会有益的,称为积极动机,也称为正确动机。例如,劳动动机、创造动机、责任动机、成就动机和学习动机等。动机引起的行为对社会不利或有害的,称为消极动机,也称为错误动机。例如享乐动机,推诿动机、报复动机、损害动机和破坏动机等。当错误动机导致行为触犯法律时,就会构成犯罪动机。

6. 优势动机和辅助动机　按照动机在活动中所起作用的大小可分为优势动机和辅助动机。人的各种行为不仅是由一个动机驱使的,有时在同一时间里常常会有几个动机同时出现,我们把比较强烈、稳定,对行为起支配作用的动机称为优势动机。例如,一个人登山口渴的时候,求饮的动机驱使他到处去找水,但当他累得筋疲力尽的时候,这时休息的动机就取代了求饮的动机,成为优势动机,去支配他的行动。一旦疲劳解除到一定程度时,求饮的动机就会再度成为优势动机。人类的行为都是由优势动机决定的。我们把较弱、较不稳定,对个体行为不起支配作用的动机,称为辅助动机。不同的动机可以具有不同的激励作用,但是某种动机对一定的个体能够发生多大的推动力,最终以个体动机体系的特点为转移。

7. 长远动机和短暂动机　按照动机的持续时间及稳定性划分为长远动机和短暂动机。长远动机是指在相当长的一段时间内驱动行为的动机。它持续作用时间长,作用范围广,较为稳定,不易受偶然因素的干扰。例如,医生为病人解除痛苦,这种高尚的医德动机是引起、维持和调节医生整个医疗活动过程的,属于长远动机。人们常常因为这种高尚的动机,而主动去克服困难、遇变不惊、不骄不躁。短暂动机是指只能在近期内推动和调节行为的动机,短暂动机易受情绪的支配和影响,不稳定。它虽然作用时间短暂,但是却对行为起直接推动作用。

(二)动机的冲突

现实生活中,有时会同时存在许多动机。我们知道,人的行动是由最强的优势动机所决定的。但是,优势动机的确立却会因为有矛盾的动机同时存在,而形成动机冲突,或动机斗争。动机冲突一般有下列三种基本形式。

1. 双趋冲突　两个目标对个体具有相同的吸引力,并引起同等强度的动机。但是,为情形所迫,只能从二者中选取一个。这就造成了"鱼与熊掌不可兼得"的难以取舍的矛盾心理状态。例如,有的患者既想入院治病,又怕工作离不开、放不下。

2. 双避冲突　两个事物对个体可能会同时造成威胁或厌恶,于是个体对此产生了同等强度的逃避动机。但是迫于情势,必须接受一个,才能避免另一个,即"前怕狼,后怕虎"的左右为难、进退维谷的处境造成的心理紧张状态。

3. 趋避冲突 对单一的事物同时产生两种动机,一方面好而趋之,另一方面又厌而避之。例如有的患者既想通过手术解除病痛,又担心手术可能给身体带来的负面影响,这就形成了动机的趋避冲突。

三、动机、目标与效率

(一)需要、动机与目标

组织目标应该由组织成员共同努力来实现,所以调动个体积极性就成为组织管理中的重要问题,也是激励理论的核心。因此,必须研究人的行为动机,探索个体心理和行为的规律。因为人的任何活动都是为了满足自己的需要,需要成为个体行为的出发点。所以,研究需要、动机与行为的关系是激励理论的基础。

需要、动机、目标是动机过程的三个关键因素,可以说,需要唤起了指向目标或诱因的动机或驱力,这就是动机的基本过程。从一个系统的观点讲,动机存在于以下三个既相互独立又相互作用的因素之中。

1. 需要 当个体生理或心理出现不平衡时,需要就产生了。例如,我们的身体缺少食物时,需要就产生了;我们缺少友谊时,需要也会产生。

2. 动机或驱力 动机或驱力主要是用来缓解需要。生理上的动机主要是指有行为指向的缺失状态,生理和心理上的动机是行为导向的,为指向目标的行为提供了动力。动机在动机的基本过程中,处在非常核心的位置,例如对对食物的需要转化成了饥饿的动机或驱力,对朋友的需要转化成了亲和的动机或驱力。

3. 目标或诱因 动机过程中的最后一个环节是目标或诱因,它是可以减轻需要、降低动机水平的任何事物。实现目标或获得诱因就可以重新恢复生理或心理上的平衡,减轻或者消除动机的影响。饮食、喝水、交友都可以使我们恢复平衡,减轻相应的动机或驱力。这里的食物、水、朋友都是目标或诱因。

一般来说,当人产生某种需要而又没有得到满足时,会产生一种不安和紧张的心理状态。在遇到能够满足需要的目标时,这种紧张的心理状态就转化为动机,推动人们去从事某种活动,向目标前进。当达到目标时,紧张的心理状态就会消除,需要获得满足。这时,人又会产生新的需要,这是一个不断循环反复的过程,使人不断地向新的目标前进。

人的需要、动机和目标三者之间存在着密切的联系。需要是动机的基础和源泉,动机则是推动人的行为的直接动力,而目标又是动机的结果。实际上,人们在从事某一实际工作之前,内心就会预先估计所能达到的成就目标,然后驱动全力向此目标努力。如果工作结果达到或超过了自己的目标,便会有一种成就感,否则就会有失败感、挫折感。因此,管理者必须多接触员工做好长期的观察,洞察员工的需要,激发其良好的动机,以引导其表现出正确行为。

(二)动机、行为与工作效率

1. 动机与行为 动机除了具有激活和维持行为的功能之外,它与行为的关系非常复杂。同一种行为可能有不同的动机,也就是说各种不同的动机能够通过同一种行为表现出来。例如,在企业新技术进修班集体中,学员们的动机是多

笔记

种多样的。有的学员希望自己成为优秀学生、尖子生,能够得到老师和同学的表扬;有的学员为了不辜负领导和家人的期望,更好地报答领导和家人的恩情;还有的学员希望自己掌握好新技术,将来更好地为国家作贡献;也有的学员学习动机不明确,每天都在混日子。这些不同的动机都表现在学员们的同一种学习行为之中。当然,学习动机不同,学习的效果也会不同。另外,同一种动机,也能有不同的行为,即不同的行为可能有同一种或者相似的动机。例如,同一个班组的学员周末休息,有的去了电影院,有的去散步,有的去滑旱冰,有的去划船,还有的去打篮球等。

在同一个体身上,行为的动机也是多样化的,有些动机占主导地位,为主导动机或优势动机,有些动机处于从属地位,为从属动机或辅助动机。例如,某学员的主导学习动机是掌握新技术,将来为国家奉献自己,同时他也有成为尖子生,报答领导和家人恩情的愿望,这些则为从属动机。主导动机与从属动机的组合,组成了个体的动机系统,从而推动了个体的行为。因此,个体的行为一般都是由他的动机系统所推动的。

总之,动机与行为的关系十分复杂,只有了解一个人的动机,才能较为准确地解释其行为,并对行为作出比较准确的控制与预测。

2. 动机与工作效率　动机与工作效率的关系主要表现在动机强度与工作效率的关系上。按照常理推测,认为动机水平越高,对行为的影响越大,工作效率会越高;反之,动机水平越低,工作效率越低。但实际情况并非如此。研究表明,动机水平与工作效率之间不是线性关系,而是倒U形曲线关系。中等水平的动机是最有利于任务完成的,即动机为中等水平时,工作效率最高。如果动机超过这个水平,对行为反而会产生阻碍作用。

著名的耶克斯－道德森定律(Yerkes–Dodson Law)认为,各种活动都有一个最佳的动机水平,动机水平过低或者过高,都会使工作效率下降。而且动机的最佳水平随着任务的性质而发生改变。在比较容易的任务中,工作效率随动机的提高而上升;在难度较大的任务中,动机的最佳水平有逐渐下降的趋势,即在难度较大的任务中,较低的动机水平有利于任务的完成。

四、动机的调整与控制

个体的动机与社会行为规范、组织目标并不完全一致,有时还可能出现冲突。所以,要注意对个体动机进行必要的调整与控制。

(一)改正消极动机

改正消极动机应该从以下两方面入手。

1. 社会舆论　在社会生活中,人们对于能够接受或不能容忍的个体行为,都会通过舆论表现出来,或对正确动机同声赞扬,或对错误动机一致谴责。管理者要善于引导舆论,加强群体规范的制约性,使个体对错误动机自觉予以修正。

2. 个别教育　管理者应当对组织成员进行细致的个别教育,使他们的错误动机向着正确动机转化。例如,帮助职工发展合理需要,设立向上目标,指出消极动机的危害等。

笔记

（二）消除动机冲突

动机冲突在个体的活动中经常出现,这时个体常常表现出紧张、彷徨不定或踌躇不安的心理状态。因此要引导人们选择正确的动机,在动机冲突中尽快地解决矛盾,从而使积极动机成为推动个体行为的优势动机,这是管理者需要研究的问题。

1. 正视现实,寻找机会　当个体产生合理动机,又苦于客观条件限制而无法满足时,要放眼未来,在客观条件充足的情况下进行实施。

2. 自我调节,有舍有取　我们应该认识到,做任何事情都会有许多障碍,这些障碍会影响动机的实现。当遇到冲突时,要根据具体情况理智考虑,权衡轻重,或择一而满足之,或折中而兼顾之,对动机冲突采取积极措施,以减轻心理反应。

3. 积极引导,激发高尚情操　道德情操是用一定道德标准评价人的行为时所产生的内心体验。行为符合道德标准便产生积极监督力量。当个人动机与国家和集体利益不符时,要通过积极引导,激发其高尚情操,放弃错误动机,以获得正确动机的满足。

（三）发展积极动机

发展积极动机应当从以下几方面入手:

1. 提供充分理由,促成积极动机的形成　想做一件事情的理由越充分,去做这件事情的动机就越容易形成。例如,医院管理者希望医护人员产生支援贫困山区的动机,于是经常作动员报告,从现实意义讲到长远意义,从医务人员的道德责任讲到经济上的照顾等,归根结底是想指出支援贫困山区的必要性和可行性。一般论证得好,人们就会被说服而动员起来,从而就建立了一个期望建立的动机。

2. 肯定行为结果,强化积极动机　让一个新产生的动机引发行动,在行动中强化,这个动机便能稳定而持久。例如,对一个刚刚产生要进修学习而提高业务动机的某县医院的医生,如果能及时让他到条件好的医院去学习,在进修学习之后他的医术提高了,获得了医院和病人的好评,那么这位医生不断提高自己的动机就会稳定而持久。

3. 强化理智力量,端正个人动机　如果动机与理想、信念相联系,并且能够在行动中体验到它的社会效果,动机的力量可以得到更大地增强。例如,支援边疆的工作人员,如果在工作中其辛勤的劳动得到了群众的认同和舆论的宣传,显示了社会效果,这时献身边疆的动机就会更加牢固。

4. 运用"定步速作用",维持积极动机　当人们把自己的行动与目标不断地加以对照,记录实现目标的进程,知道自己前进的速度和不断缩小达到目标的距离时,动机便会得到维持和加强,这叫做"定步速作用"。定期检查、考核和总结,就有"定步速"的意义,它能使员工增强做好工作的动机。

第三节　挫折与应对

挫折理论研究的是阻碍个体积极性发挥的各种因素。人们在生活和工作中,

笔记

会遇到各种障碍,遭遇各种挫折。所以,了解挫折产生的原因,挫折的表现以及应对挫折的方法,对于做好组织管理工作,调动人们的积极性有着重要的意义。

一、挫折的概念与类型

(一)挫折的概念

挫折是个含糊的概念,它包括多种不同的含义。挫折既可看成是一种外部条件,又可看成是个体对这种条件的反应。例如,乘车去参加考试,结果遭遇堵车,这时挫折可以理解为"堵车"这一外部条件,也可以理解为个体不能按时参加考试而产生的心理紧张的情绪反应。在对挫折的含义理解上,有两种看法。一种认为挫折是指阻碍个体动机性活动的情境,即把挫折理解为一种刺激情境;另外一种认为挫折是指个体动机受阻后所产生的情绪扰乱状态,即把挫折看成是个体的情绪反应。

我国学者比较倾向第二种说法。如俞文钊把挫折定义为:"个体从事有目的的活动过程中,遇到障碍或干扰,致使个人动机不能实现,个人需要不能满足时的情绪状态"。孙彤指出:"挫折是指个体从事有目的的活动,在环境中遇到障碍或干扰,使其需要和动机不能获得满足时的情绪状态"。张伯源、陈仲庚则认为:"挫折是指人们在某种动机的推动下所要达到的目标受到阻碍,因无法克服而产生的紧张状态与情绪反应"。

我们将挫折定义为:挫折(frustration)是个体在从事有目的的活动过程中,遭遇障碍或干扰,使其动机受阻而导致需要不能满足的情绪状态。

(二)挫折产生的原因

引起挫折的原因有很多,但是基本上就是客观和主观两个方面。人们受挫折的程度经常因为主观感受而有所不同。

1. 客观因素 客观因素主要是指自然环境因素和社会环境因素。自然环境因素是指个人能力无法克服的来自自然界或外部物理环境的因素对人们活动的限制,如天灾、气候变化等;其他如意外事件、疾病和衰老、亲友的生离死别、环境污染等,这些均可以对个体造成挫折。社会环境因素是指个体在社会生活中所遭遇到的人为因素的限制,包括政治的、经济的、种族的、宗教的、道德的、风俗习惯的以及家庭因素的影响。如政治动乱、种族歧视、人际关系紧张,以及婚姻、恋爱、家庭矛盾等常会造成挫折情境。社会环境因素对动机的作用比自然环境因素更为重要,影响也更为深远。在组织成员的现实生活中,人际关系紧张、工作条件不充分、教育方法不得当、管理方法不妥善以及生活环境恶劣等,都可能是造成挫折的主要客观因素。

2. 主观因素 主观因素主要是指个体自身的条件和动机冲突。自身的条件主要包括生理和心理条件。生理条件限制主要指与生俱来的容貌、身体的各种缺陷等因素所带来的限制。心理条件限制指的是个人的能力、气质、性格特征等造成的限制。例如由于个人体力和智力条件的限制不能达到目标,或由于个人健康状况不良或生理上的缺陷,不能胜任某项工作,或知识经验不足和智力水平较差,在工作中遭到失败。动机冲突是指个体在日常生活中,多种需要产生了多个动机,在动机的相互斗争中表现为对立或排斥,结果这些需要根本无法同时获得满足,个体为此产生了挫折感。

(三)挫折的类型

了解挫折的不同类型,以使我们面对不同的挫折时更好地去应对。

1. 严重挫折与一般挫折　这是按行为目标的重要程度划分的。严重挫折是指一个人的重要目标受阻而产生的挫折;所谓一般挫折是指一个人的一般目标受阻而产生的挫折。一个人一生所追求的目标是多种多样的,但并非都是重要目标。例如到郊外旅游因天气恶劣而未能实现,所构成的挫折,就不是严重的。而一个对高考升学十分期盼的人由于分数低而落榜,目标未能实现,这种挫折就属于严重挫折。只有那些能决定一个人的前途命运、生死攸关的目标,才是重要目标。当然,目标是否重要,取决于不同人的不同感受。甲认为是重要的目标,乙可能觉得并不重要。我们不可能对重要目标作出十分严格的界定或制定出绝对的标准,目标重要与否,主要还是取决于个体的差异。

2. 多重挫折与单一挫折　如果按遭受挫折的频度划分,可分为多重挫折和单一挫折。多重挫折是指一个人在特定的时间内,连续或同时遭到多种挫折的干扰。例如,人们常说的:"漏室偏逢连夜雨,破船又遇面头风",就是多重挫折的表现。遭遇多重挫折时,各种挫折同时袭来,使人难以应对,对人会发生较大的影响。社会及组织,应当对遭遇多重挫折的人,予以特别的关注。单一挫折是指一个人在特定的时间内只遭到一种挫折的干扰。这种挫折可能是严重的,也可能是轻微的。由于造成这种挫折的渠道较为单一,因而比较容易克服。

3. 自然挫折与人为挫折　根据引发挫折的原因,可分为自然挫折和人为挫折。自然挫折是指由自然因素引起,非人力所能控制的挫折。这种挫折,有的来源于自然灾害,常有突发性,使人难以预料和预防,例如地震等;有的则来源于物质世界运动的客观规律,如衰老、死亡等;自然挫折也可以来源于个体先天或后天形成的生理或心理因素,例如,因个人的容貌、智力水平,或身体残疾、缺陷等,使自己所追求的目标难以实现,这些因素造成的挫折均属于自然挫折。

人为挫折是指由于人和社会因素所引起的,能够为人力所控制的挫折。这种挫折可分为两个方面,即自致性人为挫折和它致性人为挫折。自致性人为挫折可理解为由受挫者本人所导致的挫折。例如,因目标的期望值过高而难以实现;因动机的冲突而陷入两难境地;由于知觉偏差造成的误解等。它致性人为挫折可理解为由受挫者以外的他人或社会因素所导致的挫折。如因领导者的官僚主义作风使职工感到压抑;两情相悦的青年男女因门不当户不对而不能成为眷属等。作为一名社会成员,每个人时刻都会受到政治、经济、种族、宗教、道德以及人情、风俗习惯、人际关系等十分复杂的因素限制,致使人的动机、目标的满足和实现局限在一个固定的范围内。所以,非自致性人为挫折,是一种非常重要的挫折类型。在管理情境下人们所遭遇的挫折,大都为非自致性人为挫折。

4. 社会挫折与个人挫折　这是按照遭受挫折的对象划分的。社会挫折是指由个体所组成的社会生活共同体所共同面临的挫折。国家动乱、民族衰亡、企业亏损、家庭解体,这些都会使得一部分人遭受挫折的熬煎。个人挫折是指个体所面临的挫折。挫折理论,主要是基于个人挫折而展开的。

(四)影响挫折的因素

挫折是人的主观感受,受多种因素影响。

1. 抱负水平　抱负水平是指一个人对自己需要达到的目标所规定的标准高低。个体的挫折感直接受抱负水平所影响,抱负水平过高,会因为目标不能实现而使个体产生挫折。例如,两个考生同时考大学,考生甲发誓要考上重点大学,而考生乙对报考专科都信心不足,结果两个考生同时被普通大学录取,最后考生乙认为自己获得成功而高兴,而考生甲却认为自己遭遇失败而感到挫折。

2. 个人容忍力　个人容忍力是指个人对挫折的适应能力。个体容忍力不同,对挫折的感受程度也不同。心理学研究表明,挫折的容忍力受认知因素、生理条件、健康状况、个性特征、过去挫折的经验等因素影响。

身体健康的人比体弱多病的人更能容忍挫折。生活中历尽艰辛的人,会比一帆风顺的人更容易容忍挫折。这种挫折容忍力就像个人的习惯,都是从学习中获得的,可以通过社会磨炼而提高。所以在组织管理工作中,要教育每一个组织成员面对现实,鼓励和培养人们忍受挫折、勇于拼搏的精神。甚至,有的心理学家主张要适当地、人为地创设一些挫折情景,借以锻炼和培养人们的挫折容忍力,以保持积极向上的心理状态。目前,在国内的中小学及大中专院校中都在开展的挫折教育,就借鉴了这一原理。

3. 外部因素　外部因素主要指自然环境因素和社会环境因素,例如天灾、恶劣环境、衰老病痛、政治变动等重大因素,都可以给个体造成严重的挫折。

(五)挫折的作用

1. 挫折的消极作用　挫折的消极作用可表现为直接消极作用和间接消极作用。直接的消极作用可以导致人的消极情绪体验。间接的消极作用表现在:一方面,可以通过个体的消极情绪体验,影响受挫者的身心健康;另一方面,这种消极的情绪有可能因为宣泄不当而危害他人及社会。研究表明,消极的情绪可以使人失去心理上的平衡造成生理功能的失调。如果这种消极情绪非常强烈或持续出现,甚至会引起人的心理功能和生理功能的改变。例如,在愤怒或恐怖等强烈情绪状态下,会出现意识范围狭窄、判断力减弱、失去理智和自制力,引起正常行为的瓦解,甚至导致神经精神疾病。同时还会引起哭笑、颤抖、惊叫、逃跑、行为反常、动作软弱无力及脸色苍白、血压上升、瞳孔缩小、呼吸急促、胃肠蠕动减慢等,甚至血液的黏度和血液中的化学成分也会发生变化。另外,消极的情绪还会使人的行为失去常态,当人们以失去常态的行为进行社会活动时,就不能与他人正常地进行交往,从而使他人和社会蒙受危害,许多不良行为都是由此而引起的。

2. 挫折的积极作用　挫折不仅对人有消极作用,也能带来积极作用。"失败是成功之母",挫折能使人们变得更加有智慧、更加坚强起来。它能激励人奋发努力、从逆境中奋起,也能锻炼人的意志,使人更加成熟、顽强。挫折对当事者往往是残酷的,但是对其他人来说,却能够从受挫者的挫折中学习到如何避免类似挫折。挫折可以引导个体认知产生创造性的变迁,会提高解决问题的能力,从而引导我们以更好的正确方法获得成功、满足需要,同时积累丰富的生活、工作和学习经验。

二、挫折的应对

个体遭遇挫折后,会采取一系列的心理和行为进行表达,目的在于进行自我防御。所谓挫折的自我防御是指个体在遭受挫折后,为保持情绪的稳定与平衡,自发产生的适应性的行为与心理活动。

"人之逆境,十有八九",说明了挫折的普遍性。在现实生活中,人的生理心理需要,不可能都得到满足。因挫折而产生的焦虑、紧张、愤怒、不安等情绪如果不能及时地缓解和释放,就会出现一系列严重后果。受挫者对挫折并非无能为力,受挫者对其产生的消极情绪,有着自发的调整、消解和释放的能力。个体能够自觉或不自觉地把主体与客观现实之间所发生的问题与矛盾,用自己能够接受的方式,加以行为上的处理和心理上的解释和安慰,以减轻消极情绪带来的压抑,恢复情绪上的平衡与稳定。从个体的角度来说,挫折的自我防御是一种积极的、能动的适应性行为,因为它可以减轻挫折给人的身心带来的危害。研究挫折的自我防御机制,一方面可使管理者认识到其存在的必然,对受挫者的行为与心理反应给予理解;另一方面,由于它对社会可能造成危害,组织管理者应当注意对个体的自我防御进行引导,将其限制在一定的范围内。

(一)挫折的行为应对

1. 攻击　当个体受到挫折时,会引起愤怒的情绪,产生攻击性行为。攻击行为可能直接指向妨碍其达到目标的人,也可能转向其他的代替物。

2. 倒退　即个体在受到挫折时,表现出与自己年龄不相称的幼稚行为,如哭闹。倒退的另一种表现形式是易受暗示性,其最普遍的表现是盲目相信别人,盲目地执行某个人的指示,失去判断力。管理人员如受到挫折,其倒退则表现为不愿承担责任,敏感性降低,优柔寡断。

3. 固执　固执是指个体被迫重复某种无效的动作,尽管这种重复毫无结果,但仍要继续。固执不同于习惯,习惯可以随着需要改变,而固执则不可以。心理学研究表明,过多的惩罚可以导致固执,所以使用惩罚手段要慎重。在组织管理中,组织成员在执行某一改革方案时如果遭遇挫折,就可能会抵制这一方案,甚至会对以后的改革也表示反感,组织成员会不加分析地固守以往的习惯模式。一般来说,挫折情境较少的组织成员的士气较高。

4. 逃避　逃避是指个体受挫后不敢面对挫折情境,而是从构成挫折的情境中退却,逃避到幻想中或现实中的安全地带,尽量避免同挫折有关的人和物接触。例如,有的人受挫后闭门不出、生病、住院、隐居深山、酗酒、吸毒等。

5. 冷漠　冷漠是指个体在挫折以后表现的对挫折情境漠不关心、无动于衷的行为反应。这是一种比攻击和逃避更为复杂的行为。有人认为,如果每当挫折后采取攻击方式能使挫折得以克服,那么,就多采用攻击方式,如果采用攻击方式反遭到了更严重的挫折,就可能采取逃避,如果不能逃避,就只能以冷漠对待。冷漠不包含愤怒的情绪,只是个人把这种情绪消化了。一般说来,冷漠只在以下情况下出现:长期遭受挫折;情况表明已无希望;情况中包含着心理上的恐

笔记

惧与生理痛苦；个体心理上产生攻击与压抑之间的冲突。

6. 升华 升华原是精神分析学说的一个术语，意指把被压抑在无意识中的本能冲动，特别是性本能的冲动，转向社会所许可的活动中去，以求得变相的、象征性的满足。这里是指个人把原来不为社会所认可的动机、行为或欲望自觉地加以改变，使之为社会规范认可。例如，一个人因反伦理反道德的爱情不能实现时，他可以使其受挫折的动机和行为转向以情书、小说、诗歌、绘画、雕刻、塑造等艺术形式来抒发情感。在升华的防御机制下，原来的动机冲突得到了宣泄，结果不但消除了因动机受挫产生的焦虑，而且使个人获得了成功的满足。

（二）挫折的心理应对

1. 合理化作用 合理化作用又称文饰作用。指一个人受到挫折时，总喜欢寻找一些自认为合理的理由加以搪塞，以维持自尊，缓解消极情绪。或者说，个体达不到目标时，为了减免挫折产生的焦虑与痛苦，对自己的所作所为给予一种合理的解释。这些用以解释的理由，可能是自圆其说的好理由，但未必是真理由。或者说，虽然在别人看来这些理由不着边际，但本人却能以此为理由说服自己，使情绪由焦虑转向平和。我们还可以用"酸葡萄效应"和"甜柠檬效应"来说明这个问题。"酸葡萄效应"是由一个寓言故事得来的。故事说，一只狐狸吃不到甜熟的葡萄而把它说成是酸的，现引申为主体因得不到所欲求的东西而贬低它的价值。例如，有的男子向女子表达爱慕而未被女子所接受，于是内心深感失望与痛苦，但却向别人说对方不怎么样，非己所求。"甜柠檬效应"出自另一个寓言故事。说的是一只狐狸追觅可口的食物无着，只找到只酸柠檬，不得已也要吃，却把柠檬说成是甜的。现引申为主体由于实现不了高标准的目标，被迫接受低标准的现实，并夸大它的好处，以求心安理得。现实生活中所谓"交学费"的说法，便是"甜柠檬效应"的体现。总之，合理化作用被认为是人们运用得最多的挫折自我防御手段。适当的"合理化"有助于个体接受现实，适应社会，但过分的"合理化"则会有碍于个人追求其真正需要的东西。

2. 否认作用 指个体把那些已经发生的、令人痛苦和不安的事当作从未发生过的事情。这种防御手段在日常生活中也较常见。人生有许多挫折、痛苦，甚至灾难，最省事的办法就是不予承认，就像根本没有发生过一样。小孩子摔碎了东西，闯了祸，常用双手把眼睛蒙起来。沙漠里的鸵鸟无法逃脱时，把头钻入沙堆，似乎危险便没有了。各种形式的"鸵鸟政策"在人类身上也是不少见的，常说"眼不见为净"，"掩耳盗铃"都是否认作用的表现。

3. 抵消作用 指用象征性的事情来抵消已发生的不愉快的事情以平衡心理上的不适与不安。例如，过春节时，我国的习俗是不许打碎东西。如果有谁真的打碎东西，家中的老人就会说"岁岁平安"（取碎字的谐音）的吉利话，以抵消这种不吉利的事情。丢了钱，有人则用"破财免灾"来安慰自己等。

4. 投射作用 投射也是一种常见的防御手段。指个人将自己不喜欢或不能接受而自己又具有的心理品质转移到别人身上，认为别人也有相似的心理品质。所谓"以小人之心，度君子之腹"就是这种机制的表现。把自己的缺点转移到别人身上，在潜意识中可减轻自己的内疚，并维护了自己的尊严和安全感。

5. 幻想作用　幻想就是脱离实际的空想,在现实生活中遇到了难以实现的愿望和困难时,人们以幻想进入异想天开的境地,以满足自己的欲望,这就是幻想机制。幻想可以使人暂时脱离现实,使个人情绪在挫折后获得缓冲,有助于忍受挫折并提高个人对将来的希望。

6. 幽默作用　处于尴尬的境地时,有的人常会自发地以发笑、说俏皮话等幽默方式进行自我解嘲,使自己摆脱困境。幽默是一种积极、成熟的心理防御机制。

三、挫折理论的应用

行为科学家把挫折理论归入激励的范畴,认为对遭遇挫折的成员更应保护其积极性,使其避免产生消极情绪和对抗行为。在组织管理中,为把组织成员的挫折感降低到最低限度,应做好以下工作。

1. 对受挫折者的攻击行为采取容忍的态度　受挫折者常把攻击指向管理人员。管理人员面对受挫者的攻击行为,不应采取针锋相对的反击措施,而应明智地采取容忍的态度,并把受挫者当成是一个需要帮助的人,从而尽量减轻其心理负担,以免加剧其心理冲突。当其"火气"过后,再心平气和地耐心开导,即所谓"冷处理",效果较好。

2. 发展受挫折者建设性反应,减少其破坏性的消极反应　个体受到挫折后会产生两种反应,一种是建设性反应,另一种是消极性反应。前者如目标升华,增强努力等,后者沉湎于幻想,推脱责任、退缩等。管理工作要积极引导,发展受挫者建设性反应,减少其消极反应。要加强思想教育,及时解决心理问题,努力把挫折转变为一种新的工作动力。

3. 帮助受挫折者正确分析受挫原因　个人遭受挫折后,管理人员要主动关心,帮助其分析受挫原因,使受挫折者知道问题出在哪里,帮助其从紧张、焦虑之中解脱出来,逐步分析主观原因,以新的精神面貌投入到工作之中。

4. 设法改变引起挫折的情境　改变情境是避免同类挫折或转变挫折情绪的有效方法之一。改变情境主要是消除工作环境中消极心理因素,如妒忌、病态自尊心、宗派心理等,形成一种相互理解、相互支持、友爱团结的气氛。特别是相互帮助,只要别人动机正确,对其努力则要善意肯定,促进其成功。容易形成挫折情境的不良组织环境有如下方面:

（1）管理者的行为不端:管理人员水平不高,方法简单,心胸狭窄,嫉贤妒能,自私自利,对职工的疾苦漠不关心等。

（2）组织管理方式应变能力差:当职工的生理需要为其主导动机时,管理者常常习惯于使用监督、控制、物质奖惩等管理方式。但是,当职工的生理需要因基本得到满足而减弱,心理需要上升为主导动机时,仍采取先前的管理方式,职工便因心理需要受到阻碍而产生挫折。

（3）内部人际关系紧张:上下级之间、同事之间发生矛盾,出现人际冲突,也是职工受挫的重要根源。

（4）组织内部缺乏有效的沟通手段:比如,沟通渠道闭塞、单一,职工不能适时反映自己的意见,从而导致挫折。

笔记

（5）人事安排和调动不合理：用人机制不合理，如大材小用，小材大用，此才彼用，彼才此用等。

（6）工作场所条件恶劣：作业空间狭小、拥挤，布局不合理。另外，噪声大，照明度不够，通风不良，温湿度过高或过低等。

（7）不公平或不合理的制度：规章制度不切合实际，可行性不佳。如在未得到职工认同的情况下，强行推行某种奖惩制度或其他管理制度。

（8）工作单调、呆板乏味：现代管理，因过度讲求分工的专业细化和自动化，工程师设计工作时多以生产过程为中心而忽略了人的心理因素，从而造成工作的单调、枯燥、乏味与重复。

5. 端正受挫折者对挫折的态度　从管理角度说，帮助受挫者正确对待挫折，拥有正确的态度十分重要。如能从理智上做到这一点，就可在很大程度上减少挫折感的消极作用。这种帮助，关键是帮助他们正确分析造成挫折的原因，从中吸取有益的教训，并指出挫折的难免性。特别重要的是要看到前途的光明，增强信心，振作精神，轻装前进。

6. 通过心理训练增强挫折容忍力　这是管理工作必不可少的心理培训内容之一。其中，重要的是树立雄心大志，不计较一时一事的得失，培养为事业应有的百折不挠的顽强意志，在遇到挫折时能从容地处之。对成就动机较强的人，应经常注意适当分配其有挑战性的任务，磨炼其意志。要让大家懂得心理学中有关意志的知识，自觉地发展自己的意志力，还要善于应用典型人物的精神品质激励大家。对组织成员进行教育和训练，增强个体对挫折的承受力可以从以下几个方面着手。

（1）树立正确的挫折观：挫折观是指对待挫折的态度。挫折虽然可以给人带来困难、苦恼和不幸，但它并不可怕，可怕的是不能正确对待挫折，在挫折面前无能为力、无所作为。

（2）保持乐观情绪：乐观情绪对人们的心理和行为会产生积极的影响。它可以帮助人们心平气和，较为理智地对待挫折及其后果。

（3）合理运用自我防御机制：在遭遇挫折后，受挫者若能使头脑暂且冷静下来，防止或延缓攻击或破坏行为的发生，是自觉运用自我防御机制的体现。要做到自觉运用自我防御机制，还要适当地进行训练。

（4）正确评估自我：教育组织成员做到了解并接受自己。对自己的评价既不过高也不过低，以免为自己提出不切实际的目标，导致失败。先接受现实的自我，然后再创造理想的自我。

（5）适宜地确定发展目标：教育组织成员调整所追求目标的标准。所追求目标的标准，是指一个人的抱负水平。抱负水平高，追求目标所定的标准也就特别高。所以，应当使职工善于检查自己的目标是否超越了实现这一目标的主观条件。如果发现目标太高，就应当自觉改变追求目标的标准，必要时还要更换原目标。

（杨艳杰）

笔记

本 章 小 结

　　本章主要介绍了需要、动机和挫折等知识及内容,小结如下:①需要是个体对生理的和社会的客观需求在人脑中的反映。它是指客观的刺激作用于人的大脑所引起的个体缺乏某种东西时产生的一种心理状态,可分为自然需要与社会需要,物质需要与精神需要。②动机是一种驱使人进行活动,从而满足需要、达到目标的内部动力,又叫内驱力。动机冲突主要包括双趋冲突、双避冲突、趋避冲突等。③挫折是个体在从事有目的的活动过程中,遭遇障碍或干扰,使其动机受阻而导致需要不能满足的情绪状态。挫折的影响因素:抱负水平,个人容忍力,外部因素等。常见挫折的心理应对主要有合理化作用、否认作用、抵消作用、投射作用、幻想作用、幽默作用等。

【讨论思考题】

　　1.什么是需要和动机? 如何解释需要、动机与行为的关系?

　　2.讨论马斯洛的需要层次论,就其科学性和局限性进行评述。

　　3.动机有哪些功能?

　　4.举例说明人的动机冲突的三种基本类型。

　　5.什么是挫折? 挫折产生的原因有哪些?

　　6.对员工进行教育和训练,增强个体对挫折的承受能力应从哪些方面做起?

　　7.在案例3-1中,你是否同意人力资源部经理的观点,为什么? 另请具体说明根据杰里的背景,什么动机在杰里身上最为明显,什么动机表现得很低。

笔记

第四章 ◄

激励理论

学习目标

通过本章的学习,你应该能够:

掌握 双因素理论的内容以及在管理中的应用;成就需要理论的内容,在管理中的应用以及高成就需要的培养;ERG理论的内容,与马斯洛需要论的对应关系,需要满足的规律,在管理中的应用;期望理论的内容以及在管理中的应用;公平理论的内容,理论的深入研究以及在管理中的应用。

熟悉 激励的作用;马斯洛的需要层次论;强化理论;综合激励模式。

了解 激励的概念、分类;激励过程的三种模式。

案例4－1

张勇的公司,从一个家庭化的小作坊一跃而成为拥有近亿元资产的大公司。他用竞争机制来督促员工、鞭策员工、鼓励员工。员工们深知,干得好,干得快,钱就挣得多;出了重大差错,则会被处罚,甚至开除。在这样的压力下,大家都尽最大的努力干好工作。

张勇对部下高标准,严要求,精益求精。他能看到部下的长处,更能看到他们的不足。不管是谁,不管是什么原因,一旦工作没做好,都将受到劈头盖脸的斥骂。

有一次,张勇决定兴建一个新厂,时间紧,任务重,他派了一批得力的干将。在预定开工前的三个星期,他看到了一番令他不忍目睹的景象:员工们满脸是灰,身上是泥,满脸的疲惫,满身的狼狈,电灯没有装好,用一个临时的电灯泡替用……看到这里,张勇又爱怜又着急又生气,他想宽慰一下他们,却又想到,新厂如不能按时开工,将会给公司造成莫大的损失。他不由地厉声训斥,"你们一个个无精打采,是干工作的样子吗? 像你们这样的进度,公司不死在你们手上才怪呢!"

他走后,员工们个个怒气冲天,你说我们不行,我们偏要做给你看看。员工们赶紧开工,夜以继日,终于按期完成任务。对于张勇暴躁固执的性格,粗鲁简单的做法,不近人情的管理方式,尽管员工们当时觉得委屈,甚至背地里说他是"暴君",但员工们对他还是十分理解,进而也就原谅了他。在员工们眼里,尽管张勇喜怒无常,但却是个坦率、积极进取的领导。他挑剔的目光和做法促进每一个员工奋发向上,激起了员工们的干劲,从而推动了公司的发展。

笔记

张勇的"斥骂管理术",不仅给公司带来了效率,更重要的是形成了一种直率、公平的风气。他对员工发脾气,事后像什么事情都没发生一样,他从来不给人面子,只重实效,有一种务实精神。

他还鼓励员工之间互相发脾气,畅所欲言,毫无顾忌,有什么说什么,越直截了当越好,言辞越尖锐越激烈越好,有时甚至可以争吵不休。在公司内部形成了一种民主的气氛,每个人享有充分的权利和自由,独特的个性可以尽情发挥,高兴或不满随时可以表达和宣泄,没有森严的等级,大家平等合作,在以公司的利益为重的前提下得到统一。

人们为什么要工作?如何才能激发员工的工作积极性?动机是一种驱使人进行活动,从而满足需要、达到目标的内部动力。动机往往是以愿望、兴趣、意图、信念、理想等形式表现出来的,是激励人们行动的主观因素,是推动人们行为的直接原因。

第一节　激励理论概述

工作动机是一种心理状态,它决定行为的形式、方向、强度和持续时间的内部及外部力量。工作动机主要表现为自我决定、追求胜任、关系取向、他人评价、外在报酬与工作愉悦。几乎没有人在工作中发挥全部潜能或接近全部潜能。爱迪生说过:"天才是10%的灵感加90%的汗水"。在工作中,我们常常看到,有些能力比较弱的人比有天分的人工作更努力、付出更多,表现得更好。心理学家认为,一个人在工作或其他方面的表现不仅取决于自身的能力,还取决于激励。

一、激励的概念

1. 激励的定义　什么是激励?心理学家有各种不同的解释。阿特金森(J.W. Atkinson)认为,激励就是对行动的方向、强度与持续性的(直接)影响。琼斯(M.C. Jones)提出,激励涉及行为是怎样发端,怎样被赋予活力而激发,怎样延续,怎样导向,怎样终止,以及在所有一切进行过程中,该有机体是呈现出何种主观反应。坎波尔和普利特查德解释,激励必须研究一组自变量与因变量间的关系,这种关系在(人的)智力、技能、对任务的理解以及环境中的各种制约条件都持恒相等的条件下,能说明一个人行为的方向、幅度与持续性。弗鲁姆(V.H. Vroom)则认为,激励是一个过程,这个过程主宰着人们,在多种自愿活动的备选形式中所做出的抉择。

从激励的词义来看,激励是指激发鼓励的意思。在组织行为学中,激励(motivation)主要是指持续激发人的动机的心理过程。通过激发和鼓励,使人们产生一种内在的驱动力,使之朝着所期望的目标前进。因此,激励就是调动人的积极性、主动性和创造性的过程。

笔记

2. 激励的特点　主要有以下内容:

（1）有被激励的人: 激励是对人施加的心理上的影响,必须有一定的对象存在。

（2）需要是激励的基础: 被激励的人有从事某种活动的内在的愿望和动机,而这些动机和愿望是由需要所引发的。

（3）激励是动态的: 被激励者动机的强弱(积极性的高低)是一种内在的变量,并且随着各种条件的变化而变化。

（4）激励效果的间接性: 人的积极性是否被调动,无法直接看见和听到,只有通过观察被激励者所表现出来的行为和工作绩效进行判断。

二、激励的社会机制

管理的目的在于充分利用所拥有的资源,使组织高效能地运转,提高组织绩效,实现组织的既定目标。激励对于调动人们潜在的积极性,出色地实现既定的目标,不断地提高工作绩效,具有十分重要的作用。

个人的绩效虽然取决于诸多因素,但这些因素却有主次之分。可以用"绩效函数"来表达:

$$P = f(M \times Ab)$$

式中的因变量 P 为个人工作绩效,两个自变量中 M 代表工作积极性(激励水平), Ab 代表工作能力。这个公式强调,决定个人绩效的两个关键因素——积极性和工作能力,没有干劲难有作为,仅有热情而无能力也枉然。只有两者都强才可能作出高工作绩效。

提高对人力资源的管理效率,不仅要把优秀而称职的人才吸引到组织中来,并使他们安心工作,而且还要不断训练提高他们的能力,提高对组织目标、宗旨与价值观的认同,增强对组织的忠诚感与责任心,发挥主观能动性,提高工作绩效。这显然是十分复杂而艰巨的任务。"绩效函数"中积极性与能力两个自变量固然都很重要,提高它们同是管理者的责任,但其中积极性的提高与保持,毕竟更为根本、更为重要、更为复杂一些,而调动人的工作积极性问题,实际上就是对人的激励问题。

激励能力的大小已成为对管理者考核的极重要的维度,激励下级是管理的一项基本功能,对激励的研究更成为企业界和管理学术界关注的一个焦点,激励员工,发挥他们的主观能动性。成功的企业往往从长远角度来看待其人力资源,在人才培养与智力投资上花大气力,以优厚条件吸引人才,显示了对人力资源的重视。近年来,卫生系统也有不少学者进行激励方面的研究。研究对人的激励,调动人的积极性具有非常重要的意义。

1. 贯彻以人为中心的管理思想　现代化的管理工作虽然是要有效地组织并充分利用人力、物力和财力资源,但更重要的是要围绕着以人为中心进行管理,这就要充分考虑到人的心理活动规律和相关的各种因素,充分激发和调动人的积极性,不仅是管理方法的问题,更重要的是管理观念的转变。在管理工作中,如何激励人,是最关键和最困难的,因为目前还无法对人力资源即人的内在潜力进行比较精确的预测、计划和控制。而管理者的任务又在于要对不同的人采取适宜的激励措施,用科学的方法改进管理工作。

激励越来越受到广泛的重视,首先在当前激烈的竞争情况下,尤其是对于卫生系统来说(面临各种医疗改革、各种体制的医疗机构的出现等),为了生存和发展,就要不断提高自己的竞争力。面对挑战,唯一有效的途径就是走内部挖潜的道路,要最大限度地调动全体职工的积极性;其次,所有的工作都要靠大家来完成,集体成员的表现可以分为好、中、差,管理工作就是力图使先进者保持先进行为,表现一般和较差的人逐步转变为积极和主动地为组织多作贡献的成员,促使更多的人能够自觉自愿地为实现组织目标而奋斗,这些只有靠根据人的特点制定有效的激励措施来实现;第三,被激励者的要求是多方面的,只有需要得到了满足,人们才能焕发出极大的积极性,要满足这些要求就必须采取多种激励方法。

2. 提高管理绩效　管理工作的根本任务是实现组织的目标,在实现组织目标的过程中,人力资源是管理工作中最重要的资源,任何先进的科学技术都是由人所创造的,也是由人所操作的。因此管理工作的绩效在很大程度上取决于能否充分调动被管理对象的积极性。通过激励可以把有才能的、组织所需要的人吸引过来,并长期为其工作。可以说,现代的竞争,在相当大的程度上是人才的竞争。激励可以吸引大量的人才,如IBM公司有许多有效的激励方法: 提供养老金; 集体人寿保险和优厚的医疗待遇; 享受乡村疗养; 减免那些愿意重返学校提高知识和技能的职工的学费; 创办各种技术培训等。由于受市场经济的作用,一般的医疗机构如何才能做到吸引人才、留得住人才,不是靠各种规章制度,而是靠有效的激励机制。

3. 发挥职工的潜能　心理学的研究结果表明,每个人都蕴藏着极大的能力,如何使他们的聪明才智得到充分的发挥,这就要靠管理者应用激励的方式来激发他们,焕发他们极大的热情和积极性。通过激励,充分发挥职工的技术和才能,变消极因素为积极因素,从而提高工作效率和创造高的绩效。美国哈佛大学心理学家詹姆士(W. Jamells)在对员工的激励研究中发现,按时计酬仅能发挥其能力的20% ~ 30%,而如果受到充分激励的员工其能力可发挥至80% ~ 90%,也就是说,同样一个人经过充分激励后发挥的作用相当于激励前的3倍到4倍。通过激励还可以进一步激发员工的创造性和革新精神,从而大大提高工作的绩效。

三、激励理论的分类

自20世纪20 ~ 30年代以来,管理学家、心理学家和社会学家们从不同的角度对如何激励人的问题进行了研究,提出了许多激励理论。组织行为学研究提高激励水平的一条重要途径是对激发动机的探索。根据研究的角度和相应的研究成果,大致可以归纳为以下几类:

(1)内容型激励理论: 也称为需要激励理论。着重对引发动机的因素,即激励的内容进行研究。主要包括: 马斯洛的需要层次理论、赫兹伯格的双因素理论、奥尔德弗ERG理论和麦克利兰的成就需要理论。

(2)过程型激励理论: 着重研究动机的形成和对行为目标的选择,即研究激

笔记

励过程的理论。主要包括：弗鲁姆的期望理论、亚当斯的公平理论以及目标设置理论。

（3）调整型激励理论：也称行为改造型。着重研究激励目的的理论，研究对行为的改造和修正。主要包括强化理论，即学习与强化；挫折理论，即挫折与心理自卫。

（4）综合型激励理论：试图通过一个模式，把上述几类激励理论综合起来，把内、外激励因素都归纳一起的激励理论。主要包括：波特－劳勒的综合激励模式及迪尔的综合激励模式。

第二节 内容型激励理论

一、马斯洛的需要层次理论

美国人本主义心理学家马斯洛（A. Maslow）1943年在《人类激励理论》一书中提出了需要层次理论（Maslow's Hierarchy Of Needs），并且1954年在《激励与个性》一书中作了更详细的介绍。

（一）马斯洛的需要层次理论的主要内容

马斯洛把人的需要从低级到高级分为五个层次：生理需要、安全需要、社会性的需要、尊重的需要和自我实现的需要。后来曾扩展为七个层次，增加了求知的需要和求美的需要两个层次。目前一般都采用五个层次的分类。

1. 生理需要　人类最原始的、最基本的需要，指饥食、渴饮、御寒避暑、医治疾病、维持生命和种族的延续等，是个体生存必不可少的需要。这些需要如果不能得到满足，就会有生命危险。当一个人同时存在多种需要时，例如同时存在食物与安全的需要时，解决饥饿往往是最迫切的，即所谓"饥不择食"。

2. 安全需要　生命的安全、财产的安全、劳动生产的安全、职业安全、生活稳定、免受灾难与威胁、免受他人的侵犯，当生理需要基本上获得满足后，就会出现新的安全的需要。人们在现实生活中，都会产生安全感的欲望、自由的欲望、防御的欲望。

3. 社会性的需要　也称为归属和爱的需要。希望与同事们保持友谊，希望得到信任和友爱（社交欲）。渴望有所归属，成为群体的一员，依附于某个团体，这就是归属感。爱的需要包括给别人爱和接受别人的爱以及成家的需要。当前两项需要基本满足之后，归属和爱的需要就成为强烈的动机。

4. 尊重的需要　包括自我尊重、自我评价、受他人的尊重以及尊重别人。尊重的需要可分为两个方面：一是渴望实力、获得成就以及渴望独立与自由；二是渴望获得名誉与声望，声望为来自别人的尊重、赏识、注意或欣赏。

尊重的需要如果得到满足，可使人产生自我信任、价值、力量、能力、适合性等方面的感觉；如不能满足则产生自卑感、虚弱感和无能感。尊重的需要很少能够得到完全的满足，这种需要一旦成为追求，将会具有持久的工作动力。

5. 自我实现的需要　指人们追求自我理想的实现，使个人的潜能和才赋得到充分的发挥,做一些自己认为有意义和有价值的事情。希望完成与自己的能力相称的工作,使自己的潜在能力得到充分的发挥,成为所期望的人物。正如马斯洛说:"音乐家必须演奏音乐,画家必须绘画,诗人必须写诗,这样才会使他们感到最大的快乐,是什么样的角色就应该干什么样的事。我们把这种需要叫做自我实现。"只有基本的需要得到满足的人,才具有最充分、最旺盛的创造力。对于多数人而言,满足自我实现只是一个奋斗的目标。只有少数人才能达到真正的自我实现。

马斯洛指出:"为满足自我实现的需要采取的途径是因人而异的。有人可以表现在体育上,还有人表现在绘画或发明创造上,虽然具有创造能力的人将采取发明创造的形式,但它不一定是一种创造性的冲动。"马斯洛对达到"自我实现"境界的人刻画了15个特点:①能更有效地意识到现实;②认识自己和认识别人;③自发性;④集中处理问题;⑤独立性;⑥自立性;⑦有不断新鲜的鉴赏感觉;⑧有不受束缚的想象力;⑨对社会有兴趣;⑩与有同样自我实现需要的人有深厚友谊;⑪民主的性格;⑫能辨别目的和手段;⑬幽默感;⑭创造性;⑮有反潮流精神。马斯洛晚年在"自我实现"需要的基础上,又提出了"灵性需要"、"超个人需要"等。在现实社会中,人的高层次需要是自我实现。人们千方百计地通过工作实践,将自己的潜能现实化。现代人应该不断地希望、向往和有所追求,使自己成为一个比较完善的自我实现的人。

(二)各层次需要的特点

马斯洛的需要层次实际上包含两类不同的需要,一类是与生物属性有关的,逐渐变弱的本能或冲动,称为低级需要或生理需要;另一类是随生物进化而逐渐显现的潜能或需要,称为高级需要。需要各层次的关系表现为:

1. 需要满足的次序 这五种需要不是并列的,而是按次序逐级从低到高像阶梯一样排列,一般情况下,最基本的生理、安全需要得到满足以后,后面的三个层次的需要才能依次出现并得到满足。但这种需要层次逐级上升并不遵照"全"或"无"的规律,并非一种需要完全满足后,另一种需要才会出现。

2. 需要满足与发展 当一个层次的需要相对地满足了,就会向高一层次发展。需要不可能完全满足,愈到上层,满足的百分比愈少。社会中的大多数人在正常的情况下,他们的每种基本需要都是部分得到满足,部分得不到满足。马斯洛估计,80%的基本生活需要和70%的安全需要一般能得到满足;而只有50%的社会性需要、40%的尊重需要和10%的自我实现需要能得到满足。高层次需要比低层次需要广泛,实现的难度大,满足的可能性小。从心理学角度看,难度越大则激励力量越强,个体追求自我实现的愿望也越强。

3. 多种需要可能并存 马斯洛认为可能会同时存在多种需要,但每一时期内总有一种需要是占支配地位的。

4. 需要满足与激励 需要满足了就不再是一种激励力量。

5. 需要的相互依赖 任何一种需要并不因为下一个高层次需要的发展而消失,各层次的需要相互依赖与重叠,高层次的需要发展后,低层次的需要仍然存在,只是对行为影响的比重减轻而已(图4-1)。

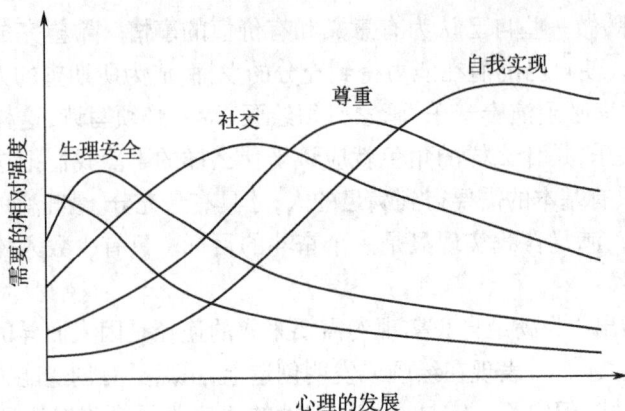

图4-1 需要层次与心理发展

(三)需要层次理论的应用

需要是客观事实存在,调动人的积极性很大程度上是要满足人的需要。因此,马斯洛的需要层次理论对于管理工作具有一些积极的作用。例如,不同的医务人员可能存在不同的心理需求:年轻的医生希望提高业务技术水平和满足生活必需的经济报酬;老年医生更加需要受到尊重和发挥专业技术之长的自我实现的需要。同样,临床病人虽然是以安全需要最为迫切,但同时也有归属和获得他人爱与尊重的各种需要。作为一名管理者,要考虑适当满足不同职工的需要,才能更好地调动他们的积极性。教育职工,要多加考虑和适当满足病人的各种心理需要,增进医患关系的和谐。

1. 满足不同层次的需要 管理者重要的任务就在于根据不同层次的需要,找出一般激励因素和采用相应的组织措施。满足不同层次的需要,引导和控制人的行为去实现组织目标(表4-1)。充分发挥每个人的能力、技术和潜力,为个人成长、成就和提升提供保证。

2. 满足不同人的需要 除了遵循一般的需要规律外,还应该了解个体之间存在的差异性,不同个体在不同情况下的需要不同,并非完全地按顺序由低到高发展。例如有些人对社交的需要比尊重的需要为渴望;有些人对某些生理需要也许要求多些,金钱仅仅是衡量他们工作贡献的标志之一而已。美国管理学家霍奇茨(Hodgetts RM)指出,在美国约占人口20%的人基本处于生理的和安全的需要层次;只有不到1%的人处于尊重和自我实现这两个高层次需要;而大约30%的人保留在第三层次——社交的需要上。

表4-1 需要层次与管理措施的关系

需要的层次	诱因(追求的目标)	管理制度与措施
生理的需要	工资、良好的工作环境、各种福利待遇	合理的薪酬待遇、安排合理工作时间、保健措施、医疗保险、改善工作环境、福利设备
安全的需要	职场安全与保障、防止意外	签订劳动合同、"五险一金"制度、提供安全的工作环境

笔记

需要的层次	诱因（追求的目标）	管理制度与措施
社会性的需要	人际关系和谐、团队的接纳、与组织的一致性	建立健全民主生活会制度、开展团体活动、娱乐、教育训练
尊重的需要	地位、权力、责任、与他人同等待遇、工作受认可	责权利明确、科学的绩效考核制度、晋升制度、表彰制度、奖金与绩效挂钩、选拔进修制度
自我实现的需要	有个人成长发展的空间、具有挑战性的工作	民主参与管理、合理化建议制度、参与性激励、适当的责任和压力

3. 评述　马斯洛的需要层次理论引起了很大反响，其积极性在于他确切地提出了人的需要存在着不同的层次，重视人的自我价值和内在潜能的实现。但他忽视了社会因素对人的成长起着决定性的影响，忽视了人的多种需要往往是同时存在、互相制约的。

马斯洛把生理和安全需要称为低层次的需要，社会、尊重和自我实现需要称为高层次的需要。高层次的需要以内在满足为前提，而低层次的需要以外在的满足为前提（如工作报酬等）。因此，该理论得出这样的结论：如果经济得到充分发展了，员工的低层次的需要都能够得到满足。

马斯洛需要层次理论还认为，当某层次需要基本上得到满足时，激励作用就不能保持下去，为了激励员工就必须转移到满足其另一个层次的需要。要了解员工想要满足的具体需要是什么，如果是生理需要，就要提供更多的工资福利，如果是尊重的需要，那么就应考虑对这些人所完成的工作给予更高的评价。随时注意员工积极性减弱的信号，经常对员工的心理需要进行调研，才能使各项管理措施更加有效。

马斯洛需要层次理论由于很容易被人们所理解，已被人们广泛接受，尤其是在管理实践中广为应用。但是，研究的结果并没有普遍证实该理论的有效性。例如，没有证据支持马斯洛所列的需要结构是按层次排列的，即一个需要得到满足以后，会导致下一个更高层次需要的产生。也没有明显的证据表明遵循该理论会产生更大的激励力量。

二、赫兹伯格的双因素理论

双因素理论（two-factor theory）由美国心理学家赫兹伯格（F. Herzberg）提出。他从人的内部因素和工作本身的角度，研究调动员工积极性的问题，研究工作对员工吸引力的作用和如何激励员工的工作积极性。

（一）双因素理论的基本内容

赫兹伯格认为：个人与工作的关系是一种基本关系，对工作的态度在很大程度上将决定其成败。赫兹伯格等人在美国匹兹堡地区的一些工厂企业里，对会计师和工程师进行了一次大规模的调查研究。他们设计了许多问题，询问他们想从工作中得到什么，"什么时候你对工作特别满意"，"什么时候你对工作特别不满意"，"满

笔记

意和不满意的原因是什么"等。通过对调查的资料分析后,他们发现人们对工作满意时的回答和对工作不满意时的回答大相径庭。前者往往与工作本身有关,而后者通常由工作环境所引起。赫兹伯格把调查结果进行排列(图4-2),按满意与不满意的因素进行综合分析,提出了"激励-保健因素"理论,简称双因素理论。

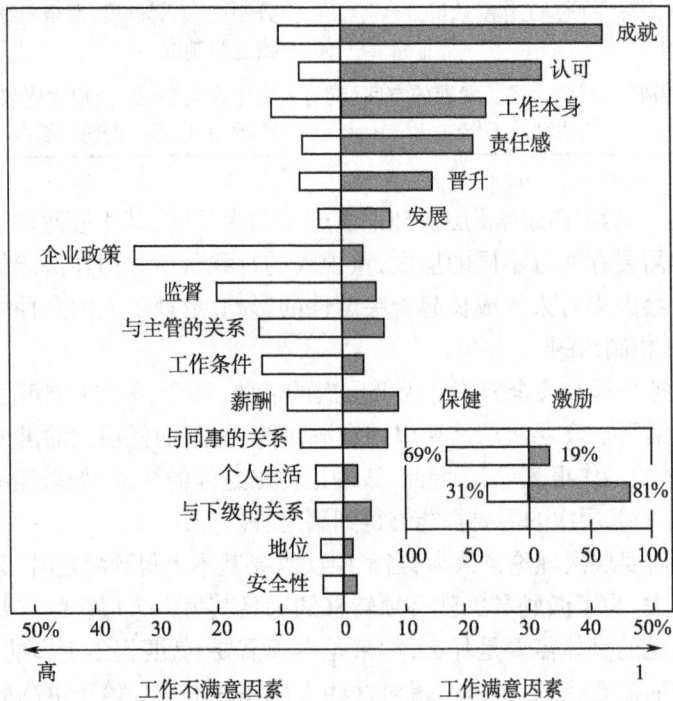

图4-2 满意与不满意因素的比较

赫兹伯格从调查中发现,某些因素总是与工作不满意有关,他们倾向于把这些因素归于外部的原因,如公司政策、行政管理、监督者、与主管的关系、工作条件、与下级的关系、地位安全等方面的因素。赫兹伯格把这一类因素称为"保健因素"(hygiene factor),他认为这些因素如同改善个人卫生条件是必需的,可以预防一些疾病,但不能使身体健康。管理者改善保健因素可能会带来一些平静,起到安抚员工的作用,消除员工的不满,却不能使员工感到非常满意,也不能调动其积极性和提高生产效率。

另外还发现,使员工感到非常满意的因素主要有:工作富有成就感,工作成绩得到认可,工作具有挑战性,负有重大的责任,有个人发展和成长的机会等。赫兹伯格把这一类因素称为"激励因素"(motivation factor)。工作感到满意者往往把这些因素归功于他们自己。改善激励因素,可以激励员工的积极性和热情,从而提高生产率。赫兹伯格认为只有靠激励因素来调动员工的工作积极性,才能提高生产率。如同要使身体健康,除了讲究卫生之外,更重要的是要锻炼身体。至于保健因素,所起的作用是维持性的,处理得当可消除不满。

(二)双因素理论的应用

1. 正确处理两种因素的关系 赫兹伯格认为,统计资料表明,满意的对立面不是不满意,不像通常人们认为的那样,消除工作中的不满意就一定带来工作满意。赫兹伯格提出了一个二元连续统一体:"满意"的对立面是"没有满意","不满意"的对立面是"没有不满意"(图4-3)。保健因素和激励因素在管理中都非常重要,只是保健因素起维持性的作用,处理得当可消除员工的不满。但是要调动员工的工作积极性,最主要的是要依靠发挥激励因素的作用,才能提高生产率。并非保健因素就不重要,保健因素和激励因素是在调动员工积极性方面发挥不同的作用而已。

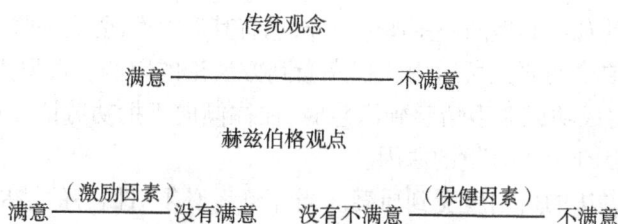

传统观念

满意 ——————————— 不满意

赫兹伯格观点

(激励因素)　　　　　　　　　　(保健因素)
满意 ——————— 没有满意　　没有不满意 ——————— 不满意

图4-3　赫兹伯格双因素理论模式

首先,既不能忽视,又不能过分注重保健因素。管理者应该充分认识到,创造良好的工作条件,减轻员工的后顾之忧是非常重要的。但是加强员工保健因素的满足,只能防止不满情绪的产生,并没有激励的作用。赫兹伯格通过研究还发现,保健因素的作用是一条递减曲线。当员工的工资、奖金等报酬达到某种满意程度后,其作用就会下降,甚至适得其反。

其次,将保健因素转化为激励因素。保健因素和激励因素并非一成不变,在一定的条件下是可以转化的。例如员工的薪酬一般是属于保健因素的,但如果适当地与个人的工作绩效相联系,就会产生激励作用,变为激励因素。相反,奖金应该属于一种激励因素,由于长期以来,平均发放,吃"大锅饭",结果变成了保健因素。奖金发得再多,也起不了激励作用,一旦减少或停发,还会造成员工的不满。因此,既要注意保健因素,以消除员工的不满,又要努力使保健因素转变为激励因素。

2. 激励因素以工作为核心　对员工的激励可分为内在激励和外在激励。内在激励,是从工作本身得到的某种满足,如对工作爱好、兴趣、责任感、成就感等。这种满足可以促使员工努力工作,积极进取。外在激励,是指外部的奖酬或在工作以外获得的间接满足,如劳保、工资等。这种满足有一定的局限性,不能产生较大的激励作用。外在激励或保健因素难以满足人的精神需要。

管理者如果希望能够持久而高效地激励员工的积极性,就必须注重工作本身对员工的激励作用。首先,要改进员工的工作内容和加强工作的丰富化,使员工能从工作中感到成就、责任和成长。如对有才华的员工委以一定的重任,让他们负责一定的工作。其次,适当放权,进行目标管理,减少过程控制,扩大干部员工的自主权和工作范围,给予下属员工富有挑战性的工作任务,充分发挥他们的聪明才智。在知识密集型的行业,广大知识分子尤其是老专家、老教授,更看重工作的挑战性、责任感、成就感,看重工作被认可和不断发挥自己的才能。第三,

笔记

71

及时对员工所作出的成绩给予肯定和表扬,使他们感到自己受重视和信任。

3. 评述 双因素理论在研究调动员工的积极性方面具有重要的意义。首先,采取某项激励措施后并不一定就会带来满意,也不等于生产率就能提高。其次,满足各种需要所引起的激励深度和效果是不一样的,如物质需要的满足是必要的,得不到满足就会导致员工的不满,但是即使得到了满足,其作用又是有限和不能持久的。第三,调动员工的积极性要将物质利益、工作条件等外部的激励与安排具有挑战性的工作、提供个人发展的机会等内部激励相结合,而且内部的激励效果更好、更持久。

双因素理论如同其他的一些理论一样,也有其局限性,受到一些学者的质疑。

(1)赫兹伯格的研究所运用的程序受到方法论的限制。根据人们归因的心理特点,当获得成功或对事情感到满意时,往往倾向于把功劳记在自己身上;而失败则往往归因于外部环境的原因。

(2)研究方法的可信度受到质疑。当评价者必须对回答的结果作出解释的时候,常常就有可能存在用一种方法来解释这个提问,而用不同的方法来解释另一个与之相似的提问。

(3)理论范围有一定的局限性。有学者认为,双因素理论在一定的范围内是有效的,它可以解释工作满意度的问题,但严格来说它不是一个真正的激励理论。

(4)没有对满意度进行整体的测量。一个人可能不喜欢他的工作的一部分,但仍然认为工作是可以接受的。

(5)理论与以前的研究结论不一致。双因素理论忽略了环境变量对人的工作积极性的影响。

(6)研究内容存在偏倚。赫兹伯格曾认为工作满意度和生产率之间存在一定关系,但是在他的研究方法中,只考察了工作的满意度,却没有考察生产率。为了使研究具有参考意义,假设满意度和生产率之间密切相关,而实际上两者之间的关系比较复杂,如为了生存、养家糊口,人们虽然对工作不满意度,但也照样会提高生产率,以获得更多的报酬。

双因素理论虽然有如此之多不足和受到众多的批评意见,但仍然广为流传,被人们所接受,并且在实践中加以运用,如工作扩大化、让员工在计划和控制工作等方面承担更大的责任等,都与双因素理论有关。

三、成就需要理论

美国哈佛大学教授戴维·麦克利兰(D. McClelland),探讨人们在基本的生理需要满足以后高层次需要的问题,提出了他的成就需要理论。

(一)成就需要理论的基本内容

麦克利兰把人的高级需要分为权力需要、合群需要和成就需要,其中以成就需要为主导。

1. 权力需要(need for power) 权力需要是影响和控制他人的欲望,使别人去做在某种程度上是他们不该做的行为的需要。具有较高权力需要的人喜欢承担责任,对影响和控制别人具有很大的兴趣,喜欢处于竞争的和受重视地位的环境,与有效的绩效相比,他们更关心威望和获得对其他人的影响力。管理者的权力可分为两种:①个人权力:追求个人权力的人表现出来的特征是围绕个人需要行使权力,在工作中需要及时地反馈和倾向于自己亲自操作;②职位权力:职位权力要求管理者与组织共同发展,自觉地接受约束,从行使权力的过程中得到一种满足。

2. 亲和需要(need for affiliation) 也称为合群需要,是指建立友好和亲密的人际关系的欲望,具有高合群需要的人努力寻求友爱,喜欢合作性的而非竞争性的环境,渴望有高度相互理解的关系。如果管理者过分注重合群需要,就容易因为讲究交情和义气而违背或不重视管理工作原则,从而会导致组织效率下降。

3. 成就需要(need for achievement) 成就需要是追求卓越,实现目标,争取成功的内驱力。具有高成就需要的人,具有获得成功的强烈动机,乐于甚至热衷于挑战性的工作。他们追求的是个人成就而不是成功的报酬本身,与一般人不同,他们有一种欲望,希望使事情做得比以前更好或更有效率,这种内驱力就是成就需要。他们一旦选定目标,就会全力以赴投入工作,直至成功地完成任务。高成就需要者把个人成就看得比金钱更重要,从成就中得到的鼓励超过物质鼓励的作用,把报酬看作是成就的一种承认。

麦克利兰通过对成就需要的研究发现,高成就需要者与其他人的区别之处在于他们想把事情做得更好。他们寻求这样的环境:个人能够为解决问题承担责任;及时获得对自己绩效的反馈以便于判断自己是否有改进;可以设置有中等挑战性的目标。高成就需要者不是赌徒,他们不喜欢靠运气获得成功,他们喜欢接受困难的挑战,能够承担成功或失败的个人责任,而不是将结果归于运气或其他人的行为。他们逃避那些他们认为非常容易或非常困难的任务,他们想要克服困难,但希望成功或失败是由于他们自己的行为所致。这意味着他们喜欢具有中等难度的任务。

当高成就需要者估计一项任务可能具有50%成功的机会时,他们的绩效最高。他们不喜欢偶然性很高的工作,因为从偶然的成功中他们得不到任何心理上的满足。同样,他们也不喜欢成功的概率过高,因为那样对他们的能力不具有挑战性。他们喜欢设置需要经过一定努力才能实现的目标,当成功和失败的可能性几乎相等时,是一个人从个人努力中获得成功感和满意感的最佳时机。

(二)高成就需要的培养

怎样才能判断一个人是否为高成就需要者?心理学有许多问卷可以判断成就需要的动机,但是大多数研究使用投射测验,该测验要求被试者对一系列图片作出反应。

主试把每张图片迅速地呈现给被试者,然后要他以图片为基础编写一个小故事。例如,图片上一个男人神情郁闷地坐在桌边,看着放在桌角的一个女人和两个孩子的照片。要求被试者编写一个故事描述正在发生的事,事情会怎样发展,将来会怎样等,这些故事实际上是用来测量无意识动机的投射测验。给每一个故事打分,就可以得到被试者每一种动机的分数。

通过大量广泛的研究,可以在成就需要和工作绩效的关系基础上得出一些

有相当可信度的预测。高成就需要者有以下一些特点:

第一,具有高成就需要的人事业心强,比较实际,喜欢具有个人责任、能够获得工作反馈和适度的冒险性的环境。当具备了这些特征,高成就需要者的激励水平会很高。例如,不少证据表明:高成就需要者在创造性活动中更容易获得成功,如经营自己的公司,在大组织中管理一个独立的部门和担任销售员。

第二,具有高成就需要的人有较高的实际工作绩效,要求及时得到工作的信息反馈。他们不一定是一个优秀的管理者,尤其是在一个大组织中。高成就需要者感兴趣的是他们个人如何做好,而不是如何影响其他人做好。高成就需要的销售人员不一定是优秀的销售经理,大型组织中出色的总经理并不一定是高成就需要的人。

第三,亲和需要和权力需要对管理者获得成功有重要的影响。最优秀的管理者有高权力需要和低亲和需要。实际上,高权力动机可能是管理有效性的一个必要条件。当然,二者之间的前因后果关系还有待确定。一个人在组织中的位置越高,权力动机可能就越强。因此,有权力的职位会成为高权力动机的刺激因素。

第四,可以训练员工激发自己的成就需要。培训者指导个人根据成就、胜利和成功来思考问题;然后帮助他们学习如何寻求具有个人责任、反馈和适度的冒险性的环境,并以高成就者的方式行动。所以,如果工作需要高成就需要者,管理者可以选拔具有高成就需要的人,也可通过成就培训来开发原有的下属。

(三)成就需要理论的应用

成就需要理论对于管理工作具有积极的参考意义。对于具有高成就需要的员工,如学历比较高、年轻有为的员工,可以分配给他们具有挑战性和一定风险的工作任务,以满足他们的成就需要,激发他们的工作积极性。相反,如果将毫无挑战性的工作分配给他们,则会挫伤他们的积极性。而对于低成就需要的员工,如年龄比较大的一般员工,则可以分配他们一些例行的工作任务。高成就需要并不是生而俱有的,而是在实践活动中培养起来的,所以组织应尽量创造有利条件,将他们培养和训练为具有高成就需要的人。

四、克雷顿·奥尔德弗ERG理论

美国耶鲁大学教授克雷顿·奥尔德弗(C. Alderfer)根据调查研究于1969年提出了一种新的需要层次理论。他把人的需要归纳为生存需要(existence needs)、相互关系需要(relatedness needs)和成长需要(growth needs)。由于这三种需要的英文名称第一字母分别是E、R、G,因此被称为ERG理论。

(一)ERG理论的基本内容

与马斯洛的需要层次理论不同,ERG理论把人的基本需要定为生存、关系和成长的需要。

1. 生存需要(E) 这种需要是最基本的、维持人的生命存在所必需的,包括衣、食、住、行、工作等,以及为得到这些需要而提供的手段,如报酬、福利和安全条件等。相当于马斯洛的需要层次论中的生理需要和安全需要。

2. 相互关系需要（R） 个体对社交、和谐人际关系及相互尊重的需要,这种需要通过工作中和工作以外与其他人的接触和交往得到满足。相当于马斯洛需要层次论中的社交需要和尊重需要。

3. 成长需要（G） 个人要求得到提高和发展,获得自尊、自信、自主及充分发挥自己能力的需要,这种需要通过发展个人的潜力和才能而得到满足。相当于马斯洛需要层次论中的尊重需要和自我实现需要。

ERG理论的三种需要与马斯洛提出的五种需要既有不少相似之处,也有一些不同,其对应关系如表4-2所示。

表4-2　ERG理论与马斯洛需要层次理论的比较

	马斯洛的需要理论	奥尔德弗的需要理论
相似之处	1. 人的需要可以分为不同的层次（五类）	1. 人的需要可以分为不同的层次（三类）
	2. 需要由低到高逐步发展上升,同时也是相互联系的	2. 需要一般来说由低到高逐步发展,同时这几种需要又是相互联系的
不同之处	1. 人类有五种需要,它们是生来就有的,是内在的、下意识的,即使小孩子也具有	1. 人类有三种需要,这些需要不完全都是生来就有的,有的需要是通过后天学习产生的
	2. 人的需要按照严格的层次,由低级向高级逐步上升	2. 人的需要并不一定严格地按照由低到高逐级发展的顺序,可以越级
	3. 人的五种需要只存在由低到高的上升情况,不存在由高级的需要后退到低级需要的问题	3. 人的三种需要,既是由低到高向上发展的,也存在一旦遇到挫折就下降的情况

（二）满足需要的基本规律

ERG理论拓展了马斯洛需要层次理论,认为需要的满足不仅可以是"满足—前进",也可以是"受挫—后退",即如果较高层次的需要没有得到满足时,有可能退而求其次,进一步加强对较低层次需要的追求。

1. "愿望加强"律 某层次的需要获得的满足越少,则满足这种需要的渴望就越大。满足生存需要的工资越低,人们就越渴望得到更多的工资。地位比较低下常常受到歧视的人,获得他人尊重的需要就最强烈,非常在意他人对自己的态度。

2. "满足前进"律 当较低层次的需要获得的满足越多,该需要对人的吸引力就越小,满足高层次需要的渴望就越大。比如,人们生存需要的满足程度越高,渴望满足相互关系需要和成长需要的程度就越大。这与马斯洛的满足激活律是一致的。

3. "受挫回归"律 当追求较高层次需要受到挫折,得不到满足时,人们就会退而求其次,加大对较低层次的需要的渴求。例如,当一个人由于领导不信任等外部原因在发挥个人潜力和才能的过程中受到阻碍,不能通过承担挑战性的工作来满足其成长需要,那么他就会转而寻求更多的相互关系需要或生存需要的

笔记

满足,以达到心理平衡。

(三)ERG理论的应用

奥尔德弗的ERG理论修正了马斯洛需要层次理论的某些缺陷。首先,ERG理论并不强调需要层次的顺序,某种需要会在一定时间发生作用,而当这种需要得到基本满足后,可能上升为更高级的需要,也可能没有这种上升趋势。其次,该理论指出,当较高级的需要受到挫折,未能得到满足时,会产生倒退现象,而不是像马斯洛所指出的那样,继续努力去追求。第三,该理论认为人的需要有的是生来就有的,而有的则是通过后天学习产生的。国外不少学者认为,ERG理论或许比马斯洛的需要层次理论更切合实际。

应用ERG理论,重点是要掌握个体需要的"满足前进"律和"受挫回归"律,以正确对待员工的个人需要,设法为员工提供能满足其高层次需要的环境和条件。如果忽视或压抑个体高层次的合理需要,就会使其倒退回追求低层次需要的进一步满足。

员工不同的需要会导致他们工作中的不同行为表现,从而决定了他们不同的工作结果,这些结果又与满足他们的需要有密切的关系。管理者想要控制下属的工作行为或工作表现,就要了解他们的真实的需要,并且通过控制工作结果(使之成为能满足下属需要的刺激物和报酬)来达到控制他们的工作行为。如果管理者不能控制那些对下属的需要起作用的工作结果,也就不能影响下属的工作行为。

第三节　过程型激励理论

调动员工的工作积极性,不仅要考虑激发行为动机的内容,而且要考虑如何使员工的工作积极性能够保持下去。过程型的激励理论着重研究动机的形成和对行为目标的选择,即研究激励过程的理论。主要包括:弗鲁姆的期望理论、亚当斯的公平理论等。

一、期望理论

期望理论(expectancy theory)是美国心理学家弗鲁姆(V.H. Vroom)于1964年在《工作与激励》一书中提出来的。它是一种通过考察人们努力行为与其所获得的最终奖酬之间的因果关系,来说明激励过程并选择合适的行为目标以实现激励的理论。

(一)期望理论的主要内容

期望理论认为,一种行为倾向的强度,取决于个体对这种行为可能带来的结果的期望程度,以及这种结果对行为者具有的吸引力,即当员工认为努力会带来良好的绩效评估时,他就会受到激励进而付出更大的努力。良好的绩效评估会带来组织奖励,如奖金、加薪或晋升等。该理论将这些观点分解为效价和期望,以及关联性,形成了一种可操作的过程模式。

1. 激励的公式

$$激励 = 效价 \times 期望$$

即：
$$M=V \cdot E$$

激励(motivation)：指个体行为动机的激发力量，人们为了达到预期目标而努力的程度。

效价(valence)：指对目标价值的主观估计，即个人对某种结果效用价值的判断，实现某一目标后对于满足个人需要的价值。效价是个体对客观状况的主观评价，由于个体的社会地位、文化背景、理想信仰、生活习惯、价值理念以及需要兴趣的差异性，同一目标或结果会对不同的人产生不同的效价。效价在+1到−1之间变化，正值表示对目标感兴趣，希望达到预期目标；零值表示对目标毫无兴趣；负值则表示目标会对自己不利。

期望(expectancy)：又称目标概率或期望概率，是个体对实现目标可能性的主观估计，即通过自己的努力以后实现预期结果可能性的大小。

根据公式所示，激励的水平与效价和期望水平两个因素都有密切的关系，若要提高激励水平，就要相应地提高效价和期望水平。无论期望水平还是效价，只要两者有一项低下，激励水平都不可能高。由此得到启示：目标的设置不仅应是"所愿"(效价↑)又是"所能"(期望↑)，既值得去做而又努力有可能做到。

2. VIE 模式　实际上，激励的水平除了与期望和效价有关外，还有很多其他相关的因素，弗鲁姆在公式的基础上进行了扩展，增加了关联性因素，其公式如下：

激励=效价×关联性×期望

即：
$$M=V \cdot I \cdot E$$

关联性(instrumentality)：又称工具性，指工作绩效与所得报酬之间相关联系的主观估计，取值范围−1 ~ +1。

个人通过努力以后达到的结果实际上包括两个层次，即第一阶段结果(简称一阶结果)与第二阶段结果(简称二阶结果)。

一阶结果：指人们努力工作以后所取得的工作绩效。第一阶段是指与工作绩效相对应的报酬，如加工资、晋升等。

二阶结果：是个人最希望获得的，是为了满足个人的需要。

一阶结果是二阶结果的前提，只有先达到一阶结果，才能实现二阶结果。也就是说，要满足个人的需要，只有通过个人的能力和努力，发挥水平，积极去实现组织的目标，完成任务。这样，一阶结果就成了达到二阶结果的工具或手段。这样，在期望理论的模式中就引入了工具性的概念，工具性是指一阶结果与二阶结果的关联(图4-4)。个人的工作绩效与期望值、努力的程度、能力技巧以及对角色的准确认知有关，而当完成任务以后，个人能够得到什么样的报酬，这些报酬是否满足自己的需要，这些报酬对自己来说有多大的意义，这些直接影响个体心理的满足，影响下一步的行动。

(二)期望理论的应用

期望理论比较客观地反映了人的某些心理活动规律，从一个侧面解释了激励的过程。强调员工对目标效价与期望概率的估计因人而异，并且可以随不同的情景、背景、认知、价值观等因素发生动态的变化。这就可以解释在管理实践

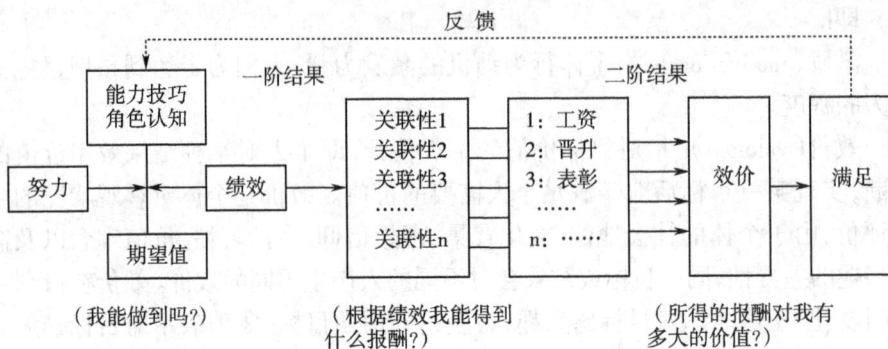

图4-4 VIE模式

中,为什么同样是极有诱惑力的目标,不同的员工,所激发的积极性存在很大的差异。VIE理论模式揭示了个人目标与组织目标之间的关系,个人对组织目标(一阶结果)成功的概率的估计成为激发员工积极性并且期望达到二阶结果的前提。期望理论在管理实践应用的过程中,要注意以下几个方面。

1. 制定的目标恰当 心理学认为,人的行为总是指向一定的目标。管理者要增加目标的吸引力,所设立的目标应该是比较适宜的。目标既要有一定的挑战性,又要让员工认为有实现的可能性,经过努力是可以实现的。还要让员工正确认识组织目标与个人目标之间的关系,提高目标的效价。灵活性和稳定性相结合,随着主、客观条件的变化,对那些不合理的目标要及时进行必要的调整。但是在一般情况下,目标一旦确定,如果没有特殊情况,就不宜轻易和频繁地调整。否则,可能失去可信度而降低目标的效价和期望值。

2. 提高员工的期望值 根据期望理论的原理,人们相信通过一定程度的努力会带来一定绩效的可能性,对自己的行动能够导致工作绩效和最终实现目标的期望值越大,所表现出来的激励水平就越高。管理者可以通过指导和培训等方法,提高下属对通过努力实现预期目标的期望,从而充分调动他们的积极性。如医院的管理者,应经常组织各项学术活动,选派外出进修等方式,提高医务人员的技术水平,提高他们完成医疗任务的期望值。

3. 增强工作绩效与所得报酬之间的关联性 如前所述,关联性强表明员工的高工作绩效将会得到高的报酬,完成工作任务在员工心中的效价就会提高,进而激励水平也比较高。相信一定水平的绩效可以带来所希望的奖酬,增强工作绩效与所得报酬之间的关联性,不仅要明确做什么工作获得什么奖励,而且要使员工认识奖酬是与工作绩效有密切关系的,同时还要使员工相信只要努力工作,绩效就能提高。

4. 正确认识报酬在员工心中的效价 人们对其从工作中得到的报酬的评价(效价)是不同的,有的人重视薪金,有的人更重视成就、被认可和挑战性工作。因此,管理者应重视组织的特定报酬与员工的需要相符合。

二、公平理论

每个人生活在一定的社会中,对自己的处境、报酬等是否感到满意,存在一个社会比较的过程。往往会考虑自己在工作中的投入与从工作中得到的回报是否相当,并且把自己的投入-产出比和其他相关人员的投入-产出比进行比较,如果得出的比率不相等,就会影响他们工作努力的程度。

美国行为学家亚当斯(J. Adams)于1967年在他的著作《奖酬不公平时对工作质量的影响》中提出了公平理论(equity theory)。这一理论也称社会比较理论,认为人与人之间存在社会比较,而且有就近比较的倾向。

(一)公平理论的主要内容

1. 公平理论公式　分配公平感是一个强有力的激励因素,员工们对自己是否受到公平合理的待遇十分敏感,如果一个人认为自己在分配上遭到不公平待遇,就会产生内心的不满,就会极大地挫伤其积极性。公平理论认为,一个人的工作动机与报酬之间的关系,不仅受其所得报酬的绝对值的影响,更受其相对值的影响,也就是说每个人不仅关心自己收入的绝对值,更关心自己收入的相对值。这个相对值是指个人对其工作的付出与所得进行比较。

员工们首先考虑自己从工作中得到的(产出)以及投入到工作中的(投入),然后把自己的投入-产出比和其他相关人员的投入-产出比进行比较,如果得出的比率与相比较的其他人的比率相等,就处于公平状态。如果当他们发现比率不相等时,就会感到不平等,并且将试图纠正这种不平等。亚当斯提出了一个关于公平理论的方程式:

$$\frac{Op}{Ip} = \frac{Or}{Ir}$$

公式中O(outside)代表所得结果(或收益),是指当事人或他人(比较对象)所得到的奖酬,如地位、工资、奖金、福利待遇、晋升、表扬、赞赏、进修机会、具有挑战性工作等。

I(inside)代表投入,是指某人对自己或他人的努力、资历、知识、能力、经验、过去成绩、当前贡献(或工作投入)的主观估计,也就是当事人认为自己或他人(比较对象)所做出的值得或应该获取回报的贡献。

P(person)代表当事人。

r(reference)代表参照者,即所选择的比较对象。

公平理论的特点是把所有的社会交往都视为一种广义的交换过程。在医院里,医务人员贡献自己的劳动和技能,交换到医院付给的奖酬。他们会把这些奖酬和自己的贡献作比较,以判断这个交换的公平性。但他们还常会找一个与自己的交换对象也发生交换关系的第三者,如本科室或本医院其他科室的某个医务人员去进行间接的比较。

在判断分配的公平性时,人们既可以选择个体作为参照者,也可以选择一个群体作比较,虽然不像前者那样明确具体,但却经常被人选用,这属于横向的比较。人们有时也会选择自己为参照者,如"我以前在那个医院(或那个科室)时待遇如何如何","去年我们的待遇如何如何",这属于纵向的历史性比较。还可以是某个非现实的假想条件下的自己,如"我要是调到那个单位去,说不定待遇会比现在好很多"等。人们在比较时,往往会同时选择多名参照者。

79

2. 公平比较的结果 根据公平理论的公式,经过比较以后,可能会产生以下几种结果:

（1）公平感:当事者p通过与参照者r比较后,感到自己的投入与所得之比与r的投入与所得之比相等(即公式是平衡的),便认为公平,感到满意,今后工作更努力。

（2）不公平感:当事者p经过比较,发现自己的投入与所得之比小于参照者r(公式的左侧小于右侧),就会产生吃亏感。这时,当事者往往会采取各种方式以求恢复公平感:①采取相应对策,改变自己收付比例,如要求增加奖金报酬,或者减少工作投入、降低工作质量与数量,以达到平衡;②采取某种方式,减少参照对象的收益或增加其投入,改变他的收付比例,以求平衡;③改变不同的参照对象,即所谓"比上不足,比下有余",获得认识上新的平衡(寻求自我精神安慰);④发牢骚、泄怨气,甚至放弃、破坏工作,甚至辞职不干。国外有人研究认为,觉得自己待遇不公平的员工缺勤多于觉得公平的员工。前两种是在向有关方面施加压力,实际上公平比较是在工作和分配完成以后,增加或减少投入都是不现实的,一般情况下管理者也不会把已经发给某个员工的报酬收回,而第三种则属于自我精神安慰。

（3）负疚感:当事者p的比值大于参照者r,即认为自己占了便宜时,可能会感到内心不安,产生负疚感。此时当事者可能有三种表现方式:①受到激励,增加自己的投入或要求减少结果,以减少负疚感;②通过认识歪曲或改变自己投入、收益因素,如重新估计自己的贡献,从而达到心理平衡;③把多得归结于运气好而回避心理不安。

由此可见,一个人所获得的奖酬的绝对值与他的积极性高低并无直接的、必然的联系,而是与他所获得奖酬的相对值有关。影响一个人的工作积极性,并不只是"自己得到什么",而且还与"别人得到什么"有密切关系。如果产生不公平感,奖酬的绝对值再大,也起不到激励的作用。

（二）公平理论的深入研究

上述只是公平比较的一般规律,通过深入研究,公平理论有了进一步论述。

1. 公平感的敏感性 人们对不公平感的产生有一个阈限,并不是当亚当斯方程两端略显不等时,就立即感知到和表现出来,而且阈限存在不对称性。一般来说,人们心中的"公正天平"存在着一个感知阈限,只有当不公平程度超过了阈限时,才会被感知。并且,吃亏感阈限往往低于负疚感阈限,即对"吃亏"比较容易察觉,而对"占了便宜"的察觉则需要比较明显时才能感知到,人们在占便宜上要迟钝一些。不仅如此,心理学认为,人们常常还会把"占了便宜"归于是自己努力的结果。

2. 机会均等为前提 亚当斯公平理论方程的建立,是以比较的、双方的机会均等为前提的,即要有平等的竞争机会。如果机会不均等,就无从谈起结果的平等。如果参照者的机会优于当事者,则应该将双方的"结果"相应地进行调整,当事者才会获得心理平衡,即感受到分配公平。由于绝对的、完全的机会均等是不现实的,只能说是大体上的机会均等。

笔记

3. 两种不同的结果   实际上,结果变量O(outside)不一定总是正值,人们工作中所产生的结果不一定总是有利的、积极的,有时也可能会导致不利的、消极的结果,例如发生了医疗差错、医疗事故、引起医疗纠纷、工作的结果不符管理者意图而受到批评、被扣发奖金等。美国行为学家荷曼斯(G.C. Homans)把工作产生的有利结果称为"奖酬",用正值表示;工作招致的不利结果则称为"代价"(或"成本"),用负值表示。因此,变量O(即结果)包含了正值的奖酬与负值的代价这两类成分,使结果可能为正(奖酬大于代价),也可能为负(奖酬小于代价)。

此外,工作投入I(inside)也有积极与消极之分。工作中帮倒忙、出差错、耽误时间,或成事不足、败事有余,都是一种消极的投入,或为负投入。

4. 透明度与公开性   在研究分配公平时,还应该注意分配标准的选择与分配程序是否公正与合理。标准不当,程序设计不合理,都会影响分配结果的公平性。在众多影响人们对分配标准与程序的公正性认识的因素中,最重要的是标准选择与程序制定是否具有透明度和公开性。让员工民主参与管理,使他们对分配过程有较大发言权,或认为确定程序有利于自己,往往可以提高他们对该程序的公平感。此外,如果分配的依据以及获得这些依据资料的手段比较合理,也可以使员工感到结果的公正性。

5. 引导员工正确归因   进行分配公平性分析后,人们常常会作归因判断。一般地,感受公平时,多归为内因,往往归因于具体的内源性个人因素(如勤奋、能力等)比抽象的个人因素(如运气好)多;感受不公平时,则多归因于外因,其中归因于具体因素(如领导品德、能力等)多于抽象因素(如制度不合理等)。

6. 事先有无承诺   员工是否感到公平还与在分配之前,管理者是否作过一定的承诺有关。不论这些承诺是明确的许愿,还是暗示性的默契;不管是实际上有过,还是员工误会而自认为有,都会被作为判断分配结果公平与否的依据之一。如果不符合员工的期望,便会产生更强烈的不公平感。因此,管理者应注意,事前态度要明确,不能随意承诺,不要引起员工的误解,事后政策、许诺要兑现,避免员工产生不公平感。

(三)公平理论的应用

1. 引导员工正确分析   如前所述,人们对公平与否的认识来自于个人的感受,常常受个人偏见的影响。如人们常说"见人挑担不吃力","饱汉不知饿汉饥"等。比较过程中同时又容易过高估计自己的绩效和别人的收入,过低估计别人的绩效和自己的收入,把实际合理的分配看成不合理,把本来公平的差别看成不公平。因此,管理者要及时体察员工的不公平心理,认真分析、诱导、教育员工正确认识和对待自己和他人。同时,要创造良好的氛围,使员工能够以大局为重,多比贡献大小,少比报酬多少,克服追求绝对公平、斤斤计较得失的思想。

2. 制定科学的考评方法   公平理论表明,人人都有一种寻求公平的心理需要。这种需要一旦受到挫折,其奖酬的绝对值再大也会失去激励作用。管理者要善于创造有利条件,坚持将员工的奖酬与工作绩效相挂钩的分配奖励制度。第一,打破平均主义"大锅饭"的分配制度。"大锅饭"由于对贡献不等的员工实行平均奖酬,使贡献大的员工产生不公平感而挫伤了他们的积极性。第二,管理者要克服偏见和个人感情因素,坚持公平、公正、公开的原则,在分配过程中做到公平合理,做到一视同仁,"一碗水端平",尽量减少员工产生不公平感的客观因素。

制定合理的奖酬体系尤为重要,它是公正科学的考核评价的基础。缺乏科学的评价标准和管理制度将导致不公平的现象产生。值得注意的是不公平的分配制度比平均主义"大锅饭"更容易挫伤员工的积极性,因为平均主义是干好干坏一样,而不公平则相反,干好少得,干得不好的多得。人员配置和工作定额不合理,造成忙闲不均,干多干少一个样;只看辛苦程度,干好干坏一个样,无能力大小区别,绩效高低一个样等都是产生不公平现象的根源。建立健全科学的考评机制,加强科学化管理,是消除不公平现象的重要途径。

3. 制定合理的分配制度　公平理论强调满意感是一个比较的过程,怎样比较才能算是公平的? 一般认为有三种基本的公平观。

(1) 贡献律:也称功劳律和比例律。亚当斯的公平方程式建立在贡献律的基础上,它以人们的投入(贡献)与其所获得的报酬相当为基础,强调谁的贡献大谁就该多得。

(2) 平均律:也称平等律。强调无论各人的贡献大小多少,大家所获得的报酬(结果)都是一样的。实行这种规范的好处是,简单易行,能最大限度地实现组织内的和谐,减少矛盾。但会使贡献大者产生不满而降低努力水平。

(3) 需要律:报酬的分配是根据人们的需要进行的,谁最困难、最需要就分配给谁的公平观。既不考虑每个人贡献的多少,也不考虑大家的工作结果是否一样。按照需要进行分配的好处是,能照顾人们的基本福利和权力。

贡献律所提倡的是积极进取,努力作出贡献,体现多劳多得。平均律简单易行,有利于和谐与安定。需要律则照顾了人们的基本权力和需要,符合人道主义的原则。到底哪种分配律最公平,对这个问题的认识主要受分配者和接受者的个人特点和利害关系的影响。一般来说,聪明能干的人拥护贡献律,认为多劳多得是天经地义的真理;家境困难和老弱病残的人认为需要律是最合理、最人道的公平标准;能力低、动作比较慢的人很可能赞成平均律,认为人人均等才是绝对公平。有研究结果表明,多数人认为按劳付酬的贡献律才是最合理的,因为它能促进生产力的发展。

在管理实践中,人们对分配方式的选择,主要取决于所要达到的目标和现存条件等因素。表4-3比较了贡献律、需要律和平均律三种主要分配方式分别适用的条件和影响因素。

表4-3　不同分配律的选择与适用

分配律	适用的条件	影响使用的因素
贡献律	1. 为了最大限度地提高群体的生产率 2. 任务的完成与相互之间的合作性不强	1. 了解员工的期望 2. 其他人所得到的报酬 3. 管理者本人的贡献和收益 4. 任务艰巨性、员工个人的工作能力 5. 绩效考评制度是否科学合理

续表

分配律	适用的条件	影响使用的因素
需要律	1. 管理者与员工之间关系亲密,或为了维护员工的利益 2. 管理者自律性和能力很强,足以把握局势	1. 对需要本身合法性与正统性的认识 2. 需要的性质(如是否有个人无法控制的、先天的因素等)
平均律	1. 希望维持实现群体内的和谐,减少矛盾 2. 很难考评和判断工作者的贡献或需要 3. 管理者的认识能力、控制能力不足 4. 任务的完成需要高度合作 5. 需要考虑部分低投入的员工的利益	1. 管理者的性别(例如女性比男性一般更愿用平均律等) 2. 任务的性质 3. 现有的内外环境因素

由此可见,每种分配律都有适用的条件。例如,没有有效的绩效考核办法或者分配者认识能力差,就不能采用贡献律;不了解下级具体需要,也无法使用需要律。在管理实践中,贡献律并非是唯一的选择,往往同时采用几种不同的分配规范,如在遵从贡献律的前提下,适当考虑年资的因素,兼顾平均律和需要律,以保证人们基本生活需要和对弱者的照顾。

三、目标设置理论

目标是人们行为的最终目的,是人们在行动之前规定、与自己需要相联系的"诱因",也是衡量激励人们行为是否成功的有形的、可以测量的标准。目标设置理论是一种通过设置具体的目标,激励人们自觉去行动的过程型激励理论。

目标设置理论认为设置恰当的目标对人的行为是一种强有力的激励,是完成工作的最直接的动机,也是提高激励水平的重要过程。外在的一些刺激因素如奖励、工作反馈、监督的压力等都是通过目标来影响动机的。个人的成长、成就和责任感也需要通过目标的达成来满足个人的需要。因此,重视目标和争取完成目标是激发动机的重要过程。当然,奖励等外在的因素也可以是引发动机的独立力量,不一定要通过目标达成而发挥作用。

从激励的效果来说,有目标比没有目标好,有具体的目标比空泛的、号召性的目标好,有能被执行者接受而又有较高难度的目标比随手可得的目标好。心理学家认为,当遇到难度很高、非常复杂的目标时,可以把它分解为若干个阶段性目标,通常称为"小步子"。通过"小步子"的逐一完成,最后达到总目标。这是完成艰巨目标的有效方法。

目标设置理论出现以后,引起行为科学家们广泛的兴趣。通过研究,提出不少与管理有关的观点。有学者认为,设置目标的心理效果,将因时间的推移而逐渐减弱,主张目标设置理论要与反馈、工作评价等其他激励因素结合使用;也有学者提出了目标设置的综合模式,认为目标设置应该与员工参与相结合,注意个别差异和目标艰巨性等因素;还有学者经过现场观察和实验研究提出目标导致努力,努力创造工作绩效,绩效增强自尊心和责任心,从而产生更高的目标,这样一个心理循环中目标的作用,循环往复,带动了人们不断前进。

笔记

在管理实践中应用目标设置理论应重视将组织目标与个人目标相结合。管理者使下属各级人员明确和达成个人目标是激发动机的关键,但同时要力求把组织目标与成员个人目标结合起来,在实现组织目标的过程中,也实现了个人的目标。重视目标的人与重视任务的人的特征显然有很多不同之处(表4-4)。

表4-4 重视目标与重视任务倾向的比较

重视目标的个人	重视任务的个人
1. 寻求结果的反馈和信息,注重对自己工作成绩的评价,希望具体反馈	1. 回避反馈和评价,注重赞许而不是对工作成绩的评价
2. 认为金钱是衡量成就的标准,而不是对努力工作的鼓励	2. 金钱会直接影响工作的成绩,工作随金钱鼓励相应地改变
3. 对目标的实现愿意承担个人责任	3. 不管成功的机会如何,力图避免承担个人责任
4. 能完成工作改革,喜欢创造性的工作	4. 喜欢常规性的工作,从创造性的工作中得不到满足感
5. 寻求有适度冒险的目标	5. 寻求风险很低或很高的目标
6. 从解决难题中获得成就的满足	6. 从解决难题所获得的满足,不如从完成任务所获得的满足
7. 有指向目标的强大动力和精力	7. 指向目标的动力不大。精力不集中指向目标
8. 工作积极主动,把别人的建议看作是干扰	8. 愿意听从指示,接受建议
9. 根据成功和失败的现实,高抱负水平	9. 抱负水平与成功失败无关

目标设置理论认为,管理者如果让员工了解、掌握组织的目标和明确自己的个人目标,并让他们有参与实现组织目标制定的工作机会,就能提高员工的工作积极性。但如果将组织目标强加于员工,他们又无实现个人目标的机会,这将会导致员工的不满,甚至可能出现危机。组织目标与个人目标的相一致,并不意味着员工必须以组织的目标代替自己的目标,而是两者之间必须协调。所以,设置组织的目标常是一个反复的过程,要把不同的目的加以组合,直到获得符合意图的方案为止。在这个过程中要注意让员工参与,这样既利于员工个人目标的实现,又利于企业目标的实现。

第四节 改造型激励理论

内容型激励理论与过程型激励理论,侧重于从人的需要、理解和认识,从动机的形成过程等激励的心理活动的角度去探讨如何激发和调动人的积极性。强化理论则注重研究个体外在的行为表现,强调人的行为结果对其后续行为的影响作用。

一、强化理论

强化理论(reinforcement theory)也称操作性条件反射理论,是美国哈佛大学心理学教授斯金纳(B.F. Skinner)在巴甫洛夫的条件反射理论、华生的行为主义论和桑代克的尝试学习理论的基础上,提出的一种新行为主义理论。

(一)强化理论的基本内容

1. 强化的概念　在条件反射形成以后,为了防止条件反射消退,必须不时伴随以无条件刺激物(食物),这就是强化。在巴甫洛夫经典条件反射学说中,强化仅仅是巩固条件反射的一种。斯金纳对强化的概念作了系统的论述,提出操作条件反射的概念,认为一种行为发生以后,只要反复给予奖励或惩罚的刺激,就可以产生一种行为并强化。

2. 强化的类型　利用强化的手段改造行为,一般有四种方式。

(1)正强化(positive reinforcement):行为发生后带来积极的刺激增加,是用某种具有吸引力的结果(或称奖酬),如认可、赞赏、提升、加薪或创造一种令人满意的环境等,表达对员工某种行为的奖励和肯定,从而使这种行为在以后类似的条件下重复出现或加强。

(2)负强化(negative reinforcement):当某种不符合要求的行为有了改变时,减少或消除对他施加的某种不愉快的刺激(批评、惩罚等),从而使这种改变后的行为重复出现或加强。或者解释为某种行为产生后减少了不愉快的刺激。

(3)消退(extinction):消退是指对某种行为不予理睬,从而减少这种行为出现的频率并最终消失的过程。消退有两种情况:一种是用来减少不希望发生的员工的行为,在这种行为发生以后,不加理睬、视而不见,使其自然消退;另一种是对被认为是好的行为,由于疏忽、官僚主义或情况改变,不再给予正强化,使其出现的可能性下降,最终完全消失。一种行为如果长期得不到正强化,便会逐渐消失。

(4)惩罚(punishment):通过批评、罚款、降薪、降职等带有强制性、威胁性的措施,使员工产生一种不愉快乃至痛苦的刺激,或取消现有的令人满意的条件,以表示对某一不符合要求的行为的否定,从而减少乃至消除这种行为重复发生的可能性。

正强化是影响行为发生最常用而且最有效的方式,因为它能增强或增加有效的工作行为。消退只能使员工知道不应做什么,但并没有告诉员工应该做什么。惩罚则只能暂时停止不良的行为,不能自然促使所希望的好的行为的产生,而且会造成对抗情绪,因此要慎重使用。负强化则会使员工处于一种被动的、不愉快的环境之中,有可能产生适得其反的结果。

3. 强化的安排方式　当某一行为发生以后,对强化的时机把握如何,将直接影响到强化措施的效果。强化越及时,效果越好,采用合适的强化时机,在管理工作中会产生积极的作用。不同形式的强化,导致不同的效果。

连续型强化与间歇型强化。连续型强化是指每次行为发生后都受到强化。间歇型强化是在目标行为出现若干次后才给予一次强化。

各种不同强化程序的安排各有其优缺点,采取何种强化和强化的程度,应根据组织的性质、人员的素质、经营管理的水平等因素来决定。

(二)强化理论的应用

期望理论是一种前瞻性的理论,是个体对行为目标(结果)偏好以及可能达

85

到的概率估计决定了是否值得积极努力去争取。而强化理论则是一种回顾性的理论,是个体的行为是否产生结果以及结果的好坏决定着人们是否愿意继续发生先前的行为。前者是目标导向行为,后者是结果强化行为。使用强化理论应注意一些基本原则。

1. 需要不同,强化措施不同　采取行为强化,应考虑员工的年龄、性别、职业和文化水平的差异、需要的差异。如卫生管理中,对医生、护士以及医技科室的员工,应该采取不同的方法。另外,强化物要投其所好,满足不同人的不同需要,提高其效价。

2. 大目标小步子,不断强化行为　强化理论认为,一个人的行为如果得到及时的奖励和肯定,该行为出现的频率就会增高。管理者对员工的要求或制定的目标及奖励的标准应尽可能比较具体、客观、适宜。但是,如果目标标准太低,一点小事就奖励,不仅会感到庸俗、繁琐,而且激励的作用也不大。如果目标定得太高或太空,不能及时反馈,员工的积极行为不能得到及时的强化,其积极性就会消退。当目标较大时,应根据目标设置理论的原理,采取分步到位的方法,把复杂的目标行为过程,分解为许多小的阶段目标来完成,利用每步所取得的成功结果,强化员工实现总目标的积极性。

3. 强化力度要适当　奖惩的数量大小要适当,要与员工的贡献或差错相适应,要让接受者感受到影响力。奖励的数量太小,会给员工提供相互比较的机会,容易产生不平感,也不能产生激励作用。但数量过大,不但成本高,也失去进退的余地。

4. 奖励要及时和多样性　当员工做出成绩以后,如果能给予及时的奖励,就可以使被强化者及时意识到强化与目标行为之间的联系,收到最佳激励效果。如果时过境迁再给予奖励,甚至受奖者都忘了奖从何来,其激励作用就会大大降低。另外,同一种刺激如果多次重复,其作用就会衰减。因此,卫生管理者要善于更新奖励方法和方式,利用新颖奇特的刺激来提高激励效果。

5. 奖惩结合,以奖为主　管理者既要善于使用正强化来调动员工的积极性,同时也要善于运用惩罚的手段削弱、改变、控制员工的不良行为。奖励给人的心理上产生的是积极的、愉快的影响,而惩罚带来的是不愉快的、消极的影响,因此在进行惩罚时应注意:①惩罚要合理及时;②惩罚要考虑行为的原因与动机,如员工因特殊原因导致情绪低落、工作失误,应从轻处罚,对屡教不改者,则应从重处罚;③对一般错误,应教育为主,从严处理、从宽惩罚,这能使员工感到内疚,避免产生抵触情绪或逃避心理;④惩罚方式要适当,对错误较小、影响不大的,宜采用个别的口头形式的惩罚,对重大错误且影响较大的,以公开的书面的方式为宜。

6. 内外奖励相结合　奖酬机制按与工作本身的联系,可分为外在性奖励(extrinsic reward)与内在性奖励(intrinsic reward)两种。外在性奖酬是环境给予的,与工作本身关系不大,如上下级关系、工作条件、薪金、地位、职务保障以及额外福利等,有些是人为的,需要成本,有些是自然的,不需要成本的。内在性奖酬由工作本身赋予,是行为的更为自然的结果。例如,成就感、责任感、工作挑战性、职业发展机会等。内在性奖酬一般比外在性奖酬更为有效,它能激发员工对

笔记

工作本身的热情;而外在性奖酬可能会使人们将高绩效归因于外界刺激,从而降低对工作本身的兴趣。

二、综合型激励理论

前面几种激励理论,各自从不同的侧面探讨了调动员工积极性的方法,各有自己的道理与事实根据,应该说都是正确的和切实可行的,相互之间并不矛盾,可以相互补充,但是没有哪种理论能够适合各种不同的情况。激励是一个非常复杂的过程,有些学者试图探讨能够比较全面地把握激励的过程,提出了综合型激励模式。

(一)波特—劳勒综合激励模式

波特(L. Porter)和劳勒(E. Lawler)在弗鲁姆期望理论的基础上,以工作绩效为核心,对与绩效有关联的许多因素,进行了一系列相关性研究,提出了一种新的激励综合模式(图4-5)。图中实线箭头表示因素间的因果关系,虚线箭头则是反馈回路。

1. 波特-劳勒综合激励模式的主要内容　波特-劳勒综合激励模式以"工作绩效"为核心,以"激励／努力→绩效→满意感"为轴线。图左侧方框1、2、3实际上是一个期望理论的图式,模式突出了工作绩效和工作满意感的因果关系,是该模式提出的主要理论观点。

本激励模式实际上是建立在弗鲁姆的VIE理论(效价-工具性-期望理论)基础之上:一个人工作积极性(激励)的高低及由此衍生的投入工作的努力(方框3)的大小,取决于目标的效价,即通过努力想最终获得的目标(内、外在性奖酬)在其心目中的主观价值的高低(或相对重要性的大小)(方框1),以及努力、绩效、奖酬间关系的主观概率的估计,即对所作出的努力能否达到预先设想的绩效水平以及与此有关的奖酬大小的期望(方框2)。与弗鲁姆理论的不同之处在于,作者在赫兹伯格"保健与激励双因素"理论基础上发展为外在性与内在性奖酬的概念,取代了弗鲁姆模式中单一的"二阶结果"——奖酬。

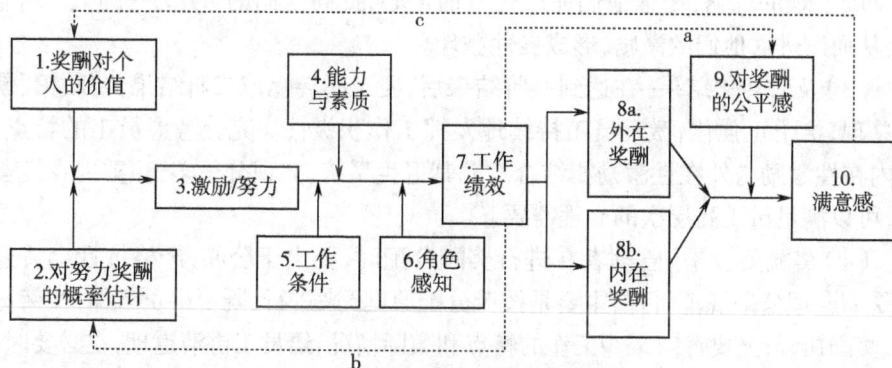

图4-5　波特-劳勒综合激励模式

综合激励模式图式中,工作绩效与当事人自认为应得的奖酬之间有关系,如果所得到的奖酬比自己认为应得到的奖酬高,会使满意感增强,反之则下降(反馈线a）。工作绩效的大小可以反馈影响员工今后做同一工作的期望值（反馈线b）。此外，满意感也可以反馈影响今后工作绩效和奖酬效价（反馈线c）。

本综合激励模式在努力与绩效之间增加了三个新的因素：一是"能力与素质"（方框4），表明只有热情而无真才实学及必要的素质，难以实现预期的工作绩效；二是"工作条件"（方框5），提出必要的人力、物力等环境因素对达到预期的工作绩效，也是不可或缺的因素；三是"角色感知"（方框6），指员工对组织意图与期望的领会，因为所想获得的外在奖酬是直接控制在组织手中的，组织将按照它的标准而不是当事人本人的标准来考核绩效，并据此发给外在性奖酬。即使内在性奖酬可由当事人自己直接从工作本身中体验和取得，但工作的安排与分派，仍然需要依靠组织；如果对组织的意图与期望领会不透彻或错误，虽然花了巨大努力，但作出的结果可能会与领导的要求相反，这样的绩效不会被组织认可，也得不到向往的奖酬，反而会受罚。

综合激励模式中还增加了奖酬与满意感之间的"对奖酬公平性的感知"。满意感不仅取决于能否取得所想要的奖酬（包括质与量），还取决于奖酬分配方式和他所信奉的公平分配价值观对照时感受到的公平性。

尽管波特和劳勒的综合激励模式是在期望理论的基础上发展而来，以VIE理论为核心的，但因为它吸收了需要层次理论、双因素理论、公平理论，甚至强化理论的内容，因此比其他理论更加全面、具体和严谨，对管理实践的指导意义更大。

2. 波特–劳勒综合激励模式的应用　在管理实践中，应用波特和劳勒的综合激励模式调动员工的积极性时应注意几个方面：

（1）制定的目标要合适：所谓"合适"不仅指组织目标（一阶结果）经过员工的努力是能够达到的，即期望概率比较大；而且员工对个人目标（二阶结果）感兴趣，目标（结果）的效价高，组织有能力兑现二阶的结果。

（2）加强培训与指导：要完成组织目标，除了员工本人积极努力外，组织还应对他们进行指导、培训，提高业务水平，增强他们的能力，为他们创造一定的条件和适宜的环境。耐心地向他们讲解组织的意图，完成任务时可能遇到的困难及克服困难的思路，增强他们完成任务的信心，提高他们的"努力—绩效"期望值，从而改进对他们的激励，形成良性循环。

（3）及时转化结果：在达到一阶结果后，要及时转化成二阶结果，要政策、承诺兑现，给予正强化，激励员工持续地发挥工作积极性。充分考虑员工的特点，将内在性激励与外在性激励相结合。尤其卫生系统，知识分子多，注重内在性奖酬，可以满足员工高层次的心理需要。

（4）奖酬要公平：管理者在进行奖酬分配时，要出于公心，严格按社会普遍接受的合理公平规范（目前主要是按劳分配原则）来进行，既要讲贡献律，按劳分配，奖勤罚懒，又要针对某些工作的特点和实际情况，给员工讲清道理，在必要时，实施平均律、需要律的一些做法。如医院有些岗位，很难从经济效益的角度去衡量员工的工作绩效，如果不考虑其特殊性，就可能会挫伤这些员工的积极性。

（二）迪尔综合激励模式

美国心理学家迪尔（W. Dill）于1981年提出了又一个综合激励模式。它也是以VIE理论为基础,概括了内、外在激励因素,并且采用了数学方程式的表达形式。

1. 迪尔综合激励模式的主要内容　迪尔认为,人的总激励水平(M)应该是其内在性激励($M_内$)与外在性激励($M_外$)之和;内在性激励本身又包含过程导向的、由任务活动本身所激发的激励($M_活$)和结果导向的、由任务完成时的成就所激发的激励($M_成$)这两种成分。用以下数学形式表达:

$$M=M_内+M_外=(M_活+M_成)+M_外$$

外在性激励中包含有一阶结果的期望(E_1)、二阶结果的期望(E_2)和奖酬效价(V)这三类变量,其表达式是:

$$M_外=E_1\sum_{i=1}^{n}E_{2i}V_i$$

可以用期望与效价这两类变量来表现$M_活$与$M_成$这两种内在性激励的成分。$M_活$中所包含的期望与效价成分,与外在性奖酬无关,不包含有代表绩效导致外在奖酬可能性估计的二阶结果期望值E_2。同时,它也不涉及任务完成与否,所以也不含代表努力导致绩效可能性估计的一阶结果期望值E_1。实际上,它只含有单一的效价变量即代表任务活动本身的吸引力与价值的$V_活$。至于$M_成$,它包含了代表任务完成时所取得的成就的吸引力与价值的效价变量$V_成$,但由于它涉及任务的完成,所以也含有一阶结果期望值E_1。

根据上述变化,迪尔综合激励模式可以改变为以下的数学表达式:

$$M=V_活+E_1\left(V_成+\sum_{i=1}^{n}E_{2i}V_i\right)$$

公式表明,总激励M水平中只包含了三类效价变量即$V_活$、$V_成$和V_i,以及两类期望变量E_1和E_{2i}。由于它们之间的关系不是相加就是相乘,所以总激励M是这五种变量的增函数。意味着如果要提高总激励M的水平,这些变量都必须增大才行。

2. 迪尔综合激励模式的应用　模式虽然是以方程式的形式来表达,但实际上并无定量分析与计算的功能,因为还不可能精确地量化这五种变量并对它们进行可靠的测量。与波特—劳勒模型一样,本综合激励模式也可以向管理者提供一套系统的、条理分明的分析路线和思维程序,以找出改进激励功能的有效策略。通过提高五个自变量,可以提高总激励M的水平。

（1）提高活动效价($V_活$):提高任务活动本身的吸引力。首先是要设法避免工作过分单调乏味,安排工作尽量不要简单的、重复性的、常规的,要有新颖性和尽可能趣味性。也可以通过提高任务的挑战性,使之具有适当的难度,以利于发挥人们的技巧和聪明才智。例如进行职务轮换、工作扩大化、丰富化、增加自主权等,都能增加工作的吸引力。在工作活动中安排适当的人际交往的机会,可以满足社交需要。明确任务与目标,减少不确定性,既能使员工认识到任务的意义,又能满足人们的好奇和探索的心理需要,提高活动效价。

（2）提高成就效价($V_成$):提高任务完成时所做出的成就的吸引力。在分配任务时,要有一定的完整性,不要分割得太细;要向员工交代清楚所承担任务的意义。例如医院工作虽然有分工的不同,但是应该让每个医务人员都明白,每项工作无论对医院还是对病人,乃至对国家都是重要的。医院对病人的反馈意见,无论是表扬还是批评,都应设法直接反馈到责任的承担者,使他们意识到自己所负的责任。

（3）提高外在效价(V_i)：提高各种外在性奖酬的刺激作用。首先是要使奖励尽量与每个人的特殊需要、爱好匹配,做到对症下药。定期地运用各种调查手段与渠道,了解员工的需要。外在性奖酬的吸引力往往并不取决于它们的金钱价值而取决于其使用价值。有些平凡而廉价的物品,若能投入之所好,其吸引力会远大于价昂无用的奖酬,因此提出多种奖酬方式,供员工们各取所好。

（4）提高预期期望(E_1)：提高人们对自己付出努力后能达到预期绩效水准的把握。如同波特—劳勒模式中提出的一样,通过给下属进行指导、支持和培训,提高他们的能力,向他们讲清组织的要求、意图和期望。

（5）提高政策兑现(E_2)：要使员工在任务完成后能确保拿到原来向他们许诺给予的各种外在奖酬。政策兑现,事先要宣布付酬政策,并且信守诺言,使员工相信领导说话算数。对所有下级要一视同仁,不能因关系的亲疏、个人的好恶而厚此薄彼。

第五节　激励的实践

在综合激励中,迪尔把外在激励与内在激励作为各自独立的变量,通过简单叠加而求得总的激励水平。但内在激励和外在激励之间存在复杂的关系,并且有不少学者进行研究,提出了各种观点。

一、内在激励与外在激励相结合

1. 内在激励　或称为直接激励。指工作本身直接能激发行为动机的激励因素。这种激励主要满足员工的荣誉、成就、成才、认可、尊重、自我实现等高级需要。这些需要的满足是个体在工作中,通过拼搏奋斗之后内心的一种体验。内在激励来自于员工对工作的责任心、事业心和工作的社会价值的认识;来自于挑战性的工作和对工作浓厚的兴趣和热爱;来自于事业的发展和取得创造性的持久以及个人的成长。内在激励是一种主导性的,比较稳定、持久和强有力的激励因素。内在激励除了与员工个人的特点有关之外,如需要状况、兴趣爱好、个性特征、对工作意义的认知等因素,还与管理方式有关,如安排具有挑战性的工作,提供个人成长发展的条件,合理的激励措施等。

2. 外在激励　也称为间接激励。指来自员工生活、工作的外部环境的激励,是对工作绩效的一种直接反馈,包括福利、晋升、表扬、嘉奖、认可等。外在激励可以显著地提高效率,但其作用并不持久,处理不当有时可能会降低员工的工作积极性。

3. 内在激励与外在激励的调节　外在激励与内在激励之间存在着一些调节机制。

（1）次生强化效应：员工在开始从事该项工作之前并不理解,也毫无经验,更谈不上对该项工作的兴趣,也不可能体会到其中情趣,只是为了获得某种外在报酬的满足不得不从事此活动。他只感受外在激励,并无内在激励可言。然而随着工作的深入,逐渐体会到工作内容的丰富,自身的能力也大有提高,取得引人瞩目的成绩。于是开始转变了态度,对该工作的兴趣越来越浓厚,被深深吸引。在开始单纯被外在激励刺激的基础上,增添了强烈的内在激励。这说明外在激励有时也可以诱发和增强内在激励,两者不是简单叠加的补充关系,而是外在激励助长了内在激励。由于内在激励是在外在激励的基础上产生的,因此称这种作用为次生强化效应。能否达到次生强化效应,不仅取决于受激励的员工本人的个人特点(个性、爱好、需要与动机构成、价值观等),还应该考虑该项工作本身的性质(是否确实有趣、富有挑战性等)。

(2)自我感知效应:琼斯(E.E. Jones)等人曾经提出过"人际感知论"的观点,认为人们在推断他人行为动机时,常常会考虑当时情景中有无强大明确的外在诱激物。如果有则把此人的行为归因于诱激物引发的外在激励;如果没有或诱激物的力量比较小,则认为此人的行为来自于内在激励的驱动。本姆(D.J. Berm)、德西(E.L. Deci)等人进行了深化和扩展,提出"自我感知论"的理论。这种理论的观点比次生强化机制更加复杂,涵盖领域更加广阔,提出内在激励和外在激励的四种典型的组合:①外在激励强内在激励弱:外在性奖酬刺激作用强大、明显,如丰厚的奖金、崇高的荣誉等,但工作本身枯燥乏味,知识和技术含量不高。②外在激励弱内在激励强:外在性奖酬不高,但工作本身却有价值、有意义、具有挑战性,个人很感兴趣。③内在激励外在激励都很弱:工作本身非常乏味,也缺乏有诱激力的外在性奖酬,人们唯恐躲避不及,认为"没有任何好处,干了也是白干",但工作是上级的安排或受纪律的约束,非做不可,一般不会发生自我感知效应。④内在激励和外在激励都很强:工作既引人入胜,又有极富诱激力的外酬。

自我感知论让人感到耳目一新,虽使人感到有悖于常理,但是通过研究验证这种理论是可靠的。在心态失衡的状况下,为了恢复心态稳定,人们都是以调整自我感知的办法,去改变(提高或降低)内在性奖酬的效价,却从不去改变对外在性奖酬的认识。其原因在于外在性奖酬是客观存在的,比较明白和具体,很难歪曲或否认,自我感知无法改变它。而活动本身的吸引力可以通过自己主观判断,自己控制,比较容易自我调整。

> **知识拓展**
>
> 本章中所介绍的理论大多都有非常丰富和令人信服的研究,也有较强的预测价值。对于贯彻以人为本的管理理念,提高管理绩效具有借鉴意义。但是,任何一种理论都诞生于一定的社会文化环境,有相应的适应性,除受文化因素影响之外,还应该注意,每种理论也存在不足和局限性。学习和应用激励理论需要考虑应用的基本条件,中国传统文化的特点,考虑员工的可接受性,多了解和学习激励理论在我国应用成功的案例,切忌生搬硬套。

笔记

二、激励的原则

1. 处理好奖励与惩罚之间的关系　奖励是一种正强化,对人的心理行为可以产生积极的影响。而惩罚是一种负强化,对人的心理行为会产生消极的影响。人们都希望得到奖励而不愿意接受惩罚。心理学研究结果表明,对行为的强化优于不强化,直接强化优于间接强化,正强化优于负强化。在管理实践中,应用奖励和惩罚的要点是:奖惩结合,以奖为主;无论奖励还是惩罚,都要以良好的社会心理气氛为基础,才可能收到好的效果;奖励和惩罚都要及时,才能产生良好的效应;此外,还应注意公开性、明确性、直观性,公正、合理、得当,赏罚分明,注意个别差异。

2. 处理好个人奖励与集体奖励的关系　个人奖励强调个人努力和能力,可以激发个人的责任心、进取心,可以增强个体之间的竞争,打破大锅饭。但过分强调会削弱团结协作,可能导致人际关系紧张,团体意识下降。集体奖励强调团体协作与努力,有利于增强领导和骨干的责任感、紧迫感,可以增强员工之间的团结协作、增强凝聚力,增强团体的功能和力量,打破团体之间的"大锅饭"。但是集体奖励对一般成员的责任心、竞争意识没有大的改变,内部可能存在平均主义。一般来说,简单的、协作性小的工作以个人奖励为主;复杂的、协作性强的工作则以集体奖励为主。

3. 处理好物质奖励与精神奖励的关系　在现阶段,物质的奖励仍然具有重要的作用。没有物质奖励的支持和充实,精神奖励的力量大大下降。但是没有精神奖励为主导和调节,激励的作用明显下降(如一切向钱看,给多少钱干多少活)。只有两者紧密结合,才能产生实际、持久、强有力的作用。

三、激励理论的跨文化局限性

激励理论在管理实践中虽然对于了解员工的心理行为特点,贯彻以人为本的管理理念,提高科学管理发挥了较大的作用,但是,我们也应该看到,每一种理论的提出,都有其历史的渊源和诞生的土壤,也有其应用的基本条件。只有深入分析理论的特点和产生的背景,采取扬弃的态度,才能更好地为管理服务。激励理论大多为"舶来品",有其文化的特色和局限性。

1. 体现个人主义　大多数激励理论都是由美国人提出的,带有明显的美国文化的个人主义和男性主义的倾向,如目标设置理论和期望理论都重视目标的实现和个人的思考。中国传统文化的思想则宣扬"利他"精神,要求人们更多地考虑集体的利益和他人的利益,要克己奉公。

2. 不同社会文化背景的差异性　马斯洛的层次理论认为,人的需要是沿着生理、安全、社交、尊重和自我实现的路径前进的,比较符合美国的文化特色。但在一些国家,如日本、希腊、墨西哥等,不确定性规避的特征明显,安全的需要可能是最重要的。在一些女性主义特征比较明显的国家,如丹麦、瑞典、挪威、荷兰和芬兰等,社会需要可能处于顶端,群体工作可能对员工有更大的激励作用。

3. 文化偏见因素　一般认为,成就需要比较符合美国的文化特色。把高成

笔记

就需要作为一种内部激励因素的观点,实际上是建立在下列两种文化特征的基础之上:人们乐于接受中等程度的冒险(不包括具有强烈的不确定性规避特征的国家)和比较关心绩效(适合于那些具有强烈男性主义特征的国家)。在美国、英国和加拿大这些国家,可以看到这种结合的存在,但是在智利和葡萄牙等国家基本上不存在。

4. 其他　目标设置理论因为与美国文化一致,所以被广泛应用。它假设下级是独立的,管理者和下属都追求挑战性的目标,上级和下属普遍认为绩效是重要的。而在一些条件相反的国家,如法国、葡萄牙和智利等,目标设置理论的作用可能就微不足道了。

（吴均林）

本 章 小 结

激励理论是组织行为学的重要内容,同时在当今管理实践中也备受重视。①本章着重介绍了激励理论的基本概念、原则、激励过程的特点以及在管理实践中的意义。②本章针对动机的形成到行为产生的不同阶段,激励理论也分成了不同的类型,各从不同的角度影响人的心理行为。③虽然激励理论的类别不同,但其根本原理与使用原则是类似的,那就是在调动员工工作积极性的时候,需要考虑包括员工、环境等各种内外因素。④学习激励理论,不仅要掌握各种激励理论的特点和适用性,而且还要考虑激励理论的局限性和不足之处,切忌生搬硬套,才能使激励理论发挥最大的效用。

【讨论思考题】

1. 如何应用需要激励理论提高管理绩效?

2. 双因素理论的特点和意义何在?

3. 应用期望理论提高管理绩效应该注意哪些问题?

4. 公平理论对管理工作的启示何在?

5. 请结合激励理论,分析案例4-1中张勇的"暴君"政策的特点,有何优缺点,他为什么会得到员工的谅解。

笔记

第五章

社 会 认 知

通过本章的学习,你应该能够:

掌握 社会认知的内涵;社会认知偏差的校正;归因的概念。

熟悉 社会认知的分类;社会认知的偏差;归因理论的内容。

了解 影响社会认知的因素;认知方式的分类;归因理论的应用。

案例 5—1

一次录用讨论

一家医药公司招聘小组正在讨论人选问题。人力资源主任张总准备对应聘者作最后的选择,她希望了解应聘者应聘的动机。她把考官召集在一块儿,最后看一次应聘材料。

"我认为王宁不行,"销售主任老李说,"他回答问题太平淡,要是他太死板,顾客会厌烦的。"

"原因是他太紧张了。"老罗说,"正式上班后可能会有所不同。"

"呃,别忘了他曾给一家德国著名医药企业干过好几年,他对待顾客应该不错。"老韩说,他面前放着王宁的简历表。

"那他为什么想跳槽呢?"老郝说,有点儿不服。"也许,原来单位想摆脱他。"

"他说他想要新的挑战。"老韩答道,"而我们给他的薪水可能比那家公司的高。"

"我想,这是可能的。"老郝说。

"其他人怎么样?"老韩问道。

"玛丽给我的印象不错。"老罗说。

现在是老韩不服了:"我认为她不够活跃。她赚的钱已经跟我们预备付的工资一样多了,而她在我们这儿上班的钟点还更长。"

"这也许说明她真的情愿。"老罗提示道。"要不就是有其他理由。她的公司现在不是正有难处吗? 她可能是想在情况不太糟时赶紧脱身。"老郝说。

"可能,"老罗说,"我听到了传言。不过不应让传言左右我们的决定。"

"但是,"老郝坚持道,"这可能意味着,她只要能脱身干什么都行,但不会跟我们干长了。她并非真正投入地跟我们干。"

"王大卫怎么样?"老韩问。

笔记

"这倒是他目前工作的一种自然进展。"老罗回答,"他在那儿好几年了,是该前进了。"

"可他似乎缺乏一种自然的友好感情,"老郝打断道,"他看都不大看我,说起话来颇为失礼。"

其他人纷纷点头附和……老韩和她的同事们探讨着申请人的特点和动机,下班了,讨论还在继续。

社会认知是以人为对象的认知活动。社会认知活动有几种类型?作为管理者如何避免认知偏差,客观地认识员工?管理者对员工的认知对员工和组织有哪些影响?这是本章所要回答的问题。

第一节 社 会 认 知

社会认知是一个复杂的心理过程。在这个过程中,个体不仅要认知他人、认知与他人的关系,还需要认知自我和角色。由于认知活动受认知者、认知对象和认知情境等多种因素的影响,容易产生认知的偏差,这种偏差不仅影响员工的积极性,还影响组织绩效。

一、社会认知的概念

(一)认知的概念

认知(cognition)是个体对环境刺激的选择、组织与理解的心理活动。这个过程就称为认知过程。如图5-1所示。

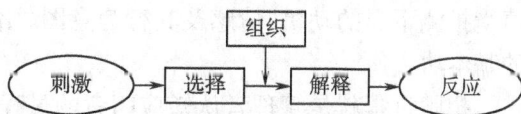

图5-1 认知过程

刺激是指作用于个体的感觉器官、对个体有影响的客观事物,包括人和物。例如上课时的黑板与屏幕、教师以及教师讲授的知识都是来自环境的刺激。这些刺激作用于学生的感觉器官,通过各器官的神经传递给大脑,形成信息。大脑对这些信息进行选择、组织和解释,进而形成具体的概念或者认识,最后对刺激进行反应。这个过程就是学生对课堂知识的认知过程,也是对这些知识的学习过程。

(二)社会认知

社会认知(social cognition)是特指以人作为对象的认知,是个体对他人的心理状态、行为动机、意向等作出推测与判断的过程。在社会认知过程中,认知者是指参与认知的个体;认知对象,即被认知的人。在社会认知的过程中不仅需要认知者根据过去经验及认知对象的线索进行分析,又需要有思维活动(包括某种程度上的信息加工、推理、分类和归纳)的参与。社会认知是个体行为的基础,个体的社会行为是社会认知的结果。

社会认知的特征主要表现为:

笔记

（1）认知的选择性：认知者根据认知对象的社会意义及其价值大小有选择地进行社会认知。例如，在开会的时候，人们常以发言者为认知对象，而不是将某个与会者为认知对象。

（2）认知反应的显著性：是指在一定的社会环境下，认知者心理状态、情感、动机所发生的某些变化随着个体对认知对象的意义所理解的程度而转移。例如，当员工得知一位德高望重的管理者与一个贪污受贿的案件有牵连的时候，员工会重新评价这个管理者。

（3）认知行为的自我控制：这是自我意识发挥作用的结果，它使认知者的认知体验不被他人所觉察，从而使个体与外界环境保持平衡。虽然，人们的认知活动是经常的，但由于某种原因，人们并不总是将自己的认知感受与他人分享。例如，在组织中，人们很少和同事谈论管理者，谈论组织的未来。管理者和组织的未来对员工产生重要的影响，是员工最关心的事情，不谈论是因为担心在组织中谈论这些事情给自己带来不良的后果。

二、社会认知的分类

社会认知是社会活动的一部分，它涉及个体自我认知、对他人的认知和人际认知。

（一）对他人的认知

对他人的认知（perception of others）是指认知者通过对他人的外部特征的认知，借以了解其动机、情感、意图的认识活动。

在管理工作中，管理者常常通过对下属讲话的态度、身体语言，结合认知的情境推测下属的动机、情感及其行为意图。准确地认知他人是管理者必须具备的基本功。

招聘过程就是管理者认知应聘者的过程。在招聘过程中，主试者常常根据被试者回答问题的内容，特别是其态度和身体语言推测被试者的求职动机、工作兴趣与基本能力。

（二）人际认知

人际认知（interpersonal perception）是指个体对人际关系的认知，它是社会认知的核心部分。例如，招聘时，管理者不仅要推测应聘者的求职兴趣和动机，还要预测其未来与其他员工的关系模式，是合作的，还是竞争的。

人际认知与管理活动密不可分，作为管理者，必须具有认知人际关系的能力，以便进行良好的人际沟通、冲突管理及其团队建设。由于个体差异与工作设计的原因，工作中的冲突不可避免。管理者必须根据员工的个性与所处的环境，推测冲突的原因，找到解决冲突的方法。

（三）自我认知

1. 自我认知的涵义

自我认知（self-perception）是指一个人通过对自己行为的观察而对自己心理状态的自我感知，是自己对自己的看法。作为一个管理者必须能够明了自己的优势与劣势，才能客观地对待自己和自己所处的环境。

笔记

知识拓展

自我认知结构

美国心理学家威廉·詹姆士（W. James）把自我认知分为三个要素：物质的自我、社会的自我和精神的自我。

物质的自我，即自我的身体、生理、仪表等要素组成的血肉之躯；社会的自我，即自己在社会生活中的名誉、地位、人际关系、处境等，也是自我在群体中的价值和作用，别人对自我的大致评价等；精神的自我，即对自己的智慧、道德标准、心理素质、个性的认识。如自我的能力、性格、气质如何？詹姆士的划分方法，与弗洛伊德把人的心理分为三要素思想颇有相似之处。这三种自我的划分方法，在社会实践及心理分析时有一定的可取之处，它们对自我认知确有不同的影响，但人的行为最终由统一的自我来完成。

2. 自我认知的方法　自我认知的基本方法包括：

（1）比较法：个体不仅通过与更优秀的他人进行比较认识自己，还会通过与比自己差或相似的他人比较完成自我认知过程。

（2）体察法：即通过他人对自己的评价或态度认识自己。他人对自己的态度犹如一面镜子，有利于认知者跳出自我防卫的圈子。借助他人对自己的态度来认识自己，首要的前提是要与他人保持比较正常的人际关系，只有在这样的人际关系中，个体才能从他人对自己的态度中获得有益的自我认识。如果他人对自己存在成见或者关系非常特别，有可能他人对自己的态度反映由于情感因素的影响而不够客观，以此来认识自己就会产生一定的偏差，这时就需要管理者有清醒的头脑，能够对自己进行更客观的认识。

（3）成果分析法：即借助活动成果认识自己。从事多方面活动，可以充分发挥聪明才智，正确分析自己的活动成果，有利于客观认识自己的才能和个性特点，发挥长处，弥补短处。

（4）交流法：即通过与他人交流认识自己。在交流中，由于交流双方对希望交流者的认识不同，因而对希望交流者自我意识确立的作用也不同。通常有以下四种情况：其一，自己和别人都认识到的（优点或缺点），有利于形成正确的自我意识；其二，别人未认识到而自己认识到的，较易形成肯定的自我意识；其三，别人已认识到自己未认识到的，这时自我意识确立的情况要视其对交流者信任度的不同而不同，与自己信任的人交流较易形成正确的自我意识，反之，则较难形成确定的自我意识；其四，若自己和别人都未认识到，则难以形成正确的自我意识。

（四）角色认知

从管理的角度来讲，角色认知（role perception）是指个体对于自己所处的特定的社会与组织中的地位的认知。角色是在涉及他人的社会活动中社会对某一特定对象所期望的一种行为模式。

以领导角色为例，领导班子是由不同层级领导者组成的，为了达到预定目标而行使领导职能的团体。正职是一个单位、部门或组织的中最高领导者，履行着

笔记

最高职务,行使着最高权力。正职领导是领导班子中最重要的成员,与领导班子的其他成员相比,在组织中处于最高职位,被赋予最高职权。显然,其必须承担和履行首要和全面的领导职责。正职不仅要承担作为领导班子成员的一般职责,更重要的是他还必须对全局和整体负总责。身为正职,应该敢于负责和承当,在决策时应该态度明朗,即所谓的"能拍板"。如果正职态度不明朗,不敢决策,很有可能大权旁落,被架空。

副职与正职的关系,是分管与主管的关系,配角与主角的关系。副职能否根据一定的岗位要求"准确就位",不仅关系到能否发挥领导班子的整体功能,而且对单位管理整体效率的高低起着重要的作用。副职在工作中既要主动、积极地开展工作,又要严格遵守自己的职责范围,主动之中要掌握分寸,严防超权越位。该自己做主的要大胆做主,应该由自己做的工作不等待正职,应该由正职出面的事情,在没有正职授权的时候,不能擅自处理和决定;倘若情况特殊,正职不在,又必须当即拍板,也要征求其他领导意见后,再作决定,事后还应向正职汇报。如果副职的所为超出了自身的角色就会出现问题。比如,应该正职拍板的事情,副职代替了,这就是越权。无论是正职还是副职如果不肯负责,只做一般员工岗位的技术性工作,就是微型管理。

三、影响社会认知的因素

影响社会认知的因素包括认知对象、认知情境和认知者三个方面。

(一)认知对象

外界刺激是认知产生的先决条件,认知对象本身的特点会影响到人们对于认知对象的选择、组织和理解。

1. 认知对象的鲜明特点　当认知对象具有与众不同的特点时,更容易被察觉。例如:服务部门更多地注意到那些嗓门较大的顾客,并尽最快可能帮助他们解决问题;而安静礼貌的客人更可能被忽视。又如,饭店的领班总是与一般服务员的服装不同,因而更容易被人们注意到。

2. 认知对象的独特位置　当一个人处于与其他人不同的物理位置时,更容易被人察觉。例如,会议的主持者较之一般与会成员处于独立的、显赫的位置,因此更容易被人察觉。

3. 认知对象之间的相似或接近　人们在认知事物时,往往将那些物理距离近或形态相似的物体作为整体进行认知。

(1)物理性质相似:在认知过程中,人们会把物理性质相似的事物联系在一起。例如,当看到足球场上纵横驰骋的22名球员时,人们很容易根据球衣的颜色把他们分成两队进行认知。

(2)空间接近:由于认知的整体性,人们往往会将在空间上接近的事物作为整体进行认知。例如,在一群青年人中,人们会推测亲密谈话的男女是一对恋人,而忽略其他人与他们的关系。

(3)时间接近:认知对象也可能因为时间上的接近,而使人们认为它们是关联的。例如,一名新任经理就职之后,生产力大增,则人们会把生产力的增长归功于这位新任经理,即使他并不具备这种能力。

笔记

98

（二）认知的情境

在什么情境下认识和了解事物也很重要,周围的环境因素影响着人们的认知。在不同的时间、不同的工作环境和社会环境中,即使是同一个认知对象,人们的认知也各不相同。

1. 物理环境　物理环境在某种程度上影响着人们的认知,例如在嘈杂的现场招聘会上,招聘者很难静下心来对应聘者有一个全面细致的了解。因此,现场招聘会多以收集应聘者的简历、与应聘者约定初次面试的时间为主要任务。最后一次(决定性的)面试多选用公司的会议室等安静、稳定的场所。

2. 社会环境　人们所在社会环境的不同,对于相同事件的认知也不尽相同。例如,在周末的晚会上,一个身穿晚礼服、浓妆艳抹的25岁女性不会引起人们太多的注意。但这位女同志如果以同样的穿着出现在周一上午的组织行为学课堂上,则会非常吸引人们的注意(以及课堂上其他同学的注意)。

（三）认知者

人的认知和社会认知首先受认知者本身因素的影响,不同的人对于同一事物会产生不同的认知,同一个人在不同状态下对同一事物也会产生不同的理解。影响人的认知和社会认知的主观因素主要有如下几个方面:

1. 兴趣和爱好　兴趣差异往往决定着个体在认知上有不同的选择性。人们往往更多注意自己感兴趣的事物,而把不感兴趣的事物排除在认知的范围之外。例如,对足球感兴趣的员工,特别注重同事是否有什么体育爱好,是否身体健康;喜欢历史的员工则特别容易和爱好研究历史的同事结交。

2. 需要和动机　人们需要和动机的不同也在很大程度上决定人们的认知选择。一般说来,凡是能够满足人的某种需要、合乎其动机的事物,容易成为认知的对象和注意的中心;反之,则不易被人认知到。

一项对饥饿的研究戏剧化地描述了这一事实。研究中的被试被随机分为两组,只是没有吃东西的时间不同:一组被试一个小时前吃了东西,另一组被试16个小时没吃任何东西。给被试呈现一组主题模糊的图片,结果个体饥饿的程度影响到他们对模糊图片的解释。相比吃完东西没多久的被试,16小时没吃东西的被试把图片内容认知为食物的频率高很多。同样,在管理工作中,一名有不安全感的上司会把下属的出色工作视为对自己职位的威胁,个人的不安全感可以转化为"别人想得到我的工作"的认知,而不管下属的真正意图如何。

3. 过去的经验　个体具有的知识和经验对于认知的选择性影响也很大。过去经验会影响到当前的认知过程,使自己更多注意到那些自己熟悉的事物或特性。例如,经历政治动荡的员工,在谈论与政治相关的话题时就显得比较慎重。

4. 个性特征　个性也是影响认知选择性的因素。根据霍兰德的人格理论,不同个性的人具有不同的职业倾向性。

不同气质类型的人在认知的深度和广度上存在着明显的差异。例如,有些人善于从整体上把握事物的本质,而另一些人则在对问题细节的认知上显示出优势,在阅读文章时,前者容易把握文章的中心,后者善于发现细节的差异。

5. 期望　人们往往期待自己希望看到的事物或者人。如果人们预期警察秉

笔记

公执法,人事主管善于协调人际关系,那么人们就会以这种方式认知他们,而不管他们的实际特点如何。布鲁纳(J.S. Bruner)等做过一个试验,他们把儿童随机分为两组,除了家庭贫富程度不同之外,这两组儿童在其他方面都没有显著差异。然后让这两组小孩判断硬币的面积,结果表明,贫穷家庭儿童对硬币面积估计的结果显著高于富裕家庭的儿童。这说明他们对金钱的期望影响了他们对硬币面积的估计,从而作出了过高或过低的估计。

知识链接

事业拓展 在阳光下看人

钟会是三国时期魏国一名出色的谋士。7岁时,其父带着他和哥哥去见魏文帝曹丕,哥哥见到皇帝很惶恐,汗流满面,而钟会却从容镇定。曹丕问他哥哥为什么出汗,他哥哥答道:"战战惶惶,汗出如浆。"又问钟会为什么不出汗,钟会回答说:"战战栗栗,汗不敢出。"曹丕惊叹钟会的才华,把他留在身边,日后成为魏国的重要谋士。

由此可知,看人的角度不同,得出的结果就不一样。如果从钟会的不流汗中看到的是"少有野心",钟会非但不能脱颖而出,恐怕还会成为被打击的对象。

——转载自第一范文网http://www.diyifanwen.com

6. 角色 同一事件中的不同角色对该事件的认知可能大相径庭。例如,华东师范大学徐国庆在"中职学校师生相互认知差异研究"的结果中发现中职学校师生之间存在明显的认知差异,见表5-1。箭头向上表示"肯定认知",箭头向下表示"否定认知",箭头的粗细代表程度。

表5-1 中职学校师生相互认知倾向

对象主体	教师			学生			师生关系
	知识	能力	态度	能力	态度	品德	
教师	↑	↓	↑	↓	↓	↑	↑
学生	↑	↓	↓	↑	↓	↓	↓

资料来源:徐国庆.中职学校师生相互认知差异研究.江苏技术师范学院学报,2009:1

可以看出除了教师的知识、学生的态度与学生的品德这三项内容外,其他方面中职学校师生之间均存在明显的认知差异。例如,对于教师能力的评鉴,学生和教师都觉得教师能力差,但学生觉得差得程度更高;教师认为自己态度好,而学生得出相反的结论;教师觉得学生能力很低,但学生觉得自己的能力比较高;教师认为师生关系良好,而学生觉得师生关系不佳。

四、社会认知中的偏差及其矫正

在社会认知过程中,由于认知的主体、客体都是人,双方的个性、经验、认知方式不尽相同,都会影响社会认知的准确性。这就使社会认知的问题更为复杂,

笔记

产生偏差的可能性大为增加。

（一）认知偏差

认知偏差（cognitive bias）是指人们根据一定表现的现象或虚假的信息而对他人作出判断，从而出现判断失误或判断本身与判断对象的真实情况不相符合。为了使对人的认知变得容易，个体往往发展了很多技术手段，"快速阅读"他人，及时作出预测和判断。值得注意的是，这类手段可能会使个体的认知过程出现偏差和失真，产生认知偏差。认知偏差通常表现在下几个方面：

1. 选择性认知　选择性认知（selective cognitive）是指人们在某一具体时刻只是以对象的部分特征作为认知的内容。

人们往往会依据个人的兴趣、需要、爱好等去主动地选择乃至搜寻对象特征作为认知内容，而其他的内容则退为背景，不能被人们的意识清晰地加工。例如，人们看电视时总是挑自己喜欢的内容看，而那些符合个人趣味的内容似乎也最容易被注意到。同样，个体对朋友往往注意他们的优点、长处，而对与自己关系不好的人，往往更留意他们的短处、过失。这也就是为什么有的人待人处世总让人觉得不公平的原因之一。

2. 首因效应　首因效应（primacy effect）也称第一印象作用，指的是认知者最初得到的信息，对于认知的形成具有强烈影响。如果在对一个人的认知过程中，某人给我们留下了比较美好的第一印象，这种印象就将影响到以后我们对他（她）的认知；反之亦然。

对某人的第一印象一旦形成，就会影响到人们对他以后一系列行为的解释。通常，首因效应发生在陌生人之间。例如，经理第一次召见某员工，该员工衣着不整，经理就会认为该员工是不拘礼节、过于随便的人，对他产生不良印象，并一直左右以后对他的判断。研究表明，在面试开始四五分钟之后，绝大多数面试考官的决策几乎不再发生变化。

管理者在看待员工时，要尽量避免受第一印象的影响而产生错误的看法。新上任的领导者应注意给员工留下良好的第一印象，若一开始就留下一个坏印象，以后通过长期交流也许会有转变，不过仍会造成一些损失，从而影响上下级关系和工作的正常开展。

3. 近因效应　近因效应（recency effect）是指在认知过程中，有时最后给人留下的印象最为深刻，往往决定着人们对某人或某事的特征的解释。

一般说来，在认知熟悉的人时，近因效应起较大的作用。例如，一个人多年来总是全勤，只是最近两个月生病没来上班。另一个人是多年的老病号，最近半年才正式上班。在年终评审的时候，人们更可能会把前者视为病号，而把后者视为出勤较好。

近因效应往往会在熟人之间出现。但是无论如何，有一点是清楚明确的，即在认知加工过程中，处于中间位置的信息常常受到忽略或遗忘，而最初和最近出现的信息产生的影响作用更大。当两类不同的社会认知的信息连续地被人感知时，人们总是倾向于去相信第一印象；当两类信息不连续，隔一段时间传送第二类信息时，第二类信息就成了最新的，最新信息给人印象深刻，人们相信最新信息。

笔记

4. 晕轮效应 所谓"晕轮"效应(halo effect)是指在认知过程中,通过获得认知对象某一行为特征的突出印象,而将其扩大成为整体行为特征的认知活动。实质上,它是一种逻辑推理上的"以点概面"效应,即根据一个人的个别品质作出对其全面的评价。

美国心理学家阿希曾做过一个实验:他给被试者一张列有五种品质的表格(聪明、灵巧、勤奋、坚定、热情),要求被试者想象一个具有这五种品质的人,结果被试者普遍把具有这五种品质的人想象为一个友善的人。然而,他把这张表格中的"热情"换为"冷酷",再要求被试者根据这五种品质(聪明、灵巧、勤奋、坚定、冷酷),想象出一个合适的人时,却发现被试者普遍推翻了原来的形象,而产生了一个否定的、完全不同的形象。

晕轮效应对管理活动的影响通常表现在对职工工作表现的评价方面。管理人员可能选用一种品质作为基础来判断工人其他方面的表现。例如,如果某人全年无一次旷工、迟到行为,那么,很可能由此就会认为他的生产率也高,工作质量也好,工作勤勉。管理者在工作中应尽量减少晕轮效应的影响,辩证、客观地看待员工。

5. 刻板效应 刻板效应(stereo type effect)是指对某个群体形成的一种概括而固定的看法,又称定型印象。

人们头脑里存在的"定型效应"是多种多样的。例如英国人持重守旧,美国人开放进取,德国人勤勉严谨;北方人豪爽率直,南方人灵活精明;女人以家庭为重,男人以事业为重;销售人员是积极进取、伶牙俐齿的,财务人员是严谨认真、安静稳重的,广告设计人员是想象丰富、思维前卫的等。

定型效应有时是人们认识某一交往对象的捷径,不失为一种智慧的表现,但可能看不到人的复杂性,以至对人的行为品质作出错误的评价和判断。在组织管理工作中,要注意利用刻板印象的积极方面,克服刻板印象的消极方面。

知识拓展

韦尔奇刻板印象用人

韦尔奇是一位管理大师。他曾自称,他在通用的最大贡献就在于他为通用招了一批精兵强将。所以在我们的印象中,韦尔奇是一位"看相"大师,什么样的人只需他瞄一眼就能猜测出十之八九。但事实绝非如此。他经常凭应聘者的外表、学历、掌握的语言种类等外观条件来决定是否聘用。他招营销人员时常凭容貌、口才等指标,他十分偏爱有多个学位的员工,因为他认为有多个学位的人学习能力强,却忽视了这类人往往对一件事不够专心的缺点。他总是凭着自己的偏好来选择他所用的人。为此他犯下的最大错误是让一个曾在通用电气做业务的"外人"来做集团的副董事长。他选择这个人的理由仅是曾在一次部长级会议上被这位员工的演讲技巧所折服。但是韦尔奇后来发现此人并不适合他的职位,最后不得不解雇他。

——摘自豆丁网http://www.docin.com/p-486663226.html

6. 投射效应　投射效应（projection effect）　是指由于自己具有某种特性，因而判断他人也一定会有与自己相同的特性。俗话说的"以己度人"就是这个道理。在认知过程中，个体如果受到投射的干扰，其认识、判断和看法往往从"是这样"、"一定会这样"等心理倾向出发，把他人的特性强行纳入自己既定的框框中，按照自己的思维方式加以理解，从而导致主观臆断并陷入偏见的泥潭。

在现实生活中，投射有两种既典型又对立的表现形式：其一是有些人总是从好的方面来解释别人的言行及需要，认为世上尽是好人；其二是有些人总是从坏的方面来解释别人的言行及需要，认为世上尽是坏人。

例如，如果一个管理者喜欢具有挑战性的工作，则会假定别人也同样希望；自己是个诚实守信之人，想当然地认为别人同样是诚实可信的。同样的道理，一个胆小之人常常也会把别人的行为解释为恐惧或紧张。

投射作用使人们倾向于根据自己的状况来认知他人，而不是按照对方的真实情况进行认知。当管理者进行投射时，他们了解个体差异的能力就降低了，他们很可能认为别人比实际情况更为同质，并因而使自己对其他人的认知产生失真。

7. 期待效应　管理者还可以运用认知过程的规律，对员工行为进行积极干预与塑造，这就是心理学中所说的期待效应。

期待效应（expectation effect）是指个人对于自己或对于别人的预期，常常会在以后的行为结果中应验，也称为"皮革马利翁效应"。

"皮革马利翁效应"这一术语出自希腊神话故事。说的是雕刻大师皮革马利翁曾经倾注全部心血雕成了一个象牙美女塑像。作品完成之后自己爱上了她，朝思暮想希望与她在一起，于是每天向雕像倾诉衷肠。结果他的诚心感动了天神，神灵赋予雕像以生命，让有情人终成眷属。

组织环境中，如果管理者相信自己的员工能够取得出色的成绩，对他们重视、鼓励和爱护，员工也会因此而增强自信心与自尊感，提升自我期望水平，激励他们的工作动机，更有可能取得管理者希望看到的业绩。

期待效应也会给管理带来负面影响。因为管理者的期待，往往基于管理者对员工的主观判断，这种判断的基础受管理者的认知、个性、经历、知识的影响，所以可能是不准确的，由于员工的能力、认知与知识的影响可能达不到管理者所期望的目标，这时管理者往往就会有挫折感，从而对员工有不客观的判断，认为员工工作不努力，因此进行惩罚或者其他不当的处理，这种处理又会影响员工的情绪与组织绩效。

（二）社会认知偏差的矫正

在认知过程中，由于人们认知能力的局限性，认知偏差是不可避免的。

从本章前面的介绍可以看到认知偏差对管理的不利影响，因此，避免认知偏差，客观认识管理中的人与事是管理者必须修炼的功课。认知偏差的矫正应该从以下方面考虑：

1. 尊重个体差异　多数认知偏差都是认知者忽视个体差异的结果，例如，刻板效应、期待效应就是由于忽视个体差异，才导致以偏概全、以己度人的结果。所以，正视个体差异，客观地面对个体差异，是避免认知偏差的基础。

2. 保持认知的客观性　产生认知偏差的根源就是认知过程过于依赖主观判断

笔记

而忽视客观事实的结果。例如,定型效应和晕轮效应,都是由于认知者根据经验判断认知对象所导致的结果。因此,保持认知过程的客观性是避免认知偏差的保障。

3. 不断调整自我认知　由于社会认知对象的复杂性,几乎没有人能够在瞬间对人作出正确的判断,所以社会认知需要一定的时间,而且常常需要审视最初或以前的判断,不断调整自我认知。

第二节　认知方式

认知方式(cognitive style),又称认知风格、认知模式,是指个体在认知过程中所经常采用的、习惯化的方式,即在感知、记忆、思维和问题解决过程中个体所偏爱的、习惯化了的态度和方式。常见的认知方式包括三对: 场依存型和场独立型、冲动型和沉思型、具体型和抽象型。

一、场依存型和场独立型

心理学家把外界环境描述为一个场。场独立型与场依存型的概念来源于威特金(H. Witkin)对认知的研究。第二次世界大战期间,威特金为了研究飞行员怎样利用来自身体内部的线索和见到的外部仪表的线索调整身体的位置,专门设计了一种可以摇摆的座舱,舱内置一座椅。当座舱倾斜时,被试可调整座椅,使身体保持垂直。研究发现,有些被试主要利用来自仪表的视觉线索调整座椅,很难使自己的身体恢复垂直。另一些人则主要利用来自身体内部的线索,使身体保持垂直。威特金将前一种人的认知方式称为场依存方式,后一种称为场独立方式。后来的研究发现,场独立型与场依存型是两种普遍存在的认知方式。

场独立型(field independence)的个体在对客观事物作判断时,倾向于利用自己内部的参照,不易受外来因素影响和干扰,独立对事物作出判断。场依存型(field dependence)个体对物体的认知倾向于以外部参照作为信息加工的依据,他们的态度和自我认知更易受周围的人,特别是权威人士的影响和干扰,善于察言观色,注意并记忆言语信息中的社会内容。

> **知识拓展**
>
> ### 棒框实验
>
> 研究者在一个完全黑暗的房间里,呈现一个可以左右倾斜的发亮框,框中有根可以左右倾斜的发光棒,要求被试在框倾斜时将棒调到垂直状态,目的是测量视觉线索在这一操作过程中的作用。但是在实验中却意外地发现,一些被试能够轻松完成任务,而另一些被试则遇到了较大的困难,且这些困难并不是由于方法不当和误差造成的,而是由于发光棒外框的倾斜变化造成的,也就是说,这些被试过于依赖发光棒本身以外的外框这一外部线索。这说明个体在许多活动中存在着对外部线索和内部线索依赖程度的差异。于是,研究者就将依赖外部线索者定义为场依存型,依赖内部线索者定义为场独立型。

上海师范大学教育科学院洪德厚教授曾经撰文,认为场独立型与场依存型的个体具有以下特点:

1. 场依存型的个体易受错综复杂的背景的影响,他们是从整体上认识事物,所以又称整体型认知方式。场独立型的人善于进行认知分析,能把所观察到的因素同背景区分开来,认知较稳定,所以又称为分析型认知方式。

2. 场依存型的个体比较随和,喜欢在集体中学习,容易受教师激励,但是不善于作定向分析。场独立型的人在同人接触中善于分析,善于从复杂的关系中理出头绪来,不受集体压力的影响,喜欢个人钻研、独立思考和学习。

3. 场依存型的人对外部世界是开放的,因此他们容易发展社会能力。在解决一些社会问题方面,如调解冲突、处理人际关系等显得特别内行。喜欢从事涉及社会技能和直接与人打交道的工作。场独立型的人喜欢数学和自然科学,希望从事需要理论和分析技能的职业。他们相对来说对外部世界不是很开放,喜欢稳定的、独立完成的工作岗位。

4. 场依存型的人心理分化程度较低,大脑两半球的功能差异不显著。场独立型的人心理分化程度较高,大脑左右两侧功能高度分化。

二、冲动型和沉思型

(一)冲动型和沉思型的概念

第二对认知方式是冲动型和沉思型,它来源于早期考察理解速度的研究,最先是由卡根等人提出的。在这些研究中,测量的是个体在不确定条件下作出决策的速度。研究发现,可以将学习者分为冲动型、沉思型、迅捷型和缓慢型四种。

研究中,一般只考虑沉思型和冲动型两种。冲动型(impulsive type)是指个体对问题未予以通盘考虑便迅速做出决定的认知风格,持有这种认知风格的个体往往出现较多的错误。沉思型(contemplative type)的个体在作出反应前深思熟虑,谨慎地检查完各种假设,认真思考所有可能的选择,犯错误相对较少。

(二)冲动型和沉思型的特点

心理学认为,具有沉思型认知方式的人的特点是获取信息时具有系统性,处理问题时谨慎,而且在寻求答案时比较关注准确性,因而得出结论往往需要更多时间。沉思型者在行动前对问题进行仔细缜密的思考,直到得出结论,他们总是谨慎、全面地检查各种假设,在确定没有问题的情况下才会给出答案。

冲动型认知方式的人凭直觉来获取信息,易快速得出结论而较少注意准确性。冲动型者往往根据第一印象或所见到的第一件事迅速作出反应,他们总是急于给出问题的答案,不习惯对解决问题的各种可能性进行全面的考虑。甚至有时在尚未搞清问题要求时,就开始对问题进行解答。

沉思型或冲动型风格不断地影响人们在认知、心理及人际关系等方面的行为表现。这两种认知方式在日常生活中可以观察到。有的人在回答问题时速度快,未有现存的答案也要根据自己的预感去猜一猜;有的人在作决定时,显得冷静自若,全面掂量,权衡利弊,三思而后行。

购物时人们表现出来的心理特征体现了沉思型和冲动型两种认知方式。有

笔记

的人为了买一件物品,须走遍几乎所有的商店,反复比较价格、质量、尺寸等,最后才决定是否买下。有的人则见着商品就买,回家后发现不合用,或买贵了。前者属于沉思型,后者属于冲动型。

知识拓展

沉思型与冲动型的测量

1966年卡根(J. kagan)等设计了"匹配相似图形测验"(MFFT)作为测量沉思型与冲动型的工具。测验的基本内容是,给被试出示一个标准图形和6个可供选择的图形,要求被试从这6个图形中选出一个与标准图形完全一样的图形,不限反应时间。一共12套这样的图形。主试记下被试对每套图形从开始思考到作出第一个反应所需的时间,以及所犯的错误量。

三、具体型和抽象型

认知材料是多种多样的,有的具体,有的抽象;有的社会性突出,有的是非社会性的。具体认知是指对具体材料的认知,该认知方式被称为具体型(concrete)。抽象认知是指对抽象材料的认知,即抽象型(abstract)。不同的人在这两类认知上表现会有所不同,有的人擅长具体认知,而有的人擅长抽象认知,也就是他们有不同的认知方式。

例如,在大学英语阅读练习中有细节题与要旨题。那些细节题目得分较高的学生的认知方式就是具体型,那些要旨题、概括中心题目得分较高的学生就属于抽象型认知方式。

第三节　行为的归因

作为管理者,了解员工的个性特点、领悟管理活动中各个事物之间的相互关系是有效管理的前提。无论是在人类生活还是管理活动中,归因过程是经常性的、不可避免的。

一、归因概念

归因(casual attribution)是根据人的外部特征对他的内心状态所作的解释与推论。换言之,归因就是根据行为事件的结果,通过认知、思维、推断等内部信息加工手段来确认造成该行为事件结果之原因的认知过程。

归因是对社会认知的拓展。正是通过归因过程,人们才会由表及里、由浅入深地认识自己和他人。

归因理论家海德发现,人们对于自己或他人形成什么样的印象不仅取决于人们所认知到的表面行为方面的信息,更取决于人们对隐含在这些表面行为后面的行为原因的认知。

笔记

二、归因理论的内容

(一)归因理论

归因理论(attribution theory)是指说明和分析人们行为活动的因果关系理论。归因理论的创始人海德(F. Helder)于20世纪50年代创立了归因理论,此后有不少学者对归因进行了研究。研究者对归因的因素、规则、可能产生的错误、归因对未来行为的影响等进行了大量的讨论。其中有代表性的是凯利的三分法归因模式、韦纳的归因因素理论等。

归因的研究主要围绕着行为的特征、行为的原因以及对新行为的预见展开,概括起来有推断行为的原因、推断个性的特征、预测新的行为三大基本问题。

(二)归因理论的主要观点

1. 行为的内因与外因　凯利在其三分法归因模式中指出,行为的原因可以分为内因与外因。归因应从内因与外因分析,即行为者、行为对象、情境。

如图5-2所示,其中,行为者是指被评价的个体,是引发行为的内因; 行为对象是指引发行为者行为的人或事物,情境是指行为者所处的情境。

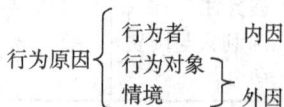

行为原因 { 行为者　内因 / 行为对象 情境 } 外因

图5-2　行为的原因分类

行为的原因是认知者探寻的答案,也是被认知者的动力所在。设想一下下述情景: 在一个忙碌的部门,办公室主任阿贤与销售经理阿利在阿贤的办公室内大声争论。即使他们在争论前就关上门,他们的声音还是越来越大,直吵得办公室里的其他人不得不停下手中的活,不快而又尴尬地看着紧闭的房门。几分钟后,阿利猛地打开门,对着阿贤大吼一声,"啪"地撞上门,跺脚离开了办公室。

任何人看到这一幕,都可能想知道出了什么事,并琢磨阿利为什么那么做。一方面,有关她行为的归因可能集中于内因: 她脾气不好,容易发火,她这样做是因为不成熟,不善于对付压力; 或者她没好好干活,为此遭到阿贤的训斥。归因可能集中在外因: 她这样做的原因是阿贤很难相处,或他们两人吵成这样是因为最高管理层给这个部门的工作任务不合理。

一些目睹了这个场面的人可能感到其中的原因不止一个,而且,部门里不同的人可能对其目睹的事有不同的解释。

这里办公室里的同事是认知者,阿利是行为者,阿贤是行为对象,办公室是情境。阿利发火的原因可能有以下几种: ①内因(行为者): 阿利脾气不好; ②外因(行为对象): 阿贤很难相处; ③外因(情境): 在阿贤办公室说话,其他人可以听见,如果阿利面对阿贤的斥责不做声,有失尊严。

如何确定到底是内因引发阿利的行为,还是外因导致她这么做呢? 根据凯利的理论,分析行为的原因必须遵从一定的原则,这就是归因原则。

2. 归因的原则　根据凯利的三分法归因理论,归因根据包括以下三个原则,即一贯性、普遍性、差异性,如图5-3所示。其中,一贯性是指行为者的行为与以前一致; 差异性是指行为者对其他行为对象的反应是否一致。普遍性是指行为者的行

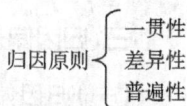

归因原则 { 一贯性 差异性 普遍性 }

图5-3　归因原则

笔记

为是否与他人一致。

根据归因原则可以确定：①一贯性：阿利一贯爱发脾气；②差异性：阿利只对阿贤发脾气；③普遍性：其他人也对阿贤发脾气。

根据一贯性、普遍性与差异性原则，分析这个事件就推出三种结论：阿贤确实烦人，争吵是由于情境的原因，阿利脾气不好（表5-2）。

表5-2 归因分析

现象1	原因1	现象2	原因2	现象3	原因3
一贯性：阿利一贯与阿贤争吵		一贯性：阿利平时不与阿贤争吵		一贯性：阿利一直与阿贤争吵	
普遍性：别人都与阿贤争吵	（外因：认知对象）阿贤确实烦人	普遍性：别人都不与阿贤争吵	（外因：情境）由于环境，阿利有压力	普遍性：别人都不与阿贤争吵	（内因：认知者）阿利脾气不好
差异性：阿利只与阿贤争吵		差异性：阿利只与阿贤争吵		差异性：阿利常与周围人争吵	

通过分析可以看出，只有一贯性、普遍性、差异性都符合时，才能获得较有根据的归因。

3. 关于成功与失败的归因　20世纪70年代，对于归因的研究有了新的进展，从对归因因素、归因原则的研究转向对归因与行为预测的相关研究，韦纳（B. Weiner）的归因因素理论就是典型的代表。

韦纳指出，人们对失败的不同归因可以引发不同的行为，继续努力和放弃努力。他将行为的内因与外因细分为稳定因素与不稳定因素，稳定因素包括能力与任务难度；不稳定因素包括努力与机遇，见表5-3所示。

表5-3 韦纳的归因因素

归因因素的性质	对失败归因	
	内因	外因
稳定性因素	能力	任务难度
不稳定性因素	努力	机遇

韦纳指出，如果把一个人的失败归于稳定因素能力与任务难度，则会降低信心，难以努力。如果将失败归于不稳定因素努力或机遇就会增强信心，更加努力。

归因因素理论的贡献不仅在于它将行为的原因细分，最重要的是它将归因与认知者新的行为联系起来，推动归因理论的进一步发展。

三、归因偏差

（一）归因偏差的含义

归因偏差（attributive deviations）指的是认知者系统地歪曲了某些本来正确

笔记

的信息,有的源于人类认知过程本身固有的局限,有的则是由于人们不同的动机造成的。

歪曲的、错误的、片面的归因偏差会给企业带来诸多负面影响。它不仅降低管理者的自我效能感和监控能力,同时也会对员工工作的积极性和归因倾向产生消极影响。管理中归因偏差的主要表现有:

1. 基本归因错误　人们在归因时往往会低估环境的影响,而高估个人特质和态度的影响,这种倾向就是基本归因错误(fundamental attribution error)。也就是说,即使存在明显的情境原因,人们仍然倾向于认为他人的行为起因源于他本人的某种因素,例如个性、动机、价值观或态度。由于这一偏差非常普遍,所以被称为基本归因偏差。

当观察他人的行为时,内部原因比情境原因更容易被观察者注意。在组织中,基本归因偏差常常让人们过早推定别人的责任,而不考虑可能的外部原因,从而造成对他人的不准确判断。例如,看到一名员工迟到,人们更多地将其归因于他的懒散,而不是交通堵塞;管理者在对员工进行绩效考评时,对于未完成任务的员工,倾向于从员工自身能力归因而忽视环境的影响,因而过多地责备员工。

2. 自利性归因偏差。自利性归因偏差(selfishness attribution bias)是指人有一种居功自赏而避免对失败负责的倾向。当人们更希望对成功而非失败负责时,就产生了利己主义倾向。对自己的不良绩效进行归因时,人们往往高估外部环境的影响。如对未完成任务的员工来说,他倾向于否认自己对其后果应当负有的责任,而全部归结为外部环境的不利影响;反之,对自己在工作上的成就,他们又倾向于夸大自身的作用。

管理者也不例外,归因容易受利己主义的归因偏差的影响,即把积极的结果归因于自身,而将消极的结果归因于自身以外的方面。这种偏差是由个体维护自我价值感的动机造成的,即为了减少因失败造成的焦虑、沮丧等情绪,而使有利的信息资料在加工过程中被特别重视而夸大,而不利的因素则被忽视、低估或缩小。例如,管理者实施了一项技术改革的方案,按照这个方案,如果组织绩效提高了,管理者就会把绩效的提高归功于新的技术改革方案;如果绩效降低了,面对下属的质疑管理者可能将失败归于情境因素。在组织中,如果领导和下属都受到自利性归因偏差的影响,那么很容易出现归因矛盾,导致成功时争抢功劳,失败时互相推诿责任。

综上所述,归因偏差在现实生活中是普遍存在的,往往是人们在无意中形成的,对人们的行为产生消极的影响。人类的决策过程是非常复杂的,受多种因素影响,组织管理者的归因偏差往往影响着决策的制定,这些决策不仅影响企业的战略、员工的绩效考核等,甚至决定企业的生死存亡。

(二)归因偏差的纠正

无论是组织中的管理者还是员工,都应该有意识地降低或设法消除归因偏差的负面影响,可以从以下几个方面入手:

1. 使用科学的归因方式　即从行为者、行为对象及其行为情境去考虑问题,而不是单从行为者的主观因素出发归因。例如,员工迟到,从行为者(员工)出发,

笔记

归因可能是行为者懒惰、缺乏组织纪律;从情境出发,可以从交通阻塞等方面归因;从行为对象"迟到"出发,看看该员工是否一贯迟到,其他员工是否也存在同样的问题等,按照凯利的三分法归因模式去分析,归因就会客观得多。

2. 换位思考 即问问自己"如果我处于这种情况会作出何种反应"。通过进入行为者的思维框架思考问题,舍身处境地理解他人,在归因时就可以避免或减少归因偏差的影响。

案例 5-2

老板和员工角色互换始末

长春市同志街上一家公司,总经理朱经理提出跟员工互换身份,搞一次互换体验,让双方彼此了解,"知道对方在做什么,这就是最好的沟通。"2012年10月24日,朱经理下达了一个命令,包括下面的分公司在内,所有的管理人员都要和员工进行一次换位体验,管理人员下基层工作,而员工要临时客串管理人员进行决策。

老板当员工

当日9时,坐惯自己办公椅的朱经理,在行政人员工作的一米见方的隔断内有点转不过身,"坐惯了大椅子,大桌子,这地方看着真有些小。"他从行政人员手中接过100张宣传单,上午的任务就是发放公司的宣传单,留下潜在客户联系方式。

朱经理脱下西装上衣,穿上一件黑色外套,还特意换上了一双软底鞋,心情愉快地站在长春市同志街上一个报亭旁边,不停地扫视着周围经过的人群。"老大爷,请您留下地址和联系方式,我们工作人员会在第一时间跟您联系","我们在服务中还有哪些方面做得不好,您觉得哪些方面需要改进,请您多提宝贵意见"……刚开始的一些行人对他视而不见,他手里的宣传单没人看一眼。有一次,他追上一名30多岁的女子,口中大姐大姐地叫个不停,女子停下脚步,转头一顿数落:"叫谁大姐呢,也不看看你脸上的褶子?"然后狠狠瞪了一眼,走了。10时许,朱经理手中的宣传单少了一半,但却引来附近环卫工人的不满,"你看看,你这单子,边看边扔,我都打扫不过来了。"整个上午,他就在递单子和捡单子的重复动作中度过,连口水都没喝上。11时30分许,他回到办公室算了一下工作成果:100张宣传单还剩下82张,这82张单子全是捡回来的,另外留下3个潜在客户的电话号码。

此时,他感叹,员工工作不易,一上午连口水都没喝上,所以今后要对他们多关心些,尤其是在生活上。

员工当老板

当财务部的老秦坐到朱经理的高背老板椅上时,他后仰在椅背上,兴奋地前后摇了几下:"真舒服,肩膀得劲儿!"随后,他打开朱总的那台笔记本电脑,"这电脑可真快,上网看视频一点也不卡……"

几声敲门声后,财务部的一名工作人员走进办公室对老秦说:"领导,有笔钱今天到账,本来这钱到了之后就可以交房费了,但现在对方银行账户有点问题,银行说还得等几天才能到账,另外现在入冬了,几家分公司的一些取暖设备要更换,还有明天就要开工资了……"

没等财务部的工作人员说完,技术部的人敲门进来了,"我们要引进的系统测试,几家公司的策划都拿来了,需要领导决定,用哪一家的?"

接待部的工作人员上来找老秦,"有个客户死活要求见老总,我们拦都拦不住……"

这一个接一个的问题让老秦头大了一圈。

他先送走了难缠的客户,又跟技术部的研究了一下系统测试方案,发现几家公司的设计都不尽如人意。

"房费还差多少?""还差17万!"

他皱起了眉头,"天哪,这17万上哪去整啊?"

想了好几个办法,几个不急的项目缓一缓,取暖设备成本降低一下,到处拆借挪钱,但都凑不够17万。

最后,朱经理向朋友的公司借了款,才暂时解决了这个难题。

当了一天老板,老秦的感受很多,"不当家不知柴米贵,换位思考才知道老板不容易,老板累,老板也难,老板也苦啊!"

——根据和讯2013年1月13日新闻改编

http://news.hexun.com/2012-10-29/147328761.html

3. 避免只注意明显的突出因素而忽略真正重要的因素　有研究表明,人们在归因时容易注意明显的原因而忽视重要的原因。例如,一个员工连续两次迟到,最容易被人注意的是他迟到的次数,连续迟到的逻辑推测是迟到不是偶然的,可能是故意的,是主观因素造成的。但如果深入调查,可能是因为这个员工的老父亲病了,他到父亲家照顾,父亲家离单位很远,第一次迟到是因为该员工没有掌握好时间,第二次迟到是在他要出发的时候父亲疏忽将自己反锁在房间内,员工帮助父亲开门耽误了时间。在这里,客观因素——"照顾父亲"是重要因素或主要因素,而员工连续的迟到是突出因素。

4. 提高元认知水平　元认知是个体认知方面自我控制的有关知识或认知过程,即对自我认知的认知。元认知水平高者能清楚地认识到自我认知过程的优缺点,从而进行改进或调控,不断提高认知水平;元认知水平低者对自我认知处于浑然不觉的状态,不会对自我认知加以改进和调控。

现实社会中,个体成员之间元认知水平差异极大。提高元认知水平主要策略是对归因过程和归因方式进行再归因,即从思维方式本身寻找原因。加强对元认知的分析与调节,从而有效地矫正或部分矫正自己的归因偏差。

作为组织中的管理者,要经常反省自己对他人行为作出的归因,以纠正出现的偏差。但是管理者要注意的是,没有任何一种去偏差技巧是万能的,但在看待

笔记

问题时使用不同的视角,通常能够提高决策和判断的质量和水平。

四、归因理论的应用

归因的意义不仅在于它是管理者所应该具备的基本能力,更重要的是管理者归因不同,直接影响管理者的行为,从而影响员工的行为与绩效。因此,归因是行为反应链的关键,它如同第一张多米诺骨牌,起到导火索的作用。

在管理活动中,领导是引导多米诺骨牌的动力、速度、运行方向的第一张骨牌,领导的归因会影响到他的行为,领导的行为会影响员工,进而影响员工的行为与组织绩效,决定组织的成功与失败。

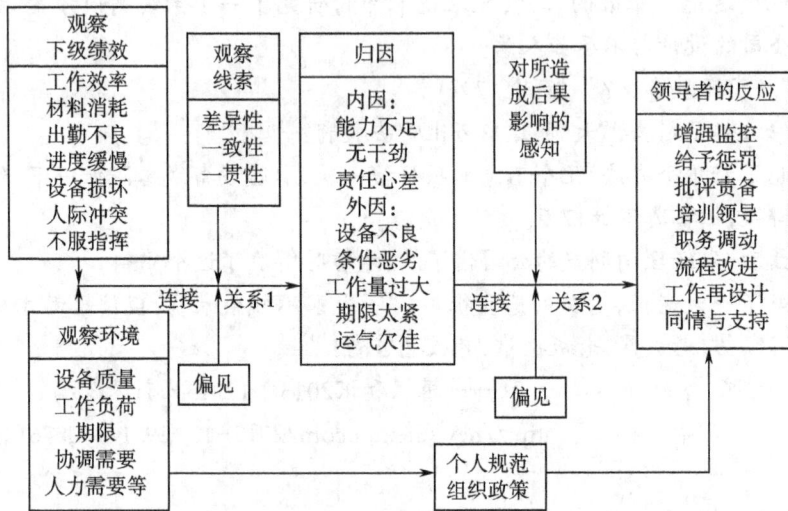

图5-4　领导归因模型

据此,米契尔(T. Mitchell)提出了领导归因模型,如图5-4。该理论认为,领导归因过程中存在着先后两种连接关系,在连接关系1中,领导者在对不良绩效归因时,往往以下级的工作表现为依据,如生产率、出勤率等;或者依赖环境中的有关因素,如任务难度、工作条件等;然后作出归因判断,认为源于内因或外因。

在此归因过程中领导归因的根据有两种:一是遵循归因原则,即根据下级行为的差异性(是仅对此项工作还是对所有工作)、普遍性(是仅他一人如此,还是全体一致)、一贯性(是偶然行为或不同时期表现不同,还是一贯如此)。另一种归因根据就是依据领导者的个人偏见。

在对低绩效归因时,领导者往往选择员工作为认知对象,容易将低绩效归于内因,即强调员工的能力不足、无干劲儿、责任心差,推卸管理者的责任;而下级则容易将工作环境与条件作为认知对象,常常作外部归因,使上级不能推卸责任。

在连接关系2中,归因导致相应的行为,如把问题归因于无责任心,则反应便是批评、惩戒、训斥、监控等;若归因于能力差,领导的反应是培训和指导;归因于任务艰巨,则提供方便或工作再设计等。

归因论对于加强领导者对下级绩效的控制很有启发。若领导者能准确"诊断"问题(归因),并能开出正确"处方"(反应),"对症下药",采取正确的领导行为,就会产生良好的激励效果,这就需要领导要客观地、正确地观察下级的有关情况和环境方面的因素,尽可能地消除偏见,正确归因。

（陈　捷）

本 章 小 结

　　本章小结如下：①认知是个体对环境刺激的选择、组织与理解的过程。社会认知就是以人为对象的认知过程。认知者是指参与认知的个体,认知对象是指被认知的人,认知情境即环境。②社会认知可以分为对他人的认知、人际认知、自我认知和角色认知。③由于影响认知的原因比较复杂,所以人们在认知过程中难免出现认知偏差。常见的偏差有选择性认知、首因效应、近因效应、晕轮效应、刻板效应、投射效应和期待效应等。④认知方式是指个体在认知过程中所经常采用的、习惯化的方式,即在感知、记忆、思维和问题解决过程中个体所偏爱的、习惯化了的态度和方式。常见的认知方式包括三对：场依赖型和场独立型、冲动型和沉思型、具体型和抽象型。⑤归因是根据人的外部特征对他的内心状态所作的解释与推论。归因理论常被应用于管理工作之中,管理者对员工的归因,特别是管理者对于员工不良绩效的归因不仅会影响管理者对员工的态度,实际上还影响员工的工作积极性及其组织绩效。

【讨论思考题】

　　1.在4类社会认知类型中,你认为哪类社会认知最困难？为什么？

　　2.你认为在招聘中最容易出现的是哪种社会认知偏差？这种偏差会给未来的组织和员工带来哪些影响？请对如何克服社会认知偏差给出建议。

　　3.案例5-1中大家对应聘者评价不同的原因是什么？请根据归因理论进行分析,再谈谈你认为谁是最合适的人选及原因。

　　4.案例5-2中,你认为角色互换活动是否必要及其原因,请从归因的角度分析老板和员工角色互换后对彼此理解的不同。

笔记

第六章

态度与管理

通过本章的学习,你应该能够:

掌握 态度的概念及其构成;态度改变的过程及影响因素;工作满意度的概念,工作满意度对工作绩效的影响。

熟悉 态度的特征;态度的功能与作用;态度改变的理论和方法。

了解 组织承诺与工作绩效的关系。

案例6-1

印度国王哈里什和儿子打猎途经一个城镇,空地上有三个泥瓦匠在工作。哈里什国王问那几个匠人在干什么。

第一个人粗暴地说:"没看见吗?我在垒砖头。"

第二个人有气无力地说:"我在砌一堵墙。"

第三个泥瓦匠热情洋溢地、充满自豪地回答说:"我在建一座宏伟的寺庙。"

哈里什国王回到皇宫后,立刻召见了第三个泥瓦匠,并给了他一个总督的职位。国王的儿子问:"父王,我不明白。为什么你那么欣赏第三个泥瓦匠呢?"

"一个人有多成功,最终由他做事的态度所决定的。"哈里什国王回答说,"有智慧的人可以看到事业最后的结果,而不是手头的任务,因为只有这样,才会有克服困难的动力。"

态度决定高度,仅仅因为不同的三句话,三个人的命运就发生了截然不同的变化,是什么原因导致这样的结果?

人们在不同的社会条件下生活,经历各不相同,除了形成不同的需求、兴趣、个性和思维方式外,还形成了不同的信念与态度。态度差异也是个体差异的一个重要方面。态度在很大程度上决定了人们的工作行为和生活方式,它不仅影响着人们的工作效率,还影响着人们的社会知觉和人际关系。因此,在组织管理中,管理者应注重员工工作态度形成和转变的过程。

笔记

第一节　态　度　概　述

一、态度的概念及其构成

（一）态度的概念

态度（attitude）是指个体自身对某一客体所持有的评价与心理倾向，具有一定结构和比较稳定的内在心理状态，由认知、情感和意向三个部分组成。

态度作为一种心理现象，既是指人们的内心体验，又包括人们的行为倾向。一般来说，态度是潜在的，是通过人们的言语、表情和行为来反映的。人们的态度对象也是多种多样的。人们对这些态度对象，有的表示接受或赞成，有的表示拒绝或反对，这种在心理上表现出来的接受、赞成、拒绝和反对等评价倾向就是态度。所以，态度又可看成是一种心理上的准备状态，这种准备状态支配着人们对观察、记忆和思维的选择，也决定着人们听到了什么、看到了什么、想些什么和做些什么。因此，一个人的态度对他的行为具有指导性和动力性影响。

（二）态度的构成

1. 认知成分　态度的认知成分（cognitive component of an attitude）指人们作为态度主体，对某种事物与对象的看法、认识和理解。它包括对人对事的知晓，也包括对人对事的评论、赞同或反对。态度的认知成分常常是带有评价性质的陈述，陈述的内容包括个人对某个对象的认识与理解，以及赞成与反对等。认知成分是态度形成的基础。

2. 情感成分　情感与态度的联系是多方面的。有些心理学家把情感定义为：个体对态度对象所持有的一种情绪、情感体验，可分为正性的、中性的和负性的，如尊敬和鄙视、喜欢和厌恶、同情和嘲讽等。情感成分（emotional component of an attitude）是态度形成的核心。

3. 意向成分　意向成分（intention component of an attitude）是个体对态度对象所持有的一种内在反应倾向，是个体作出行为之前所保持的一种心理准备状态。这种行为倾向与需要的关系很密切，如想靠近—想远离、想占有—想丢弃等。个体在对某个对象形成一定的认识和情感的同时，对这个对象的相应反应趋向就产生了。例如，亲近它还是疏远它，接受它还是拒绝它。在态度形成中还有一种特殊情况，即某些态度并不是在对某个事物有了一定的认识和理解后才形成的，而主要是因为这个事物与个体实现行为目标有着密切关系。意向成分是态度的重要外部表现。

如上所述，态度包括认知、情感和意向三个中介因素。在态度的三因素中，认知因素是基础，它不仅是人们了解和判断事物的依据，也是产生态度体验的基础。情感因素是一种介于认知和意向行为之间的中介因素，当人的认知固定下来，转变为一种情绪体验时，将长期处于支配地位。认知和情感不仅局限于内心，它总要外显以支配人的行为，即态度具有一种潜在的行为意向，表现为行为的准备状态和持续状态，具有外显性。有关态度体系中各要素之间的相互关系见图6-1。

笔记

刺激 ⟶ 态度 ⟶ 刺激

| 认知成分 | 情感成分 | 意向成分 | 外显行为 |

事实 信念 观点 ⟶ 评价 情感 情绪 ⟶ 意向 倾向 偏好 ⟶ 外显行为

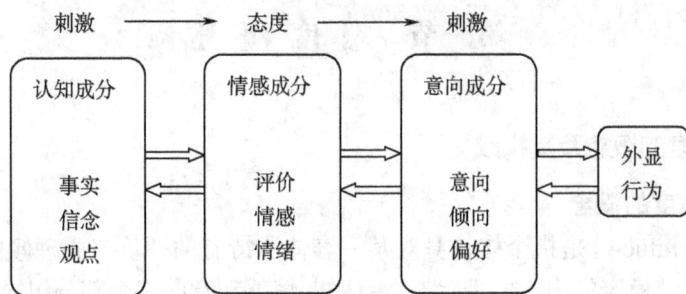

图6-1 态度构成要素间的关系

二、态度的特征

(一)社会性

人们对待各种人和事物的态度并不是先天遗传来的,而是个体在后天的社会生活中通过学习获得的,是个体在长期的生活中,通过与他人的交往和相互作用,通过接受周围生活环境和社会文化的不断影响而逐渐形成对他人、他事、他物的一定态度。态度本身所包含的内容及其变化也充分体现了态度的社会性。

(二)针对性

人的态度总是针对某一对象而言的。态度的对象相当广泛,可以是具体的人或物,也可以是代表具体事物本质的一些抽象概念,如思想、困难等,没有对象指向的态度是不存在的。态度对象的广泛性决定了态度的多样性,而一个人的多种态度可以形成他的态度体系。任何一种态度都有针对性,总是对一定的客体而发生,它反映了主体与客体之间的关系,如领导干部对下级干部的态度,员工对奖金的态度等都有明显的主体与客体的对应关系。

(三)稳定性

态度是在长期的社会生活中逐渐形成的,态度一旦形成,就将持续一段时间,不会轻易改变。一些稳定程度高的态度作为性格的重要成分,转化为人的个性,从而对人的行为产生更广泛、更持久的影响。但态度的稳定性与持续性又是相对的,在一个人的态度系统中,总是一方面维持许多原有的态度,另一方面又适应社会需要改变一部分既有态度,使它们获得新的特征,形成新的态度。

(四)内在性

态度是一种内在的心理准备状态,是一种尚未表现于外的内心历程,是人依据自己的经验或观点,对特定的事物在内心进行估量或凭直觉作出如何处理的一种心理倾向。不同于人的外显性行为,态度虽然与行为的联系非常紧密,但它却是人不能直接看到、听到的,因而对人的态度只能从人的言行及表情中进行间接的认识和了解。

(五)协调性

态度由认知,情感和行为意向三个心理要素组成。三个要素彼此协调、相互对应从而使态度的知、情、意三者达到理想的协调状态。如果出现了矛盾和不协调,个体会采用一定的方法进行调整,重新恢复其协调性。但在现实生活中,三

笔记

者之间的关系并非如此简单,而是在一定程度上存在着不协调和不一致。三个要素中认知成分是基础,情感成分是关键,情感成分对认知有调节作用。此外,认知、情感和意向这三种成分相互之间的关联程度也不尽相同。研究结果表明,情感与意向的相关程度高于认知与意向、情感与认知的相关程度。由此可见,在态度的三种成分中,认知成分的独立程度相对较高,情感成分对态度的影响作用则更明显。

(六)系统性

就个人而言,态度会因为环境和对象的改变而不同。一个人的所有态度的集合就称为态度丛,它是我们对这个人行为的判断标准。在态度丛中许多态度彼此互相联系,紧密相关,形成态度群。态度丛就是由这些彼此互相联系,构成各不相同的态度群组成的,由于每个态度群中的各态度相互联系较为固定,因此,人们可以从某人的一种态度推知另外一种态度。

三、态度的功能

(一)态度的功能

人为什么要形成和保持某些态度,这就是态度功能的问题。卡茨(D. Katz)和奥斯卡姆普(S. Oskamp)等认为,态度有以下四种基本功能:

1. 适应功能　人的态度是在适应环境中形成的,形成后起着更好地适应环境的作用。例如,人具有归属的需要,希望与他人建立良好的人际关系,归属于某一群体。为了达到这一目的,人们必须表现出他人或群体所希望的态度,只有这样,才能得到他人或群体的认同。

2. 自我防御功能　人是理性的,有着自我意识与自我价值。维护自我价值不受威胁是人的心理生活的一个重要方面。在人的自我价值受到威胁时,人们往往选择有利于自我形象和价值确立的态度进行自我防御,使自己减少焦虑。一个人的自我价值支持力量越少,自我价值感越薄弱,其态度体系中自我防御性态度的比例就越大。

3. 价值表现功能　在很多情况下,特有的态度常表示一个人的主要价值观和自我概念。例如,我们主动表明自己对某个事件的看法,积极参与某个群体或集会,都是人们选择并表明一定态度的方式。

4. 认识功能　个人与周围世界的关系,是由其态度系统来反映的,态度使人们认识了周围的世界,也引导着人们了解未知的世界。例如,我们对他人及社会群体的认识,就是通过他人及群体流露出的态度而实现的。别人对我们的态度使我们了解到他与我们的关系;从别人对周围世界的态度中,我们可以了解别人的个性特征;群体成员对外部世界的态度可以使我们了解到群体的社会属性;而群体成员彼此之间及对群体本身的态度,可使我们了解到群体自身的凝聚力等特点。

(二)态度的作用

态度对一个人的心理与行为具有多方面的影响与作用,主要表现在以下几个方面:

1. 态度影响社会性判断　某一态度一旦形成就会成为个性的一部分,对社会性判断产生稳定的影响。在社会生活中,态度使个体有选择地接受有利于自己的、合适的信息,拒绝不利于自己的、不合适的信息,也可能曲解地接受信息而产生偏见。另外,人们对某些特定的人群或事物,往往有一套或强或弱的固定看法,认识上的这种态度往往阻碍一个人去正确辨别群体中的个体差异,影响正确的社会性判断。

知识拓展

心理学家哈斯道夫(A. H. Hastorf)以篮球迷为被试,考察他们怎样知觉一场球赛的犯规。他给球迷播放一场球迷分别支持的两支球队重要比赛的实况录像,让其判断己方队员与对方队员的犯规次数。结果,与裁判实判这场比赛时双方队员的客观犯规次数相比较,双方球迷判定的己方队员和对方队员的犯规都有一个共同倾向,即对己方队员判定的犯规次数比裁判实判要少,而对对方队员判定的犯规次数远远高于裁判的实判次数。同一场比赛,双方球迷的判断如此对立,显然不是裁判的问题,而是球迷们对己方球队和对方球队不同的态度所致。态度影响了他们判断的准确性。

球迷在态度准备上都倾向于己方获胜,因而他们对比赛犯规的知觉受到明显倾向性的影响:一方面,他们注意不到己方队员的犯规,而对对方队员的犯规动作敏感;另一方面,他们可能用不同的判断标准对待己方和对方队员。己方的犯规动作会被理解为合理技术动作,而对方的某些技术动作稍微冒犯己方队员就被视为犯规。球迷本人对这一点并无知觉,这两方面的心理作用都是在无意识状态下发生的。

2. 态度影响忍耐力　忍耐力是指人对于挫折的容忍力和对身体伤害的耐受力。挫折容忍力的大小与个体对引起挫折的事物的态度密切相关,人们生活在社会中,随时随地都会遇到挫折,有时是短暂的,有时是长久的,有时轻微,有时严重。人们遇到挫折时所表现的反应也是各不相同,有的人敢于向挫折挑战,百折不挠,勇往直前;有的人却一蹶不振,精神崩溃。这种对挫折的适应能力,与个体对引起挫折的事物的态度密切相关。

知识拓展

兰伯特(W.Z. Lambert)曾做过这样一个实验:他以基督教徒与犹太教徒大学生为被试,使用一种类似血压计改装的耐压器(在血压计空气袋上装一个硬橡皮头改装而成)来测定被试耐痛的水平。实验操作就像测量血压一样把改装的空气袋扎在被试手臂上,然后增加气压,随着气压增加,硬橡皮头会顶入肌肉产生无伤害的痛感。气压愈大,痛觉也愈强烈,到被试最后不能耐受叫停时,血压计的读数,作为被试忍痛力的指标。第一次测定之后,实验者告诉被试,为了确定大家耐痛力的可靠性,稍加休息后还要测定第二次。在休息过程中,实验者将被试分为两组,一组为实验组,由一半犹太教徒与一

笔记

半基督教徒组成,实验者告诉犹太教徒"有报告说犹太教徒对痛苦的忍耐力不如基督教徒",对基督教徒则说,"有报告说基督教徒对痛苦的忍耐力不如犹太教徒"。实验的控制组由另一半基督教徒与犹太教徒组成,休息时无条件操作。休息后的再测定发现,无论是基督教徒还是犹太教徒,实验组被试的耐痛阈限都大大提高,而控制组没有变化。研究者认为,这种戏剧性的变化主要是休息时实验者的指导语激起各半组被试对自己宗教群体的效忠态度所致。

3. **态度的记忆过滤效应**　大量社会心理学实验研究已经很好地证明了态度对人们内部信息的加工过程具有影响。社会心理学家琼斯(E. E. Jones)经研究证明,人们对支持自己既有态度的材料,学习起来更容易,信息更容易被自己的记忆系统吸收与同化;而与个人既有态度相违背的材料,不仅学习起来更困难,而且获得的信息也容易被歪曲。莱维尼的实验研究则进一步证明,不仅符合自己态度的东西容易记忆,而且记住之后不容易遗忘;而不符合或反对自己态度的东西不仅不容易被记住,记住了也更容易遗忘。既有的态度使得人在内部信息加工上有自我服务的倾向。作为心理准备状态的态度对信息加工过程产生制约作用,能自动过滤掉不利于自己的信息,态度对记忆的这种选择作用被称为态度的过滤效应。

4. **态度影响工作效率**　大量的社会心理学实验以及日常生活现象都证明了人们对于一种事物的态度越积极、越强烈,则人们对此采取行动的内驱力也越大。但值得注意的是,态度与生产效率之间不是一个简单的对应关系。工作态度积极的员工,有的效率高,有的则一般或较低。这是因为在雇佣劳动的条件下,员工们受群体内部隐存的社会标准——"不过高也不太低"的生产指标所制约,他们不愿离群,故可能有意降低效率以求与大家一致。而工作态度消极的员工,为了维持生计或受人尊重,也可能努力提高工作效率。

5. **态度影响团体凝聚力**　团体凝聚力是指团队对成员的吸引力,成员对团队的向心力,以及团队成员之间的相互吸引,团体凝聚力不仅是维持团队存在的必要条件,而且对团队潜能的发挥有很重要的作用。一个团体如果失去了凝聚力,就不可能完成组织赋予的任务,本身也就失去了存在的条件。一般来说,团体内部多数成员对人持热情、友好、宽容、互助的态度,团体就会有较高的凝聚力;如果成员之间比较冷漠、傲慢、刻薄,团体的凝聚力就较低。

6. **态度具有奖励作用**　霍桑实验研究发现,各种工作条件、休息时间乃至工资的改善或提高对工作效率的影响远比我们想象的低,而工厂尊重工人的程度、自由的气氛、工人对工作的责任感等却显著影响工作效率。这说明在影响生产效率最重要的因素是人的社会心理方面的满足或工作中发展起来的人际关系,而不是工作的物理环境、工资、待遇、福利等。这就表明态度在当中起着重要作用。

笔记

四、态度与行为的关系

人们的态度与行为之间存在着相互作用关系,有时态度决定行为,有时行为影响态度,还有时态度与行为存在动态相依性。态度与行为的关系主要从以下三个方面进行讨论:

(一)态度对行为的影响

态度主要由认知、情感和意向三种成分构成。这里的意向成分指的是行动或行为的意图这种心理倾向,而不是真正的行为。行为指的是判断、决策、明显的行为序列过程,而且行为是潜在的态度的表达。由此可见态度和行为的关系非常紧密,态度一经产生,就会对人们的实际行为产生各种性质不同的影响。另外,态度有强度指标,比较强的态度不易改变,能够影响信息的判断和决策过程,进而能够影响相应的行为。态度是行为的决定因素,也是预测行为的最好途径。

(二)行为对态度的影响

态度能够影响行为,而行为反过来也会影响到态度。人们的行动可以改变原有的认识、感受和意向。例如,两个本来互有偏见的社会群体,一旦相互间有了更多的接触和沟通,原有的偏见就可能会有所改变。承担新的社会角色,从事该角色所规定的行为,也将使人们产生新的态度。有关行为对态度的影响,社会心理学家给出了三种不同的解释理论。

1. 认知失调理论 认知失调理论(cognitive dissonance theory)由费斯汀格(L. Festinger)提出,该理论假定,当人们的行动与其态度相背时,就会产生内在的认知不协调,进而引起心理上的紧张。为了消除这种紧张,当事者就要努力为自己的行为进行辩护,就会改变自己原有的态度。人们为自己的行为找到的外部理由越少,越是感觉到认知不协调,就越是要改变自己原来的态度。

知识拓展

利昂·费斯汀格(L. Festinger),美国社会心理学家。主要研究人的期望、抱负和决策,并用实验方法研究偏见、社会影响等社会心理学问题。他提出的认知失调理论在当时产生了很大影响。1959年获美国心理学会颁发的杰出科学贡献奖,1972年当选为国家科学院院士。

其理论建构的主要来源是他和他的学生隐身在一群信众之中,研究他们的认知失调。之后又进行了一项认知失调的实验,他们要求受试者做一件无趣的工作,结束后告诉他们实验的目的在于"对于工作有趣与否的预期,是否会影响之后的工作效率?"而这些人士属于"无预期组",并请他们告知下一位受试者这个实验很有趣,以形成他们的预期。在这些受试者中有些被给予1美元,有些给予20美元,并被问到这件工作是否有趣?根据上述的实验结果,费斯汀格归纳出人类在处理自己信念受到挑战时,我们的认知系统会进行一些处理。

2. 自我觉知理论 自我觉知理论(self-perception theory)由贝姆(D. L. Beem)提出,该理论假定当人们的态度不明朗或者是模棱两可时,可以通过观察自己的言谈举止来推断自己的真正态度,即人们可以通过听自己说出的话,来了解自己的态度倾向。

3. 学习理论　学习理论(learning theory)由行为主义心理学家提出,该理论假定当人们从事与自己态度不相一致的行为时,会接触到以前没有接触到的信息和感受,或受到行为结果的不同强化或反馈,从而引起态度的改变。

(三)影响态度和行为关系的因素

为什么态度与行为有时一致,有时又不一致呢? 社会心理学的有关研究发现,态度这种内在心理反应倾向对行为仅起准备作用,只决定行为的一种倾向。即态度只是为行为提供了一种心理上的可能性,并不是决定行为的全部因素。这种心理上提供的可能性要形成具体的行为,还必须在特定的社会环境中,依据一定的社会关系和规范来实现。所以说,人们表达出来的态度和表现出来的行为,受到其他各种因素的影响。

1. 态度结构方面的因素　个体对某一事物所持有的态度,如果在认知上的看法与在情感上的体验是保持一致,则这种态度与行为就能保持较高的一致性;但如果认知与情感并不一致,甚至相互矛盾,那么态度与行为之间的关系就常常是不一致的。个体对某一事物所持有的态度,如果是通过个体对这一事物的亲身体验和了解形成的,则根据这种态度来预料和推测有关的行为表现,就会有较高的准确性;反之,如果个体所持有的态度是通过获取间接经验的方式而形成的,那么这种态度就很难起到准确预测行为的作用。

2. 行为反应方面的因素

(1)单一行为与多重行为: 个体对某事物持有某种态度,但在表露这种态度时所采取的行为方式可能是多种多样的。即,态度与行为之间的关系未必是一对一的。因此,在考察态度与行为的关系时,如果仅着眼于某一种行为,往往就可能得出态度与行为不一致、无关联的结论;但如果着眼于多种可能与态度保持联系的行为时,就不难得出态度与行为相一致,或有关联的结论。

(2)即时行为与长久行为: 即时行为指的是即刻作出的行为反应,长久行为指的是长时间内做出的行为反应。研究表明,即时行为与态度保持较高的一致性,根据态度来预测即时行为较为准确;而长久行为变化的可能性较大,因而其与态度的一致程度较低,根据态度来预测长久行为较为困难。

3. 态度主体自身的因素

(1)态度对象与个人关联的程度: 态度所指的对象、事物,与态度持有者本人,往往有着不同程度的关联。如果态度所涉及的对象、事物,与态度者本人的切身利益有着较高的关联,对其个人的生活、工作和学习有着较大的影响,那么人们对此所持有的态度,就会与其对此所作出的行为反应,表现出较高的一致性。反之,两者的一致性较低。

(2)个体自身的人格因素: 有些人的态度与行为表现出较高的一致性,有些人则易受他人或环境的影响,其态度与行为之间的变化较大。这种个别差异,与态度者自身的人格因素有关。例如,自尊心强的人,就不会轻易受他人的影响,而自尊心较弱的人,则容易为他人所左右。另外,有研究资料表明,具有较高自我控制行为能力的人,在某种程度上其行为会较少受自己情绪等内在心理因素的支配,而更多的是根据环境的要求去表现;而具有较低自我控制行为能力的人,其行为与态度的一致性则会相对高一些。

第二节 态度形成的理论

一、态度形成的过程

态度形成的过程与个体成长和发展过程的经历有关。态度形成的本质是对事物的认知,认知是在后天所经历的家庭环境影响、学校教育影响和社会环境影响过程中实现的。因此,态度的形成与一个人的社会化过程是一致的。一种态度形成后,又会不断地变化,形成新的态度。态度形成和态度改变的过程也是一致的,新态度形成的同时伴随着原有态度的转变。

态度心理结构包括认知、情感和行为三种成分,任何一种态度的形成,都是从这三方面逐渐学习而成的。不过一个人态度的形成,未必经过同样的历程。如儿童态度的形成。从肤浅的认知到较为深刻的认知,以至产生丰富的情绪体验,从而形成坚定的意向,往往需要一段相当长时间的孕育。这样形成的态度比较持久,成为一种相对稳定的行为倾向。儿童早期的态度形成,多半是在先行而后知的历程中养成的。如农村长大的儿童对农作物的呵护态度,是由于自幼跟随父母到田间劳动,看到父母对农作物种植所付出的劳动与艰辛,随后自己亲自学习耕种与栽培,在与大自然斗争和农作物种植与维护的过程中增加了态度中的认知与情感两种成分,最终形成个人对农作物呵护的态度。如果用学习原理来解释,此种态度学习可视为操作条件学习过程,即个体先出现自发性反应,随之因反应的奖惩而产生的后效强化作用,最终保存下了这一反应。然而此种态度学习,也可视为社会学习过程。

外部事物对认知的影响非常重要。一个人认知的形成,既是初始接触到事物作用的结果,也是认知过程与事物相互作用的博弈结果。如对一个人由厌恶变喜欢,是在两个人的长期接触过程中因认知过程发生变化而导致情感变化的结果。心理学家凯尔曼(H. C. Kellmen)通过深入的研究,提出态度的形成或转变过程主要经过服从、同化和内化三个阶段。

(一)服从阶段

服从(obedience)是态度形成的第一个阶段,是指人们为了达到某种物质或精神的满足或为了避免受惩罚而表现出来的行为,这时在认知成分上可能还存在矛盾的因素。服从行为并不是出于个体的真心意愿,只是暂时性的。人们作出这种行为,仅仅限于可能获得某种报偿,如得到奖金或被他人承认、赞扬;或避免某种惩罚,如罚款、批评、处分等。如果报偿或惩罚条件消失的话,行为也会马上终止。表面的服从虽然是被迫进行的,但它是态度形成的必经阶段。

(二)同化阶段

同化(assimilation)与服从不同,它不是被迫的,而是自愿地接受他人的观

笔记

点、信念,使自己的态度与他人的要求相一致。这时在态度的认知成分和情感成分上都发生了很大的变化,相信他人的观点、态度、行为是正确的,情感体验也趋于一致。在现实生活中,人们为了被群体或他人所认可和接受,会自愿接受他人或群体的态度,表现出对他人或群体的高度认同。

(三)内化阶段

内化(internalization)是人们真正从内心深处相信并接受他人的观点而彻底转变自己的态度。真正地相信和接受他人的观点、思想,意味着把这些观点与思想纳入自己的价值体系,使之成为自己态度体系中的一个有机组成部分。内化了的态度已成为个体自身的态度,它与服从和同化阶段的最大区别就是不再依赖外在的压力及个人与他人的关系,它已成为一种独立的态度。

态度的形成从服从到同化到内化是一个复杂的过程,但在一个人某种态度的形成过程中,并不一定经历整个过程。有人对一些事物的态度可能完成了全过程,即达到内化阶段,但对另一些事物的态度可能只停留在服从或同化阶段。有人对某事物的态度即使达到了同化阶段,也要经过多次反复,才有可能进入内化阶段,但也可能一直停止在同化阶段而徘徊不前。因此,形成一种态度要经历相当长的时间。

二、态度形成的影响因素

影响态度形成的因素有很多,主要有社会认知、知识与信息、个性心理、人的活动范围和交往对象、所属团体的影响等。概括起来即个体内在因素和客观环境因素。

(一)个体内在因素

1. 社会认知　社会认知是指人对社会对象的了解、判断和分析。社会对象是人或由人组成的群体及组织,所以社会认知还可分为对人的认知、对人际关系的认知、对群体特性的认知,以及对社会事件因果关系的认知等。社会认知是人的各种社会态度形成的最重要的基础。对人、对组织、对社会事件等的社会认知是深刻还是肤浅,是全面还是片面,直接影响着人形成什么样的态度。

2. 知识信息　态度中的认知成分与一个人获得的知识和信息密切相关。态度的形成受个体对该对象认识程度的影响。一个受过高等教育的人和一个较低文化水平的人相比,受过高等教育的人对事物的分析能力要强于较低文化水平的人,他们在对同类事物的处事态度上就会不同。一个对处理某一事物有着丰富经验的人,和一个没有经验的人对这一事物的态度也不同。比如,一个受过良好医德医风知识教育的人,他在医疗服务过程中就会对患者表现出积极的态度。

3. 个性特征　人的个性心理包括两方面的内容:一是个性心理倾向性,如需要、动机、兴趣、信念和世界观等;二是个性心理特征,如能力、气质、性格。个性心理是在长期的社会实践中形成的比较稳定的具有一定倾向性的心理特征的总和。由于先天因素和成长环境不同,每个人都形成了具备个人特点的个性心理特征,这种个性特征会作用于人对某一事物反映的心理过程,影响它对这一事物的态度。

4. 个体的经验　人们对事实或事件的态度是在经历了一个过程之后出现

笔记

的。这个过程,首先在个体的内部发生变化,从态度形成的内在过程看,经验的作用是首要的。一个人的经验往往与他的态度的形成有着密切的联系,实践证明,许多态度是通过经验的积累与分化而慢慢形成的。例如南、北方的饮食差异就是通过长期的经验而形成的一种习惯性态度。

(二)客观环境因素

1. 活动范围和交往对象　一个人的态度总是在一定活动之中形成和发展变化的。人在家务劳动、学习活动、社会活动等活动范围中所接受的家庭环境、学校教育以及社会环境的影响,是态度形成的基本的客观因素。人在各种各样的活动中,有利于活动进行并被环境所认同的态度会不断得到强化,变得越来越稳固。人们对集体、本职工作,和组织的方针、政策、管理措施的态度,与他的交往对象有着直接关系。原本积极向上的中学生如果受到周围一些沉迷游戏的同学的影响,也会变得怠于学习,消极懒惰。

2. 所属团体　人总是生活在各种团体之中,如家庭、学校、工厂、机关等。团体能够满足人的多方面需要,使个体产生一种归属感和认同感,这种归属感或认同感使个体愿意遵循团体的规范,自然地形成与团体一致的态度。

3. 偶发性经验　在人的生活历程中,对人影响深刻的偶发性经验,也会影响人们对某一类事物的态度的形成。"一朝被蛇咬,十年怕井绳"就是指的偶发性经验对态度的影响,例如,小时曾被恶狗咬伤的人,很可能长时期对狗、猫之类的动物产生避而远之的态度。

第三节　态度改变的理论

一、态度改变的过程

态度的改变主要包括两个方面:一方面态度方向的改变;另一方面是态度强度的改变。一种新态度取代原有的态度,是态度方向的转变。管理心理学家通过研究发现,从一种态度发生、改变并真正形成另一种态度,一般要经历解冻、变化、凝固三个过程。

(一)解冻

已经形成的旧态度,保持一种相对稳定的状态,犹如冻结起来的冰块,要改变旧态度就必须解冻。解冻的目的在于使被改变者认识到必须破坏旧的态度。只有被改变者感到原有态度行为改变的必要性时,改变才可能真正开始,而迫于外力态度的改变往往是表面的、不彻底的。

(二)变化

变化是指外界力量作用于个体,引起个体内部认知、情感、意向和行为逐渐改变的过程。这个过程或快或慢,曲折或反复,这主要取决于外部影响力量和个体自身的许多因素。

(三)凝固

凝固是指新的态度和行为形成之后,必须经历巩固和加强的阶段。凝固过程就是在认知上再加深,在情感上更增强,在行为上直至成为新习惯。这相当于固体物质解冻后成为液体,加入新成分引起性质上的变化再凝固成一块牢固的新物质。

二、态度改变的影响因素

影响态度改变的因素涉及许多方面,但主要集中在态度主体、信息沟通、信息的传达者或劝导者三个方面。

（一）态度主体

一切旨在使人们态度发生改变的沟通努力必须在态度主体接收的前提下才会发生作用。态度主体既有的经验、信息、价值观、个性特点与智力状况等均可能影响其态度的改变过程。态度主体主要可以表现为以下三个方面:

1. 智力　智力是影响态度改变的一个重要因素。研究发现,对于复杂的问题,智力水平高的人更容易理解其中各种赞成或反对的观点,并根据这些论点,在作出判断的同时决定是否坚持或改变自己的态度,其态度改变是主动的。而智力水平较低的人的态度变化往往是被动的,并易于接受群体压力,且变化后的态度稳定性也较低。

2. 个性　研究发现,由于个性不同,有的人容易接受劝告,而有的人则比较固执。一般来说,独立性强的人不容易改变自己的态度。而顺从型的人,由于缺乏判断力,更容易被说服劝告而改变态度。另外,自尊心不仅会影响人们接受信息的倾向,同时,还影响人们如何理解信息。在特定的环境中,自尊心较弱的人会出现全面理解信息的困难,从而导致对劝告的接受性也相应降低。专家认为,两种人不易改变自己的态度。一种是对自己的判断充满自信,坚信自己的态度有足够的根据。另一种是缺乏灵活性的人,不易理解和接受新事物,态度刻板化,往往表现出"以不变应万变"的态度特征。

3. 自我意识　研究发现,自我意识的强度与个人态度的转变亦有密切的关系。自尊心、自信心,自我防卫机制强烈的人,普遍有一种自我保护的态度,一般这种人的态度较难改变。

（二）信息传达者

信息传达的成功与否,不仅取决于信息传达者与接受者的接触方式,还取决于传达者自身所具备的威信,吸引力以及同接受者的相似性。威信越高,吸引力越大,同接受者的相似性越大,演讲方式越是肯定,说服的效果也就越好。信息传达者从以下三个方面来影响态度的改变。

1. 认识的可信性　认识的可信性是指对信息传达者所具有的威信、权力、荣誉及胜任感等因素的认识和评价。心理学家阿龙森(Aronson)在其研究中发现,传达者的高权威性,可以显著增加人们的信服程度。高权威往往建立在以下三个方面:传达者本身所具有的高度专业化知识和技能以及在相关领域内所获得的成就;传达者本身所具有的独特魅力和良好的出众形象;传达者拥有他人所赋予的组织权力,即通过组织所赋予的权力来制约人们的态度和行为规范,从而获得相应的权威性。以上三种方式所建立起来的高权威性虽然有时均可达到影响

笔记

125

他人态度的目的,但其作用与效果以及接受者态度转变的心理过程却不尽一致,运用第三种权威性来影响他人的方式通常明显低于前两种的效果。

2. 信息传达者目的的内隐性 实验研究表明,如果信息接受者感到传达者试图影响并改变他们时,则不易改变态度。如果实验安排被试者意外地听到有说服力的信息,要比直接让被试者听到这些信息有更好的说服效果。当一个人意识到别人试图影响自己时,他们会怀疑别人的动机,进而怀疑有关信息的可靠性,从而使信息的影响作用降低。而如果人们认为信息传达者没有操纵自己的意图,其心理上就不存在抗拒反应,从而对有关信息的接受性也较高,易于转变态度。

(三)信息沟通

任何态度的改变,都是在信息与主体已有的认知评价体系存在一定差异的前提下,经过顺应与同化的过程获得实现的。信息沟通中影响态度改变的因素有以下三方面:

1. 原有态度体系的特点 态度的改变有赖于个人原有的态度体系特征。其中的主要特征有个体从小形成的、经社会生活实践反复强化的态度具有持久而稳定的特性;个体原有的态度愈绝对、愈极端,则其改变的可能性愈小;自己原有态度所依赖的事实根据越多、越复杂,则越不易改变;个人原有的态度非常稳定并和信念相联系具有中心趋势,则不易改变;自己原有的态度中的认知、情感、行为倾向三种成分协调一致,则态度不易改变;态度满足欲望的数量愈多,价值越大,则愈不易改变。

2. 信息的特征 有关信息特征,如真实性、趣味性、煽动性以及威胁性等可能会直接或间接地影响态度转变。研究表明,对情绪触动的程度越大,就越有利于态度的改变。但过度的刺激易引起心理上的抗拒反应,只有在一个适度水平上才会更有利于信息的沟通,从而达到转变的目的。

3. 信息的倾向性 信息所表现出的倾向性也直接关系到态度的转变。有关信息倾向性方面的研究发现,对于普通公众,提供单一倾向的信息说服效果较好,而对于受过高教育水平的人,则应同时提供正反两方面的信息然后再通过辩驳,强调目的指向的一方,说服效果较好。关于信息倾向性另一个方向的研究,涉及的信息结论给定方式有两种,一种是只提供信息,由接受者自己去获得结论,另一种是提供信息的同时给出明确结论。卡尔·霍夫兰(Carl Hovland)等人研究发现,只提供信息材料,由接受者自己作出结论,可以更好地引发态度改变。而命令式的给定结论的方式,易于激起人们的心理防卫功能,使态度改变出现困难。对于较难的问题,或者是接受者判断力比较低时,则提供信息时暗示结论,更有利于引起态度的变化。

三、态度改变的理论

(一)认知失调理论

认知失调理论由费斯汀格于1957年提出的,认知失调理论的基本思想是当人们所持有的各认知因素之间出现冲突和不和谐关系时,认知主体就会产生认

笔记

知不协调,这种认知不协调会使人产生心理压力,使个人去改变有关的观念或行为,来减少或避免这种不协调,观念或行为的改变亦即态度的改变。

费斯汀格认为,任何人都有许多认知因素,如关于自我、关于自己的行为以及关于环境方面的信念、看法或知觉等。各种认知之间存在三种情况:相互一致和协调的,如"吸烟危及我的健康"和"我不吸烟";相互冲突和不协调的,如"吸烟危及我的健康"和"我吸烟";无关的,如"吸烟危及我的健康"和"今天刮风"。当人们的两个认知因素处于第二种情况时,人就会感到不舒服或紧张,并力求减缓。这种由于认知冲突引起内心不自在的状态,就叫"认知失调"现象。

费斯汀格指出,认知失调通常在四种情况下出现,即:逻辑的违背、文化价值的冲突、观念层次的冲突以及新旧经验的冲突。认知失调有程度上的大小之分,这取决于以下两个条件:第一,失调的认知数量与协调的认知数量的相对比例。失调的认知数量所占比例越小,引起的心理上的紧张、焦虑就会越轻,认知失调程度也就越轻;反之,越重。第二,每一种认知对个体具有的重要性。如果处于失调状态中的认知对个体来说无关紧要、意义不大,则引起个体心理上的紧张也只是轻微的;反之,就会引起强烈的心理紧张,并促使个体去努力减轻或消除紧张。这两个条件与认知失调程度之间的关系可表述成如下公式:

$$失调的程度 = \frac{失调的认知数量 \times 认知的重要性}{协调的认知数量 \times 认知的重要性}$$

根据这种理论的基本假设,当个体产生认知失调时就会造成心理上的紧张感,从而驱使个体去减轻或消除失调状态,使认知互相协调一致。通常消除失调状态的方法有以下三种:一是改变或否定失调认知因素的一方,例如相信"吸烟致癌"与"我在吸烟"这两个认知因素不协调,将引起吸烟者认知上的失调。减少吸烟的量或降低对吸烟致癌观念的信奉程度,都可以减少认知上的不协调;而彻底戒烟或转向根本不相信吸烟致癌,则可以完全消除认知上的失调。二是改变失调认知因素双方的强度,例如通过既减少吸烟的量,同时又转向认为"吸烟致癌"不像宣传的那样严重,从而将心理上的失调减少到主体可接受的水平或者从根本上消除。三是引进新的认知因素,改变原有认知因素间的不协调关系,如在既不怀疑"吸烟致癌"又不戒烟或减少吸烟量的情况下,通过补充新的认知因素,二者的失调关系同样可以消除,如"我体质好,不会得肺癌",如果引进一个新的认知因素不够充分,还可同时引进多个新的认知因素。

继费斯汀格之后,又有许多研究者对认知失调理论进行了大量的研究并有许多新的发现。新的研究发现,主体认知失调并不一定会引起相应态度、行为的变化。如果某一与认知因素不协调的行为,是个体在外部压力下被迫做出的,由此引起的心理紧张不一定非常强烈,甚至不会产生任何心理上的不舒适感。或者即使个体存在认知失调,但如果个体在认知中卷入程度较低的话,这种失调并不会引起个体心理上的紧张与失衡。

(二)海德平衡理论

海德平衡论(Heider's balance theory)是由海德(F. Heider)提出的有关人际关系和态度变化的一种社会认知理论。海德认为,人的心理活动是人在与社

笔记

会因素相互作用中实现动态平衡的过程。个人(person)在社会生活中与他人(other)建立的关系是通过某些事(X)形成的(图6-2)。比如甲(P)喜欢音乐(X),乙(O)也喜欢,于是甲对乙产生好感,并有可能相互建立友好关系。这里就存在一种P-O-X封闭的三角关系模式。由于三者之间都是正向关系,即P对X、P对O以及P认为O对X都具有肯定的态度倾向或积极的情感评价,所以就P来说心理上是平衡的。

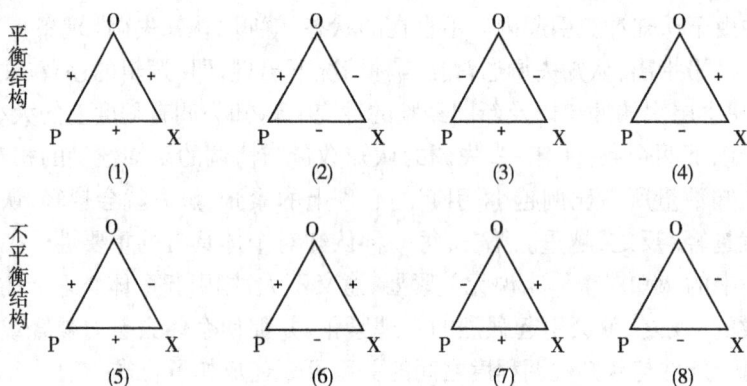

图6-2 海德的P-O-X模型

如果事情有了变化,比如P和O是一对母女,感情很好,但最近女儿交了一个母亲不喜欢的男朋友X,P作为母亲自然竭力反对女儿O,这时P-O-X体系出现了两正一负的模式(见图6-2中(6)),P就会感到心理上的不平衡,产生紧张、焦虑,不舒适或不愉快。这种心理上的失衡促使P作出行为或态度的改变,主要方式有以下内容:P说服O,使O对X产生消极态度以至与他断绝来往(见图6-2中(2));或P改变对X的看法,对X产生积极的评价或好感(见图6-2中(1));或P从此对O疏远以至断绝母女关系(见图6-2中(4))。当然,后一种方式对亲情关系来说,是一种极端的方式。

这种三角关系有许多模式,但大体上可分为平衡态和不平衡态两类。海德认为在三个实体的情况下,如果三种关系从各方面都是肯定的或者两种是否定的,一种是肯定的,则平衡状态存在。相反,三种关系都是否定的或者两正一负,则存在着不平衡状态。

海德的平衡论对态度改变机制提供了一种新的线索,但也存在着不足之处:一是在几种关系中只有正负的体验方向指标,而无强度指标,因而无法说明p在不平衡态时为何会对某一方(如X)而不是另一方(O)采取态度改变去恢复平衡状态。二是人际关系和态度的形成是一种复杂的过程和体系,绝不只是个孤立的三角模式。如两个人对一件事持有不同意见可能发生不愉快或影响关系,但也可能不觉得不平衡,更不会影响到双方友谊。因此,P-O-X模式作为一种"细胞"模型是有意义的,而作为一种整体模型还有待发展。

(三)参与改变理论

参与改变理论(participate in changing theory)由德国心理学家勒温(K.

Lewin）提出，他主张改变态度的方法不能离开群体的规范和价值。个体在群体中的活动方式，既能决定他的态度，也会改变他的态度。勒温在群体动力的研究中发现，个体在群体中的活动中可被分为两种类型：一种是主动型的人，这种人主动参与群体活动，自觉遵守群体规范。另一种是被动型的人，他们只是被动地参与群体活动，服从权威和别人制定的政策，遵守群体的规范等。为了研究个体在群体中的活动对态度改变的影响，勒温做了如下实验：

实验题目：用不同活动方式对改变美国家庭主妇对吃杂碎（动物内脏）态度的影响。

实验方法：勒温把被试分为两组。一组为控制组，他对这一组被采用演讲方式，亲自讲解动物内脏的营养价值、烹调法、口味等，要求他们改变对杂碎的厌恶态度，把杂碎作为日常食品。另一组为实验组，勒温组织他们开展讨论，共同议论杂碎的营养价值、烹调法、口味等，并且分析使用杂碎做菜时可能遇到的困难，如丈夫不喜欢吃的问题，清洁问题等，最后由营养专家指导每个人亲自试验烹煮。

实验结果：控制组有3%的人采用杂碎为菜，实验组有32%的人采用杂碎为菜。

由此可内见，实验组的被试是主动参与群体活动，他们在讨论中自己提出某些难题又自己解决此难题，因而态度的改变非常显著，速度也比较快。而控制组的被试只是被动地参与群体的活动，他们很少把演讲的内容与自己相联系，因而态度也就难以改变。因此，勒温认为，个体态度的改变依赖于其参与群体活动的方式。他提出了"参与改变态度的理论"。这个理论已被广泛应用于现代管理活动中，并取得了一定的成效。

第四节 态度的测量

一、态度测量的概念

态度是一种稳定的内在心理倾向，但态度也是可以测量的。在社会心理学中常用的态度测量方法是态度量表、问卷等。在设计态度测量方法时首先必须明确态度对象。态度对象可以是具体的，也可以是抽象的，但必须能与其他概念清楚地区别开来。态度的主要属性是评价性，亦即对一定态度对象的积极或消极的反应倾向。

态度测量是指调研人员根据被调查者的可能认识和认识程度，就某一问题列出若干答案，设计态度测量表，再根据被调查者的选择来制定其认识或认识程度。

二、态度测量的范畴

态度测量的范畴主要包括态度的方向、态度的强度、态度的特征、与态度相连接的情感的强度、态度的双向性和重要性、认知的复杂度、表现于行为的程度、与其他态度相关的关联度、灵活性和意识化的程度。其中，态度测量所体现的最重要的部分是态度的方向以及态度的强度，态度的方向指人们对待客体的肯定

笔记

或否定的反应,态度的强度指人们对客体的认知、情感表现出的程度、即态度的力量或深度,它可以用尺度标示出来。态度测量的范畴可以用下图(图6-3)表示。

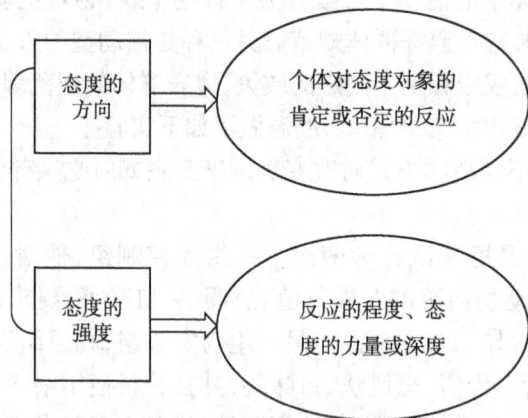

图6-3 态度测量的范畴

第五节 态度的应用研究

一、工作满意度

(一)基本概念

工作态度,是指人们对其所从事的工作的评价与行为倾向。各种工作态度中,员工的工作满意度与组织承诺是两个关键性态度。而工作满意度(job satisfaction)实质是一种态度,是员工对其工作或工作经历评估的一种态度的反映。是源自对个体工作或者工作经历评估的一种快乐或积极的情绪状态。

(二)工作满意度的种类

工作满意度不仅是一种对待任务的态度,而且是对工作环境的一种态度和情感反应。它包括对工作背景的满意程度,对工作群体的满意程度和对企业的满意程度。

1. 工作背景的满意程度　工作背景的满意程度包括对工作空间质量(如工作场所的物理条件、企业所处地区环境等)的满意程度;工作作息制度(包括合理的上下班时间、加班制度)的满意程度;工作配备齐全度(工作必需的条件、设备及其他资源是否配备齐全、够用)的满意程度;福利待遇满意度(福利、医疗和保险、假期、休假)的满意程度。

2. 工作群体的满意程度　工作群体的满意程度包括合作和谐度和信息开放度,其中合作和谐度是指上级的信任、支持和指导,同事的相互了解和理解,以及下属领会意图并完成任务的情况。而信息开放度则是指信息渠道畅通,信息的传播准确高效。

3. 组织的满意程度　组织的满意程度包括组织了解度和组织参与感。组织了解度用于表示个体对组织的历史、文化、战略政策的理解和认同程度。而组织参与感指的是个体的意见和建议得到重视,从而参与决策。

（三）工作满意度的意义

收集组织中的员工工作满意度信息,对于人力资源开发与管理具有重要意义。员工工作满意度的重要之处在于通过对员工工作满意度的测量和分析,组织可以了解员工的工作状态,反省组织管理状况,及时改进管理,增强组织凝聚力。

（四）工作满意度的影响因素

相关研究表明,决定工作满意度的重要因素包括具有心理挑战性的工作、公平的奖酬、支持性的工作环境和融洽的同事关系等。

1. 工作的挑战性　员工往往喜欢那些使他们有机会发挥自身才华的工作,喜欢能提供各种任务、自由并对自己的出色成绩有反馈的工作。具有上述特性的工作富于挑战性,但是,挑战性过大会造成挫折和失败感,而没有挑战性的工作又使人厌烦。挑战性应当适中,这样就会使员工体验到快乐和满足。

2. 公平的待遇　组织的报偿、晋升制度、政策是对员工工作最直接、最明确的物质肯定方式,这些制度、政策是否公平在极大程度上影响着员工的满意程度。薪水如能根据工作要求、个人才能、绩效水平来制定,才有可能使员工感到合理而满足。

工作满足不同于生活满足,金钱、薪水并不是生活中唯一重要的杠杆。有的人宁愿薪水低些,欲求工作地点近,工作要求低,工作强度小,工作时间短,自由度大和人际关系融洽。对工作是否满意,关键不在于金钱的多少,而在于是否公平。晋升政策也是如此,晋升使人有长远发展的机会,获得较大的权力和地位,对人的生活至关重要,如果晋升政策公平,则员工对工作的满意程度较高。

3. 良好的工作环境　良好的工作环境能提高员工的工作满意程度。工作环境的舒适(适宜的温度、照明、低噪声、洁净),从事工作的便利性(易操作的现代化设备和工具,不太遥远的工作地点),都是工作满意的促进因素。

4. 同事的关系　人们在工作中得到的不止是金钱的报偿或晋升。融入组织之中,使员工获得社会交往的满足,也是提高工作满意度的一个重要因素。如果同事之间能融洽相处、友好共事,自然能增加工作满足感。此外,管理者的行为也很重要。如果管理者能了解、关心员工,倾听意见,奖励成就,员工的满足感就会增加。另外,性格与工作的适当搭配也会增加工作满足感。因为在这种情况下,员工的能力、特长、风格正好符合工作的要求,员工能最大限度地胜任工作,并从中体验快乐,获得满足感。

（五）工作满意度与工作绩效的关系

工作绩效和工作满意感之间的关系究竟是工作绩效带来工作满意感还是工作满意感带来工作绩效,这个问题早在20世纪30年代就有人着手研究,但迄今仍未能取得公认的答案。

1972年格林(C.N. Green)对有关争论作综合述评时指出,对满意感与绩效的关系存在着三种主要观点。

1. 满意感导致绩效　满意感导致绩效的理论出现最早,20世纪30年代的"人际关系学派"即倡导此论点。"快乐的员工,就是有生产力的员工。"这种观点虽没有实证的支持,但在20世纪40～50年代却颇有影响。当时的管理者热衷于组织公司的球队、郊游、各种社交活动和咨询,并训练各级主管如何主动关心员工,目的都是为了使员工快乐,借以提高生产率。

2. 绩效导致满意感   美国心理学家爱德华·劳勒(E.E. Lawler)和莱曼·波特(L. Porter)于1968年在《管理态度与工作绩效》一书中提出了著名的波特—劳勒激励模式。在这一模式中,他们指出一个人的工作绩效主要依赖于努力的程度,同时还依赖于个人能力、个人的"角色认识"以及所处环境的限制。一个人做出的成绩与效果(绩效)直接影响他自认为应得的报偿,而个体的满意感取决于所获报偿同个人自认为应获得报偿的一致性,如果前者大于或等于后者,会提高个人满意感,反之则会降低个人满意感。满意感成了绩效的间接副产物。

3. 第三变量学说   此学说对前两种理论"各打五十大板",并提出了新的论点,即满意感与绩效两者同为另一第三变量的函数。切尔林顿(D.L. Cherrington)等人认为,满意感与绩效间并无固有关系,而按现有绩效付给的奖酬不仅导致了后一阶段的高绩效,而且诱发了高满意感。他们通过实验发现,获得奖金的被试者的满意感远高于未获奖金者。他们还发现,获得与其绩效相当的奖金的被试者做出的绩效,远高于未按绩效高低而付酬的被试者。例如,不给一位绩效差的被试以任何奖金,他虽怨言不绝、大为不满,但后来的绩效却提高了。但对另一绩效也差的被试付给一定奖金,他甚表满意,随后的绩效反而未见改善。而在对一批绩效甚佳的被试未发奖金时,他们不但怒形于色,而且绩效马上明显降低。实验发现,排除奖酬影响后,满意感与随后的工作绩效毫无相关,证明满意感不能改善随后的工作绩效。切尔林顿之后又有很多人做了一系列的有关实验。华纳斯(L.D. Wanous)对这些实验作总结性述评时指出:这些实验的结果表明"满意感与绩效间也许根本不存在一种单一的'正'关系,有时甚至显得没有任何关系"。他还指出,除了奖酬之外,领导行为、个人的工作经历、工作环境等因素也会影响这两个变量及其相互关系。员工的工作满意感及其工作绩效的关系较为复杂,目前还未出现一种理论可以明确地阐释两者间的关系。尽管有些关系和规律还有待进一步探索,但有几点结论已得到证明,这就是:满意感虽不能直接带动绩效的改善,但却可以降低缺勤与离职率,满意感可以依赖奖酬的发放而提高。同时,按现有绩效的高低发给相应的奖酬,也能够改善工作绩效。这样,借助已知的规律,管理者在面对绩效与满意感这两个棘手问题时就不会束手无策,相反可以给这两种因素及其相互关系施以巨大影响,使之为我所用,实现同时改进绩效和提高员工满意感的目标。

(六)提高工作满意度的途径

1. 创造公平竞争的环境   在工作中,员工最需要的就是能够公平竞争。为了营造出一个公平竞争的环境,在人事聘用制度方面,应当在选人、用人方面打破传统的论资排辈做法,坚持能者上,平者让,庸者下的原则,注重培养技术骨干和业务尖子,大力引进专业人才,大胆起用年轻人;职务晋升制度方面,在技术职称上,实行评、聘分开,根据实际技术状况和能力大小,因材施聘,既可以高职低聘,也可以低职高聘;分配制度方面本着多劳多得、效益优先、兼顾公平的原则,

笔记

实行基本工资和效益工资分开发放。每个人的工资均按实际业绩进行考评,由此来决定工资的多少。

2. 创建自由开放的氛围 现代社会中人们对自由的渴望越来越强烈,员工普遍希望自己所处的组织是一个自由开放的系统,能给予员工足够的支持与信任,给予员工丰富的工作生活内容,员工能在组织里自由平等地沟通。人们不再像传统的工人那样受到机器的支配,容易受到有效的监督。相反,他们从事的是创造性劳动,离开他们的创造性劳动,机器就是一堆废铁。针对这一特点,管理者要给他们提供比较优越、宽松的工作空间,给予足够的信任与授权,让他们自主地完成工作任务,自主地进行探究,尽情地把工作才能发挥出来。但这并不意味着对他们放手不管,还要从制度上加强引导。自由开放的组织还应当为员工提供工作轮换的机会,让他们有机会短期内到不同的部门去工作,以保证他们有更多的发展机会,对工作保有新鲜感。

自由开放的组织还应当拥有一个开放的沟通系统,以促进员工间的关系,增强员工的参与意识,促进上下级之间的意见交流,促进工作任务更有效地传达。在通用电气公司,从公司的最高领导到各级领导都实行"门户开放"政策,欢迎职工随时进入他们的办公室反映情况,对于职工的来信来访妥善处理。公司的最高首脑和公司的全体员工每年至少举办一次生动活泼的"自由讨论"。

3. 形成关爱员工的文化 人是社会性动物,需要群体的温暖。一个关爱员工的组织必将使员工工作满意度上升。在这方面国外的一些企业做得较好,值得我们卫生管理工作者借鉴学习。例如,他们给予员工良好的工作环境和足够的工作支持,使员工安心地在企业上工作。他们还善于鼓舞员工的士气,适时地给员工以夸奖和赞扬,在员工作出成绩时向员工公开地、及时地表示感谢并组织一些联欢活动使员工分享成功的喜悦。他们还重视员工的身心健康,汪意缓解员工的工作压力,在制度上作出一些规定,如带薪休假、医疗养老保险、失业保障等制度,为员工解除后顾之忧。

以上三点是提高员工工作满意度的基本方法,当然我们还可以了解更多的方法和途径。此外,关注员工工作满意度,采取各种措施提高员工工作满意度,还应当注意对这些措施的反馈控制,定期调查员工工作满意度,以修正或强化组织为提高员工工作满意度所付出的努力。

二、组织承诺

(一)组织承诺的概念

组织承诺(organizational commitment)也称为组织归属感、组织忠诚。组织承诺一般是指个体认同并参与一个组织的强度。它不同于个人与组织签订的工作任务和职业角色方面的合同,而是一种"心理合同"或"心理契约"。在组织承诺里,个体确定了与组织连接的角度和程度,特别是规定了那些正式合同无法规定的职业角色外的行为。高组织承诺的员工对组织有非常强的认同感和归属感。

(二)组织承诺结构的模型

20世纪90年代,加拿大学者迈耶(Meyer)和艾伦(Allen)的研究工作使得大

笔记

家对组织承诺的结构有了一个比较统一的看法。1990年,迈耶和艾伦在综合其他学者研究结果的基础上,对原来的二维结构进行了修正,并把维纳(N. Wiener)重视规范的思想也吸收进了组织承诺的结构,从而形成了组织承诺的三维结构,即感情承诺、继续承诺和规范承诺。

1. 感情承诺　感情承诺(affective commitment)是指个体对组织的认同程度,即组织成员在感情上认同组织、投入组织和依赖组织。表现为员工对组织价值观和目标的认同,对组织的忠诚及努力工作,为自己能成为组织的一员而感到自豪,并愿意为组织利益作出牺牲。这种感情承诺是依靠工作本身特性、组织管理特点、组织内人际关系、组织可靠性和公平性以及个人在组织中的重要性等因素强化形成的。

2. 继续承诺　继续承诺(continuance commitment)也称持续承诺,是一个累计的维度,主要指个体为组织连续工作的要求。这种承诺建立在利益基础之上,具有浓厚的交易色彩。组织成员在将继续留在组织中所获得的利益与离开组织所受到的损失进行比较后,表示愿意继续留在组织中工作,即是一种继续承诺。一般情况下,员工在组织中工作时间越长,其继续承诺强度也越高,这主要是因为员工在组织中获得了良好的报酬,形成了良好的人际关系,具有了较高的地位等,如果离开组织,也不一定能够找到比目前组织更好的去向,那么损失就太大了。

3. 规范承诺　规范承诺(normative commitment)又称道德承诺,指组织成员受长期形成的社会责任感和社会规范的约束而留在组织中。组织成员这么做主要是为了尽自己的责任,反映了员工对组织的义务感。迈耶和艾伦三因素结构模型提出后,产生了广泛的影响,同时也得到了大量实证研究的证实,但也有研究表明感情承诺和规范承诺之间存在概念上的重叠。现在常见的组织承诺量表如表6-1所示。

表6-1　组织承诺表

分类	项目	评分
感情承诺	效益差也不离开	
	对单位感情深	
	愿做任何贡献	
规范承诺	对单位负有义务	
	跳槽不道德	
	对单位都应忠诚	
	对单位全身心投入	
理想承诺	学有所用	
	进修机会多	
	晋升机会多	
	挑战与困难	
经济承诺	失去福利	
	损失太大	
	即便想也很难离开	
	花费一生	
机会承诺	技术低	
	别的单位工资不好	
	找适合工作不易	

笔记

(三)组织承诺的前因变量和结果变量

通过对国内外文献的研读分析发现,关于组织承诺的研究很多都是探讨其前因变量和后果变量,以及在此基础上讨论其作为某两个变量的中介变量。

1. 前因变量　由于组织承诺的多维度性,影响组织承诺的因素有很多,大致可以分为三大类,即个人因素、工作因素和组织因素。个人因素包括性别、年龄、学历、婚姻状况等。

工作因素包括工作挑战性、工作自主性、工作技能、角色模糊等。组织因素包括组织支持感、组织政策公平感、组织信任感、组织氛围、组织文化等。当员工进入组织后,经历心理契约的缔造过程,对组织产生的情感、组织制度、工作环境、人际氛围、领导方式、薪酬体系等都被认为是组织承诺的前因变量。

组织承诺和工作满意度一样,近年来成为人力资源管理、组织行为学、心理学等领域的热点话题,而关于组织承诺与工作满意度之间关系的研究成果认为员工的工作满意度与组织承诺有密切的关系,并呈正相关。工作满意度通过中介变量组织信任对组织承诺产生间接影响。相当多的研究表明,在不同的组合和文化中,变革型领导风格与员工组织承诺成正相关关系。戈洛佛(Grover)和胡贝尔(Huber)在1984年提出权变性奖励对组织承诺有积极影响。魏峰和李秀娟在2008年提出积极建设型领导与下属组织承诺正相关,消极建设型领导与下属组织承诺负相关,而领导下属交换对积极建设型领导、消极建设型领导与下属组织承诺的关系产生中介作用。还有大量的研究证明,感觉自己被授权的员工更有可能向其所在的组织报以更高的承诺。根据国内外已有的研究成果,结合我国的实际情况,可将制度约束、上级行为、发展前景三个变量作为组织承诺的前因变量。

2. 后果变量　组织承诺所产生的结果,在态度上,影响员工的工作积极性;在行为上,影响员工的缺勤率、离职率和怠工行为等;在结果上,影响员工的绩效水平。目前,大量国内外现有研究认为组织承诺能够提高员工的工作绩效进而提高组织绩效。研究发现,情感承诺与工作绩效、个人角色行为及工作满意度相关。另外,大量研究也表明员工具有较高的组织承诺与员工退缩行为负相关。如克诺维斯基(Konovsky)等通过研究发现,组织承诺与离职意向和实际离职行为存在负相关。叶任荪、王玉芹等指出员工具有较高的组织承诺能够降低员工离职率。另外,目前大量组织公民行为的研究成果都认为组织承诺对组织公民行为有显著影响。

前因变量,组织承诺,结果变量之间的关系如图6-4所示。

(四)组织承诺的测量

目前,国内外测量组织承诺的工具有很多,但常用的主要有组织承诺量表、三维度组织承诺量表和中国企业员工组织承诺问卷三种。其中,前两种主要是国外对组织承诺进行测量的工具,后一种是国内学者针对中国特有的文化背景,对员工组织承诺进行了大量实证研究,从而开发出一个比较有代表性的测量工具。

笔记

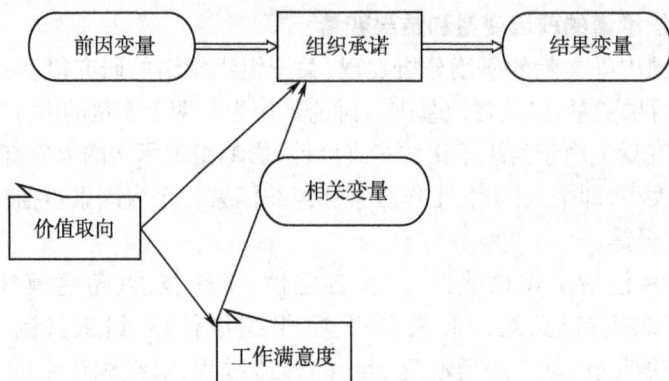

图6-4 前因变量,组织承诺和结果变量关系图

1. 组织承诺量表 波特(Porter)和蒙迪(Mowday)从组织承诺规范性的观点出发,提出了组织承诺量表(Organizational Commitment Questionnaire, OCQ),这是最常见的测量组织承诺的工具。该量表从三个方面来测量员工的组织承诺,即对组织目标及价值观的认同和接受程度;愿意为组织付出心力;愿意保留组织成员身份。该量表共十五题。

2. 三维度组织承诺量表 迈耶(Meyer)和艾伦(Allen)所编制的三维度组织承诺量表用于组织承诺部分的测量。该量表共十八道题,划分为持续、规范和情感承诺三个维度,每个维度六道题,采用李克特(Likert)五分量表法。

3. 中国企业员工组织承诺问卷 凌文辁、张治灿和方俐洛以中国企业职工为对象进行了大量组织承诺的系统性研究,在员工访谈、项目收集、多次预试和科学检验的基础上,研制出了"中国企业员工组织承诺问卷"。他们探索中国职工的承诺结构,发现中国员工组织承诺的结构模型包括五个因子:感情、理想、规范、经济、机会承诺。中国企业职工承诺中的"理想承诺"因子在西方模型中并没有被提到。

（五）研究过程中存在的不足

尽管国内外学者对组织承诺的研究取得了长足的发展,但是由于研究重点、研究方法及文化背景等方面的不同,学者们在很多方面未达成一致,仍有许多矛盾与不足,主要体现在以下几个方面:

1. 组织承诺定义不明晰、结构混乱 由于不同学者研究视角和研究方法不尽相同,导致各种关于组织承诺的定义和结构层出不穷,出现重叠。许多学者将组织承诺划分为不同的维度,实际上只是表现形式的不同而已,本质上并没有太大的区别。

2. 测量方法单一 以往研究的测量方法基本采用的都是员工问卷调查法,这种方法需要耗费大量的时间,投入较多的人力,并且因为涉及一些敏感因素,易产生不客观的回答,因此准确性欠缺。

3. 与中国国情结合不紧密 由于我国是社会主义国家,文化差异性和价值多元化凸显,加上目前我国经济正处于转型期,员工与组织间的关系日益呈现多元化趋势,因此不能照搬国外的研究方法与测量工具。而国内学者对组织承诺

笔记

的研究比较薄弱,研究的重点依然停留在员工离职或留职意向的角度,没有结合中国的实际情况进行考虑。

(六)未来研究方向

为了克服以往研究中的缺陷,今后组织承诺的研究需要考虑以下几个方面:

1. 精确组织承诺的定义和结构　在迈耶和艾伦三维度组织承诺的基础上,有必要进一步精确组织承诺的定义和维度结构。应考虑重新定义组织承诺,对组织承诺的结构进行更加精确地划分,以达到个体与组织目标和价值的一致性。

2. 改进测量方法　针对以往的员工问卷调查法的不足,今后测量方法的研究应该向测量员工承诺的替代指标方向发展,采用客观的指标进行测量,以避免主观成分出现,造成调查结果不准确等问题。

3. 充分结合中国的实际情况　国内学者对组织承诺的研究要充分结合中国的实际情况,应从聘用关系角度进行系统的研究,努力通过大量实证研究探讨国内员工组织承诺的现状与特点,观察员工对企业的态度,为企业人力资源管理制定有效政策和措施提供依据,提高员工对企业的组织认同感和归属感,提升员工对组织的忠诚度,以建立和保持企业的竞争优势。

三、工作态度与工作绩效

(一)工作绩效的概念

工作绩效(job performance)是指人们在工作中所取得的成绩。对组织而言,绩效就是任务在数量、质量及效率等方面完成的情况;对员工个人来说,则是上级和同事对自己工作状况的评价。

(二)工作绩效的划分

博尔曼(Borman)和摩托韦德罗(Motowidlo)1993年提出了工作绩效包括任务绩效和关系绩效的二维结构模型。其中,任务绩效指与岗位所规定的行为或与特定的工作熟练有关的行为;关系绩效指对组织目标完成有促进作用的自发行为或与非特定的工作熟练有关的行为。

中国学者柳丽华、徐向艺2006年提出工作绩效除了包括任务绩效、关系绩效之外,还应包括远端绩效。这里的远端绩效是指员工通过过去一段时期的工作行为所积累的能够提升组织适应性、为组织的未来继续做出贡献的能力。

(三)工作绩效的影响因素

影响工作绩效的因素主要有四种,即员工的激励、技能、环境与机会,其中前两项属于员工自身的、主观性影响因素,后两项则是客观性影响因素。

可用公式表如下:P=F(SOME),公式中P为绩效,S是技能,O是机会,M是激励,E是环境。此式说明,绩效是技能、激励、机会与环境四变量的函数。

(四)工作态度与工作绩效的关系

多年来心理学家、管理学家和组织行为学研究者对工作态度与工作绩效的关系保持着持续的关注和兴趣。很多研究者认为态度与工作绩效存在一定的关系,职工的工作态度积极必然会表现出较高的工作效率,反之亦然。但是深入的研究发现,工作态度和工作绩效间的关系并不是简单的一对一关系,主要原因如下:

笔记

1. **需求的复杂性** 在人的心理体系中,人的需求都是针对一定的目标而言的,具有复杂性的特征。例如,对于一般职工的贡献来说,生产效率并非个人主要目标,而是达到其他目标的一种手段。例如,一个人的工作表现很好,完成本职工作的效率也非常高。但是他却对自己目前从事的工作不满意,干好工作的目的是脱离现在的工作岗位,或者被提拔到管理或者领导岗位。

2. **需求的多样性** 人的需求在同一时间内可能是多种多样的,既可能是同时存在的多种类的生理需要,也可能是与社会需要并存的多层次性需要。当一种需要获得满足后,其行为目标便转移到其他存在的需要上。例如,希望有安全稳定的生活;希望获得朋友和同事的好感;希望自己和他人同属于某一群体;个人的生产效率不得过高或过低。因此,并不能把对工作的满意感看成是影响工作效率的唯一因素。

劳勒(Lawler)和波特尔(Porter)在研究了满意的工作态度同生产效率的关系后提出,满意的态度与工作成绩或生产效率之间存在着第三个变量,即奖金因素的作用。好成绩与高工作效率赢得了奖励,而公平的奖励能够引起满意的工作态度,因此认为高效率可以导致满意的态度。他们提出了一个工作绩效与工作态度的关系模型,见图6-5。

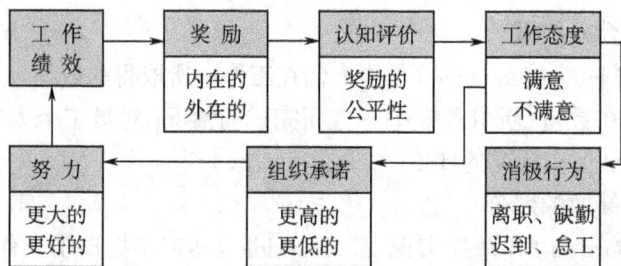

图6-5 工作绩效与工作态度的关系

该模型主要指更好的绩效一般会产生更高的经济上、社会上和心理上的回报。如果这种回报被认为是公平合理的,就会提高满意度。因为员工感到,他们得到的奖励与绩效成比例,公平合理。相反,如果这种回报相对绩效水平来说过少,往往导致不满意。无论哪种情况,满意度水平总会增加或降低忠诚度,然后忠诚度会再影响员工的努力,最终,又影响到绩效。结果形成了一个持续运作的绩效-满意-努力的闭合回路。

另一方面,如果绩效低下,会出现不同的情况。员工可能因得不到他们希望的东西而导致不满意感。在这种情况下,员工可能表现出一种或更多的消极行为,如员工离职、缺勤、迟到、偷窃、暴力等行为或产生恶劣的组织成员关系。

由上述分析可以看出,态度与生产绩效之间的关系远比人们设想的复杂。工作绩效作为一种高度综合的指标,它的提高或下降往往是多个因素互相作用的结果,比如能力、动机、决策以及奖励等都可影响工作绩效,而态度只是众多因素中的一种。

(五)工作满意度与工作绩效的关系

1. **因果关系论** 早期的学者大都认为工作满意度与工作绩效间存在着因果

关系。这种观点分三类：一是认为工作满意度影响绩效；二是认为工作绩效影响工作满意度；三是认为工作满意度与工作绩效交互作用。

2. 非因果关系论　这种观点分为两类：一是无关系论，这种观点直接否定了工作态度与工作绩效之间的关系；二是影响变量论，认为工作态度与工作绩效之间没有直接的关系，而是第三变量的作用而产生的虚幻联系。

（六）工作投入与工作绩效的关系

普遍观点认为工作投入与工作绩效是密切联系的。希尔（N. Hill）等1976年在总结已有观点的基础上，以因素分析获得了工作投入的三个关键因素，主动参与精神工作是生活的核心兴趣，工作绩效在人的自我概念中居核心地位。他们认为工作投入是以认知、感情和行为三者为基础的复杂概念。

莱特（E. P. Wright）2001年在研究中发现，高工作投入的员工较易高的工作绩效，尤其高投入对任务绩效更是直接的联系，因为这些都高度与工作特性相关，与工作本身关联很大。布朗（Brown）在1996年的研究发现，工作投入对工作绩效具有间接的影响作用。

（七）组织承诺与工作绩效的关系

1. 经济承诺与任务绩效及关联绩效的关系　组织的经济承诺是影响员工任务绩效及关联绩效的一个重要因素，具有正向的相关性。经济报酬承诺高，会使员工意识到经济上的压力，并担心若因工作失职离开所在组织后可能会遭受的经济损失，他不仅会努力工作，而且会与组织领导和同事搞好关系，以期在现组织长期工作下去，这就导致了任务绩效与关联绩效水平随着经济承诺水平的提高而提高。

2. 理想承诺与任务绩效的关系　理想承诺对任务绩效的影响最为明显，其原因主要在于随着员工的素质不断提高，越来越多的员工更加倾向于对自身价值、事业和理想的追求，这就会激发起员工的工作热情，个人理想追求高的员工不但会努力完成本职工作，而且会对自己发展的目标提出更高要求，因而能在工作上精益求精，所以对任务绩效的付出能力会表现得比较高。

3. 感情承诺与关联绩效的关系　组织的感情承诺越高，员工对组织的情感投入也越多。在这样的组织环境中，员工不仅对组织安排的本职工作会全身心地投入，而且勇于承担责任。并且为了组织的利益能够主动帮助他人，有利于提高员工的关联绩效。

4. 机会承诺与任务及关联绩效的关系　机会承诺是一种不负责任的机会主义行为，其作用对员工的任务绩效及关联绩效影响表现为一种负向的关系。机会承诺程度越高，任务绩效与关联绩效水平则会越低；若员工的机会承诺较高，表明员工自身的知识和能力难以胜任现有的工作岗位，有"做一天和尚撞一天钟"的投机心理。一旦有其他适合自己的工作或者重新就业的机会，他就会放弃现在的工作岗位。这类员工在工作中的主动性和创造性明显缺乏，为了保住目前的工作，不得不完成组织分配的工作任务，但对待工作的态度却是敷衍了事。这样的工作态度和行为必然会导致其任务绩效及关联绩效的水平较低。

（尹爱田）

本 章 小 结

员工的工作态度对于完成相关工作任务起决定性作用,本章的基本理论知识有以下三点:①态度(attitude)是指个体自身对客体所持有的一种评价和心理倾向,具有一定结构和比较稳定的内在心理状态,由认知、情感和行为倾向三个部分组成。②原有态度的改变意味着新态度的形成。理论上,态度形成和改变需要经过三个基本的阶段。但是,态度的形成和改变受到多种因素的影响,包括个体内部和外部环境的双重影响。态度改变的原理可以通过几种理论模型来解释。③工作态度是人们对其所从事的工作的评价与行为倾向。各种工作态度中,员工的工作满意度(job satisfaction)与组织承诺(organizational commitment)是影响工作绩效的重要因素。

【讨论思考题】

1.态度对工作绩效有何影响? 如何正确认识态度与工作绩效之间的关系?

2.在态度形成的三个阶段中,你认为哪一个阶段是最重要的? 为什么?

3.影响态度改变有哪些主要因素?

4.工作满意度与工作绩效间有哪些关系?

5.怎样理解前因变量、组织承诺、结果变量之间的关系?

6.从案例6-1三个匠人的谈话中,为什么说能够代表他们的态度? 作为一个组织的领导者,当意识到员工近期出现对工作的消极状态时,应考虑采取什么措施转变员工的态度?

笔记

第七章

个性与管理

学习目标

通过本章的学习,你应该能够:

掌握 个性的概念及基本特点;能力的概念及类型;气质的概念及类型;性格的概念及结构特征。

熟悉 个性心理结构;能力的差异;气质的类型及性格的类型。

了解 个性的形成与发展;能力与行为的关系;气质、性格在组织管理中的作用。

案例7-1

老古是建筑专业本科毕业生,曾任乙市园林局副局长4年。由于甲市计划在美化城市方面进入全国前列,经市长出面,将老古引进,替代退休的老局长出任正职。

到任伊始,古局长就展现出与前任不同的工作风格。上班极为准时,从不午休,不与部属闲聊,很少花时间与上级领导或同级部门主管交往。而将全部精力用于制订和审查规划、设计、预算上,甚至亲自参加本市新动物园的设计和规划。在电视采访中,古局长"效益的关键是效率"的口号震动了全市。

然而,古局长手下人员的工作效率并不都很高,有两位高年资的职员因此受到局长约谈,并因为没有改进迹象而被调出园林局,包括一位市委领导的亲戚。古局长的这种做法受到市长本人表扬。

按市里要求,园林局要定期对干部进行评议。第一次评议,古局长对四位副手评了两"优"、一"良"和一个"一般"。被评为"良"的副手是位年轻的女干部,委屈地找到局长进行申辩。古局长说:"你的工作不错,但不算突出。可能老局长认为你很能干,但在我眼里,你的工作目标不是很高。"古局长诚恳的谈话却大大刺伤了女副手的自尊,她拂袖而去。古局长同另一位被评为"一般"的副手谈话也不顺利,抵触情绪更明显。

古局长效率第一的思想渗透到了基层,效益也取得了优异成绩。古局长向市长和直属领导市办公厅主任汇报时,报告了园林局完成了全年工作计划与指标,但只花了预算的99%。市长在常委会上,再次对园林局工作大加表扬,并奖励了古局长一笔奖金。

事情到此,应该说古局长的工作一切顺利,但接下来发生的事情,对老古

笔记

有些不利了。首先,古局长的女副手突然升任市委常委兼宣传部副部长,报纸宣传她是"四化"标准干部。对此,古局长甚不以为然。其次,市长升任副省长,继任者是不被大家看好的常委韩先生。韩市长不知什么原因对园林局的工作一直不满意,曾对预算节约1%提出过质疑,认为预算太多了。于是他派出市办公厅主任调查预算问题,并表现出对古局长的不满,说:"老古的工作作风死板霸道,局里人对他怨声载道,那么有能力的女副手,能当上常委兼宣传部副部长,当初居然被评个'良'。"他表示希望换掉老古,让他的副手接替。然而,办公厅主任却不同意,提醒韩市长,"老古是引进的人才,工作成绩突出,是副省长的干将,也是市委决定要树立的典型,撤换的理由不充分。"韩市长想想,表示可以先安排老古自己辞职,然后安排他到动物园当园长养老。

在市里,除了韩市长、女副部长和园林局的反对者外,也有相当一批人支持老古,有人甚至建议老古去找当年引进他的副省长。对此,老古决心坚守现职,并公开表示说:"我可不是一走了事的人。当年调我来干这园林局长,是想要我把这工作干好,而我正是这么干的。想要我辞职,没那么容易!我等着你硬来撤我。我能待上一天就干一天,偏不走!"

——改编自余凯成.组织行为学.大连:大连理工大学出版社,2001

古局长的工作作风和为人处世的风格都具有鲜明的个性特征,这一切都是受到其个性特点的重要影响。"性格决定命运"似乎也在老古的仕途经历中得到了体现。那么究竟什么是性格和个性?一个人的个性又是如何影响其行为的呢?

第一节 个性的概述

个性(individuality)是指具有不同素质基础的人,在不尽相同的社会环境中所形成的意识倾向性和比较稳定的个性心理特征的总和。它由表及里地表现出一个人独特的心理面貌。

有少数学者提出将个性和人格(personality)加以区别,认为个性即个体性,指人格的独特性;人格是一个复杂的内在组织,它包括人的思想、态度、兴趣、气质、潜能、人生哲学以及体格和生理等特点。两者并不是完全相同的,只是互相交错在一起,共同影响着人的行为。也有把个性视为人格的同义词,"人格即个性"(《大百科全书·心理学卷》)。本章中两词不加区别。

一、个性的基本特点

个性是由个体遗传、环境等因素交互作用下形成的,其突出特点如下:

1. 倾向性 个性在形成过程中,时时处处都表现出个体对外界事物的特有的动机、愿望、定势和亲和力,从而发展为各自的态度体系和内心环境,形成了个人对事、对自己的独特的行为方式和个性倾向。个性倾向性实际上就是对事物的选择性反应,具有积极的导航作用。个性的倾向性是预测个体行为的重要依据。

2. 复杂性　个性由多种心理现象构成的,有些心理现象是显而易见的,别人看得清楚,自己也能觉察到;有些非但别人看不清楚,就连自己也觉得模模糊糊的。而且,这些内容又在动态中不断发展变化,就更加使人感到极其复杂。

3. 独特性　个性是由多种结构组成,每个人的个性都有其独特性,如同指纹,即使同卵双生子也具有各自的独特性。个性的这种独特性,不仅通过个性测验可以查出来,而且在日常生活的言行中也能大致观察出来。

4. 稳定性　个性是逐渐形成的,一旦形成,就具有相对的稳定性,在行为中恒常地表现。"江山易改,本性难移"。个性的稳定性又具有相对性,在一定条件下有不同程度的改变。个体可能具有相反性质的特征,在不同情境下反映出个性的不同方面,但个性的稳定性是主要的,可变性是相对的。

5. 整体性　个性是一个完整的统一体。个体心理行为的各种倾向性、心理过程和个性心理特征有机地结合在一起,形成个性化的精神面貌。人类都是从整体角度认识事物并改造世界的,每个人也都要维护自己个性的整体性,如果一个人不能很好地协调自己的整个个性系统,个性就会失常。

6. 积极性　个性具有积极性,能统率全部心理活动去改造客观世界和主观世界。个性积极性的核心是自我控制系统,它在人的整个活动中起着自我调节、自我维护、自我完善的作用。自我控制系统是由自我主宰的,反映了自我意识的强大力量。

二、个性心理结构

个性结构是由复杂的心理特征的独特结合构成的整体,个性结构是多层次、多侧面的。可以分为意识倾向性、个性心理特征和自我调控系统三部分。

1. 意识倾向性　意识倾向性是人进行活动的基本动力,也是个性结构中最活跃的因素,主要包括需要、动机、兴趣、理想、信念和世界观等。

2. 个性心理特征　个性心理特征是心理活动过程中表现出来的比较稳定的成分,包括能力、气质和性格,其中性格是个性心理特征的核心。

3. 自我调控系统　自我是有目的、有意识主体,自我和自我意识的内涵相同。自我意识是指个体对自己作为客体存在的各方面的意识,是自我调控系统的核心。自我调控系统包括紧密联系的自我认知、自我体验和自我控制三部分,共同对个性中的各种心理成分进行调节和控制,保证个性的和谐、完整和统一。

三、个性形成与发展

个性形成受多种因素影响,包括遗传、环境、社会实践和自我教育等。

(一)个性的形成与发展

个性发展是一个从初级到成熟的动态过程。这一过程既有连续性,又表现出阶段性。个性的发展可以划分出不同的阶段,每个阶段都有其发展的特定主题,即存在某些"关键期"。如果不能顺利渡过这些关键期,个性特征就会出现某些偏差。

1. 心理性欲发展阶段理论　弗洛伊德将人的心理活动分为潜意识

笔记

（subconscious）、前意识（preconscious）和意识（consciousness）。潜意识有时也称作无意识，当然，并不是没有意识存在。潜意识是指人的原始冲动、各种本能和出生后被压抑的欲望，是人的行为的内驱力。前意识指潜意识中能被召回的部分或能够回忆起来的经验，负责防范和阻止潜意识的本能和欲望随意进入意识之中。意识则是指与直接感知有关的心理部分，调节着进入意识的各种印象，压抑着心理中那些先天的兽性本能和欲望。在此基础上，弗洛伊德进一步提出了人格结构理论，认为人格由本我（id）、自我（ego）和超我（superego）三部分组成。

本我属于潜意识，与生俱来，追求基本生物需要的满足，表现为基本的本能欲望，本我的满足导致快乐，本我驱使个体争取最大的快乐和最小的痛苦，遵循快乐原则。本我不能直接与环境接触，欲求未能及时满足时，产生的冲突逐渐形成了自我。自我是意识部分，遵循现实原则，调节人格的各部分。随年龄的增长，自我在行为中的作用越来越大。超我包括良心和自我理想两部分，是社会要求（包括道德行为准则）逐渐内化而形成的。超我是人格的最高形式和最文明的部分，属于意识部分，服从道德原则。自我与超我的冲突可表现为羞愧、内疚等情感。人格结构中本我、自我和超我之间力量的平衡能保持个体生活顺利。一旦三者失衡，就会出现心理异常。

知识拓展

心理性欲发展阶段理论

1. 口欲期：0~1岁。婴儿的快乐多来自口腔的活动。口欲期发展不顺利，行为上主要表现为贪吃、酗酒、吸烟、咬指甲等，或表现为自卑、依赖、及洁癖等特征。

2. 肛门期：1~3岁。快乐的满足主要靠排泄和控制大小便时所产生的刺激快感，此时期是婴幼儿卫生习惯训练管制的重要时期，管理过严会在成年后表现为冷酷、顽固、刚愎自用、吝啬等，即形成所谓的"肛门性格"。

3. 生殖器期：3~6岁。原始欲力的满足主要集中于性器官的部位。儿童在潜意识中产生一种性的愿望与冲动，会出现恋父、恋母情结。

4. 潜伏期：7岁到青春期。原始的欲力呈现出潜伏状态，是较为平静的一段时期。7岁以后的儿童，兴趣扩大，注意力由对自己的身体和父母的感情转变到周围的事物。这一时期的男女儿童之间也比较疏远。

5. 生殖期：12~13岁以后。男女间性特征差异越来越明显。在这个时期以后，性的需求转向相似年龄的异性，并且有了两性生活的理想，有了婚姻家庭的意识。此时，性心理的发展已趋于成熟。

弗洛伊德还提出，心理的发展是与性生理的成熟联系，弗洛伊德是泛性论者，他认为性欲是指个体追求快乐的欲望，性本能冲动是心理活动的内在动力，这种动力就是力必多（能量）。他的心理性欲发展阶段理论是以"性欲"为基础划分为口欲期、肛门期、生殖器期、潜伏期和生殖期五个阶段（见知识拓展）。正因

笔记

为弗洛伊德把性作为潜意识的核心问题,他的理论被称为"泛性论"而受到广泛争议。

2. 心理－社会发展阶段理论 艾里克森(E.H. Erikson)是美国的精神分析医生。与弗洛伊德不同,艾里克森的人格发展学说既考虑到了生物因素的影响,也考虑到了社会文化因素的影响。他认为人的一生每个阶段都有影响人格发展的主要问题,而且这些问题并非只在某个阶段出现,在任何时期都会发生。艾里克森将个体从出生到死亡共划分为婴儿期、儿童早期、学前期、学龄期、青年期、成年早期、成年中期、成年晚期八个阶段,这八个阶段的顺序由遗传决定,但每个阶段能否顺利发展则取决于社会环境。在每个阶段都存在一个心理社会"危机",顺利渡过危机有助于增强自我力量,有利于适应环境,属于"危机"的积极解决;反之则会削弱自我的力量,阻碍适应环境,并缩小下一阶段的"危机"积极解决的可能。

艾里克森关于个体发展的这八个阶段中,前五个阶段是与弗洛伊德的五个阶段相对应的,后三个阶段则是他个人的创造。他强调个体在身心发展上不仅具有纵向性,也具有发展方向上的多维性。

(二)个性的形成原因

个性形成的因素包括生物遗传因素、环境因素、社会实践和自我教育。

1. 生物因素 生物因素是个性形成和发展的自然基础,主要是遗传影响。父母双方的遗传基因携带生物特征给子女,表现为子肖其父(不仅指相貌,而且包括个性)。遗传决定人的体态、体质和容貌等特征,也能够进一步影响个性形成和发展。有些人因容貌出众而自负,有些人因先天不足而自卑。

除了决定外部特征,遗传基因还能控制行为的表达。遗传对个性各部分的影响不尽相同,如气质和智力受其影响大些,而价值观受其影响就小些。除此之外,神经系统的特性不同,高级神经活动的类型不同,内分泌系统分泌激素的水平不同,也会使人们个性的形成和发展显示出不同的特点。甲状腺功能减退的儿童活动迟钝,且活动不能持久;交感神经系统相对占优势的儿童则容易兴奋,活动过多。总之,生物遗传因素对个性的发展具有重要作用,但是需要明确的是,生物因素只能为个性的形成和发展提供某些可能性,并不能完全决定个性的发展。

2. 环境因素 环境也是影响个性形成和发展的关键因素之一。按照发挥作用的时间顺序,最早是家庭环境,然后是学校和社会环境。

(1)家庭环境:家庭影响因素具体包括家庭情绪氛围、父母的教养态度与方式、言行榜样和经济社会条件等。父母是孩子最早的教师,耳濡目染之中,父母的言行成为孩子效仿的榜样。母亲爱整洁,女儿也爱整洁。父母对待他人、社会的态度等,也都是儿童形成性格的重要影响因素。

父母对子女的教养方式是影响个性发展最重要的家庭因素(表7-1)。另外,父母关系和睦、互敬互爱以及支持性的家庭气氛,对孩子的个性也有积极影响,相反,争吵、隔阂、猜疑、离异会对儿童有消极影响。

笔记

表7-1 父母亲养育态度与儿童性格间的关系

父母亲养育的态度	儿 童 性 格
支配型	消极、顺从、依赖、缺乏独立性
溺爱型	任性、骄傲、利己主义、缺乏独立精神、情绪不稳定
过于保护型	缺乏社会性、依赖、被动、胆怯、深思、沉默、亲切的
过于严厉型(打骂)	顽固、冷酷、残忍、独立的; 或者怯懦、盲从、不诚实、缺乏自信心和自尊心
忽视型	妒忌、情绪不安、创造力差,甚至有厌世轻生情绪
民主型	独立、直爽、协作的、亲切的、社交的、机灵的、安全、快乐、坚持、大胆、有毅力和创造精神
双亲意见分歧型	易生气、警惕性高; 或两面讨好、投机取巧、好说谎

兄弟姐妹的排行影响儿童在整个家庭中的地位和角色,对其个性形成也有影响。通常来说,长子长女有较强的责任感,交往主动,善交际,喜欢照顾他人,管理风格可能会比较人性化,但长子长女往往也偏于保守,进取心较弱,缺乏自信,易受人暗示,不善于表达感情; 排行最小的孩子从小就受到兄姐们的疼爱,受到家庭的关注也最多,使得这些孩子的能力发展较快,但也容易导致任性、自我中心或顺从性高等个性特点。在人口控制政策施行下,目前我国独生子女人群已经占到相当比例,高校中约1/3的孩子是独生子女。一般认为他们在智能发展上均具备显著优势,但在人际交往能力和适应性等方面的能力则存在很大的个体差异性。

(2)学校环境: 由于很多父母忙于个人事业的发展,以及家庭事务的社会化服务趋势,许多孩子自出生后,有相当长的时间是在学校及其他教育机构中度过的。因此,各级教育机构,特别是学校课堂教学的内容、班级集体的气氛、师生之间的关系和教师的教育理念、管教方式、教师作风、态度以及道德修养等,对学生的个性形成和发展有着持久而深刻的影响。

近年来,随着越来越多网上教学的出现,使课堂的触角伸向社会各个角落,以至有人开始怀疑实体学校存在的必要性。但是,也有许多人在谈到自己良好个性的形成时,承认是得益于幼年时教师的启蒙和教育。后期随着年龄增长,教师的影响力逐渐下降,同辈的影响力则渐渐增强。

(3)社会文化环境: 生活环境、文化背景对个性发展的重要意义。另外,电视、电影、书籍、杂志等大众传媒潜移默化的影响也同样重要。"孟母三迁"说明良好环境对培养子女成长的重要性。

3. 社会实践 个体从事的实践活动同样是制约个性形成和发展的一大要素。某一项特定的实践活动,要求个体反复地扮演某种与这一活动相适应的角色,久而久之,便发展出这一活动所必需的个性特点。不同的实践活动要求不同的个性特点,同时也造就和增强了相应的个性特征。登山活动能够锻炼人的体能和毅力,常年的农耕劳作生活,能使人懂得勤俭和珍惜。

4. 自我教育 人在实践活动中,除了接受环境的影响,个体的主观能动性也

笔记

时刻起着积极的作用。人具备自我调节的能力,环境因素及其他外来的影响都必须通过个体的自我调节系统才能发挥作用。一个人在成长过程中,对于从环境中接受什么、拒绝什么,希望成为什么样的人、不希望成为什么样的人等都是有一定自主权的,也就是取决于每个人对自己进行怎样的自我教育。因此,从某种意义上说,个性也是自己塑造的。

四、个性在组织管理中的意义

(一)合理安置人才

研究个性心理特征,可以充分了解个体心理规律,从而进行合理安排,使得人尽其才。管理者通过全面了解和掌握下级的个性,明确员工在个性上的优势和劣势。在分配工作时,就能够做到优劣各得其所,有一能者服一事,有一形者处一位,人人都能展其所长,提高工作绩效。

在组建团队的时候,也要考虑个性特点。如果领导班子中都是"张飞"、"李逵"式冲动、激进的领导,或都是"林妹妹"式多疑敏感、情感过于细腻的成员,工作肯定会出现问题。

(二)实现最佳管理

利用个性差异,针对性地采用合理的激励手段,可以实现最佳管理。个性的差异性是客观存在的,如果个性与职业相匹配,则会提高工作效率,因此也给管理技巧增加了内容。必须承认个体在个性心理特征方面的差异,根据员工个性特点采取不同的管理方法。例如,对于自尊心很强的人,要顾全其颜面,尽量避免公开批评;对好强自负者则要注意在肯定其成绩的基础上指出有待改进的问题。

另外,个性并不是固定不变的,始终具有一定的可塑性。因此加强教育和培训能提高员工的能力和适应性,使其个性特征更加适合自己的工作岗位。

总之,既要重视个性特征,也要明确一个人的个性并不能完全预测其未来成就大小及其活动的社会价值和意义。很多研究结果显示,在同一领域或同种工作岗位上,都出现过不同个性类型的杰出人物。

第二节 能 力

一、能力和智力

能力(ability)是制约人们完成某项活动的质量和数量水平的个性心理特征。能力在活动中体现,在活动中发展,并直接影响着人的活动效率和水平。

能力有两种含义,一是指已经表现出现的实际能力,二是指潜在能力,即尚未表现出来的心理能量。实际能力是潜在能力通过学习或训练后可能发展起来的能力,是心理潜能的展现,潜在能力是实际能力形成的基础,两者密不可分。

智力(intelligence)是人们在获得知识以及运用知识解决问题时所必须具备的心理条件或特征,其核心是理解判断或抽象思维能力,又称智能。

智力是最重要的能力,能力概念的范畴要比智力大些,包括了人的整体功

笔记

能,智力更多地侧重于脑的功能,是一般能力,不包括特殊能力。

二、能力的类型

(一)能力的分类

1. 一般能力和特殊能力　按能力的倾向,可以把能力分为一般和特殊两种。一般能力是在许多基本活动中都能表现出来的能力,包括观察力、记忆力、注意力、思维力、想象力等,适用于广泛的活动范围,并保证人们较容易和有效地掌握知识,一般能力就是智力。特殊能力是指某种专业活动中所需要的能力,如节奏感、色彩鉴别能力等。

一般能力与特殊能力在活动中的关系是辩证统一的,一般能力愈是发展,就为特殊能力的发展创造了更有利的条件;在各种活动中发展特殊能力的同时,也会促进一般能力的发展。人的许多活动是比较复杂的,要顺利地完成某种复杂的活动,需要多种能力的完备结合。

2. 再造性能力和创造性能力　按能力的创造性程度,可以分为再造性能力和创造性能力。再造能力强的人都能迅速掌握知识,惯于按照所提供的样式进行活动,这种能力符合学习活动的要求;高创造性能力者,富于创造性、善于创新,适合需要创造性活动的岗位。

(二)智力类型的理论

1. 斯皮尔曼的二因素论　英国心理学家斯皮尔曼(C. Spearman)于1904年发表文章,提出了一般智力的概念。他最早使用因素分析技术,研究智力的结构,并根据计算结果提出了智力的二因素论。他提出人类在任何认知性任务中的成绩,皆依赖于两个因素,一个是一般因素(G),另一个是在各种具体任务条件下各不相同的特殊因素($S_1, S_2, S_3 \cdots S_n$)。

G因素代表个人一般或称普通的能力,是个人抽象思考或推理的认知能力,在智力的结构中起着基础和关键的作用。S因素代表个人某种或某些特殊能力,只有在某种情境下才能表现出来。

2. 卡特尔的型态论　美国心理学家卡特尔(R.B. Cattell)与霍恩(J.L. Horn)根据因素分析,按心智能力功能上的差异,将人类的智力解释为两种不同的型态。一种型态称一般流体智力(general fluid intelligence, Gf),另一种型态称一般晶体智力(general cystallized intelligence, Gc)。流体智力是一种以生理为基础的认知能力,凡是新奇事物的快速辨识、记忆、理解等能力均属Gf。研究发现,Gf的发展与年龄有密切关系。一般在15~20岁后Gf的发展达顶峰,30岁以后将随年龄的增长而降低。此外还发现,Gf属于人类的基本能力,受教育文化的影响较少,因而在编制适用于不同文化的所谓公平测验时,多以Gf为基础。晶体智力则是以学得的经验为基础的认知能力,凡是运用既有的知识与学得的技能去吸收新知识或解决问题的能力,均属Gc。Gc显然与教育文化有关,与年龄的变化没有密切的关系;Gc不因年龄的增长而降低,有些人甚至因知识和经验的积累反而随年龄增长而升高。由此可见,对成年后智力问题尚须考虑到智力理论上作如何解释。Gf更多地用在适应新环境的情况下;Gc往往用于完成某种固定的任务(图

笔记

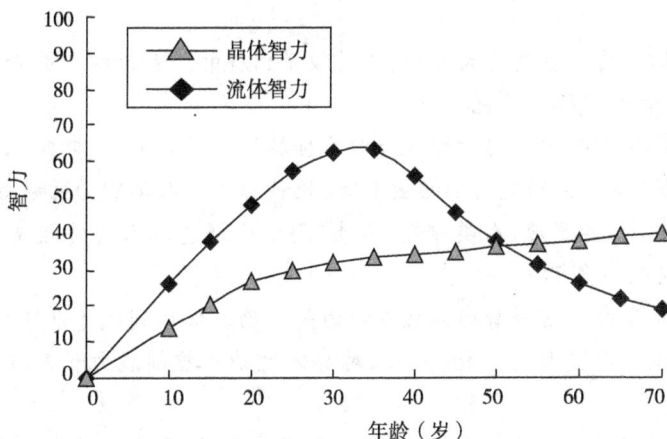

图7-1 流体与晶体智力的发展

7-1）。对Gf的测量，可以使用瑞文推理测验之类的测验，对于Gc的测量要靠言语测验，如斯坦福－比内量表。

3. 瑟斯顿的群因素论　美国测验学家瑟斯顿（L.L. Thurstone）是群因素论的主要创造者。他认为智力是由许多彼此无关的原始能力或因素所组成。瑟斯顿根据测得的实际智力测验分数进行因素分析，结果发现在智力组成中并没有像斯皮尔曼所说的G因素，也没发现所谓S因素，而是得到七种主要因素，包括：①语文理解（V）；②语句流畅（W）；③数字运算（N）；④空间关系（S）；⑤机械记忆（M）；⑥知觉速度（P）；⑦一般推理（R）。根据其理论编制的"基本能力测验"，成为著名智力测验之一。瑟斯顿的贡献在于应用测验统计的方法找出智力中的主要因素，证明这些因素与智力有很大的关系，但是没有说明这些因素是怎样统一起来的。

4. 弗农的层次论　英国心理学家强调G因素，明显有别于美国心理学家的理论倾向。1960年，英国心理学家弗农（P.E. Vernon）提出了智力的层次结构理论。他把斯皮尔曼的智力的一般因素（G）作为最高层次；第二层分为两大因素群，包括言语和教育方面的因素及操作和机械方面的因素；在大因素群下再划分为几个小因素群。言语和教育大因素群下有言语因素、数量因素、创造力等；操作和机械大因素群下则包括机械领悟、心理运动及空间关系等能力。最低的第四层中各因素就是各种特殊能力，即斯皮尔曼的S因素。可见弗农的智力层次论只是把斯皮尔曼的二因素论加以深化，同时又把瑟斯顿的基本心理能力和吉尔福德的智力结构归纳为G的下级层次。该理论确实巧妙地综合了各个理论的不同发现和解释。

知识拓展

加登纳智力包含的主要内容：

1. 语言智力　语言智力就是人对音韵、句法、语义、实效等语言要素的掌握。语言在人类社会中有突出的重要性，具体表现在如下四个方面：语言的口头运用、记忆潜力、语言的解释作用和语言反省语言的能力。

笔记

2. 音乐智力　在所有天赋中,这是最早出现的。音乐智力成分中最主要的因素是: 音高、节奏、音色。

3. 逻辑数学智力　起源于人与对象世界的相互接触中,即对客观对象的安排与重新安排,在确定它们的数量时,此种智力是人类智力的核心,它是指导人类历史、人类照应、人类难题、人类可能性、还包括人类终极建设性或破坏性命运这些进程的一种智力。

4. 空间智力　这种智力的核心能力是准确地知觉到视觉世界的能力。

5. 身体－动觉智力　指一个人对身体运动的控制能力和熟练操作对象的能力。

6. 内省智力　信息加工能力,指个人感受生活(即个人情感或情绪范畴)的能力,在该能力的原始形式中,最多不过是区分快乐与痛苦感受的能力;最高层次则是能监控复杂的、高度分化了的感受,并使之符号化。

7. 人际智力　即发现其他个体间差异并作出区分的能力,是在情绪、气质、动力和意向上进行区分的能力。

5. 吉尔福德的三维结构论　美国心理学家吉尔福德(J.P. Guilford)于1967年提出人类的智力乃是思考的表现,而思考的整个心理活动中,包括思考的内容、操作以及思考的产物三个心理维度。他所提出的智力结构模型就以此构成长宽高三维的立方体,类似心理学的三个变量。内容维度是指引起智力活动的各类刺激,包括智力测验中的五类题目,即视觉、听觉、符号、语意、行为。操作维度是指由各种刺激所引起的智力活动方式,包括评价、聚敛思维、发散思维、记忆、认知。产物维度指智力活动的产物或生成形式可区分为单元、类别、关系、系统、转化、应用。每个维度中任何项目都可以同其他项目进行组合,形成$5 \times 5 \times 6 = 150$种不同的能力,1988年他又提出180种因素的智力结构,并声称已发现了其中百余种智力因素。

6. 加登纳的多重智力理论　加登纳(H. Gardner)是美国哈佛大学的心理学教授,他于1983年提出了多重智力理论,认为智力不仅包括一般智力因素,而是组合起来的多种智力,智力是在特定文化背景或团体中解决相关问题或制作相关产品的能力。由于存在多重智力人们就可能担负一些完全不同的角色如物理学家、农民、舞蹈家,甚至骗子等。

三、能力的差异

能力的个别差异表现在质和量两方面。质的差异除了表现在不同的个体可以具有不同的特殊能力外,还表现在完成同一种活动中,不同的人可以采取迥异的途径或能力的不同结合,这种差异就被称为能力的类型差异或结构差异。能力量的差异表现在能力发展的水平上和表现的时间早晚上。群体差异可分为性别差异、民族差异、地区差异等。下面简要介绍个体差异的有关问题。

笔记

（一）能力的结构差异

能力是由一般能力和特殊能力构成，多种能力结构造就了个体能力上的差异。吉尔福德将智力分为150余种类型，也说明个体在能力结构上的差异。能力在个体间的差异主要表现在知觉、记忆、言语和思维等方面。

1. 知觉方面　综合型者的知觉具有概括性和整体性，但是分析方面较弱。分析型者的知觉具有较强的分析，对细节估计很清晰，但对整体的感知较差。分析综合型者的综合与分析比较均衡，都不突出。

2. 记忆方面　一些人运用视觉识记较好，一些人用听觉识记较好，一些人在运动觉参加时识记较好，也有些人运用多种记忆表象识记较好。因此，根据记忆材料的方法可分为视觉型、听觉型、运动型和混合型四种，人群中以混合型为主。记忆类型还可以按识记不同材料的效果和方法划分。识记物体、图画、颜色、声音较好的为直观形象记忆型，识记词的材料、概念和数字等较好的是词的抽象记忆型，两种类型都具有的叫做中间记忆型。

3. 言语和思维　生动的思维言语型者在思维和言语中有丰富的形象和情绪因素。逻辑联系的思维言语型者的思维和言语是概括的、逻辑的联系占优势。中间型则两者兼备。

（二）能力发展水平的差异

能力在不同的人身上，首先表现为一种具有普遍性的同质而不同量的东西，即能力高者各种作业的效率都高，能力低者各种作业效率都低，这就是用智商所表示的智力。大量的智力测量结果表明，人与人之间智商差异完全服从正态分布的规律。根据韦氏智力测验结果，我们把智商在130以上的叫做超常；在70以下（不含70）称作低常；普通人的智商在100左右，称为中常。

智力超常儿童是指智力水平远远超过同年龄组水平的儿童。超常儿童兴趣广泛，求知欲强；观察力特别敏锐、细致而全面，善于在一般人不注意的地方发现问题；想象力丰富且带有创造力，尤其是富于幻想；思维敏捷而又灵活，富有独立性和创造性，善于求异思维；注意力有超乎常人的主动性，学习时注意力能稳定且高度集中；记忆力强，而且善于理解性记忆。此外，还有一种特殊才能发展优异的儿童，他们在智力发展正常的基础上，某一方面的才能有突出表现，如：诗歌、音乐、绘画等。联合型瑞文测验常模采样时，在天津市一所幼儿园中发现一位四岁男孩，他能准确计算出未来某一天是星期几。

智力低常又称为智力发育不全或智力缺陷。1990年我国0～14岁的城市儿童智力低下的患病率为0.70%，农村为1.41%（表7-2）。

表7-2　根据韦氏量表测试结果的智力落后分级表

		IQ	人群百分比（%）	教育学分等
轻度	mild	55～69	2.7	可教育
中度	moderate	40～54	0.2	可训练
重度	severe	25～39	0.1	可训练–依赖型
极重度	profound	<25	0.05	需监护

笔记

（三）智力发展早晚的差异

智力的差异还可以表现在智力发展的早晚上。有些人的能力或天赋在儿童早期阶段就表现出来了，称他们为"人才早熟"、"神童"或"早慧"。我国唐初王勃10岁能赋，写下千古名句"落霞与孤鹜齐飞，秋水共长天一色"（《滕王阁序》）。音乐家莫扎特3岁时就发现了三度音程，在父亲的指点下，能立刻谱制出小舞曲，那时他甚至还不会拿笔。

但是，缺乏早熟的人，并不意味着不能成才。事实证明也有一些人的智力表现得比较晚，即所谓的"大器晚成"。我国画家齐白石先生，40岁才表现出他的卓越绘画才能；达尔文在50多岁时才开始发表研究成果，完成了名著《物种起源》；摩尔根发表基因遗传理论时已经60岁了。

普通人的智力发展虽有个体差异，但智力的发展遵循着共同的规律。智力发展与年龄的关系大体上呈S形曲线，即智力在童年期急速增长，在青年期和成年初期增长缓慢，之后达到并保持最高水平，至中年略有下降，在老年期流体智力显著下降（图7-2）。一般说来，科学人才发明创造的"最佳年龄"是在25~45岁之间。有人对301位诺贝尔奖金获得者作了统计，70%的获奖者完成科学发明的年龄是在30~50岁之间。

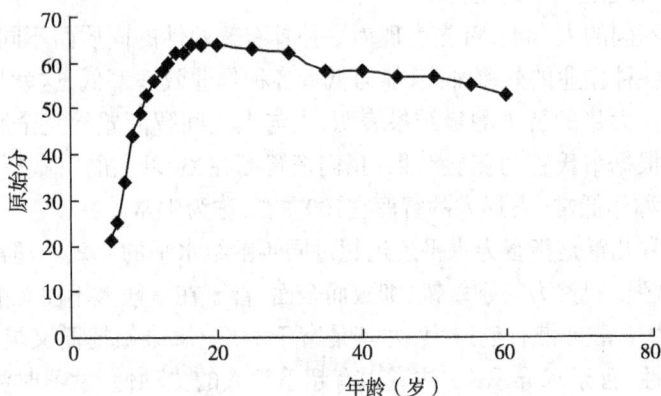

图7-2 智力发展与年龄的关系

（四）影响能力发展的因素

能力存在个体差异性的原因是复杂的，但有一点是肯定的，即一切差异都是在遗传与环境两大因素的支配下通过成熟与学习的交互作用而形成的。

1. 遗传与能力差异 遗传与能力有着很大的关联。血缘关系越近，能力也越相似，即使分开教育培养，能力仍相似；反之，血缘关系越远，能力相似越小，即使生活在一起，智力等方面的相关性也不太高，这是遗传决定论者最有力的依据。对30项研究的综合分析，发现同卵双生子智力测验成绩的相关系数为0.86，异卵双生子为0.60，遗传系数为50%，即表明智力发展水平中有50%是由遗传因素决定的。

2. 环境与智力差异 同卵双生子在相同环境一起长大，智力相关系数为0.9，若分开抚养，成长环境不同，相关系数则降为0.8。

缺乏足够刺激的环境对儿童的心理发展是有害的。1920年在印度加尔各答附

笔记

近的狼窝里发现了8岁的狼孩卡玛拉,当时她的行为如同狼一般,由于从小脱离社会,没有言语学习,发现她的时候其心理发展水平仅相当于6个月的婴儿。后来虽经过悉心照料与教育,4年间她仅学会6个词,7年间学会45个词,勉强能说几句话。卡玛拉去世时年仅17岁,据估计当时她的智力水平也只相当于3～4岁的孩子。

另一方面,良好的早期教育则可以促进能力的发展。在人的智力发展的过程中,相关研究指出如果把17岁时达到的普通智力看成是100,那么在4岁以前完成其发展程度的50%,4～8岁再完成30%,8～17岁完成最后的20%。

行为遗传学家们发现,遗传对简单的行为容易产生影响,环境则对复杂心理行为的影响更大。一般来说,得到好的智力遗传个体,如果生活在一个良好的环境中,其智力发展水平就会高;相反,得到差的智力遗传的个体,生活环境差,则其能力发展的可塑性就会很差。

四、能力在组织管理中的意义

(一)能力与知识、技能的关系

能力是在人的长期实践活动中形成的,具有两个明显的特点:首先,作为"心理能量",能力是人们完成活动、掌握知识和技能不可缺少前提条件。所以在英文文献中"能力"等同于"能量或潜能";其次,由于能力的形成是建立在对多种事物分析综合的基础之上,它具有概括性,在新的情况下,能力可以广泛地迁移。知识是人类社会历史经验的总结,以思想内容的形式为人们所习得。技能是实际的操作技术,是训练的结果,并以行动的方式为人们所掌握。

一般来说,知识和技能的掌握比较快,能力要靠多方面的知识与技能做基础,通过反复多次的练习与有机结合才能形成。知识只是对其所反映客观现实的概括,只能在此经验范围内迁移;技能的迁移范围更狭窄。而能力一旦形成,其概括与迁移的范围是相当广泛的。

能力与知识、技能又有着密切的联系。知识和技能是能力形成发展的基础,要想成功地完成某种活动任务,能力固然总要,但也要依靠知识与技能。能力的发展是在掌握和运用知识、技能的过程中完成的。离开知识学习和技能训练,个体的能力就得不到发展。

案例7－2

乔布斯的成功与非智力因素

几个世纪以来,科学家一直在争论智商到底是什么,智商在一个人取得成功的过程中扮演着怎样重要的角色。但是,更有许多人的成功靠的并不是高人一等的智商,其中最著名的当属已故的苹果掌门人史蒂夫·乔布斯。

乔布斯充满传奇色彩的巨大成功,其实要归因于很多非智力因素。传记记者沃尔特·艾萨克森曾撰文说,乔布斯并不是传统意义上的那种非常聪明的人,他并不试图通过严谨的分析来解决问题,而是更多地依靠"跳跃性的想象力"。这种想象力更像是一种本能,无法预料的魔法一般的想象力。

笔记

乔布斯的成功，也有赖于其近乎死缠烂磨的坚韧毅力。苹果公司创立之初，乔布斯就是凭着这样的劲头，对硅谷公司的许多老板进行"骚扰"，最终说服广告创意公司麦金纳、投资人麦克·马库拉加盟，从而使苹果公司正式成为一家股份公司，乔布斯自己成为了董事长。此后不久，年仅25岁的乔布斯的个人资产就飞至2.175亿美元。

此外，乔布斯超凡的个人魅力和明智的管理理念，也是苹果公司能够力挫众多对手，开创新时代的一个重要因素。乔布斯拥有一个令人走避的恶名——"地狱来的老板"，但是苹果内部员工对于乔布斯的支持率却高达97%。乔布斯独特的管理方式包括：重视产品核心团队；重视奖惩分明以及朋友式管理。乔布斯很凶，对不够聪明的下属完全不能容忍，甚至会破口大骂，但他也十分敢于对优秀人才给予丰厚的回报。

乔布斯重返苹果公司后，采用股权奖励代替了大部分现金奖励。这种及时的正激励最大限度地保持了员工的积极性。乔布斯对员工从来都不是为了管理而管理，苹果公司从来没什么等级观念，大家在一起思维非常开阔。

当然，没有人会认为乔布斯很笨，但即使是仅在苹果公司内部，和乔布斯的智商一样高、甚至比他的智商还要高的人就多如牛毛。可是他们并没有取得像乔布斯那样的成功。可见，智商水平并不能完全决定未来成就的高低。

另一方面，能力的高低也直接制约着个体掌握知识技能的难易、速度和程度，影响着知识技能的运用；知识技能的掌握又会促进能力的提高。在不同人身上可能具有相等水平的知识和技能，他们的能力却不一定是相同的，而具有相同能力的人也不一定拥有同等水平的知识和技能。我们在学习的过程中，既要注意知识和技能的掌握，更要重视能力的培养和发展。

（二）智商与成就的关系：理智地看待智商

智力测验结果高分，不能预示个体未来一定会有高成就。智商并不等价于成就，有的人智商很高，但没有特别的成就；而有的人智商一般，但其在一些非智力因素的积极作用下，却能够取得杰出成就。当然，这其中机遇和把握机遇的能力也非常重要。

误用或滥用智商测验结果，甚至会对个体或群体造成伤害。美国耶鲁大学教授在The Bell Curve一书中，将不同种族智力测验结果的差异，解释为种族先天因素所致，而引起广泛争议。

智商虽然能在一定程度上反映智力发展的水平，但同时也具有很大的局限性，表现为：

（1）智商并不能反映智力的各个方面，正如我们在能力理论中介绍的，学术界对智力结构的认识并不一致，不同的智力测验只能反映其编制者的理论构想，所以，其测试结果也并不能对智力结构进行全面描述。

（2）某些智力测验的结果只能反映个体接受测验当时的智力水平，不能描述智力发展的速度和趋势。

笔记

（3）目前的多数的智力测验属于速度测验，"快即聪明"原则并不适合对于潜能的测试。

（4）任何测量都有误差，智力测验也不例外。测试环境的因素和受测者的焦虑、动机等都会影响测试结果。若常模标准的取样代表性差则会造成更大的误差。

（5）智力发展的研究表现，智商分数存在变异性，这种变异性在3~12岁的儿童身上表现更加明显。个体在生长过程中其智商会受到教育程度、生活环境、知识与经验的积累、躯体发育等多种因素的影响。例如：生活在严重碘缺乏地区的儿童，智商会落后于正常地区儿童10~15分；如果在儿童0~2岁内及时补充碘，则能完全防止智力损伤的发生。

（6）智力测验中的项目会受到文化背景的影响，因此，没有绝对公平的智力测验。目前编制的智力测验内容很少考虑到少数民族。以美国为例，很多测验项目都是针对白种人特点编制的，若用来测量黑人或其他移民，则是不公平的。

知识拓展

不同类型的脑力劳动者

英国心理学家Gibson依据记忆的性质和与记忆相联系的思维类型，将脑力劳动者分为五类，为安排适合工作提供了依据。这五类思维类型是：

1. 创造性独立思维者　在思想的产生系统中，这类人首先产生的是一般形式的思维，沿用它们并充分加工而使之成为"自己的东西"；然后再凭借其尖锐的实践辨别力，将它们从一个领域转送和切实运用于另一领域。

2. 博览群书者　是个人记忆的保持天才、天生的鉴定人、评质者或估价员。他们是有才华的人，也可能是首要的评论者和战术性的反对者。

3. 事实的分类者　在需要将信息分成较小的支流的地方，特别需要这类人。他们担任图书馆管理员或档案专家都是出类拔萃的。

4. 事实的收集者和登记者、编纂目录的内行　逻辑学家、天文学家和医生往往都属于这一类人。

5. 按现成方面工作的普通劳动者　他们常喜欢从事同一类型的操作，如誊写、核算、登记等，他们在这方面能够完成很高的工作指标。

（三）根据能力分配岗位，做到人尽其用

员工的能力存在差异，不同工作对能力高低的要求也不同，员工能力高于或低于工作性质的要求都会造成员工工作积极性的下降。员工能力与工作要求比较匹配时，才能够使职工的潜力得到最大的发挥，也才会有更高的工作效绩。如何能够做到人尽其用呢？需要注意四个问题：

1. 同一个人不可能适应所有的岗位，岗位环境也会影响才能的发挥。岗位与能力相匹配能够使之能力得到充分发挥，反之则有可能会使之一事无成。

2. 接受同等教育并不意味能力相同，拥有同样学位或学历的人，其教育经历和工作经历可能不同，家庭背景不尽相似，性格气质也有区别，其能力的高低、类型都可能大不相同。因此，不能仅凭文凭来评估其能力，如澳大利亚公务员聘任

时,就对学历和年龄没有特别要求。

3. 同样智商水平的人,也不一定适合同一个工作。智商结果是对智力整体的描述,两个人的智商结果相同,并不能说明其智力结构中的各个部分都没有差异,他们未必适合同一岗位。

4. 管理者可以根据个体的能力特点,安排相应的教育和训练。

了解人的能力结构,对于实施组织管理有重要意义。不同的工作对个体能力水平的要求不同。比如,组织领导工作需要有较高的语言能力;会计需要很好的算术能力;市场调研员需要出色的归纳、推理能力和市场协调能力。

组织管理中较低层次的职位、从事例行性或常规性的工作不需要高能力、高创造力的个体;开拓型的企业家、自主创业者或探索性科研工作等岗位则要求个体具有较高的创造力以及创造性人格因素。

如果将能力高的个体安置在对能力要求低的岗位上,会挫伤人的积极性,使之丧失工作动机和兴趣;反之,在对能力要求高的职位上安排低能者,就不可能实现工作目标,也会让个体遭受挫折,体验到无能感和自卑情绪。因此,在工作职位要求与职工能力之间寻求最佳平衡,才能达到最高的工作绩效。

第三节 气质与行为

一、气质的概念

气质(temperament)是指人们常说的"脾气"和"秉性",表现在情绪和行动发生的速度、强度、持久性、灵活性等方面的动力性的个性心理特征。如一个人的反应快慢,情绪的强弱,注意集中时间的长短和转移的难易,以及心理活动倾向于外部事物还是内心世界等。

气质是高级神经活动类型特征在后天活动中的表现,所以受生物规律制约比较明显。每一个人生来就具有一定的气质,仿佛是使一个人的全部心理活动都染上了个人独特的色彩,而且越在幼小的时候越能表现出它的类型特征。

二、气质的类型

气质最早由古希腊医生希波克拉底(Hippocrates)提出来,后来罗马医生盖仑(Galen)作了整理。他们认为人体内有四种体液——血液、黏液、黄胆汁和黑胆汁,这四种体液在每个个体内所占比例不同,从而可以分为胆汁质(黄胆汁占优势)、多血质(血液占优势)、黏液质(黏液占优势)和抑郁质(黑胆汁占优势)四种气质类型。其典型心理特征如下:

胆汁质:行动与情感发生迅速、强烈。大都热情、直爽、精力旺盛、脾气急躁、易动感情,具有外倾性。工作上,克服困难的精神强,具有周期性,遇挫折时易极度灰心。适合做具有周期性和不稳定的工作。

多血质:情感发生迅速、微弱、易变,动作敏捷。大都活泼好动,反应速度快,热情,喜与人交往。注意力易转移,志趣易变,具有外倾性。工作上速度快、效率高、反应敏捷,适合在多变性、多样性的岗位上工作。

黏液质: 情感发生缓慢、内蕴、平静,动作迟缓、稳重,易于抑制,情感不易外露,沉默寡言,善于忍耐,注意力不易转移,具有内倾性。工作上稳定、踏实、坚定、认真、态度持重、交际适度,适合于从事条理性强的、持久性强、重复、熟练性强的工作。

抑郁质: 情感体验深而持久,动作迟缓无力,大都反应迟缓,善于觉察他人不易觉察的秋毫细末,具有内倾性。工作中任劳任怨,认真负责,一丝不苟,但速度慢、效率低、不灵活、保守、刻板。适宜耐受性强、持久的工作。

三、气质的学说

如何从生理角度解释人的脾气秉性差异? 除体液说外,还有我国古代的阴阳说、国外学者提出的体型说、内分泌说和血型说等。

高级神经活动类型学说是目前公认的比较具有科学性的气质学说之一。

俄罗斯生理学家巴甫洛夫在对动物进行经典条件反射研究时发现动物之间存在差异,从而提出神经系统的类型概念。但他没有深入研究,进行解释。第一个解释神经类型的学者,是巴甫洛夫的学生尼基弗洛夫斯基(Nikiforovsky),他在博士论文中描述了三种神经系统类型,主要以神经系统的平衡性作为分类依据。直到1935年,巴甫洛夫才在他的《人和动物的高级神经活动的一般类型》中,详细论述了神经系统的三种基本特性。

巴甫洛夫提出,动物的神经系统和人一样,都具有两大功能: 一是兴奋,一是抑制。神经系统在兴奋和抑制过程中,又呈现三种特性,分别是强度、平衡性和灵活性。

兴奋和抑制属于弱型的人,当刺激从某种最小值向最大值增长时,开始效果大,较快较早地接近极限; 而强型是慢慢地接近功能极限。灵活性强的人,在条件反应形成后,对兴奋和抑制刺激信号进行改造时,能较快地得到新的信号意义,并能较快地达到改造以前的条件反应水平。神经过程的平衡性则是由兴奋、抑制过程的对比关系所决定。

巴甫洛夫依据这三种特性的不同结合,划分出高级神经活动的四种类型,即兴奋型、活泼型、安静型和抑制型,分别与四种气质类型相对应(图7-3)。

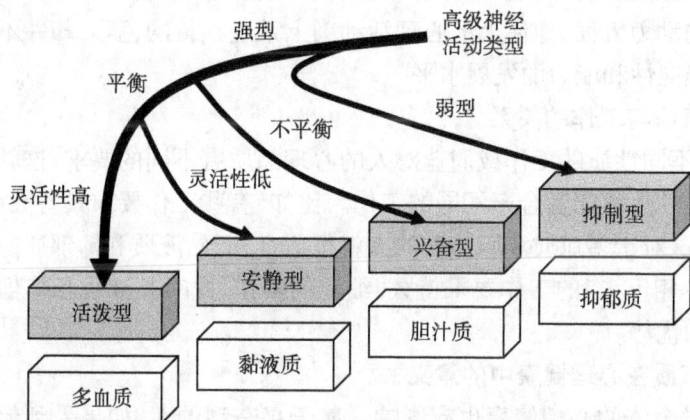

图7-3 高级神经活动类型和气质类型

四、气质在组织管理中的意义

（一）气质既有稳定性，又有可塑性

人的气质特征更多地来自先天遗传的生物因素，所以较之其他个性心理特征更为稳定。但是，所处的环境和教育所形成的行为活动方式可以掩盖真实的气质类型特征，也正由于这个原因，人们的气质类型特征由于后天的"磨炼"，很少纯属某一类型，而多是以某型特征为主，兼有其他类型的特点。除了少数人具有典型特征外，大多数人都属于中间型或混合型。

（二）气质本身并无好坏之分

每种气质类型都有可能形成积极或优良的心理品质，也都有可能形成消极或不良的心理品质。比如，胆汁质的人可以形成热情、开朗、刚强、动作迅速有力、生气勃勃、工作效率高等良好品质；但也容易形成暴躁、任性、蛮横、粗野等不良品质。多血质的人富有朝气、爱交际、思想灵活；但也容易志趣多变、轻浮、粗枝大叶、意志力薄弱等。黏液质的人容易养成自制、镇静、踏实等品质；但也容易形成冷漠、迟缓、固执、保守等缺点。抑郁质的人具有思想敏锐、精细、想象力丰富、情感深刻等优良品质；但也容易形成多疑、孤僻、郁闷、怯懦等缺点。一个人的气质究竟向哪个方向发展，关键在于后天的环境，尤其是教育。

（三）气质不能决定人的社会价值和成就高低

在气质和社会价值、成就之间，并不存在对应关系。据研究，俄罗斯的四位著名作家分别是四种气质的典型代表。普希金属于胆汁质，是俄罗斯近代文学的奠基者和俄罗斯文学语言的创造者，著有《叶甫盖尼·奥涅金》《上尉的女儿》等；赫尔岑属于多血质，是俄罗斯的思想家和文学家，代表作是《往事与随想》；克雷洛夫属于黏液质，是俄罗斯文学史上第一个有心为知识分子和普通老百姓写作的杰出寓言作家，其代表作是《伊凡·克雷洛夫寓言集》；果戈里属于抑郁质，他以《钦差大臣》立足于文坛，成为当时俄罗斯文坛的盟主。

同样气质的人对社会贡献的差别可能性极大，而不同气质类型的人也可能在成就上相差无几。中国著名心理学家曹日昌曾指出："气质只是属于人的各种心理品质的动力方面，他使人的心理活动染上某些独特的色彩，却并不决定一个人的性格倾向性和能力的发展水平"。

（四）气质与工作的关系

当然，不同性质的工作或职业对人的心理品质有不同的要求，这就决定了不同气质类型的人可能适合于不同的工作。比如，有些工作要求具备灵活、机敏的反应能力，这对于多血质和胆汁质的人就很适合，而黏液质和抑郁质的人则可能无法胜任。相反，有的工作要求持久、细致的操作，此时黏液质和抑郁质的人就有了明显的优势。

（五）气质在心理健康中的意义

气质对个体的心理健康也有影响。属于兴奋型的人，如果受到超强的精神刺激，或是过度紧张与疲劳，可以使其本来就弱的抑制过程更加减弱，促使过度

兴奋导致神经衰弱、神经症或躁狂型的精神病；对弱型的人来说，巨大的挫折或个人的极大不幸，都会使其脆弱的神经过程无法承受，导致歇斯底里、神经症或其他心身疾病。

第四节 性格与行为

一、性格的概念

性格（character）指一个人在社会实践活动中所形成的对人、对事、对自己的较稳定的态度以及与之相适应的习惯化了的行为方式。人的个性差异首先表现在性格上。

性格与能力都是在人的统一发展过程中形成的。性格的形成需要一定的能力为基础，例如在观察力发展的同时，也形成着性别的理智特征；另一方面，能力的发展水平受到性格特征的影响，高度责任感、首创精神、热爱集体、高自信心的个体对能力发展有很大的促进作用；同时，优良的性格特征能补偿某些能力的不足，"勤能补拙"说的就是这个道理。

性格与气质的关系是既有区别，又有联系。首先，性格和气质虽然都是以高级神经活动类型为生理基础，但气质体现了高级神经活动类型的自然影响，性格则更多受环境影响。第二，气质对性格有深刻影响，气质给性格特征"打上烙印，涂上色彩"。例如，同样是助人为乐的性格特征，黏液质者则可能动作沉着，情感不表露在外，而多血质在帮助别人时，往往动作敏捷，情感明显表露在外。第三，不同气质类型的人可以形成同样的性格特征；而相同气质类型的人，又可以带有同样动力色彩而性格却互不相同。所以在气质基础上形成什么样的性格特征，在很大程度上决定于性格中的意志特征。最后，性格会在一定程度上掩盖和改造气质，使气质服从于生活实践的需要。如特种部队士兵在服役期间形成的沉着、冷静、机智勇敢的性格，可以掩盖或改进胆汁质冲动的气质特征。

二、性格的结构特征

性格的心理构成非常复杂，按照心理功能划分可具备四种特征：

1. 对现实的态度方面的性格特征 人对现实态度体系的个别特点是性格的重要组成部分。属于这方面的特征包括对待社会、集体、学习、工作劳动的态度，对待别人和对待自己的态度等。如诚实、正直、富有同情心、热情、喜欢交际、工作认真、勤劳、勤俭等都是对人对事所表现出来的性格特征。对待自己的态度方面的性格特征主要是谦虚或自负，自信或自卑，羞怯或大方等。对社会、集体的态度决定着人对其他事物的态度。

2. 性格的情绪特征 性格的情绪特征又称性情，指人们在情绪活动时在强度、稳定性、持续性以及主导心境等方面表现出来的特征。如热情、冷漠、多愁善感等。情绪强度的影响表现为情绪的起伏和波动程度；持续性特征表现为情绪保持时间的长久；主导心境特征如有人经常欢乐愉快，有人任性激动等。

笔记

3. 性格的意志特征　当人为了达到既定目的,自觉地调节自己的行动,千方百计克服前进道路上困难时,就表现出人的性格的意志特征。如目的性或冲动性,主动性与自制力,果断性与坚韧性等。

4. 性格的理智特征　指人们在感知、记忆、想象和思维等认识过程中所表现出来的特征,如因不同个体思维方式不同而形成的性格特点等。

三、性格的类型

由于性格现象的极端复杂性,在心理学中至今没有一个公认的、有充分根据的性格分类原则。心理学家们曾以各自的标准和原则,对性格进行分类,最常见的就是特质理论。

(一)特质分析说

特质(trait)理论是按照性格的多种特质的不同结合,把人的性格分成不同类型。

1. 卡特尔的特质理论　美国心理学家卡特尔(R.B. Cattell)认为,个性是由个性特质构成的。特质是个人在不同的时间、环境下表现出来的稳定而一致的行为特点或行为倾向。个性特质可以作为个性分析和个性测量的单元。在卡特尔人格理论中,最有影响的是对表面特质和根源特质的区分。表面特质是能够直接从外部行为中观察到的特质,换言之,即经常发生的、可以直接观察到的行为表现;而根源特质则是隐蔽在表面特质深处并制约着表面特质的特质,它是内在的因素,是个人行为的最终根源。表面特质是直接与环境接触的特质,比较容易随着环境的变化而呈现出多样性。但根源特质却是相当稳定的,其数量也相当有限。每个人都具有相同数量的根源特质,但这些特质在每个人身上的强度不同。例如自作主张、自以为是、高傲等都是表面特质,是支配这个根源特质的表现。正因为如此,人与人之间就显出了个性结构的差异。

卡特尔通过因素分析,从表面特质中抽出了16种根源特质:(A)乐群性: 含蓄—坦率;(B)聪慧性: 迟钝—灵敏;(C)稳定性: 激动—稳定;(E)恃强性: 谦逊—武断;(F)兴奋性: 严肃—随和;(G)有恒性: 善变—认真;(H)敢为性: 畏缩—莽撞;(I)敏感性: 心硬—心软;(L)怀疑性: 相信—多疑;(M)幻想性: 重实际—重想象;(N)世故性: 直爽—机变;(O)忧虑性: 自信—谨慎;(Q-1)实验性: 保守—探新;(Q-2)独立性: 依赖—自立;(Q-3)自律性: 随便—自制;(Q-4)紧张性: 轻松—紧张。每种因素都能反映某一方面的人格特征,综合起来就能全面评价整体人格。

卡特尔个性理论的特色,在于对根源特质的高度重视。但是,人的个性并不就是根源特质的简单结合。在这方面该理论有存在没能重视个性整体性的缺陷。

2. 艾森克的特质维度学说　艾森克(H.J. Eysenck)同样采用因素分析方法,他从研究中归纳出性格的三个维度: 内、外向,情绪稳定性和精神质。他从三个维度描述人的性格,尤其重视内、外向与情绪稳定性两个维度。例如情绪不稳定的内向者,可能显出焦虑不安之类的强烈情绪,而情绪不稳定的外向者,尽管也有强烈的情绪,他们的行为可能是反社会的,或甚至可能有犯罪倾向。艾森克进而推论出人格维度与四种气质类型的对应: 外向情绪不稳定者为胆汁质;内向情绪不稳定者为抑郁质; 外向情绪稳定者为多血质; 内向情绪稳定者为黏液质（图7-4）。

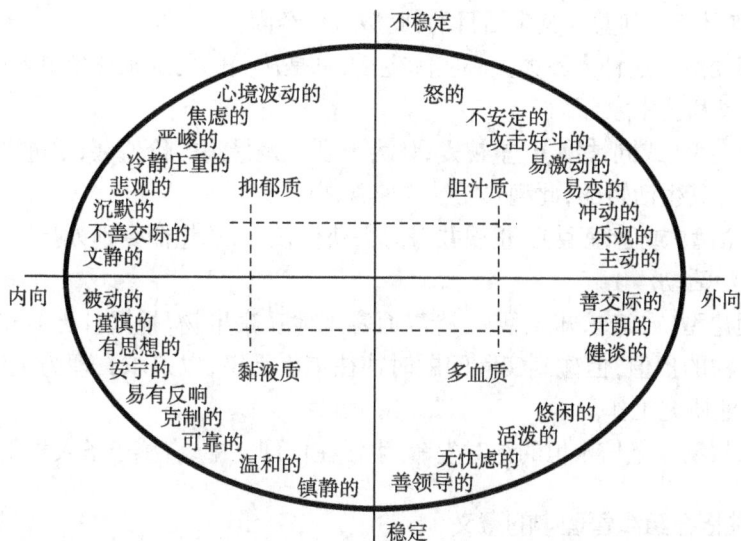

图7-4 艾森克人格维度和对应的气质类型

3. 人格的大五学说　卡特尔的16种人格因素及其8个推论对测验专家和个体来说,都不易理解。所以人们运用因素分析技术,将这些因素缩减至五个基本维度,依次是外向(extroversion)、适意性(agreeableness)、谨慎(conscientious)、神经质(neuroticism)和开放性(openness to experience),将五个词的头一个字母联在一起,就是"OCEAN"（图7-5）。

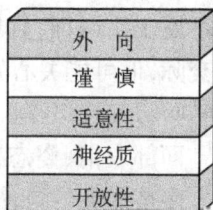

图7-5 大五学说示意图

E: 外向、有活力、热情。高分个体较社会化,对工作易满意,愿意交往,在组织中人际关系好,适合于需要高社会交往的部门工作,如销售部门和客户联络部门。

A: 愉快、利他、有感染力。高分个体善于与人相处,受人喜欢,善于照顾他人,与人亲善,易于相处,是团队中高合作者,适合发展良好关系的工作。

C: 公正、拘谨、克制。高分个体认真、做事审慎坚忍,有高组织性和自律性。在组织中,责任心是非常重要的,预示能出较高成绩。

N: 神经质、消极情绪、神经过敏。高神经质者常有消极情绪体验,自觉环境的压力,用否定的眼光对待周围事物,适合在需要批判性思考和评估的部门工作,如质量监测部门。

O: 直率、创造性、思路开阔。高开放性个体有独创性,广泛接受各种刺激,有广泛兴趣,愿意冒险。低分者思维狭隘,小心谨慎。高开放性者容易适应创新性或冒险性的工作,适合做主管领导。

（二）文化－社会类型说

德国心理学家斯普兰格(E. Spranger)和底尔太(W. Dilthey)从人类社会意

识形态倾向性出发,将性格分为六类:

1. 经济型(或实际型) 常用经济观点看待所有的事物,根据实际功利来评价事物的价值,对人物的评价只看其能力和资力,而不管其精神面貌和道义如何,以获取财产和利益为其生活目的,此型适合经商。

2. 审美型 这种人不大关心实际生活,总是从美的角度来评价事物的价值,适合当作家和艺术家。

3. 社会型(或同情型) 重视爱,认为爱别人是最高的价值,以增进别人或社会的福利为其生活目的,此型热爱社会慈善事业。

4. 政治型(或管理型) 重视并努力去获得权力,总想命令别人指挥别人,适合从事政治活动。

5. 理论型(或追求知识型) 冷静而客观地观察事物,根据自己的知识体系来评价事物的价值,但碰到实际问题时往往束手无策,以追求真理为生活目的,适合做专业研究工作。

6. 宗教型 坚信永恒的绝对生命,生活在信仰之中,有感于圣人相救之恩。

四、性格在组织管理中的意义

1. 不同性格在活动中具有不同表现 人的性格特征常常通过行为表情,在各种活动中表现出来。如有的人在活动中习惯于指挥别人,充当"领袖",有的则不愿出头露面,甘愿被指挥。言语风格也表现出性格特征,如健谈者多开朗、善交际,他可能关心别人,具有同情心,也可能是自负,爱表现自己,妄自尊大等。唠唠叨叨,信口开河,往往显示出缺乏自制力,夸张,引人注意。

面部表情、姿态甚至衣着,也在某种程度上反映出一个人的性格特点,高傲的人多是摇头晃脑,昂首挺胸;谦虚的人往往躬身俯首,微缩双肩。

从一个人对劳动的态度可以看出他是勤劳的还是懒惰的,从一个人对待困难的态度可以知道他的意志是否坚强,透过一个人对待公共财物的态度又可以看出他是节俭还是浪费。其他种种活动也无不显示出人们不同性格的差异。

2. 个性与工作的匹配 有关工作要求与个性特点之间的匹配性,约翰·霍兰德(J. Holland)提供了最好的理论解释。他指出,员工对工作的满意度和流动意向,取决于个体的人格特点与职业环境的匹配程度。

霍兰德描绘了六种个性类型,并列举了他们的人格特点以及与之匹配的职业范例。

(1)现实型: 真诚、害羞、持久、稳定、顺从、实际。偏好需要技能、力量、协调性的体力活动。

(2)研究型: 分析、创造、好奇、独立。偏好需要思考、组织和理解的活动。

(3)社会型: 社会、友好、合作、理解。偏好能够帮助和提高别人的活动。

(4)传统型: 顺从、高效、实际、缺乏想象力、缺乏灵活性。偏好规范、有序、清楚明确的活动。

(5)企业型: 自信、进取、精力充沛、盛气凌人。偏好能够影响他人和获得权力的言语活动。

（6）艺术型：富于想象力、无序、杂乱、理想、情绪化、不实际。偏好需要创造性表达的模糊的、无规则可循的活动。

霍兰德的理论提示我们，不同个体在个性方面存在着本质的差异，当工作环境与个性类型相互协调时，会产生更高的工作满意度和更低的离职意向。

3. 个体—组织的匹配中的性格因素

（1）成就取向：成就取向是指个体对成就的需要强度，或者人对自身成就所确立的目标。成就需要强的人会不懈地努力克服困难，追求更佳的工作业绩。但同时，会完全把成功归因于自己的努力。因此，他们愿意寻找并接受挑战，需要从成功中看到自身的价值。

这就意味着，他们喜欢难度适中的工作。工作太易，缺乏挑战，显不出自身价值，体验不到成就感；工作太难，成功的可能性太小，无法看到自身价值，甚至会显得无能。由此可知，对于成就感强的人，任务难度适中、能迅速看到绩效、允许员工自己控制工作和判定成果的工作，比较适宜。比如推销、管理工作等，而生产流水线的机械性工作、柜台前的销售工作等则对这些人不适宜。

（2）权术主义：权术主义是马基雅维里主义的本意，源于16世纪马基雅维里和一部论述如何获得和操纵权力的著作。具有较高权术主义倾向的人行事独断，在感情上与他人保持一定距离，为达到目的不择手段。

权术主义意识对工作绩效有较大的影响。权术主义较强的人喜好控制事物，愿意支配控制别人，总试图说服别人遵从自己的意志。面对面交往而非间接沟通时，情境中的规则或限制较少，从而可视具体情况自由发挥时；无需感情投入或调剂时，高权术主义倾向的人有出色的表现。

一般而言，权术主义与工作的匹配取决于具体工作的性质，特别是对工作绩效的评估是否有道德方面的标准。对于需要谈判技巧的工作，只要求效果而不论手段的工作，运用权术会取得很好的收效。但如果必须考虑方式方法，考虑工作中的伦理问题，或者必须严格遵从绝对的工作标准而无变通可言时，权术主义风格很难行得通。

（3）认知风格：雷格尔和斯洛克姆提出了认知风格类型又称解决问题风格，与决策关联很大。认知风格中的收集信息分为感觉型和直觉型，处理信息分为感情型和思维型，不同的搭配可以组成四种认知风格。这种分类是按照个人处理问题的风格划分的，同时考虑到组织结构和环境，认为不同的认知风格在其适宜的环境中会发挥最大效果。这四种类型分别是：

感觉思维型：重视设置有效的规章制度；喜欢结构分明、目标明确的组织，在制度涉及大量事实与数据的决策时，很果断而且很出色。

感觉感情型：能有条不紊地处理具体问题；看重眼前的现实情况；关心有关人的事实；喜欢结构分明但重视人的组织。

直觉思维型：主意和想法多，思考问题开门见山，一针见血，有创见；重视抽象的、理性的、不带感情色彩的思维，但不善于做具体琐细的事；喜欢在不涉及人际关系的计划部门内工作。

笔记

直觉感情型：做决策时喜欢从别人的个人感情角度去考虑；关心看重人情的事；喜欢在松散自由、决策权下放的组织中进行工作。

（4）决策方式：从个人决策方式出发，决策方式或策略可以分为三类。

最优化型决策风格：要求把所有可能的备选行动方案都逐一加以分析和考虑，探索采用后所可能导致的一切后果，并加以权衡比较，然后从中选出最好的一个，这便能使实现想要达到的既定目标的机会成为最大。著名心理学家利维持对它的解释是，要从大海中捞到一根针来使用（缝衣）。这种风格是理想的，但太理论化，需要大量的时间和成本。

寻求满意型决策风格：选出一种可达成、可行而又可以接受的期望目标的方案，但不考虑所有可能方案。结果虽非最优，却现实可行，能解决问题，可令人满意。是著名管理学家、诺贝尔经济学奖得主西蒙（H. Simon）称为"有限理性"方法中的一种。

渐进型决策风格：此法不是去做一项大的总的抉择，而是先求得初步的缓解，目的不是一下子彻底根治问题，而是先求得初步的缓解，考虑一些能改变现状的短期方案及其后果，做下一步决策后，就对问题进行重新定义，并由此出发去完成更进一步的抉择。采用这种策略的人大都没有一步登天的远大抱负，因为环境中不确定性因素太多太大，只能如此。渐进法概念的开创者林德布鲁姆（C. Lindblum）对其解释是一位城市交通规划工程师，想把几条街道改成单向通行。但却无从预料会出现多少处交通堵塞现象，以及这些现象将会在何时发生。可是，他仍可以颇有信心地提出他所建议的方案，并假定如果真出现堵塞，到那时总能找出解决这新问题的适当办法，如增加交通灯、交通警察，或甚至进一步个性化现在这份改单向通行的计划。

哪种风格最好，要根据时限的紧迫性和情境的不确定性程度大小而定。如果形势要求迅速作出决定，考虑人的认知力有限，满意型或渐进型策略较为可取。但对于组织，等待决策的问题都需要理性思维时，就需要最优化法了。

（钱 明）

本 章 小 结

本章的主要内容有以下几点：①个性是决定人的独特行为和思想的个人内部的身心系统的动力组织，是将一个人与他人区分开来的特征总和，它是多层次、多侧面的结构整体，具有倾向性、复杂性、独特性、稳定性、整体性和积极性等特点。②遗传、环境、社会实践和自我教育等多方面因素影响个性的形成，个性的研究在组织行为学中具有重要的意义，能力的差异是个性差异中的重要内容。③气质和性格也是个性结构中的重要部分，二者同样具有很强的个体差异性并且在组织行为和心理健康中产生深刻影响。

【讨论思考题】

1.什么是个性？个性的特点是什么？

2.简述艾里克森的心理－社会发展阶段理论。

3.影响个性发展的因素是什么？

4.什么是气质？气质类型和气质的神经类型的种类及在管理中的意义是什么？

5.论述性格在组织管理中的意义。

6.结合案例7-1，谈谈古局长的个性特点及其对管理的正性和负性影响。分析古局长困境的原因及摆脱困境的对策。

笔记

第八章

工作压力与管理

学习目标

通过本章的学习,你应该能够:

掌握 应激、工作压力、工作倦怠、职业性应激源、认知评价的概念;工作压力的影响因素;Lazarus R的应激交互作用理论;工作压力的管理。

熟悉 应对社会支持的概念;应激源的分类;职业性应激源的基本类型;工作压力的表现。

了解 应激、工作压力和工作倦怠的关系;工作压力的测量。

案例 8-1

信息技术——压力的制造者还是压力的缓解者?

"联线"是遭遇压力的一种委婉说法,同时也是一个双关语,用来形容接收电子信息或通讯技术。2000年,经理和主管们可以同时联线和断线。在CKS集团互联网市场公司的CEO马克·科瓦姆(Mark Kvamme)家的房顶上,有一副蝶形卫星系统,它与互联网的连接速度比56K的调制解调器快7倍。如果马克在世界的任何一个角落里走丢了,他的手提电脑里安装的全球定位软件马上可以精确地查明他所处的位置。

信息、通讯和电子技术的目的是为了使经理和主管们的生活更轻松。但是,他们做到这一点了吗?"联线"能够缓解压力吗? 信息技术也许正好显示出了它作为双刃剑的另一面,成为那些对互联网过度狂热、夜不能寐的经理和主管们的一个压力来源。一名公司的政治说客住进了纽约北部的一个温泉疗养地,参加一个压力管理周末座谈会,此外还有泥巴浴和按摩等活动。她带上了寻呼机以便保持联系。结果,整个周末她的寻呼机频繁鸣叫,因此在座谈会结束之前她就被要求离开了现场。一项由盖洛普公司(Gallup)主持的必能宝公司研究项目发现,一个主管平均每天收到190个"信息",其中包括30个电子邮件,22个语音信息,4个传呼和3个特快专递。虽然信息技术的目的是成为一个向世界范围扩展的、节省劳动的压力缓解者,可事实上它却成为了一个压力制造者,正好对准了经理和主管们的弱点:对完全可得、全面知晓和绝对控制的信念。不管信息技术可能对管理者的工作和生活产生多大的影响,科技既不是管理者的救世主也不是敌人。管理者需要努力去做的是将信息技术作为一个工具,利用它的用途和力量,而不是让工具成为主宰。

——摘自黛布拉·L·纳尔逊,等.桑强,等译.组织行为学:基础、现实与挑战.北京:中信出版社,2004

笔记

第一节 工作压力概述

工作压力已经成为当今职场普遍存在的问题,它来势迅猛,令人无法忽视。美国国家职业安全与健康研究所的最新研究显示,在美国,50%多的工作者认为工作压力是生活中的主要问题,这个数据是20世纪90年代早期所报道数据的两倍多。由于压力而生病的人在1999—2002年间增加了两倍。2002年的一项年度调查披露,29%的被调查者把自己列入压力水平最高的类别—极大或相当多,成为六年来的最高比例。美国压力研究机构(American Institute of Stress)估计,压力和它所引起的问题,例如缺勤、工作倦怠、精神健康问题,每年要花费美国企业3000多亿美元。欧盟官方把压力称为欧洲员工面临的第二大职业健康问题。因此掌握工作者的压力及压力来源,了解压力的影响因素,对于有效进行压力管理,提升工作者的工作绩效,尤其是身心健康水平非常重要。

一、工作压力的相关概念

(一)应激

应激(stress)的概念和心理应激理论经过了较长的历史发展过程,由于研究领域和背景不同、侧重点和目标各异,对应激概念的界定和对理论的认识均存在差异。近年来对心理应激的认识不断发展,已从生理和生物医学的微观领域扩展到心理与社会的宏观领域。

"stress"一词被译为紧张、紧张反应或压力,也称为应激。应激是普遍的心理生理现象,至今已有多种理论对应激进行解释。

加拿大学者Selye H于1936年首先提出应激的概念,将其定义为:当机体遭遇各种强烈的有害刺激时,促肾上腺皮质激素、糖皮质激素的分泌即刻大幅度增加并超过一般生理水平,引起机体的各种适应性、抵抗性变化的一种功能状态。Selye H提出的生理理论试图解释人类对应激作出的生理反应图式。

心理学理论试图去了解人格、预感、认知评价等因素是怎样使个体将社会事件转变为应激情境。随着研究的深入,心理学家越来越认识到心理社会中介因素的重要性。拉扎鲁斯(R. Lazarus)等指出,个体能否适当应对和处理紧张情境不仅依赖于外界因素,而且依赖于个体本身。应激是人对情境和事件进行评价的产物,环境和需求只有被认识时才有意义;人们感知和评价事件并贮存相关经验,通过不同方式提取和使用相关信息,以影响新环境、唤醒应激并形成应对策略。因此,拉扎鲁斯等提出的认知应激交互作用理论的观点是,应激既不是环境刺激,也不是人的性格或反应,而是发生在个体察觉或估价一种威胁情景的时候,个体需求以及理性地应对这些需求之间的联系。

社会学理论则试图解释为什么压力越来越多地以群体的冲突、权力和财富的分布不公等为基础。社会应激理论把个体与社会整合起来,认为个体的应激紧张本身就是社会的一部分;个体应激的重要根源就是社会在某种程度上不得不强制自己的成员去遵守社会准则,这就是挫折—冲突理论。该理论认为,为社会成员提供更多的生活机会和成长机遇是至关重要的,当人们不能获得工作、家

笔记

庭、教育、技术再培训等机会,不能参与社会活动时就会产生应激。同时,该理论也关注社会关系的稳定性、经济财物的分配、为社会服务、人际间权力的分布和个人控制等,认为这些变量都与应激发生联系;进化论的观点认为,社会变化与紧张是社会变革与发展不可避免的结果,人们必须接受这个现实、调适这个变化而不是与之发生冲突和抵抗;环境—生态论则用环境条件来解释应激,诸如拥挤、污染、环境事故以及工业化带来的健康危害等;生活变迁论认为,应激是要求个体去适应生活中的主要事件,同时,他们把配偶去世、失业、破产或患有危及生命的疾病等各种生活变化定义为主要事件。

另外,还有整体健康理论和系统论等。整体健康理论支持社会和个人的价值观,认为人的躯体和社会环境是统一的;系统论则试图解释在自我调整系统中,个体是如何整合进行自我调节的。

不同时期和不同研究领域的应激理论都不会是完整的、全面的,都不能完整解释应激问题的本质。概括各种研究结果,可以归纳为三种研究途径:应激是引起机体发生应激反应的刺激物;应激是机体对有害刺激的反应;应激是应激源和应激反应间的中介变量。

事实上,心理应激是由应激源到应激反应多种中介因素相互作用的过程。整合生物、心理、社会等多因素,我们将心理应激的定义描述为个体在觉察(认知评价)到威胁或挑战时,必须作出适应或应对时的心身紧张状态。

按照不同的分类标准,应激可分为不同的类型。Selye H根据生理学观点将应激分为良性应激和不良应激。他认为,良性应激是积极的、令人鼓舞和满足的应激,而不良应激是指消极的、令人压抑的、具有破坏性的应激;良性应激可以赋予个体力量并提高识别和作业的能力,不良应激则消耗储备的能量,以维护和防卫的形式增加机体各系统的负担。以心理社会因素的标准可将应激分为:应激性生活事件(如自然灾害、亲人丧失、离婚等)、频繁但轻微的日常生活困扰、与工作有关的应激(职业性应激)和生存环境的应激等。

(二)工作压力

随着社会的迅速发展,人们面临的工作压力越来越多,且日趋复杂。工作压力已经引起社会学、心理学、医学等各个领域的广泛关注。戴克胡伊岑(Van Dijkhuizen)在各种文献中找出了40个关于工作压力的概念。拉扎鲁斯等从压力来源的角度对工作压力进行了界定;卡普兰(Caplan)等用工作的某些特征或一些主观感受来定义工作压力,如负荷、复杂性、角色模糊、角色冲突等。我国关于工作压力的概念也很多,侯望伦指出工作压力是工作环境上的特质,对工作者产生特殊生理或心理上的要求而造成的结果;徐长江等对工作压力定义为:"在工作环境中使个体目标受到威胁的压力源长期地、持续地作用于个体,在个性及应付行为的影响下,形成一系列生理、心理和行为反应的过程"。研究者对工作压力的不同定义表明工作压力是一个多维度的概念,其产生不仅与各种工作压力源有关,而且也与个体特点有关。

虽然关于工作压力的含义有很多种解释,也存在很多争论,但是随着深入的研究,越来越清晰和简洁。伊万切维奇(Ivancevich)和马特森(Matteson)把压力定义为"个体和环境的交互作用",把工作压力界定为:"一种适应性反应,受个体差异或心理过程的调节,即任何外部(环境的)行动、情境或事件导致的人在心理或生理方面出现的极端结果。"这个定义包含三个关键内容:①它是指对情境或事件的反应,不是情境或事件本身;②它强调了压力可能受个体差异影响;③它着重指出"过度的心理或生理要求",因为只有特殊或不一般的情境才能够真正产生所谓的压力。另外,比尔和纽曼把工作压力定义为"因为人与其工作的相互作用而产生的一种情况,表现为人自身发生了变化,这种变化迫使人们偏离了正常的功能。"

将这两种定义合并并加以简化,我们将工作压力定义为工作压力是指对于外部情境的一种适应性反应,它导致了组织成员生理、心理或行为上的变化。工作压力不是简单的焦虑和简单的神经紧张,也不一定是破坏性的、不良的或需要避免的。

工作压力可分为三种类型:正性工作压力、中性工作压力和负性工作压力。正性工作压力是好的压力,产生于个体被激发和鼓舞的情境中。一般来说,属于正性工作压力的情境都是令人愉快的,人们不会把它视作威胁。中性工作压力是一些不会引发后续效应的感官刺激,它们无所谓好坏。负性工作压力即不好的压力,经常被简称为压力。负性工作压力又可分为急性工作压力和慢性工作压力两类,急性工作压力来势迅猛,消退迅速。慢性工作压力出现的时候不很强烈,但旷日持久。近来,康奈尔大学的研究者们完成了一项针对1800名经理人的大型研究,明确了负性工作压力和正性工作压力的例子,分别为办公室政治、官僚主义、停滞不前的职业生涯和增加工作职责带来的挑战、时间压力和高质量的任务。

(三)工作倦怠

研究发现,工作倦怠已经成为现代职业领域与应激相关的职业病,对社会和家庭都造成了很大影响。我国的相关研究显示,有2.6%的人存在工作倦怠。纽约医学院美国压力协会会长最近在提到美国工作场所中因为压力所付出的代价时指出:通过对缺勤率、员工离职率、直接的医疗费用、员工的薪水及其他法定的费用、生产率下降、事故等方面的估算,估计每年将近有2000亿到3000亿美元的损失,而且这些问题在整个公司分布很广,从邮件收发室一直到管理层。工作倦怠感会给个体、家庭、组织带来消极的影响。一方面,工作倦怠感高的个体,常表现出疲乏、失眠、头痛、胃肠功能紊乱、胸痛等身体问题,及自尊水平下降、抑郁、易怒、焦虑、无助等心理问题。同时工作倦怠感高的个体,会降低自己与顾客和同事的交往,且易急躁,使工作中的人际关系恶化。不但如此,还会体验到更多的工作与其他事情的冲突,特别是与家庭的冲突。此外,工作倦怠感高的个体,通常会回避与朋友的交往,孤立自己。另一方面工作态度牵涉到个体如何对待顾客、工作、组织、自己等。研究发现,工作倦怠感高的个体,工作满意度低,工作承诺低,组织承诺低,对工作易产生烦躁情绪,工作态度差责任心不强,易与人发生口角引发纠纷,更甚者易导致工作失误,严重影响工作质量。

美国临床心理学家弗登伯格(Freudenberg)于1974年首次将"工作倦怠(job burnout)"作为一个术语,用来专指助人行业中的个体在面对过度工作需求时,所产生的身体和情绪的极度疲劳状态。1981年,马勒斯(Maslach)把"burnout"(燃

笔记

169

烧竭尽）描述为一种躯体、情感和精神的衰竭状态,该状态的特点是躯体的耗损和慢性疲劳、无助感和绝望感、负性的自我概念,以及对工作、生命和他人的负性态度。因此,马勒斯明确了工作倦怠的三个核心成分,即情绪衰竭、非人性化及个人成就感降低。

关于工作倦怠的定义很多,其静态定义具有五个方面的共同特征: ①存在典型的疲劳症状,如心理或情感耗竭、疲倦、抑郁; ②可能会发生各种各样非典型的躯体症状; ③倦怠症状是与工作相关的; ④症状出现在没有精神病学原因的正常人身上; ⑤由于负性的工作态度和行为导致个体有效性和工作绩效下降。动态的定义则更强调的是一种过程。最为广大学者广泛引用的是马勒斯和杰克逊(Jackson)所做的静态定义,他们认为工作倦怠是指在以人为服务对象的职业领域中,个体的一种情感耗竭、人格解体和个人成就降低的症状。情感耗竭是指个体的情感资源过度消耗,疲乏不堪,精力丧失;人格解体指个体对待服务对象的负性的、冷淡的、过度疏远的态度;个人成就感降低指个体的胜任感和工作成就的下降。可见,工作倦怠是个体无法应付外界超出个体能量和资源的过度要求时,所产生的生理、情绪情感、行为等方面的身心耗竭状态,任何职业的从业者都可能出现这种现象。

为此,我们将工作倦怠作出如下定义: 工作倦怠(job burnout)是指在工作环境中,由于压力过大而产生的身心疲劳与耗竭状态,是一种身心能量被工作消耗殆尽的感觉,一种非正常的行为与心理表现。

（四）应激、工作压力、工作倦怠的关系

医学界最早将stress 翻译为“应激”并延续至今,已经成为多学科关注的概念,医学、心理学、社会学、管理学、人类学均以其为重要研究课题。学科、研究领域不同,研究的侧重点和目的也不尽相同,在不同的历史时期, stress的中文翻译或含义也会有不同。

早期使用的应激概念就是引自工程力学中的“应力”(stress),即物体对施加其上的外力所产生的内部响应力。因此,在传统医学中,应激概念更重视各种刺激作用下产生相应的“个体适应性反应”。以往的心理学将stress 翻译为“紧张刺激”或“紧张”,显然其意更侧重于给个体带来紧张感受的“刺激”以及伴随的个体心理上的紧张“感受”。目前,有许多应用性学科领域,如劳动人事管理以及公共卫生领域,则喜欢将stress 翻译为“压力”,与之相应的还有工作压力(job stress)和工作倦怠等概念,其意更侧重于个体心理上的“感受”和客观上的“社会功能变化”如劳动效率的下降。应激在我国不同领域也翻译为“压力”,而压力更容易被临床病人、来访者或者有关服务对象所理解与接受。为此,应激与压力在一定情况下是相同的概念,与工作有关的应激便是工作压力。

工作压力是工作倦怠形成的直接原因。在逻辑上,工作倦怠的产生是与工作压力有关的,工作倦怠是在工作压力产生过程中产生的。两个概念之间既存在一定的交集,又有一定区别。工作倦怠应该是工作压力的一种极端应激反应,即所有处于同一工作应激情境之中的个体都会感到一定的工作压力,但不一定都有工作倦怠,有工作倦怠的个体一定会感到强烈的工作压力。因此,工作倦怠包含的应激过程比工作压力的应激过程要完整。1992年达勒母(Durham)将工

笔记

作倦怠视为工作压力的一种极端形式,认为工作倦怠是不可调和的工作压力的产物。

二、应激源

(一)应激源概念

应激源(stressor)是压力的来源,是引起应激的刺激因素。应激源是指能向机体提出适应要求,并可引起应对反应、稳态失衡的客观变化的环境事件或情境,也可称为刺激物或刺激,当称为刺激物时强调事物性,称为刺激时强调动作性。一切潜在的应激源成为现实性应激源的前提是个体认知性评价观察到,并对自身具有威胁或挑战。人们特别容易认为那些无法预测或无法控制的环境是威胁情境,例如,警务人员在检查车辆以追查逃犯时,因无法预测车里坐着的是守法公民,还是持有武器的罪犯而感到压力与紧张。

(二)应激源分类

目前,在对心理应激的研究中,学者对造成应激的各种事件进行了分析,从不同的角度予以分类。

按照应激源的性质属性可分为生物性应激源、心理性应激源、社会性应激源、文化性应激源;按照事件的现象学分类可分为工作有关因素、家庭和婚姻问题、人际关系问题、个人健康问题、自我实现和自尊方面因素、经济问题应激;按照事件对个体的影响分类可分为正性生活事件和负性生活事件应激;按照事件的主、客观属性和强度分类可分为客观事件、主观事件、日常困扰与微应激源;按照实验应激源分类可分为问题解决作业、信息处理作业、心理运动能测验、情感状态和厌恶或疼痛条件应激;按照应激源的内容可分为四类,即社会文化性应激源、职业性应激源、环境应激源和心理性应激源。本节主要介绍与工作相关的应激源,即职业性应激源。

(三)职业性应激源

职业性应激源(occupational stressor)特指与工作有关的应激源,常常由于个体与工作岗位的要求不相适应而造成。

1. 组织外部应激源　工作压力不仅仅局限在组织内部以及工作时间内发生的事情,尽管目前对工作压力的分析大多忽视了外部因素和外部事件的重要性,但人们已经越来越清楚地意识到外部因素对事件的极大影响。组织外部的应激源包括社会/技术变革、全球化、家庭、搬迁、经济和财务状况、种族、性别、居住地或社区环境等。现代生活的快节奏使人们陷入匆忙的、流动性的、都市化的、拥挤的、来去匆匆的现代生活中,工作中影响压力的潜在因素越来越多,人们变得很焦虑,身体的健康受到严重影响。

2. 组织内部应激源　组织由个体组成,针对组织有很多特定的宏观层次维度,其包含潜在的应激源,如行政政策与战略、组织结构与设计、组织流程和工作条件等,具体包括:有责任无权力、无处诉苦、组织激励机制不完善、缺乏成功的机会、缺乏清晰的职位描述或者报告关系;高温、噪声、空气污染、工时太长、频繁倒班等作业环境和工作条件;超负荷、高度注意力集中、付出情感、责任过多、超出实际工作能力限度的岗位要求;单调重复的流水线工作等。另外,组织为增加

笔记

竞争力以适应各种来自外界的挑战必须发生巨大变化,如迅速、灵活、反应敏捷、对不断变化的环境作出反应,不断地改进自身等,职场中普遍存在诸如业务流程再造、重组、缩小规模等变化。对于员工而言,工作中随之出现了越来越多的应激源,组织结构改革、裁员、调动或转岗、期望与现实差距太大、失业或受到可能被解雇的威胁,即使是裁员中的幸存者也经常担心将来被裁、失去朋友和同事以及工作量增加,还要面对职业人际关系的挑战等带来的巨大压力。

3. 群体应激源 群体也可能成为一种潜在的应激源,这些应激源可分为缺乏群体凝聚力和缺乏社会支持。凝聚力或者归属感对于员工,尤其是对于处于组织较底层的员工来说非常重要。研究表明,如果出于任务设计,或上级管理者阻止、限制员工凝聚到组织内部来,或团队的其他成员对某个员工的排斥,由此导致凝聚力缺乏很容易给员工带来压力。另外,员工在很大程度上会受到群体中一个或多个成员的影响,可以通过与他人分享快乐和解决难题获得良好的感觉,如果缺乏这类社会支持,就会带来很大压力。

4. 个人应激源 所有应激源最后都会作用于个体层面。此外,产生压力的情境维度如挫折、目标冲突、角色冲突与角色冲突等,都可能成为潜在的应激源。挫折和目标冲突在第三章已经学习过了,在此我们主要学习角色冲突与角色模糊。

角色(role)是指由既定规范衍生出的一组期望所规定的一个位置。生活在当代社会的人一生中担当着一系列的角色,如孩子、儿子或女儿、青少年、大学生、男朋友或女朋友、配偶、父母以及祖父母等社会角色,同时还会有很多其他角色如工人或者管理者、排球队队员、教师、俱乐部成员、桥牌玩家、周末高尔夫球手等。在考察组织行为的研究中,组织角色是最重要的,如设备操作员、文员、团队领导、售货员、工程师、部门主管、副总裁和董事会主席等角色,这些在同一个个体上不同的角色常常会有相互冲突的要求与期望。新近的研究表明,这种冲突不利于健康和绩效,而且可能会受到文化差异的影响。

角色冲突有两种主要类型:一类是个体与角色之间的冲突,即个体的人格与其对角色的期望之间可能存在冲突。例如,一个产业工人被指定领导一个新的生产小组,这位新的团队领导人认为对一个团队领导者的期望应该是精明严厉,这样才能够控制下属,而这些与其个性是相违背的,于是产生角色冲突;第二类是由矛盾的期望引起的内部冲突,这个期望涉及如何扮演一个既定角色,如新的团队领导人在与团队成员共事时应该独裁还是民主? 这位管理者必须同时扮演两个或者两个以上角色的要求导致了角色间的冲突。工作角色和非工作角色经常会出现在这类冲突中,例如一个从早上7:30一直工作到晚上11:30的成功管理者,在得知母亲病得很重时只能有短暂时间来担心母亲,然后又投入到工作中,于是管理者的角色与女儿的角色发生了冲突。

在现代组织的任何一个情境中,人们可能会经历以上一种或两种冲突,只不过程度有所不同而已。有时还会出现角色模糊,如工程师并不明确自己真正的职权,办公室的文员不知道是否要对一个工会组织的活动做出反应等,这类例子不胜枚举。

第二节　工作压力影响因素

职场中,工作压力与个体的心理生理反应之间存在着密切的联系,这种联系并不是直接的,在两者之间有许多因素起着重要的调节作用,有着特殊的中介机制,即机体将应激源(环境的需求)的输入信息转化为输出信息(应激反应)的加工过程,是处理工作压力的中间环节。中介因素可以影响个体对工作压力的应对,是工作压力的影响因素,包括认知评价、应对方式、社会支持、个人特征。

一、认知评价

认知评价(cognitive appraisal)是指个体从自己的角度对遇到事件的性质、程度和可能的危害情况作出的估计。对事件的认知评价直接影响个体对工作压力的应对活动和心身反应,因而是事件能否造成个体应激反应的关键中介因素之一。

拉扎鲁斯等提出的交互理论是目前压力研究领域中最具影响力的理论,该理论认为环境条件和个体特征的作用关系是一个动态过程,会随着个体与环境的不断变化而变化。拉扎鲁斯等还认为个体通过初级评价、次级评价和再评价的过程对外部事件进行估计,如果工作压力具有威胁性,但未被个体觉察或理解为积极意义,便不会产生现实性威胁的判断,机体也不会进入应激状态;工作压力不具有威胁性或属于积极意义的事件,由于错误判断而认为具有伤害性便会导致紧张,并会进入应激状态。爱比克泰德(Epictetus)曾说过扰乱人精神的,与其说是事件,不如说是人对事件的判断。

对工作压力的认知评价在于明确个体与其所处环境的关系。研究结果表明,评价过程包括以下决定性因素:①与个体直观的利害关系;②利害关系的大小;③与个体价值观的关系;④工作压力形成的原因属于可控性或不可控性的;⑤个体能否应对;⑥预期应激事件的发展倾向。通过认知评估过程,不同个体对同一工作压力产生性质与强度不同的情绪或行为反应。

Selye H等以物理化学类躯体性应激源为主要研究方向进行了大量实验研究后认为,机体的反应具有非特异性特征。心理学学者对应激的研究侧重于研究在同一种生活事件、心理和社会文化因素下,由于不同的认知模式产生了明显的个体差异。因此,认知评价在工作压力应对过程中起着重要的作用。同时,它也与其他多种因素相互影响,如社会支持在一定程度上可以改变个体的认知评价过程。个性行为特征也间接影响个体对某些事件的认知,如特质性焦虑容易错误地把没有威胁性的工作压力评价为威胁,而具有乐观、豪爽性格的人,会从乐观的角度看待威胁性工作压力并积极应对。

二、应对方式

应对(coping)概念最早由精神分析学派提出,被定义为解决心理冲突的自我防御机制。随着对应对研究的不断深入,对它的界定也在发生者变化。20世纪60年代被视为一种适应过程;70年代被认为是一种行为;80年代被认为是人的

笔记

认知活动和行为的复合体。目前,学者认为应对是个体为缓冲应激源的影响,减轻心理压力或挫折,摆脱心理冲突引起自身不平衡的紧张状态而产生的认知性适应行为过程。因此,我们认为,应对是指个体解决和减轻各种事件对自身影响的各种策略,也称为应付或应对策略(coping strategies)。

研究表明,应对方式与应激相关因素存在相互影响和相互制约的关系,如与人格特征、认知评价、生活事件、社会支持等各种应激因素相关。关于应对方式在应激过程中的作用存在着不同的看法,一些学者将其纳入认知性评价的中介机制,也有人认为是独立的中间变量。事实上,应对是人格的组成部分,是个体在社会化过程中习得和发展的多维度、含义很广的认知性行为,涉及应激过程中的多个环节。根据多种不同的分类标准可对应对进行分类,按照应对的指向目标不同可分为问题指向性应对和情绪指向性应对;按照应对是否有利于缓冲应激(是否有利于身体健康)分为积极应对和消极应对;按照应对的主体角度进行分类,即应对反应涉及的个体心理活动、行为操作和躯体变化的不同;按照应对策略与个性的关系进行分类,如有一些与个性特质有关的、相对稳定的和习惯化了的应对风格(coping style)被称为特质应对。

三、社会支持

社会支持(social support)是指个体与社会各方面(家庭成员、亲朋、同志、组织和社团等)在精神上和物质上的联系,具有缓解工作压力的作用,能减缓心身疾病的发生和发展,是影响个体工作压力的外部中介变量。

社会支持的内容很广泛,常以多维方式进行分类,并编制相应的社会支持量表对其作出评估。根据社会支持的评估内容包括五个维度。1982年威尔科克斯(Wilcox)设计的社会支持调查表(SSI)根据提供支持的类型,分为情绪支持、归属支持和实质支持3个因子;1981年萨拉森(Sarason)等的社会支持问卷(SSQ)根据支持的数量和态度分为两个维度,社会支持的数量和对获得社会支持的满意程度;国内姜乾金等引进Blumenthal的领悟社会支持量表(PSSS),根据社会支持的不同来源分为家庭内支持和家庭外支持;还可以根据社会支持为客观支持、主观支持和利用度的不同将社会支持分为主观支持、客观支持和利用度三个因子。

社会支持系统良好的个体能够较好地应对工作压力,避免孤独和寂寞,降低总体应激水平。一般认为,社会支持通过影响个体的认知评价过程发挥作用,如果能够得到社会支持,个体便会低估工作压力的程度,通过提高自我应对能力,对压力事件的严重性给予较低评价。良好的社会支持可以来自家庭成员、亲朋,还可以来自具有共同兴趣和价值观的同志、组织和社团等的成员,个体可从中得到物质援助和情感上支持,以维护个体自尊心与增加归属感,增进人们的自我效益感或自我防御能力,有效地缓解应激反应强度,更好地应对工作压力。另外,社会支持可以帮助提供解决工作压力的策略,降低事件的重要性,减轻个体的心理、生理反应。因此,社会支持能够在应激的主观体验与疾病之间起缓冲作用。

在对工作压力的影响中,个体的社会支持程度与多种中介变量交互作用。事实上,社会关系本身就是应激源和致病源,很多工作压力本身就存在社会支持

笔记

方面的问题。认知因素影响社会支持的获得特别是影响主观支持,社会支持与应激反应的程度往往成负相关;社会支持与个性也有一定关系。性格孤独内向的人不易及时获得和充分利用社会支持。研究表明,不同性格的人在类似的生活事件刺激下,性格内向的人比外向者更易发生应激反应,出现不适感和患病。

四、个人特征

在产生工作压力的情境维度和个人特征方面,个人特征如A型人格模式、个人控制、习得性无助、心理耐受力等都可能影响个体的工作压力水平。

A型人格模式的员工(经理、销售人员、秘书或普通技术工人)又叫A型员工,他们能感受到非常大的压力。A型员工的特点是在既定的期限压力和超负荷条件下长时间地努力工作;经常在晚上或者周末把工作带回家,得不到放松和休息;经常与自己竞争,设定较高的产出标准,并努力保持;在受到他人工作努力的刺激或者受到上级管理者的误解后容易有挫折感。人们已经注意到,愤怒、敌意和攻击性有时与A型人格一起产生。

个人控制主要是对控制的知觉,在决定其压力水平方面有重要作用。研究表明,如果员工对自己的工作环境有控制感,如果有机会参与关于自己的决策过程,他们的工作压力就会减轻。

习得性无助的相关研究最早源于塞利格曼的实验。塞利格曼发现,当实验动物狗再也无法逃避电击之后,它们最终都会接受电击这个现实,不再尝试逃避。当这些狗能够轻易学会逃避时,它们也没有逃避,因为它们已经习得了无助感。其他的研究也发现,人类的确存在习得性无助的情况。因此,有些员工接受了工作环境中的应激源,即使采取某种调整能得到更好的结果时他们仍是如此。

在面对应激源时,个体的心理耐受力有很大差异,那些能够成功应付极度压力的人似乎有一种耐受性。研究发现,耐受力高的工作者罹患压力相关疾病的几率较低,他们高度投入到自己的工作中,喜欢挑战,有控制感。心理耐受力(psychological hardiness)在这些人和应激源之间设置了缓冲器,帮助他们抵御了工作压力。

第三节　工作压力的相关理论

一、工作压力相关理论

关于工作压力研究的理论有很多,目前大家比较认同的理论有传统理论、个体—环境匹配理论、工作需求—控制理论、交互理论、ISR模型等。

(一)传统理论

工作压力的传统理论主要是从社会水平上对各个独立的与压力有关的变量进行确认和测量,并考虑各变量对个体及组织的影响。该理论注重对工作压力或个体压力感的评价,以静态、独立的视角考察压力,希望能够找到大多数人都能感受到的压力的特点。

笔记

在亨德里克斯（Hendrix）等的研究模式中，将引起压力的因素分为组织内部因素、组织外部因素和个性特征；有些研究将工作压力的原因分为个性特点（如性别、工龄、抚养人数）、组织结构特点（正规化、集权化）、组织过程特点（如绩效反馈、决策）和角色特点（角色冲突、角色模糊）。在上述研究中，所有的因素都是静态的、独立的。该理论具有如下局限性：理论和实际结果可能不一致，在统计结果中显著变量在理论上却不一定有意义；忽略了介于不同变量之间的中介变量的影响，例如忽略了个体对压力的认知评价等。拉扎鲁斯认为传统的工作压力研究将环境条件和个体特点看作是分离的和不变的，没有正确地描述工作压力的问题。

（二）个体—环境匹配理论

个体—环境匹配理论（person-environment fit theory）是由弗伦奇（French）和卡普兰在1972年提出的，该理论是工作压力研究领域中运用最多、得到最广泛接受的理论之一，是研究者将工作环境和个体需求结合起来进行考察得出的结果，是一个更全面、更能准确揭示工作压力成因的理论。

弗伦奇等认为引起压力的因素不是单独的环境因素或个人因素，而是个人和环境相联系的结果。工作压力主要是由于个体能力与组织的工作要求不相匹配而产生的，只有当个性特征与工作环境相匹配时，才会出现较好的适应。也就是说，匹配程度越高，产生的工作压力就越小，反之则较大。弗伦奇等把模型分为两种关系的匹配：供给—需要匹配和需要—能力匹配，前者是指个人的需要与供给、个人价值观的实现与环境之间的匹配；后者是指环境需要与个体满足这些需要所具有的能力之间的匹配。

在个体—环境匹配理论的指导下，很多研究者调查了不同职业的压力原因。有些研究确认了工人的自主和控制在工作中的重要性，他们认为缺乏控制会妨碍学习、降低动机、无法克服工作所引起的压力；有些研究考察了工作负荷和人际矛盾对雇员满意感的影响，认为过量的工作负荷和工作中的人际矛盾与焦虑、挫折感、工作满意感和健康症状有显著相关。

1998年Jex根据社会心理学家勒温（Lewin）的心理互动概念提出了自己的观点，认为行为是个体和环境互动的方式，工作压力的来源是个体与组织价值观的差异，当个体与组织的价值观不同时，工作压力就会产生。在工作场景中，个体—环境匹配常被分为：个体—工作匹配（person-job fit, PJ）、个体—团队匹配（person-team fit, PT）、个体—组织匹配（person-organization fit, PO）等，这些亚型分别对应着从个体、群体到组织的不同水平。个体—工作匹配反映个体与其工作要求相适应的程度，强调员工的知识、技能和能力能否达到应对工作任务的要求；个体—团队匹配反映个体与所在团队的人际兼容性，强调个体和团队其他成员有相同的信念与价值观，或具有能相互补充或支持的显著特征和属性；个体—组织匹配主要关注个体与服务的整个组织的相容性，强调二者具有相似的基础特征，如人格和组织氛围的一致、价值观和组织文化的相容等。

目前，高技能的个体—环境匹配带来高绩效和高满意度的假设已经得到很多研究的证明。并且，不同的匹配亚型与不同结果变量的相关在程度上存在显著不同：PJ与工作满意度、离职意向、整体绩效的相关性大；PT与周边绩效、组织行为、同事满意度、群体凝聚力的相关性大；PO与组织承诺、组织满意度的相关性大。因此，组织应以达到个人特征与组织环境特征的全面匹配为目标，不要忽视任何一个方面。

个体—环境匹配理论的不足是仅仅注重个体和环境之间的静态适应性，忽略了工作压力可能会随着时间或工作情景的改变而发生变化。拉扎鲁斯认为个体—环境匹配理论虽然比传统理论的思维推进了一步，能够通过对个体和环境之间的关系来考虑工作压力产生的原因，但这一理论仍然把个体和环境都看作是静止的、不变的。

（三）工作需求—控制理论

工作需求—控制理论（job demand-control model，JDC）是由卡拉赛克（Karasek）1979年提出的，是研究工作与健康之间关系的一个很有影响的理论模式，还被称为工作压力模式。卡拉赛克从工作特征的角度对工作压力作出了解释和预测，并融入了工作需求和工作控制两个重要方面。

该理论认为，工作压力是由工作活动中包含的工作需求和工作控制两个关键特征所决定。当工作需求水平高，工作控制水平低时，就会导致高的工作压力；当工作需求和工作控制都处于较高水平时，工作动机就会增强。因此，工作压力的产生及其大小主要是由组织结构和工作环境引起的，不是由个体属性变量和人口学变量的差异引起的。JDC有两个假设：高工作需求和低工作控制将会产生较高的工作压力；高工作需求和高工作控制会使得个体的工作动机增强，有助于个体工作绩效的提高。因此，当个体处于较高工作要求时，工作控制对工作压力的产生及大小具有调节作用。20世纪80年代，JDC模式发展为JDCS（工作需求—工作控制—社会支持）模式。在JDCS模式中，工作需求是指工作负荷，主要是时间压力和角色冲突；工作控制是指个体对工作控制的程度，包括技能和决策力量两个成分。该模式中各因素不同组合会导致不同的压力感受，控制工作过程可以减轻员工工作压力，提高学习动机；而工作需求既提高学习动机又增加工作压力。因此，高压力的工作是高需求—低控制—低支持的工作，它常常会导致心理压力和身体疾病；高需求—高控制—高支持的工作将提高学习动机和工作技能，控制和社会支持可以降低高需求对健康的消极影响。

（四）交互理论

交互理论（transactional theory）是由拉扎鲁斯等1966年提出的，是目前压力研究领域中最具影响力的理论，注重个体与环境之间的相互影响作用，将工作压力和应对看作是一个变化的过程。虽然该理论在最初并不是针对工作压力的研究提出的，但由于这一理论对数据的涵盖性和易检验性，使它得到了工作压力研究领域的学者的重视。

拉扎鲁斯在应激交互作用理论中，强调了认知评价在心理应激中的核心作用。认知评价是个体觉察情境对自身影响的认知过程。拉扎鲁斯认为，在人与环境的相互作用中，两个认知过程很重要：评价和应对。评价指判断某一事件的性质或为某一事件赋一个值，应对指运用行为或认知的方法来处理环境和内部需求及二者之间的冲突。在他看来，应激就是需求与应对资源的不匹配。

笔记

有三种评价为事件定性并影响应对过程。初级评价对事件的类型给出最初的估计：①无关事件不构成任何威胁，也不要求作出反应；②良性事件对自身有积极意义，对应对要求不高；③应激性事件对个体带来伤害、损失、威胁或挑战。威胁的基调是消极的，而挑战的基调是兴奋和期待。二级评价判断应对资源与情境需求相匹配的程度。应对资源包括应对方式、技巧、能力、社会支持等。初级评价回答的是"我是不是有了麻烦"，二级评价回答的是"我该做什么"，三级评价是基于应激反应所产生的反馈信息，重新评定应激性事件，同时可能调整应对策略。事实上，应激过程中的评价既是一种理性的认知活动，也包含非理性的感受（perception）。"一朝被蛇咬，十年怕井绳"、"谈虎色变"等典故说明，除真实事件以外，觉察到的威胁也可使人惊恐不安。

决定某一事件被评价为应激性事件至少有四种因素：①意义评定：个体根据自身的需要或价值观评估当前事件的意义，符合需要的产生正性情绪与趋向行为，不符合需要的产生负性情绪与回避行为。例如，一个人终身追求的目标，另一个人可能不屑一顾。②自我效能：二级评价关注的是个体是否具备满足情境需要的能力。自我效能（self-efficacy）就是对于能力的感受，是个体在某一活动过程中对自己能力的判断和信念。自我效能对个体的工作绩效和行为结果有显著的影响，它涉及的不是个人能力和技巧本身，而是对自己能否利用所拥有的技能去完成某项工作或活动的自信程度，从而影响个体对行为的选择、付出的努力以及坚持的程度。如果个体觉得自己能力不足（低自我效能），将导致当前事件是不可控制的二级评价结果，因而产生应激；而具有较高自我效能个体的二级评价可能是当前事件是可以控制的，"我应付它没什么问题"。③情绪：是一种早期信号，记忆系统把生活经历中情绪与环境的相互作用（其结果是积极的或消极的）与事件的细节联系在一起。当相同或相似事件发生时，个体对该事件的认知评价很可能已经染上了储存的情绪色彩。另外，情绪可以改变注意的方向，打断正在进行的活动。因此，人们在激烈争吵后很难将注意力集中于处理实际事务中。第三，情绪可以引发动机。有些事件是令人愉快的，我们会用各种行为来维持或重复这种情绪体验，对某些可以引起强烈情绪体验的活动（如登山、潜水、冲浪、蹦极等）来说，这种作用尤为明显。另有一些事件是令人不快的，我们就不得不想尽一切办法来摆脱这种情境。④抱负水平：如果抱负水平（期望值）过高，那么，不管实际达到的水平有多高，个体还是会有挫折感，导致应激。

拉扎鲁斯综合考虑了压力的环境因素、个体反应等一系列中介变量，认为环境条件和个体特征的作用关系是一个动态过程，会随着个体与环境的不断变化而变化。他还认为当个体面对压力源时会有两次评价：个体评价自己所处环境对自己目标受阻的重要程度和评价自己是否拥有应对这种阻碍的资源和策略。不同的评价会影响压力的产生和压力强度，当个体感到自己不具备应对当前问题的足够资源时，便会产生较大的压力感。交互理论的两个主要原则是在面临一个情景时，个体与环境相互影响；个体与环境的关系超越独立的个体与环境的结合，而且它们的关系总是在变化着的。也就是说，只有个体认为自己所面临的工作与自身有重要关系，只有当个体作出外部或内部的需求超出了自己资源的

笔记

评价时,工作压力才会发生。

(五)ISR模型

ISR模型(model of institute of social research,ISR)是弗伦奇、卡恩(Kahn)和凯兹(Katz)于1962—1978年在密西根大学社会研究中心进行的一系列研究中形成的,ISR(institute of social research)是该中心名称的缩写。该模型为工作压力对健康影响的研究提供了一个理论框架,也为今后压力管理的研究提供了理论基础。

首先,ISR模型开始于客观环境或客观压力源,包括在工作环境中可能被员工知觉到的任何事物,如物理因素包括噪声、光线、振动和工作台的布置等,心理社会因素包括人际冲突、角色模糊和角色冲突等。员工知觉到这些环境因素,并对其进行评估,由于人格特质及个人经验的差异,不同的员工对同样环境可能会做出不同的评价。其次,对于客观环境评价的下一步是心理压力,它反映的是对客观环境的心理反应。不同的个体对相同的工作量会有不同的感知,而员工所知觉到的心理工作量就是所谓的心理应激源。第三,心理应激源可能会立即引起个体的情感反应、生理反应和行为反应。情感反应或称心理反应,主要是指愤怒、焦虑或抑郁等负面情绪;生理反应或躯体反应,主要指头痛、心率加快或疲倦等生理状态;行为反应可能表现为迟到、缺席或辞职等。第四,心理、生理和行为反应可能会对员工的健康和生产带来不利影响。长期的工作压力可能会导致高血压、心脏病或骨骼肌肉系统疾病(muscular skeletal disease,MSD)。

该模型对不同的个体可能会产生不同的影响。由于个体不同的遗传天性、人口特征和人格特质,他们在组织中与他人的人际关系也会不同,因此,他们对工作环境的感知以及这些感知所带来的反应也会不同。

二、工作倦怠相关理论

工作倦怠是当今职场工作者的严重问题,将目前的相关理论模型进行整理,根据一体化的原则将这些理论模型分为工作倦怠成因模型、工作倦怠结构模型和工作倦怠阶段模型。成因模型揭示了工作倦怠形成的深层次原因,结构模型清晰地表明了倦怠的具体内涵,阶段模型则表明了倦怠症状阶段发展的过程。

1. 工作倦怠成因模型　工作成因模型主要包括资源保存理论、工作要求—资源模型、努力-回报失衡模型和匹配模型。

资源保存理论(conservation of resources theory,COR)是由霍伯福尔(Hobfoll)1989年提出的,是工作倦怠研究的根本理论。该理论认为个体渴求去维持、保护和建立包括个人的物件、地位、能量等对个体而言非常重要的资源。当可能存在丧失或实际失去这些资源时,就会导致一种消极状态,如压力、消沉和紧张;若没有采取行动保护或重置这些资源,资源就会耗尽,个体耗竭则会接踵而至。

工作要求-资源模型(job demand-resources model,JD-R)是Demerouti针对每种职业中不同的倦怠影响因素提出来的,其核心假设是每种职业都有它特定影响倦怠的因素,这些因素可归纳为工作要求和工作资源。并假设工作投入会因为可获得的工作资源而增强。相反,工作资源的缺乏或者工作需求的存在会导致工作倦怠。例如,病人的要求是护士职业最重要的倦怠产生因素,工作量是管

笔记

理人员最重要的问题。研究表明，工作要求可以显著预测个体的耗竭水平，工作资源（如较少的决策参与）显著预测工作中的不投入。其他研究也验证了工作倦怠主要取决于工作需求的存在，同时也与工作资源成正相关。

努力-回报失衡模型（effort-reward imbalance model，REI）是由很多研究结果证明出来的。研究者认为，当需要努力的量和花费超过了职业上的报酬（如工作获益）时，压力就会产生；在教师群体中的研究发现，个人报酬的感知越强烈，其倦怠水平越低；与那些没有经历过努力回报失衡的护士相比较，经历过努力回报失衡的护士在倦怠的情感耗竭和去人性化维度上有更高的水平；在经历努力-回报失衡的护士中，其倦怠（比如情感耗竭、个人成就感降低）的检出率也较高。

个体-环境匹配模型（person-environment fit model，P-E）是由马勒斯和Leiter提出来的，他们认为倦怠并非单纯的个体压力问题，而是个体与环境互动关系的结果，个体和组织之间的不匹配产生了工作倦怠。这种不匹配包括负荷、控制、奖赏、共同体瓦解、公平和价值观，个人和组织在这六个方面越不匹配，就越容易产生工作倦怠。

以上四种工作倦怠成因模型从不同角度解释了工作倦怠的形成机制，并得到了较好的验证。资源保存理论和工作要求-资源模型从过程的角度阐述了个体在完成工作需求过程中是否有足够的资源和能力来进行应对；努力-回报失衡模型从结果的角度来判断个体完成任务之后的付出与得到之间的一致性及个体心理感受；匹配模型从个体和工作环境两方面的匹配来解释工作倦怠的产生。上述模型都暗示了工作压力与工作倦怠有密切的关系。

2. 工作倦怠结构模型 工作倦怠的结构探索主要包括倦怠的描述结构（症状描述）和内容结构（内容分层），主要是体现在各类倦怠问卷中。

马勒斯等以大量的助人工作者为研究对象，开发了马勒斯倦怠量表（MBI），量表包括22个子项目，共包含3个因子结构：情感耗竭、去人性化和个人成就感；在Pines倦怠量表中将工作倦怠划分为身体耗竭、情感耗竭和精神耗竭三类形式的耗竭；Oldenburg倦怠量表（OLBI）将工作倦怠划分为耗竭和不投入两方面内容。上述关于倦怠的三种分类从不同角度分解了倦怠的描述结构，清晰体现了个体工作倦怠的症状表现。

Borritz等于2004年首次探索了倦怠的内容结构并开发了Copenhagen倦怠量表，该问卷的目的是测量员工倦怠三个分维度，即个人的、与工作相关的和与客户相关的倦怠上的生理和心理疲劳程度。

3. 工作倦怠阶段模型 工作倦怠症状是个体态度和行为上变化的一个过程，该过程的发展表现了不同时期工作倦怠症状的发展与差异。很多学者针对工作倦怠症状的发展状况，提出了各类工作倦怠阶段模型，除了界定员工不同程度的工作倦怠外，也能对有严重工作倦怠的人员有警示作用。

研究认为，倦怠经历了三个阶段：①工作倦怠的症状偶尔出现，通过娱乐、休息、锻炼等应对方式，个体可以重新获得工作满意感；②工作倦怠症状经常出现，需要进行彻底的放松才能重新获得能量；③工作倦怠症状持续出现，此时通常的医学治疗和心理干预已经不能迅速有效地解决工作倦怠，个体开始考虑调换工

笔记

作或辞职,严重者可以引发各种家庭问题。

研究者认为工作倦怠的形成经历了以下阶段:①工作环境和个性特征给个体带来负面影响;②个体出现疲劳、情感耗竭和焦虑等症状;③个体努力采取各种方法来应对应激源作为防御性应对。

上述工作倦怠的发展模型体现了工作倦怠在不同阶段的症状表现,提出了个体在工作倦怠症状发展过程中的应对作用。因此,在工作过程中,个体并不是简单地对环境做出反应,他们本身的个人特征和行为方式可以阻碍或促进个体工作倦怠症状的出现。

第四节 工作压力的表现

一、工作压力的表现

大量研究表明,工作压力对员工或者组织绩效具有一定的影响。一般来说,中低水平的工作压力能够提高绩效,适度的压力能够激发员工的活力,从而增加活动性、变化性,最后会带来整体更好的绩效。而高水平的工作压力则会给个体带来机体失调的后果,应该引起全社会的广泛关注。高水平工作压力带来的表现大致分为三类:生理表现、心理表现、行为表现。

(一)工作压力的生理表现

在整个职业生涯中,员工会面对不同的工作压力以及由此产生的刺激,无论是有害的刺激,还是有利的刺激都具有两种效应。首先,它们引发自主神经系统和内分泌系统的反应,通过皮质下结构进行整合使内部状态立即发生了改变,相应器官做好攻击、逃跑、性或其他适应行为的准备。这些行为相对较容易执行,无需意识的控制,即植物性唤醒和躯体唤醒。其次,大脑皮质对具有情绪意义的刺激进行加工,产生情绪的意识经验,以增加或减少情绪的躯体表现,即皮质唤醒。直接与压力有关的三种生理系统:神经系统、内分泌系统与免疫系统。三个系统均可以对个体知觉到的威胁信息作出反应。

1. 直接的生理表现 个体在压力状态下会出现一系列的内脏生理变化。为保证脑、肌肉组织等器官的活动,交感-肾上腺髓质系统兴奋。心跳加快,心率加快,提供了供血功能,心排血量增加,血压升高;呼吸加快,提高肺部的供氧能力;皮肤、脾和其他内脏的供血减少;瞳孔增大,汗液分泌增加,胃肠运动功能减弱和消化腺分泌减少;肌张力增强,促进分解代谢和有关激素的分泌;凝血时间变短,儿茶酚胺分泌增多,中枢神经系统兴奋性升高,机体变得敏感、警觉,情绪反应和活动能力加强。

2. 神经内分泌反应 内分泌系统由内分泌腺体、激素、循环及目标器官四部分组成,调节持久性的新陈代谢功能。激素通过与特定受体结合改变细胞的新陈代谢活动。研究表明,与工作压力反应紧密相关的内分泌腺包括脑垂体、甲状腺与肾上腺。但是对压力反应产生直接影响的可能是肾上腺,肾上腺素与去甲肾上腺素的释放使心率加快、心肌收缩力增强、血管壁工作肌群活动使动脉血管

笔记

舒张以供应充足的血液;非工作肌群活动使动脉收缩以减少血流量;瞳孔放大与支气管扩张,呼吸频率增加,消化活动减弱等,使机体做好战或逃反应。

由于肾上腺素与去甲肾上腺素的效应很短,只能持续几秒钟,神经递质在神经末梢中释放得很快,对目标器官的影响也很短暂,所以人们认为交感神经系统活动具有即刻效应。在工作压力状态下,血液中的肾上腺素的数量是休息状态下的300倍。慢性疲劳综合征的发病率令人担忧,许多美国人由于长期工作压力过大导致肾上腺疲劳。许多员工在工作中都承受着巨大的工作压力,这使他们的肾上腺超负荷工作。疲劳信号会导致产生并释放大量的儿茶酚胺与激素。肾上腺衰退症状包括疲劳、眩晕及抑郁等。

3. **神经免疫反应** 工作压力是如何影响免疫功能的呢?工作压力主要是通过下丘脑-垂体-肾上腺皮质系统和交感神经-肾上腺髓质系统引起广泛的神经系统和激素的激活。工作压力引起免疫功能改变的机制有很多,其中最为主要的是神经内分泌,如糖皮质激素几乎对所有的免疫细胞都有抑制作用,包括淋巴细胞、巨噬细胞、中性粒细胞和肥大细胞等。持久或强烈的工作压力造成肾上腺皮质激素分泌过多,致使机体内环境紊乱,导致胸腺和淋巴组织退化或萎缩,影响T细胞的成熟,减弱免疫能力。

此外,糖皮质激素会降低巨噬细胞的吞噬能力,使许多免疫活性细胞的免疫应答失效;糖皮质激素还可以抑制白细胞介素-1和白细胞介素-2的释放,引起血清免疫球蛋白降低。除此之外,神经内分泌系统在压力状态下释放的激素或神经递质可直接作用于淋巴细胞受体,对淋巴细胞转化、NK细胞的活性、多形核白细胞及巨噬细胞功能、干扰素的生成等都有下调作用,如儿茶酚胺可以抑制淋巴细胞增殖等。

被激活的免疫细胞,一方面通过活性免疫细胞释放的信使性物质,如干扰素、白细胞介素-1、ACTH等,向大脑传递信息,反馈性地影响中枢神经系统功能;通过分泌细胞因子、刺激促肾上腺皮质激素等机制,影响内分泌系统功能。另一方面又与压力状态下的生理反应相互作用。

通过上述调节,使工作压力的生理反应控制在正常的生理范围内。如果压力事件和威胁持续存在,或出现了新增加的压力事件,机体会始终处于应激压力调节中,造成反应减弱或过度,进而导致衰竭而致病。

多年来,许多心理学家都致力于研究工作压力对身体健康的影响。与工作压力有关的身体健康相关的疾病主要包括:①免疫系统的疾病,工作压力过大导致抵抗疾病的能力下降,感染疾病的几率升高;②心脑血管系统的疾病,如高血压和心脏病等,工作压力过大是心脏病的一个致病因素;③肌肉骨骼系统疾病,如紧张性头痛、颈部疼痛和背部疼痛等;④胃肠系统的疾病,如腹痛、胃溃疡、便秘等。虽然没有明确的证据证明,压力是导致癌症发作的直接原因之一,但是压力可能会间接地影响疾病的进程。这些疾病对员工身心健康具有重大的影响,同时也对组织的绩效产生不可忽视的影响。

(二)工作压力的心理表现

随着医学模式由单一向多元的转变,越来越多的研究者对工作压力表现的研究开始从生理向心理转变。事实上,工作不满意的产生是压力最简单和明显的心理影响后的结果。工作压力对心理的影响也会影响员工工作的积极性,工作绩效等方面,高水平的压力还会伴随着愤怒、焦虑、抑郁、烦躁、紧张、神经质和不安等情绪状态的出现。

研究表明,工作压力对于攻击性行为具有较大的影响,如高水平的工作压力会导致员工出现破坏行为、人际间的侵犯行为、敌意和抱怨等攻击行为。这些工作压力带来的是较大的心理负担、较严重的负性情绪、较差的工作绩效和较低的自尊、对上级管理者的敌对态度、工作不满意等,这些心理上的表现最终会导致工作绩效的降低。也有研究表明,当工作对员工的要求是多向性的而且相互冲突时,或员工对工作的职责、工作的内容和工作的权限不明确时,压力感和不满意感都会增强。管理者对工作的节奏和步调缺乏有效的控制时,同样的压力感和不满意感也会出现。当员工处于工作压力状态时,会有不同的心理反应。

1. 恐惧情绪　长期处于高水平的工作压力下,会使员工产生恐惧的情绪。恐惧情绪多发生于安全或者是个人价值与信念受到威胁的情况下,威胁来自于躯体性或者社会性刺激物等。比如,工作环境噪声较大,对员工的身体造成一定地危害,员工会对工作产生恐惧感,希望工作能得到调换。

2. 敌对情绪　在高水平的工作压力下,员工容易产生攻击性行为。在敌意情绪下常提出不合理或者是过分的要求、具有争论性或者攻击性的问题。领导对员工要求严格,有时候甚至是吹毛求疵,员工会产生敌对情绪,甚至在工作中会和领导对着干,给领导出难题,不利于工作的开展。

3. 悲观情绪　员工在工作中出现较大的失误或者受到较大的挫折时,会产生较高水平的工作压力,使员工变得悲观失望、缺乏自信、情绪低落,对工作缺乏热情,甚至消极怠工。员工在经过一段时间的调整后一般都会重新振作起来,但是如果这种情绪持续的时间过久,可能会造成比较严重的后果。

4. 焦虑情绪　工作压力对心理最主要的影响是焦虑情绪的增长。焦虑情绪一般会在员工遭遇工作挫折时,也可能是缺乏明显客观原因的情况下发生。焦虑情绪的出现会感到紧张不安、情绪低落,甚至痛苦以至于难以自制,严重时会出现植物性神经系统功能的变化或失调。

5. 愤怒情绪　愤怒多出现在员工在工作的过程中遇到障碍、受到挫折的情境。如果员工认为其工作目标是值得追求的,往往不合理的、恶意的或者是人为的阻碍,便会产生愤怒的情绪。例如,员工研发一种新产品,而领导则认为该产品不利于市场推广,将终止该产品的研发,此时员工就会产生愤怒的情绪。

（三）工作压力的行为表现

强烈的工作压力会在人们的行为上有明显的表现。在高水平的工作压力状态下,员工可能表现出来的直接行为包括节食或者暴食、失眠、过度吸烟、酗酒、失眠和滥用药物等。从工作的角度来说,工作压力与工作绩效低、缺勤率、离职率以及决策失误等有着密切的关系。研究显示,工作压力与缺勤和离职率的关系尤其密切。

1. 工作压力和工作绩效呈现倒U形关系　心理学家研究发现,工作压力和

183

工作绩效之间呈现倒U形关系(图8-1),即当员工的工作压力处于中低水平时,工作绩效较高,过大或过小的压力都会使工作效率降低。适度的压力可以使员工注意力集中,增强机体活力,提高工作效率和工作绩效;但是如果员工处于高水平的压力状态时,会导致消极情绪的出现,士气低沉,身心疲惫,工作绩效降低;过低的工作压力导致工作缺乏挑战性,使员工行为散漫,不能激发工作热情。如果中低水平的压力持续时间过长,也会给工作绩效带来负面影响,因为它会使员工精力耗竭。例如,流水线作业的员工在工作之初,对工作充满期待,富有激情,但是随着时间的推移,他们会感到乏味,对工作产生厌倦情绪。

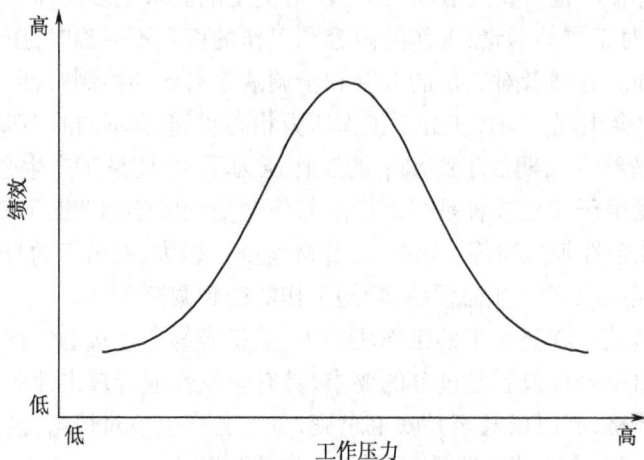

图8-1 工作压力与绩效之间的倒U形曲线图

2. 工作压力与缺勤和离职率具有一定的相关性 研究表明,缺勤和离职与对工作不满意感有一定的关系。员工对工作不满意,感到工作压力较大,在行为上表现为懈怠、酗酒、拖延或者逃避工作。员工不断逃避工作使得缺勤次数不断上升,最终导致辞职或者被公司解雇。随着缺勤次数和离职率的上升,组织不得不派更多的人来顶替工作,这都会给组织带来很大的损失。

3. 工作压力与决策失误也有一定的关系 大量研究表明,当员工处于高水平的工作压力状态时,会拖延或者逃避做出决策,或者在进行决策的过程中往往容易忽视重要的决策信息,并且不愿意或是没有意识收集有助于决策的有效信息或新信息,在面对多种决策方案时往往犹豫不定,最终导致决策的质量受到影响,甚至会导致决策失误,影响工作绩效。

总之,高水平的工作压力在生理、心理和行为上都会产生不良的反应。如果能够采取有效的措施,这些不良反应可能会得到控制,得到更有效的管理,甚至被员工个人或组织防止。

二、工作压力的测量

目前,由于研究者对工作压力和工作压力源的定义尚未统一,而且工作压力是环境和个体特点相互作用的结果,因此没有形成一个统一的工作压力测量的工具。一些研究者认为在工作压力的研究中好的测量工具应该具有以下特点:

笔记

1. 对于工作环境的测量应该既具有主观性的测量也具有客观性的测量。

2. 对工作压力的测量应该包含工作压力的强度和工作压力的发生频率等，这样能够区分压力是中低水平的压力还是高水平的压力，是持久性的压力还是暂时性的压力。

3. 编制的测量工作应该适用于不同的职业，或者是测量工具中反应有一些具有普遍性意义的问题，这样有利于对不同职业的工作压力进行比较。

4. 测量工具应该强调压力情境中的员工个人的心理功力，如员工自尊的高低、是否被社会接受、个体被评价的高低等，而非单一的社会因素。

对于工作压力的测量和评估是工作压力研究中重点关注的内容，国外关于工作压力测量常用的工具主要有：House&Rizzo工作控制量表、Mclean工作压力量表（Mclean's Work Stress Questionnaire, MWSQ）、Karasek工作内容量表（Job Content Questionnaire, JCQ）、SiegristERI量表、Cooper职业压力指示器、Hurrell&Mclaney工作控制量表、Cooper&Williams工作压力问卷等。根据工作压力问卷形成的Cooper工作压力量表得到了相对较广泛的应用和认可，但是由于不同的测量工具的测量标准不一样，可能会导致对工作压力具体影响因素的测量不全面，这可能会影响工作压力的进一步研究。

国内对于工作压力的研究始于20世纪80年代后期，初期主要是对国外的工作压力理论模型和测量工具进行应用和修订，但也开始开发和设计适合中国工作环境的测量工具。周跃萍和周莲英编制的《工作生活压力源量表》，共37个项目，包括工作压力、经济收支、人际关系、人身安全、生活环境等；封丹珺和石林编制的《公务员工作压力源问卷》包括73个压力源项目；孟晓斌和许小东编制的《管理者工作压力量表》包括6个压力维度。但是国内的测量工具相对主观性较强，缺乏相应理论的支持，对社会环境影响因素关注较少，信效度也不够完善，测量的职业较单一。

第五节　工作压力管理

工作压力是员工职业生涯中一个无法回避的问题。尽管在一定情况下，适当的工作压力水平会提高工作绩效，但是研究者更重视工作压力造成的负面影响。这是因为当压力水平超过一定限度时，往往会对人的身心健康起破坏作用，使工作绩效大幅度下降。因此，要战胜这些工作压力就需要对工作压力进行管理，不同的工作压力需要不同的应对策略。在对工作压力进行管理时可以从组织层面管理、个人层面管理、防范性自我管理技能三方面进行。

一、组织层面管理

组织层面的管理主要是指通过组织管理来改变行为方式，以消除或控制组织层面的压力源，从而阻止或减少员工的工作压力。引起工作压力的组织因素通常包括四个方面，即组织结构、组织政策、工作条件和信息处理，因此也要针对这四个方面的内容提出消除或缓解工作压力的对策。如在组织结构方面，要尽

笔记

可能的明确组织中的权力,防止权力过度集中、分配不合理,尽可能地避免繁琐的形式主义等;在工作政策中,要制定尽可能公平的绩效考核制度、薪酬分配制度和奖惩制度等;在工作条件方面,要尽可能的改善工作环境,减少噪声污染,改善照明条件,控制工作环境的室温等;在信息处理方面,要尽可能的清楚的传递信息,保持信息传递渠道的畅通,防止信息传递失误等。

(一)工作设计丰富化

高水平的工作要求和有限的工作决策自由,如对员工的控制性过强,会引发高度紧张的工作状态,产生工作压力。工作设计丰富化是克服和减轻工作压力的有效措施之一。工作设计丰富化主要是为了克服工作的单调性、乏味性,使员工摆脱工作厌恶感所采取的措施。工作丰富化可以从改善工作内容着手,如提供更多技术培训的机会等;也可以通过改变工作特征来使工作丰富化,如实行弹性工作时间等。这种丰富化的工作设计可以克服单调工作状态下的压力状态。

虽然这种工作设计的丰富化能够克服在单调乏味的工作状态下产生的压力状态,但是并不是所有的员工都能适应这种工作设计。有些员工喜欢固定化、模式化的工作设计,当这类员工在这种丰富化的工作设计中工作时,他们的工作压力水平会上升。比如说,一个员工性格内向,做事死板,害怕失败,他往往喜欢单一模式下的工作,设计比较丰富的工作会使得他患得患失,最终可能造成很高的工作压力。所以说,工作设计的丰富化也应当根据不同类型的员工和不同类型的工作而变化调整。

(二)设定明确的工作目标

组织对工作压力的管理也可以通过对目标的设定来实现。明确的、具有挑战性的目标可以将员工的注意力集中到工作中,或者用于激励员工达到较高的绩效水平。研究显示,在从事不同职业的员工中,目标设定明确、具有挑战性的员工往往会比那些设定容易或不明确目标的员工做得更好。设定明确的目标能够提高员工的工作动机和工作绩效,同时还能够降低员工们遇到的角色模糊和角色冲突的程度。目标的设定能够使员工集中精力,努力提高工作效率。及时提供目标完成情况的信息反馈,能够使员工更好地了解工作绩效,有利于较少角色冲突,缓解工作压力。

(三)建立良好的社会支持系统

组织建设是一个工作组织发展支持性的社会关系的有效方法。组织建设从本质上说主要是任务导向,并非社会情感导向。即使员工可以在非工作中的私人关系中得到社会情感的支持,但是出于对员工的心理健康负责的角度考虑,来自组织的社会情感性支持也是有必要的。在工作环境中,社会支持系统也可以通过不同的方法来提高。研究显示,在工作环境中也可以建立比较亲密的心理上的关系,并且有利于社会身份的整合。当员工出现较高水平的工作压力时,可以向周围同事、领导倾诉,而他们也应该学会耐心地倾听,给予同情,提供支持。这种提供了情感关怀、信息反馈、榜样力量和有帮助的支持关系叫做支持性的社会关系网络。虽然社会支持与减轻工作压力之间的关系很复杂,但是已有研究表明,建立这种支持性的网络关系有助于员工更好地克服工作压力状况。

笔记

186

（四）合理的人力资源配置

从组织因素看，降低工作压力水平应该从对员工的选择开始。组织应确保选择的员工具有与相应岗位要求相应的能力。如果员工认为工作超过其能力范围，就会使其承受高水平的工作压力。组织应将员工的人力资源特点、从事岗位类型和所处的压力环境合理匹配，以提高员工的工作绩效。在员工所处的不同岗位类型阶段，针对不同的岗位类型员工，进行不同的人力资源配置，采用个性化的培训方式。这对于最大限度地利用员工的认知资源是十分重要的。因此，在管理职位上安排管理经验比较丰富的人，容易取得预期的理想绩效。

（五）对员工进行适应性培训

组织可以通过组织员工进行适应性培训增强工作压力的承受能力，以此来减轻员工的压力体会。通过加强对员工进行知识、技能、技术的培训来增加员工对任务的胜任感，缓解工作压力水平。此外，也可以通过专家的指导对员工进行敏感性训练等，这样既可以提高员工人际交往和人际沟通的能力，也可以减轻员工对人际压力的体会。

（六）压力源管理

组织应积极关注和分析员工的工作压力及其类型，识别这些压力产生的根本原因，制订相应减轻工作压力的计划。组织可以针对不同的情况采取不同的措施，用于减轻员工的工作压力。例如，有工作环境引发的工作压力，主要可能是由于不良的工作环境造成的，如果工作设备、设施布置比较拥挤，员工可能会感到压抑，长时间在这种工作环境下作业会产生厌烦情绪，降低工作效率。组织可以通过改变整个作业环境的格局，使员工在工作中产生相对愉快的情绪，从而提高工作效率。

二、个人层面的管理

（一）情景性自我管理技能

情景性自我管理技能是指员工重新面临压力情景，以此来减轻工作压力反应的技能，员工可以通过改变自我设置的压力情景来缓解压力体验。例如，员工对自己设计的一个项目十分有信心，但由于一个意外因素的影响导致项目失败，该员工可能会感到很大的压力。如果能够改变压力场景，员工把这次失败当成是在工作中必然要出现的事件，就能较容易接受失败，并吸取教训，思考应该怎么改进，那么员工的压力就会减轻。当员工面临较大的工作压力时，可以通过运功和放松的方法缓解压力。

1. 运动　国家推行全民健身计划，目的是使各个年龄段的人都要参加锻炼，增强体质。一些慢性病患者也可以在医生的指导下进行适当的运动，体质的增强为克服工作压力奠定基础。虽然目前还没有明确的研究来证明体育运动能够直接消除工作压力，但是体质的增强确实能够帮助员工更为有效的应付工作压力。

2. 放松　放松能够降低心率，降低血压，降低呼吸频率，是克服工作压力的有效方法之一。一般放松方法如静坐等可以使肌肉放松，情绪平静，头脑清醒；

还有一些比较特殊的放松方法,如中国传统的太极、印度的瑜伽、日本的禅道及西方的放松训练都是使人放松的方法。这些方法都能使身体得到放松,有利于克服工作压力。在工作中出现工作压力较大的情形时,可以找一个比较安静的地方,闭上眼睛,身体保持一个相对舒适的姿势,持续性的重复一个简单的声音有利于在头脑中消除与工作有关的想法。

（二）更新性自我管理技能

更新性自我管理技能是指员工在已经感受到承受了很大压力的状况下,如何从身心紧张的状态恢复到乐观、放松的心态的技能。在这种情况下,可以采取自我行为控制和认知治疗的方法进行心理调控管理。当员工处于高水平的压力状态下,不能坐以待毙,而应该积极主动地采取各项措施,尽快消除或缓解压力状态。只有减轻工作压力才能提高员工的工作绩效。

1. 自我行为控制　为了避免高水平的工作压力,员工要学会控制自己的行为。例如,商店的服务员在受到顾客无理的指责时,应该控制自己的行为,避免与顾客发生冲突,事后进行适当的调整,减轻工作压力。员工不能让引起工作压力的情景控制自己,而是要在控制自己的行为的基础上,还要控制引起工作压力的情景。行为控制的一种有效的方法就是生物反馈训练。生物反馈是使用现代生理科学仪器,将员工体内的生理功能描记下来,并同时转换成声、光或屏幕图像等直观的反馈信号,员工根据不断显现的反馈信号学习调节自己体内的生理功能,使生理功能恢复或者保持在一个适合的水平。生物反馈训练是将原来人们意识不到的生物功能引入到意识领域的技术。

2. 认知治疗　认知治疗在过去被用于消除员工的焦虑情绪,但是现在则被用来减轻工作压力。认知治疗的主要步骤主要包括以下两点:第一,要告诉参加认知治疗的员工,他们所体验到的工作压力大部分都是由于他们认识上的原因所造成。第二,帮助参与者拟写改变认知的方案,目的主要是为了使参加者意识到,工作中的工作压力都是由认知引起的;让他们了解认知是如何影响他们身心的;系统地评定工作压力造成的客观后果;用更为恰当的认知代替原来的不良认知;认识更加真实的自己,改变心中不能实现的工作目标,向着更加和谐的自我实现方向发展,提高工作的成就感。研究显示,经过认知治疗的员工比未经过治疗的员工的紧张、焦虑等消极情绪要少,行为自我控制能力更强。

（三）防范性自我管理技能

防范性自我管理技能可以增强员工的适应能力,从根本上减轻较高水平的工作压力。员工应该注意培养良好的心态、心理素质和正确的人生观、价值观,在工作的过程中,不应该只追求结果,更应该注重过程的体验。它强调从细节出发,追求过程的完善,最终结果往往也会在意料之中,即使会出现暂时性的失败,也应该保持乐观和积极向上的心态,要不断增强自身各方面的实力,比如文化、知识、技术、人际交往方面的技能,可以有效减少因自身能力不足产生的工作压力。

笔记

案例8－2

郑杰是公司的老员工，对工作尽职尽责，但性格内向、不愿张扬和表现，他总觉得领导看不到他的工作业绩，即使做得再好也得不到认可。由于更换领导、考评改革等原因，一连三年的晋升和加薪，都与郑杰无缘。这使得他每天都过得十分压抑，看到和自己同期进公司的同事职位都比自己高，他很失落，又有些怨恨。特别是周峰，本来和自己是一起进公司的，但现在却成了自己的直属领导，让郑杰觉得实在难以接受。

渐渐地，他变得更加沉默寡言，与周峰相处时，郑杰总认为是他在暗地里压制自己，否认自己的工作成绩，否则领导不可能看不到。"他眼神里带着对我的轻蔑，其实我知道他是怕我升上去顶了他的位置，而且他总是在同事面前打击我，在领导面前说我的坏话。可是我职位低，我没有办法。"郑杰曾愤恨地说。

一次重要的述职会上，郑杰被安排在了最后一个述职。但由于前边同事叙述时间较长，以至于还剩下两位同事没有时间汇报，周峰安排他和另外一个同事第二天述职。"第二天总部的大领导就要走了，只有几个没有决定权的人听，他这样安排一定是故意的。"所以，郑杰在会还没有结束时就和周峰吵了起来，冲突很严重，周峰也很气愤，在争吵中不经意间说了一句，"给你机会也没有用，你就是烂泥糊不上墙！"周峰的这句话彻底刺激了郑杰，没想到他竟冲动地结束了自己的生命。

——摘自黄信景.职场人际关系与心理健康指南.北京：中国工人出版社，2010

（杨艳杰）

本 章 小 结

本章主要介绍了应激、工作压力与工作倦怠等内容，小结有以下几点：①应激是个体在觉察（认知评价）到威胁或挑战时，必须作出适应或应对时的心身紧张状态。职业性应激源特指与工作有关的应激源，常常由于个体与工作岗位的要求不相适应而造成。②工作压力是指对于外部情境的一种适应性反应，它导致了组织成员生理、心理或行为上的变化。影响因素主要有认知评价、应对方式、社会支持和个人特征等。③工作倦怠是指在工作环境中，由于压力过大而产生的身心疲劳与耗竭状态，工作倦怠成因模型主要包括资源保存理论、工作要求—资源模型、努力—回报失衡模型和匹配模型。

【讨论思考题】

1. 什么是应激、工作压力、工作倦怠？如何解释应激、工作压力、工作倦怠

笔记

的关系？

    2.什么叫认知评价？请叙述一下Lazarus R的应激交互作用理论。

    3.工作压力的影响因素都有哪些？

    4.应激源是如何分类的？

    5.什么叫职业性应激源？职业性应激源都有哪些基本类型？

    6.工作压力管理在组织层面和个人层面所应该采取的措施有哪些？

    7.案例8-2中,郑杰的工作压力原因主要来自于哪些方面？主要表现是什么？您认为该如何调节这样的压力？

笔记

群体与团队

通过本章的学习,你应该能够:

掌握 群体、群体规范、群体凝聚力、群体压力的概念;影响群体凝聚力的因素;高效团队的特点与创建。

熟悉 非正式群体的概念、作用;团队与群体的区别;团队精神与集体主义的区别。

了解 群体规范的诱导;团队的概念与类型;团队的形成与管理原则。

案例9-1

　　为了丰富医务人员的业余生活,卫生局进行野外登山比赛,A医院运动队和B医院运动队进行对抗赛。A医院运动队做了充分准备,强调齐心协力,注意安全,共同完成任务。B医院运动队在一旁,没有做太多的士气鼓动,而是一直在合计着什么。比赛开始了,A医院运动队争先恐后,冲在前面,碰到几处险情,大家齐心协力,排除险情,但慢慢地一些体力不支的队员落到了后面,最后因时间过长输给了B医院运动队。那么B医院运动队在比赛前合计着什么呢? 原来他们根据队员个人特长和优劣势进行了精心的组合,包括装备的背负、前后的顺序都进行了周密的安排,充分发挥每个人的特长,一路上他们几乎没有险情地迅速完成了任务。

　　现代社会的许多工作,单纯靠个人是很难顺利完成的,需要靠集体的力量。合群是人的天性,但是在群体中,个体的行为却会受群体一些因素的影响,如群体各方面的压力、群体的规范等。群体行为的特征及其影响因素是组织行为学研究的重要内容之一。

第一节　群体的概述

一、群体的概念与类型

(一)群体的概念

1. 群体的定义　从现象上看,群体是由两个以上相互作用、相互联系的个体的组合,但群体并不是简单的个体的集合体,而是介于组织和个人之间的人群结合体,是构成组织的基本单位。"群体"与"多人"是有区别的。例如,一般情

笔记

况下,医院里就诊的人群、公共汽车上的乘客等都不能称之为群体。心理学将群体(group)定义为: 由两个以上的人组成的,为实现特定目标而相互依赖、相互影响,并遵守其成员行为规范的人群结合体。

2. 群体的内涵　群体作为个体的普通存在形式,是个体有条件的特殊组合,应具备以下的条件。

(1)有明确的成员关系: 群体内部有一定的等级分工,各成员之间相互依赖,在心理上彼此意识到对方的存在。

(2)有持续的互动关系: 群体成员之间在行为上相互影响,彼此之间有经常的、密切的相互接触和联系。

(3)有共同行动的能力: 群体的各成员是因共同的目标或工作而组织在一起的,并对外界环境的各种挑战作出反应。

(4)有一致的群体意识: 成员有"我们同属一群"的感受,群体内部建立有价值标准和行为规范,各个成员都应共同遵守。

3. 群体的功能　群体之所以产生和存在,因为它所具有的特殊的社会功能。

(1)汇聚成新的力量: 群体的功能之一是使个体有机地组合成为一种新的力量。例如,在同一工种、同一研究领域中组成的群体,其成员在群体的工作实践过程中,由于自觉不自觉地形成竞争或竞赛,彼此相互影响、相互促进、相互交流、相互弥补,从而提高群体成员的工作水平并形成了一股新的力量。此外,群体还能把不同工种、不同行业、不同学科的人组合起来,可以完成个人力量或单一工种、单一学科的力量所无法完成的任务。如医院进行手术,是依靠医生、护士、麻醉师以及其他的医务人员默契配合、共同协作的结果。

(2)完成组织的任务: 群体形成的前提是要完成组织分配的任务和执行所规定的职责。一个组织要想有效地达成目标,必须通过群体之间合理分工和密切合作,把任务逐层分配给各级的单位、部门去执行。群体对组织来说,主要就是承担、执行和完成组织所分配的任务,以保证组织目标的实现。

(3)满足成员的心理需求: 群体还有一个重要的功能是能够满足成员的心理需求,这也正体现了个人加入群体的动机。群体成员的需求多种多样,有的可以通过工作得到满足,有的则需要通过群体内人际之间的相互作用、相互依存、相互交流而得到满足。个体通过加入一个群体可减少独处时的不安全感,免于孤独、恐惧,会感到自己更有力量从而满足心理上安全的需要。通过加入一个被别人认为是很重要的群体以得到别人承认,巩固认同感,满足其尊重的需要;群体能使其成员觉得自己活得很有价值,从而满足自我实现的需要;群体还可以满足其成员的社会需要。对许多人来说,工作中人与人之间的相互作用常常是满足情感需要的最基本途径。只有在群体活动中,个体才可能实现其权力需要。

心理学家认为,衡量一个群体的有效性,一是该群体的生产性,即它所创造的成果,二是该群体对成员的心理需求满足程度。这两个方面要相互制约,相互促进,不可偏废。

(4)协调人际关系: 由于长期在一起工作,不可避免地会产生这样或那样的矛盾。群体的作用就是要根据产生矛盾的不同原因,有针对性地做工作,通过群体成员相互之间的意见沟通,消除隔阂和误会使矛盾及时解决,协调各成员之间的关系,促进群体成员团结一致,齐心协力地去完成组织目标。

4. 个体与群体的关系　如前所述,群体是由多个个体根据一定的要求和目的组成的,群体应该考虑每个成员的特点和利益,否则就缺乏凝聚力,群体难以维持,无法完成组织任务。但任何人在群体中都是普通的一员,不仅不能凌驾于群体之上,而且应自觉维护群体的利益和认真完成群体的工作。在群体中,应处理好下列几种关系。

（1）个人主义和集体主义:个人主义是以个人利益为中心,注重个人的利益而不顾集体和国家的利益得失的一种价值观念,集体主义是以集体利益为中心,注重集体利益而不顾个人利益的一种价值观。实际上,群体成员考虑个人的利益无可厚非,我们反对的是损害群体利益的前提下追求个人利益的满足。过分强调个人利益,置群体利益和他人利益而不顾,将导致群体凝聚力的下降,甚至可能会影响组织目标的达成。管理者应该在群体中灌输个人是整体群体中的一员,个人目标和群体目标一致性的理念,关注整个群体利益,在实现群体目标的基础上满足个人的需要,密切个人与群体之间的情感纽带,妥善处理个人与集体的关系。

（2）个人目标和群体目标:在大多数情况下,个体目标和群体目标一般是相容的,但管理者也应注意到个体目标和群体目标相冲突的情况。应认识到,存在个人目标和群体目标的冲突在所难免,而且目标冲突能转变为最大的能量,处理不当,这种能量对个体及其行为会产生深远的影响。目标冲突会产生不同的结果,并且在一定的条件下可以相互转化,管理者应善于化解冲突,使之朝着有利的方面转化。

（二）群体的类型

群体的种类很多,可按不同的标准分类。

1. 小群体和大群体　根据群体的规模大小可以将群体划分为小群体和大群体。这里的大小只是相对的。有人把大群体称为"第二级群体"。一般这类群体的人数比较多,范围较大,成员之间的关系比较松散,接触较少,成员之间以间接的方式如通过组织机构、目标等发生联系。小群体的成员数目没有确切的规定,但它的一个重要特征是,成员之间能够直接的、面对面的相互交往和进行沟通信息,从而建立起感情上的和心理上的联系。相对地说,大群体社会因素比心理因素更具有影响作用,小群体则相反,心理因素的作用要大于社会因素的作用。统计资料表明,获得先进荣誉的班组,绝大多数其成员都在7～14人之间,很少超过15人。

2. 正式群体和非正式群体　根据构成群体的原则和方式以及组织属性的不同,可以将群体划分为正式群体和非正式群体。正式群体(formal group)是指由一定的法律程序,为组织结构所确定的,组织所正式承认的群体。在正式群体中,具有明文规定的规范标准、明确的目标任务、职责分工和权利义务,以及规定的编制、组织形式和有明确的管理制度。要实现组织目标,就要合理地分工,甚至组成不同的小组,以达成所承担的工作任务,所以组织内部的正式群体是为了执行组织所赋予的特定工作而设计组成的。在正式群体中,个体应当从事由组织目标所规定的行动,并使自己的行为趋向组织目标。非正式群体(informal group)

笔记

是指不为组织结构所确定的,即组织不予正式承认的群体,是人们在交往中自发形成的。组织成员除了工作之外,还有许多个人的需求,通过与其他成员之间的非正式交往来满足。非正式群体是带有浓厚的感情、友谊、兴趣爱好等情绪色彩和共同利害关系为基础的产物。

3. 友谊群体和任务群体　友谊群体是为了满足其成员的个人安全感、自尊和归属需求而非正式形成的。任务群体则是为了实现一定的组织目标而通过组织方式形成。任务群体根据群体或群体成员之间的关系可以分为抵制性群体、共同行动群体、交互群体三类。

（1）抵制性群体:当群体成员相互作用以解决某些类型的冲突时就产生了抵制性群体。

（2）共同行动群体:当群体成员暂时性相对独立地完成他们的工作时形成共同行动群体。

（3）交互群体:群体目标的完成依赖于群体所有成员完成各自项目相关工作,这个群体就称为交互群体。

4. 实属群体和参照群体　实属群体是个体实际归属的群体。参照群体,也称为标准群体或榜样群体,是个体在心理上"向往"的群体。个体把这种群体的规范、标准、价值观作为自己行动的参照和学习的榜样。参照群体不是个体实际归属的群体,它甚至可能是想象中的群体。

5. 松散群体、联合群体和集体　松散群体是指人们只是在空间和时间上结成群体,但成员之间并没有共同活动的内容、目的和意义。联合群体指人们有共同的活动,但这种共同活动往往只有个人意义,群体活动的成败与个人利益有一定的关系,如学术群体。集体则指人们结合在一起共同活动,不仅对每个成员有个人的意义,而且有广泛的社会意义,集体中大多数成员具有集体主义的精神。

二、群体角色与规范

每个人的个性各不相同,但在群体中由于受群体规范,尤其是群体中其他成员的影响,往往会表现出不同于个体单独情景下的行为反应。这种反应是群体压力下的产物,也是个体借以适应环境的方式。

（一）群体角色

群体中的成员担当着各种不同的角色,群体对每个角色的行为也有一定的要求和期待。群体成员间的异同和各自的角色对群体行为的动力和产生有重要的影响。由于群体的管理者无法改变群体成员的基本个性特征,试图影响他们在群体中的角色就显得非常重要。

1. 任务倾向角色　任务倾向角色主要体现在促进和协调与工作有关的决策,提供与群体问题、事务或任务相关的信息,创造新观点或考虑群体问题和目标的不同思路,对困难提出建议,修正群体工作程序。

寻求与问题有关的信息来解释建议和获取关键事实,协调和明确观念与建议的关系,整合观点和建议。

评估群体效能,包括询问成员对问题的建议的逻辑性、事实依据及可行性,

笔记

协调成员活动。分析综合问题的原因、群体对问题的看法和建议,记录群体决策与成果,摘要或整合不同看法、建议。

2. 关系维护角色　一个群体成员承担的关系维护角色指围绕着建立以群体为中心的情感和社会交往。包括通过对群体友善、热心;能关怀、赏识他人,表扬和接纳成员观点来鼓励他们,营造温馨团结气氛。调解纷争,减少紧张压力,协调群体内部冲突和紧张。

保持沟通网络畅通,鼓励参与,使成员有共同沟通、讨论的机会。对群体中的冲突提供让步、妥协的方法,接受别人的意见或群体决策。减少主动提出意见或参与讨论,或使个人承认错误、遵守纪律,以维持群体凝聚力。表述群体要达到的标准或致力评估群体行为过程的质量,提出有关群体目标的疑问,以目标来评价群体进步。

3. 自我倾向角色　一个群体成员的自我倾向角色包括以个人为中心的行为并以牺牲群体或群体为代价。如以消极、顽固和无理由的抵抗来阻碍进步。排挤、嫉妒他人、贬低他人地位、攻击或冷嘲热讽他人与群体。对事情持否定、反对看法;无故不同意别人或群体;固执己见;对已决定事情想重翻旧案;利用群体暗流阻碍群体进度。

通过引起大家注意来寻求认可,包括吹嘘、报告个人成果,通过各种方式避免被安置在公认的低职位上。行使权威达到控制、操纵群体或某个成员,阿谀奉承获得上级注意,扭曲他人贡献。夸大自己优点,张扬自己成就,希望引起别人注意。对群体不关心,亦不参与。心不在焉,同他人保持距离,不参与群体社交往来。

有效群体通常由那些履行任务倾向和关系维护的成员构成。就群体内部而言,一个特别善于显露群体认可行为的个人可能有相对高的社会地位。 个主要由自我倾向行为成员占据的群体将是无效的,因为个人不会充分认识到群体目标和必需的合作。

(二)群体规范

1. 群体规范的概念　任何群体都有自己的行为准则,群体规范(group norm)是指由群体所确定的,对其成员起约束作用的行为准则。

> **知识链接**
>
> 早在20世纪30年代初,著名的霍桑试验已经注意到群体规范对群体及其成员行为的影响。梅奥等人发现,一般认为对生产起作用的社会因素在霍桑工厂对生产力几乎没有任何作用。工人们已经建立了一套无法改变的群体规范。梅奥等人认为,如果工作群体中的人们在一起工作的时间非常长,他们往往就能够形成自己的行为规范和价值观念。

群体规范并不是规定其成员的一举一动,而是规定群体对其成员行为可以接受和不能容忍的范围。通过对群体规范大量的研究发现,就大部分群体而言,群体规范是无意识地通过习惯的力量形成的,除了群体本身的特殊要求外,还受

笔记

模仿、暗示、顺从等心理因素的制约。群体规范源于群体成员对工作性质的构想和信念；源于由管理者向群体成员传递的有关群体成员是否负责的一种隐含的期待；源于群体成员工作的实际条件以及其他许多类似的因素。

群体存在的重要条件是一致性，表现为群体成员在行为、情绪和态度上的统一。群体成员在彼此相互作用的条件下，相互模仿，受到暗示，表现出顺从，造成彼此接近和趋同。在模仿、暗示和顺从的基础上会形成群体规范。

群体规范往往是一种无形的，难以用语言来表达。群体规范表明群体期待每个成员作出符合身份的行为，属于某个群体的人往往尽力做到符合其所在群体的规范，因为不符合群体规范的代价也许是受到群体成员的嘲弄或排斥。这两种结果都可能成为十分强烈的动机，因为人们不愿意在其他人面前成为被嘲弄的对象，也不愿意被别人遗忘或忽视。因此，群体能够对不遵守这些规范的成员实施制裁或惩罚。群体规范是控制人们行为的有效方法。

2. 群体规范的功能　群体规范对确保群体成员之间采取积极、一致行动具有重要的约束作用，群体规范的功能表现在下列四个方面。

（1）行为导向：群体规范体现了群体核心的、最重要的价值的内容。通过群体的规范，使群体成员能够产生一种强烈的"我们的群体是什么样的"意识，群体成员可以借此精神支柱来指导自己的行动，指导自己与群体外部人群的交往。群体规范也有助于清楚地界定该群体的工作范围，辨别出哪些是该群体可以接受的行为，哪些是该群体不能接受的行为。

（2）群体的支柱：群体规范对群体成员间的相互交往起着"法规"的作用，它有助于群体继续平稳地运行，通过建立共同的基础以及使群体成员的行为变得更加可以预测。由于群体中的每个人都知道应该预期的结果是什么，群体成员就能够排除预期中的不确定性，并继续从事目前的工作。减少了认知评论以及对社会接受性检测的时间，有助于简化群体的工作方式，提高工作效率。

（3）评价标准：群体规范作为约束群体成员的行为准则，直接制约了人们在交往过程中对事物的判断、态度和行为。它有助于一个群体界定哪些是成员间的适当行为，可以避免人与人之间关系的紧张。通过群体规范，该群体就可以避免对抗或者避免有可能威胁或破坏整个群体合作的事情发生，使群体成员在一种相对"安全"的心理环境中进行工作。

（4）群体动力：群体规范可以帮助该群体保持鲜明的特征，并且在群体受到威胁时拒绝其成员所表现出来的任何越轨行为。在安全状态下的群体往往对其成员所表现出的任何越轨行为都更加耐心，而一个感到威胁和挑战的群体却可能对任何破坏了规范的群体成员进行十分严厉的惩罚。通过保护自己的特性，群体成员对自己的作用以及群体本身的作用会更加自信。

（三）群体规范的诱导与控制

20世纪60年代后期美国心理学家皮尔尼克（S. Pilnick）提出了群体行为准则与企业利益直接相关的理论和"规范分析法"（normative analysis），作为对群体行为的进行调控的工具，经过使用取得了一些成效。主要内容有：

1. 明确规范内容　选定群体后，首先了解该群体业已形成的规范模式，尤其要了解哪些是带有消极作用的、需要变革的规范,听取改革建议。

2. 制定规范剖面图 将规范进行分类,例如分为"组织荣誉"、"业务成绩"等十类。如图9-1,每一类定出理想的给分点与实际评分点的差距(即规范差距),在图上连接各实际评分点,画出曲线,从中找出当前关键的改革项目。

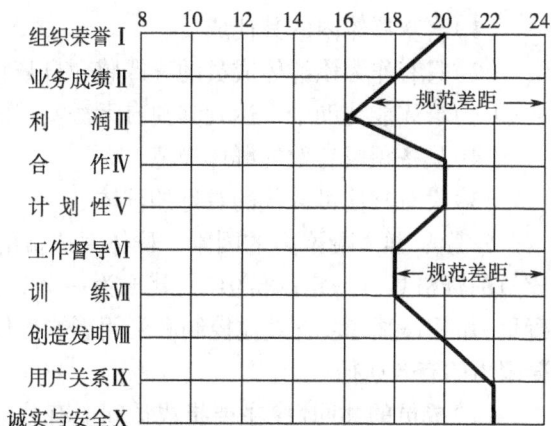

图 9-1 某群体规范剖面图

3. 进行规范改革 改革应该从最上层的群体开始,逐级向下。首先要确定优先改革的规范项目,主要考虑规范对组织改革影响的大小,不一定要把规范差距大的项目列为优先改革的项目。然后制定系统改革的方案,逐项对不适应形势要求的旧的规范进行改革。最后,要对改革的各项措施持续进行评价,随时加以调整。

皮尔尼克认为,群体规范的改革的优点在于不使任何人难堪。在改革过程中,对事不对人,对象是抽象的而不是具体的人,批评小组工作时不追究责任,不追究事故由谁造成,只研究为什么没有做好。群体成员自始至终参与改革,引导他们用维护旧规范的心态来维护新规范。此外,应注意在改革过程中,防止产生不和谐氛围的情况。

三、群体的凝聚力

群体凝聚力的概念及其影响因素

1. 群体凝聚力的概念 群体凝聚力(group cohesiveness)也称为群体内聚力,是指群体成员被群体所吸引并自愿留在群体内的程度。群体的凝聚力包括成员对群体的向心力、群体对成员的吸引力、成员之间的相互吸引力、群体成员的士气、共同的目标、明确的动机等。

群体成员之间的相互作用和感情,对于群体任务的完成起着重要作用。有的群体中意见分歧,关系紧张,矛盾较多,不能很好完成任务,其凝聚力弱。还有一些群体,成员之间互相友爱,以作为群体的一员而自豪,成员能够对群体工作有强烈的责任感和义务感,群体成员间能够互相吸引,这种群体的凝聚力则较强,当这种吸引力达到一定程度,而且群体成员资格具有一定的价值时,我们就认为这是个有高度凝聚力的群体。它可通过群体成员对群体的忠诚、责任感与荣誉感,对外来攻击进行抵御。

群体凝聚力与群体团结性相似,但二者有本质上的区别,凝聚力主要是指群体内部的团结,可能会出现对内不讲原则,对外排斥其他群体的倾向;而一般所提倡的团结既包括群体内部有原则性的团结,也包括与其他群体的相互支持,相互协调,其内涵更为深刻和丰富。群体凝聚力有以下几个特点:

笔记

（1）喜欢群体内的其他成员。

（2）具有作为该群体成员的尊严感和自豪感。

（3）群体能帮助个人达到其独自无法实现的目标。

（4）具备积极有效的群体规范。

（5）没有其他可取代的更好的群体。

2. 影响群体凝聚力的因素　群体对成员的吸引力达到一定程度，而且群体成员的资格具有一定的价值时，就成为一个具有高度凝聚力的群体。影响群体凝聚力的因素很多，有效地控制和利用影响群体凝聚力的各种因素，是增强群体凝聚力的有效途径。

（1）成员的共同性：主要指成员间要有共同的利益和目标，这是增强凝聚力的关键因素。群体的成员若是具有相同的背景、共同的爱好和兴趣、共同的利益等，凝聚力就越大。一个好的群体需要有一个众志一致的明确目标与利害关系。

（2）群体规模与地位：群体之所以能存在，其中必要条件之一就是群体成员要相互交往和相互作用。通常情况下，群体的大小与凝聚力成反比，即群体规模小，彼此作用与交往的机会多，容易凝聚。一个非常大的群体成员之间彼此若不了解这个群体就不大可能有强的凝聚力。一般来说，等级地位越高群体，其凝聚性越强。

（3）群体与外部的关系：群体如果存在外来的威胁，会增强成员相互间合作的需要，增强凝聚力。一个医院在外部竞争对手面前，只有加强内部的团结、增强凝聚力，才能立于不败之地。其次，一个与外界相对比较隔离的群体，它的凝聚力也比较好。如有人认为，矿工由于大家经常在一起且与外界比较隔离，相互之间的凝聚力比较强。

（4）成员对群体的依赖：个人参加一个群体是因为他认为该群体有助于满足其经济和社会心理需求。一个最能满足成员物质与精神需求的群体，最有吸引力，因而凝聚力强。

（5）目标与绩效：群体目标达成的情况会对其成员产生影响。群体在完成任务中达到所期望的高效率，会提高其成员的身份，成员会因为他是该群体的一员而感到自豪。成功地达成目标与凝聚力有密切的关系，达成目标可以增强凝聚力，而有高凝聚力的群体又是达成目标的重要条件；而达不到目标，会丧失成员的成就感，削弱群体的凝聚力。但当群体的目标与组织的目标不一致时，高凝聚力会产生更有害的作用。

（6）信息的沟通：一个凝聚力高的群体，信息一定相互畅通；反之，信息不能及时沟通的群体，其凝聚力会降低。

（7）领导方式：领导对群体的凝聚力也有很重要影响。当领导强制群体成员遵守组织规定时，群体成员会加强团结。一个比较松散的群体凝聚力也不高，但是如果上级领导的一项规定被员工看作是对他们的威胁时，这个群体就会增强凝聚力。

另外，群体凝聚力还与加入群体的程度、群体成员的性别构成和从前的成功经验等方面有关。不同的领导方式对群体凝聚力有不同作用，"民主"型领

笔记

导方式的成员比其他成员之间更友爱,群体中互助互爱,气氛活跃,因此凝聚力也更高。

通过对群体内部个人奖励与群体奖励两种方式的比较,人们发现不同的奖励方式会影响群体成员间的情感和期望,而将两种奖励方式相结合则有利于增强群体的凝聚力。因此在卫生管理中,应重视上述因素对群体的影响,促使群体形成健康而积极的群体气氛和凝聚力。

3. 群体凝聚力的作用

(1)对群体团结、目标一致性的影响:凝聚力越高,群体成员目标一致性越强,内部越容易团结,心往一处想,劲往一处使。但也可能会出现排斥组织中的其他群体,影响组织目标的实现。

(2)对工作效率的影响:群体凝聚力的高低对工作效率的影响,主要是通过影响员工的士气而发挥效应。研究表明,高凝聚力的群体中,员工的士气和满意感都比较高,高凝聚力有益于群体任务的完成。但是凝聚力的高低并不是影响工作效率的唯一条件,在实践工作中,群体凝聚力与生产率的关系是复杂的,还会受其他因素的影响。如果这个群体的目标与组织目标不一致,则凝聚力与生产率之间成负相关;如果群体目标与组织目标一致,则二者成正相关。前者凝聚力越高,生产率越低;后者凝聚力越高,生产率越高。

(3)对群体规范的影响:在一个凝聚力高的群体里,成员的行为高度一致,个人有较强的服从群体规范的倾向。反之,凝聚力低,群体规范对成员的约束力和影响力就小。

社会心理学家沙赫特曾进行了实验研究,他在严格控制的条件下检验了群体的凝聚力和对群体成员的诱导对于生产效率的影响。实验的自变量是凝聚力和诱导,因变量是生产效率,除了与对照组进行对比外,沙赫特等人还把实验组分成四种条件,即高、低凝聚力和积极与消极的诱导(图9-2)。

	高 群体凝聚力 低	
积极 诱导 消极	高凝聚力 积极诱导	低凝聚力 积极诱导
	高凝聚力 消极诱导	低凝聚力 消极诱导

图9-2　凝聚力与诱导关系图

"凝聚力"的高低由指导语控制。"诱导"则主要是以群体其他成员的名义写积极和消极的字条给被试者,其中积极的诱导要求增加生产,消极的诱导要求减慢完成任务的速度(限制生产)。实验任务是制作棋盘。实验分两个阶段,前16分钟没有进行诱导,被试者只收到中性的字条,后16分钟每组都收到6次诱导的字条。实验结果如图9-3所示,在实验第二阶段(后16分钟),两种诱导产生明显不同的效应,极大地影响了凝聚力与生产率的关系。无论凝聚力高低,积极诱导都提高了生产率,而且高凝聚力组生产率相对升高,而消极诱导则明显降低了生产率,此时,高凝聚力组的生产率更低。

沙赫特研究中群体诱导与工作效率的关系,极大影响了凝聚力与生产效率的关系。无论凝聚力的高与低,积极诱导都提高了生产效率,而且高凝聚力组生产效率更高;而消极诱导则明显降低了生产效率,高凝聚力组的生产效率更

笔记

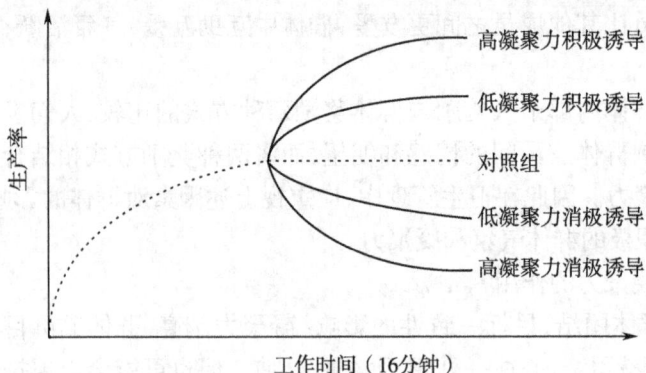

图9-3 凝聚力与生产效率的关系

低。结果说明,高凝聚力条件比低凝聚力条件更易受诱导因素的影响,在积极诱导条件下,高凝聚力组生产效率更高。这是因为,群体凝聚力越高,其成员就越遵循群体的规范和目标。群体规范也是决定群体凝聚力与生产率关系的重要因素。

上述研究表明,在卫生管理工作中决不能单单依靠加强群体成员间的感情来提高凝聚力,更重要的是,必须在群体凝聚力提高的同时,加强对群体成员的思想教育和指导,以防止和克服群体中的消极因素,这样才能使群体凝聚力成为促进生产效率提高的动力,使群体向正确的方向发展。

4. 增强卫生群体的凝聚力 卫生群体是一个特殊的群体,增强和提高卫生群体的凝聚力对于卫生事业的发展有着重要作用,常用的方法有以下几种:

(1)采取民主领导:让员工参与决策是日常管理工作的主要特点,民主领导方式是行之有效的领导方式。卫生群体的主要特点是专业技术性强,学历层次高,个人素质好,所以,实行民主管理更有利于发挥其聪明才智,提高整个群体的凝聚力和活力。

(2)引入竞争机制:竞争是社会主义市场经济下的产物。通过竞争可使群体成员更紧密的团结在一起,共同对付外来的威胁和压力,并在竞争中争取获胜。竞争有利于出成果,出效率,出知识,出人才。事实证明,没有竞争,就没有活力,就会闭关自守。只有在竞争中变压力为动力,群体才能生存和发展。

(3)强化群体规范和目标:群体规范是约束每个群体成员的行为准则,目标是群体行动的方向和动力之一,它激发出群体成员的动机,维持和引导成员向着既定的目标前进。规范和目标有正确与错误之分,一个先进的科室和一个后进的科室的规范与目标也有较大的差别,因此,要强化正确的群体规范和目标,才能实现有效的管理。

(4)满足群体成员的需要:需要是提高群体中个性积极性的源泉,群体对其成员的吸引力的源泉是成员参加群体之后,通过交往,可以满足某方面的需要。一个群体若能注重满足其成员的合理需要,就能使成员全心全意地融入该群体,把自己与群体视为一体,这样不仅有利于实现群体目标,也有利于实现个人目标。

因此在卫生管理中,应重视上述因素对群体的影响,促使群体形成健康而积极的群体气氛和凝聚力。

第二节　非正式群体

一、非正式群体概念

如前所述,非正式群体是人们在活动中自发形成的,未经任何权力机构承认或批准而形成的群体。这种群体没有定员编制,没有固定的形式和条文规范,带有浓厚的感情、友谊、兴趣爱好等情绪色彩和共同利害关系。其存在是基于人们社会交往的需要。在正式群体中,由于人们社会交往的特殊需要,依照好恶感、心理相容与不相容等情感性关系,就会出现非正式群体。

> **知识链接**
>
> 20世纪30年代,梅奥在美国西屋电气(Western Electric)进行的霍桑实验中发现,在一切组织中存在不为组织结构所确定的非正式群体,并且在决定产量高低中起着重要的作用。影响工人生产效率的主要因素不是待遇和工作条件,而是工作中的人际关系。非正式群体对于生产效率、工作满意度有着重大的影响。管理者如果只抓效率而忽略感情因素进行管理,必然会引起消极的冲突和矛盾。

任何组织结构中,在正式的法定关系下都存在着大量非正式群体构成的更为复杂的社会关系体系。巴纳德认为成员之间的相互影响存在着两种不同的基础。一种是为了共同的组织目标,另一种则是为了私人的目的。以私人目的为基础的个人之间的相互交往具有重复特性,逐渐就变得有系统和有组织,产生了一种对其成员的思想和行为有重要影响的非正式的组织。美国劳动部门对一些大公司的员工的调查结果显示,员工工作中所需要的知识的70%不是从公司的培训资料或操作手册和说明书中获得,而是来自于非正式渠道。非正式群体已经在现代管理中越来越受到重视。

二、非正式群体产生的原因与类型

非正式群体是一种关于个人与社会的关系网络,这种关系网络不是由法定的权力机构建立的,也不是出于权力机构的要求,而是在人们彼此交往的联系中自发形成的。

(一)非正式群体产生原因

1. 利益的一致性　当人们面临共同压力或危机时,就会组织起来共渡难关,就容易产生非正式群体。比如,当盛传一项涉及分配制度改革会降低收入或公司可能要裁员时,员工就可能会自发地组织起来与领导层对抗。

2. 兴趣爱好的一致性　人们共同的兴趣爱好可以形成非正式群体,比如钓

笔记

鱼爱好者、舞蹈爱好者组成的协会,野外活动爱好者组成的驴友等。

3. 经历背景的一致性 人们如果有一致或相似经历背景,就具有较多的共同语言,对共同经历的回忆与交流容易形成非正式群体。如校友会等,将过去不相识,但有共同经历的人联系在一起。

4. 地理位置的一致性 由于地理位置的一致,有较多的生活习性和地方方言等有助于形成非正式群体,如同乡会等。

5. 价值观的一致 俗话说:"酒逢知己千杯少,话不投机半句多。" 共同的价值观,对社会各种问题的看法可能比较一致,容易产生共同的语言。

除外,亲缘性、个性的相似性或互补等因素也是产生非正式群体的原因。

(二)非正式群体的主要特征

1. 以感情为纽带 非正式群体的感情色彩比较浓厚,是在自愿的基础上结合起来的一种无形的自发的组织形式。

2. 权力的强制性 非正式群体的权力不是由上级部门授予,而是来自于组织内成员的默认,对群体成员带有强制性。而且这种权力的影响是比较稳定的。

3. 核心人物自然形成 如同组织不是由上级任命一样,非正式群体中的核心人物不是由组织任命的,是在长期交往过程中自然形成的,并且对非正式群体的影响非常大。

4. 组织的不稳定性 非正式群体由于没有正式的组织结构,一般比较松散,人员也不固定,容易受偶然因素的影响。

5. 不成文的行为准则 非正式群体成员的行为准则是从成员的共同利益、兴趣爱好、情感需求出发,对成员有很大的约束力,而且根据行为准则做出的奖惩办法迅速而有效。

6. 行为高度的一致性 非正式群体有很强的群体意识,往往在行动上保持高度的一致性、自卫性和排他性等。

(三)非正式群体的类型

按照不同的标准,非正式群体可以划分为不同的类型项目,主要根据非正式群体形成的原因和不同的作用进行的类别划分(表9-1和表9-2),非正式群体类型不同,其作用不一,对其管理的方式也应有所不同。

表9-1 按非正式群体成因不同划分的类型

类型	非正式群体的特点
利益型	以满足成员利益要求为主要任务,并为成员满足利益要求提供一定的机会,群体的凝聚力比较强
信仰型	以共同的理想、信念为基础形成的群体
兴趣型	以成员共同的兴趣爱好,共同活动,共同提高为基础建立的群体
情感型	因感情、友谊或社交的需要,以情感为纽带形成的群体,凝聚力强
亲缘型	由于亲缘关系形成的,具有比较稳定,凝聚力强的特点

笔记

表9-2 按非正式群体作用不同划分的类型

类型	非正式群体的特点
积极型	非正式群体的目标和活动对组织的目标具有积极的作用
消极型	对组织目标的完成具有消极的影响,但是其尚未超出法律或规章制度许可的范围
中立型	与组织目标的完成没有明显的相关性
破坏型	对组织目标的达成具有明显的破坏和干扰作用

(四)正式群体与非正式群体的关系

正式群体和非正式群体虽然可同时存在于某个组织之中,但是在组织目标、组织结构以及职位、职责和职权对应程度上都有很大的不同。正式群体具有法定性、以组织为纽带,具有确定性和明确性;而非正式群体则以感情为纽带,更具有社会属性。非正式群体是为了满足人们的社会交往需要,通常是在友谊和共同爱好的基础上产生的,具有较强的亲和力。由于个体的需求是无止境的,正式群体很难满足其所有需求,非正式群体便常常伴随着正式群体产生,所以说正式群体和非正式群体是相促而生、相伴而存的。在组织中,不一定存在有明显的非正式群体,但是一定存在有正式群体。

三、非正式群体的作用

1. 非正式群体的积极作用 非正式群体作为存在于正式群体中长盛不衰,是因为有其存在的积极作用。

(1)满足员工情感的需要:虽然目前也非常强调人性化的管理,但组织的运转往往是围绕组织的目标而开展的,更多考虑的是工作和任务,忽视员工情感的满足,非正式群体的存在恰恰可以弥补不足。

(2)减轻管理者的负担:充分发挥非正式群体配合工作的积极作用,管理者可以不必再强令督导以确保各项工作的井然有序。非正式群体的配合鼓励管理者分权。非正式群体的支持,会导致更融洽的协调关系和更高的生产效率。利用非正式群体信息沟通迅速、快捷的特点,可以增强上情下达和下情上达的作用。

(3)创造稳定的工作环境:由于非正式群体的存在满足了员工的情感和人际交往的需要,在一定的程度上缓解了员工的心理压力,增强了员工的归属感或安全感,有助于工作环境的稳定。

(4)拾遗补阙、取长补短:在组织中常常有很多事情难以顾及,如员工受到的挫折、精神上困惑、家庭一些琐碎烦恼的问题等,如果能够很好地发挥利用非正式群体成员之间关系比较融洽的特点,发挥核心人物的作用提供理解与支持,将有助于组织目标的顺利完成。

(5)监督作用:非正式群体具有监督管理者的作用,使管理者在计划与行动方面更加谨慎。非正式群体是正式组织权力运用的监督者和平衡器,管理者只有细心安排,周密计划后,才有利于在团体中实现某种变革。

笔记

2. 非正式群体的消极作用　虽然非正式群体有上述诸多积极作用,但其弊端也是显而易见的。

（1）变革的阻力: 非正式群体具有维护传统价值观与生活方式的特点,常常会认为现在的一切都完美无缺。这种过分维护现有生活方式的态度会对变革采取僵化的态度倾向,再加上变革可能会损害他们的一些既得利益,往往是组织进行变革的主要阻力之一。

（2）角色冲突: 有时候员工可能会在组织的要求与非正式群体的要求之间感到左右为难而产生角色冲突。作为组织的一员,服从组织的安排,完成组织交给的任务,维护组织的利益时理所当然的,但如果组织的要求会影响到非正式群体的利益,对非正式群体有益未必对组织有益。避免角色冲突的有效办法是管理者精心培育与非正式群体的共同利益,这种利益结合的越紧密,员工满意度与生产率就越高。

（3）干扰正常的信息沟通: 非正式群体的沟通网络非常迅速,也往往会造成谣言和小报告的流传,影响组织正常信息的顺利、准确的沟通。

（4）影响政令执行: 非正式群体的社会控制功能是促使成员服从的重要因素,但常常会干预组织成员的行为。非正式群体要求成员接受群体的规范,并且有一套行之有效的奖惩手段,不遵从的成员常常被迫离开,或者屈从于压力。例如,非正式群体可以在工作中制造种种干扰来迫使成员就范,或者采取孤立政策,使得成员无法正常工作,除屈服外,只能辞职。

（5）形成小团体: 如前所述,非正式群体成员间交往非常频繁,信息传递快捷,对组织内的信息传递、人际交往、功能运作等往往会产生阻碍甚至扭曲的反作用,容易形成小团体主义。

3. 对待非正式群体的态度　管理者已经认识到非正式群体的存在,在实践工作中要充分利用非正式群体的优点,对其缺点加以抑制。

（1）接纳与理解: 非正式群体是源自个人交往需要而建立起来的一种没有明确分工、界限模糊的组织,管理者能够做的仅是对非正式群体施加影响。任何试图消灭非正式群体的措施都不可能奏效。接受并理解非正式群体,正确认识非正式群体及其影响力,使其对组织目标的实施起积极作用。

（2）积极引导: 注意引导非正式群体发挥积极作用。例如,通过非正式沟通渠道传播出去的谣传,会使人们感到混乱,不利于团结一致、完成组织目标。可以利用非正式群体的压力,迫使成员迅速接受行动计划并完成组织目标。

（3）适当改造: 非正式群体的组织规范具有强制人们遵从的效力,管理者应重点影响非正式群体的组织规范,使其规范符合正式组织管理工作的需要。对于非正式群体中产生的利益小团体、宗派等严格限制,使内部各方利益及时协调,不致造成组织内耗。

（4）兼顾其成员利益:正式群体与非正式群体之间存在的分歧,往往缘于利益的冲突,管理者应在坚持组织利益原则的基础上,适当考虑非正式群体的利益要求,使非正式群体与正式群体的利益尽可能协调一致,以便争取非正式群体的合作。

（5）做好核心人物的工作:非正式群体中的核心人物威信高,对非正式群体成员具有较强的影响力,做好核心人物的工作是关键。首先应当尊重其在非正式群体成员中的威信,承认和肯定他们在组织中的作用,经常与他们联系,使其对组织产生信任。同时,在日常工作中要引导核心人物在组织中的目标完成中,起到积极的作用,以带动非正式群体成员更好地为组织的目标服务。

（6）加强沟通: 有效的沟通,可消除隔阂,化解矛盾。管理者一定要注意要以诚相待,站在对方的角度思考问题,寻求非正式群体与组织的共同点;要消除对方的心理障碍,取得对方的信任;要以情感人,以理服人;同时在沟通中要注意重点,注重突破等。

第三节　团队建设

团队工作从20世纪90年代以后备受管理界的重视,团队管理理论已成为管理理论的研究热点,采用团队为基础的工作组织的做法已广为流传,人们的观念正在迅速变化。团队的结构正在取代传统的雇主–职员结构,成为组织设计的基本单元。团队精神已成为许多企业文化中的重要部分,甚至已成为其竞争优势的有力源泉。团队精神已成为企业培训的主要内容之一。

一、团队的概述

如果某种工作任务需要多种技能和经验,那么由团队来完成通常效果优于个人。团队是组织提高运行效率的可行方式,它有助于组织更好地利用员工的才能。在复杂多变的环境中,团队比传统的部门结构或其他固定的群体更灵活,反应更迅速。团队还可以促进员工参与决策,增强民主气氛,提高员工的积极性。

1. 团队的概念　团队一词的英文名"team",常被直译为"小组",但实际上应该称为工作团队（work team）更为确切。什么是团队? 美国学者约翰·卡曾巴赫（Jon R. Katzenbach）将团队定义为: 由少数有互补技能,愿意为了共同的目的、业绩目标和方法而相互承担责任的人组成的群体。

美国著名管理学者斯蒂芬·罗宾斯（S.P. Robbins）认为团队有以下几个特点: 强调集体绩效; 作用是积极的; 责任极可能是个体的,也可能是共同的; 技能是互补的。

管理学大师彼得·德鲁克（P.F. Drucke）也认为: 团队是一些才能互补并为共同的目标而奉献的少数人员的集合。

综上所述,团队是以任务为导向、人数不多、技能互补、有共同奋斗目标、团结协作、相互承担责任、自觉能动地进行创造性活动并产生一定价值成果的正式群体。由此可见,并非任意的群体都可称为团队。

2. 团队的特点

（1）扩大员工的自由度: 随着员工受教育水平的提高,个人能力的增强,所

205

承担的责任和权力扩大,组织可下放管理权,即让员工承担一些有弹性的工作。

（2）降低管理成本:组织所面临的降低成本的压力增强,急切需要降低行政管理部门的成本。

（3）快捷、迅速的信息沟通:信息技术的发展和信息系统的建立,组织内部的每一个终端都可同时获悉全面的数据和信息,电子数据表程序和各种软件的应用使得信息的收集、汇总、分析及分布等工作全面自动化,逐渐开始取代那些主要从事此类工作的中层及基层管理者。

（4）扁平化管理:传统的组织形式已无法胜任发展和实施基层管理的职能,中层管理甚至成为困扰组织发展的痼疾,团队通过扁平化管理,取消中间层,鼓励低层人员进行自我管理,从而降低管理成本,提高管理绩效。

3.团队与群体的区别　在群体中,成员通过相互作用、共享信息、做出决策,帮助每个成员更好地完成自己的责任。成员不一定要、也不一定有机会参与集体的工作。群体的绩效是每个群体成员个人贡献的总和,积极的协同作用并不是最重要的。工作团队则不然,它依赖于成员的共同努力而产生积极的协同作用,团队成员努力的结果使团队的绩效水平远远高于个体成员绩效的总和(图9-4)。

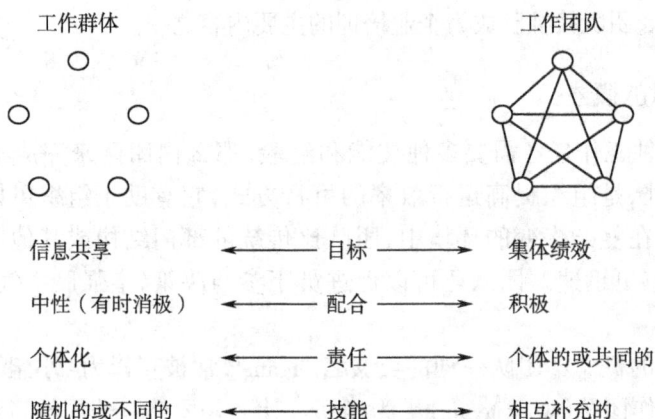

| 工作群体 | | 工作团队 |

信息共享	←—— 目标 ——→	集体绩效
中性（有时消极）	←—— 配合 ——→	积极
个体化	←—— 责任 ——→	个体的或共同的
随机的或不同的	←—— 技能 ——→	相互补充的

图 9-4　工作群体与工作团队的区别

团队的建立为组织创造了一种潜力,通过发挥工作团队的积极协同作用,能够使组织在不增加投入的情况下提高产出水平,提高组织绩效。仅仅把工作群体改称工作团队,并不能自动地提高组织绩效。还要了解高绩效的工作团队应具备的特征,并保证工作团队具备这些特征。

4.团队精神与集体主义的区别　"集体主义"是与"个人主义"相对的基本道德原则,是集体利益与个人利益发生矛盾时的"正确的"价值取向。它要求一切"以人民群众的利益"为根本出发点,强调集体利益的道德权威性,坚持集体利益高于个人利益,个人利益服从集体利益。尽管它也提倡集体利益与个人利益的结合与协调,要求二者辩证统一地发展,倡导"人人为我,我为人人"。团队精神则强调协同性和互补性。

笔记

5. **团队精神的特点**　强调的集体利益高于个人利益,个人利益服从集体利益的集体主义精神并无不妥,但是在管理实践中,既要反对一切以自我为中心,个人的自由高于一切,又不能过分强调这种趋同的价值取向追求,却忽视了人的个性与特长。团队精神主要体现在:

（1）发挥个性:这是团队精神的基础。团队的业绩首先来自于团队成员个人的成果,其次才是集体成果,团队所依赖的是个体成员的共同贡献。团队精神是尊重个人的兴趣和成就,设置不同的岗位,选拔不同的人才,给予不同的待遇、培养和肯定,让每一个成员都拥有特长,都表现特长。

（2）协同合作:这是团队精神的核心。团队的根本功能或作用在于提高组织整体的绩效水平,强化个人的工作标准也好,帮助每一个成员更好地实现成就也好,目的都是为了使团队的工作业绩超过成员个人业绩之和。团队的工作成效是协作精神的结果,团队成员才能的互补性,保证共同目标任务的完成在于发挥每个人的特长,使之产生协同效应。

（3）高凝聚力:这是团队精神的境界。团队精神的最高境界是全体成员的向心力、凝聚力。而向心力、凝聚力,来自于团队成员自觉的内心动力,来自于共识的价值观。这是从松散的个人集合走向团队最重要的标志。

综上所述,团队精神就是能够不断地释放团队成员潜在的才能和技巧;能够让员工深感被尊重和被重视;鼓励坦诚交流,避免恶性竞争;用岗位找到最佳的协作方式;为了一个统一的目标,大家自觉地认同必须担负的责任和愿意为此而共同奉献。

二、团队的类型

1. **问题解决型团队**　20世纪80年代团队刚开始盛行时,成员只是讨论如何改进工作程序和工作方法,交换意见或提出建议。他们几乎没有权力根据这些建议单方面采取行动。80年代以后,问题解决型团队发生了很大的变化,重点围绕着质量问题展开,定期开会讨论当前所面临的质量问题,分析和调查问题的原因,提出解决问题的建议,并采取行之有效的行动。

2. **自我管理型团队**　问题解决型团队在分析和解决问题方面确实是行之有效的,但在调动员工参与决策的积极性方面明显不足。自我管理型团队有很大的自主权,职责范围包括控制工作节奏的快慢、决定工作任务的分配、安排工间休息时间、检查工作程序。完全的自我管理型团队甚至可以挑选自己的成员,并让成员相互进行绩效评估。

3. **多功能型团队**　多功能型团队为完成某项任务,由来自同一等级、不同工作领域的员工组成。我国以前经常组织的"会战"、"攻关"等科研活动应属于临时性的多功能团队。多功能团队是完成组织任务的一种有效的方式,通过不同领域的员工之间信息交流,激发新的观点,解决重大问题,协调复杂的项目。但早期往往要消耗大量的时间进行协调,建立相互信任并能真正合作需要一段时间。

4. **虚拟型团队**　虚拟型团队是通过计算机技术把身处异地的人联系起来以

实现共同的目标。虚拟型团队同样可以完成信息共享、制定决策、执行任务等其他团队所能做到的全部工作。它不但可以联合组织内部所有成员,也可以联合不同组织间的成员(如各种协作伙伴)。目前开展的远程网络教育、远程医疗会诊等也具有这些特点。

与前三种面对面型团队不同的是,虚拟型团队具有三个显著的特点:①缺乏相互之间的言语和非言语性暗示;②社会交往有限;③可以克服时空约束。但在线的形式无法实现直接面对面的交流,无法满足成员进行社会情感交流的心理需要。

三、高效团队的创建

(一)团队的管理

1. 团队管理的原则　建立团队是要确保团队成员拥有共同的目标,并共同工作以实现目标。但是,不同的成员对目标的理解和界定可能不同,在建立团队之前,必须将目标明确。

(1)培养归属感: 团队建设最重要的先决条件是形成一种强烈的、积极的"归属感"。培养团队成员的归属感,增强凝聚力对于创建高绩效的团队显得非常重要。

(2)创造良好的氛围: 团队管理另一个重要的工作就是创造良好的运作大环境。创造一个良好的工作氛围,使成员对团队产生强烈的认同感,积极地为实现目标出谋划策。

2. 团队管理的途径

(1)角色界定: 使每个成员明确自己的位置、角色和责任、团队的规范,提高工作绩效。

(2)人际关系: 帮助成员在交往中学会如何善于互相倾听,详细了解其他成员的经历、个性特点,进行有效的交流,形成良好的社会意识及个人意识,促进成员共同工作。

(3)价值观: 通过成员间的相互理解,使成员理解所从事工作的立场和价值观。确保成员都拥有共同的价值观,认识个人的行为在团队的共同目标中应做的贡献。

(4)任务导向: 强调团队的任务以及每个成员任务的贡献,尤其是全体成员的技能以及如何共同做出贡献。任务导向途径强调成员之间的信息交流,完成任务所需的资源、技能以及实际步骤。

3. 团队管理的评估　对团队管理的评估主要在于考察团队的行为表现,成员紧密的交往程度、目标的共同性、共同的责任感、团队对成员的成长和发展的关心、影响力、成员技能的互补性以及团队工作的绩效等。以此评价团队管理的有效性和团队的特征。

(二)高绩效团队的特点

1. 团队的规模　理想的团队规模比较小,团队成员一般不多于12人,这样便于工作的顺利开展,增强相互交流,容易达成一致的意见。如果团队成员过多,

笔记

就会影响团队的凝聚力、忠诚感和相互信赖感。

2. 成员能力的要求　创建一个高效的团队,需要拥有三种不同技能类型的人:①具有技术专长的成员,能够解决实现目标过程遇到的各种技术问题;②具有解决问题和决策技能的成员,能够及时发现问题和提出解决问题的建议,并权衡这些建议作出有效的决策;③具有优秀的人际关系协调的成员,具有善于聆听、及时反馈信息、解决冲突及协调其他人际关系的能力。某种类型的人过多,另两种类型的人自然就少,团队绩效就会降低。

3. 角色的分配　团队有不同的工作需求,挑选团队成员时,应以员工的人格特点和个人偏好为基础。高绩效团队能够使员工恰当地匹配不同的角色,如配合默契的科研攻关班子(即高效团队),不仅成员具有创造性的思维和扎实的专业知识,而且根据每个人的个性特点安排不同的工作任务,使每个人充分发挥他的潜能。把成员安排到最适合他们才能的位置上,才能使他们为团队作出最大贡献。团队中不同的角色发挥着不同的作用,了解这些角色和作用,对于创建高效的团队具有重要的意义(表9-3)。

表9-3　团队角色与角色作用

角色名称	角色作用
创造者 – 革新者	产生创新思想,提出新观点或新概念
探索者 – 倡导者	倡导和拥护所产生的新思想
评价者 – 开发者	分析、评估决策方案
推动者 – 组织者	设定目标,制订计划,建立各种规章制度
总结者 – 生产者	提供指导坚持到底,保证所有的承诺兑现
控制者 – 核查者	检查具体细节,避免出现任何差错
支持者 – 维护者	处理外部冲突和矛盾
汇报者 – 建议者	寻求全面的信息
联络者	协调、合作与综合

大多数人都能够承担上述任何一种角色,但人们非常愿意承担的角色往往只有两三种。管理者应了解能够给团队做出贡献的个体优势,根据这个原则选择团队成员,使工作任务的分配与团队成员偏好匹配,使团队成员之间能够和睦相处。

4. 对共同目标的承诺　每个团队都制定有比具体目标要远大的愿景目标,这个目标是全体成员都渴望实现和富有意义的。团队共同的目标具有成员行为导向作用,成为大家共同追求的、有意义的目标,为成员指引了前进的方向、提供行为的动力,使成员愿意为之奉献。

5. 制定具体目标　愿景目标是宏伟的,高效的团队还必须把他们的共同目标转变成为具体的、可以衡量的、可行的绩效目标。明确的目标不仅使个体提高绩效水平,也能增强团队效率。通过具体的目标加强了团队成员间的沟通,还有助于团队把自己的工作重点和精力放在创造有效的结果上。

6. 领导与结构　目标是团队最终要达成的结果。要实现目标还需要团队领导和团队结构来提供实现目标的方向和工作的重点,以大家都认同的方式保证

笔记

团队在实现目标的手段上一致性。

团队的领导进行任务的分配,保证所有的成员承担公平的工作负荷;决定如何安排工作日程,需要开发什么技能,如何解决各种冲突,对决策作哪些修改;成员具体的工作任务内容,以及与团队成员个人的技能水平是否相匹配。这些任务既可以由管理者承担,也可以由团队成员通过扮演探索者—倡导者、推动者—组织者、总结者—生产者、支持者—维护者、联络者等角色来完成。

7. 科学的绩效评估与奖酬体系 高效团队可以使成员为个人及团队的目标和行动方式承担责任。团队成员明确哪些是个人的责任,哪些是大家共同的责任。制定科学的、合理的绩效评估与奖酬体系,除了根据个体的贡献进行评估和奖酬以外,管理者还应该考虑以群体为基础进行绩效评估、利润分享、小群体激励等其他方面的变革,才能增强团队的奋斗精神和承诺,创建高效的团队。

知识拓展

一个团队的生命周期

形成期:成员们共享个人信息,开始了解和接受他人,把注意力注意到组织任务上。组织内洋溢着礼貌的气氛,相互交往较为谨慎。

冲突期:成员们争权夺利,为获得控制权而钩心斗角。对于团队的适当发展方向争论不休,外面的压力也渗透到内部,各人维护自己权益,增加了组织内部的紧张气氛。

规范期:成员们开始以一种合作的方式组合,并在各竞争力量之间形成了一种试探性的平衡。组织规范得以产生,协调感一天比一天明显。

产出期:团队成熟,懂得应付复杂的挑战。能执行其功能角色,并根据需要自由交换,任务得以高效地完成。

结束期:即使是最成功的团队,迟早都要解散。随着使命的终结,成员重新回到原有的机构中。

(吴均林)

本 章 小 结

群体心理行为与管理是组织行为学的主要内容之一,本章着重介绍了:①群体概念及其相关心理行为规律;②非正式群体的特点以及创建高效团队的基本要素;③倡导团队精神和进行团队建设在当今科学管理中不仅可以增强群体的凝聚力,更重要的是可以提高管理绩效,更好地完成组织任务;④强调了在卫生管理实践中进行团队建设,提倡团队精神的重要意义。

笔记

【讨论思考题】

1.如何才能最大限度发挥群体每个成员的积极性?

2.管理者应如何正确对待非正式群体和发挥非正式群体的作用?

3.在卫生管理实践中应该如何进行团队建设?

4.请根据本章所学的知识,分析案例9-1中,两所医院的组织特点以及B医院运动队获胜的原因。

笔记

群 体 行 为

通过本章的学习,你应该能够:

掌握 群体压力、从众行为、群体决策、冒险转移、群体极化、群体思维等概念;社会助长、社会惰化、行为去个性化、群体冲突等概念。

熟悉 影响从众行为的因素、影响群体决策的方法、冒险转移发生的原因;社会助长发生的机制、影响合作与竞争的因素、冲突的相关理论。

了解 群体极化产生的解释、群体决策利弊;去个性化产生的原因、群体冲突的起因。

案例10—1

  2006年9月,席卷全国的"超级女声"曲终人散。这个最火的夏天,15万人报名参赛,主办台湖南卫视收视率稳居全国同时段所有节目的第一名,"超级女声"停获了千百万男女老幼的心。前十名的"超女"每人背后都有一大群"粉丝"(fans的音译),甚至由此衍生出诸如"玉米"、"凉粉"、"盒饭"等等"超女词汇"。"超女"唱片卖到脱销,各种与"超女"有关的书籍铺天盖地,满大街流行着"超女"服饰、"超女"发型,各大商家纷纷大手笔邀请"超女"代言广告,各大媒体争相报道、评论,社会各界无不为之侧目。"超女"的火爆可见一斑。"超女现象"已经不是一场简单的追星运动,而更像是一场全民运动。然而,为什么会有这么多人参加"超女"?为什么会有这么多人观看"超女"?这么多人支持"超女"?这么多人讨论"超女"呢?随着"超女现象"的平息,人们开始静下心来思考这场"超女风暴":"超女"究竟是一种什么效应呢?

  人作为社会整体中的一员,其行为和态度必然受到社会及其他成员的影响;同时,反过来也会影响群体中的其他成员,并由此对社会发生作用。社会影响(social influence)是指由于社会压力或作用使个人的行为与态度朝社会占优势的方向变化的过程。

  广义的社会影响包括个人间互动所发生的影响、群体对个人的影响、社会运行机制对个人的影响以及社会文化背景对个人的影响等多方面。本章将主要讨论群体对个体的影响以及群体中人与人之间的相互影响。

笔记

第一节　群体压力与从众行为

群体中成员的行为常常表现如此一致,在什么样的情境下人们会表现出一致的行为呢?哪些人更易表现出从众行为或更可能抵制从众压力?从众行为一定是消极的吗?

一、群体压力和从众的概念

(一)群体压力的概念

群体中既存在着群体如何影响个体,也存在个体如何适应群体的问题。群体成员的行为常具有依从群体的现象,当一个人在群体中与多数人的意见发生分歧时,会感受到一种无形的心理压力,有时由于这种压力的存在,迫使群体成员违背自己的意愿倾向于作出为群体所接受的或认可的行为反应。

所谓群体压力(group pressure),是指个体与群体规范出现不一致或分歧时产生的紧张和焦虑的心理状态。必须注意的是,群体压力与权威命令的不同,群体压力不是由上而下的、强制改变个体行为反应的明文规定,但群体规范却让个体很难违背从而产生趋同心理和行为。

(二)从众的概念

从众(conformity)是指个体的观念与行为由于群体的引导或压力,而朝与多数人相一致的方向变化的现象。日常生活中的从众,可以表现为临时情境中对优势行为的采纳,如为球赛喝倒彩、围观车祸、抢购处理商品等;也可以表现为长期接受优势行为与观念,如顺应风俗习惯、传统等。

从众是好是坏?对这个问题没有完全肯定或否定的答案。其实"从众"一词并不含消极的价值判断。由于西方文化并不赞赏屈从同伴压力,因此,北美和欧洲的社会心理学家给从众贴上了消极的标签(从众、服从、顺从),而非赋予积极的含义(社会敏感性、反应性、团队合作精神),这反映了他们的个体主义文化;但在集体主义文化社会与他人保持一致不是软弱的表现,而是忍耐、自我控制、成熟的象征。

(三)从众的实验研究

1. 谢里夫的研究　关于从众行为的实验研究,最初是由土耳其的社会心理学家谢里夫(M. Sherif)在20世纪30年代完成的。他利用知觉错觉中的自主运动现象设计了一个实验。自主运动现象是指人们在暗室里会把静止不动的光点看成是移动的现象。

实验是让被试坐在一个黑暗的屋子里,实验者在距离被试约5m的地方发出一个光点,首先要求被试各自独立估计一个实际上静止光点的移动范围,结果被试的反映差异很大,从几厘米到几十厘米。接着将被试三个人分为一组,单独估计时,甲认为光点的平均移动距离约为20cm,乙的估计为5cm,丙的估计为3cm。而他们分到一组一起实验几天后,他们各人的估计渐渐会聚到5cm左右,被试渐渐对光点移动距离形成了一致的判断,也就是说,对这个问题形成了共同的标准(图10-1)。更有意思的是,在研究结束时,实验者问被试他们的判断是否受到他

笔记

人的影响,结果被试都否认他人对自己有影响。谢里夫还发现,在情境越不明确时,人们受到他人的影响越大。

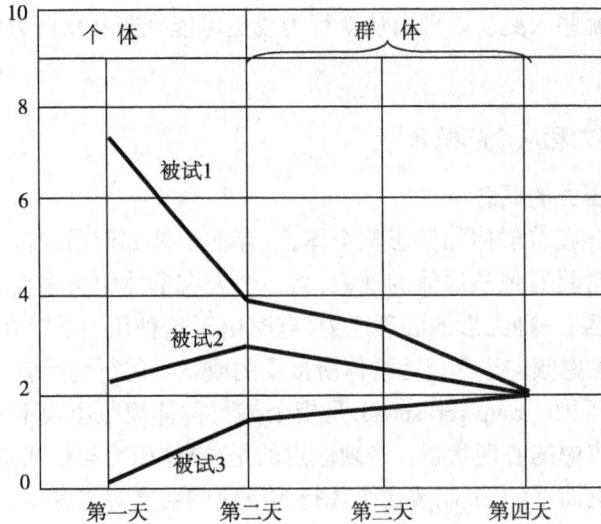

图 10-1　谢里夫的从众行为研究

谢里夫的实验表明,个体对事物的认识和判断是会受到他人影响的。在这个实验里,个体放弃自己的判断而同别人的意见和判断趋向一致的行为就是典型的从众行为。

2. 阿希的研究　在谢里夫的实验中,被试是在黑暗的环境、模糊的刺激情境下发生的从众,那么,如果在清晰的刺激情境下,人们还会从众吗? 20世纪50年代,美国社会心理学家阿希(S.E. Asch)做了关于从众行为的"三垂线"实验研究。

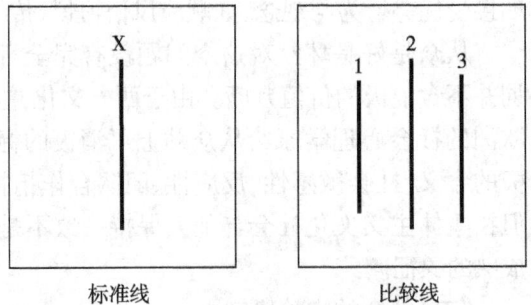

图 10-2　阿希从众实验图例

在这个实验中,只有1人是直接被试,其他人均为实验助手。以大学生为被试,每组7人,实验材料是18套卡片,每套2张。实验进行时,全组成员坐成一排,实验者每次向被试出示2张卡片,其中一张画有标准垂直线X,另一张卡片上有三根长短不一的垂直线1、2、3,里面只有一条垂直线与标准线等长(图10-2)。

实验者告诉被试,将要进行一项视觉判断实验,然后拿出一套卡片,让7个被试依次回答1、2、3中哪条与标准线一样长,真被试被安排在最后一个回答。18套卡片呈现18次,一直到第7次,实验助手都作了正确的选择,自然被试也作了正确的选择。但是从第7次开始,实验助手做了错误回答,真被试显得无所适从,他面临一个是相信自己的判断,还是跟随大家的判断的两难问题。实验结果是:

(1)约1/4到1/3的被试保持了独立性,没有发生从众行为。

（2）约有15%的被试在12次回答中有9次从众行为,约75%的从众反应。

（3）所有被试平均从众行为是35%。

实验结束后,阿希通过对被试的访谈,归纳出从众行为有三种:

（1）知觉的歪曲:被试确实把他人的反应作为参照构造,观察发生了错误。

（2）判断的歪曲:被试虽然意识到自己看到的与他人不同,但由于对自己的判断缺乏信心,因此认为多数人总比自己正确些。

（3）行为的歪曲:被试明明知道他人的反应是错误的,却跟着作出错误的反应。

另外,阿希还发现当卡片上的线段客观差异变小,正确回答的概率下降时,从众的比例也上升。这意味着情境越模糊,人们越难作出判断,越容易从众。

在阿希的实验中,并没有明显的压力迫使被试从众,而且被试知道不从众不会受到惩罚,从众也不会受到奖励,但服从群体意见的现象还是出现了,甚至那些抗拒从众的人也明显地变得不知所措,开始怀疑自己的眼睛。在第三种情况下,个体虽然意识到了群体的意见是错误的,但他们还是压制了自己的想法。如果说心理需要只有得到群体成员的支持才能得到满足,那么社会现实模糊不清时,群体答案就是正确答案。这一从众效应后来被许多心理学家多次重复。

二、从众的原因

（一）行为参照的需要

在很多情形下,人们由于缺乏恰当行为的有关知识,又不愿在行动时出错,往往需要从其他途径获得信息作为行为参照的标准。在情境不定的情况下,多数人的行为自然就成了最可靠的参照尺度。

例如,在不了解更多信息的情况下,人们更愿意到人多的商店购物,去人多的地方旅游。人们常常很自然地假定,那么多人的出现自有他们的道理,多数人行为的正确率总是比少数人的高,跟随多数人的行为从而获得较大收益的可能性远大于跟随少数人。有些不法商人雇佣"托儿"进行不正当促销行为之所以能奏效,正是利用了人们的这种从众心理。

（二）偏离群体的焦虑

任何群体都有维持其一致性的倾向和执行机制。对于遵守群体规范的成员,群体会接受、喜欢甚至优待他,但对于偏离者,群体则倾向于厌恶或排斥。所谓"木秀于林,风必摧之"说的就是这个道理。因此,在很多情形下,人们从众是为了被人接纳和避免被拒绝而产生焦虑。

社会心理学家沙赫特的研究发现,当群体发现有人与群体意见不一致时,会努力施加影响,使其与群体取得一致。实验中沙赫特安排三名实验助手以不同面目加入一个6人群体。其中一名所采取的态度与群体一致;一名开始态度偏离群体;一名始终保持偏离状态。结果,群体的其他成员花了大量时间,对两名偏离者施加压力,促使他们改变态度。当问及群体其他成员对三名新成员的评价时,群体明显表现出喜欢并接受从众者;厌恶与拒绝偏离者。对于原先态度不一致,但在群体的影响下改变了态度的新成员,群体已将其视作普通成员看待。而

笔记

215

对于始终不改变态度的一名成员群体倾向于将其抛弃于群体之外。

日常生活中,人们已经形成了尽可能不偏离群体的习惯,人们的从众性越大,偏离群体所产生的焦虑就越强。东方文化更倾向于鼓励人们的从众行为,因此,也更容易因偏离群体而产生焦虑。

(三)与群体融合的需要

群体对于成员从众行为的反应是接受、喜欢甚至奖励。青少年吸烟、文身、穿耳洞的行为不是为了迎合主流文化的价值取向,而是为了被同辈群体所接受。研究表明,与群体的行为保持一致可以使成员易为群体所接受。人们为了增加与群体的融合,甚至会模仿群体成员的表情、姿势及各种表达方式,群体规模越大、越有吸引力,引发的从众融合需要就越为强烈。

三、从众的类型

根据个体外显行为是否从众,以及外显行为与内心判断是否一致,可将从众分为以下四类。

(一)真从众

这种从众不仅在外显行为上与群体保持一致,内心的看法上也与群体保持一致。谢里夫实验中的群体一致属于真从众。由于实验情境中没有任何光点移动距离的参照,人们就自觉接受了群体的判断,在内心看法与行为上都与群体保持一致。在阿希的实验中,当线段的差异减小到一定程度时,个体的从众性质发生了改变,人们由于无法相信自己的判断是否正确,因而将群体的判断当作了评判的标准。与群体保持一致即真从众是个人与群体之间的理想关系,它可以避免个人产生心理冲突。

(二)权宜从众

有些情况下,个人迫于群体的压力,暂时在行为上与群体保持一致,但内心却怀疑或不相信群体,这种现象就是权宜从众。在实际生活中,权宜从众的现象极为普遍。由于存在各种利害关系,不管个体内心看法如何,行动上却必须与群体保持一致,否则就可能因此受到群体的制裁而付出很大的代价。

权宜从众个体的外显行为与内在看法不一致,个人处于一种认知不协调的状态。如果群体压力始终存在,而个体既无法脱离群体,又必须从众时,个体就会趋向于改变自身的态度和看法,与群体的意见保持一致,或者使自己的行为合理化,以弥补内在看法与行为之间的差距,使认知系统处于协调状态,从而转为真从众。

(三)不从众

不从众的情况有两类,即假不从众和真不从众。假不从众是指个体的内在看法虽与群体一致,但由于某种特殊需要的存在,行为上不得不表现出与群体不一致。比如篮球比赛中,由于裁判判罚不公球队因而失去决赛机会,队员们群情激愤欲殴打裁判。球队的领队,尽管情感上认同于球队队员,但行动上却必须保持冷静,不能鼓励队员们的这种极端行为。这就是表里不一的假不从众行为。

还有一类是表里一致的真不从众。个体不但内心观点与群体不同,行动上也与群体不一致,通常情况下,只有当群体对个体缺乏吸引力,个人行动时不需要考虑与群体的一致性时才出现。

四、影响从众行为的因素

(一)群体因素的影响

大量的研究证明,一定范围内从众行为随群体规模的增加而增加。阿希在研究中发现,2人一致意见构成的心理压力明显大于1人,3个人的一致意见又显著高于2人。但当规模达到4人及以上群体意见一致时,从众率不再发生明显的变化。杰拉德等社会心理学家进行了类似的研究,尽管结果不尽相同,但都反映了相同的趋势。即在一定范围内从众率随一致性的群体规模的增加而增加,最高从众率出现后,即使一致性的群体规模增大从众率也不再增加。米尔格拉姆的社会感染实验也证明了群体规模与从众率的关系。

群体自身的一致性是构成群体压力的最重要因素之一。当群体中的意见不完全一致时,从众的数量会明显地下降。无论持不同意见的个体是否有威望,从众的倾向都会大大下降。阿希的研究发现,当研究中出现一人与群体意见不同时,被试的从众率通常下降达75%。值得指出的是,即使持有异议的个体的回答是错误的,从众率仍然会降低。这些研究说明,对群体一致性的任何破坏,都会导致从众率的显著下降,原因有三:①降低了对多数派的信任程度。群体中出现的不一致的意见,说明了群体的意见是可以怀疑的。②当少数派的意见获得了他人支持时,增强了少数派自我判断的信心。③减少了少数派偏离群体而产生的焦虑感,降低了群体压力的影响,增强了个体独立思考和独立判断的意识。

高凝聚力群体对个体有较大的吸引力,各成员目标一致,活动协调,对自己所属群体有强烈的认同感,个体对群体的依恋情绪较大,在这样的群体中容易出现从众行为。反之,若群体内部矛盾重重,成员之间各自为政,群体对个体缺乏吸引力,因此,群体对个体的心理压力很难形成,从众行为也就较少出现。研究表明,群体的凝聚力越大,与个人关系越密切,个人就越是愿意采取与群体相一致的行为。社会心理学家多伊奇(M. Deutsch)等人做过一个阿希式的实验,他将实验情境变为几个竞赛小组,看哪个小组在线段对比实验中出错最少,并奖励出错最少的优胜者,以此来增加临时性小组的凝聚力。结果表明,与非竞赛性情境相比,在竞赛情境中,群体成员更倾向有意识地、自愿地形成一致意见。

(二)个性特征和性别差异的影响

社会心理学的许多研究已证实个性特征对于从众行为有影响。施奈德的研究发现,自我评价越高的人从众性越低。早年我国心理工作者的研究也表明,表现独立行为的被试对自己的评价积极肯定,有很强的自信心,深信自己判断正确;相反,易于从众的被试则表现出较低的自信,他们表示尽管"有几次我感到不对头,但还是跟从了大家"。艾克斯的研究发现,被试的果断性越强,则越倾向于不从众。董婉月的研究表明,认知方式倾向于场独立的被试,从众率明显低于场依存的被试。

(三)自我卷入水平的影响

人们的意见一经表达,便会强烈地意识到自己已经选择了某种态度。若由于群体压力人们被迫选择与多数人相同而与原来不同的态度时,人们会明确知道自己因屈服于群体压力而放弃了初衷,这种意识会激发人们的抗拒反应,从而倾向于作出不从众的选择。多伊奇等人的实验证明了这一点。多伊奇设计了四种情境来考察被试从众率的不同。这四种情境是:①实验的刺激呈现后,被试在听到群体其他人表达意见前,完全不表达自己的判断。②被试在听到别人意见之前,先在石墨魔术本上写上自己的答案(写字时,玻璃纸被石墨吸住,出现字迹,揭开玻璃纸,字迹即消失)。听完别人的反映后,再次写出自己的答案。③在听到别人意见之前,先将答案用普通的能随便抹去的纸张写下来,但答案不用交给实验者。④预先写下自己的答案,并签上自己的姓名,实验结束时交给实验者。四组被试在从低到高的四种不同自我卷入水平的情境下实验。研究结果表明(表10-1),随着自我卷入水平的增加,人们保持自己最后行为与原先判断相一致的倾向越突出,从众的比率也就越小。

表10-1　自我卷入水平与从众行为

条件	自我卷入水平	从众百分比(%)
无预先表达	低	24.7
魔术本私下表达		16.3
一般私下表达		5.7
公开表达	高	5.7

(四)文化差异的影响

文化背景有助于人们预测从众行为吗?詹姆斯·惠特克和罗伯特·米德(J. Whittaker 和 R. Meade)在七个国家里重复了阿希的从众实验,发现大多数国家或地区的从众比率较为接近,但津巴布韦的班图从众率却很高为51%(表10-2),而班图是一个对不从众者施加严厉制裁的部落。米尔格拉姆用不同的从众程序来比较挪威和法国的学生时,发现法国学生表现出较少的从众行为。弗拉格尔的研究表明,日本大学生比美国大学生更具有不从众性。

表10-2　从众率的种族差异

国家或地区	从众率(%)
黎巴嫩	31
香港	32
巴西	34
班图	51

五、从众的作用

群体压力和从众行为的作用具有双重效应,既有积极作用又有消极影响。

(一)从众是个体适应社会生活的必要手段

任何一个社会,无论从社会功能的执行,还是从社会文化的延续上来讲,与

笔记

多数人的观念和行为保持一致是必要的。社会需要共同的语言、共同的价值观与道德观以及共同的行为方式,只有这样,人与人之间才能顺利地进行交往,社会秩序才能得以维护,良好的道德风尚才能得以发扬。就个体而言,如果不能在很多方面与社会中多数人保持一致,那就可能会被社会群体视作异类,从而产生巨大的心理冲突;相反,若个体为了适应社会生活,采取了从众行为,则可以减少心理冲突,维持心理上的平衡,从而顺利地适应社会生活。对任何个体而言,无论其天资多么聪慧,知识的积累也是有限的,不可能多到足以适应他所遇到的每一种社会情境。因此,个体行为与社会主导倾向保持一致,在最大程度上有助于人们迅速适应社会的要求。

(二)盲目从众会使个体失去个性和创造性

从众有助于群体成员产生一致的行为,促进群体内部的团结,增强凝聚力,维持群体良好的秩序和工作效率,有助于群体目标的实现。从众的消极作用在于,容易窒息成员的创造性,养成人云亦云的不良习惯,容易压制正确意见,在表面一致的情况下,产生小群体意识和个人支配的局面。从众是在群体压力下引起个体行为或信念发生改变的倾向。因此,从众是一种被动地接受群体影响的方式,如果盲目从众,缺乏独立思考,会使个体失去自主性,限制个体创造性思维的发展。正确的做法是从众但不盲从,顾忌社会规范,但也考虑自己个性和创造力的发展,尽量消除从众可能带来的不良影响。

第二节　群体决策与群体思维

在现代组织中,决策往往不是由某个领导个人做出的,而是由群体做出的。因此,群体决策是组织行为学中一个重要的研究内容。

一、群体决策

(一)群体决策概述

群体决策(group decision)　群体决策是组织整体或组织的某个部分对未来一定时期的活动所作的选择或调整。

群体作为社会的一个单位,需要不断地应对社会的各种变化,以调整群体内部以及与其他群体之间的复杂关系,作出新的决策。这就决定了影响群体决策的因素是多方面的,有群体内部、群体外部以及问题本身等。

一般来说,在高度团结的群体中,群体成员比较容易获得他人的支持,也比较容易顺从他人的意见。高凝聚力的群体其追求全体一致的气氛会促使群体成员更多地进行群体决策,当群体中的个人和他人存在异议、意见被否决时,不会造成成员之间关系的交恶,更不会导致群体的解体。

民主型群体较专制型的群体更易采取群体决策的方式。因为民主型群体的首领是由大家推举的,首领的思想和意图不能远离群体成员的利益和要求,因此,常常进行群体决策。若某个决定涉及全体成员的利益,采用群体决策的方式,让大家畅所欲言,在广泛讨论的基础上产生决定,反映了绝大多数成员的意见和

笔记

要求,更容易受到大家的认可和执行。

(二)群体决策的方法

群体决策时,决策主体的决策能力不仅取决于诸如学识、胆略、经验等个人素质,而且还取决于组织中由个人素质组合所形成的整体智能结构和决策方式。最常用的群体决策方式有四种。

1. 头脑风暴法(brain storming) 又称脑力震荡法,指克服互动群体产生的阻碍创造性方案形成的从众压力。其方法是利用一种观念形成的过程,鼓励群体成员畅所欲言,尽量构想出尽可能多的主意和方案,不允许别人对这些观点加以评论。

2. 德尔菲法(Delphi technique) 又称专家决策法,是通过征求相关专家的意见而做出决策的方法。

3. 名义群体法(nominal group technique) 也称非交往程式化群体决策法,是指在决策过程中对群体成员的讨论或人际沟通加以限制。

专家决策法和名义群体法都是针对常规法的弊病而设计,以求尽量保证群体决策优势得以发挥,做到决策民主化。两种方法都使每人获得均等参与(发言及被听取)机会,相信每人的责任心与判断力,做到"非交往",即无辩论,无批判氛围,不同的是专家法采用的是"背靠背"的方式,而名义群体法则是采用"面对面"的方式。

4. 电子会议法(electronic meeting) 最新的一种群体决策方法是名义群体法与复杂的计算机技术的结合,称之为电子会议法。

电子会议的主要优势是:匿名、可靠、迅速。与会者可以采取匿名的形式,把自己想表达的任何想法表达出来。参与者一旦把自己的想法输入键盘,所有的人都可以在屏幕上看到。与会者可以坦率地表现自己的真实态度,而不用担心受到惩罚。而且这种方法决策迅速,因为没有闲聊,讨论不会离开主题,大家在同一时间可以互不妨碍地相互交谈,而不会打扰别人。

(三)冒险转移

决策行为本身可能存在风险。个人决策时,对决策方案风险性的偏好很大程度上取决于个体的冒险性大小。然而,群体决策是否会因集思广益,博采众长,从而比个人决策更为合理,更为有效呢? 大量研究表明群体决策的情况极为复杂。

组织行为学家对风险决策问题进行了大量研究,广泛涉及赌博冒险、投资冒险、获取成功冒险等课题。研究结果表明,独自进行决策时,人们愿意冒的风险较小,倾向于选择成功可能性较大的行为。而如果改由群体共同决策,则最后的决定比个人决策时有更大的冒险性。柯根(N. Kogan)等人的研究表明,个人单独决策时倾向于有70%的成功率才进行投资;而群体决策则把成功可能性标准降到50%,说明群体决策会接受冒险性更高的决定。

上述这种群体决策比个人决策更具冒险性的现象,被称为冒险转移(risk shift)。冒险转移的研究源自斯杜那(J. A. Stoner),斯他在工业管理方面的研究中比较了个人和群体进行冒险决策时可能存在的差异,以验证通常的想法:群体决策会比个体决策更加谨慎小心。但结果出人意料——群体作出的决策冒险性更大。以后很多的研究均表明，这种存在于各类决策中的冒险转移现象是人类社会的共同现象。对于冒险转移发生的原因人们有多种解释，大致可以归纳如下。

1. 责任分散　在下一节社会惰化问题的讨论中我们将会提及群体背景会直接导致个人行为责任意识的下降，责任意识下降的直接结果就是使人们的冒险性得到鼓励。有关去个性化的研究也证明，行为责任意识下降时，个人会变得敢于尝试通常被自我控制所抑制的行为。

2. 领导者倾向论　在群体讨论和决策中，可能会出现一个对其他成员影响较大的成员，在有组织的群体中，领导者就是这种成员。如果群体首领倾向冒险，那么群体决策就容易朝冒险性极端转移，如果群体首领倾向于保守，那么，群体决策就会向保守性极端转移。

3. 数量决定论　有的社会心理学家认为，群体决策是否冒险，取决于群体讨论开始时多数人的偏向。如果多数人一开始就倾向于冒险，那么群体决策就会向冒险性极端转移。如果多数人一开始趋向于保守，群体就会向保守转移。这是由于多数人所产生的压力迫使少数人不得不遵从多数人的意见。

4. 社会文化价值理论　群体决策是否发生冒险与群体所依赖的社会文化密切相关。研究已经证实，人们倾向于对高冒险性的人有较高评价。如影视作品中的人物往往被描绘成敢于战天斗地的英雄，他们胆大冒险的举动最终都赢得美女的青睐和巨大的财富。在人类文化价值取向中，高冒险与英雄气概往往联系到一起，从而使人们倾向于鼓励冒险。群体鼓励冒险的倾向，正是来自这种文化价值的影响。

冒险转移的本质是群体的"极端化转移"。进一步的研究表明，群体所带来的并不总是出现"冒险转移"效应。群体决策受多种因素的影响，有的情况下群体决策较之个人决策不是更冒险而是更保守。诺克斯(R. E. Knox)等人的研究发现，在赛马赌博下注问题上，群体决策下注的数目小于个人决策。实际上，群体决策的结果无论是更冒险还是更保守，本质上都是群体极化的结果。

（四）群体极化及其解释

群体极化(group polarization)，是指群体成员中原已存在的倾向性得到加强，使一种观点或态度从原来的群体平均水平加强到具有支配性地位的现象。

按照群体极化的假设，群体的讨论可以使群体中多数人认可的观点得到加强，使原来赞同这种观点的人更坚信其观点的正确性。而群体中原先持反对意见的人，经讨论后其反对的程度亦更为强烈。最终是群体的观点"极端化"，向两端方向发展，使原来不同意见之间的距离加大。

20世纪60年代以来大量的实验研究已经证明群体极化假设的正确性。莫斯科维西(S. Moscovici)等人的实验发现，群体讨论明显使法国学生对总理的积极态度得到增强，同时也使他们对美国人的消极印象加深。

对于群体极化现象的产生目前主要有两种解释：①社会比较促进极化。当一个群体被成员认同时，群体的价值理念被内化为成员自身价值的一部分。当群体就某一问题进行讨论时，群体讨论会对个体的选择产生影响。个体在选择自己的观点前，会首先考虑群体的价值取向，会考虑群体中其他人的看法。为了保持与群体的一致性,多数人会选择既与他人基本一致但又略微强一点的态度。这样既能表现对群体价值观的认可,又能显现自己积极思考的形象。②信息的促进作用。当群体中的某种观点获得最大程度认可时,会对其他成员造成影响,使某些群体成员被说服,进而改变他们原有的观点,转向支持这种有说服力的观点,从而使该观点在群体中出现极化。辛茨(V. B. Hinsz)的研究证明,信息是使态度在群体中极化的主要因素。在信息影响方面,积极的语言参与比被动地听别人陈述会引发更多的态度变化。

(五)群体决策的利弊

个体决策时由于受决策者个人经验、知识水平、决策能力、思想观点、欲望、意志等因素的影响,从而使决策带有强烈的个人色彩;而群体决策时由于有多人共同参与决策分析和决策制定,因而可以充分发挥集体的智慧。但无论群体决策还是个体决策都各具优缺点,两者均不能适用于所有情况,群体决策相对于个体决策的优点是:①拥有较完整的信息,决策的科学性得以提高。群体拥有个体单独行动时所不具备的多种经验和决策观点,因为具有不同知识背景、不同经验的成员在收集信息、解决问题的思路上往往有很大的差异,所以群体成员的广泛参与有利于提高决策的科学性。②产生更多的方案。由于群体成员来自不同的专业领域,其知识背景、信息渠道迥异,群体成员之间容易形成知识和信息的互补,进而能挖掘出更多令人满意的行动方案。③增强决策的可接受性。许多决策作出后由于不为人们所接受而以失败告终。但是如果让受决策影响和实施决策的群体成员参与决策的制定,那么他们就更可能接受决策,并鼓励他人也接受,这是因为群体成员一般不愿违背自己参与制定的决策。④提高决策的合法性。群体决策制定过程与民主思想是一致的,人们觉得群体制定的决策比个人制定的决策更合法。由于拥有全权的个人决策者不与他人磋商,会让人感到决策源于个人偏好和独断专行。

群体决策的主要缺点是:①消耗时间,效率低下。要组成由多个领域专家和成员形成的群体,并力求以民主方式来拟定满意的行动方案,这显然需要花费大量的时间,与个体决策相比群体决策的效率相对低下。②少数人统治。群体中由于成员之间知识、经验、语言技巧、自信心等的差异,群体决策可能为少数成员发挥其优势并驾驭其他成员创造机会,从而出现以个人或小群体为主发表意见进行决策的情况。③屈从压力。群体要求其成员之间取得一致的欲望总是强于取得最好效果的欲望,因而它抑制不同的观点、少数派的观点和标新立异的观点,削弱了群体中的批判精神,损害了最后决策的质量。④责任不清。群体中的责任由成员分担,但究竟谁对最后的结果负责却并不清楚。个体决策中谁负责任是明确具体的,而群体决策中每个成员的责任都被淡化了。

二、群体思维

(一)群体思维的概念及表现

高凝聚力的群体在进行决策时,人们的思维会高度倾向于要求一致,以至于使其他可行方案的现实性评价受到压制。这种群体决策时的倾向性思维方式,就叫做群体思维(group thinking)。

在群体思维的氛围中,决策缺陷的可能性将会增加。群体很难对所有的方案进行评估,他们将专注于少数一两个方案。在讨论偏好方案时,群体可能忽视其不明显的风险和缺陷。即使得到了新的信息,群体可能也不再检验之前被拒绝的方案。群体可能否定与偏好不一致的专家意见,而只关注偏好方案的信息。1986年1月美国发射挑战者号航天飞机的决策就是群体思维的产物,根据对挑战者号爆炸事件的调查,时间压力的增大和领导者未能鼓励批判性思考加剧了群体思维的决策缺陷。

知识链接

1961年1月20日约翰·F·肯尼迪就任美国第35届总统。肯尼迪年轻、睿智、英俊,出身于名门世家,是一名战斗英雄。他有一位聪颖美丽的妻子和两个可爱的孩子。肯尼迪在大选中击败尼克松,证明他是一位政治策略高手,他的智囊团和内阁成员也都才华横溢。

肯尼迪一上任便面临一个重大的外交决策——是否应该继续执行从艾森豪威尔政府开始着手的入侵古巴的计划。或许从21世纪的今天来看,把位于佛罗里达州145公里外的这个热带岛屿视为美国安全的主要威胁颇为奇怪。但那时正值冷战时期,在苏联支持下由卡斯特罗领导的古巴社会主义革命,被视为巨大的威胁。因此,艾森豪威尔政府计划派一小队由美国中情局训练的古巴流亡分子登陆古巴海岸,以便在古巴境内煽动一次大规模反对卡斯特罗的暴乱。

肯尼迪召集他的智囊团进行研究,经过长时间的深入的分析和讨论,他们决定采取行动。在1961年4月17日,一批由1400名流亡分子组成的部队入侵了古巴的猪湾。然而,入侵者几乎被卡斯特罗的军队全部歼灭,美国在这场战斗中一败涂地,在国内受到美国民众的质疑,在世界上引起了其他爱好和平的国家的谴责。事后,肯尼迪总统自问:"为何我们会作出如此愚蠢的决定?"

自20世纪70年代初起,耶鲁大学社会心理学家詹尼斯(I. Janis)就一直致力于群体思维的研究。他分析了美国各界高层决策失误的典型案例,如1941年珍珠港被攻击中美国军队的不设防、20世纪60年代中期美越战争升级以及20世纪80年代航天飞机"挑战者号"的错误发射等,詹尼斯发现群体思维的主要促进因素是群体的高度凝聚力、领导者倾心方案以及绝缘于专家意见。詹尼斯认为导致决策失误的群体思维有以下八种表现:①无懈可击的错觉。过分自信,以致蒙蔽了眼睛,看不到危险警报。②对群体道义深信不疑。相信群体的决策是正义的,不存在伦理道德问题,不理会外界在道德上提出的挑战。③合理化。以群体决策为借口使决策合理化,以减少来自外界的质疑,而不是重新对决策进行审视和评价。④对对手的刻板印象。陷于群体思维的人们往往认为对手难于协商,或者太弱小完全无法抵御来自他们的挑战。⑤从众压力。群体成员会否定那些对群体设想和计划提出质疑的人,而且有时候这种否定不是以充分的论据来回击,

笔记

而是针对个人的嘲讽,面对这样的嘲讽多数人都选择了从众。⑥自我压抑。由于异议往往会破坏群体的统一,所以人们往往会压抑自己对决定的疑虑。⑦一致同意错觉。自我压抑与从众压力的结果,使群体的意见看起来似乎是一致的,表面的一致性进一步使群体决策合法化。缺乏不同意见造成的一致性错觉甚至可以使罪恶的行为合理化。⑧思想警卫。思想警卫是相对于身体安全警卫提出的。群体决策形成后,某些成员会保护群体,使那些质疑群体决策效率和道义的信息不会对群体构成干扰。

(二)群体思维的过程

詹尼斯认为群体思维会导致决策缺陷,他分析了群体思维从原因到后果的各个环节,提出了理论分析模型(图10-3)。

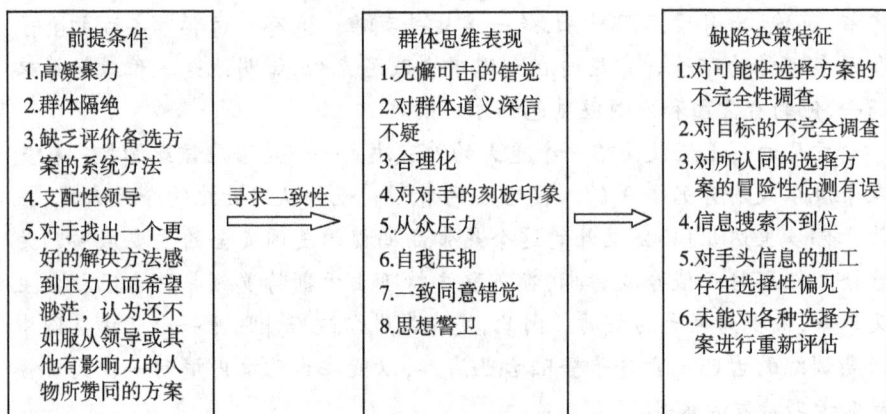

图10-3 群体思维理论分析模型

(三)群体思维的预防

群体思维常常在日常生活中发生,并造成严重后果。当今世界无论政治决策、军事决策还是重大的经济决策中,智囊团的运用已极为普遍,因群体思维而引发的决策失误的危险比以往更高。因此,寻求有效的方法避免群体思维的不良影响,减少决策集团的决策失误具有十分重要的意义。

詹尼斯在其1982年出版的《群体决策》一书中提出了防止群体思维发生的十种具体操作方法:

1. 使群体成员懂得群体思维现象及其原因与后果。

2. 领导者应保持中立,不要偏向任何立场(防止形成不成熟倾向)。

3. 领导者应引导每一位成员对提出的意见进行批评性评价,应鼓励提出反对意见和怀疑。

4. 应指定一位或多位成员充当反对者角色,专门提出反对意见。

5. 时常将群体分成小组,并让它们分别聚会拟议,然后再全体聚会交流分歧。

6. 如果问题涉及与对手群体的关系,则应花时间充分研究一切警告性信息,并考虑对方会采取的各种可能行动。

7. 形成预备决定后,应召开"第二次机会"会议,并要求每个成员提出自己

笔记

的质疑。

8. 在决议达成前,请群体之外的专家与会,并请他们对群体意见提出挑战。

9. 每个群体成员都应向可信赖的有关人士就群体意向交换意见,并将他们的意见反馈回群体。

10. 用几个不同的独立小组,分别同时就有关问题进行决议(最终决议在此基础上形成,以避免群体思维的不良影响)。

第三节　群体行为助长与惰化

群体行为助长与惰化既是社会影响的两种重要形式,又是社会影响行为的两种结果。组织行为学的研究表明,当人们从事某项活动时,有他人在场或共同参与会影响活动效果,这种影响有时会推动活动发展、提高活动效率;有时则干扰活动进程、降低活动效率。

一、社会助长

(一)社会助长的概念

社会助长(social facilitation)又称社会助长作用,是指个人对他人的意识(包括别人在场或与别人一起活动)所带来的行为效率的提高。

最早以实验方法揭示社会助长现象的是社会心理学家特利普斯特(N. Triplett)。实验过程是这样的:他让被试在三种不同情境下骑车完成40km路程。第一种情境是单独骑行计时时;第二种情境是骑行时让一个人跑步伴同;第三种情境是与其他骑车人竞赛。结果显示,在单独骑行计时的情况下,平均速度为每小时39km;有人跑步伴同时,时速达到50km;而竞争情境下,平均时速为52km。特利普斯特在实验室条件下,以完成计数和跳跃等任务,发现同样也存在社会助长作用。

(二)社会助长的性质

实验社会心理学家奥尔波特(F.H. Allport)在哈佛大学进行了一系列有关社会助长作用的研究。研究结果表明,社会助长作用广泛存在,它不仅可以引起人们行为数量上的增加,还可以提高某些工作中的行为质量。但是,他人在场或与别人一起工作,并不总是带来社会助长作用。随着工作难度增加,社会助长作用会逐渐下降,最终逆转为社会干扰。

卡特莱尔(N.B. Cottrell)等人的实验研究证明,群体背景究竟是起社会助长作用还是社会干扰作用,取决于工作任务的性质和个体对任务的熟悉程度。他安排被试在独自一人以及与群体一起两种情境中学习单词配对表。一类由同义词组成,学习起来非常容易;另一类由无关单词组成,非常难于学习。结果表明,在完成容易的任务时,群体背景有明显的社会助长作用;而在完成难度较大的无关单词配对时,群体背景下的成绩反不如独自一人完成时好。

(三)社会助长的机制

为什么他人在场会产生社会助长作用呢? 社会心理学家扎琼克研究后指

笔记

出，由于他人在场会导致唤起或激活（如面对一群听众时的紧张或兴奋感），而这种状态具有增强优势反应的倾向。对于简单而熟悉的任务，正确反应占优势，他人在场会加强这种反应，从而提高行为效率。而在完成复杂、困难的任务时，不正确的反应占优势，他人在场强化不正确的反应，妨碍任务完成，所以有阻碍作用。

随后的一些实验也以不同的方式验证了这个规律：无论优势反应是正确反应还是错误反应，社会唤起都会促进这种优势反应。亨特和希尔瑞（Hunt 和 Hillery）发现：他人在场时，学生们学习走简单迷宫所需的时间会变少，而学习走复杂迷宫所需的时间会增加。那么，他人在场是如何引起人们唤起的呢？有证据表明源于以下三个因素：评价忧虑、分心以及纯粹在场。

他人在行为背景中出现，会直接激发人们的被评价意识，使行为情境转化为具有外加激励作用的评价情境，从而产生评价忧虑。被评价意识的激发，使个体行为成为一个由高度自我意识支配的自我表现过程，行为朝着有利于自我价值确立的方向倾斜，寻求新的自我价值支持，或在自我价值遭遇威胁时进行自我保护。在被评价情境下，人们期望得到积极评价的动机被有意识或无意识地激发，从而导致行为效率的明显增加。被评价意识越强烈，这种作用就越强。有研究者做了这样一个实验，实验者是加利福尼亚大学的长跑者，他们在跑道上跑步时会遇到一位坐在草地上的女士，与这位女士背对着他们时相比，面对他们时长跑者跑步的速度会更快一些。卡特莱尔及其同事的实验证实了评价忧虑的存在。他们给观察者蒙上眼睛，结果发现与可以自由观察的人不同，蒙上眼睛的人在场并没有行为效率增加的预期反应出现。

弗里德曼认为在有些复杂性质的思维工作中，他人在场之所以造成社会助长作用，是因为他人的存在会导致注意力不集中。巴伦（R.A. Baron）研究认为：当考虑共事者在做什么或者观察者会怎么反应时，注意他人和注意任务之间的矛盾冲突就会使认知系统负荷过重，从而让人分心，当然也导致更高的生理唤醒。当任务简单时，由于分心造成的干扰就小，激起的唤醒足够克服分心造成的影响，从而导致更好的成绩。当任务困难时，激起的唤醒不能克服他人形成的分心，从而导致成绩的降低。不仅他人在场会引起社会干扰作用，有时非人的分心物的出现，如突然的灯光闪烁，也会产生这种效应。

扎琼克认为即使在没有评价忧虑或没有分心的情况下，他人的"纯粹在场"也会引发一定程度的唤起。例如，他人在场时让被试判断对颜色的喜好，他们的好恶程度会有所增强。尽管答案没有对错好坏之分，别人也无从评价，被试本应没有理由去关注他人的行为反应，然而，他人在场确实存在唤起作用。格林（Guerin）从所有社会促进的研究中，极为严格地删去可能存在对被试评价的研究，剩下13个可以充分验证单纯他人在场假设的研究。实验结果发现：单纯在场效应只有在他人的存在引起了被试不确定性时才会产生，而这种不确定性，引发一定程度的唤起。

笔记

性别助长是一种特殊的社会助长现象。我国学者金盛华1989年最早提出性别助长的假设,认为对于性意识发展成熟的人,异性有高于同性的特别行为促进作用。对于性意识发展已经达到成熟水平的个体,异性的存在会导致特殊的行为效率的提高,而对性意识尚未得到充分发展的青春期之前的儿童,则不存在性别助长现象。

1990年我国学者王青的研究证明了性别助长作用的存在。王青的研究发现尚未进入青春期的小学二、四年级学生,无论男生还是女生,同性注视与异性注视之间无显著差异,不存在性别助长作用,而对已进入青春期,性意识得到较高发展水平的小学六年级和初中二年级学生,男生在异性注视下完成仰卧起坐的次数明显高于同性注视;女生的结果较为复杂,同性与异性注视下小学六年级女生仰卧起坐完成次数没有明显差异,而异性注视下初二女生完成次数反而明显少于同性注视,显示出明显的性别差异。

李朝旭等人的研究表明,印象管理是性别助长作用的主要心理机制,印象管理引起不同条件下不同特征的男女行为者由于异性在场而出现行为朝向有利于自身形象的增强和抑制效应。男性的性别助长现象是因为男性个体受印象动机推动的缘故,当然,这也取决于异性关注者魅力的高低,高魅力异性关注下,倾向于以较好的表现来展示,从而博得她们对自己的好印象或积极评价;而低魅力异性的出现,会使男性产生更多消极情绪体验,以致对当前作业产生干扰。女性没有表现出性别助长效应,甚至表现异性抑制现象也源于类似动机。

日常生活中性别助长作用普遍存在,"男女搭配,干活不累,喝酒不醉"是人们早已总结出的普遍行为促进原则。

二、社会惰化

(一)社会惰化的概念及相关实验

社会惰化(social loafing)也称社会惰化作用,是指群体共同完成某一任务时,个人所付出的努力会比单独完成时减少的现象。德国心理学家林格尔曼(Ringelman)研究发现,在群体拔河比赛中集体所付出的努力仅为个人单独努力之和的一半。他设计了三种实验情境:①单独拉;②三人一组拉;③八人一组拉。并用仪器来测量他们的拉力。结果:独自拉时,人均拉力63kg;三人一组拉时,人均拉力53kg;八人一组拉时人均拉力仅31kg。这种共同完成一项任务时,群体人数越多个人出力越少的现象,后来在其他研究者的实验中也得到了进一步证实。

拉坦、威廉姆斯和哈金斯(Latane, Williams, Harkins和others)等研究者用测量被试拍手和呼喊声音强度的方法,也揭示了社会惰化现象的存在。实验结果表明,与个人单独实验的情况相比,参与实验的人数越多,每个人发出的声音越小。就像拔河比赛一样,制造喧闹声的任务也很容易受群体无效率的影响。

笔记

杰克逊和威廉姆斯（J. M. Jackson 和 K. D. Williams）总结了49个有关社会惰化问题的研究,结果显示:一起完成某一共同目标的群体越大,个人所做的努力水平越低。当群体规模增大到8人时,个人努力程度约为单独工作时的80%。

大量研究证明,社会惰化现象在现实社会中广泛存在。在前苏联,私有土地占总农用地的1%,但产量却是农业总产量的27%;在匈牙利,农民的私有土地仅占农场总面积13%,但其产量却占总量的1/3;中国自允许农民上交公粮后可以出售富余粮食以来,粮食产量以每年8%速度增长,这是前26年年增长率的2.5倍。

威廉姆斯研究证明,不同性别、年龄段的群体中均存在社会惰化现象。社会惰化作用虽然在强调个人主义的西方国家很明显,但在倡导集体主义的亚洲国家和地区也同样存在,如日本、泰国、马来西亚、印度以及我国台湾地区等普遍存在社会惰化现象。

(二)社会惰化的机制

组织行为学家从不同的研究角度提出不同的理论来解释社会惰化现象产生的原因。当人们不单独为某事负责或者其努力程度并不被单独评价时,群体情境(拔河、喊叫等)下所有群体成员的责任感被分散,个体评价忧虑降低,社会惰化现象就会发生。因此,激励群体成员的一种策略就是使个体作业成绩可识别化。当个体的行为可以单独评价时,人们会付出更大的努力,如游泳队的队内接力赛,若有人监控并公开报出每人所用时间,那么队内游泳的速度会明显提高;一旦可以对个人行为进行单独评价,即使没有额外报酬,流水线上工人们生产的产品仍然增加了16%。

当群体共同完成某一工作任务时,如果不管个人对群体作出多少贡献,报酬却始终平均分配时,也易引发社会惰化现象的发生。由于担心个人良好的工作表现所带来的奖励会被群体中其他成员分享,担心别人搭便车而自己的利益受到损害,个人会降低努力的程度,尤其是随着群体规模的扩大,搭便车坐享其成的效应会越发明显。因此,在群体中与他人一起工作时,个人努力和奖励间的关系会变得比个人独自工作时更加不确定,容易导致社会惰化行为的出现。

当然,团队性质的工作也并不总是引发个体的偷懒行为。有证据表明,当任务具有挑战性、吸引力、引人入胜等特点,且需要每个成员尽最大努力时,群体成员的努力程度就会增强。奥运划艇赛上,划手在8人一组的群体赛和单人划、双人划时相比不会更不卖力。因此,为群体拟定一个具有挑战性的目标并为之奋斗,让群体成员坚信积极努力能够取得好的作业成绩并带来回报,可以提高整体的努力程度。

三、行为去个体化

(一)行为去个性化的概念

去个性化现象最早是由费斯廷格、奥尔伯特和纽科姆(Festinger, Allport 和 Newcomb)提出。费斯廷格和他的同事设计了一个实验,让被试在不同的情境下评价自己的父母。实验分为两组,一组在课堂上进行,具有高辨认性;另一组在一间昏暗的教室里进行,被试每人都穿着布袋装,被掩盖起来,具有低辨认性。

笔记

结果低辨认组的被试对自己的父母批评颇多,而高辨认组的被试则较少。

行为去个性化(de-individualization)是指群体中的人们感到自己被淹没在群体中,丧失了对自我的控制,进而丧失了他们的个人身份。在群体的庇护下,一旦人们处于去个性化状态,就会表现出无自知性、行为与内在标准不一致、自制力低等现象,结果导致人们可能加入到重复的、冲动的、情绪化的,有时甚至是破坏性的行动中去。

社会助长研究表明群体能引发人们的唤起状态,社会懈怠实验则揭示群体会扩散责任。一旦唤起和责任扩散结合到一起,个人在群体中就可能敢做独处时不敢做的事情。比如,歌迷对歌星的疯狂追捧,足球场上球迷的挑衅闹事等。由于去个性化条件强化了个体对特定群体规范的相符行为,于是个体便不再按照自己的规范准则行事。

(二)去个性化产生的原因

1. 匿名性 根据津巴尔多(Zimbardo)研究,群体处于激励性的、充满令人心情紊乱的刺激状态下,尤其是群体成员不易被识别的情境下,易使成员产生去个性化。

津巴尔多发现,实验室内穿着白色外套和带着头套的女性被试比穿着普通衣服、配着写有姓名的身份牌的女性被试,在实验中对受害者(由实验助手所扮演)施以更长时间的电击(其实是假电击)。可见,当群体成员穿着一致的服装时,个体被淹没了,因为匿名别人不知道自己是谁结果导致了无克制的攻击。

华生(Watson)搜集了世界上许多文化中有关人类学的资料,发现在士兵上战场之前对他们进行伪装,如使用战时油漆涂脸,与他们在交战时所表现出来的残酷无情高度相关。

里帕(Lippa)指出,去个性化尤其可能潜伏于大机构的群体中。因为在这些机构中,人们丧失了他们的个人身份和特征,例如,在大多数国家里,士兵被剃掉头发,编上番号,穿上标准统一的制服,被训练成服从命令而非服从内在道德标准的人。"好士兵"在群体中淹没了自己,成为了专业的攻击机器。

2. 去个性化行为者的主观态度 群体中的成员往往不是以个人的身份出现,而是具有群体意义,以群体的形式出现,这样群体就淹没了个性,群体成员的自我感觉减少,行为缺乏自我控制。尤其是在激励性的、过激的群体状态中,个体注意力集中于他们周围发生的戏剧性事件,而不是自己内在的价值标准以及态度,因此,无法以内在的标准来支配自己的行为。

彭蒂斯顿(Prentice-Dunnhe)等人为了考察去个性被试的主观态度,让去个性化的男大学生对无辜受害者施以电击(其实是假电击),然后要求他们将自己在实验过程中的体验描述出来。结果去个性化的被试认为自己情绪稳定,自觉性不够。由于去个性化减少了自觉性,表现在行为上具有冲动性、无约束性与破坏性,因此,他们肆无忌惮地为所欲为。被匿名的暴徒往往表现无恶不作。

第四节 群体合作与竞争

人们总是生活在各种群体之中,群体与群体之间、群体内各成员之间为实现

笔记

共同利益或各自利益而实现的合作与实现自身利益而展开的竞争,是人类实践活动中相互作用的两种基本形式。

一、合作与竞争概念

(一)合作的概念

合作(cooperation)是指不同个体为了共同的目标而协同活动,促使某种既有利于自己又有利于他人的结果得以实现的意向或行为。合作既是人们为实现共同目标或各自利益而进行的相互协调活动,也是为共享利益或各得其利而在行动上相互配合互动的过程。

成功的合作需要具备一些基本条件,首先,要拥有共同的目标,这是合作的前提;其次,行动上相互配合,为了实现共同目标,需要借助于合作者拟定并认可的、具体的行动方案,合作者清楚自己在其中的任务并努力完成;最后,共享成果,合作的目的就是共享其利或各得其利。

合作的形式多种多样,按合作层次可以将合作分为简单合作与复杂合作。简单合作是合作内容和过程相对简单的合作,主要涉及日常生活的各个方面;复杂合作是合作内容和过程较复杂的合作,往往涉及政治、经济、军事等多个领域的合作。按合作内容来分,可以将合作分为经济合作、政治合作、文化合作、科技合作、军事合作等。

(二)竞争的概念

竞争(competition)是指不同的个体为同一个目标而展开争夺,促使某种只有利于自己的结果得以实现的行为或意向。竞争是人类实践活动中相互作用的另一种基本的形式,竞争贯穿于人类社会的发展历程,同样也贯穿于个体或群体的生存和发展之中。在人类实践活动中,不同主体的各方面的需求或利益不可能同时均衡地得到满足,因而势必导致某些有限的社会资源成为人们共同追求和争夺的目标,从而使相互之间产生竞争。

人类社会的竞争同样存在多种多样的形式。按照人的需要层次,可以将竞争分为生存竞争和发展竞争。生存竞争涉及主体的存亡、温饱、安全等基本需要。发展竞争属较高层次的竞争,涉及主体较高层次的需要。还可以根据竞争的内容把竞争分为经济竞争、政治竞争、军事竞争等。

二、竞争、合作与利益

(一)竞争与合作的辩证关系

作为人类在实践活动中相互作用的两种基本形式,竞争与合作是有区别的,首先,产生条件不同。合作是在不同主体利益一致或各自利益难以独自获取的条件下产生的,而竞争则产生于不同主体利益相斥的条件之下。其次,实现目的不同。合作的目的是使合作者各受其益或各自得利,而竞争的目的是让"优"者取胜。第三,态度行为不同。合作时要求合作伙伴间相互配合、相互信任,维护共同体内部的协调关系,而竞争则是对手之间相互否定、相互较量,促使共同体的分裂瓦解。第四,结果不同。合作的结果是各得其所,而竞争结果则是优胜劣败。

同时竞争与合作又相互依赖、相互促进。一方面,合作离不开竞争。优胜劣败的竞争结果不能满足不同主体的共同利益,在此前提下,以共享利益或各自得利为结果的合作才有必要产生。另一方面,竞争也离不开合作。竞争是在特定的时空范围内把不同主体的同类活动集中起来,加以较量、对抗、竞长争高,但若没有不同主体共同配合一起活动,就无竞争可言,因为独立主体的单独活动构成竞争。

竞争与合作是相互联系辩证统一的。竞争存在于合作之中,合作以竞争为前提。没有合作的竞争是软弱无力的或具破坏性的;而没有竞争激励的合作,是没有活力和生命力的。至于人们之间是合作还是竞争,是以能否满足各自的利益为前提。如果利益一致,且共同努力有助于各方利益在更大程度上的满足则出现合作,但如果各方存在不可调和的利益冲突,一方利益的满足是以他方利益的牺牲为代价,则不可避免会导致竞争。

20世纪40年代后期开始,各国社会心理学家对合作与竞争问题进行了大量的、长期的研究,研究者们得出了一个具有共同倾向性的结论:与合作相比较,人们更倾向于优先选择竞争的方式。典型事例就是"公共地悲剧"。早在中世纪时期,英格兰乡镇中心允许人们在公共草地放牧,如果人们能适度地利用牧场,草地再生的速度可以与消耗的速度相匹配,植被能够生长。但若超载放牧,公共草地将不可避免地会变成一片荒芜的土地。结果是人们尽可能多地增加牲畜的存栏数,使自己利益最大化,最终导致"公共地悲剧"的发生。可见,当存在潜在的利益冲突时,人们选择竞争而非合作。很多现实中的问题本质上与此类似,如森林资源的乱砍滥伐、生态环境的破坏污染,均是同样的原因所造成的。这些事实说明,人们在利益诱惑下,更倾向于选择竞争而不是合作的方式,即使明知竞争的后果不利于公共的利益依然会如此。

(二)竞争与合作的策略取向

在具体情境下,人们是选择合作还是竞争,涉及策略取向的问题。由于决策不是个人单独作出的,而是不同参加者在相互作用过程中作出的,因此,情况极为复杂。在许多对策游戏中,一种名为对策论的数学理论提供了理想的策略,按照该理论的指导按部就班地实施,可以获得最大利益。但实际情况是人们并不总是按照理想的策略办事。

多伊奇和克劳斯(M. Deutsch和R. Krauss)对合作与竞争策略取向进行了深入的研究,卡车游戏就是其中的一项经典实验。这是一种角色扮演游戏,有两人参加实验,分别扮演阿克米(ACME)和波尔德(BOLT)运输公司的司机。两家公司都有一批货物急需运送,运送路线如图所示(图10-4)。显然,两人都有两条路线可以选择,一条是里程远的备用道;另一条是里程短的主干道,双方在主干道上有一段共用通路,且双方各自在主干道两端设置了一道控制门。全部线路都是单行线;备用道是各自的专用通道可以互不干涉;但主干道较窄,一次只允许一辆车通行,否则双方就会堵在路上。游戏规则规定货物运送至目的地所用时间越短,则获得收入越多。

笔记

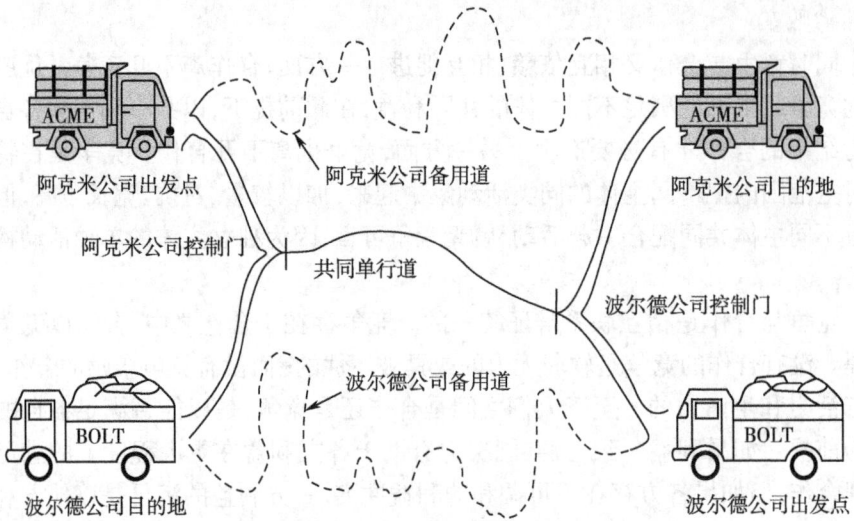

图10-4　卡车游戏道路图

按照对策论的观点,阿克米和波尔德两家运输公司的司机应该都开启自己的控制门,并轮流使用主干道,这样双方获得的报酬都可以最大化。然而,实验结果却表明,双方都力图抢先从主干道通过,很快两车狭路相逢、僵持不下,双方司机均待在原地希望对方给自己让路,无果,于是一方返回始发地并关闭了控制门,迫使对方也不得不返回始发地,最后双方都只能通过里程较远的备用道来运输货物。

实验表明,在能相互制约的前提下,尽管合作能使双方获得最大的利益,但人们却往往倾向于采用制约对方的手段而致两败俱伤。

知识拓展

1957年鲁斯和莱法(R. Luce 和 H. Raiffa)进行的囚徒困境研究是探讨合作与竞争策略取向的一项经典实验。在这一研究中,有A、B两个嫌疑犯,被警方怀疑共同参与了一项犯罪活动,但警方没有足够的证据给他们定罪。为了让他们招供,警方将他们单独囚禁,并在分别进行的审讯中采取了相应的策略:①若嫌疑犯自己认罪,将被无罪释放,而同伙被判刑15年,反之亦然;②如果嫌疑犯和同伙都认罪,则两人各被判刑10年;③如果嫌疑犯和同伙都不认罪,那么两人只会被判刑1年。显然对两嫌疑犯来说最佳的选择就是都不认罪。但由于双方不能互通信息,选择不认罪意味着冒很大的风险——若对方认罪,则自己就会入狱15年。于是,A、B两嫌疑犯都会这样考虑:如果自己认罪,有可能不用坐牢,最坏的结果也是与对方一块儿坐10年的牢;如果不认罪则有入狱1年和15年的可能。两人面临的选择如图10-5所示。

		嫌疑犯A	
		认罪	不认罪
嫌疑犯B	认罪	各判刑10年	B被释放 A判刑15年
	不认罪	A被释放 B判刑15年	各判刑1年

图10-5　囚徒困境

实验结果发现,大多数被试宁可竞争而不愿合作,理由是尽管以最小的代价获得最大的收益是重要的,但获胜感也很重要,若能超过别人、战胜对手,宁愿接受较少的收益,实现自我价值。

三、影响合作与竞争的因素

20世纪90年代产生的竞争合作理论提出:"完全损人利己的竞争时代已经结束","为了竞争必须合作,以此取代损人利己的行为。"影响合作与竞争的因素主要有以下几种。

(一)个性特征

一个人的个性特征对于跟别人的交往中采取合作抑或竞争行为影响很大。好胜的人倾向于在各种活动中与别人竞争;而富有自制力的人较易于与别人合作;多疑的人则难以与人合作。A型性格的人鲁莽冲动,有较强的竞争性,自然比B型性格的人更容易卷入竞争和冲突。成就动机强的人,时时处处与别人竞长争高,有更强烈的超越别人的愿望,在与他人相处中倾向于选择竞争。

(二)相互作用的次数

鲁宾和布朗(J. Rubin 和 B. Brown)对影响合作与竞争的因素进行了大量的相关研究,发现人们之间相互作用的次数是影响合作与竞争的因素之一。实验是这样进行的:让两名被试分坐在两间小屋内,面前均放置黑、红两个按钮,要求被试必须按其中一个按钮。若两人都选择黑色则各赢1元;若两人都按红色按钮则各输1元;若一人选择红、另一人选择黑,则选择红的人赢3元,选择黑的输2元。结果发现:如果要求被试做一次这样的游戏,则两人更倾向于竞争;如果要求被试重复多次这样的游戏,则两人更倾向于尝试合作。因为若只做一次游戏,被试不必考虑未来的行为,因此试图更多地利用对方来获取自己的最大利益。而多次重复这种游戏,被试双方就会逐渐知道对方每次可能作出的选择,于是尝试着合作。

(三)奖励

奖励是否会影响人们采取合作或竞争的行为?组织行为学家对此进行了大量的实验研究。他们根据被试在实验中的不同表现给予相应的奖励,随着奖励的内容以及额度的改变,被试选择合作或者竞争的趋势也会随之发生相应的变化。在大多数的研究中发现,只是给予实验被试分数或者虚拟的金钱或者可能是数量很小的金钱奖励,对被试而言,在实验中表现好与表现不尽如人意并无实质上的差别。因此,自我肯定超越竞争对手的心理倾向会超过通过合作赢得金钱的心理倾向;然而,当奖励额度较大时,被试赢得金钱的心理倾向就会表现得更为强烈。

心理学家盖洛(Gallo)和谢波什(Sheposh)的相关研究均取得了类似的结果。凯利等人的研究也证实了该结论。但是,相反的研究结论也有报道。例如甘波特和埃波斯坦(P. Gumpart 和 J. Epstein)在研究后认为金钱刺激实际上降低了选择合作的可能性。

总之,奖励对合作或竞争倾向的影响极为复杂的。在一定情况下,增加报酬对合作影响不大。但减少报酬则使人们倾向于竞争。研究者们认为,实际上,实验的参与者有两种不同动机,一是赢得金钱,一是超越别人。当报酬减少,从而赢得金钱的动机退居次要位置时,人们的行为主要受战胜别人的动机引导,从而竞争倾向增强。

(四)信息沟通

威克曼(H. Wichman)的研究验证了沟通对于合作的影响。威克曼将囚犯困境设计为四种实验情境: ①看不见同伴; ②可以看见,但不能谈话; ③看不见,但可以谈话; ④看得见,可以谈话。结果证明: 合作率与沟通水平呈正相关,沟通水平越高,合作率也越高。无沟通与有非语词沟通时,合作率仅约40%;而准许语词沟通或可以直接进行面对面沟通时,合作率达70%以上。

信息交流使合作率增加的主要原因是使参与者错误判断的可能性减少。参与者在竞赛时常常错误地觉察对方的意图,一般倾向于认为别人会选择竞争,从而以竞争的方式做出反应,迫使对方也不得不选择竞争。当可以进行信息交流时,不但错误判断的可能性减少,而且通过交流可以增进相互之间的了解和信任,从而促进合作。

(五)外部威胁

当人们共同面对危机的时候,群体的归属感高涨,群体内合作精神增强。《纽约时报》报道,"9·11"事件发生以后,"由来已久的种族对抗已经缓和";美国纽约市长朱利亚尼在"9·11"后的新闻发布会上使用的"我们"这个词比以前多了一倍;乔治·布什的政绩支持率也反映了这种外部威胁带来的内部团结。"9·11"之前,他的民众支持率只有51%,而"9·11"之后,他的支持率则高达90%。有时候,国家领导人会刻意创造出一个假想的敌人来提高民族的凝聚力。

第五节 群体行为冲突与处理

群体冲突的发生有其必然性,它是个人、群体和组织各方面主观、客观因素共同作用的结果。由于冲突对组织和群体既有积极作用又有消极影响,因此,可以通过人为地影响和干预群体冲突的结果,尽可能发挥其积极影响而避免消极作用。

一、群体冲突概述

(一)群体冲突概念

"冲突"的字面意思为冲撞或对立。这种解释似乎简单明了,但冲突的内涵却远比其字面含义丰富而深邃。它既包括了国与国之间的战争、地区与地区之间的冲突,也包括不同文化、价值观、意识形态等的相互撞击,甚至包括个人内心深处思想观念的矛盾。

对于组织行为学研究的"冲突",由于学者们采用的理论观点和研究角度不

笔记

同而有不同的界定。美国著名管理学家勒温（Lewin）认为冲突是方向相反、强度相等的两种以上的力量同时作用在同一点（个体）时的情景。美国著名社会学家刘易斯·科塞（Coser）对冲突的定义是："冲突就是为了价值和对地位、权力资源的争夺以及为使对立双方受损或被消灭的斗争。"美国著名管理学家庞迪（Pondy）则认为冲突是组织行为中的一种根本性的动态过程。尽管各位学者因研究角度不同，对于冲突有着不同的理解，但人们对于冲突也达成了一些共识。

冲突是一个过程，它是个人与个人、个人与群体、个人与组织、群体与群体、组织与组织之间相互联系和互动过程中发展而来。群体的冲突是行为层面上的人际冲突与意识层面上的心理冲突的复合。冲突的主体可以是组织、群体和个人，而客体则可以是利益、权力、资源、目标、方法、意见、价值观、感情、程序、信息和关系等。冲突（conflict）是不同主体或主体的不同取向因对特定客体处置方式的分歧，而产生的行为、心理上的对立或矛盾的状态。

组织行为学框架内群体冲突（group conflicts）是指两个或两个以上的群体由于目标、利益、认识上互不相容或互相排斥，产生心理或行为上的矛盾，导致抵触、争执或攻击事件的发生。

（二）冲突的相关理论

1. 群体内功能失调理论　20世纪30年代至40年代，这种观点占主导地位，代表了大多数人的态度。这种观点认为所有的冲突都是不好的、消极的，它常常被作为暴乱、破坏、非理性的同义词，因此，冲突应该避免。大量研究表明，冲突是群体内功能失调的结果，常常是因为沟通不良；人们之间缺乏坦诚和信任；管理者对员工的需要和抱负不敏感等原因造成。该理论认为所有冲突都是不好的，因此，简单地对待引起冲突的个人行为。为了避免冲突的发生，提高组织和群体的工作绩效，必须仔细了解冲突的原因，以纠正组织中出现的功能失调。尽管大量的研究已经证明减少冲突会提高群体工作绩效的观点是错误的，但仍然有很多人使用这种标准来评估冲突情境。

2. 人际关系理论　20世纪40年代末至70年代中叶，人际关系理论产生，并取代功能失调理论而在冲突理论中占据统治地位。人际关系理论认为，对于所有群体和组织来说，冲突都是与生俱来、无法避免的。人际关系学派倡导接纳冲突，并使它的存在合理化。因为冲突不但不可能被彻底消除，有时它还有利于群体工作绩效的提高。

3. 相互作用理论　与人际关系理论接纳冲突不同，冲突的相互作用理论不但接纳冲突而且鼓励冲突。该理论认为，融洽、和平、安宁、合作的群体或组织容易对变革需要表现出静态、冷漠和迟钝。因此，应该鼓励管理者维持一种最低水平的冲突，这样可以使群体保持旺盛的生命力，勇于自我批评和不断创新。该理论认为冲突都是积极的或都是消极的观点是不正确的，冲突是好是坏取决于冲突的类型。因此，应该对冲突进行功能正常和功能失调的区分。

二、群体冲突的起因和影响

群体冲突包括群体成员的个人心理冲突（见第三章）；群体成员间的人际冲

笔记

235

突以及群体与群体之间的冲突。

（一）群体冲突的起因

1. 群体内成员之间的冲突

（1）信息的冲突：指由于信息沟通渠道不同，造成意见交流受阻而产生的隔阂与冲突。

（2）认识的冲突：指由于人们的知识、经验、观念观点等不同而引起的冲突。

（3）价值的冲突：指由于理想、信念、价值观不同，对人与事的是非善恶、好坏评价差异引起的冲突。

（4）本位基因冲突：指由于个人的小群体意识、本位主义、私心太重引起的冲突。

此外，还可以涉及由个人的行为习惯不良造成的冲突和个性与品德等本质基因造成的冲突。

2. 群体间的冲突

（1）领导者的影响：领导者的态度、行为、语言等因素除了影响群体内部外，还可能涉及群体间的关系。

（2）角色认识的差异：不同成员在组织中对自身角色的认识往往与组织的要求存在一定的距离，如果工作不能达到组织的要求，也可能会在群体之间引起冲突。

（3）小集团意识：由于组织内部各部门之间不当竞争，各自从自己的利益出发，引起敌对意识或攻击行为。

（4）组织协调不当：组织各部门之间在人力、物力、财力方面的矛盾。

（5）缺乏公平性：组织在各群体的资源分配、工作安排、技术要求以及奖惩制度等方面不公平导致群体冲突。

（6）其他原因：如组织机构不合理、规章制度不健全、责任制不明确，互相推诿或互相封锁造成的冲突和信息沟通不畅造成的冲突。

（二）群体冲突的影响

冲突的影响具有双重效应。根据其效应的特点可以分为建设性冲突和破坏性冲突。建设性冲突，亦称积极冲突，是指冲突的结果使矛盾向有利于实现整体目标的方向发展。如为了完成共同的任务，个人与群体由于意见分歧发生矛盾，有时甚至因误会导致冲突。然而，争辩中冲突双方由于信息传递的增加，可以促进相互之间的了解，集思广益，形成一致的行动方案，有利于共同目标的实现。

破坏性冲突亦称消极冲突，多指阻碍群体目标实现的冲突。个人之间、个人与群体之间或群体与群体之间对权力、地位、资源、和利益的争夺。这种冲突会影响群体内部的凝聚力、士气，甚至导致群体的瓦解；使信息沟通受到阻碍，是非颠倒；影响群体之间的协作，降低群体活动的效率，不利于整体目标的实现。

研究表明，群体之间的冲突，对群体内部的影响和对群体之间的影响并不相同。

1. 对群体内部的影响 ①增进群体内部的团结，使成员更忠诚于本群体，群体内部分歧减少；②使群体更加关注工作和任务的完成，而忽视对群体成员个人心理需要的满足；③领导方式由民主型逐渐转为专制型，群体成员心甘情愿忍受专制型领导；④群体内部组织严密、纪律严明；⑤群体要求其成员效忠和服从，形成"坚强的阵线"。

2. 对群体之间的影响　①冲突使每一群体将与之冲突的群体视为对立方，而非中立方。②冲突使群体产生偏见，只看到本群体的优点，而看不到自己的弱点。对另一群体则只看到其弱点，而忽视其优点。③对与之冲突群体的敌意逐渐增加，与对方的交往和沟通减少，使偏见难以得到纠正。

三、解决冲突的方法

（一）解决冲突的原则

布朗（L.D. Brown）在1977年著的《群体冲突的处理》一书中，提出了调节冲突的策略。他提出要把冲突保持在适当水平上。冲突水平过高时，要设法减低；冲突过少时，要设法增加；应从态度、行为、组织结构三方面调节冲突。

社会心理学家施米特（W.H. Schmidt）等在《分歧处理》一书中指出企业经理要警惕以下几种现象：①周围人唯唯诺诺的倾向，不敢提不同意见；②强调忠诚与合作过度，把意见分歧与不忠诚、背叛等同起来；③一遇分歧就要把它平息下来；④掩饰严重的分歧以维持表面的和谐与合作；⑤接受模棱两可的解决分歧的决定，让矛盾的双方对决议做不同的解释；⑥扩大矛盾以增强个人的影响，削弱他人的地位。

那么究竟应如何才能有效地解决群体中或群体间存在的冲突呢？组织行为学家们对解决群体冲突提出了如下原则。

1. 倡导建设性冲突，并控制在适度的水平　西方现代冲突理论认为冲突具有客观性、二重性和程度性。冲突的客观性是指冲突不可避免，因此，应承认冲突、正视冲突和预见冲突。同时应认识到冲突具有二重性，冲突既有积极效应又有消极影响，应引导冲突朝着建设性方向转化，避免冲突向破坏性方向发展。冲突应以适度为宜，过高或过低的冲突都会降低组织的绩效。

2. 实施全面的冲突干预，而非事后的冲突控制和问题解决　对冲突的干预不仅仅是冲突已经暴露出来后才实施，而是要对冲突产生、发展、变化、结果等全过程，所有因素、矛盾和问题进行全面了解和干预，对冲突应有全面的认识，并采取措施进行有效干预，减小或消除消极影响，扩大积极影响，提高组织绩效。

3. 不走极端，持中、贵和地处理冲突　中国传统儒家文化思想中的"持中"是指坚持中庸之道，凡事不走极端，取其两端择其中，以达到和谐的境界；贵和就是和为贵，和而不同，尊重差异性和多样性。在解决冲突的过程中要注意保持安定和谐的局面，不可走极端，采取得当的措施，求大同存小异，维护群体的整体利益。

（二）处理冲突的模式

1. 竞争　竞争是当目标不兼容而互动对于实现目标很重要时出现的情况。如果各方都追求同一目标，而只有一方能达成，此时各方就处于竞争状态。如果竞争状态失控或者出现对抗，那将没有规则或程序可言，此时的竞争将导致冲突。但如果各方就互动规则达成一致并且不再相互敌视，冲突又会演变为竞争。

2. 协作　协作指的是冲突双方均希望满足各方利益，并寻求相互受益双赢

笔记

的结果。在协作中,双方的意图是坦率接受差异并找到解决问题的办法,而不是迁就不同的观点。参与者对所有的方案给予关注,各种观点、各种依据被充分讨论。但在进行协作应注意以下问题: 协作是双方共同的问题,双方应有平等的地位和同等的待遇; 各方都应积极理解对方的需求,寻找对方满意的方案以及双方充分沟通。因为寻求解决办法是各方的当务之急,协作通常被认为是双赢的解决办法。行为科学家极力倡导用协作的方式解决冲突。

3. 回避 回避是指一个人可能意识到了冲突的存在,但希望逃避它或抑制它。漠不关心或希望避免公开表示异议就是回避。回避是既不满足自身的利益,也不满足对方的利益,试图置身于冲突之外,无视不一致的存在,或保持中立。实际上冲突各方都认识到事实上的差距,各方都各自为界。如果回避是不可能的或是不愿意的,则表现为压抑。当群体成员由于他们工作的相互依赖而需要相互作用时,很可能是压抑而不是回避。

4. 迁就 如果一方为了抚慰对方,则可能愿意把对方的利益置于自身利益之上。换句话说,迁就指的是为了维持相互关系,一方愿意作出自我牺牲。迁就的表现形式常常为传递愿意改善关系的信息; 赞扬或恭维对方; 不指责、评论、贬低对方以及给对方提供帮助等。

5. 折中 当冲突双方都愿意放弃某些东西,而共同分享利益时,则会带来折中的结果。没有明显的赢家或输家,他们愿意共同承担冲突问题,并接受一种双方都达不到彻底满足的解决办法。因而折中的明显特点是,双方都倾向于放弃一些东西。

在上述五种方式中,竞争和迁就都是一输一赢,回避是双输,协作是双赢,而折中则介于输赢之间。

（杨小丽）

本 章 小 结

本章介绍的主要内容如下:①群体压力是指个体与群体规范出现不一致或分歧时产生的紧张和焦虑的心理状态。②从众是指个体的观念与行为由于群体的引导或压力,而向多数人相一致的方向变化的现象。③群体决策是组织整体或组织的某个部分对未来一定时期的活动所作的选择或调整。④群体极化是指群体成员中原已存在的倾向性得到加强,使一种观点或态度从原来的群体平均水平加强到具有支配性地位的现象。⑤高凝聚力的群体在进行决策时,人们的思维会高度倾向于要求一致,以至于使其他可行方案的现实性评价受到压制。⑥群体间及群体内各成员之间总是为实现共同利益或各自利益而实现合作或者为实现自身利益而展开竞争。具体情境下人们是选择合作还是竞争并不总是按照理想的策略行事。

笔记

【讨论思考题】

1.试述群体极化是如何产生的。

2.影响合作与竞争的因素有哪些?

3.什么是社会助长?社会助长的机制有哪些?

4.什么是冒险转移?冒险转移发生的原因是什么?

5.群体决策的利弊有哪些?

6.结合案例10-1,为什么说"超女"现象也是从众现象?请分析从众效应的利弊及产生从众行为的原因。

笔记

第十一章

人际交往与沟通

学习目标

通过本章的学习,你应该能够:

掌握 人际关系的概念及其在组织中的作用; 人际吸引的概念及影响人际吸引的因素; 人际沟通的概念; 人际沟通的有效性; 人际沟通的相互作用分析; 组织中人际沟通的改善。

熟悉 组织中人际关系的改善; 人际沟通的一般方式; 组织沟通的特殊方式。

了解 人际关系的种类; 人际沟通的现代沟通理论。

案例11-1

公司为了奖励市场部的员工,制订了一项海南旅游计划,名额限定为十人。可是13名员工都想去,部门经理需再向上级领导申请三个名额,如果你是部门经理,如何与上级领导沟通呢?

第一种方法:

部门经理向上级领导说:"朱总,我们部门13个人都想去海南,可只有十个名额,剩余的3个人会有意见,能不能再给三个名额?"

朱总说:"筛选一下不就完了吗? 公司能拿出十个名额就花费不少了,你们怎么不多为公司考虑? 你们呀,就是得寸进尺,不让你们去旅游就好了,谁也没意见。我看这样吧,你们三个做部门经理的,姿态高一点,明年再去,这不就解决了吗?"

第二种方法:

部门经理:"朱总,大家今天听说去旅游,非常高兴,非常感兴趣。觉得公司越来越重视员工了。领导不忘员工,真是让员工感动。朱总,这事是你们突然给大家的惊喜,不知当时你们如何想出此妙意的?"

朱总:"真的是想给大家一个惊喜,这一年公司效益不错,是大家的功劳,考虑到大家辛苦一年。年终了,第一,是该轻松轻松了;第二,放松后,才能更好地工作;第三,是增加公司的凝聚力。大家要高兴,我们的目的就达到了,就是让大家高兴的。"

部门经理:"也许是计划太好了,大家都在争这十个名额。"

朱总:"当时决定十个名额是因为觉得你们部门有几个人工作不够积极。你们评选一下,不够格的就不安排了,就算是对他们的一个提醒吧。"

部门经理:"其实我也同意领导的想法,有几个人的态度与其他人比起

笔记

240

来是不够积极,不过他们可能有一些生活中的原因,这与我们部门经理对他们缺乏了解,没有及时调整都有关系。责任在我,如果不让他们去,对他们打击会不会太大?如果这种消极因素传播开来,影响不好吧。公司花了这么多钱,要是因为这个名额降低了效果太可惜了。我知道公司每一笔开支都要精打细算。如果公司能拿出三个名额的费用,让他们有所感悟,促进他们来年改进。那么他们多给公司带来的利益要远远大于这部分支出的费用。不知道我说的有没有道理,公司如果能再考虑一下,让他们去,我会尽力与其他两位部门经理沟通好,在这次旅途中每个人带一个,帮助他们放下包袱,树立有益公司的积极工作态度,朱总您能不能考虑一下我的建议?”

——案例来源:姜良.组织行为学.西安:西北工业大学出版社,2011

　　组织中人与人之间的关系、交往和沟通都会对个体和组织的工作效率、目标达成、心理氛围产生重要影响。本章将介绍组织中存在的各种人际关系,就如何增加自我的人际吸引力、改善组织中的人际沟通等问题进行探讨。

第一节　人际关系

　　人与人之间相互依赖性使得人际关系成为我们生存的核心。亚里士多德将人称为“社会性动物”。确实,我们有一种强烈的需要——与他人建立关系的需要。

一、人际关系的概念

　　人际关系(interpersonal relation)是人们在进行物质交往和精神交往过程中发生、发展和建立起来的人与人之间的关系。人们借助于语言、表情、动作等方式传递信息,从一定的目的和利益出发,形成组织,构成社会。人的社会化过程以及人类的一切文明,都是通过建立和发展人际关系才得以实现的。因此,人际关系本质是一种社会关系,它包含在社会关系体系之内,而社会关系有着更为丰富的内容,它通过各种复杂的人际关系体现出来。

　　人际关系的内容大致包括两个方面:物质关系和精神关系。这两个方面的人际交往是相互联系、互为条件的,它们都是人们的客观需要。物质关系是以生产、生活物质为条件的交往,如生产资料的占有方式、商品交换过程、经济分配形式等。精神关系是以语言、思想、感情为媒介的交往,如思想的传播、情绪的感染、感情的交流等。如果在交往中双方的需要能得到一定的满足,彼此就喜欢接近,产生友好、信赖的心理关系;相反,如果双方在交往中,其需要得不到满足,就会产生疏远、回避甚至敌视的心理关系。因此,人际关系反映的是人与人之间的心理距离。

二、人际关系的种类

　　人,是一切关系的总和。从时空角度看,人际关系是多维的、可变的,可按不

笔记

同标准将其分成不同类型。

（一）按人际关系的结构划分

1. 经济关系　经济关系包括宏观经济关系和微观经济关系。前者指集团之间、阶级之间发生的经济关系；后者指个人之间发生的经济关系。组织中人际间的经济关系可以表现在许多方面，有分工合作关系、分配关系等。

2. 政治关系　政治关系指人们在政治活动中所发生的人与人之间的关系。一般包括阶级关系、党派关系、民族关系、国际关系。政治关系是人际关系的一种，但并非所有的人际关系都表现为政治关系。即使某人是属于一个党派的成员或一个国家的领导人，他的每一个活动也并非都表现为政治活动，表现为一种政治关系。人际交往，是否表现为政治关系，不在于其是否为某一政治组织的成员，而在于其交往是否属于政治活动的范畴。组织中各党派成员在其政治生活中所结成的人与人之间的关系就是一种政治关系。

3. 法律关系　法律关系是人们根据法律规范而结成的关系。法律关系具有明显的特点：第一，它必须以法律为自己存在的前提，它是根据国家的法律规定而确立和进行调整的。第二，法律关系具有强制性，它是由国家强制力来保证的，不管谁触犯了法律都要受到处罚。人际间的法律关系，对于调整、稳定和发展人际关系有着重要的作用。个体与组织签订劳动合同，双方均需遵守法律规范。

4. 伦理关系　伦理关系指在道德规范调整的范围内所发生的人与人之间的关系。它与法律关系不同，首先，伦理关系不都是法律明文规定的，许多对人们行为有影响的道德伦理规范，并没有文字记载，而是在人们口头上流传，是约定俗成的。其次，伦理关系的产生比法律关系早得多，有人类就有伦理，有伦理就有伦理关系，而法律关系则是在有了阶级之后才产生的。第三，二者的作用不同，法律关系注重惩罚，伦理关系则着重于扬善惩恶。第四，二者对人们行为控制所依靠的力量不同，法律关系是由检察院、法院、公安机关等国家机构执行，是强制性的；伦理关系则是在人们长期交往中逐步形成的，它潜移默化于人们内心中，是依靠社会舆论的力量，依靠人们信念、习惯、传统的力量来维持的，是非强制性的。组织中人际关系的处理要充分尊重伦理规范。

（二）按人际关系的纽带划分

1. 亲缘人际关系　亲缘人际关系既包括以血缘为媒介联系结成的人际关系，如父子关系、母子关系、祖孙关系等；也包括以婚姻为媒介达成的姻缘关系，如夫妻关系、婆媳关系等。亲缘人际关系以家庭为中心，形成人际关系的网络结构。

2. 趣缘人际关系　趣缘人际关系指因情趣、爱好相同而建立的人际关系，如棋友、舞伴等关系。兴趣、爱好是建立趣缘人际关系的基础，友谊是连接这种关系的纽带。趣缘人际关系具有较好的感情基础。

3. 业缘人际关系　业缘人际关系指由于从事共同的或有关联的社会工作而建立的人际关系，如同事关系和同学关系、上下级关系、师生关系、师徒关系等。随着社会的进步，社会分工的细化，业缘人际关系已成为现实社会最重要的人际关系之一。

4. 地缘人际关系　地缘人际关系指以一定的地理空间为媒介达成的人际关

系,如老乡关系、邻居关系、同胞关系等。由于地理环境和文化背景不同,地缘人际关系表现出浓厚的文化传统和地方色彩。

(三)按人际关系的社会层次划分

1. 个人与个人交往　个人与个人交往又称私人关系,如朋友关系、夫妻关系、邻居关系等。在这种交往中,关系主体和关系对象均以个人身份出现。它的特点是:交往双方地位平等,双方均有选择行为的自由和解除关系的权力。

2. 个人与集体交往　个人与集体交往指在关系主体与关系对象的人际交往中,关系主体是通过关系对象与集体打交道,关系对象是集体的代表者。如一个员工与科室主任的交往,或者一个医生与院长的交往,虽然主任或者院长是一个人,但这种情景下,他们是代表这个科室或这家医院在与员工交往。这一层次人际交往的特点是:双方地位不平等,他们是从属关系,个人属于集体,受制于集体;双方没有选择行为的自由,个人的行为必须符合集体的规定,双方可以解除关系。

3. 个人与社会交往　个人与社会交往指关系主体与关系对象的交往中,关系主体通过关系对象与社会打交道,关系对象是社会某一职能部门的代表者。如一个人与警察、法官和税务官员的交往,病人与医生的交往,食品从业人员与食品卫生监督人员的交往等,皆属此层次。个人与社会交往的特点是:双方地位不平等,是一种支配关系,关系主体处于被动地位;关系对象对关系主体具有支配权力,关系主体的行为必须服从社会的要求;关系主体没有解除关系的权力和可能性。

三、组织中人际交往的作用

(一)产生合力

"团结就是力量"、"人多力量大"、"人心齐泰山移"都是讲这样一个道理,即许多人按照正确的方式联合起来,就会产生很大的力量,形成整体效应。在人与人之间创造出民主、团结、互助的心理气氛。理顺关系、消除内耗、集中精力、一致工作,是形成合力、实现整体效应的基本条件。当然,在一个人际关系紧张的群体里,内耗不断,也必然会产生"负合力"。

(二)形成互补

在一个有良好人际关系的组织中,人们之间能够互相学习、取长补短,这是在多方面的双向交流中产生能力上的跃迁和增值行为。人的经历、知识结构、能力、性格特征各自有别,互有短长,要完成一项复杂的工作,必须通过交流合作达成互相配合、互相补充。

(三)激励动机

在组织中,人们之间会产生一种类似共生的作用,人们之间相互激励,给组织中每一个成员带来创造的活力,造成智力、体力上的跃迁,使奇迹出现,这就是人际关系的相互激励功能。

(四)联络感情

人有追求归属与爱、获得自尊的需要,不愿意孤独、独处。良好的人际关系,可以使人心情舒畅、精神愉快,彼此间感情融洽,相互关心、体贴和帮助,长期保

笔记

持还可以得到人们的尊重、爱戴、支持与帮助,有助于取得成功。改善人际关系,加强感情联络,增进个人身心健康,对任何人都是必要的。

虚拟世界中的人际拒绝

2000年威廉斯等人惊讶地发现,即使在虚拟世界中,被一个永远不可能见面的人拒绝,也会引起挫折感。(或许你有过在聊天室里被忽视或发出的电子邮件石沉大海的经历。)研究者从62个国家招募了1486名被试,让每个被试与另外两人一起玩一种网络飞碟游戏(另外两人实际上是电脑模拟的)。结果,那些遭到另外两人排斥的被试感到情绪低落,并且在完成随后的知觉任务时,也更容易服从他人的错误判断。后续实验发现,他们的大脑皮质活动性较高的区域,与身体创伤所激活的脑区是一样的。被排斥看来是一种实在的创伤。

——资料来源:戴维·迈尔斯. 社会心理学. 第8版. 张智勇,等译. 北京:人民邮电出版社,2006

(五)交流信息

良好的人际关系有助于人们之间的信息交流,在人际信息交流的过程中,人际关系结构本身也可以得到改善。

第二节 人际吸引

一、人际吸引的概念

人际吸引(interpersonal attraction)指人与人之间彼此互有好感,从而促进相互间的接近并建立感情的过程。人际关系实际上体现的是相互之间心理上的距离。这种距离的远近对不同的人来说是有差异的。心理距离近也就是相互间喜欢和吸引,则彼此亲近、相互关心也可以表现得如胶似漆、形影不离。如果相互间心理距离远,喜欢和吸引程度差,就可能相互排斥、彼此疏远、相互厌恶,甚至仇恨。因此,分析了解影响人际吸引的因素,对建立良好的人际关系具有重要作用。

二、影响人际吸引的因素

(一)邻近性吸引

邻近性吸引指的是空间距离越近,越能促进良好人际关系的建立;距离越远,关系也会逐渐疏远。常说的"远亲不如近邻"就是这个道理。很多社会学家已经证实,大多数人的婚姻对象是那些和他们居住在相同的小区,或在同一个公司或单位工作,或曾在同一个班里上过课的人。

心理学家分析邻近性会增加人们的喜欢和吸引的主要原因有以下几点:

第一,距离近的人比距离远的人更有用,也就是"有用性"问题。一个人住得和自己越近就越容易了解他,并且可以满足自己各方面的需要,包括物质的和精神的需要。各种信息的获得,生活上的关心、帮助,感情交流等,都经常是在邻近的朋友间实现的。

第二,满足人们出于长期交往的需要。每个人都希望有融洽的人际关系,希望生活在愉快、友爱的环境中。与自己邻近的人都将是与自己长期交往和共事的人,和他们搞好关系,将直接影响到自己的工作、学习和生活。因此,人们总是竭力去发展和维护与自己邻近的人之间的关系,即使发生了一点冲突,也容易淡化,尽量从积极、正面的方面去评价他人。

第三,邻近性增加了人们交往的频率,为人们提供了相互了解的机会。人们相互喜欢,在很大程度上也是因为对方具有值得喜欢的某种东西。这些需要相互接触才能逐渐了解,邻近性就为人们方便地提供了相互了解的机会。其作用过程是"邻近—交往—了解—喜欢和吸引"。

但是,邻近性并非总是增进人们的喜欢和吸引。如有的人并不喜欢他的邻居,甚至还是冤家对头。这说明人际关系的建立还与其他很多因素有关。但是,与邻近的人感情融洽,善于处理好与周围人的人际关系,是良好社会适应性的表现。有亲密融洽的关系,生活在愉快的心理氛围中,有利于工作和身心的健康发展。

(二)频率吸引

事实上,空间距离并不是关键,功能性距离——人们的生活轨迹相交的频率才是关键。交往频率越高,越容易形成密切的关系。因为交往越多,彼此了解越深越容易形成共同的经验和感受,促进感情强化。随机分配到同一宿舍的大学生,不可避免地频繁交往,在交往过程中寻求彼此的相似性,感受对方的喜爱并把自己和他人知觉为一个社会单元,从而使他们更可能成为朋友而不是敌人。如果你刚到一个公司而且想交朋友,尝试在工作间隙出现在茶歇处等办公室的公共活动区域。

(三)魅力吸引

人们喜欢漂亮、有风度的人远胜过喜欢丑陋的人。如一个人有翩翩的风度、高雅的气质或幽默的谈吐、渊博的学识,人们就愿意与之亲近,其人际吸引力就大。"关关雎鸠,在河之洲,窈窕淑女,君子好逑",就是这个道理。

人与人之间要建立良好的人际关系,第一印象具有重要的作用。而第一印象的好坏,常常来自仪表的魅力。国外有些社会心理学家用"电脑约会"来研究人们外貌吸引力的影响,如沃尔斯特(Walser)等在1966年进行的实验中用计算机随机匹配男女大学生,让他们进行初次会面。该实验事先对学生做一套人格测验,看哪些特征决定他们的相互喜爱。人格测验结果是他们的才智、气质、能力、温顺、独立性或者态度都相似。但实验结果却显示:决定一对人是否相互喜欢,并再次约会的关键因素是其外貌的吸引力,外貌的吸引力和是否再次约会的相关系数为0.89。这说明外貌的魅力对人们的喜欢和吸引力有很大影响。仪表的魅力同样影响着面试考官的判断。1990年罗瑟尔(Roszell)等人在加拿大全国范围内进行取样,让面试考官对样本的吸引力进行了五点量表的等级评定(1表示相貌平平,5表示非常有吸引力)。结果发现,样本在吸引力上的得分每增加一

笔记

个单位,每年平均能多赚1988美元。

为什么漂亮能赢得喜欢和帮助?心理学家分析认为,在人的情感中有美感的存在,人人都有追求美的愿望。尽管在不同的文化背景下对美的标准有所不同,但置身于一个人们认为美的环境中,会使人赏心悦目、心情愉快,并愿意与之亲近。这是一种精神上的酬赏。另外,仪表魅力还会产生严重的晕轮效应,通常有魅力的人被认为具有其他一系列好的品质特征。

应该指出的是,一个人的魅力虽然与容貌等先天因素有关,但并不完全取决于先天因素。魅力包括了美的容貌、优雅的举止、翩翩的风度、风趣幽默的谈吐、良好的教养、高尚的人格等因素。格罗斯和克罗夫顿(Gross 和 Grofton)让学生先阅读关于某人讨人喜欢或不讨人喜欢的人格描述,然后再看这个人的照片。结果发现,那些被描述为热情、乐于助人和善解人意的人看起来会更有魅力。因此人们在生活中,要加强自身的修养,丰富自己的内心世界,以增加自己的魅力、弥补自己的不足。

(四)能力与特长吸引

人们都喜欢有能力、有才干的人。一个人要想赢得他人的喜爱,就应表现自己的能力和特长。处于同样的情境,一个人越有能力,越会赢得人们的钦佩和信任,人们会因此而喜欢他。心理学家认为,人都有一种要使自己正确的需要。经常接触有能力的人,就可能得到某种帮助,而使自己正确,少犯错误。但是生活中也有例外的情况出现,那些被认为最有能力、最有才华的人也并非都得到人们的喜欢。太有能力而"十全十美的人",会使人们感到不真实或者不安,使人们产生一种无能、自卑的感觉,人们就不会喜欢他,而表现为敬而远之。另外,研究认为,这种吸引力还受到一个人自尊心的影响。通常自尊心很强或很低的人,更喜欢那些没有错误的、能力非凡的人。如果这些人有缺点,就会使他们失望而不喜欢。

(五)相似性吸引

"物以类聚,人以群分"。朋友和夫妻会比那些随机配对的人更可能拥有相同的态度、信仰和价值观。在人际交往中,如果双方存在诸多相似的方面,对交流的信息都有相同的理解,有共同的情绪体验,就能达到"情投意合"。相似性使彼此的思想、感情和行为互相强化,从而产生感情共鸣,引起相互喜欢和吸引。邻近性和魅力等因素,在人际交往的初期,对人际吸引有较大的影响。然而,要进一步维持和增进人际吸引,相似性因素起到很重要的作用。相似性包括以下几种:

1. 年龄相似 在不同年龄阶段,有不同的心理特征。同一年龄组的人在情感、行为,以及兴趣爱好等方面都比较接近,因此同龄人之间具有较强的亲和力。这种吸引是我们生活中最常见的友谊形式。

2. "自己人"效应 籍贯、生活环境、教育程度、过去的经历、经济状况等都可能影响到人际吸引。如大学里来自同一个地方的老乡或同是来自于农村的同学,就容易形成良好的人际关系。这些相似的背景和经历,能使人产生亲近感,对很多事物有一致看法,相互理解,容易引起喜欢和吸引。社会心理学家将这种社会地位、经历和背景的相似性对人际吸引的促进作用称为"自己人效应"。

笔记

246

3. **心理名片**　共同的兴趣、爱好、理想、信念及人生价值观,都会增进人际吸引。因态度和价值观的相似而引起的人际吸引具有较稳定的作用。"志同道合"的朋友,才是最亲密的朋友。不管邻近性如何,他人魅力如何,如果在态度和价值观方面存在分歧,最终也可能分道扬镳。

心理学研究证实,如果一个人赞成自己的观点,而另一个人老是反对自己的观点,通常情况下,人们喜欢赞成自己观点的人。在人际交往中,如果先对对方的某些观点(尽量找出你可以接受的观点)表示赞同,或表明自己与对方有相同的态度,会使对方感到你与他有很多相似性,从而减少与你的心理距离,就会愿意与你亲近并达成良好的关系。

(六)赞扬和利他行为吸引

他人的赞扬会使人感到一种正确性,产生一种自尊的满足感。人们希望听到别人的赞美,由此也喜欢赞扬自己的人。在生活中,我们可以赞扬某个人的仪表、风度、穿着打扮,同样可以赞扬对方的家庭、工作情况、社会地位等。发自人们内心真诚的赞扬是美好的,能使人得到精神上的满足,看到自己的成绩,增强自信心,从而促进人们之间的喜欢和吸引。阿伦森和林德(E. Aronson 和 D. Linder)让80名明尼苏达大学的女生"无意中"听到了另一位女生对她们的一系列评价。有些女生听到的是持续的对自己的积极评价;有些女生听到的是持续的对自己的消极评价;还有的女生听到的评价是从消极到积极;或从积极到消极。结果发现,当个体获得了目标人物的赞扬,尤其当这种赞扬的获得是逐渐发生时,个体会更加喜欢这个目标人物。但有的人把"赞扬"当作满足私欲或得到某种好处的手段,而无边际的对他人进行吹捧。有的人虚荣心极强,听到好话飘飘然,而不能正确把握自己。这些吹牛拍马、阿谀奉承的行为,是赞扬行为的特例,不能以此否定赞扬行为。

利他行为也是影响吸引的因素。人们喜欢那些帮助自己的人,这是毋庸置疑的。特别是一个人在困境中得到的帮助,会让人铭记终身。另外,送礼物给他人也容易引起他人的好感,增进人际吸引。但是正如赞扬一样,人们并不总是喜欢有利他行为的人。阿伦森等研究认为:"我们不喜欢那样的人,他们的帮助看来附有一些绳索,这些绳索对接受者的自由是一种威胁。如果送别人礼物时要求别人回馈,人们就不喜欢接受这种礼物。"如一个人在竞争职称名额时,送礼物给主管领导,那么企图也是明显的。社会上存在着行贿受贿的不正之风,但在这种情况下,并不能促进情感上的喜爱,更多的是一种买卖关系而已。因此,只有真诚地帮助他人,才能得到别人的喜欢。

(七)互补性吸引

互补性吸引包括需要的互补和个性的互补。人际交往是为了满足人们物质和精神的需要。如果交往中双方能满足需要,并体验到这种满足感,彼此会产生喜爱、吸引,稳定和促进进一步的交往。如人有爱的需要、尊重的需要,在人际交往中,双方相互关心、彼此尊重,都从对方体验到这种满足感,那么彼此就会产生喜爱和吸引。

在个性上的相互补充,也会增进彼此的吸引。如一个支配型人格的人和一

笔记

个被支配型人格的人可能成为好朋友；一个情绪型性格的人和一个理智型性格的人能够融洽相处。

（八）对等性吸引

喜欢通常是相互的。自己喜欢他人，他人也会喜欢自己；如果自己尊重他人，也会得到他人的尊重，这就是对等性吸引。古代的哲学家希卡托曾说，"如果你希望被别人爱，那你就去爱别人吧"；爱默生也曾经提及，"拥有朋友的唯一方法就是成为别人的朋友"。

三、组织中人际关系的改善

（一）人际关系的障碍

人际交往过程中，各种矛盾是在所难免的，如家庭关系不和，上下级间、同事间的矛盾冲突，中老年与青年人间的"代沟"，医生与患者之间的冲突等，只有了解这些矛盾，才能及时地处理人际关系的障碍。导致人际关系的障碍一般有文化、社会、心理三个方面。

1. 文化系统方面的障碍

（1）语言障碍：人际交往大多是通过语言、文字的交流进行的。如果双方语言不通，或引起语意的歪曲和误解，导致人际关系障碍。

（2）态度障碍：交往双方不能以诚相待，或受某些偏见的影响，彼此歧视，各存戒心，也会影响人际关系的建立。

（3）文化程度障碍：交往双方因受教育程度和文化水平高低的不同，信息不易被理解，或难以被接受。

2. 社会系统方面的障碍

（1）社会角色障碍：在交往中因角色地位的不同而发生人际交往的障碍。如管理者自恃高明，居高临下会阻塞上下信息的沟通；或目无领导、无组织纪律，做事草率和"冲动"，也会产生交往的障碍。

（2）空间距离障碍：由于空间距离越远，彼此交往少，很难建立亲密的情感，导致人际关系的疏远。

（3）组织结构障碍：组织层次过多，造成信息在传递过程中的流失或中断，阻碍了个体与群体之间正常的人际关系的建立。

3. 心理系统方面的障碍　在人际交往活动中，心理系统的障碍远比其他障碍更普遍，更难处理。这方面的障碍主要有认知障碍、情感障碍和个性障碍。

（1）认知障碍：自傲与自卑都是不能正确的自我认知，自傲是过高地估计自己，不能互相尊重，以诚相见，互谅互让。自卑则对自己过低的认识和估计，因而产生自惭形秽之感。社会认知障碍主要体现在社会知觉和印象的偏差方面。此外还有对交往的目的、内容、方法的认知失调产生的障碍等。

（2）情绪障碍：情绪反应过于强烈，不分场合、不分情境、不看对象、不顾轻重地恣意纵情的现象；情绪反应过于冷漠，无情，麻木不仁；逆向情绪，与一般正常人情绪相反的表现；愤怒，一种消极的激情等。

（3）个性障碍：为人虚伪、自私自利、不尊重人、妒忌心强、猜疑心重、骄傲固

笔记

248

执等。

（二）改善人际关系的方法

1. 发扬领导民主作风　建立健全合理的组织机构,明确各机构的职责范围、工作目标。组织内分工明确,协调配合,才能形成良好的人际关系。建立和加强领导集体,坚持密切联系群众、关心员工和尊重员工,全心全意为人民群众服务的工作作风,才能带领员工实现组织目标。以这样的领导集体为核心,才能形成群体内的政通人和,才会形成良好的人际关系。

2. 员工参与性激励　发挥参与性激励的作用,制定相应的政策,引导员工参与管理,有助于调动员工的积极性,激发员工主人翁精神,可以缓解或减少管理者与员工之间的人际关系矛盾,齐心协力努力去实现组织目标。如通过医院的职代会及医院工会组织等各种形式,发动全院员工为医院面临的问题和发展前景出谋献策,即使医院的员工明确医院的发展方向,又增强了员工的集体意识和创造和谐的氛围。

3. 信息交流渠道通畅　有不少人际之间的矛盾是由于信息沟通不畅所致。每个组织都有本身的目标,为实现目标都制定了具体计划和各种措施。但是,这些计划和措施要靠全体员工的实施,只有通过组织内通畅沟通渠道,大家充分进行意见交流,不仅要使员工对组织目标认可,而且要加深成员间彼此了解,增进团结,减少纠纷和消除误解,才能促进人际关系的改善和提高工作效率。

4. 培养员工的个性　人际关系是否协调与交往者的个性有很大的关系。具有良好个性品质的人往往表现出心胸开阔,严于律己,宽以待人,虚心好学,与人友好相处。反之,有些不良个性者,自私自利、以自我为中心、不考虑他人的利益或对人过分苛求等,都会导致人际关系障碍。因此加强自我修养,有良好的自我意识,调控情绪,养成良好的个性品质对于增强人际关系是非常重要的。

5. 培养群体意识　培养员工的群体意识感,对群体有强烈的责任感、荣誉感和自豪感,不仅有助于员工做到在思想上以群体的利益为重,在行动上服从组织的安排,工作协调一致,而且也有助于群体建立和谐的人际关系,减少摩擦。

第三节　人际沟通

人在觉醒状态的时间里,大约有70%的时间是在进行各种各样的沟通,如听、说、读、写等,对于管理者更是如此。明兹伯格曾对高级管理人员的时间安排作过调查,结果表明,管理人员78%的时间是用于从事与沟通有关的活动。而剩余22%的时间才用于桌面工作及各种活动的安排。美国管理学家斯通纳认为:"沟通对于管理人员是非常重要的。因为在贯穿管理的全过程中,这一活动是不可缺少的。无论计划、组织、领导、决策、监督、协调、考核的成功完成,都必须以有效的沟通为前提。"

一、人际沟通的概念

（一）人际沟通的定义

人际沟通（interpersonal communication）指人与人之间传递和交流信息的过

程。在这个过程(图11-1)中,信息发送者有意向地将信息进行编码,通过一定的渠道传递出去,信息接收者接收到信息后,对信息进行解释、理解,然后将自己收到的信息再反馈给信息发送者。沟通包括意思的传递与理解。完整的沟通过程必须包括信息的传递(从信息的发送到信息接收)、理解和反馈(接收到信息,经解码了解信息的意义,并做出反应)。前者是沟通的必要条件,后者是实现有效沟通的充分条件。沟通不仅是为了传递信息,而且在于期望接收者发生特定的反应或行为。

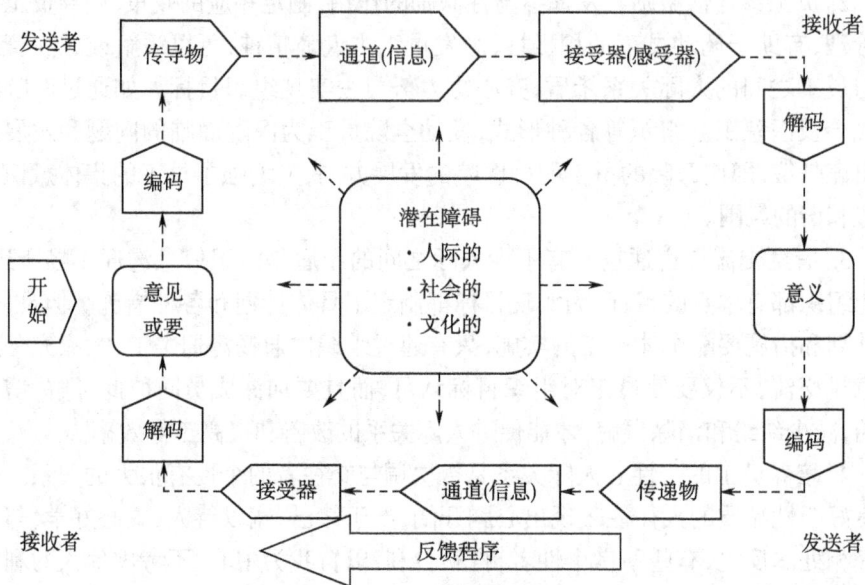

图 11-1　人际沟通的程序

完整的人际沟通过程,应该包括以下几个要素:

1. 发送者和接收者　信息发送者是指在沟通中具有沟通需求,寻求组织或其他成员的认可,或与别人共同分享自己所获得的信息或内心感受,或是为了影响别人态度和行为的愿望。发送信息的个人、群体或组织,充当沟通中的信息源角色。接收者是指在沟通过程中接收信息的一方,包括信息源意向所指对象,也包括在信息进入渠道开始传播以后因为种种原因而取得信息的其他人。但是人际沟通是一个互动的过程,把一个人称为发送者,另一个人称为接收者显然有失偏颇。因为根据个体在沟通过程中的位置,这些角色会来回发生变化,当接收者对发送者进行反馈时,最初的接收者就成为发送者,而最初的发送者则成为了接收者。

2. 传导物和感受器　在沟通中,信息必须借助于一定的渠道或称媒介作为载体,才能交流和传递。由发送者使用的传导物和接收者使用的感受器是可以用来发送和接收信息的工具或媒介,包括一个或多个感觉,如视觉、听觉、触觉、嗅觉和味觉等。传递可以通过语言或非语言方式进行,选择众多沟通渠道或媒介时,主要依据具体条件下的有效性,考虑是否方便易行、传递的速度与精确性,成本高低,反馈快慢,人际交往的直接程度,语言的丰富性等多方面。

3. 信息和通道　信息包括传递的数据和给予数据特定含义的编码符号（语言和非语言）。通过使用语言和非语言符号，发送者可以确认接收者对信息的解释和发送者的原意是否一样。被解释的信息和原信息之间的差异越大，人际沟通的效果越差。语言和非语言符号本身并没有任何意义，它们的意义是由发送者、接收者以及特定的情景或环境所创造的，因此不同的发送者和接收者对这些符号可能存在不同的解释。通道是信息从发送者到接收者传送的方式，如直接面对面沟通的通道就是空气。

4. 意义、编码、解码和反馈　发送者的信息通过通道传递到接收者的感觉器官，接收到的信息从其符号形式转化为意义的形式，代表一个人的态度、观点、想法、信念或价值观等。

编码赋予要发送的信息以个性化的含义。通过信息发送者将观念转译成系统化的符号形式，用以表达信息。编码包括语言编码和非语言编码，人际沟通主要是语言编码。

解码赋予接收到的信息以个性化的解释含义。实质上是接收者对信息的翻译和对信息源的行为赋予意义的过程。即接收者通过共享的语言，根据自己的知识、经验和思维方式将获得的信息进行译解，转换为接收者所能理解的意念的过程。

接收者对信息的反应就是反馈。信息接收者承认已接收到信息发送者传来的消息，并向信息发送者表明对此信息的理解。通过反馈，使人际沟通成为一个动态的、双向的程序。

反馈直接关系到人际沟通的质量，如果没有反馈，信息发送者就无法了解信息的沟通效果。沟通双方就会主观地而不是客观地评价沟通的内容及对方的意愿，容易造成双方的误解。要提高人际沟通的有效性，接收者应及时、准确、主动地向信息发送者反馈自己的想法和对信息的接收程度。

（二）人际沟通的特点

虽然人际沟通遵从信息沟通的一般规律，但毕竟人是具有独立思维能力的主体，拥有独特的个性，来自不同的社会环境，因此人与人之间的信息交流具有一定的特殊性。

1. 社会性　人际沟通是在社会环境中进行的。无论是信息的发送者在选择和编码信息的过程还是接收者对信息的选择理解和反应，都受所在的群体的影响和制约。人际沟通不仅是信息的交流，还是彼此情感、思想、态度、观点的交流。因此，沟通者的态度和行为除了受群体内其他成员的影响外，还要受更大社会环境（如社会风俗、传统、思想、价值观等）的影响。

2. 选择性　在人际沟通过程中，首先，信息的发送者必须正确选择信息的接收者，才能达到预期的目的；其次，信息发送者必须正确选择沟通的内容、媒介、方式和时机；第三，接收者选择性注意与选择性理解的特点。接收者往往选择性注意那些与自己密切相关的信息，按照自己的感知、经验和经历来还原理解信息发送者传递的意思。由于人际沟通的发送者和接收者都是独特的个体，各自拥有不同的知识体系、生活经验和工作处境，因此沟通过程中会出现因地位、职业、

笔记

信仰、知识、经验等差异引起的沟通障碍。

3. 互动性　人际沟通过程虽然有信息发送者和接收者之分，但沟通的双方没有主次之分，反馈过程使得双方的沟通得以深入和继续。借助于反馈，信息发送者才能了解信息的沟通效果，否则很容易造成双方的误解。要提高人际沟通的有效性，接收者应及时、准确、主动地向信息发送者反馈自己的想法和对信息的接收程度。因此，人际沟通是一种积极的互动性的信息交流过程。

（三）人际沟通的一般方式

1. 言语沟通与非言语沟通　言语沟通是使用正式语言符号系统的沟通，包括口头沟通和书面沟通。口头沟通的优点是快捷和反馈及时，语言信息的发送和反馈几乎同时发生，如果接收者存在疑问，发送者能及时接到反馈并迅速予以更正。主要缺点在于信息传递经过的人越多，被曲解的可能性越大。基于书面的沟通方式包括备忘录、电子邮件、传真、组织的刊物、通知等。书面沟通更全面、更有逻辑、也更清晰，可以永久保存，便于查询。缺点是要花费大量时间和缺乏及时的反馈。

非言语沟通借助非正式语言符号，即语言与文字以外的符号系统来进行的沟通。如说话的语音语调、交谈时的手势、面部表情和其他身体动作、个体之间的距离等。非言语沟通非常重要，它是管理沟通中的关键因素，若没有非言语沟通作为一种信息源，信息会丧失其丰富性和大部分内容。若非言语信息和言语信息相互矛盾时，前者往往是信息发送者更真实的表达。例如，管理者可能会告诉你他有时间跟你谈一个有关预算的问题，但是他却在不断地看手表，那么他的真实意图可能是，现在不是谈论这个话题的最好时机。缺点是大多靠推测、主观上的判断，受沟通双方的理解、风俗习惯等因素的影响。

2. 单向沟通与双向沟通　单向沟通是信息发送者和接收者在沟通中地位不变，如报告、演讲、指示和命令等。它的特点是传达信息速度快，对信息发送者的心理压力小，不必顾忌接受挑战。单向沟通适于任务急，工作简单，无需反馈的情景，但准确性差。双向沟通是信息发送者和接收者在沟通中地位不断变化，如交谈、协商、会议等。双向沟通使信息得到及时反馈，具有准确性高，参与感强，有交流感情等优点。但速度慢，参加者心理压力大，易受干扰，也缺乏条理。

（四）组织沟通的特殊方式

1. 正式沟通与非正式沟通　正式沟通是按组织内规定的沟通方式，通过组织结构的途径的进行的沟通。内容大多与组织活动直接相关，如决策、生产经营计划、定期的生产及经营情况汇报等。组织系统是正式沟通的主要渠道。

非正式沟通是在正式沟通渠道以外进行的信息传递与交流，沟通双方不带有在组织中的角色色彩，其内容更多的是组织或组织成员的环境（或背景）以及个人之间的事务问题。非正式沟通中传播较多的是"小道消息"。

2. 上行、下行与平行沟通　组织中的正式沟通包括上下级之间的垂直沟通（即上行与下行沟通）和同级之间的平行沟通。

（1）上行沟通：上行沟通是在群体或组织中从较低层次向较高层次的自下而上的沟通。员工利用它向上级（管理层）提供反馈，汇报工作进度，并告知当前

笔记

存在的问题。上行沟通可以使管理者经常了解员工对他们的工作、同事和组织的总体感觉，依赖这种沟通了解哪些工作需要改进。上行沟通的困难较大，因为地位差别，上级令人无法接近；或领导层的态度可能使下层组织成员有所顾虑，下情不愿上达，或有所保留。

（2）下行沟通：在群体或组织中，从一个较高层次向另一个较低层次进行的沟通称为自上而下的沟通。如群体的领导者和管理者给下属指定目标，进行工作指导，告知政策与程序，指出需要注意的问题，提供工作绩效的反馈等。这种沟通可以协调组织内各层级之间的关系，增强各层之间的联系。但容易形成"权力气氛"，影响士气，且由于曲解、误解或搁置等因素，使传送的信息量逐步减少或信息内容歪曲。

（3）平行沟通：平行沟通发生在同一工作群体的成员、同一等级的工作群体成员或同一等级的管理者之间以及任何等级相同的人员之间。平行沟通可以节省时间和促进合作，加强信息传递的时效性和准确性。但是平行沟通也可能会促进非正式沟通的产生。

二、人际沟通的有效性

（一）有效沟通的重要性

有效沟通对所有的组织都至关重要，因为它可以协调员工的行动，满足员工的爱和归属的需要，分享信息以提高决策。首先，有效沟通是调节人际关系的重要条件。良好的沟通保证了个体间意见和情感的交流，促使彼此互相了解、互有感情、配合默契，形成一个协调的组织。第二，沟通是领导者和被领导者之间增进了解和理解的工具。通过沟通可以增强领导工作的透明度，帮助员工明确工作任务，理解组织目标，理解具体要求和工作中存在的困难；消除由于人们所处位置不同、利益不同、掌握信息多少的不同、知识经验的不同而导致的对组织决策的态度的不同。第三，沟通是正确决策的前提和基础。在决策过程中无论是问题的提出，还是各种可供选择方案的评估或者是决策方案的实施都需要沟通。组织通过沟通，可以对外联络，搜集情报资料，了解外部环境各种变化的信息；通过内部沟通可以了解员工的需要、群体士气、各部门之间的关系、管理效能等，以作为决策的参考。决策的各种失误，很可能是由于信息不全、沟通不畅造成的。因此没有沟通就不可能有正确的决策。

（二）有效沟通的原则

1. 善于换位思考 人际沟通的核心是换位思考，而换位思考的核心是设身处地地站在对方的角度看问题，尊重对方、考虑对方。在上级和下属之间出现冲突时，许多管理者都会不由自主地用手指着下级说"这是你的错……"或者说"这是他的问题……"其中的"你"和"他"这两个字带有明显的武断和不尊重别人的意思。要尽可能地以体谅的心态来看别人。有句俗话说："一个不会当下属的领导，就不可能成为一名好领导。"如果领导不知道下属在想什么，就无法管理好他们。因此，要想做一名称职的好领导，首先必须学会从下属的角度来审视问题，要经常换位思考，以一种体谅的心态去理解下属的难处。其实每个人都有他自

笔记

己的特点和价值,即使领导对他们的想法不能完全认同,也应能有一定程度上的谅解。

2. 彼此互有诚信　有位社会学家做过一个试验.让调查者从给出的描述人品的词语中选出他认为最重要的一个,结果"诚信"被排在了第一位。诚信是获得良好人际沟通的基础。人际沟通最基本的心理保证是安全感,没有安全感的心理沟通是难以发展下去的。在管理层,领导如果能诚信待人,将自己真实的想法和公正公平的态度表现出来,就一定会得到真诚的理解与支持,有时甚至是对别人的批评,只要态度真诚,也会得到对方诚恳的接受。在领导和下属之间,彼此之间真实诚恳的对话,不仅是对下属人格的尊重,而且能给下属以莫大的激励和信心,甚至能激发下属未被发现的潜能。

一位在技术、管理方面都相当出色的求职者去苹果公司面试,在谈论之余,他表示,如果苹果公司录取他,他可以把在原来公司工作时的一项发明带过来。随后他似乎觉察到这样说有些不妥,声明那些工作是他在下班之后做的,他的老板并不知道。最终苹果公司还是将他淘汰,原因是他缺乏最基本的处世准则和起码的职业道德——"诚实"和"信用"。如果雇用这样的人,谁能保证他不会在这里工作一段时间后,把在这里的成果也当作所谓"业余之作"而变成向其他公司讨好的"贡品"呢? 这说明:一个人品不完善的人是不可能成为一个真正有所作为的人的。

3. 彼此相互尊重　在美国心理学家马斯洛的人类基本需要层次中,尊重需要是属于高层次的需要。它包括自我尊重的需要和获得别人尊重的需要。人一方面要感到自己的重要性,另一方面也必须获得他人的认可。在与别人的沟通过程中,要专心地与人交谈,虚心征询意见,合理肯定别人的认识,真诚面对分歧,绝不能够随意打断别人的讲话,自以为是,故弄玄虚,借否定别人来展现自己,这样会使别人有被贬低和受侮辱的感觉,时间久了别人就不会自讨没趣与这样的人沟通了。

在平时的沟通中,人们一般都比较尊重上级或长辈,但对下属却很容易忽视这一点。很多管理者习惯于让下属按照自己的意愿做事,常常对下属发号施令,严加训斥,对下属缺少应有的关心和尊重。因此,在与下属的沟通中,尊重他人对于管理的有效性是非常重要的。

4. 注意社交礼仪　人们要想成功地做好各种各样的事情,处理好各种各样的关系,不但要有良好的沟通,同时在沟通中还要注意礼仪规范。社交礼仪是指在人际交往中,自始至终地以一定的、约定俗成的程序、方式来规范自己、尊敬别人的完整行为; 是一种为时代共识的行为准则或规范,即大家认可的,可以用语言、文字和动作进行准确描述和规定的行为准则,并成为人们自觉学习和遵守的行为规范。在人际沟通的过程中如果能遵守一定的礼仪规范,举止得体,以礼待人,那么就会给他人留下很好的印象,拉近与他们的距离,赢得他们的好感与尊重,从而扩大自我的交往。

(三)有效沟通的途径

1. 提高人际沟通技能　人际沟通能力是现代管理者必须具备的素质之一。

笔记

通过有效的人际沟通,企业的领导者才能把正确的决策贯彻下去,取得每一名员工的理解和支持,激发每一名员工的积极性和主动性,并共同参与到为既定的企业目标奋斗的队伍中去。对员工而言,人际沟通也是他们必备的工作技能之一,因为他们通过人际沟通可以为企业的发展出谋划策,可以向上级提出自己的想法和观点,可以在企业里尽情地挥洒自己的才情和智慧,并借助与上级和同事的沟通来提升自己,让自己更好地融入组织,提高组织效率。因此,无论是管理者还是员工,掌握一定的人际沟通的方法是非常重要的。常用的沟通方法有以下几种:

（1）目的明确:人际沟通要有认真的准备和明确的目的性。凡事"预则立,不预则废"。在进行沟通之前,信息发送者必须对其想要传递的信息有系统、详尽的准备,并据此选择适宜的沟通通道、场所,最佳的信息传递时间。同时,发送者必须弄清楚,做这个沟通的真正目的是什么,动机是什么,要对方理解什么。确定了沟通的目标,沟通的内容就容易规划了。

（2）学会倾听:在这个时代倾听比以前任何一个时代都重要。日本松下电器的创始人松下幸之助把自己的全部经营秘诀总结为一句话:首先细心倾听他人的意见。在倾听过程中,恰当地提出问题,与对方交流思想、意见往往有助于彼此的相互沟通。一位擅长倾听的领导者通过倾听,从同事、下属、顾客那里及时获得信息并对其进行思考和评估,有效而准确地倾听信息,将直接影响管理者的决策水平和管理绩效。因为人们大多数都喜欢发表自己的意见,喜欢向别人诉说,如果有人能静静地听他们讲,他们会立刻觉得这个人和蔼可亲、值得信赖。倾听还可以获取重要的信息。交谈中有很多有价值的信息,有时对方也许只是脱口而出,但对倾听者来说却有很大启发。

知识拓展

我还要回来

美国知名主持人林克莱特一天访问一名小朋友,问他说:"你长大后想要当什么呀?"小朋友天真地回答:"嗯……我要当飞机的驾驶员!"林克莱特接着问:"如果有一天,你的飞机飞到太平洋上空所有引擎都熄火了,你会怎么办?"小朋友想了想,说:"我会先告诉坐在飞机上的人绑好安全带,然后我挂上我的降落伞跳出去。"当在现场的观众笑得东倒西歪时,林克莱特继续注视着孩子,想看他是不是自作聪明的家伙。没想到,接着孩子的两行热泪夺眶而出,这才使得林克莱特发觉这孩子的悲悯之情远非笔墨所能形容。于是林克莱特问他说:"为什么要这么做?"小孩的答案透露出一个孩子真挚的想法:"我要去拿燃料,我还要回来!"沟通也要注意听的艺术,不要打断讲述者。

——摘自姜良.组织行为学.西安:西北工业大学出版社,2011

（3）寻找共同语言:如果在与他人沟通时,能够找到与他人共同感兴趣的话题,这就意味着两人之间的沟通已经成功了一半。因此,在人际沟通中寻找这样的共同点,就成为交往的关键。由于任何一个人都是一个多元的集合体,从文化

笔记

民族、地域知识、能力、职业、年龄、个人经历、思想观点等，总能找到共同语言的基点，以利交往。

（4）积极反馈：在沟通过程中，积极反馈有利于双方增进了解，避免误会，沟通双方都应该积极利用反馈技巧参与沟通，通过反馈了解对方是否真正了解自己的意思，确认自己接收到的信息在理解上是否正确。尤其作为管理者，由于他们平时极缺时间，即使他们希望指导和训练下属并对其提出建议，却难以抽出时间。因此，当管理者有机会与下属进行面谈时，一定要积极地给予反馈，以提高沟通的绩效。

知识链接

做合格的员工沟通者

在企业内部管理中，沟通堪称法宝，但最难的也是沟通。尤其是离职沟通，让不少人力资源管理者心中打鼓，和员工谈离职，有诀窍吗？请看下面的案例。

某家公司因为业务调整影响到法律部，公司要求将该部门由两人减少到一人。两位员工中一个年龄比较大，另一个是年轻人，虽说只有两年工作经验，但干得很不错。该部门的主管是名外国人，按照他的思维逻辑，认为年纪大的那位在市场上很难找到工作，于是将精简目标锁定为年轻人，理由完全与业绩无关。人力资源部经理（我）和他的沟通就是从这里开始的。

第一次我什么都没有做，只是对他的遭遇表示极大的同情和理解，并和他一起大骂公司的决定，表示会支持他到底。最后他离开时，很高兴地拍着我的肩膀说：你是公司里唯一理解我的人。

三天后，我约他第二次谈话，整个过程是这样的：

我："在你和我之间，你认为谁更了解你的上司？"

他："那应该是我比你更了解一点儿。"

我："好呀，那你告诉我，在公司里，你认为谁可以让你的上司更改决定？不管是谁，告诉我，我都可以帮你去找他，让他去改变你上司的决定。如果是CEO，我帮你去找CEO！"

他迟疑了一下："据我的了解，还真没有什么人可以改变他的决定。"

我："既然这样，看来你只有两个办法可以选择，一个是打官司，让你上司输掉，然后你就可以回来；另外就是接受这个决定。关于第一个办法，你知道你的上司为什么要让你离开吗？"他："不知道，我觉得他是毫无道理的。"

我："他依据的是劳动合同法的第四十条第三款的规定，即当客观情况发生重大变化，导致原合同不能继续履行，且经协商不能达成一致的时候，可以解除劳动合同。因此如果走法律程序，你未必能打赢这个官司。"

他："这么说来，第一个办法看来行不通了，那么我只能采取第二个方法了？"

我："你觉得还有其他什么可行的办法吗？"

笔记

> 他怂怂地说:"如果只能这样,那我一定不能轻易放过老板,我一定要他赔偿我的全部损失。"
>
> 我:"大概是这样的,在这里,我的责任是在一个不可更改的决定的前提下,帮你争取到最大的利益,你可以提一个要求,我一定尽全力帮你争取到。"
>
> 这个年轻人提出了一个比较大的要求补偿的方案,幸运的是,方案得到了同意。因此,第三次谈话的核心就围绕一些具体的细节,尤其是补偿该如何计算,以及交接的一些具体内容。
>
> 这个沟通过程的成功在于两个关键点:第一,建立了良好的信任基础;第二,知道如何将感受变成事实,让当事人自己说出必须面对的事实。
>
> ——选自叶阿次.做合格的员工沟通者.中外管理,2012(10):74-75

2. 建立合理的沟通渠道　如果企业能够建立合理的沟通渠道,则企业员工以及管理者就能够将工作完成得更好。但哪种沟通渠道是最合理的呢? 这就需要对不同沟通渠道进行评价。这些沟通渠道可以影响企业员工和管理者的工作效率,也可以影响团体成员的心理和组织的气氛。

(1) 正式沟通渠道: 在正式群体中,人与人之间的信息流动过程产生了沟通渠道,由两个或两个以上沟通渠道组成的结构形式称为沟通网络(communication network)。一般来说,沟通网络主要划分为五种类型,分别是链式、圆式、Y式、轮式和全通道式(图11-2)。这五种基本沟通网络各有其优点和缺点,对活动的效率也均有不同的影响(表11-1)。

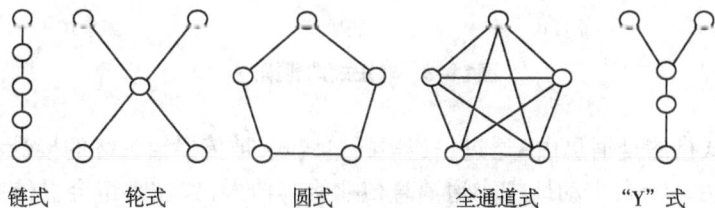

链式　　轮式　　　圆式　　　全通道式　　"Y" 式

图11-2　不同的信息沟通网络结构

表11-1　各种沟通网络的比较

沟通网络	传播信息的速度	传播信息的准确性	成员满意度	领导预测力	集中化的程度
链式	较快	高	适中	适中	适中
圆式	慢	低	高	低	低
Y式	较快	较高	较低	高	高
轮式	快	高	低	很高	很高
全通道式	很快	适中	高	很低	很低

笔记

研究表明,一个人在网络中的位置能够影响个人满意度。里维特(H. Leavitt)发现,沟通网络的集中化程度越低,成员间交流的自由度越高,则群体成员的满意度越高。在网络中处于比较集中位置的个体会更加满意,因为最集中的位置能够用最少的环节和所有的人沟通,如在轮式沟通网络中心的人的满意度就很高。相反,处于沟通渠道末端的人只能与一个人交流,满意度最低。因为在全通道式和圆式网络中个体的集中度是差不多的,所以在这两种沟通网络中的成员满意度都比较高。

在现实的组织活动中,很少存在单一的沟通模式。常常是多种沟通网络同时并存或交替进行。沟通的复杂性和可变性要求组织的管理者以及组织成员,灵活掌握综合运用各种沟通网络,才能提高组织沟通的效率。

(2)非正式沟通渠道:正式沟通渠道只是信息沟通渠道的一部分。在一个组织中,还存在着非正式沟通渠道,有些消息往往是通过非正式沟通渠道传播的。

戴维斯(Keith Davis)曾在一家公司对67名管理人员,采取顺藤摸瓜的方法,对小道消息的传播进行了研究,发现有四种非正式沟通渠道(图11-3)。

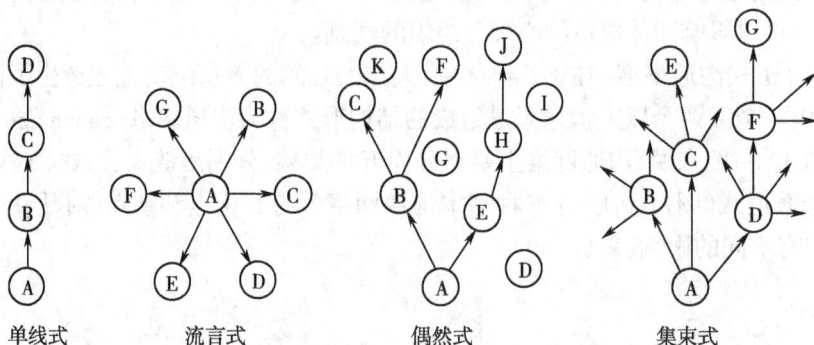

图11-3 非正式沟通渠道

单线式指的是消息由A通过一连串的单线式,被传播给最终的接受者。流言式指的是由一个人主动地把小道消息传播给其他人,如在小组会上传播小道消息。偶然式指的是消息由偶然的机会传播给他人或有关的人,使有关的人也照此办理的信息沟通方式,这种沟通方式最为普遍。随后他人又按偶然机遇传播,并无一定的路线。集束式指的是将信息有选择地告诉自己的朋友。

非正式组织存在于正式结构之外,管理者可以利用它来发送和传递信息,以此补充正式组织提供的信息的不足。但是非正式沟通渠道也可能存在对实现组织目标不利的一面。当正式组织中小道消息盛行,往往反映了正式渠道的不通畅,这就有必要通过各种渠道把消息告诉人们,以防止那些不利于或有碍于组织目标实现的小道消息的传播。

三、人际沟通的理论

沟通在不同层面上出现,在每一个层面上,沟通发生在个体之间或者个体的组织之间。发生在个体之间的沟通称为人际沟通,而发生在组织层面上的沟通

笔记

称为组织沟通。

（一）人际沟通的相互作用分析

1. 相互作用分析的概念　加拿大心理学家伯恩（E. Berne）在《人们玩的游戏》一书中提出了相互作用分析（transactional analysis）理论，又称PAC理论。这是一种分析人们在交往中所处的心理状态的方法，国外在训练管理人员正确处理人际关系和沟通意见时，经常把它作为一种工具使用：伯恩认为，人的个性是由三种自我状态构成的：父母（parent）自我状态、成人（adult）自我状态、儿童（child）自我状态，故称为PAC。

"父母"自我状态是针对父母对其子女的态度及其行为而言的：以权威和优越感为标志，其行为的表现常常是统治人，训斥人，权威式、命令式、家长式的作风；其待人处事的态度很主观，独断专行，滥用权力（如"你必须这么做、没什么可争论的"）。

"成人"自我状态是注意事实根据和理智分析的一种状态，以客观和理智为标志。它有一套独立的感觉、态度、行为方式，它能配合目前情况，不受童年父母的偏执及旧有态度的影响，是有组织、有适应力、有理解力且能使人生存的自我状态。同时，它以独立探测实际为根基，与外界环境保持客观联系。

"儿童"自我状态泛指一切类似婴儿般冲动的状态，表现为服从和任性。其特征是：无主见，遇事畏缩，感情用事，愤怒且叛逆，具有攻击性，这其中也有对周围事物的新奇感和探究欲，但更多的是因被压抑和受挫折所产生的消极情感。

以上三种心理状态，汇合成一个人的性格，而且蕴藏在人的潜意识之中，在一定条件下，会不自觉地表现出来，三种心理状态的比重并不相同，并且会有不同的行为表现。在人际交往中，应根据其内容、对象和环境的不同而选择不同的自我状态。具有不同比重心理状态的管理者，其管理的行为表现也存在差异。有人提出了管理人员应有的心理状态结构，并指出了培养的方向和途径，见表11-2。

表11-2　管理人员PAC的结构和行为特征

PAC结构			行为特征
P状态	A状态	C状态	
高	低	高	喜怒无常，与其难共事，个人支配欲强，有决断，喜欢被人歌颂、捧场和照顾
高	低	低	墨守成规，照章办事，家长作风，养成下属的依赖性；是工业革命时代的管理者，现在不合潮流
低	低	高	有稚气，对人有吸引力，喜欢寻求友谊，用幼稚的幻想进行决策，不是称职的领导者（但讨人喜欢）
低	高	低	客观、重视现实，工作刻板，待人比较冷淡，与其难共处；只谈公事，从不谈私事，别人不愿与他谈心
高	高	低	容易把"父母"的心理状态过渡到"成人"状态，给予一定时间的学习、实践，渴望成为成功的企业家
低	高	高	是理想的管理人员，"成人"和"儿童"的良好性格结合在一起，对人对事都能搞好

来源：刘毅.管理心理学.第2版.成都：四川大学出版社，2008

笔记

2. 相互作用分析的类型　根据相互作用分析原理,群体成员进行信息沟通时往往处在某一种自我状态,并且可由某一种自我状态转变为另一种自我状态。

（1）互应交流沟通: 互应交流沟通是一种在符合正常人际关系的自然状态下的反应,也是为人所预期的反应。相互作用是"平行"的,如父母-父母、儿童-儿童或者成人-成人,对话可以无限制地继续下去。

例如,院长:"你们科可以在星期六上午增加一位门诊医生吗？"科主任:"只要把班调整好,没有问题"。这就是平行式的互应性交流沟通。又如,某学生病了,想请假去看病,他便会像小孩向父母提出要求:"老师,我不大舒服,想请假去看病"。而老师会处于父母状态回答:"可以,你去吧,不懂的地方下次来问我"。这样的交流,也是互应性的交流沟通。

（2）交叉性交流沟通: 在有些交流中,如果反应不适当就可能成为交叉的交流沟通。相互作用的交叉可以表现为父母-儿童,成人-父母自我状态等。在下列的交往中,信息沟通可能会中断。

AA-PC的交往型。某员工对奖金分配有意见,科主任:"你的奖金还嫌少,想想你平时工作怎样？",谈话无法继续下去,或者中断,或者发生争吵。

AA-CP的交往型。主任:"你现在有什么困难吗？"员工:"得了,假惺惺的,别来这一套"。

CP-CP的交往型。甲:"你讲课的水平实在太差。"乙:"那好哇,我走你来上课"。

了解相互作用分析的原理,就能在交往中有意识地觉察自己和对方所处的自我状态,作出适当的反应,避免发生交叉性交流沟通。相互作用分析的一个重要原则是尽量以成人的自我状态控制自己,并以成人的语调和姿态对待别人,同时也要鼓励和引导对方进入成人自我状态。当对方是P-C状态时,若能用A-A的态度对待,往往可以将对方引导到A-A的状态而转化为互应性沟通。如一位医生在仔细询问病人的病史,另一位病人等得不耐烦:"你们怎么在工作时间聊个没完！"医生:"对不起,让您久等了,我们只有了解清楚病情,才能治好病,您说是吗。"

美国有些大公司已采用这种方法进行训练,目的在于使受训者了解在与他人的交往中,自己和对方的行为出自哪一种心理状态,然后争取消除信息交流中的心理障碍,建立互相信任的关系。

（二）现代沟通理论

1. 圣吉的学习型组织沟通　1990年彼得·圣吉出版了《第五项修炼——学习型组织的艺术与实务》一书,指出企业组织持续发展的精神基础是持续学习,并详细论述了学习型组织的五项修炼,通过五项修炼,培养弥漫于整个组织的学习气氛,进而形成一种符合人性的、有机的、扁平化的组织,即学习型组织。圣吉提出任何一个组织要成为学习型组织都必须进行的五项修炼:自我超越、改善心智模式、建立共同愿景、团队学习和系统思考。圣吉认为团队学习的组织形式是有别于讨论的深度会谈。深度会谈是一个团体的所有成员,摊开心中的假设,而进入真正一起思考的能力。由此可见深度会谈的方式是充分地发展了团队学习的所有特性,将团队学习的优越性发挥得淋漓尽致。圣吉提出创建学习型组织应该做到7C,其中包括与沟通密切相关的亲密合作关系、彼此联系的网络、集体共享的观念。集体性学习把个人和团体所共有的学习汇总起来,是个人和团体共同决定组织行为的意志方法。在集体学习中,包含了超越境界的探索、为理解各种观点和课题的对话、朝着共同理解的方向互动前进。这种精神模型可以通过坦率而自由的讨论来建立。

2. 萨维奇的知识网络沟通 1991年萨维奇(C.M. Savage)出版了《第五代管理》,提出突破工业时代严格的等级制和例行和谐,实现"知识网络化"管理。对企业的科学管理不单是重新设计企业的具体管理流程,而是使企业的经营观念、经营战略、组织结构、组织行为、管理规范、管理方法、管理技术、企业文化都要完成适应网络化管理需要的整合。萨维奇提出适应企业虚拟扩张的需要,应建立网络化时代的新管理观,企业通过网络实现了其虚拟的章鱼型企业组织构架,适应这种需要,企业的管理方式也正从封闭的、实物的、静态的管理向开放的、虚拟的、动态的管理方式转变。受其影响,企业沟通的方式也在发生着巨大的变化,这也将成为第五代管理建设需要解决的问题。

20世纪80年代以来,管理思想随世界经济政治的变化发生了重大的改变,主要表现为信息网络技术在沟通中的应用。伴随现代管理理论呈现出的管理理念更加人性化、知识化、管理组织虚拟化、组织结构扁平化、管理手段和设施网络化、管理文化全球化等趋势,管理沟通理论也出现了企业流程再造沟通趋势、知识管理沟通趋势,网络经济和全球经济一体化的管理沟通的国际化趋势。

四、组织中人际沟通的改善

(一)沟通过程的改进

沟通过程看来简单,但沟通的信息常常未能得到正确传递。要改进组织沟通,首先必须理解潜在的问题。从基本的沟通过程出发,我们可以找出几种克服常见问题的方法。

1. 信息源 信息源可能有意扣留或过滤信息,认为接收者在沟通中不需要这些信息。然而,扣留信息可能导致信息失去意义或错误地理解信息,例如,在绩效评估过程中,管理者没有告诉员工所有用于评估的信息的来源,也许是认为员工不需要知道这些。然而,如果员工知道,他可以以更准确地解释自己的行为或改变管理者对评估的看法,从而得到更准确的评估结果。

沟通者应当理解过滤发生的原因。过滤可能源于对接收者状态缺乏理解、发送者试图通过限制接收者对信息的接触保护自己的权利。发送者最关心的还是信息本身。从根本上说,发送者必须决定希望接收者理解哪些信息、向接收者发布理解信息所需的背景信息,同时还要避免信息过载,并且保证接收者适当地使用信息。

2. 编码和解码 编码和解码的问题发生在信息转化为符号的过程中。这类问题可能与符号的含义或传输有关。编码和解码问题包括信息源和接收者经验上的差异、语义学和术语相关问题以及媒介方面的困难。

显然,要做到编码和解码信息的完全一致,信息源和接收者必须对表意符号

笔记

拥有共同的经验。来自不同语言和文化背景的人们会遇到这类问题。但是,即使讲同一种语言的人也会遇到这样的问题。

语义学问题是指人们对同样的字词或语言形式赋予不同的含义。例如,联邦调查局局长胡佛曾经在一份收到的高级官员备忘录上草草写下"注意边界"(watch the border)并退回给这名官员。这名官员立即向美国——墨西哥和美国——加拿大边境派出了几十名特工用于保卫边境。然而胡佛的真实意图却是要他注意备忘录边缘留空太少。在讨论如何处理问题员工时,部门领导也许会对助理说:"我们必须彻底解决这一问题。"他的意思是通过培训或转岗解决问题,而助理则可能理解为要开除这名员工。

专业人员或社会群体专用的或技术性的语言称为行话。行话可能是标准语言和群体专用语言的混合体。在一个关系密切的群体中,行话是有效的和有意义的,但对于群体之外的成员则恰好相反。应当避免对不熟悉行话的接收者使用这种语言,将其转化为清晰的词语有助于接收者理解信息。一般来说,信息源和接收者在沟通之前应当明确符号的含义。此外,接收者应当经常提问或在必要时要求信息源重复全部或部分信息。

3. 接收者 有些沟通问题是由接收者引起的,包括选择性注意、价值判断、信息源可靠性和过载。选择性注意是接收者只选择部分信息,这在口头沟通中很常见。例如,上课时学生经常会出现思想溜号的情况。为了吸引接收者的注意,发送者经常使用的一些办法包括改变音量、重复信息和提供奖励。

价值判断的影响取决于信息是否强化和挑战接收者基本人格信念。如果信息强化了接收者的信念,他可能会特别注意并且不经仔细检查就完全相信。另一方面,如果信息挑战了那些基本信念,接收者可能根本不予理睬。在作出价值和可靠性判断时,接收者既要考虑信息,也要考虑信息源。原子物理专家的意见在建造核电站时被视为可靠的信息源,但他对生育率的评论则不具权威性。

如果接收者收到的信息超过了处理能力,就会出现信息过载。在组织中,这是一个常见的情况。员工会收到来自上级、同级和组织外部信息的疲劳轰炸。中层经理或远程工作者每天收到100封邮件是很平常的。由于无法阅读、解码、理解所有的信息并采取行动,接收者可能运用选择性注意和价值判断,只接收看上去最重要的信息。尽管选择性注意有助于清理信息泛滥的环境,但也可能导致重要信息的丢失或忽视。

4. 反馈 反馈的目的是验证,由接收者向信息源发送信息表明信息收到以及理解信息的程度。缺乏反馈至少可能导致两个问题。首先,信息源可能在等待反馈以发送下一个信息,如果信息源得不到反馈,他将无法发送第二条信息或不得不再发送一次前面的信息。其次,接收者可能根据没有得到验证的信息采取行动,如果接收者错误地理解了信息,由此导致的行为将是不正确的,在沟通过程中,信息源和接收者都必须照对方的立场为导向。

(二)沟通中组织要素的改进

可能导致沟通失败或障碍的组织要素包括地位差异、时间压力和信息过载。组织中任何部分的扰动都可能导致沟通的扰乱或中断。信息源和接收者之间地

笔记

位的差异也可能导致沟通问题。例如，CEO对来自基层的信息不够重视。时间压力和信息过载也是决定性的因素，如果留给员工理解信息的时间很少或者信息量过大，他可能发生错误的理解或忽视某些信息。

1. 促进非正式沟通　经营良好的企业中的沟通一度被描述为"巨大的非正式网络、公开的沟通"。非正式沟通促进了相互信任，从而减少地位差异的影响。开放沟通可以改进组织中不同群体间的理解，还可以保证信息在必要时得到沟通，而不需要经过正式的信息系统。正如惠普（中国）的沟通，一方面企业成员可以在任何地方通过网络进行非现场交流；另一方面企业成员之间也因为邻座的随机组合而大大提高了面对面交流的范围。网络和工作区域的设计都鼓励组织成员进行经常性的、事先没有安排的和非结构化的沟通。

2. 建立平衡的信息网络　许多大型组织建立了精致的正式信息网络来克服信息过载和时间压力的问题。在许多情况下，网络带来的问题可能比解决的问题还要多。它们经常创造出大量的超出管理者理解和处理能力的信息。这些网络通常只使用正式的沟通渠道而忽视非正式渠道。此外，它们经常不加选择地提供企业的所有信息，这些信息与当前紧迫的问题无关。所有这些缺陷导致了沟通效率的降低。

组织必须平衡信息负载和信息处理能力。换言之，他们必须注意信息量不要超过处理能力。如果管理者没有时间阅读，再精密的统计表也是没有价值的。新的、为管理者带来更多信息的技术必须进行统一以保证信息的有用性。信息的生产、储存和处理必须相互兼容并且符合组织的需要。

有些企业建立一个特殊的上行沟通系统。通常由一位位于正式命令链之外的高级别官员负责听取员工的投诉。这一系统为不满的员工提供了投诉的机会，而不必因抱怨丢掉工作，从而帮助企业建立一个平衡的沟通系统。中国不少企业也在进行着更为透明开放的组织沟通实践。中国知名企业华为公司的网站上这样写道，"公司与员工之间有着通畅的沟通渠道。员工可以向自己的直接主管提出自己的意见和建议，也可以按照公司的开放政策，向更上一级的领导提出他们的问题。华为沟通渠道包括但不限于下列：总裁信箱、开放日、员工关系部专家、合理化建议箱。"

（荆春燕）

本 章 小 结

本章主要内容如下：①人际关系是人们在进行物质交往和精神交往过程中发生、发展和建立起来的人与人之间的关系。人际关系的类型按不同的标准可进行多种划分。②人际吸引指人与人之间彼此互有好感，从而促进相互间的接近并建立感情的过程。个体要注意增加人际吸引力的因素；组织可通过发扬领导民主作风、发挥员工参与性激励、保持信息交流渠道通畅、培养员工的个性、培养群体意识等方法改善组织中的人际关系。③人际沟通指人与人之间传递和交流信息的过程。④沟通的相互作用分析理论认为，人的个性

笔记

是由三种自我状态构成的：父母自我状态、成人自我状态、儿童自我状态，故称为PAC。在人际交往中，应根据其内容、对象和环境的不同而选择不同的自我状态。⑤新的沟通理论主要包括圣吉的学习型组织沟通、萨维奇的知识网络沟通。组织可以通过沟通过程的改进和沟通中组织要素的改进来改善人际沟通。

【讨论思考题】

1.如何理解人际关系？人际关系的种类有哪些？

2.你的人际吸引力如何？哪些因素影响了你的人际吸引力？

3.提高人际沟通有效性的途径有哪些？

4.请将你某天与别人的谈话进行录音，将录音整理成文字，然后采用PAC理论对对话进行分析。

5.你所在的组织在沟通方面存在问题吗？如果有，原因何在？如何进行改善？如果没有，请为我们介绍你所在组织的成功经验。

6.如果你是案例11-1中的上级领导，你会更喜欢部门经理的哪种沟通方式？为什么？

笔记

第十二章

领 导 行 为

学习目标

通过本章的学习,你应该能够:

掌握 领导与管理差异;总结特质理论所得到的一些结论;生产导向与员工导向对生产率的影响;菲德勒模型;情境领导理论;领导与权力的差异;列举九种权术及其使用条件;界定领袖魅力的领导者所拥有的品质;对比变革型领导与交易型领导的差异。

熟悉 领导者-管理者矩阵;明确行为理论的局限性;定义权力的五个基础;诚信领导。

了解 如何应用菲德勒模型进行实际操作;道德是如何卷入领导的。

案例12-1

忙碌与清闲的院长

一直在基层工作的张院长,年富力强,熟悉业务,处理事务果断冷静。当然,张院长很忙,早上提前半个小时上班,了解夜里医院的情况,思考一下当天要做的事,不久几个副职、各部门负责人陆续来访,汇报工作。张院长需要协调解决很多问题,例如,医院停车场需要改建,两起医疗纠纷需要调停……即使人不在办公室,张院长的心也时刻牵挂着医院的人和事,经常是电话不断。张院长日理万机,获得成就感的同时也对下属很不满,感叹没有一个人做事让他放心!

李院长是个聪明而勤奋的领导。首先把医院的各项工作授权分配下去,为了防止个别人谋取私利,所有工作根据其路径在横纵方向上各有把守。因为每个人都处于其他人的监控之下,有困难不是找院长解决,而是要获得相关群体的认可。比如由于不可抗拒的原因造成成本超支,要增加预算,先要在各科主任、副院长、监督委员会面前公开提出,没有站住脚的理由是越不过的。因此,该院的各级干部都能够把精力放在做好本职工作上。

李院长经常外出学习,用很多的时间思考管理医院的办法,推行医院管理文化,让员工对医院产生认同感;实行知识管理,明确员工的岗位责任,同时激发员工的创造性;完善各项制度,检查、考核、激励,堵塞管理上的漏洞。李院长认为员工才是直接创造利润的生产力要素,用较多的时间与员工沟通,使员工感到被重视,工作更卖力气了。

张院长要如何改进管理,才能让自己的压力减轻,下属的能力得到提高,工作积极性增强,从而促进医院效益和改善呢?

笔记

265

在迅速变化的今天及未来的组织中,领导的作用绝对不容忽视。"领导者是与生俱来的,还是后天形成的?"领导者与非领导者有何不同之处?如果你希望被别人看作是领导者,你应该怎么做?本章我们将主要回答这些问题。

第一节 领导行为理论基础

一、领导的概念

对于什么是领导,到目前为止,没有一个明确的统一的定义,下面是几种有代表性的观点:

1. 领导是影响人们自动为实现团体目标而努力的一种行为。

2. 领导是人们促使其部属充满信心、满怀热情来完成他们的任务的艺术。

3. 领导是对组织内群体或个人施行影响的活动过程。

4. 领导是一种说服他人热心于一定目标的能力。

5. 领导是关于影响别人来完成某项目标所发生的两个人或更多人之间的相互关系的过程。

上述定义对"领导"这一概念的具体表述的侧重点不同,如认为领导是一种"行为"、领导是一种"艺术"、领导是一种"活动过程"或领导是一种"能力",但从各种定义中可以发现存在着共同之处,即领导是指引和影响个人、群体或组织在一定条件下实现目标的行动过程。

(一)领导与管理

领导与管理既有联系又有区别。人们常常把管理和领导当作同义语来使用,好像领导者就是管理者,领导过程就是管理过程。实际上,领导和管理是两个不同的概念。一般来说,领导偏重于决策与用人,而管理侧重于执行决策,组织力量完成组织目标。

1. 在活动范围上,管理是全面的、周而复始的过程,而领导则是管理活动最富现实性的活动,具有阶段性;

2. 在活动主体上,管理是组织所有成员应当参与的活动,而领导则是组织中高层次成员的活动,是单向性的;

3. 在活动内容上,管理的对象包括人、财、物、时间、信息、技术等,而领导的侧重点主要是人;

4. 在活动方式上,管理的方式侧重于程序化和规范化,而领导的方式则表现出更大的灵活性和技艺性,具有较强的个人风格和灵活特色。

(二)领导者与管理者

管理者是被任命的,他们拥有合法的权力进行奖励和处罚,其影响力来自于他们所在的职位所赋予的正式权力。相反,领导者则可以是任命的,也可以是从一个群体中产生出来的,领导者可以不运用正式权力来影响他人的活动。

所有的管理者都是领导者吗?或相反,所有的领导者都是管理者吗?我们可以这样说,在理想情况下,所有的管理者都应是领导者。但是,并不是所有的领导者必然具备完成其他管理职能的潜能,因此不应该所有的领导者都处于管理岗位上。一个人能够影响别人这一事实并不表明他同样也能够管理别人。

就领导者与管理者的区别而言,美国著名管理学家本尼斯(W. Bennis)认为,领导者能够战胜周围复杂、无常、动荡、含糊所带来的有可能令人窒息的各种困难,而管理者遇到这些困难则只能缴械投降;科特(J. Kotter)认为,领导者主要处理变化的问题,通过开发未来的前景而确定前进的方向,而管理者则主要是通过制订与实施计划而处理复杂的问题。要达到组织的最佳效果,管理者和领导者具有同等重要性,二者缺一不可,只是大多数组织总是过于强调管理而忽视了领导的重要性。

(三)领导者——管理者矩阵

由上可知,"管理者"比较倾向于维持现状,按部就班地执行计划;领导者则总是不断地努力追求心中的高目标,往上攀升。在工作中,两种类型的人都会碰到,那么,我们怎样利用这个分类帮助我们处理好工作关系,尤其是自己和上司的工作关系呢?领导者——管理者矩阵解决的就是这样一个问题,见图12-1。

	你的上司	
	领导者	管理者
你 / 领导者	最佳情况	威　胁 (次糟情况)
你 / 管理者	机　会 (次佳情况)	最糟情况

图12-1　领导者——管理者矩阵

应用这个矩阵之前,首先要弄清:你是管理者还是领导者?你的上司是管理者还是领导者?然后,就可以根据矩阵找出你和你上司的关系现状。

1. 最佳情况　如果你和你的上司都属于领导类型的人,那么你是很幸运的,你的上司和你一样都抱负远大,而且都有自我挑战的愿望,你的上司可能成为你成长中的精神导师。

2. 最糟情况　如果你和你的上司都是管理者,这种情况可能很不妙,彼此会在细枝末节的方面纠缠不清,所遵循的原则就是有规定就必须遵守,在争议最少、最顺利的情况下完成工作,任何危及安逸状况的事情都必须避免。这种状况下,组织和个人发展的空间就很有限。

3. 次佳情况　当你的上司是领导者而你自己是管理者时,你可以在领导者的激励和带动下成长,你也可能在磨炼中成为将来的领导者。

4. 次糟情况　当你是领导者而上司却是管理者时,你和你的上司同样都很难受。你可能会千方百计地想改变现状,努力做出成绩,但可能得到的却是上司的白眼和提防,你被视为组织中的不安定分子,你的付出可能得不到应有的回报。

知识链接

管理人员眼中的领导能力

《培训》杂志和创意领导中心对250名管理人员进行了调查,借以了解他们认为什么是取得成功的最重要的领导能力。被调查者中有54%的男性,46%的女性。包括各个层次的管理人员:28%的高级管理人员,48%的初级或中级管理人员。

笔记

调查发现，这些管理人员一致把道德、正直和价值观排在能力要求的前列。这也并不奇怪，因为调查是在全国范围的头版头条都在披露安然、泰科、世通和安达信的管理人员的不道德(有些还是非法的)行为之后不久进行的。被调查者认为对组织高层的领导者来说，要想有效领导。他们必须获得他人的尊敬，他们需要被认为是诚实可信的。因此，道德、正直和价值观很重要。在5分制量表中，5分代表最重要，这些能力的平均分达到了4.70。

哪种确定的领导能力更有价值要取决于被调查者在组织中的地位。对中层管理者来说，调查发现，在重要性量表中，沟通(4.70)排在道德(4.69)之前。对高层管理者来说，最重要的是构建并清晰地阐明使命的能力(4.89)，道德的均分为4.80。90%的高级管理人员都把创建使命看作是最重要的，但仅有19%的中级管理人员把使命包含在最重要的能力之列。

二、领导的特质理论

领导的特质理论，又称领导的品质理论，是20世纪初到40年代末期西方领导发生学研究的主要成果。这一理论通过对领导者个人特性的研究，试图发现领导者不同于被领导者的特质，并使之作为培养和选拔领导人物的依据。

(一)传统特质理论

传统特质理论认为，领导者的特质是天生的，是与生俱来的，不具备天生领导特质的人就不能当领导。这种理论源于古希腊的哲学思想，如亚里士多德就认为，凡人从出生之日起就已注定属于治人或是治于人的命运。因此，特质理论又称"伟人论"。

美国心理学家吉伯(C.A. Gibb)1954年和1967年研究指出，天生的领导者应具备7项先天特质：①善言辞；②外表英俊潇洒；③智力过人；④具有自信心；⑤心理健康；⑥具有支配他人的倾向；⑦外向而敏感。

美国的另一位心理学家斯托格蒂尔(R.M. Stogdill)在全面总结了许多相关的文献之后提出，领导者的个性特质应该包括以下16项：①有良心；②可靠；③勇敢；④责任心强；⑤有胆略；⑥力求革新进步；⑦直率；⑧自律；⑨有理想；⑩很好的人际关系；⑪风度优雅；⑫胜任愉快；⑬身体健壮；⑭智力过人；⑮有组织能力；⑯有判断力。

传统特质理论概括性地描述了领导者应该具备的人格品质和能力，从理论上为组织部门选拔领导者提供了某种参考性的依据。但是，这种理论在现实中却遭到了人们的批驳。

首先，这种理论过分强调领导者的天生的人格特质，有遗传决定论的色彩和倾向。

其次，该理论在研究方法上只运用调查法、文献法，缺乏客观的、科学的检测手段，导致其研究结果只能是各种人格品质的简单罗列，而且这些品质在成功的领导者和不成功的领导者身上只存在量的差别，而不存在质的差异。

再次,各国心理学家所提出天才领导者的个人特性范围太广,有几十种,甚至几百种,而且这些特性之间不但相关性不大,还常常相互矛盾。

第四,在研究领导者与被领导者,成功领导者与不成功领导者的差别后发现,他们之间的特性并没有本质上的差别;社会中许多具有天才领导特性的人实际上也并没有当领导,因而与事实不符。

(二)现代特质理论

现代特质理论认为,领导者的特性是在实践中形成和发展的,可以通过教育与训练加以培养和造就的,这就否认了领导者是天生的观点,认为成功的领导者可以通过后天塑造,从这个意义上讲,它比传统特质理论更进一步。

研究者发现领导者有六项特质不同于非领导者,即进取心、领导愿望、正直与诚实、自信、智慧和工作相关知识。表12-1简要描述了这些特质。

表12-1 区分领导者与非领导者的六条特质

1. 进取心	领导者表现出高努力水平,拥有较高的成就渴望 他们进取心强,精力充沛,对自己所从事的活动坚持不懈,并有高度的主动精神
2. 领导愿望	领导者有强烈的愿望去影响和领导别人,他们表现为乐于承担责任
3. 诚实与正直	领导者通过真诚与无欺以及言行高度一致而在他们与下属之间建立相互依赖的关系
4. 自信	下属觉得领导者从没缺乏过自信。领导者为了使下属相信他的目标和决策的正确性,必须表现出高度的自信
5. 智慧	领导者需要具备足够的智慧来收集、整理和解释大量信息;并能够确立目标、解决问题和作出正确的决策
6. 工作相关知识	有效的领导者对于公司、行业和技术事项拥有较高的知识水平。广博的知识能够使他们作出富有远见的决策,并能理解这种决策的意义

然而,单纯的特质对解释领导来说并不充分,完全以特质为基础的解释忽视了情境因素。具备恰当的特质只能使个体更有可能成为有效的领导人,但他还需要采取正确的活动。而且,在一种情境下正确的活动在另一种情境下却未必正确。因此,虽然在20世纪90年代研究者对特质论表现出复苏的兴趣,但从20世纪40年代开始,特质理论就已不再处于主导地位了。20世纪40年代末至60年代中期,有关领导的研究着重于对领导者偏好的行为风格的考查。

三、领导的行为理论

研究者把目光转向具体的领导者表现出的行为身上,希望了解有效领导者的行为是否有什么独特之处。比如,领导者倾向于更为民主还是更为专制?

研究者希望行为理论(behavior theory)观点不仅能提供更为明确的有关领导实质的答案,而且,如果成功的话,它所带来的实际意义与特质论将大为不同。如果特质论成功,则会提供一个为组织中的正式领导岗位选拔"正确"人员的基础;如果行为研究找到了有关领导方面的关键决定因素,则可以通过训练而使人们成为领导者。

(一)两维模式

1. 定规维度与关怀维度　20世纪40年代末期在俄亥俄州立大学进行的研究收集了大量的下属对领导行为的描述,开始时列出了1000多个因素,最后归纳出两大类,称之为"定规"和"关怀"维度。

定规维度(initiating structure)指的是为了达到组织目标,领导者界定和构造自己与下属的角色的倾向程度。它包括试图设立工作、工作关系和目标的行为。具有高定规特点的领导者会向小组成员分配具体工作,要求员工保持一定的绩效标准,并强调工作的最后期限。

关怀维度(consideration)指的是一个人具有信任和尊重下属的看法与情感的这种工作关系的程度。高关怀的领导者帮助下属解决个人问题,他友善而平易近人,公平对待每一个下属,并对下属的生活、健康、地位和满意度等问题十分关心。

以这些概念为基础进行的大量研究发现,一个在定规和关怀方面均高的领导者(高-高型领导者,high-high leader)常常比其他三种类型的领导者(低定规、低关怀、或二者均低)更能使下属达到高绩效和高满意度。但是,高-高型风格并不总是产生积极的效果。比如,当工人从事常规任务时,以高定规为特点的领导行为导致了高抱怨率、高缺勤率和高离职率,工作的满意度水平也很低。其他研究还发现,直接上级主管对领导者进行的绩效评估等级与高关怀性成负相关关系。总之,俄亥俄州立大学的研究说明,一般来说,高-高型风格能够产生积极效果,但同时也发现了足够的特例表明这一理论还需加入情境因素。

2. 员工导向与生产导向　与俄亥俄州立大学的研究同期,密歇根大学调查研究中心也进行着相似性质的研究,即确定领导者的行为特点,以及它们与工作绩效的关系。

密歇根大学的研究小组也将领导行为划分为两个维度,称之为员工导向和生产导向。员工导向的领导被描述为重视人际关系,他们总会考虑到下属的需要,并承认人与人之间的不同。相反,生产导向的领导者倾向于强调工作的技术或任务事项,主要关心的是群体任务的完成情况,并把群体成员视为达到目标的工具。两类行为的有机组合见图12-2。

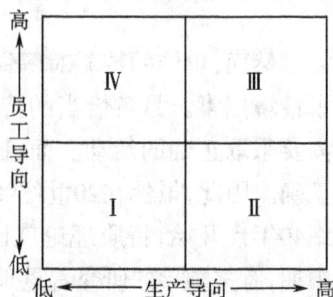

图12-2　领导行为四分图

(1)Ⅰ型领导方式:"低工作、低关系",对工作、职工都不关心。

(2)Ⅱ型领导方式:"高工作、低关系",关心工作不关心人。

(3)Ⅲ型领导方式:"高工作、高关系",对工作和职工都关心。

(4)Ⅳ型领导方式:"低工作、高关系",只关心人不关心工作。

密歇根大学研究者的结论对员工导向的领导者十分有利,他们与高群体生产率和高工作满意度成正相关。而生产导向的领导者则与低群体生产率和低工作满意度联系在一起。斯多基尔和沙特尔认为，Ⅲ型方式最好。

但有的学者有着不同的见解。有学者认为，在生产部门，效率和"生产导向"间存在正比关系，但在非生产部门，情况恰恰相反。因此，任何部门都应当根据当时情景做好"生产导向"与"员工导向"两方面工作。

3. 管理方格论　布莱克（R.R. Blake）和莫顿（J.S. Mouton）发展了领导风格的二维观点，在"关心人"和"关心生产"的基础上提出了管理方格论（managerial grid）。充分概括了俄亥俄州立大学的关怀与定规维度以及密歇根大学的员工导向和生产导向维度。

管理方格见图12-3，它在两个坐标轴上分别划分出9个等级，从而生成了81种不同的领导类型。但是，管理方格理论主要强调的并不是产生的结果，而是领导者为了达到这些结果应考虑的主要因素。

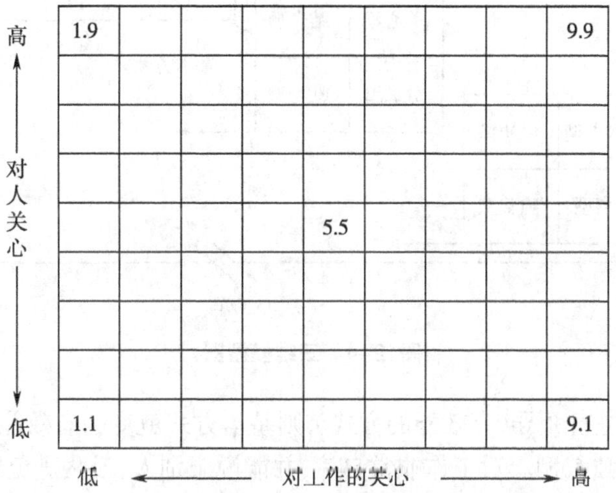

图12-3　管理方格图

尽管在管理方格中存在81种类型，但布莱克和莫顿主要阐述了五种最具代表性的类型：

（1）1.1型（贫乏型）：领导者付出最小的努力完成工作，对职工和生产都不关心，是一种失败的管理，但一般很少出现。

（2）9.1（任务型）：领导者只注重任务的完成，而不注重人的因素，职工变成了完成任务的机器。这通常是一种独裁式的领导，下级只能奉命行事，而失去进取和积极性。

（3）1.9型（乡村俱乐部型）：领导者只注重支持和关怀下属而不关心任务效率。其观点是，只要职工精神愉快，生产成绩自然就高，管理中主要重视职工的态度和情绪。

（4）5.5型（中间型）：领导者维持足够的任务效率和令人满意的士气。

（5）9.9型（团队型）：领导者通过协调和综合工作相关活动而提高任务效率与工作士气。发扬了集体精神，职工能运用智慧和创造力进行工作，关系和谐，士气高昂，任务完成出色。

笔记

布莱克和莫顿认为9.9型的领导方式最理想,其他各型应向此型转化,以求最高效率和最好的人际关系。5.5型领导方式较易实现。

（二）三维模式

雷定(W.J. Reddin)在"四分图"和"管理方格图"的基础之上,提出了三维空间模式,将领导效能作为与关心人、关心工作相互影响的一个变量并与关心人、关心工作一起以三个变量作为轴线,提出领导行为模式框架,见图12-4。

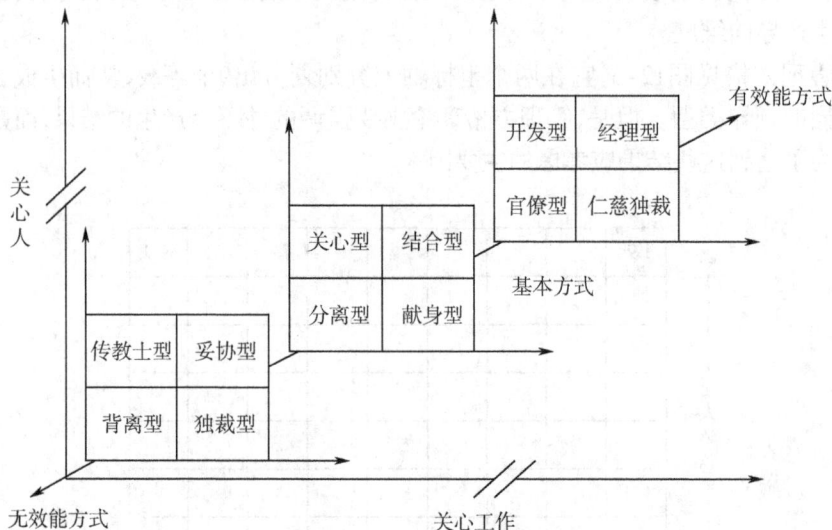

图12-4 三维模型图

能有效地进行领导(有效能的方式),则基本方式就变为有效能方式:

1. 仁慈的独裁型 对工作非常自信,并能说服别人,设法避免职工的不满。

2. 经理型 对工作对员工都很关心,善于兼顾各方利益作出决策。

3. 开发型 善于并努力开发职工才智,为他们的需要提供条件,对职工寄予信任和期望。

4. 官僚型 既不关心工作也不关心人,但能按章办事。

如不能有效地领导(无效能方式),则基本方式变为无效能方式:

1. 独裁型 对职工不仅不够关心,还用压制手段推进工作。

2. 妥协型 虽对工作、对人都很关心,但偏重眼前利益,妥协迁就,决策不当。

3. 传教士型 单纯注意人际关系,害怕破坏和谐关系。

4. 背离型 对人、对工作均不关心,办事效率低下。

雷定认为,"仁慈的独裁者"常出现在生产部门;"开发者"常出现在人事部门;"官僚者"常出现在大型组织的中层;"经理者"常出现在高级管理阶层。

四、领导的权变理论

人们越来越清楚地认识到,为了预测领导成功而对领导现象进行的研究其实比分离特质和行为更为复杂。由于未能在这些方面获得一致性的结果,使得人们开始重视情境的影响。领导风格与有效性之间的关系表明,X风格在A条件

笔记

下恰当可行；Y风格则更适合于条件B；Z风格适合于条件C。但是，条件A、B、C到底是什么呢？知道领导的有效性取决于情境只是问题的一个方面，我们还要能分离出这些情境条件。

试图分离出影响领导效果的主要情境因素的研究很多。文献综述表明，领导者所从事的任务（即项目的复杂性、类型、技术和规模）是一个明显的中间变量；其他被分离出来的因素还包括领导者直接主管的风格、群体规范、控制范围、外部的威胁与压力，以及组织文化。

一些分离主要情境变量的方法被证明比其他方法更为成功，也因此获得了广泛认可，我们主要介绍其中的三种：菲德勒模型；赫塞和布兰查德模的情境理论；PM领导类型理论。

（一）菲德勒模型

菲德勒（F. Fiedler）经过15年的研究，提出"有效领导的权变模型"理论。他认为影响领导效果好坏的"情景因素"有三个：领导与成员的关系；工作任务的明确程度（也叫工作结构）；领导者的地位和权力，共分八种情景，见表12-2所示。

表12-2　有效领导权变模式归类表

上下级关系	好				差			
任务结构	明确		不明确		明确		不明确	
地位权力	强	弱	强	弱	强	弱	强	弱
情景归类	1	2	3	4	5	6	7	8
对领导的有利程度	有利				中　间			不利
领导方式	指令型		宽容型		无资料		未发现关系	指令型

菲德勒认为，不存在一个最佳的领导方式，但在一定的情景下某种领导方式可能起最好效果。任务导向的领导者在非常有利的情境和非常不利的情境下工作得更好。也就是说，当面对1、2、3、4、8类型的情境时，任务导向的领导者干得更好；而关系导向的领导者在中度有利的情境，即4、5、6型的情境中干得更好。

菲德勒认为，个体的领导风格是稳定不变的，因此提高领导者的有效性实际上只有两条途径：①你可以替换领导者以适应情境。在棒球比赛中，教练可以根据击球手的情境特点而决定起用左手投手还是右手投手，从而获得比赛的胜利。再比如，如果群体所处的情境被评估为十分不利，而目前又是一个关系导向的管理者进行领导，那么替换一个任务导向的管理者则能提高群体绩效。②改变情境以适应领导者。通过重新建构任务或提高或降低领导者可控制的权力（如加薪、晋职和训导活动），可以做到这一点。假设任务取向的领导得处于第4类型的情境中，如果该领导者能够显著增加他的职权，即在第3类型中活动，则该领导者与情境的匹配十分恰当，从而会获得更高的群体绩效。

笔记

(二)情境领导理论

赫塞(P. Hersey)和布兰查德(K. Blanchard)开发了情境领导理论(situational leadership theory),这是一个重视下属的权变理论。赫塞和布兰查德认为,依据下属的成熟度水平选择正确的领导风格会取得领导的成功。

在领导效果方面对下属的重视反应了这样一个事实,是下属们接纳或拒绝领导者,无论领导者做什么,其效果都取决于下属的活动。然而这一重要维度却被众多的领导理论所忽视或低估。

赫塞和布兰查德将成熟度(maturity)定义为:个体对自己的直接行为负责任的能力和意愿。它包括两项要素:工作成熟度与心理成熟度。前者包括一个人的知识和技能。工作成熟度高的个体拥有足够的知识、能力和经验完成他们的工作任务而不需要他人的指导。后者指的是一个人做某事的意愿和动机。心理成熟度高的个体不需要太多的外部鼓励,他们靠内部动机激励。

情境领导模式使用的两个领导维度与菲德勒的划分相同:任务行为和关系行为。但是,赫塞和布兰查德更向前迈进了一步,他们认为每一维度有低有高,从而组合成以下四种具体的领导风格,见图12-5。

S1——命令型,高工作低关系:适用于下属成熟程度低(R1)的情况。领导者采取单向沟通形式,向下属明确规定任务,确定工作规程,规定何时何地以何种方法去做何种工作。

S2——说服型,高工作高关系:适用于下属比较不成熟(R2)的情况。领导者采取双向沟通的方式予以直接指导,同时也从心理上增加他们的意愿和热情;下属如能理解到领导决策的原因,并能得到领导的帮助和指导,通常会依照指出的方向去努力工作。

S3——参与型,高关系低工作:适用于下属比较成熟(R3)的情况。领导应通过双向沟通和悉心倾听的方式和下属互相交流信息、讨论问题,支持下属努力发挥他们的能力。领导者和下属共同决策,领导者没有必要去具体指挥下属工作。

S4——授权型,低工作低关系:适用于下属高度成熟(R4)的情况。领导者赋予下属权力,领导者只起监督作用,让下属放手去做。

图12-5概括了情境领导模型的各项要素。当下属的成熟度水平不断提高时,领导者不但可以不断减少对活动的控制,还可以不断减少关系行为。在第一阶段中,下属需要得到明确而具体的指导;在第二阶段中,领导者需要采取高工作—高关系行为。高工作行为能够弥补下属能力的欠缺;高关系行为则试图使下属在心理上"领会"领导者的意图。在第三阶段中出现的激励问题运用支持性、非指导性的参与风格可获最佳解决。最后,在第四阶段中,领导者不需要做太多事,因为下属既愿意又有能力担负责任。

敏锐的读者可能注意到,赫塞和布兰查德的四种领导风格与管理方格论的四个"角"极为相似,是否情境理论与管理方格论大体相同,二者的主要差异只是将9.9型的内容("一种适合于所有情况的风格")做了改动,认为"正确的"风格应与下属的成熟度相联系?赫塞和布兰查德否认了这种看法。他们认为管理

笔记

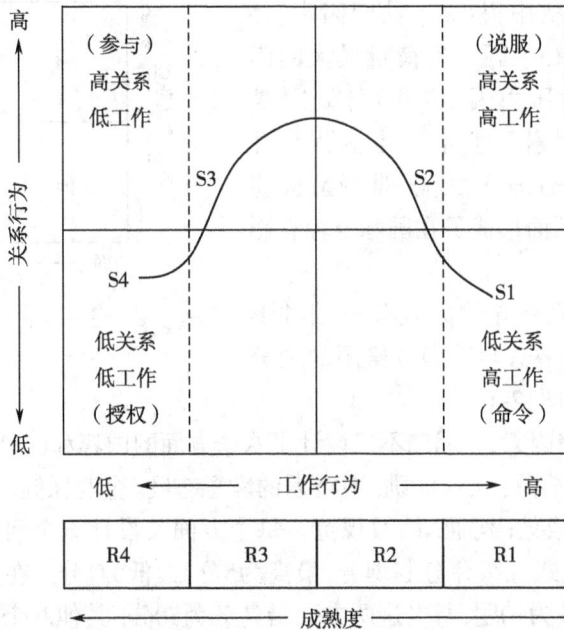

图12-5　情境领导模型

方格论强调的是对生产和员工的关注,是一种态度维度,而情境领导模式却相反,强调的是工作与关系的行为。尽管赫塞和布兰查德这样辩驳,但它们之间确实差异很小。如果认为情境领导理论是在管理方格论基础上的改进,它反映出了下属成熟度的四个方面,则更易于加深对它的理解。

（三）PM领导类型理论

在对领导行为进行研究的过程中,心理学家们发现,所有的群体组成,按照其群体活动的目的来分,不外乎以下三种类型:以达成特定的群体目标为目的;以维持和强化群体关系为目的;两者兼而有之。

第一种类型的行为特征是,把组织成员的注意引向目标,将问题明确化,拟订工作程序,运用专门知识及评定工作成员;第二种类型的特征是,维持愉快的人际关系,调解成员间的纠纷,激励大家,加强成员的交互作用。第三种类型的特征是将前两种的行为特征结合起来。

由于上述三种类型的目的不同,领导者为了达成它们,必然要采取不同的领导方式。根据这些领导行为方式的倾向,大致可以分为:目的达成型(P型);群众维持型(M型);二者兼备型(PM型)。

日本著名心理学家、大阪大学教授三隅二不二吸取了各国有关领导研究量表的长处,主要以美国俄亥俄大学LBDQ(领导行为描述问卷)为基础,博采众长,形成了PM理论和PM量表。PM理论中的P(performance)是指工作绩效,是完成团体目标的职能,包括计划性和压力等因素。M(maintenance)是指团体维持,即维系和强化团体的职能。

PM量表主要用来测定领导行为,总共包含了有关领导目的达成行为职能和群体维持行为职能63个条目。随后,三隅二不二又采用因素分析法,对63个条目进行研究,从中得出6个共同因素,并在此基础上选取3个因素负荷量最大的因素,命名为:(Ⅰ)压力因素;(Ⅱ)计划因素;(Ⅲ)群体维系因素。他将Ⅰ、Ⅱ因素合并为P职能(performance),因素Ⅲ称M职能(maintenance),从而形成了在国际上较有影响的PM调查表。

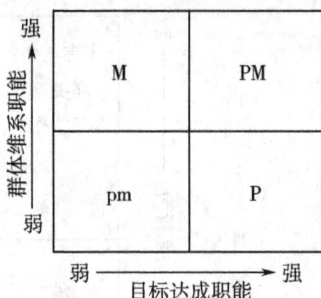

图12-6 三隅二不二的PM领导类型图

PM调查表把领导的方式分成四种形态,即PM,P,M,pm,与管理方格图的划分方法相类似。见图12-6。

为了测量PM因素,三隅二不二设计了八个方面的内容和P、M两职能的问卷。这八个方面的内容是:工作激励;对待遇的满意态度;企业保健;心理卫生;集体工作精神;会议成效;沟通;绩效规范。每个方面又设计五个问题,每个问题的答案均按利克特式五级评分制划分,最高为5分,最低为1分。在量表中,用于测量P和M因素的各为10题,所以这两方面最高分为50分;其他八个方面的内容,每种有5个问题,最高分为25分。调查最后根据PM分数进行统计分析,把结果画在直角坐标系上,从而得出每个被测领导者在PM图上的得分点。直角坐标系是以M得分为纵坐标,P得分为横坐标,取M和P的均值画出与其垂直的线,两线交叉构成4个象限,即4种领导类型。如果要判定某领导属何种类型,只要将他的P、M值标在坐标图上,两线交叉落在哪个象限,就属于哪一类型。

例如,某单位的领导者P、M均值分别为28和31,而其中的一个领导者A的P和M得分为25和28,其领导类型便落在PM区域里,属pm型;若另一领导者B的P和M得分分别为40和20,其领导类型则落在P区域内,属P型领导者。如图12-7所示。

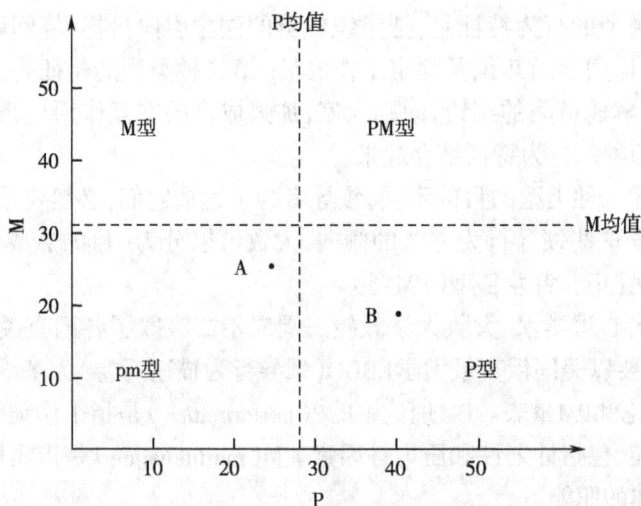

图12-7 PM分析图

　　三隅二不二等人通过实验室和现场测定等方法,检验了PM理论模式的效度和对不同行业的一致性效果,结果表明,PM测评法具有较高的使用推广价值,可以作为企业诊断和咨询的有效方法。通过PM量表,可测出某单位的领导类型,从而改进其领导方式,提高管理水平,甚至还可以为选拔领导者提供较为科学的依据。

知识拓展

"经验很重要!"

　　经验的价值被视为一个领导有效性的预测指标,这种看法甚为流行而且影响巨大。遗憾的是,总体来说,经验这一因素本身对于领导力来说预测性并不好。

　　对于高层管理岗位,组织常常会精挑细选外部的候选人,而这种挑选主要基于他们的工作经验。同样,在考虑晋升一个人之前,组织常常先要求他在某一管理岗位上有若干年的经验。显然,管理层认为经验很重要!

　　在"经验很重要"这个逻辑命题中存在一个错误:它实际上假定从事某种工作的时间长短是经验的测量指标。但这一指标根本与经验的质量无关。某个人有20年经验和另一个人有2年经验,并不一定意味着前者比后者拥有10倍之多的有意义的工作经验。经常的情况是,20年的工作经验不过意味着把1年的经验重复20遍而已! 因此,当人们试图把经验与领导的有效性联系在一起时,就存在这样一个问题,没有注意到经验的质量和多样性。

　　第二个问题是,情境中的变化影响到经验的可迁移性或实用性。获得经验的过去情境与新情境间很少具有可比性:工作内容不同、支持资源不同、组织文化不同、下属特点不同等等。所以,毫无疑问,领导经验与领导绩效之间相关性不高的另一个原因是情境的变化性。

第二节　领导权威与权力

　　在任何群体或组织中,权力都是一种自然存在的现象。因此,如果你想充分理解组织行为,那么你必须了解这些权力是如何获取的,又是如何运用的。也许你听过这样一句话:"权力意味着腐败。绝对的权力意味着绝对的腐败。"但这并不意味着权力一无是处。正如一位作家所言,如果用药剂量不对的话,几乎所有的药物都能置人于死地。每年都有成千上万的人丧命于交通事故,但我们并没有因为有危险就抛弃药物或汽车。相反,我们把这些危险看成激励因素,从中获得经验教训,以便我们能更有效地使用它们。对于权力也是同样道理,它是组织生活的现实,而且将来也不会消失。通过了解权力在组织中的运作机制,你能更好地运用你的知识使自己成为更有效的管理者。

笔记

一、领导与权力

（一）权力的概念

权力（power）指个体A对于个体B的行为发生影响的能力。在这种影响下，B的行为举止符合A的希望。这个定义意味着权力是潜在的，不一定非要通过外在表现来证明它的效果，而且它是一种依赖关系。

权力可以存在但不被使用，因此，它是一种能力或潜力。一个人可以拥有权力，但不运用权力。关于权力最重要的一个方面也许表现为它是依赖性（dependency）的函数。B对A的依赖性越强，则在他们的关系中A的权力就越大。反过来，依赖感的建立基础是：B感知到有多少备选方案，以及由A控制的备选方案的重要性。只有当一个人控制了你期望拥有的事物时，他才拥有对你的权力。如果你完全依靠父母的资助上大学，那么你可能会意识到他们对你拥有权力，因为你要依赖他们给你的经济支持。但是，一旦从学校毕业，你拥有了一份工作和稳定的收入，那么父母对你的权力就会明显减弱。

A迫使B做他不愿做的事，意味着B必须以自己的自主权作出选择。极端地讲，如果B的工作行为已经事先规范好了，那么他将没有任何选择的余地。显而易见，他被局限在做他能力所及的事而不是他要做什么，例如，工作说明书、群体规范、组织规程和社区法规都会限制人们的选择。作为一名护士，你是否能继续受雇取决于你的上司。如果不考虑这一点，你很可能会不服从他，拒绝协助一例心脏外科手术或者其他任务。

（二）领导与权力的对比

如果仔细比较一下对领导和权力的描述，你就会发现这两个概念是相互交织在一起的。领导者使用权力作为实现群体目标的手段。领导要达成一定的目标，权力是促使他们达成目标的手段。

那么两者之间的差异何在呢？差别之一在于目标的相容性。权力不要求构成权力关系的双方一有一致的目标，只需要依赖性；相反，领导则要求领导者和被领导者双方的目标具有相当的一致性。差异之二在于影响的方向，领导一般侧重于自上而下对下属施加影响，而尽量减少横向的和自下而上的影响，权力则不然。此外，还有一个差异与研究者的偏好有关。在大多数情况下，关于领导的研究强调领导方式，并寻求对下列问题的答案：一个领导者应该提供多大的支持？下属应在何种范围内参与决策？相反，关于权力的研究倾向于包括更宽泛的领域，并关注赢得服从的权术方面，因为群体和个人都可以使用权力来控制其他个体或群体。所以权力的实施者不只局限于个人的范畴。

二、权力的来源

权力从何而来，是什么赋予个体或集体以影响他人的能力？为了回答这些问题，首先要把权力的基础或源泉划分为两大类——正式的和个人的。然后再把它们进一步划分为更具体的类别。

笔记

（一）正式权力

正式权力以个体在组织中所处的位置为基础。正式权力可以来自强制或奖赏的能力，来自正式职权。

强制性权力（coercive power）建立在惧怕的基础上，一个人如果不服从的话就可能产生消极的后果。出于对这种后果的惧怕，这个人就会对强制性权力作出反应。这种权力的例子有使用或威胁使用身体处罚（如皮肉之苦）、通过限制活动而产生失落感、对基本的生理及安全需要的强制性控制。

在组织水平上，如果A能对B进行解雇、停职和降级，并且假设B很在乎他的工作，那么A对B就拥有了强制性权力。同样。如果A能给B分派他不喜欢的工作或能够以让B感到尴尬的方式对待B，那么A对B也拥有强制性权力。强制性权力也可以来自对关键信息的控制。在组织中，那些拥有他人所需的资料和知识的人可以获得他人的依赖。

与强制性权力相反的是奖赏性权力（reward power）。人们之所以服从另一个人的愿望或指示。是因为这种服从能给他们带来益处。因此，那些能给人们带来他们认为有价值的报酬的人就拥有了权力。这些报酬可以是金钱的，如控制调资比率、加薪、奖金；也可以是非金钱的，如认可、晋升、有趣的工作任务、友好的同事、有利的工作轮换以及有利的销售分区。

强制性权力与奖赏性权力实际上是一对相互对应的概念。如果你能剥夺对他人有价值的东西或对他人施加不良的影响，那么你就拥有了对他的强制性权力；如果你能带给他人某种积极的利益或帮助他人免除消极的影响，那么你就拥有了对他的奖赏性权力。

法定性权力在正式的群体或组织中，获取一种或多种权力基础的最经常途径大概要算一个人在组织结构中的职位了，由此获得的权力就是法定性权力（legitimate power）。它代表了控制和使用组织资源的正式职权。

职位的权威包括强制性权力和奖赏性权力。但是，法定性权力的涵盖面比强制权和奖赏权更为宽泛。具体而言，这种权力包括组织成员对职位权威的接受和认可。当学校校长、银行总裁和部队军官发话时（假设他们的训话未超出相应的职权范围），老师、出纳员和副官都会洗耳恭听，并通常是遵照执行。

（二）个人权力

不一定非要在组织中拥有某个正式职务才会有权力。例如，在三甲医院的某些外科科室，不少业务能力强的主刀医生拥有权力，但他们并不是管理者，也没有正式权力。他们所拥有的是个人权力——这种权力来自个体独特的特点。下面我们来看看两种个人权力的基础：专业知识、他人的尊重和敬佩。

专家性权力（expert power）来源于专长、技能和知识。由于这个世界越来越技术取向，专门的知识和技能也由此成为影响力的主要来源之一。当工作分工越细、专业化越强时，我们在达到目标时就越依赖于"专家"。因此，人们普遍认可医生具有专业技能，也因而具有专家性权力——大多数人都听从医生的话。同时我们还要认识到，计算机专家、税收会计师、经济学家、工业心理学家以及其他各行各业的专家，都会因为他们的专业技能而获得一定的权力。

笔记

参照性权力（referent power）的基础是对拥有理想资源或个人特质的人的认同。如果我喜欢、尊重和崇拜你，那么，你就对我拥有权力，因为我想取悦于你。

参照性权力的构成来自自己对他人的崇拜以及渴望自己成为那样的人。这一点有助于解释为什么人们要花几百万的大价钱请名人为产品做广告。市场研究表明，像勒布朗·詹姆斯这样的名人能够影响到人们对于运动鞋的选择。其实，只需经过稍许练习，你我都能掌握名人的那点推销术，但是，作为买方的公众在面对我们时却不会有什么反应。个体获得参照性权力的一种方法是通过领袖魅力。有些具有参照性权力的人虽然没有正式的领导职位，仍然能够对他人施加影响。这是因为他们的领袖魅力和情绪可以影响我们。

知识链接

男性相比女性是更好的领导者？

这种说法是错误的。没有证据支持男性相比女性是更好的领导者这一说法，但是却存在相反的证据。

20世纪80年代，关于性别和领导有效性的普遍想法是，男性领导者优于女性。刻板印象认为男性天生就具有更好的领导技能，因为他们更关注任务，情感倾向更低，而指导性倾向更高。

20世纪90年代，这一"男性优势"的刻板印象被"女性优势"所取代。这是因为，有研究表明，女性领导者在领导的关键维度方面，被同事、下属、上司评估的分数都高于她们的男性对手。这些维度包括目标设置、激励他人、培养沟通、从事高质量的工作、倾听他人意见以及导师指导。并且，人们认为女性更多地采用民主型领导风格，她们鼓励参与，共享权力与信息，培养下属，通过包容进行领导；这些风格与当代组织的需求——灵活性、团队工作、信任和信息共享特别吻合。男性则被认为更乐于使用指示型的命令加控制型的领导风格，当组织强调严格的组织结构、个人主义、控制和保密性时，这些风格更有效。

最新的证据评估得出结论，女性实际上更具有领导优势。虽然只是微小的差异——这意味着男性和女性在领导风格方面有很大一部分的重叠，但是一般说来，女性确实有微小的优势。对45家公司进行的一项研究发现，女性领导者比男性领导者更具有变革型领导的特点。这些作者得出结论："数据证明，女性有能力在当代的组织中有出色的领导表现。"

上述三种正式权力（强制性权力、奖赏性权力、法定性权力）的基础和两种个人权力（专家性权力、参照性权力）的基础，哪种最重要？有趣的是，研究相当清楚地表明个人来源的权力最有效。专家性权力和参照性权力都与员工的监督管理满意度、组织承诺和绩效正相关。而奖赏性权力和法定性权力似乎与这些没什么关系。并且，有一种正式权力的来源——强制性权力，实际上会有反作用。因为它与员工满意度和忠诚度呈负相关。

笔记

三、领导权威与权术

（一）领导权威

领导权威，是指领导者以自身的影响力为基础，影响或改变被领导者心理及行为的能力，是使人信从的力量和威望。领导权威是领导本质的正确反映，是实现领导价值的重要条件。

（二）领导权术

领导使用什么样的权术（power tactics）把权力基础转化为具体行动？也就是说，有哪些选择可以影响他们的老板、同事或员工？有的选择比其他选择更有效吗？这一部分，我们来看一下流行的权术选择，以及在何种条件下选择何种权术更适宜。

研究指出了九种不同的有影响的权术：

1. 合法性（legitimacy） 依靠职权或强调你的请求与组织的政策和规则是一致的。

2. 理性说服（rational persuasion） 提出逻辑论据和事实依据来证明请求的合理性。

3. 鼓舞式诉求（inspirational appeals） 通过所选目标人物的价值观、需求、希望和渴望来开发情绪承诺。

4. 商议（consultation） 通过让他人参与决策如何执行计划和变革来提高对目标的激励，获得更多的支持。

5. 交换（exchange） 通过奖励目标人物一定的利益或好处来交换接下来的请求。

6. 个人式诉求（personal appeals） 使用友谊或忠诚获得同意。

7. 逢迎（ingratiation） 提出请求之前，先吹捧、赞扬或使用友好的行为。

8. 施压（pressure） 使用警告和威胁，反复重复你的要求。

9. 联盟（coalitions） 寻找他人帮助说服目标人物，或利用别人的支持作为他人同意你目标的理由。

有的权术通常比其他权术更有效。具体来说，有证据表明理性说服、鼓舞式诉求和商议似乎是最有效的。相反，施压经常会有反作用，一般会是九种权术中有效性最差的。你可以在同一时间或持续使用多种权术来提高成功的机会。只要你的选择都是一致的就可以。例如，同时使用逢迎和合法性可以减少由于老板的"口述"所引起的消极反应。

但是有些有影响的权术在明确的影响方向下更有效。如表12-3所示，研究发现理性说服是在组织层次唯一有效的权术。鼓舞式诉求作为对下属的向下影响的权术最有效。个人式诉求和联盟在水平影响中最有效。除了影响方向之外，很多其他因素也会影响权术的有效性。这包括，所使用权术的先后顺序、使用权术的技能、相对权力、请求的类型、别人对请求的感知、组织文化和具体的国家文化因素。

笔记

表12-3　影响方向与权术选择

向上影响	向下影响	水平影响
理性说服	理性说服	理性说服
	鼓舞式诉求	商议
	施压	逢迎
	商议	交换
	逢迎	合法性
	交换	个人式诉求
	合法性	联盟

　　如果你使用依赖于个人权力的"更柔性"的权术,更有可能有效果,如个人或鼓舞式诉求、理性诉求和联盟。如果这些行不通,就可以转化为"更强硬"的权术(强调正式权力,成本和风险也更大),如交换、联盟和施压。有趣的是,研究发现,使用单一的柔性权术比使用单一的强硬权术更有效;将两种柔性权术或一种柔性权术与理性权术相结合,比任何单一的权术或强硬权术的结合都更有效。

　　研究证实。权术"成功的可能性更大,如果目标认为它是被社会接受的、有影响的行为方式;如果使用者有足够的职权和个人权力来使用权术;如果权术可以影响目标对请求的态度;如果有技巧地使用权术;如果是用于合法性请求;如果与目标人的价值观和需求相一致。

　　我们知道,组织内部的文化各有特色,差异很大。在一些组织中。人们之间和谐、轻松愉快、相互支持;另一些组织则等级森严、很保守。因此,管理者所在的组织文化,对他决定使用的最适宜权术有着极大的影响。某些组织文化鼓励管理者使用友情的策略,另一些文化则鼓励合理化策略,还有一些组织依赖于压力。所以,组织本身的特点会影响到管理者使用的权术能否被接受。

　　最后,有证据表明,不同国家的人喜欢不同的权术。一项研究对比了美国和中国的管理者,发现美国人认为合理化最有效,而中国管理者则喜欢结盟。这些差异可能与两国的价值观有关。美国人偏爱使用直接的对质和理性的说服来影响他人和解决分歧,这与合理化策略一脉相承,同样,中国人面对困难和争议时更喜欢间接做法,这与结盟策略是一致的。

第三节　领导理论研究的最新观点

一、领袖魅力型领导

(一)领袖魅力型领导的概念

　　在组织行为学中,罗伯特·豪斯是第一个思考领袖魅力型领导的研究人员。根据豪斯的领袖魅力的领导理论(Charismatic leadership theory),当下属观察到某些特定的行为时,会把它们归因为英雄主义的或者超乎寻常的领导能力。大量研究都在寻找领袖魅力领导者的特点,沃伦·邦尼斯总结他们的几种共同能力:他们都有一个愿景;他们愿意为了实现这个愿景而进行个人冒险;他们对下属的需要十分敏感;他们的行为表现超乎常规。表12-4描述了这些特点。

表12-4　领袖魅力的关键特点

1. 愿景规划及清晰表述。他们拥有一个愿景规划(一个理想化的目标),其中勾勒出来的未来比现状更美好。他们能使用其他人易于理解的语言清晰地阐述这种愿景的重要性

2. 个人冒险。他们敢冒风险,不惜高成本,并会为了实现愿景目标而作出自我牺牲

3. 环境敏感性。他们能够对环境的限制及资源作出现实的评估

4. 对下属需要的敏感性。他们对他人的能力有深刻了解,并对他人的需要与情感作出回应

5. 反传统的行为。他们做出的行为常被认为是新奇的和不合规范的

(二)领袖魅力的形成

具有领袖魅力的领导者天生就具有这些气质吗? 还是人们可以学做领袖魅力型领导? 对这两个问题的回答都是肯定的。

个体具有与生俱来的领袖魅力特质,这是千真万确的。事实上,对同卵双胞胎的研究发现,在领袖魅力测试中他们的得分相差无几,即使他们在不同的家庭成长并从未谋面。研究表明人格与领袖魅力也是相关的。具有领袖魅力的领导者可能是外倾的、自信的,并且是成就导向的。

虽然有一小部分人认为魅力是与生俱来的,不能通过学习来获得,但是多数专家认为个体可以通过培训习得领袖魅力的行为并因此享有"领袖魅力的领导者"的利益。毕竟,我们继承了特定的倾向并不意味着我们不能通过学习来做些改变。研究者指出,个体可以通过以下三个阶段的学习成为领袖魅力的领导者。

首先,个体需要保持乐观态度;使用激情作为激发他人热情的催化剂;运用整个身体而不仅仅是言语进行沟通。通过这些方面可以开发出魅力的光环。其次,个体通过与他人建立联系而激发他人跟随自己。最后,个体通过调动跟随者的情绪而激发他们的潜能。这种做法似乎很有效。有证据表明,研究者利用这种方法使商学院的学生成功地"扮演"了领袖魅力的角色。他们指导学生清晰地表达了一个极高的目标,向下属传达高绩效的期望,对下属达到这些目标所具备的能力表现出充分的信心,重视下属的需要;学生们通过练习表现出有力、自信和动态的形象,并使用富有魅力的迷人语调。为了进一步捕捉动态的和生动的领袖魅力特征,研究者还训练这些领导者使用颇具魅力的非言语特点。他们时而坐在自己的办公桌边,时而来回踱步;他们身体向前倾向下属;他们保持直接的目光接触;他们呈现放松的姿态和生动的面部表情。研究者发现,学生们完全可以学会展示这些领袖魅力。更重要的是,相比那些无领袖魅力领导者带领的下属而言,这些领导者的下属表现出更高的工作绩效、对工作任务以及对领导和群体的适应性。

(三)领袖魅力的影响

领袖魅力的领导者究竟如何影响下属? 有证据表明,这一过程包括四步。首先,领导者清晰陈述一个有吸引力的愿景。愿景(vision)是关于如何达到一个

笔记

283

或多个目标的长期战略。这种愿景将组织的现状与美好的未来联系在一起,给下属提供一种连续性的认识。

一旦建立了愿景和愿景陈述,接下来领导者就可以传达高绩效期望,并对下属达到这些期望表现出充分的信心。这样就提高了下属的自尊和自信水平。

接下来,领导者通过言语和活动向下属传递一套新的价值观系统,并且通过自己的行为为下属树立效仿榜样。例如,对以色列银行员工的一项研究表明,具有领袖魅力的领导者更有效。因为他们的员工本身就认可他们的领导者。最后,具有领袖魅力的领导者会通过情绪诱导和经常性的反传统行为,来表明他们的勇气和对未来前景的坚定信念。

由于愿景是领袖魅力的领导的一个非常重要的组成部分,因此我们应该运用术语准确阐明我们的意愿,找出有效愿景的具体特点并提供一些例子。

回顾各种概念的界定,我们发现愿景与其他的目标设置有以下区别:"愿景应该具有引人注目的鲜明形象,它激发人们通过创造性的方式改善现有状况,它承认传统并从传统中取其精华,它与人们可以切实开展的行动相联系从而使变革成为现实,它撞击着人们的情感,调动着人们的精力。它一旦被清楚明确地描述出来,就会使人产生像对待业余运动和休闲活动的那种热情,并把充沛精力和奉献精神带入工作当中。"

在愿景方面有哪些实例呢?鲁伯特·默多克通过把娱乐与传媒结合起来。为传媒业设计了一个未来的愿景规划。通过他的新闻公司,默多克成功地整合了广播网、电视台、电影院、出版公司以及全球卫星分布区域。玛丽·凯的愿景目标是:针对那些身为创业者的女性,向她们销售产品以美化女性的自我形象,这成为玫琳凯化妆品公司的有效推动力。

(四)领袖魅力领导的有效性与情境的关系

越来越多的研究表明,领袖魅力的领导与下属的高绩效和满意度高度相关。领袖魅力领导的下属受到激励,竭尽全力努力工作,因为他们喜欢和尊敬他们的领导,满意度更高。似乎拥有具有领袖魅力的首席执行官的公司盈利性更好。具有领袖魅力的大学教授也会获得更高的课程评估分数。但是,也有越来越多的证据表明,领袖魅力并不总是普遍适用;也就是说,它的有效性还与情境有关。当下属的任务中包含有很多观念成分时,或当环境中带有极大的压力与不确定性时,这种领导方式似乎最成功。这可以解释为什么领袖魅力的领导者更多出现于政治、宗教以及战争期间,或者在企业刚刚创建或面临生存危机时出现。例如,20世纪30年代,富兰克林创造了愿景使美国人走出了大萧条;1997年,当苹果电脑处于挣扎当中,缺少指导方向时,董事会说服了具有领袖魅力的共同创始人之一——史蒂夫·乔布斯重出江湖,担任苹果的临时首席执行官,以鼓舞公司重新找回创新的源头。

除了观念和不确定性,限制领袖魅力发挥作用的另一个情境因素是在组织中的层次。记住,愿景的创造是领袖魅力的重要组成部分。但是愿景一般适用于整个组织或主要的部门。它们一般由高层管理人员创造。同样,领袖魅力与高层管理者而不是低层管理者的成功和失败更直接相关。因此,即使个人拥有

笔记

鼓舞他人的人格,也很难在低层管理工作中使用他们的领袖魅力的领导能力。低层管理者可以创造领导他们事业单元的愿景。但是界定这样的愿景更难,并且也更难让他们与更大的组织整体的目标保持一致。

最后,领袖魅力的领导对下属的影响多于对他人的影响。例如,研究表明,当人们感受到危机、处于压力之下或对自己的生活感到恐惧时,他们尤其容易接纳领袖魅力的领导。更普遍的是,有些人的人格更容易受领袖魅力领导的影响。以自尊为例,如果个体缺乏自尊并且质疑自己的自我价值,就更有可能接受领导者的指导。而不是建立自己的领导或思维方式。

二、变革型领导

(一)变革型领导的概念和特点

第一节介绍的大多数理论,如两维模式、费德勒模型、情境领导理论,都是针对交易型领导者进行描述。交易型领导者(transactional leaders)通过澄清工作角色与任务要求,指导并激励下属向着既定目标的方向前进。变革型领导者(transformational leaders)鼓励下属为了组织利益而超越自身利益,并对下属产生超乎寻常的深远影响。如雅芳公司的钟彬娴、维珍集团的理查德·布朗森,他们关注每一个下属的兴趣所在以及发展需要;他们帮助下属用新视角看待老问题,从而改变了下属对问题的看法;他们能够激励、调动和鼓舞下属为实现群体目标付出更大的努力。表12-5简要地界定了区分这两类领导者的四个特点。

我们不应把交易型领导与变革型领导作为截然对立的两种类型来看待。变革型领导与交易型领导互为补充,但这并不意味着他们具有同等的重要性。变革型领导是站在交易型领导的肩膀上形成的。变革型领导相比单一的交易型做法,可以使下属产生更高的努力水平和绩效水平。但是,反过来并不成立。因此,如果你是一个优秀的交易型领导,但不具备变革型领导的素质,你可能只是一般的领导者。最好的领导者同时具有交易型和变革型领导的特点。

表12-5 变革型领导者与交易型领导者的特点

交易型领导
权变式奖励: 努力与奖励的相互交换原则。承诺对良好绩效给予奖励,认可成就
例外管理(主动的): 观察并寻找那些不符合规则和标准的事件,并予以纠正
例外管理(被动的): 只有当不符合标准时才实施干预
放任型: 放弃责任,回避作出决策
变革型领导
领袖魅力: 提供愿景规划和组织使命,灌输荣誉感,赢得尊重和信任
感染力: 传达高期望,使用各种方式强调努力,通过简单明了的方式来表达重要目标
智慧刺激: 激发智力、理性和深入细致的问题解决活动
个性化关怀: 关注个体,不同员工不同对待,有针对性地给予指导和建议

(二)变革型领导与交易型领导的影响差异

图12-8是全范围领导模型。放任型是最被动因此也是有效性最差的领导行为。这种风格的领导者很少会被认为是有效的。例外管理——无论是主动还是

笔记

285

有效

领袖魅力

感染力

智慧刺激

型革变

个性化关怀

被动 ————————— 权变式奖励 ————————— 主动

例外管理

型易交

放任型

无效

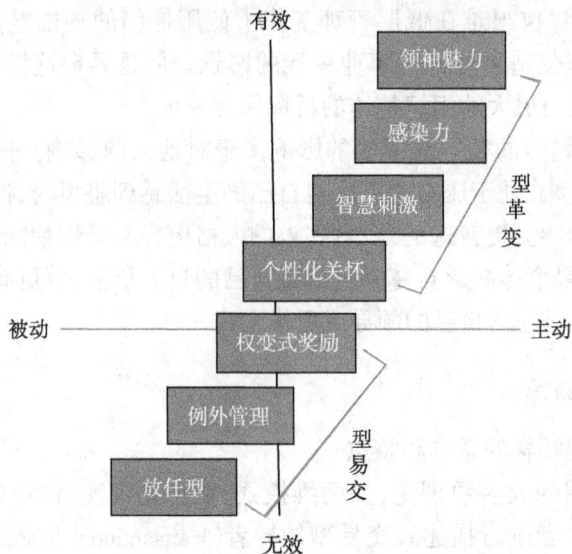

图12-8　全范围领导模型

被动——比放任型稍好一点,但是仍被看作是无效的领导。例外管理型的领导者似乎仅仅当有问题出现,且这个问题来得太快,让人措手不及时才有效。权变式奖励的领导是一种有效的领导风格。但是,这种风格的领导却不能让员工更上一层楼,也不能让他们超越职责所在。只有具有剩下的4种领导风格(全都属于变革型领导)的领导者才能激励下属有超出期望之外的表现,激励他们为了组织超越自我利益。个性化关怀、智慧刺激、感染力和领袖魅力都会让员工作出额外的努力,让他们有更高的生产率、更高的士气和满意度、更高的组织效果、更低的流动率和缺勤率、更强的组织适应性。基于这个模型。当领导者经常使用这四种变革型的行为模式时。他们的领导一般会最有效。

(三)变革型领导者如何影响下属

变革型领导如何发挥作用? 过去的几年,出现了很多解释变革型领导如何发生作用的研究。变革型领导鼓励下属不断创新,提高创造性。例如,陆军上校雷纳德发现,在伊拉克战争中,部队提倡的是"被动思考而非主动思考、服从命令而非创新、坚持而非鲁莽行事。"作为回应,他指示初级军官要创新,要敢于冒险。变革型领导者由于自身的创造力而变得更有效。但是,他们也因为鼓励下属勇于创新而更有效。

目标是变革型领导发挥作用的另一个关键机制。下属和变革型领导者更有可能追求远大的目标,这些目标对他们来说已经很熟悉,并且与组织战略目标相一致。他们认为自己所追求的目标对他们个人很重要。

(四)变革型领导的效果评估

相当多的证据支持变革型领导显著优于交易型领导。变革型领导在不同的国家或地区、不同的职业和不同的工作层次都获得了支持。例如,针对美国、加拿大和德国军人进行的大量研究发现,变革型领导者在每个水平上得到的评价都高于交易型对手。对87项测试变革型领导的研究的综述发现,变革型领导与下属的

笔记

动机和满意度有关,与更高绩效水平和更高的领导者有效性(感知到的)有关。

变革型领导理论并不完美。有人也在思考,权变式奖励是否严格属于变革型领导者的特征。与全范围领导模型相反,权变式奖励领导有时候比变革型领导更有效。

简言之,总体的证据表明,与交易型领导相比,变革型领导与低流动率、高生产率和高员工满意度的关系更强。与魅力一样,似乎也可以通过学习成为变革型领导。一项针对加拿大银行管理者的研究发现,那些接受过变革型领导培训的管理者所领导的分行的表现要大大好于那些没有接受这一培训的管理者所领导的分行。其他研究结果与此相似。

变革型领导与领袖魅力型领导是否相同?把魅力型领导引入组织行为学作出最大贡献的研究者罗伯特·豪斯认为他们是同义的。差别"不大"或"微小"。但是,最先研究变革型领导的伯纳德·巴斯认为,魅力是变革型领导的一部分,但是变革型领导的概念要比魅力宽泛。魅力本身不足以"解释变革型过程"。另一名研究者认为:"纯粹的魅力型领导者可能只是想让下属采纳领袖魅力者的世界观,仅此而已。但变革型领导者不仅努力培养下属质疑已有观念的能力,还培养下属质疑那些最终由领导者建立的价值观的能力。"虽然很多研究者认为,变革型领导比魅力型领导更宽泛,研究表明,在现实生活中,变革型领导得分高的领导者也有可能有很高的魅力得分。因此,魅力和变革型领导的测量或许实际上大体相同。

三、诚信领导

领袖魅力的领导理论和变革型领导理论增加了我们对有效领导的理解,但他们都没有对道德和信任做明确的阐述。有学者认为道德和信任是完整的有效领导理论不可缺少的　部分。

(一)诚信领导的概念

哲学家萨特写过很多有关诚信的文章,他认为要想成为一个诚信的人,必须对自己诚实,避免自欺。虽然这对任何人来说都可能是个不错的建议,但对领导者来说尤其重要。

诚信领导者(authentic leaders)知道自己是谁,知道自己的信念和价值观,能够坦率地按照自己的信念和价值观行事。他们的下属会认为他们是有道德的人。因此。诚信领导的主要品质就是信任。诚信领导如何建立信任?诚信领导信息共享、鼓励坦率沟通,并坚持他们的理想。结果就是人们对诚信领导产生信任。

由于诚信领导的概念才提出不久,还没有很多相关研究。但是,我们认为把道德和信任考虑在领导的范畴之内有助于领导理论的发展。因为它们关注的是领导者的精神层面。变革型和领袖魅力型的领导者会有愿景。并且会进行说服性沟通,但有时候,愿景本身是错误的(如希特勒的例子),或者领导者过分关注自己的需求和愿望。

(二)道德与领导

道德与领导这一主题很少受到关注。仅仅在最近,才有一些伦理学家和领导研究者开始思考领导中的道德含义。为什么这个问题现在才引起人们的关注呢？原因之一可能是，整个管理领域对于道德问题产生一种普遍兴趣。原因之二可能是，商业组织中——如安然、世通、安达信——高层领导者的不道德行为使得公众和政治家们日益关注美国企业的道德标准问题。

道德问题涉及有关领导方面的大量关键点。例如，当变革型领导试图改变下属的行为和态度时。他们被描述为一个培养道德品行的权威。领袖魅力本身也包含着道德成分。违背道德的领导者更可能使用他们的领袖魅力来增加其对下属的影响力，达到自我服务的目的。有良知的领导者被认为是使用了对社会有建设意义的领袖魅力来服务他人。在这里，还有领导者的权力滥用问题。例如，他们给自己高薪水、奖金和股票期权，与此同时，他们又通过裁掉长期雇员而压缩成本，因为高层管理者设置组织的道德基调，他们需要设置高水平的道德标准并作出行为示范，鼓励和奖赏他人的正直行为。

领导的有效性需要针对领导者在实现目标时所使用的手段，以及这些目标的具体内容。比尔·盖茨对于微软的成功领导，使其成为全球软件业的霸主，但这个目标是通过极端进取的工作文化为手段而实现的。微软的竞争对手以及美国的政府协调人都认为，这种竞争性的企业文化正是大量不道德活动的祸起缘由——从控制视窗操作系统的使用者以有利于微软的商业伙伴和下属企业，到鼓励他们的销售队伍"挤垮"竞争对手。重要的是，微软的企业文化折射出其总裁和创建人之一比尔·盖茨的人格特征。另外，道德领导还必须针对领导者建立的目标内容。领导者所追求的组织变革在道义上可以接受吗？如果企业的领导者通过销售有害消费者健康的产品而获得成功，那么他是个有效的领导者吗？这个问题可能需要烟草业和垃圾食品业的高层管理者来回答。我们在判断任何领导者是否有效之前，应该思考两个问题：领导者为了实现目标而使用的手段，以及这些目标中的道德内容。

（三）信任与领导

信任是一个与领导有密切关系的主要因素。当信任遭遇破坏时，会对群体绩效造成十分严重的不良后果。信任与值得信任这些因素影响着领导者能否获得知识与合作。

当下属信任领导者时，他们愿意接受领导者活动的影响——他们相信自己的权利和利益不会被人滥用。当人们觉得某个人不诚实或有可能利用自己时，就不会尊重和追随他。例如，受人尊重的领导者具备的特点中，诚实这一要素始终被大多数人列在第一位。

我们利用研究提供一些法则来更好地理解信任和不信任的产生。

1. 不信任驱逐信任 信任他人的人通过增加他们对别人的坦率、对相关信息的披露和对真实意图的表达证明自己的信任。不信任的人不会互换。他们隐藏信息，抓住机会利用他人。为了保护自己，不被重复利用，信任的人被迫不能信任他人。几个不信任的人会毒害整个组织。

2. 信任产生信任 与不信任驱逐信任相同，表现出对他人的信任会鼓励互惠互利。有效的领导者逐步小量增加对他人的信任，并让他们回应。通过逐步小量增加信任，领导者可以限制由于他们的信任被利用所可能产生的惩罚或损失。

3. 成长通常会掩饰不信任 成长为领导者提供了快速晋升和增加权力和

笔记

责任的机会。在这种环境下,领导者会采用快速修复的方式解决问题,避免高层管理者立即发现问题,这也产生了他们对接班人的不信任,由此又会产生很多问题。领导者会采取短期的观点,因为他们不可能需要处理他们决策的长期结果。当成长开始变得缓慢时,对接班人不信任的滞后影响开始变得明显。

4. 衰退和精简测验信任的最高水平　成长法则的必然结果就是,衰退和精简会破坏甚至是最信任的环境。裁员是有风险的。即使裁员之后,那些留下来的人对工作的安全感也会减少。当雇主的裁员破坏了员工的忠诚纽带。员工们就不太愿意相信管理层的话。

5. 信任增加凝聚力　信任把人们团结在一起。信任意味着人们相信他们可以互相依赖。如果一个人需要帮助或支支吾吾,他知道其他人会伸出援助之手。当面对危难的时候,互相信任的群体成员会团结一致、竭尽全力达到群体目标。

6. 不信任的群体自我毁灭　这一原则的必然结果是,当群体成员之间不信任时,他们是分散而又互相排斥的。他们追求自己而非群体的利益。缺乏信任的群体成员互相猜疑,总是要防止被利用,也会限制自己与群体中其他人的沟通。这些行为会破坏并最终毁掉整个群体。

7. 不信任一般会降低生产率　虽然我们不能说信任一定会提高生产率,不过通常会这样,但是不信任几乎总会降低生产率。不信任让成员关注互相之间的不同利益,人们很难看到他们的共同目标。人们会隐藏信息,暗暗地追求自己的利益。当员工遇到问题的时候,他们不会要求别人的帮助,他们担心那些人会利用他们。不信任的气氛会激发功能失调的冲突,阻止合作。

知识拓展

战争和心理定格的艺术

第二次世界大战期间,大多军事作战都没有自己的名字,即便有,也不是为大众的使用而命名的——如他们会把一次登陆作战称为"大锤行动"。但最近几年,政治和部队领导人已经学会了如何利用语言来心理定格战争术语,以此来使公众支持最大化,反对意见最小化。

2003年春开始的针对伊拉克的战争,被布什政府称为"伊拉克自由之战",这并不是一个武断的选择。他们慎重选择了这种说法,为的是把这场战争塑造成帮助而不是伤害伊拉克人民的形象。在支持美国入侵伊拉克的国家名单中,他们选择的标题是"自愿联盟"。这有助于区分"自愿"(如英国)和"非自愿"(如法国)。另外,"大规模杀伤性武器"和"震慑行动"也是经过慎重选择的标语,用于塑造伊拉克具有威胁的公众形象和美国有能力赢得战争的公众形象。错误标语的选择会毁掉军事上的努力。例如,美国对阿富汗入侵,刚开始的时候被称为"无限正义"。但是很快,军队领导人发现,这条标语带有宗教色彩,似乎在告诉人们上帝站在美国一边。因此,他们很快把这场战争重新命名为"持久自由"。

(王　全)

笔记

本章小结

本章的主要内容如下：①管理者是被任命的，其影响力来自于他们所在的职位所赋予的正式权力。领导者可以是任命的，也可以是从一个群体中产生出来的，领导者可以不运用正式权力来影响他人的活动。②提高领导者的有效性有两条途径，主要有替换领导者以适应情境或改变情境以适应领导者。③情境领导模型认为，当下属的成熟度水平不断提高时，领导者不但可以不断减少对活动的控制，还可以不断减少关系行为。④权力的基础或源泉划分为两大类——正式的和个人的。领导可以使用九种不同的有影响的权术把权力基础转化为具体行动。⑤变革型领导者关注下属的兴趣所在以及发展需要；帮助下属用新视角看待老问题；激励、调动和鼓舞下属为实现群体目标付出更大的努力。诚信领导者知道自己的信念和价值观，能够坦率地按照自己的信念和价值观行事。

【讨论思考题】

1. 哪些特质可以预测领导？

2. 结构维度和关怀维度可以预测领导者的有效性吗？

3. 费德勒的三项权变变量是什么？

4. 什么是权力？如何获得权力？

5. 哪些权力基础来源于个人？哪些来源于组织？

6. 如果你希望别人把你看作领袖魅力的领导者，你可以怎么做？

7. 你认为变革型领导是天生的还是可以后天培养的？请作出解释。

8. 道德如何被卷入领导的？

9. "在组织绩效当中，领导者很重要。"请分别对这段话进行支持性和反对性的论证。

10. 举例说明你如何应用费德勒模型进行实际操作。

11. 假设你是一名刚刚参加工作的大学毕业生，你将如何使你的权力最大化，加速你的职业发展？

笔记

组织发展

通过本章的学习,你应该能够:

掌握 组织发展的概念;组织发展的形式和特点。

熟悉 组织发展的类型;组织培育的程序和方法。

了解 组织发展的理论基础;组织发展的生命周期。

案例13—1

在某医药公司的一次管理者论坛中,一些高管对80后员工"不肯吃苦"的抱怨引起了在场80后培训老师的争辩。在该公司,管理者大多是70后,而员工则是一半80后,一半70后。因此这种针对80后员工的辩论,反映的正是该公司管理者和员工之间在观念、期待、渴望方面的差异。基于此,该公司HR部门启动了《60—70—80我们的黄金年代》项目,旨在搭建管理者和员工的沟通平台,让不同年代的管理者和员工在轻松的互动交流中深入理解对方。

经过调研,项目组发现员工的大多诉求都指向经理的态度,同时能力发展是员工关注的重点。接着,项目组分别在管理者和员工层面展开校验研讨,一方面是为了检验调研结果的准确性,为一方面史是为了能增进管理者与员工的相互了解,促使大家思考并进一步达成共识。在员工层面,以"我的行为我解读"为题,请员工分享工作的意义;以"我的期待我演绎"为题,用视频形式记录下由员工表演的他们眼中的管理者以及他们期待的管理者的样子。随后,在管理者中进行研讨,员工演绎的视频使管理者了解到员工对自己的管理行为的真实感受,引发经理们的反思;同时在管理者中以"你的声音我知道,你的成长我引领"为题,请管理者说出对员工成长的真实想法。

通过这些讨论,HR部门深刻体会到:要给80后释放压力的空间,要帮助经理迅速提升辅导能力,真正倾听、理解员工心声,并愿意帮助员工成长。可见,该项目不仅是一场全公司上下互动的文化宣导活动,也是公司各层面培训需求的收集过程,创新地完成了培训需求的澄清和甄别,由此获得的培训需求真实而关键。接下来是要找到科学的方法,将这两方面的诉求有机结合并与公司的业务发展紧密联系起来:通过CMSS课程培训,一方面有效提高员工(销售代表)的销售技能,另一方面通过完善的辅导机制,督促并鼓励经理对员工实施辅导,从而满足员工对于"经理的态度"方面的诉求。CMSS主要是从分析客户对药品的接受流程,指导员工如何展开、推进销售。

笔记

公司要求经理与员工一同学习CMSS课程,并定制了"CMSS+辅导课程",提升经理对员工销售的辅导能力。CMSS课程使经理与员工能以共同语言定义销售进程;通过建立辅导跟踪机制推进经理的辅导行为,要求经理每月在线上传辅导报告。辅导跟踪机制不仅帮助经理养成辅导习惯,还建立起上下一致的辅导文化。经过CMSS培训后,项目组监测到员工三个月内销量最少增长3盒/月,最高增长600盒/月。

组织不是一个静态的封闭系统,而是一个随环境变化而变化的开放系统。社会在发展,科学技术在进步,人的能力和思想意识在不断变化,因而组织也必然会随社会环境系统的变化而发展

第一节 组织发展的一般概念

关于组织发展,学术界还没有一个统一的定义。代表性的定义有比尔(Beer)在1980年提出的:组织发展是一个系统的收集数据、诊断、行动计划、干预和评价的过程,其目的在于保持组织战略、结构、流程、员工和文化的一致性,并开发新的创造性的组织解决方案,不断提高组织自我更新的能力。组织发展需要组织成员与变革专家的共同协作,运用行为科学理论,通过有关的研究和技术才能实现。伯克(W.W. Burke)在1982年则指出:组织发展是通过利用行为科学理论和技术对组织文化实施有计划的变革过程。罗宾斯(S.P. Robbins)1997年提出:组织发展是建立在人本主义的民主价值观基础上的有计划变革的干预措施的总和,它寻求的是增进组织的有效性和员工的幸福。

综上所述,可把组织发展定义为:组织发展(organization development)就是运用行为科学知识,对构成组织的各要素(人、技术、结构)进行系统的变革,目的是提高组织的自我更新能力和组织的效率,增进员工的幸福。

组织发展重视人员和组织的成长、合作与参与。变革推动者在组织发展中具有指导作用,对他们来说最重要的和最重视的是合作,而不是权力、权威、冲突、控制以及强制这样的概念。大多数组织发展活动的基本价值观念主要有:①尊重人。认为个人是负责的,他们有自己的尊严,应该受到尊重。②信任和支持。有效和健康的组织拥有信任、真诚、开放和支持的气氛。③权力均等。有效的组织不强调等级权威和控制。④正视问题。不应该把问题掩盖起来,要正视问题。⑤参与。受变革影响的人参与变革决策的机会越多,他们就越愿意实施这些决策。

一、组织发展的生命周期

组织如有机体一样有其生命周期,组织发展的生命周期是指组织从产生、成长到最终成熟的过程。任何一个组织从诞生之日起,就是由人所组成的、有生命力的、正在发育和成熟的社会有机体,这个有机体有一个包括从生到死的各个阶段的生命过程。每个阶段其组织结构、领导方式和领导作风、管理体制和职工心

态都有差异,并且每一阶段最后都面临某种危机和管理问题,需要采用相应的管理策略解决这些问题。研究表明,一个组织的成长发展大致可分为创业、聚合、规范化、成熟、再发展或衰退五个阶段,这五个阶段就构成组织发展的生命周期。

第一为创业阶段。这是组织的幼年期,把求生存作为主要目的,规模小,关系简单,高层管理者直接设计组织结构和控制系统,发展单一的产品和服务是组织的目标。组织结构还处于非正式的,对组织的控制也主要靠主管人的亲自监督,属于集权阶段。

处在这一阶段,组织的生存与发展完全取决于创业者的素质与创造力。创业者是组织的灵魂,凭借自己的经验、能力和感觉来经营管理着组织,通常缺乏详尽的长远规划,仅仅根据当时组织遇到的情况作出判断。在组织的领导和管理人员的要求上,创业初期组织面临着生存危机,特别需要那些具有开拓精神和善于从事技术工作、产品制造和推销的人;但是,随着组织发展,组织规模扩大后各种问题日益增加,组织成员能力提高向创业者的绝对权威提出挑战而造成创业者与下层之间产生冲突,管理问题日趋复杂,使创业者感到无法以个人的非正式沟通来解决问题。因此,到了创业的后期,组织内部管理问题层出不穷,从而产生"领导危机"。需要引进善于从事管理活动和处理人际关系的领导者和管理人员,否则,组织的发展就会受到限制。

第二为聚合阶段。这是组织的青年时期,企业在市场上取得成功,发展迅速。组织不断扩大,人员迅速增多,职工情绪激昂高涨,对组织有强烈的归属感和使命感。

聚合阶段是组织的迅速发展的阶段。创业者经过锤炼自己成为了管理者或引进了有经验的专门管理人才,开始确立新的组织发展目标,即按照权力等级、工作设计、初步分工等原则,建立起各个部门。大部分组织结构和信息沟通是非正式的,由具有很高权威的领导者为组织指明方向和目标。领导者通常以铁腕作风与集权的管理方式来指挥各级管理者。随着组织的进一步发展,基层的管理人员和职工群众都感受到高层领导者强有力的束缚,要求有更多的自主权,要求减少上层管理者的直接监督;而高层领导又不愿放弃对下属的管理权力和监督职责,希望确保组织的各部门和成员之间,都能齐心协力、协调配合地聚合在一起。这就产生了上下级之间在自主权上的矛盾,发生"自主性危机"。

第三为规范化阶段。这是组织的中年时期,企业已有相当规模,增加了许多生产经营单位,甚至形成了跨地区经营和多元化发展。增加了许多参谋人员和辅助人员,工作分工明确,并制定了规范化、程序化的各种规章制度。高层管理者和管理部门进行了分权,采用分权式组织结构,容许各级管理者有较大的决策权力。

这个阶段为了规范化管理,要设置和使用控制系统和信息系统,通常采取下列五个措施:①制定组织中各种条例和细则,用正式文件加以说明,减少信息沟通的频繁性;②确定各层次的职责,高层管理考核部门集中处理战略性和影响全局的计划管理工作,而基层管理部门和人员主要从事具体操作性管理工作;③发挥智囊人员的作用,聘请更多的专家学者和参谋人员来审议组织的全局性计划;

笔记

④建立各项激励制度调动员工实现组织目标的热情；⑤在不同管理层次之间建立起有效的协调系统和控制系统；横向部门之间建立起各种有效的联系制度。

这个阶段组织过于行政等级化，各种制度和规划可能会压抑中层管理人员和管理部门，他们可能会不满意参谋人员的介入。这样就会出现实行统一计划管理的困难，创新思想也可能会受到限制。各阶层、各部门各自为政，本位主义盛行，整个组织也可能产生"失控危机"。

第四为成熟阶段。这一阶段组织规模大，有较强行政等级的组织结构，有大量的控制系统，严格的规章制度、条例和程序。为了防止第三阶段的"失控危机"，组织又有采取集权管理的必要，将许多原本属于中、基层管理的决策权重新收归总公司或高层管理者。但是由于组织已采取过分分权的办法，不可能重新恢复到第二阶段的命令式管理。解决问题的办法是高层主管的监督与加强各部门之间的协调、配合，加强整体规划，建立管理信息系统，成立委员会组织，或实行矩阵式组织。一方面使各部门有所作为，另一方面使高层主管能够控制整个组织的活动与发展。为此就必须拟定许多规章制度、工作程序和手续。随着业务的发展和复杂，这些规章制度成了妨碍效率的官样文章，产生了"官僚主义危机"或"硬化危机"。

第五是再发展或衰退阶段。此阶段组织的发展前景可以通过组织变革与创新重新获得再发展，也可以更趋向成熟、稳定，也可能由于不适应环境的变化而走向衰退。

步入衰退期的原因很复杂，如组织随某个关键人物（如创业者等）的离去而衰退；随产品或服务市场的消亡而衰退；随技术的落后而衰退；由于组织的自然老化而衰退，从而失去活力或生命力。

进入成熟阶段，为了适应环境的变化避免陷入衰退，需要加强协作和配合，必须培养管理者和各部门之间的合作精神，通过团队合作与自我控制以达到协调配合的目的；另外要进一步增加组织的弹性，采取变革措施，如重新设计组织结构，精简机构和人员，开拓新的经营项目，更换高级管理人员等。在经济发达的资本主义国家的大公司，一般每隔10～20年就要更新一次。近年来，美国福特汽车公司和通用汽车公司都是经历了这样的收缩精简和解雇的更新之后，才得到再发展的。反之，如果一个组织不能适应环境的变化而进行更新变革，它的发展就会受到挫折和失败。

除以上的五个阶段划分外，也有学者把组织发展的生命周期按照管理风格划分为创业管理、个人管理、职业管理、官僚式管理和矩阵式管理五个阶段。或者创业阶段、集体化阶段、规范化阶段、精细阶段四个阶段。不管何种划分形式，组织生命周期的各个阶段之间并非严格依次出现，往往相互交错，每一个阶段都有一种起支配作用的因素，它决定了组织发展的阶段性特征。

二、组织发展的理论基础

任何组织都是社会的一部分，都处在三个环境之中，即大环境、中环境与小环境。大环境也是大系统，包括国家政治、经济、文化等；中环境即次级系统，如市场分配、技术团体压力等；小环境是再次级系统，包括组织结构、工作、人力、权力、信息联系等。复杂而多变的环境会对组织产生很大影响。在实际生活中，几乎所有的组织都处在不断变动的环境中，它们实际上都是由若干互相制约、互相依存的子系统有机地结合而成的。组织系统通常有三个子系统，即技术系统，包括工作流程、技能、程度、工作角色分派等；管理系统，包括组织结构、政策、程序、规章、奖惩制度、决策方法等；人文系统，包括文化、价值、规则、规范、领导方式等。组织发展就是三个系统相互作用的结果。其中改变人的因素、发展人的能力和特性是组织发展的核心。组织发展必须建立在一定的理论基础之上。组织发展的理论基础是系统理论、权变理论和行为理论。

（一）系统理论

系统理论（systems theory）的核心在于把组织看作是一个有机的"系统"。系统是由一系列围绕某个目标的相互依存的部分所组成。一个系统通常是由子系统组成，而其本身可能又是另一个系统的子系统。整个系统的能力有赖于每一个子系统的能力。同样，大系统职能的任何变化也都要求子系统作出相应的变化。

技术系统是涉及技术、工艺性质的变量，这一系统的工作都具有一定的连续性。管理系统是涉及组织结构、政策、程序、规则、赏罚、决策方式以及其他促进管理过程的单位。人文系统涉及的是文化、价值、规则、满足个人需要、员工的激励水平以及人际关系等。以上三个子系统的相互作用制约了人的行为，影响到组织活动的最终成果。

根据现代系统理论的观点，我们把组织看成一个开放的、有机的、复杂的社会技术系统。一端是原材料、资金、能源、劳动力和信息的输入；另一端是产品、劳务和利润等的输出。其中间的转换过程必须经过生产、技术、人事等分系统。如医院是一个系统，它处在一个特定的社会环境中，包括经济、政治、文化等。这些社会环境因素如经济水平、卫生政策的变化，直接影响着系统发展。系统中有输入，如医务人员、病人、物资、药品、设备等。这些输入通过医疗服务在医院内转化，病人得到治疗，最终结果是输出被治愈的病人，提高人群健康水平，得到顾客的满意。同时也存在着一个反馈回路，输出对输入也产生影响，如病人不满意、抱怨服务，或发现新的疗法等。这是一个动态的、交互影响的过程，所有部分都是相互关联的。如果系统是健康的、运转正常的，那么它的整体效应将远远大于各部分简单之和。这些系统中任何一个子系统的改变，都会影响其他子系统接受整个系统的变化。此外，发展的原动力往往要追溯到人的行为和人际关系。因此，典型的组织发展计划是通过改变职工的态度、价值观和信息交流，使他们认识发展的必要性并参与和实现组织的发展。

（二）权变理论

权变理论（contingency approach）也称为情景理论，其主要观点是，在组织管理中，没有一种最好的方法。没有可以适应所有环境的组织结构，领导作风和控制方法。恰恰相反，组织管理必须找出不同的方法，去适应不同的情况。即组织管理实践由具体的情况而定，要"最适合"现况。影响组织权变的因素很多，包括组织规模、经营战略、经营多样化、成员特性、目标一致性、系统状态、决策层次

笔记

以及环境稳定性等各种因素。实际上这些因素各自在不断变化,而且相互之间也在产生影响。权变组织理论认为应在了解各子系统的结构和特定情景中有关变量的相互作用的基础上进行组织设计和实践。

组织发展接受现代情景理论的观点,认为组织必须根据自身所处的内外环境,即情景的变化来确定任务,选择适当的组织结构形式。管理关系应以环境情景(包括组织内部人的心理变化)作为自变量,管理作为因变量,一旦内外环境发生变化,要有的放矢地使管理适应情境。根据权变理论的要求,组织发展的方向应该是建立一个"有机模型"的结构。这种结构应具备以下几个特点:①整个系统、分系统直至每个人都具有明确的目的以及达到目的的计划。而且这种目的和计划同是由环境条件决定的,而不是凭空想象的。②实行"跟踪功能组织形式",即在问题、任务、组织设计中尽可能利用组织的人力资源。③决策时采用接近的信息源,而不管这些信息被安置在组织结构的什么地方。④建立有工作能力的员工群体、系统激励、奖励管理制度,使他们成长和发展。⑤沟通系统具有水平和垂直两种,信息交流不失真。⑥具有解决不同管理水平上的冲突和冲突情景的相应方法。⑦组织的基本能量指向当前待解决的任务,少部分的能量用于调节人际关系。⑧组织是一个开放系统,它处于同外部环境的相互作用之中。⑨所有组织成员都具有共同的价值指向。

(三)行为理论

行为理论也是组织发展的重要理论基础。根据行为论的观点,组织中人的行为是作为组织和个人相互作用的结果,组织能影响和控制人们的行为。同时不同的组织结构可以产生不同的群体气氛,从而影响职工的行为和组织的经营效果。组织发展要有意识地改变人的行为风格、价值取向、工作的熟练程度,与此同时还要改变管理人员的认知方式,以及考察和解决组织问题的方法。

三、组织发展的形式

组织发展常包括两个方面,一是以人为中心,调整和改变组织成员的态度和行为活动;二是以组织为中心,通过改变组织本身再去影响成员的态度和行为。

(一)以人为中心的组织发展形式

人是组成组织系统的关键要素。在传统的组织管理方式中只侧重于对物的管理,现代组织与传统的组织相比,一个明显的变化就是现代组织更加重视对人的管理,组织的行为主要还是人的行为。因此,要想促使组织不断向前发展,就必须致力于改变组织成员的工作态度,充分调动其积极性,促使组织成员间的广泛交往,协调好他们之间的关系,从而达到提高组织效能的目的。

以人为中心的组织发展形式,主要以各种不同的教育发展计划来改进管理的技巧,即技术性的技巧、人际关系技巧和观念性的技巧。如果把管理人员分为决策层、管理层和执行层,各层次的管理人员所应具备的管理技巧不完全相同。基层的管理人员主要需要技术性的管理技巧,如设备、方法、程序及对技术的了解;中层必须具备处理人际关系的技巧;而高层的管理人员则需要有观念性的管理技巧,如能够从总体上分析、处理各部门之间的协调、配合问题,提高整体的决策能力,制订战略、策略的能力等。以人为中心的组织发展方式是通过一些专门的程序来提高员工的心理素质以及人际知觉和人际关系的能力，以改善组织发展的绩效。

以人为中心的组织发展方式主要有敏感性训练法、相互作用分析法、调查反馈法、管理方格训练法、过程干预方法、团队建设等。

（二）以组织为中心的组织发展形式

以组织为中心的组织发展理论，是构筑在社会心理学关于影响个体行为的心理因素研究成果上得出的。这种理论认为现代人的一切行为活动都受组织观念的影响和推动。个体在组织中可成为推动力，也可成为阻力。因此，从组织角度对其结构进行计划、布局、人力配备时，需要对各部门的员工进行训练，这就是以组织为中心，从组织发展目标出发进行训练的实质。为了使组织得到发展，在对人员训练时必须考虑人的生理结构、心理过程、人格特征等，这样才能使组织提高效率。

以组织为中心的组织发展方式主要从组织的工作任务、生产技术和组织结构的角度考虑如何进行组织变革，提高组织的管理绩效。常用的技术结构方面的组织发展方法有工作扩大化与工作丰富化、自治性工作群体、开放性社会技术系统方法等。

上述两种组织发展形式，在实际运用当中，侧重点不一样，一个是以人为中心，一个是以组织为中心，但这两种形式追求的最终目的却是一致的。因此，在具体运用的过程当中，很难把二者截然分离开来。

四、组织发展的特点

组织发展是提高组织成员自觉性和责任心的手段，也是增进组织效率的有效途径。组织发展的成功与否取决于多种因素，具有一定的特点：

（一）组织发展是组织与成员相互作用的过程

组织发展是一个需要连续不断地提高组织效能，逐渐向目标接近的过程。在这个过程中，组织成员学习新的知识和技能，解决各种矛盾和冲突，协调人际关系。组织发展是依据一定目标，适应外界环境的变化，改变旧的心理状态、行为态度，协调成员关系的过程。因此，组织发展是一个动态过程，既包括对组织当前存在的问题的解决，也包括使企业和组织成员获得解决将来可能出现的新问题的应有能力。

（二）组织发展是以有计划的再教育和训练实现变革的策略

组织行为学家认为行为的基础是规范，如果经过有计划的教育和训练可以使人们抛弃不适应形势发展的旧规范以建立新的规范，就可以改变组织成员的行为，达到组织发展的目的。在组织中，规范的基础是成员的态度和价值观体系。因而组织发展不只是改变知识和信息交流等方面，而且包括改变个人的态度、价值观、技能、人际关系和组织气氛等心理因素等多方面，而这种调整和改变的手段就是有计划的再教育。

（三）组织发展是一个动态系统

系统分析的观点强调组织各部分的相互联系、相互依赖和相互制约。在组织发展中，各种事件不是孤立的，而是相互联系的。组织中一个部门或一个方面

笔记

所进行的变化发展,必然会涉及其他部门或方面。所以,必须从动态系统的观点出发,兼顾全局,在组织发展措施的采用之前就应当对可能引起的多种效应作出预测,并采取相应的有效措施。

(四)组织发展中强调目标和计划的重要性

组织发展的各种活动实际上都是为了实现目标。制订正确的目标和计划是组织发展的重要内容,目标和计划的明确性对组织发展的顺利进行具有十分重要的意义。因此,应当根据组织的现有资源(包括人和技术、设备方面的资源),设置可行的、明确的目标,顺利完成组织发展的任务。

第二节　组织发展的类型

组织发展是连续不断的发展过程,其内容在实践中也不断充实、扩大。组织发展的类型可归结为:

一、技术与结构方面的组织发展

技术与结构方面的组织发展包括社会技术系统、工作任务设计和内容丰富化两个方面。其中,社会技术系统是通过协调技术系统和社会心理系统的交互影响,使组织中技术和结构与社会相互作用的各方面达到最佳的配合。工作任务设计和内容丰富化是通过增加整个任务的多样性、完整性和实际意义,加强工作本身的激励因素来提高工作满意感和生产效率。

(一)社会技术系统

社会技术系统思路来自塔维斯托克研究所进行的研究。社会技术系统研究认为技术系统与社会心理系统的交互影响比各自系统的效应更为重要。在组织发展中,应该把社会与技术两个方面的协调作为重要任务,以便组织在技术、组织结构和社会相互作用各方面达到最佳配合。

社会技术系统的理论来源于两个方面的理论和实践:一是科学管理学和工业工程学的研究,比较注重于改善物理环境和提高工效方面;二是管理心理学的研究,主要关注群体动力、员工间关系和个体需求及才能的发挥。社会技术系统理论要求在改革工作环境和管理制度的同时,注重在群体、员工和上下级之间建立积极的合作关系,并且满足所有成员的不同需要。塔维斯托克研究所于20世纪70年代在一家纺织厂进行过一项运用社会技术系统理论的组织发展研究。该厂由于安装了自动纺织机并使工作任务高度专门化,但是没有很好的协调群体与组织结构,工人情绪反而低落,降低了产品的质量。心理学家为此对该厂进行了一系列的改革,重新设计了工作任务和流程,使任务可以经常变换,还建立了自治性的工作群体等。在此后的两年中,生产率不断上升,质量持续提高,员工工作劲头也大大提高。这个例子说明,在技术创新和新技术运用的同时,必须重视群体和文化建设,加强任务本身的变换。

(二)工作任务设计和内容丰富化

技术与结构方面组织发展的另一种方法是改革任务设计和加强工作内容丰

富化程度,增强个人任务的多样性、完整性和意义,提高岗位责任授权和自主性,加强各种工作结果信息的及时反馈,从而利用工作的内在激励因素,提高工作满意感和工作效能。任务设计的研究和实验主要开始于早期的科学管理运动。当时,泰勒等运用时间和动作分析技术,系统的考察了不同类型的工作,试图最大限度地提高工作效率。然而,通过任务设计来提高组织发展的研究,还是近年的事。在组织发展中,为了避免由于技术发展所形成的高度专业化和精细分工对工作者情绪带来的消极影响,可采用工作范围扩大化、工作内容丰富化、自治工作群体和工作轮换等工作制度,使人们对所从事的工作感到更有意义,增强信心、积极工作。工作范围扩大化就是让一个工人同时承担几项工作,或周期更长的工作,以消除专业分工造成的工作单调乏味;工作内容丰富化,就是从事更复杂的新工作,并对自己的工作有一定决策与控制权,增进心理上的满足;自治工作群体,是自己制订工作计划,并控制工作进度和质量;工作轮换是职工进行轮换其他类型工作。

需要指出的是,有关技术与结构的组织发展研究也存在不少争议。批评的意见认为,社会技术系统和工作设计等组织发展方式,比较机械地处理社会群体和个体因素,而且把组织看成了封闭系统,忽视组织环境之间的重要联系。

二、个人和群体方面的组织发展

个人和群体方面的组织发展主要关注以人为中心的开发方法。它适用于组织的中上层,但要解决问题还需要社会、技术和结构专业的知识;以组织为中心的方法通用于解决组织中较低层级的变革问题,如组织结构、技术和控制方面的问题。主持开发的人员要帮助组织成员参与管理,共同制定变革方案,激励员工士气,增强他们自己解决组织内部问题的能力,为提高员工素质创造条件。下面主要对个人和群体方面组织发展技术做具体介绍。

(一)敏感性训练

敏感性训练(sensitivity training)主要是使参加者更好地了解自己与他人的感情和意见,提高自己的认识与领悟力以及对他人的观察力,改变自己的价值观念,在实际工作中不断提高工作绩效。敏感性训练也是西方国家广泛用来培养、提高领导者和管理人员人际关系能力的一种方法。在西方管理心理学中,有一种认识,即领导者缺乏人际关系的敏感性,他们长期在一个领导岗位任职,由于其特殊地位,养成他们唯我独尊、武断专横的粗暴的管理作风,他们不顾下属的思想、情感,也不会去预见自己的行为后果,可以随意斥责下属,而使上下级关系受到影响。因此,通过敏感性训练,可以提高这方面的能力。

1. 敏感性训练的目的 敏感性训练旨在使参加者深入了解自己和他人的情感和意见,从而增强参加者处理人际关系的能力,提高组织的效力。具体要达到的目标有:①增强对别人需要、动机、情感及其表达方式的敏感性。为参加者提供一个机会来深入了解他们的感情、冲突对别人的影响,并且使每个参加者能够认识到别人是如何看待他的。②通过观察别人的反应和体验自己的情感变化,提高洞察自己行为的后果并从中吸取教益的能力。敏感性训练为参加者提供了适当的心理气氛,使他们可以进行观察研究彼此间的反应。参加训练的人常常会认识到应考虑改变他们对其他人的刻板印象。③提高使自己的行为既符合自己的价值观念、行动目标,又与外在环境相吻合的能力。④提高活动技能,使意图、行为和行为后果一致。除了获得对情况的了解之外,敏感性训练还能帮助参加者发展一些专门技能,诸如倾听、交谈、赞扬以及通过语言和非语言进行沟通等。

2. 敏感性训练的方法　敏感性训练通常可以自由参加,训练的方式是非指导性、未经组织的自由讨论。群体一般10～15人。讨论的内容是身边发生的事情,即训练过程中发生的事情,不涉及工作上和社会观念上的问题。大致可分为四个阶段:①自由讨论,相互启发,促进成员相互了解;②训练者不加评论地、坦率地表达自己意见,这是对参加者或其他参加者的一种反馈,但对参加者的主要反馈,来自其他人的行为;③相互学习,增进人际关系,促进新的合作行为;④根据实际工作目标去巩固学习效果。

3. 敏感性训练的特点　敏感性训练没有严密的组织,没有正式的议程和领导,而是由参加者进行的自由交谈。敏感性训练的指导者是一位引导者、促成者,能帮助学员自我认识,了解自己与他人。主持人只是以辅导员的身份出现,为讨论提供必要的一些帮助。

(二)相互作用分析

相互作用分析也称为人格结构的ＰＡＣ分析理论。其理论基础建筑在心理上的"自我状态",认为每个人的人格结构中有三种自我状态:即父母自我状态、成人自我状态和儿童自我状态。这三种状态在一个人的成长过程中逐渐形成,并成为每个人人格结构的组成部分。当两个人进行沟通时,双方都以各自的某种状态出现与对方进行交流(详见第十一章)。上述三种心理状态,汇合成一个人的性格,而且蕴藏在人的潜意识中。但在每个人身上,三者的比重各不相同。如有的人以父母自我状态占优势,与人交往时,总是指挥、训斥他人。而对方如果也是以父母自我状态占优势的人,那么交往时容易出现人际冲突。

相互作用分析所提倡的是每个人都应以成人自我状态来控制自己,并以此和对方进行沟通,尽量做到客观、理智,而不是任性、感情用事和训斥、责骂别人。要克服自己不良的自我心理状态,在实践中训练,培养自己的成人自我状态,尽量采用"成人"的方式处理问题。

(三)调查反馈

调查反馈是组织发展的基本方法。即通过问卷调查来了解组织的各方面状况,包括领导行为、员工态度、组织气氛、群体过程等等方面。以此评价工作、发现问题、收集解决问题的方法与建议,并将这些资料反馈给参加问卷调查的人。运用调查反馈方法能比较准确地发现组织存在的问题,找出解决方法,并能促进员工的态度与行为的转变,改善人际关系,增强积极的组织气氛。

1. 调查的对象　调查对象可以是一个组织,也可以是组织中的某一部门或某一团体。

2. 调查的量表　调查量表都经过了标准化、客观化和常模化的程序处理。因此,这些调查量表都能保证具有很高的信度和效度。

笔记

3. 调查的内容　调查的内容依具体情况而定,如组织的沟通、协调、激励、决策等方面情况,领导行为与领导过程中的问题,员工对组织各方面情况是否满意等,都是调查的重要内容。如比较著名的是密执安社会调查所制订的格式,它主要包括以下项目的调查内容:①关于领导方面。包括管理者的支持;管理者的目标重点;管理者对工作的协助;管理者对相互接触的促进;同事的支持;同事的目标重点;同事对工作的协助;同事对相互接触的促进。②关于组织气氛方面。包括同事间的信息沟通;激励;决策;公司的控制办法;部门之间的协调;一般管理方式。③关于满意度方面。包括对公司的满意感;对上级的满意感;对工作的满意感;对工资的满意感;对工作小组的满意感。

4. 调查的反馈　调查后的反馈活动能起到引发组织变革的作用。这些活动可以图表或书面报告的方式在组织各层级内加以系统反馈。

(四)过程咨询

组织在实现目标的过程中不可能一帆风顺,往往会遇到各种难以预测、难以解决的问题,组织的负责人有时会感到难以确定组织改进项目及改进方法。因此在工作过程中就需要顾问咨询,帮助组织诊断与解决面临的问题。组织发展过程的咨询一般有下列步骤:①组织委托人与顾问交换意见,提出要解决的问题;②确定关系,建立正式合同;③选择方法;④顾问通过观察与问答等形式进行诊断;⑤顾问咨询干预,包括制定程序,指导、调整组织结构等;⑥达到预期结果后结束过程咨询。

过程咨询优点是能解决组织面临的人际关系问题,帮助组织自己解决存在的问题。缺点是组织成员不能广泛参与整个过程,而且该过程一般需较长时间。

(五)团队建设

团队建设在组织发展中也很重要,是指增加工作小组效力的组织发展方式。团队建设的目的是提高组织成员的协调水平和团体工作效率。它可以应用于某个团体内,也可用于相互依赖的团体之间。团队既可以指班组,也包括具体的部门或群体。团队建设的一般模式为,由高层决策人员和参谋人员以及来自内部或外部的组织发展顾问定期在公司内部举行会议。会议主要以小组为中心,各成员对工作行为进行公开讨论,通过这种形式来找出影响工作绩效的症结,并制定相应的解决方案。团队建设活动的过程大概包括确定目标;发展组织成员的人际关系;进行任务分析,明确每个成员的责任与任务,组织过程分析等阶段。

团队建设一般从组织顶层开始进行,然后往下发展到基层管理部门乃至办事人员。与敏感性训练不同的是此种方法主要集中在与工作有关的行为,而不是个人特征,不会使参加者在心理上受到伤害。因此,这种方式一开始就可以开诚布公,在融洽合作的气氛中进行。

(六)目标管理

目标管理是全局性的组织发展措施。其指导思想是组织中每个人的贡献并不相同,但是可以把力量统一到一个方向,重点是管理人员。随着这一概念的发展,目标管理的参加者扩大到了各种团体,甚至个人。现在,目标管理已成为组织发展的重要内容,通过制定与实施具体目标来提高员工的积极性与工作效率。

笔记

目标管理为员工、团队或组织设置可行的目标,激励员工为实现目标而努力。设置的目标应该具体,能使员工为完成目标而进行充分的心理准备,激励其工作自觉性与积极性,提高工作效率。目标难度要适中,对员工心理产生一定压力,激发他们的工作动机。过低标准的目标,员工没有兴趣。而过高的目标,员工可望而不可即,仍然没有积极性。在目标的设置中,让员工参与能增强与促进员工对目标的理解与接受,增强责任心与荣誉感。在实施目标的过程中,应及时把员工的成绩反馈给他们,使其了解自己的工作情况,纠正自己的行为,给予压力,提高完成目标的动力。

1. 目标管理程序　目标管理程序包括:①目标的设立。首先要设定组织总目标,动员员工参与拟定。再在组织各个部门拟定各自的分目标,然后员工再确定个人目标,这样就形成了系统的目标网络。但要注意目标内涵合理明确,经过努力能够达到,明确显示出工作项目、进度与检查方法。②过程管理。采用有效措施激发员工积极性去完成既定目标。③评价结果。定期对照目标检查工作,发扬成绩改正缺点,并根据具体情况对目标作出必要调整,以适应变化的情况。

2. 目标管理原则　目标管理应遵循以下几个原则:①做好分析、准备工作,实施过程及其关键步骤等各项工作。忽略这个环节,会影响目标管理的效果。②要求上级和下级共同参加。参加方式可以只有上下级两人,也可以是一个上级面对一个群体。③协调成果信息反馈,要充分注意成果和个人行为表现。④要对个人和组织的需要作充分的分析。⑤上级根据达成目标的经过与下级研究下一阶段的目标。

3. 目标管理评价　目标管理可以激发员工积极性。员工参与制定的目标能增强其认同感,增进理解以及对目标的接受程度,在实施中可增强责任心,完成时可增加员工的成就感。目标管理加强了组织内上下左右的意见沟通,加强了组织内工作配合与协调,减少人与人之间和部门之间的磨损,改进企业气氛;同时目标管理明确了上下级的工作职责,有利于提高员工与管理人员的能力;实现目标管理,为培养管理人员的协调与组织能力提供了有利的管理环境;另外目标管理还加强了组织的规划,建立了检查工作的步骤和标准。目标管理的不足之处在于固定的目标可使组织体制缺乏弹性,对环境变化的适应有一定困难。而且目标管理往往敌视具体的、定量的标准,容易忽视员工,有损于创造性。还有可能加重行政管理工作量。

(七)管理方格训练

管理方格训练(managerial grid training)是把感受性训练和调查反馈法结合使用的训练方法。学员学习管理方格理论,模拟工作情景中的领导行为,理解群体中的领导过程,共同分析调查结果,开展领导行为矫正的实验等,以有效地促进组织发展。

管理方格理论列举了五种管理的典型: 1.1型管理——贫乏管理; 9.1型管理——任务管理; 1.9型管理——俱乐部式管理; 5.5型管理——中间式管理; 9.9型管理——战斗集体管理。(详见第十二章领导行为)

管理方格训练假定组织及其经理人员有可能同时最大限度地提高生产和关

心人的价值。即达到9.9型管理——战斗集体管理,成为方格训练的一项目标。方格训练一般是在2~5年间通过6阶段来完成。这6个阶段为:①实验室讨论训练。主要目的是让各级管理人员具体地学习和理解管理方格理论,使他们能够以正确合理的思维来代替假设和习惯,并取得相互的信任与尊重。②小组发展阶段。同一部门的成员在一起,将上一阶段所学的知识应用于实际,讨论如何达到方格中"9.9"的位置。③群体之间的发展阶段。本阶段开始了整个组织的发展,确定和分析群体之间的冲突和问题,并排除影响组织效能的障碍。小组间的横向合作与协调关系得到分析评价和加强。④订立组织目标阶段。讨论和制订组织的重要目标,增强参加者的责任感。⑤目标执行阶段。参加者设法完成所订立的目标,并能对出现的主要问题加以讨论解决。⑥稳定效果阶段。对思想和行为方面的训练结果作出评价。

三、工作生活质量

(一)工作生活质量概述

工作生活质量(quality of work life, QWL)是20世纪60~70年代出现的新概念。这一概念的出现离不开社会技术系统理论的推动和员工心理需求的变化,它是发达国家组织管理理论和实践长期发展的必然结果。"工作生活质量"认为工作生活也存在质量问题,个人发展与组织发展需要有机结合。这一理念激发了新的管理方法的出现,改变了企业与个人的关系模式。QWL标志着人们在工作生活中追求的目标从生存、收入、安全等低层次需要向尊重、自我实现等高层次需要的转化,使民主观念真正进入到了工作生活领域。

20世纪80年代初,美国一些报刊发表的文章指出,20世纪70年代美国工人队伍的构成和素质与30年代萧条时期相比产生了很大变化。70年代进入职工队伍的年轻人,普遍有着较高的文化教育水平和不同的价值观,他们不愿受制于僵化的管理制度,喜欢挑战性的工作,不仅要求有参与企业决策的机会,而且普遍关心业余时间的享受和个人身心的发展。并且认为"未来的管理人员将要面对的是愈来愈多的受过教育的个人。他们的态度和价值观念将着重于自主、成长和自我发展。他们的很多利益将受到法律的保护和鼓励。"在这种形势下,美国企业使用的传统的管理办法行不通了,单靠保证职工的安全和改善其经济生活已不足以调动其积极性,企业应该有广泛的责任,让工人参与决策,表达他们的意见并改善除了金钱以外的全部工作生活质量。

有关工作生活质量的确切含义,一些从事管理的实际工作者和学者们至今仍在不断研讨。很多早期工作生活质量的努力都集中在工作丰富化上。20世纪70年代末期有一个关于工作生活质量状况的调查报告提到:"任何一个工作生活质量计划必不可少的组成部分,是对任何层次的职工或任务小组都有真正的机会随时随地参加与改进他们的工作环境有关的活动,以及在如何改进工作方面有一定的发言权。"这个含义所需要强调的是以自我管理和工人参与管理作为工作生活高质量的标志。也有人认为工作生活质量方案包括公开沟通、平等的报酬体系、对员工工作安全和满意职业的关注以及员工对制定决策的参与等要素。

笔记

美国职业培训与开发委员会将QWL定义为:"QWL对于工作组织来讲是一个过程,它使该组织中各个级别的成员积极地参与营造组织环境、塑造组织模式、产生组织成果。这个基本过程基于两个孪生的目标:提高组织效率,改善雇员工作生活质量"。该定义比较全面地涵盖了QWL的含义,首先它强调QWL是一个"过程";其次,它突出QWL的两个基本目标,即提高组织效率和改善雇员工作生活质量,并强调两个目标的"孪生"关系;最后强调企业应该放弃一味追求生产效率的做法,要重视每个员工的个人价值在工作中的体现,并通过个人价值的实现,来促进组织效率的提高。

(二)工作生活质量的特征

通常认为,工作生活质量大体应具备以下特征:①工作应具有挑战性、有趣性、责任性;②承认工人所作的贡献,得到合理的酬劳;③具有舒适的工作环境;④有一定的合理监督机制;⑤工人参与工作决策;⑥有稳定的工作,鼓励发展同事之间的友好关系;⑦向职工提供很好的必要的福利照顾;⑧向职工提供再教育的机会。此外,组织还要全面关心职工的文娱生活、社会关系活动等。

(三)改进工作生活质量方法

改进工作生活质量的方法包括:加强组织中的教育与训练,重新设计工作任务与组织结构,改善工作环境,改进工作态度,实行民主管理等。

提高工作生活质量的概念一经提出,在工会和管理层人员共同支持下,迅速受到西方企业和学术界重视,并兴起工作生活质量运动。其目的是综合运用各种激励因素,创造出一种积极的组织气氛,从而提高组织效能。

第三节　组织培育

一、组织培育的特性

组织管理主要通过组织的培育来实现。组织培育是一种着眼于提高整个组织素质,运用群体活动的程序以实现预期变革的干预策略。组织培育在于力图改善员工的信仰、态度、观念、结构和实际行动,从而使组织选择更好的技术和发展方向,适应社会变革的发展。

组织培育的特性有以下几个方面:

1. 整体观点　传统训练方法倾向于针对某项专门工作、个人或者小型工作群体。而组织培育旨在培育训练整个组织,以便组织能对变革作出有效、恰当的反应。现代社会中各种变革频繁,影响因素较多,因此要求组织的各个部分必须团结一致地解决各种困难问题,把握由变革带来的种种机遇。组织培育是一项企图使组织的各个部分都能协调动作的、内容广泛的活动。

2. 系统观点　由于组织各部分之间互相影响,彼此依赖,所以组织培育密切关注组织各部分之间的相互作用。组织培育不但涉及个人之间的关系,而且涉及工作关系;不但与员工工作态度相关,而且与组织结构、工作秩序相关。系统观点强调的是各部门之间的相互关系和彼此协同,不仅仅是各部门本身。组织培育关注探讨组织的各部分如何有效地共同工作。

3. 利用变革代理人　实现组织培育通常要在团体内部起用一名或更多的对变革起刺激协调作用的变革代理人。一般最初的变革代理人是来自组织外部的咨询顾问人员，外聘的咨询人员可以不受组织管理层次与政策以及规范的约束，独立地开展工作。人事部门主管人员则充当组织自身的"代理人"，从内部协调管理人员与外聘代理人的工作。外聘代理人同管理人员一起工作，结果在实现组织培育计划时便形成了人事主管人员、管理人员、外聘咨询人员三方面的关系。

个别情况下，组织有自己的"内聘"专门咨询人员代替外请的专家与管理人员、人事主管人员一起工作。这种"内聘"咨询人员通常是人事职能方面的专家。

4. 关注解决实际问题　组织培育强调解决问题，不崇尚课堂式的理论座谈。由于这些参与人员在组织中面临的都是需要解决的实际问题，所以容易激发兴趣，引起人们关注。人们要解决的是实实在在正在发生的种种难题，不存在虚拟与假设，我们称作"行动研究"。这种旨在解决实际问题的行动研究是组织培育的关键特征，因而有时组织培育也可定义为"通过行动研究以改善组织"。

5. 提倡从经验中学习　从经验中学习，意味着要求参与人员在自己面临的种种人际环境中，不断分析总结以获取经验，得到锻炼。人们在具体的环境中，探讨、分析自己的适宜的经验，吸取教训，它比传统的要求人们谈论某些抽象的思想更易于产生变革行为，得到解决问题的有效方法。理论探讨是必要的，有益的，但是如何结合实际能够加以运用才是最终的目的。组织培育可以帮助我们得到某些解决问题的答案，而实际经验则有助于巩固新学到的东西。

6. 团体活动　组织培育依靠集体讨论组织内部的冲突、对抗以及合作程序等团体活动方法，致力于改进人际关系，开辟畅通的沟通渠道，建立彼此信任，鼓励他人承担义务。

7. 反馈　从参与活动的工作人员中获得反馈，以便把决策建立在可靠的信息基础上。通过反馈促使人们审时度势，自觉修正行动。

例如一个反馈活动训练中，参加人员被分成两个小组，分别代表两个不同部门。要求两个小组回答以下的问题："请描述一下我们组的最大特点是什么"、"请描述一下其他组的特点是什么"、"其他组会如何描述我们组"。在各组分别准备完答案之后，再把答案交给对方组。这样，每个组就把彼此关于对方的印象，反馈给了对方。但一次反馈往往不能彼此无误地理解对方，这时不允许争论，只要求弄清楚对方说了什么。然后，要求各组再次分别讨论下面的问题："对方的误解是怎样发生的"、"如何纠正这种误解"。于是各组利用再一次的反馈信息正确理解对方的特点，一起制订专门行动计划，于是反馈回来的关于各组自己的信息，就成为他们下一步改变行为的依据。

8. 权变取向　组织培育不像其他训练方法强调只用一种正确的方法处理问

笔记

题,它具有随机制宜的权变取向。组织培育是灵活的、注重实效的,是为适应特定需要而采取的特定行动。通常,它提供了多种备选方案,对多种被选方案进行探讨,而不简单采用一种最佳方案。

9. 协作 组织培育的一般目标就是通过组织形成一个完善的协作集体。群体无论大小都必须强调协作。组织培育就是把小型的集体联合成一个大型协作集体。如在医院内,医疗部门与护理部门因为各自工作性质与利益冲突,不能协调共处,就可以通过组织培育帮助其消除分歧,达到协调一致。

总之,组织培育就是把人、技术、组织和环境连接成有效的整体化的实体,其结果是提高组织绩效。

二、组织培育的程序

组织培育是一个耗时的、不定期的、连续的任务,其工作复杂,程序较多。主要步骤包括以下几个方面:

1. 初始诊断 了解组织中存在的基本问题,决定团体所需要的组织培育程序的类型。通常由上层管理人员与咨询顾问人员来共同决定。此阶段,顾问专家可通过访问各类人员以寻求最佳的"投入"方案。

2. 资料收集 初始诊断之后,通过调查以决定组织气氛与组织行为问题。咨询顾问人员要经常在不同作业的班组中,依据下述问题,收集信息与资料。这些问题是:"为了有效地工作,你最需要创造哪些条件"、"哪些条件会妨碍你有效地进行工作","你最喜欢以何种方式进行变革"等。

3. 资料反馈与分析对比 要求每个团体对收集到的资料悉心对比,在自己范围内取得意见的一致,并为改革行动做好准备。

4. 计划行动与解决问题 利用收集的、有根据的资料进行分析、判断。提出专门的、具体的变革方案,确定行动问题和制订计划。计划要详尽周密,具有可行性,包括分工、责任、完成时间表等。

5. 形成协作氛围 组织成员应了解应该怎样共同而有效地进行工作,了解良好的意见沟通及彼此信任的重要意义,这是增进组织职能,实施计划的先决条件。可以通过会议形式达到目的,管理者及其下属在组织培育会议期间,像一个协作集体一样一起工作,能进一步促进"协作氛围"。

6. 群体间的培育 按照计划要求,在对小群体进行培育之后、还要对由若干小群体构成的大型团体采取培育措施。

7. 评价与后续行动 在培育过程中,要进行评价。而且顾问人员要帮助组织评价培育结果,并就培育结果的要求,采取进一步行动,继续进行组织培育。

上述步骤是组织培育整个程序的全过程。如果一个组织期望获得组织培育的全面效果,所有这些步骤都有必要加以运用,实行全过程培育才能产生有实效的结果。

三、组织培育的方法

组织培育主要侧重的是实验训练。它是在经验学习的基础上,提供一种环境,让人们置身其中,通过相互作用来获得自身体验的实验训练。这种方法程度不同地以人们自身作为实验对象,它比传统的训练方法更富有成效。具体技术包括"角色扮演"、"对策模拟"和"群体适应训练"等实验方法。

1. 角色扮演 "角色扮演"是简单易行的做法,要求两个或两个以上的人置身在某种情景里,对真实情况作出自发反应。"演员"按照指定的训练要求从一定的情势出发进入角色,自然对话。而群体中的其他接受训练者充当旁观者与评判者。"角色训练"时常被人们认为可以代替经验。在一定意义上它比实际去经历事物更为丰富而集中,因为"角色扮演"允许运用观察、讨论等方法,它强调的并非是惯常的片段经验。

由于在日常生活中人们天天都在担任这样那样的"角色",或多或少总有一点艺术体验,所以能够做到以一定的想象能力,设身处地以自身的角色去"投射"他人。接受训练的人员在角色扮演中可以尝试各种不同的方法,拓展自己的经验。而实际生活往往只能有一种给定的机会,在"角色扮演"中,有时参与人员还要"扮演"他们没有见识过的"角色"。人们可能在很短时间中就能观察和体会到日常经历中要有很长时间才能体察到的角色,以及各种不同的解决问题的途径。根据对同一情况下各种不同处理方法的评价,人们可能了解到每种方法的优劣短长。

"角色扮演"也存在一定缺陷。进行"角色扮演'要耗费时间,付出昂贵的代价。它需要富有经验的训练人员,因为这种做法如果缺乏有力的指导,很容易变得乏味,而令人失望。并且在他人面前表演,有些人会感到窘迫而犹豫不前。

2. 对策模拟 对策模拟实质上是一种团体实习活动。它是在模拟组织条件下,通过连续变换决策实现的。管理变量繁多,但通常多数参与人员是在小型团体中进行工作,每一团体与其他团体都处于竞争状态。这些团体的决策活动被安排在为他们创造的,并且有些是他们不了解的系统模型之中。然后,根据模拟通过计算机进行决策。按照所提供的反馈,再来指导随后的决策。

"对策模拟"能够表现领导工作如何演进、何种信息交流方式最为有效、团体内部冲突所造成的灾难性后果、影响决策的人的因素以及团体所作选择的成效等。在这里,各个不同系统可以发现自己的系统是如何影响个体的。对策模拟在表现经受时间与竞争压力的实验情景方面,很可能比其他训练方法更为真切。因为在"对策模拟"训练中,人们会变得精神集中、情绪强烈,以至在某些正常状态下也会保持警惕,并对压力做出反应。

对策模拟虽然是一种在组织培育中未被广泛采用的实验方法,然而,还是有某种适用之处。对策模拟类似"角色扮演",又不同于"角色扮演"。如果说,在某种意义上"角色扮演"强调人们之间的感情色彩的活,"对策模拟"则多侧重于处理管理问题。由于"对策模拟"能为组织和人们的工作情绪之间提供一种良好的平衡,因而比"角色扮演"具有更为广阔的基础。

3. 群体适应训练 群体适应训练所涉及的是一种没有统一组织、没有层次结构的小群体,是在一定情势压力下,个人与群体的相互作用训练。这种情势指的是,为了群体行为合情合理,要求人们对他人的情绪感觉必须十分敏感。进行

笔记

此种训练的群体,常被叫做"T型团体'。训练内容也有诸多变化,如人的潜在能力训练、敏感能力训练等。

群体适应训练与"角色扮演"不同,这里人们"扮演"的就是真实的自己,是"真人真事"。不过训练环境则完全是人为安排的。在这种环境中、必须鼓励参与训练人员审查自己的观念、思想是否变得更加易于接受别人的言行和感受。此外,还要求人们认识群体如何相互影响,互相作用的,文化素质又是如何影响群体的,以及如何培养与他人协同工作的能力。总之,群体适应训练就是探求如何增进人们对自身、对他人、对群体活动、对文化素质以及一般行为能力的理解。

组织培育是一种切实有用的"组织干预"方法,它的主要优点是可以有效地处理整个组织或组织中重要部门的变革问题。同时,组织培育可以增进激励、推动生产,提高工作质量和工作满意程度,加强群体协作,解决冲突。一个组织实行组织培育之后,对建立信任支持的环境,对目标的承诺感,以及对组织气氛条件的创造都具有较好效果。在管理监督行为方面,它也有助于改进雇员服从、冲突处理、人际关系、变革意愿以及其他管理活动。

但是,组织培育也有自身的问题与局限性。首先组织培育需要耗费时间,付出代价。某些成效需要一定滞后时间才能表现。在应用某些培育方法时,还存在侵犯个人隐私,造成心理伤害的问题。另外,有的学者还认为,组织培育存在一种概念化的思维方式。尽管如此,组织培育仍然是一项有用的、成功的实践,为改进管理工作作出了自己的贡献。

(刘鲁蓉)

本 章 小 结

本章主要介绍了以下内容:①组织发展就是运用行为科学知识,对构成组织的各要素(人、技术、结构)进行系统的变革,目的是提高组织的自我更新能力和组织的效率,增进员工的幸福。②组织发展的生命周期大致可分为创业、聚合、规范化、成熟、再发展或衰退五个阶段。组织发展的理论基础是系统理论、权变理论和行为理论。组织发展的形式包括是以人为中心和以组织为中心两个方面。③技术与结构方面的组织发展主要有社会技术系统、工作任务设计和内容丰富化等;个人和群体方面的组织发展技术主要有敏感性训练、相互作用分析、调查反馈、过程干预、团队建设、目标管理、管理方格训练等。④工作生活质量应具备挑战性、有趣性、责任性等特征。改进工作生活质量的方法包括加强组织中的教育与训练,重新设计工作任务与组织结构,改善工作环境,改进工作态度,实行民主管理等。⑤组织管理主要通过组织的培育来实现,组织培育是一种着眼于提高整体素质,运用群体活动的程序以实现预期变革的干预策略。组织培育的具体技术包括"角色扮演"、"对策模拟"和"群体适应训练"等实验方法。

笔记

【讨论思考题】

1.如何理解组织发展的"生命周期"?

2.试述组织发展在个体及群体方面的技术。

3.什么是工作生活质量?它有哪些特征?

4.试述组织培育的程序。

笔记

第十四章 ◄

组织变革

学习目标

通过本章的学习,你应该能够:

掌握 组织变革的动因,组织变革的阻力,组织变革的过程。

熟悉 组织变革的模式,克服组织变革阻力及卫生组织变革的方法。

了解 组织中的政治行为。

案例14-1

　　市场的竞争,本质上是资源的竞争,竞争的优势取决于企业的能力。只有"以资源为本"、培育企业的竞争优势,将其内部能力和外部行业环境密切联系起来,才能在市场竞争中取胜。为了适应国际化经营并实现资源利用效率的提升,海尔曾进行过两次不同形式的组织变革。

　　第一次组织变革是基于业务流程再造的组织结构变革。它以业务流程再造为出发点,以顾客满意度为目标,以速度为核心。这次组织变革,主要是解决过去传统金字塔型组织结构造成企业基层员工和市场终端即客户之间的脱节,致使客户的需求得不到最大限度的满足,并且在市场信息不能完全正确、迅速传递的同时,还造成库存周转效率和资源利用效率的低下。

　　第二次组织变革是以子集团形式出现的组织架构调整。在业务流程再造基础上,市场链与事业部两者优势结合、强化不同产品运营模式的结构变革,基于适应不同类别产品运营模式差异性以及竞争策略的调整,目的是以产品运营模式为核心,重组集团下属的各个事业部,以提高组织运营的效率。

　　组织是一个动态、开放的系统,其内部构成因素及外部环境的变化都不可避免地对组织产生影响。当今世界,由于经济全球化进程的不断加快,组织生存与发展的外部环境发生了很大的变化,任何组织都面临着越来越多的不确定性和复杂性,组织的运作与发展也面临着越来越大的困难和压力。这就对组织的经营与管理提出了严峻的挑战,对组织的管理者提出了越来越高的要求。美国著名管理大师德鲁克(P. Drucker)指出:"现在组织的组成是为了创新……而且现代组织必须将一切旧有的、习惯的、熟悉的和舒适的东西,进行系统化的摒弃,不管它们是一件产品、一种服务、一个过程、一项技术,或是人和社会的关系,还是组织本身。简而言之,现代组织必须适应持续不断的变化。"由于面临持续不断的巨大变化,组织就必须对此做出反应,其基本对策之一就是要不断地进行组织变革,以适应新的飞速发展与变化的形势,保持组织的生存与发展,实现组织的目标。

笔记

组织变革（organizational change）是指组织根据外部环境与内部环境的变化，及时地改变自己的内部结构，以适应客观发展的需要，更好地实现组织目标。具体来说，组织变革不仅是指组织所采用的技术、组织机制和组织结构等方面的变革，而且包括组织成员思想观念、心理及组织文化与组织行为的变革。组织变革是组织行为学研究的重要内容。

本章在阐述组织变革的基本动因后，着重介绍组织变革的影响因素、变革阻力分析及克服变革阻力的策略与方法，最后对组织变革的过程、步骤与模式进行探讨，并根据组织变革的理论探讨卫生组织的变革问题。

第一节　组织变革的基本动因

所有的组织都要不断地进行变革。在组织管理中，由于组织内外部环境变化的加速，组织变革的任务更加艰巨、复杂。变革的基本动因在于组织总是面临各方面的压力，这些压力有来自国家及世界政治、经济环境变化的，有来自竞争对手的，有来自技术的发展与应用的，也有来自客户需求的等。组织变革的基本动因主要分为外部原因和内在原因两大类。

一、组织变革的外部原因

任何一个组织都处在一个特定的时空之中。组织变革的外部原因主要是指存在于组织外部的环境所产生的、给组织生存与发展带来的困难和压力。对于管理者而言，在当今全球化时代，由于飞速发展变化的全球政治经济环境，任何一个组织要提高管理效率，维持生存，达到其管理目的，实现其管理目标，就不仅要了解组织的内部环境，而且更特别注重敏锐捕捉并及时了解组织所处的外部环境条件的细微变化，深刻认识并善于把握组织外部环境条件的变化对组织的生存和发展带来的潜在的或现实的影响，努力分析并及时制定相应的应对策略，实施积极、主动、有效的组织变革。只有这样，组织才能始终处于不败之地。

组织的外部环境通常指某一特定的组织外部对其运营与管理活动发生影响的诸因素的总称。大致来说，它包括组织所处的自然环境和社会环境。

自然环境指对组织生存与发展有重要影响的地理位置、气候、自然资源等因素。自然环境是自然界的一个特定的部分，从这一点说，它是独立于人的客观存在、不以人的意志为转移的。但是，作为组织的自然环境，它又总是与人的某种社会活动相联系的，是人类的各种社会活动，特别是生产或服务活动的物质基础和物质资料的来源。因为自然环境是人类活动的空间、场所，自然环境给管理者和组织成员提供了丰富的物质资源，并源源不断地输出各种信息和刺激，从而影响和制约着组织的运营与管理活动。

社会环境是指对组织生存与发展有深刻影响的政治、经济、法律和文化等环境因素的总称。因为组织的运营与管理活动总是处于错综复杂的社会网络之中，上述社会环境中的各个要素必然通过各种途径，以各种方式影响和制约着一个组织的运营与管理活动。在各种错综复杂的社会环境因素中，最主要的是政治

笔记

环境和经济环境。

政治环境主要是指影响管理组织的社会制度、法律法规、政府机构及其行为的总和。在社会环境中，社会政治制度、法律规章制度等对组织运营与管理的制约作用是非常巨大、也是非常明显的。不同的社会政治制度下，组织运营与管理的目的、手段和方式都是不同的。因此，政治环境对组织运营和管理活动的影响是强烈而深刻的，也是组织管理者从事管理工作或进行组织变革必须研究的主要环境因素。

经济环境主要是指组织所处的社会的经济状况和经济制度。经济基础决定上层建筑，管理者如果不善于分析经济环境因素的变化，就不能保证组织的生存和发展。改革开放以来，我国坚持以经济建设为中心。在这种形势下，卫生事业的改革与发展面临着越来越大的困难和压力，卫生改革对卫生发展来说，既面临较大的机遇，也面临着严峻的挑战。在卫生资源方面，既面临着卫生资金投入不足，也面临着卫生资源的严重浪费。因此，在现有的经济环境下，管理者如何有效地筹集、开发、分配和利用卫生经济资源，不断改革与创新经济管理新体制，研究发展新的经济管理制度，对组织绩效的提高有着至关重要的作用。

从对环境的适应方面说，一个管理者不管自己愿意不愿意，在实施管理时，都必须学会认识并适应自己所处的环境，包括宏观的社会政治、经济文化、科技、教育等发展状况。这是因为，有些环境因素和力量，对某些管理者来说是无法控制或改变的，诸如政治环境、经济环境。一般来说，组织的管理者都只能适应而不能控制、也无法改变环境因素的存在。我们不能设想环境去适应管理者，而只能是管理者适时地进行组织变革去适应环境的变化。

适者生存。适应环境是组织变革的目的。为此，管理者要努力熟悉和了解组织所处的外部环境情况，敏锐地察觉外部环境的变化，以适时地进行有针对性的变革。具体地来说，组织变革的外部原因主要有：

（一）制度环境的变化

制度环境是指一系列用来生产、分配与交换的政治、经济、社会和法律基础规则。这些基础规则规定着组织能做什么，不能做什么，对雇员的聘用、产品的质量、防治污染、限制垄断等都作出了原则性的规定，并且随着形势或环境的变化而适时进行修订和补充，对组织经营运作和管理会产生很大的影响。因此，一个组织所处的制度环境的变动，是导致组织变革发生的一个重要原因。

（二）科学技术的进步

在当代科学技术飞速发展的形势下，任何活动都离不开科学技术，医疗卫生事业的发展更是这样。卫生组织是典型的科技或知识密集型组织，医疗卫生服务时刻离不开科学技术的支持。因此，医学科学技术的发展不仅影响卫生组织活动的效果和效率，还会对卫生组织中职位设置与部门划分、部门间关系以及组织结构的形式和特征、卫生服务过程等产生重大的影响。因而，科学技术的进步及其在卫生组织中的广泛应用，就成为推动组织变革发生的第二个重要原因。

（三）市场竞争的压力

当今社会，随着市场经济的发展及其对社会各个领域的深刻影响，任何组织

笔记

都面临激烈的竞争。随着医疗服务市场的发展与成熟,医疗服务领域的竞争必将日趋激烈。竞争对手在新设备引进、新项目开发、广告促销、服务模式等方面的策略运用及变化,都要求卫生组织必须根据竞争对手的情况,制定自己的发展战略,再根据发展战略的变化来变更组织形式或服务模式。组织之间的竞争,形式上是产品或服务的竞争,实质上是组织管理的竞争。任何一个组织要保持竞争上的优势,就必须及时地、毫不犹豫地放弃传统的组织形式或服务模式,大力进行组织变革。著名管理大师德鲁克认为,组织应该采取的第一个、也是最根本的变革,就是要在整个组织里做"有系统的放弃"(organized abandonment),也即是要定期对组织的每一项服务、每一个流程、每一个市场、每一个配送渠道、每一位顾客和最终使用者的存在价值进行辩审。如果没有存在的价值,就应该毫不吝啬地放弃。即使一个服务、市场或流程仍然有"好几年的好日子"可过,也应该及时地放弃,因为这些奄奄一息的产品、服务、市场或流程,常常需要耗费最多的心力和最大的努力,并且会牵绊生产力最高、最能干的人,从而阻碍组织的变革。

(四)社会文化因素的影响

社会文化是一种环境或制度因素,主要是指组织所处的国家或地区的居民教育程度和文化水平、宗教信仰、风俗习惯、伦理道德、价值观念、审美观点等。在当今管理学界,人们已经深刻认识到,社会文化因素对组织的经营绩效具有不可低估的深刻的影响,而且它对组织经营绩效的影响是无形的、潜在的。变革如果不考虑组织所处的社会文化因素,或者说一项组织变革如果没有适宜的社会文化因素的支持,是难以在组织中及时推进并成功实施的。因此,一项组织变革要取得成功,关键就是要看它是否适合组织所处的社会文化的特点,管理者如果不深刻地认识并把握社会文化因素,而强行推进组织变革,是注定要失败的。

(五)价值观念的变化

随着社会政治经济的发展和全球化进程的加速,人们的工作、生活质量不断提高,社会的价值观念、个人行为的价值观念也在不断地改变。过去被认为是有价值的东西,现在就可能是价值不高或毫无价值的东西;而过去被认为是无价值的东西,现在却可能身价百倍。例如,随着社会节奏的加快及工作压力的加大,现在人们对自身健康的价值的认识和看法发生了很大的变化,人们的卫生服务需求也不断地提高。这就迫使卫生组织改变传统的卫生服务模式,提供适应社会需求的良好的卫生服务。只有这样,卫生组织才能在竞争激烈的卫生服务市场中保持生存与发展。

上述几种变化是组织变革的主要外部根源。一个组织要得以生存与发展,就必须与外部环境取得平衡。虽然组织对外部环境是无法控制的,但组织可以利用外部环境的有利因素、从组织内部进行变革,以保持与外部环境的适应。

二、组织变革的内在原因

组织变革的内在原因来自组织的内部环境。组织的内部环境是指组织内部对组织运营与管理活动发生影响的诸因素的总称。它包括管理的主体、管理的客体、管理机构和组织运营与管理方式和方法等。但是,在管理的内部环境中,

笔记

对组织运营与管理行为影响最重要的因素包括两个方面：一是主观环境，即管理者个人的环境因素；二是客观环境，即组织氛围与环境因素。主观环境主要包括管理者的年龄、个性、资历、对成就的需要、管理者的道德观和价值观判断标准等。客观环境也即组织氛围与环境因素。

在管理主体和管理客体一定的条件下，组织一旦形成了特定组织结构，采用了一定的管理方式，就决定了组织气氛，它不再为管理者本人所调控。组织气氛是一种无形的影响力，它可以左右组织成员对组织的态度，从而影响组织成员的行为。研究认为，管理的成功取决于在组织内部为组织成员创造一种精神舒畅、自然和谐、积极进取的气氛和环境，以激发组织成员的工作积极性、主动性和创造性，使他们真诚地、负有责任感地工作。通俗地说，就是为组织成员创造一个良好的工作环境、成长环境，既有利于他们的自我实现，也有利于组织的发展，是组织需要与个人发展有机地、和谐地统一起来。如果一个组织人心涣散，管理者与员工关系紧张、目标各异，对个人的利益斤斤计较，对本职工作敷衍了事，组织绩效必然每况愈下，社会声誉及顾客满意度就不高。在这种情况下，组织如果不进行积极有效的变革，就必然走向衰亡。

影响和导致组织变革的内在原因主要有：

（一）组织规模的扩大

组织成立后，一般会不断地发展壮大。任何一个组织都会经历从小到大，从创业、发展、兴盛到衰亡的过程，只不过时间有长有短而已。一般来说，组织在开创初期，由于组织规模小、人员少，组织管理是积极有效的，但随着组织规模的不断扩大，组织结构会日趋庞杂，组织活动会日趋复杂，组织管理的难度也会越来越大。在这种情况下，要保持积极有效的管理，组织就要进行必要、适时的变革，以适应组织发展壮大的需要。

（二）组织战略的调整

组织战略在组织管理中具有特别重要的意义，它决定着组织发展的速度与方向。一个组织要保持生存与发展，就必须根据组织所处的外部环境的变化，适时地调整组织发展战略。组织发展战略的调整与变化，就必然意味着组织结构和组织运营方式要发生相应的变革，因为组织结构是组织战略得以实现的手段。因此，组织在发展过程中，必须、也必然会根据形势与环境的变化进行战略调整，相应地，组织结构和组织运营方式也必须发生变化。这是导致组织变革的一个重要的内在原因。

（三）组织技术条件和管理水平的变化

在当今科学技术飞速发展的时代，一个组织要生存与发展，就必须重视及时地将科学技术的最新成果应用于组织生产与服务活动之中，这就要求组织必须高度重视并积极推进技术变革与技术创新。而技术变革与技术创新，就必然会促进组织技术条件与生产服务方法的改进，影响组织人员与组织结构。生产或服务技术的引进或发展，又会使组织的管理水平得以不断地改变和提高，从而就要求组织必须减少管理层次，精简管理人员和管理机构。这不仅对管理人员的素质提出了更高的要求，而且也要求组织不断地进行组织变革。

笔记

(四)组织中矛盾与冲突的尖锐化

任何一个组织在运营和发展中都会存在着各种各样的矛盾和冲突,这些矛盾和冲突在组织内外部环境条件变化过程中有可能会尖锐化,从而成为促使组织衰败的因素。这些衰败的因素表面看起来是由于各种因素造成的,其实究其根源是组织问题。如果在组织的运营和发展过程中,出现了以上问题、矛盾或冲突,而且比较严重,有不断尖锐化的趋势,组织就要考虑进行变革。如卫生组织在市场经济条件下,既要保持良好的医德医风,杜绝收受"红包"、"回扣",满足人民群众的医疗卫生服务需求,又要考虑为了维持卫生组织的生存和发展,必须注重人才培养,留住具有精湛医疗技术的高级医学人才,这就必然要求组织采取有效措施,进行劳动人事制度创新,探索卫生组织人事制度与分配制度改革。

将以上组织变革的外部和内在原因加以综合,可以用图14-1表示。

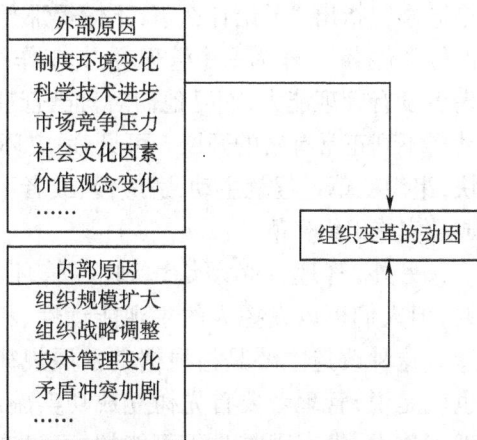

图14-1　组织变革的原因

综上所述,在现今快速发展的时代,组织变革是常态,组织管理者必须接受"变革不可避免"的事实。著名管理大师德鲁克指出:变革是痛苦和冒险的,需要下很多苦功夫,不努力致力于变革,任何一个组织(不论是企业、医院、大学等)就不可能存活下去。因此,在21世纪,管理的最大挑战,是成为变革的领导者。组织的领导者要把变革看作机会,主动寻求变革,懂得如何找到适合组织、在组织内外都能发挥效能的变革。

知识拓展

变革公式

国内外学者发现,引发组织变革的原因总会通过各种形式表现出来,如机构重叠只能使组织效率低下,权限冲突、协调困难、沟通不良造成人事纠纷,组织决策形成过于缓慢以致无法把握良好的机会,组织缺少创新造成组织停滞。然而,仅仅看到组织变革的需要还是不够,还要辨别需要变革的程度,才能下决心是否要真正进行变革。为此,美国研究者格莱彻尔提出了有关变革的公式:

$$C=(abd)>X$$

式中,C指变革,a指对组织的现状的不满程度,b指对组织变革后所能达到的情况的把握,d指组织变革的现实的起步措施,X指组织变革所付出的代价。从上述公式可以看出,组织要不要变革取决于需要变革的各种因素的乘积必须大于变革所花出的代价,否则进行变革就没有多大的经济意义。

笔记

在新的知识经济时代,管理者要对组织实施有效的管理,必须对组织的内外部环境变化有明晰的认识和敏锐的把握,并主动适应环境和改造自身,以保证管理过程和目标的有效实现。因此,从这个意义上说,适应环境变化是管理工作的起点。所谓适应环境就是要熟悉和了解自己所处的环境情况。在现实生活中,有的管理者不注意了解自己工作的环境条件,在复杂的管理环境面前茫然不知所措,迟迟不能进入管理角色,对面临的矛盾和问题不和如何处理和解决。毛泽东同志曾指出:"无论什么事,不懂得那件事的情形,就不知道如何去做,就不能做好那件事"。作为一个管理者,其工作打不开局面,进入不了角色,往往并非管理者没有管理能力,而是他们对自己管理的对象、环境情况不熟悉,因而管理活动得不到正常有效的开展。可见,适应环境是成功实施组织变革的起点,适应得快,组织变革过程就主动,适应慢、或者不善于适应环境,就只能处处被动,难以成功实施组织变革。

另外,管理者必须认识到,尽管环境是客观的,是不以人的意志为转移的,但人们可以发挥人的主观能动性、积极性和创造性,对环境进行建设和改造。这种改造主要是指根据其发展规律,利用其积极因素,克服其消极因素。也就是说,管理者要首先树立成功实施组织变革的信心,要充分认识到,在管理工作中,没有困难是不可能的,而没有克服困难的信心,就谈不上创造一个理想的工作环境,进行有效的组织变革。管理者所面临的困难,一是组织外部的自然环境与社会环境的限制,二是组织内部的管理者个人环境因素及组织气氛。

因此,对组织进行变革,首先管理者应有坚强的意志,把克服管理工作中出现的问题、矛盾和冲突视为乐趣,并保持迎难而上的良好状态。

其次,管理者应以科学的态度对待组织变革,讲究组织变革管理中的艺术,既不回避问题和困难,又有克服问题和困难的切实措施和方法。

再次,管理者要充分认识到,组织变革是在组织中发生的,因此应注意发挥组织的作用,依靠集体或群众的力量去推动组织变革的进展。也就是说,组织变革的过程,应该是一个民主化的过程,是发挥广大员工主观能动性的过程。只有这样,组织变革才能获得广泛的群众支持和坚实的力量源泉。

最后,管理者要成功实施组织变革,还要特别注意营造和谐的组织氛围和良好的人际关系。营造和谐的组织氛围、协调和改善组织各方面的人际关系,其目的不仅在于为管理者顺利地开展组织变革活动创造一个良好的内部环境,而且在于直接培养和提高管理者的管理协调能力。在组织变革活动中,一个好的组织变革方案,往往由于某些部门的牵制,或者某些上级管理者的干预,或者某些下级和职工的抵制而陷入困境,难以实施。

综上所述,管理者要成功实施组织变革,必须注意在自己的周围形成一个民主、平等、和谐的组织氛围和人际环境,并不断地调节组织内的人际关系矛盾,为组织变革过程的进展创造一个良好的人际关系氛围。

笔记

第二节 组织变革的影响因素

一、抵制变革的因素

组织变革作为组织发展的重要途径与基本策略,总是伴随着高度的不确定性和很大的风险,并且必然会遇到各种各样的阻力。如果一项组织变革措施使组织中大多数人的利益受到影响或损失,这项变革是不可能顺利实施的。因此,组织变革对于任何一个组织来说,都是非常困难的;对于大型的或历史悠久的组织来说,组织变革会更加困难,必然会遇到许多意想不到的重重阻力与障碍。组织要顺利地并成功地推进变革,必须首先弄清影响组织变革的各种因素。具体地说,在组织变革中,主要的影响因素有:

(一)组织的惯性

随着组织年龄的增长,组织的运营与管理会形成一个相对固定的模式,这一模式还有保持其稳定性的倾向,其具体表现就是所谓的"组织惯性"(organizational inertia),或叫做"路径依赖"(path dependence),指组织的日常运营程式化、刻板化,在面临环境中出现的新情况、新问题、新矛盾而必须变革时,组织可能仍然遵循原有的一套模式,也就是说,用老的办法来解决新的问题,从而表现得比较僵化、缺乏灵活性,难以适用环境变化的要求或者内部的变革需求。组织惯性会使组织产生惰性,严重制约组织变革活动。现在我国普遍实行市场经济体制,但由于新中国成立以来长期实行计划经济,人们的思维模式和工作方式还不自觉地带有计划经济的色彩,这种现象就是组织惯性的作用。

(二)组织的保守倾向

与组织的惯性相类似的另一种抵制组织变革的因素是组织的保守倾向。一般来说,组织管理人员会倾向于安于现状,保持现状,而且组织越成熟,管理人员可能表现得越保守。这就是管理中的所谓"消极弹性",管理人员在工作中表现出保守思想,"头戴三尺帽,不怕砍一刀",在工作中尽量"留一手",如果组织不出现严重的危机或生存威胁,组织都可能保持其保守的倾向,得过且过。毫无疑问,组织的保守倾向在很大程度上会抵制组织的变革和革新。

(三)既得利益者的恐惧

一般来说,变革就必然意味着利益关系的重新分配或调整。因此,变革必然会威胁到人们为取得现状所做的投资和一些人的既得利益,人们对现有体制所做的投资越多,所拥有的既得利益越大,反对变革的阻力也就越大。因为他们担心组织变革会失去现有的地位、权势、收入和福利。在我国现行市场经济的过程中,一些单位或部门既希望获得实行市场经济所带来的各种实惠或好处,又想极力保留传统的计划经济时期所获得的各种地位、权势、收入和福利,从而使改革的进程步履维艰、问题丛生,就是一个很好的说明,由此也说明传统部门和老员工比新兴产业和年轻人更反对变革。

(四)变革的风险

组织变革意味着改变原有的工作内容、模式、方式和方法,也就是要使人们

笔记

熟悉了的或习惯了的东西变得不确定和陌生,由此必然导致变革过程中充满着各种风险,因为变革的措施与方法所导致的结果是难以预料的,更是难以保证的。而人一般有理性避险的倾向。这就是说,人一般都会追求安逸、稳定,安于现状,这种心理必然与组织变革活动发生抵触。我国国有企业改革过程中,许多下岗职工怀念原有的计划经济体制的思想情绪,就是一个很好的例子。

(五)组织的"沉淀成本"

任何一个组织在其建立和发展的过程中,不仅会逐渐地积累自己的资金、设备和人力资源等方面的优势,而且也会逐渐积累自己所特有的发展经验、模式与方法,这些构成了组织的"沉淀成本"。而组织变革可能会使组织的部分沉淀成本失去作用,或是要有意识地放弃组织所逐渐积累的沉淀成本。这对大多数人来说都是非常艰难、痛苦的,因而也是必然不乐意的。管理人员的这种态度往往导致组织一味地追求稳当,从而使组织缺乏变革的动力,组织变革的历程步履维艰。

(六)管理者的顾虑

在组织变革过程中,组织管理者往往担心其历经千辛万苦而逐渐建立的权力系统受到威胁,因为组织变革往往伴随着组织内部权力的重新分配以及管理职能的调整,这自然会影响到一些管理者自身的利益,使其所拥有的权力受到限制或影响,甚至消失。如果管理者的权力和自身利益受到影响或严重威胁,他们对组织变革必然持消极态度,并会极力反对变革,阻挠组织变革的进程。由于其所处的关键权力地位,他们对组织变革的消极态度与阻挠行为会使组织变革难以进行。我国一些政府部门在经济体制改革的过程中,既希望获得实行市场经济体制的好处,又不想失去计划经济体制下其所拥有的权力,从而使我国在经济转型过程中产生大量的社会矛盾和问题,这从宏观上说明,我国推进经济体制改革的历程不会是一帆风顺的,而是一个长期、复杂和曲折的过程。

二、变革阻力分析

如上所述,影响组织变革的因素是多方面的,组织变革的阻力是难以避免的。在组织变革的过程中,要克服这些阻力,就必须首先对它们有科学、客观的认识,既不能过高地估计它们而使我们丧失变革的信心,又不能过低地估计它们而使我们缺乏应对的准备。为此,在组织变革开始之前,很有必要对变革的阻力进行变革与分析。

了解组织变革阻力(change block)的方法有许多种,如观察法、会谈法、会议法等,美国的斯蒂沃特(T.A. Stewart)1994年还设计了一个实用性较强的问卷。根据该组织变革调查问卷的调查,总分越高,说明客观上支持变革的动力越大;总分越低,说明客观上反对变革的阻力越大。根据员工的行为表现,我们可以分析组织变革阻力的大小。员工对组织变革的态度或行为表现可以从支持到反对形成一个连续体。1991年美国的贾特逊(A.S. Judson)提出一套组织变革阻力的连续体,将员工对组织变革的态度分为四种:接受、不感兴趣、消极反对和激烈反对。而其中最积极的行为是"热情支持",最消极的行为是"蓄意破坏"。这一方法对分析组织变革的阻力有一定的参考价值。

笔记

三、克服组织变革阻力的对策

任何组织变革都不是一帆风顺的,在组织变革的过程中,任何组织都会遇到许多意想不到的困难和阻力。这是组织变革的领导者应该清醒地认识到的。同时,组织变革领导者还应该掌握一些克服变革阻力的策略与方法,以更好的领导变革。根据组织变革的经验,组织行为学家提出了若干有效的策略与方法,以克服各种组织变革的影响因素对组织变革的抵制或阻力。克服或降低变革阻力的策略与方法主要有:

(一)参与和投入

研究表明,人们对某事的参与度越大,就越会承担工作责任,支持工作的进程。也就是说,在从事任何工作中,要注重调动广大员工的积极性、主动性和创造性,使他们积极投身于工作中,发挥民主参与的积极作用。组织变革也不例外。因此,当组织的广大员工能够积极地参与有关组织变革的设计、讨论时,由于会导致承诺,抵制组织变革的情况就可能会显著减少。参与和投入方法在管理人员所得信息不充分或者岗位权力较弱时使用比较有效。但是,这种方法常常比较浪费时间,而且要求组织具有较强的组织协调能力,在变革计划不充分时,有一定的风险。

(二)教育和沟通

加强教育和沟通,是克服组织变革阻力的有效途径。组织变革应该首先从组织人员观念的变革开始。通过教育,使广大员工了解新信息、新知识、新技术,接受新思想,提高对组织变革重要性与必要性的认识,增强对组织变革的适应力和心理承受能力,为组织变革奠定牢固的思想基础。这种方法适用于信息缺乏和对环境的未知情况,实施也比较花费时间。通过教育和沟通,组织管理人员和广大员工可以分享有关情报资料,不仅带来相同的认识,而且在群体成员中形成一种感觉,即他们在计划变革中起着作用。他们会有一定的责任感。同时,在组织变革中加强培训和信息交流,对于成功实现组织变革是极为重要的。这既有利于及时实施变革的各个步骤,也使得决策者能够及时发现实施中产生的新问题、新情况,获得及时、有效的反馈。这样才能随时排除变革过程中遇到的抵制和障碍。

(三)恰当的时机和进程

即使不存在对组织变革的抵触,也需要时间来完成变革。组织管理人员和其员工都需要一定的时间去了解、认识新的变革,理解变革的内容、方式与方法,预测变革的结果和影响,适应新的制度规则,排除组织变革的阻碍。如果时机和进程不适当,一味加快速度并强迫推行变革,就必然会对下一级产生一种压迫感,产生以前没有过的抵触。欲速则不达,因此,管理部门和领导者需要清楚地懂得人际关系影响着变革的速度。为保证组织变革的顺利进行,要注意变革的策略、时机与艺术,注意策略,相机而动。

(四)群体促进和支持

许多组织行为学家指出,运用"变革的群体动力学",可以推动组织变革。这

笔记

里包括创造强烈的群体归属感；设置群体共同目标，培养群体规范，建立关键成员威信，改变成员态度、价值观和行为等。这就需要建立学习型组织，通过对组织使命、目标、优势、劣势的共同认知，促进相互之间的团结协作与知识信息的交流，营造组织的共同愿景。这种方法在人们由于心理调整不良而产生对组织变革的抵制时使用比较有效。

（五）公开与透明

在组织变革过程中，对于组织变革的背景、目标、内容、形式、方法、步骤、结果等情况要开诚布公，并努力做好对组织变革计划的宣传、解释工作，以赢得广大员工对组织变革计划的了解、认同、配合与支持，为组织变革奠定一个牢固的群众基础。这其实也是现代社会民主化管理的应有之义和必然要求。

（六）利益关系协调

如上所述，变革意味着利益关系的重新调整或分配。因此，在应用以上若干克服或降低组织变革阻力的策略与方法的过程中，组织变革的领导者还要特别注重抓住组织各相关部门或人员之间错综复杂的利益关系这一关键。在内外组织变革理论与实践经验都表明，在组织变革之前进行利益相关者分析，是克服或降低各种组织变革阻力的有效措施。

改革开放以来，我国社会的利益关系发生了复杂而深刻的变化。在根本利益一致的情况下，人民内部的利益关系主要表现为利益主体多元化、利益内容丰富化、利益实现形式多样化以及利益矛盾尖锐化。在这种新形势下，组织管理者要成功地进行组织变革，就既要尊重个人利益和局部利益，又要保护国家利益和组织利益，特别要把人民群众的根本利益实现好、维护好、发展好，以巩固和扩大组织变革的群众基础，增强并获得最广泛、最可靠的力量源泉。群众的根本利益不是一个空洞的口号，而是具体、实在的。群众是最讲求实际的，如果一项组织变革举措使组织中的绝大多数人得到实惠，他们就会全力支持变革。反之，他们就会有怨言，甚至会极力反对或阻挠。因此，协调、处理好各方面的利益关系是组织成功进行变革的关键。这就要求我们在实施组织变革过程中坚持正确的利益关系协调原则。

首先，要坚持向组织中大多数人的利益倾斜的原则，这也是管理者实施组织变革的根本目的。管理者实施组织变革，要坚持公平原则，建立或帮助建立利益均衡机制，并特别关爱、救助组织中的弱势群体，体现社会公正。其次，要切实从制度上消除那些制造和强化利益两极分化的体制性障碍，革除垄断或非法获取变革利益的现象，以杜绝变革利益分配不公、腐败滋长等不良现象，强化各利益群体的认同感，减少各利益群体之间心理上的对立。第三，要建立健全信息沟通和监督机制，增加组织变革的透明度，促进组织生活的民主化。

总之，在组织变革中协调好利益关系，管理者具有不可替代、不可推卸的重要责任。管理者要确实担当起社会公正人和利益协调者的角色，理顺组织中错综复杂的利益关系，促进组织变革利益的公正分配。不同的组织要根据各自的具体情况努力探索，使组织中的各种利益矛盾趋于缓和，利益行为趋于理性，利益关系趋于和谐，合理的利益要求得到保证。只有这样，组织变革的阻力才能小

笔记

于组织变革的动力,组织变革才能顺利地开展下去。

四、组织中的政治行为

组织中的政治行为是一般指那些影响或试图影响组织中利益分配的活动。也就是说,组织中的个体或小群体为了自身的利益,采取正当或不正当的手段来获取资源、争夺权力、利益的活动。政治行为主要关注组织中的利益分配,因此它涵盖了那些包括影响决策目标、准则或过程的行为在内的各种政治行为,如扣留决策者所需的信息,揭发、散布谣言,向新闻媒体泄露组织机密,为一已私利与组织中的其他成员交易好处,游说他人以使其支持或反对某人或某项决策等。

组织中的政治行为是普遍存在、且不可避免的。比如,员工要隐瞒信息、限制生产、试图构建自己的小圈子、宣传自己的成功、隐瞒自己的失败、篡改操作数据从而使自已看上去做得更好等。当这样做使自己达到了组织所要求的绩效且成绩突出时,他们就会沿着原来的方向继续努力。管理者应当增强对他人政治行为的敏感性,保障组织的利益,而且自己也不要制造组织"政治"并过于热衷组织中政治行为。

组织政治行为产生的原因主要有:

(一)个体因素

研究者们从个体角度出发,确定某些与政治行为相关的因素如个体特质、需要及其他,认为那些对权力、自主、信用和职位有很高的需求、喜欢专制、热爱冒险或拥有外部控制力的员工行为更易于政治化,并且不考虑组织的影响。

1. 权力需要　个人权力需要越强烈,越可能表现出组织中的政治行为。

2. 马基雅维利主义　马基雅维利主义者为了个人成功,惯于利用操纵别人。

3. 控制点　内控制(点)高的人比外控制点的人更可能表现出政治行为。

4. 自我监控　高自我监控者善于在不同情景下表现出不同的行为。

(二)组织因素

政治行为主要源于组织文化。因为许多组织的员工都具有以上我们所列举的个性特征,而政治行为的表现程度却相去甚远。事实证明,特定的情境和文化更有助于政治行为的产生。如果组织具有如下特征,那么,这样的组织往往成为滋生政治行为的温床:

1. 低信任度　组织的信任度越低,政治行为发生的频率越高,不良政治行为相应也就越多。因此,提高信任度可以抑制政治行为,特别是不良的政治行为。

2. 角色模糊　角色模糊意味着对员工行为的范围、职权缺乏明确的界定。因此,对员工的政治行为的范围和功能几乎没有什么限制。由于政治行为是指那些正式角色要求范围之外的行为,因此,角色越模糊,一个人越容易卷入政治行为而被觉察的可能性也就越小。

3. 不明确的绩效评估系统　在绩效评估中所采用的主观标准越多,且强调单一结果的衡量,或者行为和评估之间的时间拖得过长,则员工参与政治行为且能蒙混过关的可能性就越大。

4. 报酬分配机制　如果组织采取"非得即失"的报酬分配机制,员工越容易卷入政治行为。因为任何个人或群体的所得往往以另一个人或群体的所失为代价,如我赢、你必输。如果要把每年1万元的增资分配给5个员工,那么任何一个人所得超过2000元的话,另外的一个人或几个人的所得就会减少。这就使得人们总是力图使自己显得劳苦功高而极力贬低他人的劳动。

5. 以高压手段追求高绩效 员工感到做好工作的压力越大,他们越有可能卷入政治行为。当人们必须严格地对自己的工作成果负责时,就迫使他们自己不得不做得"看起来好"。如果一个人觉得他一生的事业都取决于他下个季度的销售额或者下个月的工作业绩,那么他就会想尽一切办法来确保结果对他有利。

6. 高层管理者的风范 当员工看到上层管理者致力于政治行为以获取私利,特别是在这些人还获得了成功及很大的回报后,组织中就会形成支持政治行为的氛围。因此,从某种意义上说,高层管理者的政治行为不言而喻地表明,这种政治行为是可接受的,这就等于允许低层次的员工学习使用此类政治行为。

组织中的政治行为既可以给组织带来积极的影响,也可以给组织带来消极、不利的影响。

1. 积极影响 政治行为能够从以下几个方面促进组织的发展。

(1)促进竞争:管理者和团体为了赢得本身在组织中的权力地位,会在各种不同的政策方案上进行竞赛,并且运用他们既有的权力和资源去强化所提方案的影响力;在这种充分竞争的过程中,组织内部因而会自然产生创新的功能,能够有效改善组织的决策品质,并且使组织的资源获得最有效率的运用。

(2)推动改革:组织的政治活动也能够进一步激发组织的变革,以增进组织对环境变迁的适应力。面对瞬息万变的环境,管理者或团体为了生存和发展,往往会联合具有共同利益目标的管理者和团体,在组织内部推动各种革新策略或进行结构变革,透过权力的运用能够让组织摆脱过去的包袱,开创新的发展方向。

2. 消极影响

(1)组织忠诚度下降:政治行为有害的影响,包括政治活动中"失意者"的降级和丢掉工作、资源的错误使用、组织绩效的下降以及无效率的组织文化的产生。组织中政治行为所引起的不安会使雇员失去对组织的感情。这种感情的丧失,又反过来使组织文化具有表现欠佳和缺乏忠诚的特征。

(2)恶劣的人际关系:政治行为的负面功能体现在组织中的个人或群体,为了掌握决策制定的主导权和争取到更多的资源,必然会采取许多具有攻击性的权力手段,进而引发组织内部的冲突,其结果轻则排挤掉其他个人或团体应该享有的资源、权益,重则影响到组织的协调运作,并可能损及组织整体的利益。

3. 组织中的"防御"行为 在组织的政治行为中,普通员工往往是组织中政治斗争的受害者。为避免责备或阻止变革,个人常常卷入一些保护性的"防御"行为中。防御性行为主要表现为以下三种:

(1)回避行为:在某些情况下,最好的政治策略是避免任何行为,也就是说,最好的举动就是没有举动。但是,角色期待常常迫使一个人至少要表现出正在做事的样子。下面是回避行为的几种最普遍的方式:①服从,严格地履行个人的责任。比如"单位有规定"、"我们向来都是这样做的"。严格地遵从规则、政策和先例,可以回避责任。②推卸责任,将某项工作或决策的责任转嫁到别人身上。③装聋作哑,这是从策略上表现无能的一种方式。④拖延和掩饰,指延长工作时间使你显得很忙。⑤耍花招,是指故意拖延工作的技巧。

（2）避免责备:由避免行为的消极后果而招致的责备,人们往往选择以下策略:①缓冲,严格地为活动寻找证据,以反映个人有能力和考虑问题周到全面的形象;②安全行事,包括只承担那些成功性较大的项目,把有风险的决策交给上司拍板,巧妙地表达判断意见,在冲突时保持中立;③辩解,这个技巧包括为了减轻对消极后果承担责任而寻求解释,或通过道歉表示悔过;④寻找替罪羊,这种方法是指把对消极后果的责备推到不该受到责备的外部因素上。

（3）避免变革:那些感到个人受到改革威胁的人,一般采用两种防御方式避免变革:①抵制变革,包括某种形式的过度服从、故意拖延、安全行事和误报,等;②保卫领地,也就是指保卫自己的地盘,不让他人侵入。

对于组织来说,防御性行为往往会降低组织的有效性。从短期来看,这种行为会拖延决策、增加个人和群体之间的紧张气氛、减少冒险的成分、降低贡献和评估的可靠性,妨碍组织的变革;从长期来看,防御性行为会导致组织的僵化和停滞不前、与组织所处的环境割裂开来,形成政治倾向浓烈、员工士气低下的组织文化。正因为如此,管理者应更善于识别各种防御性政治行为及其不利影响。

组织在发展与变革过程中,政治行为是不可避免的。管理者应努力增强政治行为对组织的有利影响,尽量减少其不利影响。避免政治行为的不利影响,首先应加强组织文化建设。在拥有健康的组织文化的组织中,政治行为是公开、透明和有益的。其次,建立公平的分配制度与激励体系,是引导组织中的政治行为良性发展的基础。在组织中,有利于组织的政治行为要受到激励和表彰,不利于组织的政治行为则要予以惩罚和抑制,以促进组织中政治行为的良性发展。

第三节　组织变革的过程与方法

一、组织变革过程

组织变革不是一朝一夕可以完成的,而是要经历一个复杂、曲折、甚至是漫长的过程,即使是激进式的组织变革也不例外。著名管理学家卢因（Lewin K）指出,成功的组织变革一般需要经过解冻、变革、再冻结三个阶段,这就是卢因的组织变革三阶段模型,见图14-2。

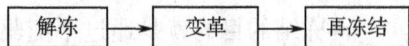

图14-2　卢因的组织变革三阶段模型

（一）解冻

变革就是要打破组织原有的平衡状态,改变人们的传统和习惯。因此,组织变革必然会或多或少地面临来自组织自身及其成员一定程度的阻力或障碍,这就要求组织变革需要一个"解冻"阶段作为实施变革的前奏。这个阶段的主要任务是认识并发现组织变革动力、阻力或障碍,改变员工原有的观念和态度,宣传组织变革的背景、目的、意义、内容、方式与方法,在组织中营造出变革是大势所趋、是组织生存与发展所要求的氛围,使员工对组织变革在心理上有所有所认识、有所准备并乐于接受。

这一阶段可以通过三种方法来实现。一种方法是加强用于引导组织行为脱离现状的"驱动力",即增加变革的压力,比如把奖金与变革联系起来,通过一些激励措施来鼓励变革;第二种方法是减弱反对变革的遏制力,努力减少或消除变革的阻力,比如采用单独谈话等方式,倾听并了解员工的心声,解除他们的顾虑,从而达到消除"遏制力"的目的;第三种方法就是将前两种方法结合起来使用。当组织变革的阻力非常大的时候,管理者就应考虑减小阻力和增加吸引力并举的方法。

(二)变革

人们经历解冻阶段对组织变革有了一定的了解与认识、并做好一定的心理准备之后,具体的组织变革就可以进行了。这是组织变革计划实施的实质性阶段。组织应该按照事先拟定的组织变革计划,开展具体的组织结构和工作行为方式的转变运动或行动。这是组织变革实质性的操作阶段,涉及组织众多的人员与部门。

在这一阶段实行的变革,是指变革的内容、方向和方法。要通过组织变革使组织成员形成新的态度和接受新的行为方式,组织成员对组织变革的认同与内化是非常关键的。认同是组织成员模仿环境中新的行为模式,逐步学会新的行为;内化是在"非以新行为就不能成功"的情况下产生的。综合认同与内化的作用,就能加速组织变革的进程。

(三)再冻结

组织实施变革后,由于前面提到的组织惯性或路径依赖的作用,人们有一种退回到原有工作习惯和行为模式的倾向。在这种情况下,变革的组织者就必须采取措施保证新的组织形态和行为方式能够不断地得到强化和巩固。这一阶段就是再冻结阶段,或者叫做强化阶段。没有这一阶段,变革就可能退化、甚至消失,组织的运行就可能退回到原有的状态与模式之中。

强化有两种方式:一种是连续性强化方式,另一种是非连续性强化方式。连续性强化是在被改变的人每次接受新的行为方式时就予以强化;非连续性强化是按照反应的次数或时间的间隔而给予强化。连续性强化方式对于一个人迅速接受新的行为新的行为方式来说,效果较好;非连续性强化方式对于一个人巩固新的行为方式来说,效果较好。

再冻结的目的就是通过平衡驱动力和遏制力,使组织的运作保持稳定,以系统的持久的力量来代替暂时的力量。

就实际操作而言,组织变革的过程决非如卢因的三阶段模型那样简单,组织的管理者必须根据组织自身的实际情况,采取一系列的具体行动和步骤。一般来说,组织变革要经过下列主要步骤:

1. 组织分析　组织分析(organizational analysis)即指管理者应用系统分析的方法,依据组织原则,对组织发展的历史、组织结构的现有状态进行分析研究。组织分析如同疾病的诊断过程,只有对组织结构作出科学准确的诊断,才

笔记

能开出具有针对性的"治疗"处方。所以,组织分析又称组织诊断(organizational diagnosis)。

（1）外部环境分析:外部环境可分为一般外部环境和特殊外部环境。一般外部环境指对任何组织都产生影响的因素,如经济、文化、技术、政治等;特殊外部环境是指对某一组织有特殊影响的一些因素。如医院的特殊外部环境有医疗卫生体制改革、疾病谱的改变、人口性别构成的变动、人口老龄化的趋势等。特殊的外部环境还包括同行业的竞争等。外部环境的变化对组织结构影响颇大。如人口老龄化趋势必然影响到医疗卫生行业的目标及组织结构与服务模式的变化。对组织外部环境的分析,目的在于理解组织结构是否同外部环境变化相适应,如何适应外部环境的变化。

（2）内部环境分析:指对组织内部影响组织结构的因素进行分析。主要包括:每个职能部门的设置是否适合整体组织目标的要求;每个部门的职责和权限的确定有无重复和缺漏现象;每个部门的职权和权限的分配是否合理、恰当;各级管理人员的管理跨度是否适度,管理层次是否精简;每个管理岗位的职责适度明确、合理;各种权责关系是否科学、合理;组织内部的监督、控制及报酬制度是否合理、完善;组织文化对组织变革的有利或不利影响;组织人员对组织变革的心态、预期等。

2. 变革方案的制定　通过组织分析,找出组织结构存在的问题,确定需要变革的问题,制定变革的方案。在制定组织变革方案时,要考虑到变革的组织领导、宣传教育、具体步骤,所需的费用和代价,人力和物力资源配置,这种变革对其他部门可能带来的影响,职工对变革的认识以及所持的态度等。值得注意的是,组织变革方案的制定过程要充分发挥广大员工的民主参与作用,集中群众的智慧与力量,获取广大员工的广泛支持;同时,还要注意发挥专家咨询的作用,对于重大、复杂、影响深远的组织变革,不能急于求成,而要进行充分的专家论证,广泛听取组织内外各方面专家的意见和建议,使组织变革的计划建立在科学论证的基础之上,保证组织变革计划方案的科学性和可行性。

3. 执行变革方案　组织变革的领导者依据制定出来的变革方案进行具体的变革,也就是实施组织变革方案。在这一过程中,组织变革的领导者要确保组织变革方案按照预定的计划进行,保证必要的人力、物力和财力资源的投入,精心组织、妥善安排,注意分工与合作,恰当处理变革方案实施过程引发的各种矛盾和问题,尤其要特别注意变革方案实施过程中利益关系新的格局,注重不同部门和群体合理的利益诉求,采取适宜的策略妥善解决其中的矛盾和问题,保证组织变革计划的顺利推进。同时,组织变革的领导者还要注意深入组织第一线,了解组织变革方案的实施情况、进度和问题,倾听广大员工对组织变革计划实施的感受、意见和建议,掌握第一手的信息和资料,并根据所掌握的情况,及时调整组织变革的实施方案。

4. 评估变革效果　即对组织变革的实施结果进行评估,看看变革是否达到设想中的效果,是否实现了组织变革计划方案中所规定的目标。如果没有取得设想中的效果,没有实现组织变革计划方案中所规定的目标,那么,组织变革的

笔记

领导者就要注重分析其中的原因和影响因素,采取措施改变组织变革方案或工作方法,或是采用其他的、新的变革方案。组织变革的主要步骤如图14-3所示。

```
┌──────────────┐
│  组织环境分析  │
└──────────────┘
      ↓
┌──────────────┐
│  变革方案制定  │
└──────────────┘
      ↓
┌──────────────┐
│  执行变革方案  │
└──────────────┘
      ↓
┌──────────────┐
│  评估变革效果  │
└──────────────┘
```

图14-3 组织变革的主要步骤

一般来说,组织变革就意味着要变动组织的部门和单位、改变原有的职位和权责范围、各部门之间关系的协调、调整管理幅度和管理层次以及向下授权等,这就涉及组织变革的内容问题。国外的学者在这方面做了大量的研究,归纳起来,组织变革所涉及的内容如表14-1所示。

表14-1 组织变革所涉及的内容

组织结构上的变革所涉及的内容	整个组织规划的变革
(1)分权程度的变革	(1)组织结构模式的变革
(2)管理跨度的变革	(2)各部门职权范围的变革
(3)协作方式的变革	(3)其他组织结构方面的变革
(4)工作设计的变革	(4)报酬制度的变革
(5)工作进度的变革	(5)工作表现评价鉴定制度的变革
	(6)控制指挥系统的变革

二、组织变革的模式

对于组织变革的必要性,有这样一种流行的认识:组织要么积极地实施变革,要么就会灭亡。然而事实并非总是如此,有些组织虽然进行了变革,但改革所带来的不是组织的兴旺发达,反而是加快了其灭亡的进程。这就是涉及组织变革模式的选择问题。也就是说,组织变革的成败关键取决于组织变革的模式选择是否恰当。组织变革的模式,一般来说,可以分为以下几种:

(一)激进式变革

激进式变革是革命性的变革方案,即彻底打破传统组织结构,抛弃旧的一套,果断采取新的方法。它力求在短时间内,对组织进行大规模的全面调整,以求彻底打破初态组织模式并迅速建立新的目的态组织模式。原苏联所采取的激进式改革策略,使该国的组织大多也相应地采取激进式变革模式,这是一个很好的例证。

(二)渐进式变革

渐进式变革,即在原有组织结构框架的基础上作一些小的变革。它是通过对组织进行小幅度的局部调整,或者说是组织运行机制的变革,力求通过一个渐进的过程,实现初态组织模式向新的目的态组织模式的渐进式的转变。我国采取的是渐进式改革策略,因此我国大多数组织也相应地采取渐进式变革模式。

如卫生系统大多通过逐步扩大卫生组织自主权,进行劳动、人事和分配制度改革等方法,进行渐进式改革,而传统的卫生管理体制在很大程度上仍保持不变。

(三)统筹式变革

统筹式变革,即由组织的领导者或专家首先设计一个最佳变革方案,经有关人员共同研究、分析、修改,建立变革的系统模型,确定解决问题的具体措施,有计划、有步骤地组织实施,最终建立一个高效化、能有效完成组织任务的组织结构。这是一种比较理想的变革模式,但对组织领导班子成员提出了很高的要求,因而在组织变革的实际运作中,成功的案例比较少见。

上述三种组织模式变革,第一种激进式的组织变革模式要彻底打破现状,会产生很大的动荡、阻力甚至破坏,但它能够以较快的速度达到目的态,因为这种变革模式对组织进行的调整是大幅度的、全面的,所以变革过程会比较短;与此同时,这种激进式的变革会导致组织的平稳性差,严重的时候会导致组织崩溃。这就是为什么许多组织的变革反而加速了其灭亡的原因。

第二种渐进式的变革模式不能触及组织结构存在的根本的问题,而且时间缓慢,零打碎敲,成效不大。但因为渐进式的变革是依据持续的、小幅度变革来达到目的态的,虽然波动次数多,变革持续的时间长,但有利于维持组织的稳定性。

第三种统筹规划性的变革模式能把领导和成员的聪明才智焕发出来,组织起来,系统地共同研究问题和制定变革方案,从而能在谅解、支持的基础上,有计划、有步骤地推进组织的变革。

对于一个具体的组织而言,鉴于上述三种模式各有利弊,也都有着丰富的实践案例,组织应当根据自身的承受能力和实际状况来理智地进行变革模式的选择。激进式变革的一个典型实践是"全员下岗、竞争上岗"。改革开放以来,适应市场经济的要求,许多国内企业进行了大量的管理创新和组织创新。"全员下岗、竞争上岗"的实践即是其中之一。为了克服组织保守,一些企业在组织实践中采取全员下岗,继而再竞争上岗的变革方式。这种方式有些极端,但其中体现了深刻的系统思维。稳定性对于组织至关重要,但是当组织由于领导超前意识差、员工安于现状而陷于超稳定结构时,组织将趋于僵化、保守,会影响组织的发展。此时,小扰动不足以打破初态的稳定性,也就很难达到目的态。矫枉宜于过正,只有通过全员下岗,打破长期形成的关系网和固有的利益格局,才能彻底打破初态的稳定性。进一步再通过竞争上岗,激发员工的工作热情和对组织的关心,只要竞争是公平的、公正的、公开的,就有助于形成新的吸引力,把组织引向新的稳定态。此类变革如能成功,其成果具有彻底性。

在这个过程中,关键是建立新的吸引力,如新的经营目标、新的市场定位、新的激励约束机制等。如果打破原有组织的稳定性之后,不能尽快建立新的吸引力,那么组织将陷入混乱甚至毁灭。而且应当意识到变革只是手段,提高组织效能才是目的。如果为了变革而变革,那么会影响组织功能的正常发挥。

笔记

渐进式变革则是通过局部的修补和调整来实现。美国一家飞机制造公司原有产品仅包括四种类型的直升机。每一种直升机有专门的用途。从技术上来看,没有任何两架飞机是完全相同的,即产品间的差异化程度大,标准化程度低。在激烈的市场竞争条件下,这种生产方式不利于实现规模经济。为了赢得竞争优势,该公司决定变革这组织模式。其具体措施是对各部门进行调整组合。首先,由原来各种机型的设计人员共同设计一种基本机型,使之能够与各种附件灵活组合,以满足不同客户的需求。然后将各分厂拥有批量生产经验的员工集中起来从事基本机型的生产,原来从事各类机型特殊部件生产的员工,根据新的设计仍旧进行各种附件的专业化生产。这样,通过内部调整,既有利于实现大批量生产,也能够满足市场的多样化需求。这种方式的变革对组织产生的震动较小,而且可以经常性地、局部地进行调整,直至达到目的态。这种变革方式的不利之处在于容易产生路径依赖,导致达到长期不能摆脱旧机制的束缚。

比较组织变革的几种典型模式,组织在变革实践中也并非永远只能用一种模式,而是要根据形势或环境及组织内部的变化加以综合地利用。在组织内外部环境发生重大变化时,组织有必要采取激进式变革,以及时适应环境的变化。但激进式变革不宜过于频繁,否则会影响组织的稳定性,甚至导致组织的毁灭;因而在两次激进式变革之间,在更长的时间里,组织应当进行渐进式变革。而比较理想的组织变革模式是统筹式的变革模式。

第四节　卫生组织的变革

卫生组织关系人的健康幸福,是具有明显公益性的非营利性组织。因此,即便私营卫生组织也不能将赚钱作为首要或唯一的目的。卫生组织正面临着不断的变革和挑战,其生存发展取决于卫生组织管理者如何处理公益性与营利性之间的矛盾,卫生服务如何有效地创新,使其适应变化的条件。对变化的理解以及管理变革过程的能力,依赖于卫生管理者对卫生组织面临问题、组织变革动力与障碍的认知,依赖于其对卫生组织发展不确定性和复杂环境变化最佳处理方法的理解。

一、卫生组织变革的特征、动力

(一)卫生组织变革的特征

卫生组织正面临着持续不断的变革,不断发展的医药技术、不断提高的消费者预期、有限的资源以及对组织适应能力的严酷要求,对卫生服务组织提出了巨大的挑战。卫生服务组织在被迫应对这些挑战和不可预测的外部环境时,应当认识到:①卫生组织的领导不能指望完全控制变化过程及其结果。②要将一个系统作为一个整体来了解,理解各个元素才能了解组织所面临的真实世界。③因为初始条件的微小变化会对系统的未来状况产生巨大影响,卫生服务组织不能单纯仿照别人的模式,以得到同样的结果。

笔记

因此,卫生组织管理人员在思考组织变革时,应该基于组织特性和组织理性的观点,选择适当的组织变革模型和策略。卫生组织管理人员真正需要的是努力创造学习型组织,要认识到"学习是一个组织适应快速变化环境的核心",从而做到明智地选择组织变革和创新的适宜模型。

(二)卫生组织变革的动力

卫生组织变革过程中,起到关键作用的因素包括:医药和医疗技术的发展进步、经济的发展和人民生活水平的提高、政治制度的转型以及伦理观念的变迁,等。第二次世界大战以后,西方社会迎来战后经济的快速复苏和持续增长,医疗卫生保障制度和服务体系也出现了巨大变化。具有代表意义的就是以英国为代表的"福利国家"的建立,对国民实行"从摇篮到坟墓"的保障,对发达国家的社会政策产生深刻影响。根据西方发达国家、新兴工业化国家和转轨国家的经验,推动卫生组织变革的动力主要来源于以下几个方面:

1. 人口结构以及疾病谱的变化　人口老龄化已经成为世界性趋势,除发达国家外,中国等许多发展中国家也正在进入老龄化社会,导致健康需要快速增加。伴随而来的是以慢性非传染性疾病为主的疾病谱改变,加剧了对医疗服务提供的压力,促使医疗卫生服务组织加速变革。

2. 科学技术的发展　包括信息技术、生物工程等当代科学技术的发展,以及医药和医疗技术进步,直接推动了卫生组织的发展和变化。例如,信息技术发展造就了当今远程会诊技术的出现,使发展中国家或偏远地区可获得发达国家或发达地区的医疗技术支持。手术技术的成熟也使许多手术可以在门诊完成,使许多医院成立了"日间手术"或"当日手术"中心等,卫生组织管理服务随之变化。

3. 经济发展及人民生活水平的提高　随着经济的发展,人民生活水平不断提高,其重要指标是"恩格尔系数"下降,同时文化、娱乐、教育和医疗消费比重上升,人们对健康有了更高的期望。从"有病治病"到"无病防病",并进一步要求"健康长寿",追求生活品质和健康幸福。因此,人们不仅要求"治好病",还要求医院"环境幽雅、舒适温暖、获得关爱",要求知情权、隐私权受到保护。因此,卫生组织必须强调"以病人为中心","以服务为中心",而不能强调"以治病为中心","以治疗为中心",卫生组织的建筑设计、组织流程和管理目标都应相应发生变革。

4. 经济全球化　经济全球化促进了全球经济的融合,企业和组织的竞争已经超出了国界,形成按照"地球村"统一规则的竞争,出现了医疗集团、连锁药店、旅游医疗、医疗管理公司、医疗融资公司、上市的股份制医院等。这些给卫生组织的生存发展带来极大挑战。

总之,社会经济科技的迅速发展,全球化、信息化浪潮及人口结构与需求的变化已经并将继续推进卫生组织的变革,卫生组织管理部门和决策者必须敏感地捕捉到卫生事业未来发展的迹象,预测卫生事业发展趋势,把握发展的脉动,使卫生组织跟上时代的潮流不断变革,并立于不败之地。

笔记

二、卫生组织变革的阻力及其消解

卫生组织变革虽然已成为一股不可阻挡的洪流,但其变革管理的成功率却并不高。卫生组织变革为什么往往会失败?变革的阻力来自何方?根本原因在于卫生服务非常复杂,卫生组织变革是一道世界性难题。美国哈佛大学商学院教授约翰·科特(J.P. Kotter)教授总结了组织变革难的六大原因,对消解卫生组织变革难题也有一定的启示。

(一)增强变革紧迫感和领导力量

发动组织的变革,必须创造变革的气氛和环境,使全体员工看到缺陷,感到生存危机,深刻认识到不及时变革,就会在激烈的竞争中失败,形成变革的紧迫感。但是,至少50%的机构在第一阶段就失败了:高层管理人员低估了把人们拉出"舒适环境"的困难程度;或者高层管理人员缺乏足够的耐心,没有进行充分的动员;甚至他们自己在开局不利的情况下打了退堂鼓,担心士气低落、局面失去控制,担心变革失败承担的责任等。

成功的变革必须依靠强有力的领导班子,依靠卫生组织各个职能部门的密切配合,如果组织的领导层不能心往一处想,劲往一处使,将会自乱阵脚,经不起变革中的任何挫折,使变革最终归于失败。领导联盟在各个方面都必须强有力,在信息、技术、声誉和人际关系方面都非常强大。因此,卫生组织的变革一定要由组织的主要负责人领导,变革管理的成功需要权威和足够的权力。

(二)制定组织愿景规划与对策

卫生组织的变革需要领导联盟勾画出一幅未来前景的蓝图,也就是"愿景",它是对组织核心价值观以及未来发展目标的生动描绘,是组织的奋斗目标和前进方向。规划不应是方向不明的变革措施的集合,而是清晰可见、可以实现的图景。变革失败的重要原因不在于缺乏雄心勃勃的规划和计划周密的方案,而是缺乏看得见、摸得着的愿景。建立好的愿景规划后,如果不能与全体员工进行沟通,形成共识,就不能转化为积极的变革行动,更不能取得预期效果。经验表明,如果不能在5分钟内向别人介绍你的愿景规划,并从对方得到表示理解和感兴趣的反应,那么,组织的愿景规划就是失败的。

卫生组织集合了众多不同专业的人员,其愿景规划的沟通更难、也更必要。卫生组织员工要实现在愿景规划下的积极行动,会遇到各种障碍。①障碍可能来源于原有的组织结构:过细的科室划分可能影响提高工作效率的努力,或使卫生组织"只见树木、不见森林",注重对工作细节的重视,却忽略对人的心理的关注。②障碍产生于工作绩效与报酬缺乏联系,使个人努力与愿景规划缺乏一致性。③卫生组织的领导层不能协调一致,共促变革。有些管理人员口头上支持变革,但可能出于一己私利,实际上却不改变自己的习惯,甚至鼓励下属不作出改变,损害组织变革。克服这些障碍,首先要提高对这些障碍的认识水平,才能谋求适宜的变革策略,并积极实施变革。

笔记

（三）注重系统计划和持久变革

卫生组织变革的成功需要时间,需要不断取得阶段性胜利以鼓舞士气,积小胜为大胜,最终完成愿景目标。如果不能建立短期目标,赢得成功,并给予奖励,变革的努力就面临缺乏动力的风险,许多人可能会气馁并放弃努力,甚至变成变革的反对者。要将夺取阶段性胜利与追求短期目标的急功近利行为区分开来:前者构成愿景计划的重要组成部分,后者则缺乏长期战略规划,是对变革的消极被动应付。成功进行变革的组织,领导者以各种办法积极寻求明显的业绩改进,并及时对有成绩的员工进行奖励。因此,卫生组织变革中对员工的绩效考核管理是至关重要的。如果卫生组织历经艰苦努力,变革取得了一些成效和阶段性胜利,领导者一定要保持清醒的头脑,不能简单认为组织变革已取得了胜利。

（四）发展变革的卫生组织文化

经验表明,要使变革深入到组织文化中,至少需要5~10年。通过变革建立起来的新机制和新结构仍很脆弱,很容易出现反复甚至倒退,故态复萌。问题的反复出现会破坏变革的进程和员工的士气,使组织变革陷入困境不能自拔。因此,只有当变革成为组织文化的一部分时,变革才会巩固。如果变革的行为不能在组织的价值观和文化中扎根,那么,一旦变革的压力解除了,变革就会停滞。让变革的思想在卫生组织文化中扎根,一般可通过两种方法:第一,要有意识地使员工懂得,卫生组织倡导的新思想、新方法和新行为可以改进组织绩效,而且绩效的改进为组织和员工个人会带来巨大的价值,每个人都能从中得到收益。第二,要花足够的时间重建变革的卫生组织文化,并保持变革政策的连续性,保证卫生组织继任的领导层延续、发展变革的卫生组织文化。

（杨善发）

本 章 小 结

本章的主要内容有:①组织变革是指组织根据外部环境与内部环境的变化,及时改变内部结构,以适应发展的需要,更好地实现组织目标。对组织变革影响较大的外部原因主要有制度环境变化、科学技术进步、市场竞争压力、社会文化因素影响、价值观念变化等,内在原因主要有组织规模扩大、组织战略调整、组织技术条件和管理水平变化、组织中矛盾与冲突尖锐化等。②组织变革阻力可能来源于个人或组织,主要的影响因素有组织的惯性,组织的保守倾向,既得利益者的恐惧,变革风险,组织的"沉淀成本"和管理者的顾虑等。③组织变革的模式,一般可分为激进式变革、渐进式变革、统筹式变革三种,组织应根据自身承受能力和实际状况理智地进行变革模式的选择。④卫生组织具有明显的公益性,正面临着不断变革和巨大挑战,卫生组织管理(者)应当认清形势、克服阻力、不断变革,使其适应不断变化的条件。

笔记

【讨论思考题】

1.什么是组织变革？为什么要不断地进行组织变革？

2.组织中的利益关系是如何影响组织变革的？在组织变革的过程中,如何协调组织中错综复杂的利益关系？

3.影响组织变革的因素主要有哪些？在组织变革过程中,如何通过组织变革阻力调查与分析克服对变革的抵制？

4.组织变革模式主要有几种？卫生组织应如何选择适宜的变革模式？

笔记

第十五章

组织文化

通过本章的学习,你应该能够:

掌握 组织文化的概念,学习型组织的概念,组织文化的结构,组织文化的内容及作用。

熟悉 组织文化的培育,组织文化建设的心理机制,学习型组织的特点。

了解 组织文化的特征,组织文化的发展,组织文化建设的原则与影响因素,组织文化设计,学习型组织理论的产生及意义。

案例15-1

好的医院有好的传统,好的传统是医院文化的底蕴,是医院精神的基石。医院典型人物在医院精神建设过程中发挥着重要作用。

在北京某大型医院,每天晚上,很多办公室、实验室的灯光都是通明的。在已故著名教授的文章中提到:在医院里,临床医师没有8小时工作的概念。从多名教授在几十年的医疗生涯中时时以"如履薄冰、如临深渊"的态度,对待每一个就诊者的那一箱子记满病人病情的小卡片的字里行间,我们看到了他的崇高的负责精神,这种对待工作的态度使得他放弃了很多休息时间,不懈地寻找解决病人顽疾的治疗方案。某教授"我永远是一名值班医生"的话语,让她少睡了多少本该香甜的觉。在无数个深夜里,她赶到产房,经过她的努力和辛勤劳动,使难产的孕妇母子平安。另一位教授一句对下级大夫的嘱托"病人有情况,请随时叫我",使他不知失去了多少本该与家人共进晚餐和团聚的时间。为了一个农村孩子,方圻教授三天三夜没有回家,孩子得救了,他却连困带累倒在医院楼道的床垫子上睡着了……这些老协和人的榜样,激励着后来的协和人。

此医院从1990年开始,在全院员工中探讨医院精神。经过全院员工上下酝酿和讨论,召开了多次不同层次人员的座谈会,最后大家一致认定把"严谨、求精、勤奋、奉献"八个字作为"协和精神"。

1991年,医院建院70周年之际,召开了第一次"协和精神"研讨会。在会上,方圻等13位德高望重的老教授、老护士、老工人、老领导、老技术人员发言,分别讲述了他们对协和精神的认识,一位老院长在发言中讲到:"这家医院之所以能够紧跟时代的步伐并走在时代的前列,重要保障之一,就是医院有常抓不懈的'三基'和'三严'这个传统。所谓'三基'就是:基础理论、基

笔记

本知识、基本技能。'三严'就是：严肃的态度、严格的要求、严密的方法。医院之所以发展就是因为它的基本功过硬，基本功扎实。医院在各项工作中，严肃的态度、严格的要求、严密的方法闻名于世。如果丢掉了这些，也就不成其为今日的医院了"。通过这样的研讨，使广大员工对"医院精神"有了更加明确和深刻的认知。会后，医院将这些讲话进行整理编辑成书，发给全体员工，以后继续不断地发给新员工，让新来的员工更加了解和认同医院的精神。

为了继续弘扬"医院精神"，1991年以来先后多次开展关于医院文化的演讲比赛，通过广泛的群众活动，使几代医院员工对"医院精神"不断地再认识、不断得到强化，最终到达认知并落实到每个员工的行动上。

1996年，在医院建院75周年之际，江泽民总书记为医院题写了"严谨、求精、勤奋、奉献"八个精神，这更使全体医院员工受到巨大鼓舞和鞭策。他们将总书记的题词编印在纪念册中，发给每一名员工，还将八个字置于医院大门口，让员工每天都能看到。

要继承和发扬医院精神，就要不断在员工中进行灌输和强化教育。2002年医院又将体现医院精神的八个字以及服务理念印制成小卡片发给每个员工，包括在医院的研究生、实习生、进修生，要求大家把这个小卡片随身带在身上，使之随时鞭策员工的行动。医院还将体现医院精神的八个字非常醒目地在院内的两个大会场和员工食堂做成宣传墙。

经过10多年的不断灌输和教育，每一名员工都知晓医院精神、认同医院精神，医院精神是全体员工的行为准则。员工们在为追求医院精神而努力工作的同时，也感到了一份自豪和骄傲。就连到医院的病人都知道医院精神，他们在给医院的来信中也赞扬医院精神和医院员工。这就是使医院精神的继承和弘扬为医院文化建设注入了生命力。

——编自周凤鸣，田文军.医院管理学·医院文化分册.北京：人民卫生出版社，2011

组织文化（organizational culture）是组织的灵魂，是一个组织有别于其他组织的标示，是影响组织发展的重要因素。从20世纪80年代初开始，美国学者为了弄清日本经济腾飞的原因，开始了对美日企业之间管理特色的比较研究，最终认为日本企业之所以成功，是因为它们拥有独特的组织文化。于是，组织文化开始成为组织行为学研究的一个重要领域，越来越多的人认识到，一个企业或组织的经久不衰与优秀而强有力的组织文化密切相关，因此许多学者和企业家都投入到对组织文化的研究之中，并将研究成果转化为企业或组织发展的动力。

第一节 组织文化概述

一、组织文化的概念

为准确理解组织文化的概念，有必要首先阐明什么是文化。在中国最早把

"文"和"化"两个字联系在一起表述的是《易经》,"观乎天文,以察时变;观乎人文,以化天下。"意思是指圣人在考察人类社会的文明时,用诗书礼乐来教化天下,以建构修身齐家治国平天下的理论体系和制度,使社会变得文明而有序。在人文社会科学中,"文化"一词最为经典的定义是英国人类学家泰勒在《原始文化》一书中给出的界定:"文化是一个复杂的总体,包括知识、信仰、道德、法律、风俗以及作为社会一员所获得的一切能力与习惯。"任何一个社会在长期发展的过程中都会形成有别于其他社会的文化,置身于社会中的组织也无不受到所在社会文化的影响,在长期适应社会和组织内部协调的过程中,会逐渐形成为组织多数成员所认同的不同于其他组织的价值体系,即组织文化。组织文化广泛存在于企业、事业单位、政府部门或社会群众团体等各类组织中,只要有组织存在,就有组织文化的存在。

关于什么是组织文化,学界有着上百种不同的表述。

威廉·大内(W.G. Ouchi)在1981年提出:组织文化是基于组织内成员可沟通的价值观和信仰的一套符号、利益和神话。

霍夫斯蒂德(G. Hofstede)1980年提出,组织文化是心灵的集体行动方案。

迪尔和凯纳迪(T.E. Deal 和 A.A. Kennedy)在1982年提出组织文化是一套我们围绕做事的方法。

斯凯恩(E.H. Schein)1985年提出组织文化是特定组织在处理适应外部环境和内部整合过程中出现种种问题时所发明、发现或发展的一套基本假设模型。

墨赫特(G. Moorhead)在1995年提出组织文化是一套帮助组织内的员工理解什么行为是可被接受的、什么行为是不可被接受的价值观。

我国学者周三多在2010年提出组织文化是组织在长期的实践活动中所形成的并且为组织成员普遍认可和遵循的具有本组织特色的价值观、团体意识、工作作风、行为规范和思维方式的总和。

综上所述,组织文化有广义和狭义之分。广义的组织文化是指组织的物质文化、行为文化、制度文化、精神文化的总和;狭义的组织文化是指以组织价值观为核心的意识形态。为更加深入理解组织文化的概念,可从以下三方面把握这一概念的内涵:一是组织文化是存在于组织之中的一整套价值体系;二是这一价值体系是被组织中多数成员认同的;三是这种认同通过组织成员习惯化了的思维方式、行为方式、工作作风、团体意识以及组织内有形的人造文化标志物表现出来。

二、组织文化的特征

组织文化具有以下几个主要特征:

1. 独特性　不同国家从事同类生产活动的组织,都有其必须遵守的共同的客观要求,因而其组织文化必然有其共同的一面。而另一方面,由于民族文化和所处的环境以及组织发展的过程不同,其组织文化又必然有其不同于其他组织的个性的一面,据此我们才能区别德国的组织文化、日本的组织文化、中国的组织文化,等。同一国家内的不同组织,由于同一文化背景、同一国家制度和政策,

笔记

其组织文化也必然具有共同之处,这是共性的一面;但由于行业不同,组织的人员组成的差异,发展历程不一致,必然会形成不同于其他组织的文化内容,这就是组织文化的个性。所以,组织文化的特征之一就是共性与个性的统一,但个性是决定组织绩效更加重要的方面,只有个性鲜明的组织文化才会使组织充满活力和生机,才能使组织长盛不衰。

2. 稳定性 组织文化是一个组织在长期的生产实践过程中逐渐形成的,一旦形成便具有相对的稳定性,能够长期对组织员工行为产生影响,不会因为日常经营环境的细小变化或个别干部、员工的去留而发生变化。通常一个组织中精神文化要比物质文化具有更大的稳定性。

3. 无形性 组织文化是分层次的,精神层面的组织文化是无形的。如共同理想、价值观和行为准则往往以组织群体心理定势及氛围存在于组织成员的潜意识中,在这种组织文化影响下,组织成员会自觉地按组织的共同价值观念及行为准则去行事,这种作用过程是潜移默化的,甚至是无意识的,因此也是无法度量和计算的。正如迪尔和肯尼迪1982年所说:"定义中的组织文化是一种无形的、隐含的、不可捉摸而又理所当然(习以为常)的东西。但每个组织都有一套核心的假设、理念和隐含的规则来规范工作环境中的员工日常行为……除非组织的新成员学会按这些规则做事,否则他不会成为组织的一员。"

4. 软约束性 组织文化起作用主要不是靠领导的发号施令和硬性的规章制度发生的,而是依靠组织成员对组织的价值观念、行为准则发自内心的认同,从而自觉自愿地约束自己的行为。约束行为的动因来自对组织的认同和对失控行为的内疚、害羞、失落,而不是对失控行为的恐惧。所以组织文化的约束是软约束。

5. 层次性 组织文化是一个包括了价值观念、信念、思维模式、行为准则、传统习惯、器物文化等多方面的复杂的、多层次的有机整体,这些方面在组织文化这一有机整体中,处于不同层次、不同位置。

6. 群体性 组织文化是一种群体意识,是组织所有成员对共同目标、利益、价值观、行为准则的追求。它产生于群体、根植于群体、发展于群体,同时要求组织的所有成员都要信守。

7. 长期性 组织文化作为组织中多数成员信守的完整的价值体系,它的塑造绝非一日之功,因为组织成员之间个性千差万别,个人素养、社会背景各有千秋,必须经过长期的培育和指导,才能形成观念的统一。

8. 发展性 组织外部环境作为客观存在必然会随着物质世界的运动变化而变化,组织为适应外部环境的变化一定要与时俱进,适时改革现有的组织文化,重新设计和打造健康有力的组织文化,从而谋求组织的不断进步发展。

三、组织文化的结构

组织文化结构按可观察性和可变性由深到浅、由难变到易变分为四层结构(图15-1)。

1. 深层(观念层) 这是组织文化中最不明显和最难以变化的部分,是指组织的全体成员共同认同的关于现实和人性的信条,是组织成员潜在的意识形态,

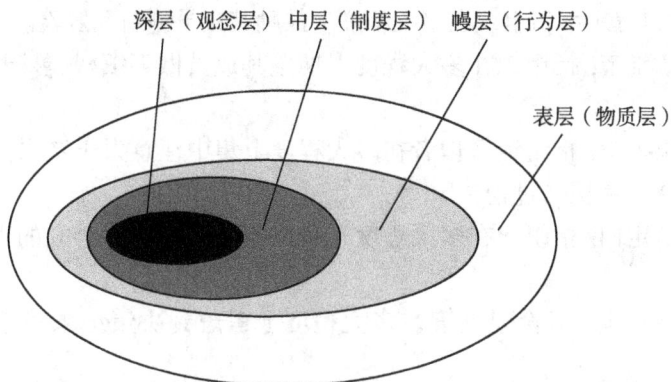

图15-1 组织文化层次结构示意图

是组织文化的核心和主体。如管理哲学、基本信念、核心价值观、道德观等,它体现在组织经营理念、指导思想、宗旨、方针、目标等方面,又称为组织精神,一旦形成便具有很大的稳定性。组织成员不一定时刻意识到它的存在,但它却无时无刻不在影响着成员的思想与行为。因此,组织文化有无精神层面的东西是衡量一个组织是否已经形成了自己独特组织文化的主要标志。

2. 中层(制度层) 这是组织文化中间层次,又称为组织文化的里层,是指组织通过制定一系列体现组织精神的制度,约束、规范组织成员的行为,是潜在于内的组织精神和形之于外的行为层和物质层的中介,是构成组织管理特色的重要影响因素。

3. 幔层(行为层) 是组织文化的浅层部分,看得见、摸得着,是组织成员在生产经营、公共关系活动、学习娱乐、人际交往中产生的文化活动。这些活动反映了组织的经营作风、精神风貌、人际交往模式等文化特征。如组织语言、个别组织成员的轶闻传奇记录、组织仪式与典礼等。

4. 表层(物质层) 是组织文化最浅表的部分,由组织成员创造的产品和各种物质设施等构成的器物文化。如组织建筑造型、外观和风格、内部的装饰布局、宣传标语、文化雕塑、产品包装、员工服饰等看得见、摸得着的有形物质存在。

四、组织文化的内容

一般说来,当我们试图描述一个组织的组织文化时,通常可以从以下五个方面进行。

1. 组织的宗旨 任何组织的存在,都是为了某种目标或追求,医院的宗旨是以病人为中心、救死扶伤、为民众的健康保驾护航;大学的宗旨是集人才培养、科学研究、服务社会为一体,为社会培养各类专门人才。由于组织宗旨的不同,反映出的组织文化也会有很大区别。

2. 共同的价值观 价值观就是人们评价事务重要性和优先次序的一套标准。组织文化中讲的价值观是指多数组织成员共同认可的价值观,它是组织文化的核心和基石,是组织成员共同的思想意识、信仰和日常行为的准则。罗宾斯认为,可以从以下七个方面描述这种共同的价值观:

笔记

（1）创新与冒险：指组织在多大程度上鼓励其成员创新和冒险。

（2）注意细节：指组织在多大程度上期望其成员做事缜密、善于分析、注意小节细节。

（3）结果定向：指组织管理者在多大程度上集中注意力于结果而不是强调实现这些结果的手段与过程。

（4）团队定向：指组织在多大程度上是以团队而不是以个人的工作来组织活动。

（5）人际定向：指管理决策在多大程度上考虑到决策结果对组织成员的影响。

（6）进取心：指组织内的成员具有多大程度的进取心和竞争精神。

（7）稳定性：组织活动在多大程度上强调维持现状而不是成长和发展。

以上每个观测层面都可以描述为从低到高的连续体。这七个方面的不同组合，就勾勒出了一个组织不同于其他组织的迥异的组织文化风格。

3. 传统习惯　组织成员在长期共同的工作过程中，逐渐形成了有别于其他组织成员的共同的工作作风、传统习惯和行为方式，从而构成组织文化的一个组成部分。

4. 规章制度　一个组织形成文化是从制度建设开始的。通过制度使组织成员领悟组织的宗旨，又通过制度使组织成员掌握组织的核心价值观，更是通过遵守制度的过程使组织成员逐渐形成良好的作风与习惯。所以我们说，组织的宗旨、共同的价值观、作风与传统习惯是组织文化中的"软件"，而行为规范与规章制度则是组织文化中的"硬件"，"软硬兼施"便构成了强有力的组织文化。

5. 物质载体　诸如组织标示、环境美化、建筑风格、组织色彩偏好、组织成员职业装束、产品包装以及纪念物等，这是组织文化硬件的另一个组成部分。

五、组织文化的作用

组织文化作为组织长期建设发展的产物，一旦形成反过来就会对组织产生积极的影响，这种影响具体体现在以下几个方面：

1. 分界线作用　因为组织文化的存在使组织具有了个性，就像我们每个人都有不同的性格一样，于是我们就能够轻易地把一组织同其他组织区分开来。如日本有"丰田汽车文化"，美国则有"通用汽车文化"；山东有海尔文化，黑龙江有大庆文化。这种典型的组织文化成为组织之间清晰的分界线。

2. 导向作用　组织文化的导向作用体现在对组织整体和组织成员的价值取向及行为方向具有引导的作用。组织文化作为组织成员共同的价值观，它是一种柔性的理智约束，通过组织共同价值观的潜移默化的渗透和内化，使组织自动生成一套自我调控机制，以一种适应性文化引导着组织的行为和活动。

3. 凝聚作用　组织倡导的价值观一旦被多数组织成员认同，就会像黏合剂一样把组织成员连接到一起，使他们成为一个整体，产生归属感，形成凝聚力，从而使其自觉自愿地参与组织活动，发挥各自潜能，为组织目标的实现做出自己的贡献。

4. 激励作用 组织文化实质上是组织全体成员共同创造的群体意识,其中寄托了组织成员的理想、愿望和要求,其个人的命运已经同组织的命运紧紧联系在一起,所以优秀的组织文化带给组织成员使命感、自豪感和神圣感,激发他们进发出巨大的工作热情。

5. 约束作用 优秀的组织文化通过构建共同的价值体系,形成统一的思想,使信念在组织成员内心深处形成一种定势,最终形成一种响应机制,只要外部诱导信号发生,就可以立即得到响应,并迅速转化为组织期待的约束性行为,实现行为的自我约束、自我控制。

6. 辐射作用 组织文化的辐射作用是指组织文化不仅对组织成员产生影响,同时还会通过各种渠道的传播和个人之间的认知互动,对社会产生影响。优秀的组织文化向公众彰显了组织的魅力,促进了社会对组织的认同,扩大了组织的社会影响。与此同时,它也可以成为优秀文化的典范,以点带面,推动社会文明的进步。

当已有的组织文化不能随着组织内外环境的变化与时俱进之时,可能对组织的发展产生消极的影响,成为组织变革、组织多样化以及组织合并与重组障碍。

第二节　组织文化建设

一、组织文化的研究

管理科学的发展经历了经验管理、科学管理和文化管理三个阶段。借助于组织文化的力量进行管理,是管理科学发展的新境界。然而,人们关注组织文化问题并加以系统研究还是近几十年的事情。

第二次世界大战之后,日本经济在战败后的不久迅速崛起,一跃成为世界第二经济强国,震惊了世界,让美国人感到强烈的威胁,于是引发了美国学者探讨日本企业成功原因的极大兴趣,由此掀开了组织文化研究的历史篇章。

(一)美日管理比较研究阶段

在20世纪70年代末和80年代初,美国先后两次派出了由几十位经济学家、管理学家、文化学家、心理学家组织的考察团前往日本考察调研,结果发现,日本企业成功制胜的秘诀并不在于科学、技术、物力、财力等方面,而在于其比美国更加先进的管理,在于其特有的组织文化。例如,美国人一般重视自我的价值,忽视集体的价值,认为自我是宇宙的中心,是可以依靠的力量。而日本人则相反,他们更重视集体的价值,认为自我是成长的障碍,而不是可以依靠的力量,因而要求个人的行为与集体活动相一致,并在企业活动中对员工的谦虚和自我克制给予很高的评价;美国的企业家恪守西方文化传统而误认为"企业可以任意要求员工作出脑力和体力贡献,但是却不能干涉员工的个人生活和基本信念"。而日本企业家总是尽心尽力地向员工宣讲、灌输企业的基本信念,使员工个人目标同化于企业目标,建立起全体员工共享的价值观。美国的高级管理人员虽然承认人都有经济、安全、社交、精神上的需要,但是认为企业的使命仅限于满足员工的

笔记

经济需要,而员工的其他需要满足是国家、教会、社会和家庭的责任。相反,日本高级管理人员则认为,关注员工生活的全部是一个企业义不容辞的责任,决不能把这份责任推给政府、教会和社会。这种以人为本的理念产生的效果是:日本企业的员工比美国企业的员工工作更加积极主动、对企业更加忠诚、更有奉献精神。美国企业主管的作风是:突出个人,强调领导权威,不断施加压力,坚持重奖严惩,崇尚强硬的管理、强硬的语言、强硬的行动。而日本高管的作风是:事必躬亲,深入基层,推心置腹,敬谢员工,赏罚适度,创造和谐,崇尚同情体谅的作风、有礼貌温和的语言,处处以赢得人心为最高准则。美国管理者只偏爱清楚、确定、完善,因此在处理矛盾时显得生硬、缺乏艺术。而日本管理者很善于在清楚与含糊、确定与待定、完善与粗略之间求得平衡与统一,显得恰到好处,分寸得当,很有艺术性。通过这种对比研究,产生了一系列从企业文化角度探讨企业管理的著作,如《Z理论——美国企业界怎样迎接日本的挑战》《日本企业的管理艺术》《日本名列第一》《未来的组织》等,于是在美国掀起了研究企业文化管理理论的浪潮。

(二)公司文化研究阶段

此阶段(1982—1984)在美国组织文化发展史上具有划时代意义,它结束了美国人对日本模式的盲目崇拜,确立了组织文化建设的基本原则,系统总结了美国卓越公司成功经营的秘诀,提出用以人为本、富有情感色彩的管理模式取代传统的纯理性的管理模式,从而引发了管理思想上一场深刻革命,并迅速在全球范围内传播,形成了当今世界最为强大的管理思潮。这一阶段的代表作有:《公司文化》《寻找优势》《寻找管理优势》《赢得优势》《创造优势》《美国组织精神》以及《公司文化的管理》等。

(三)组织文化研究阶段

1985年出版的《组织文化与领导》(Edgar H. Schein)一书,标志着美国组织文化研究最终突破了经验的羁绊,进入到真正的理论研究阶段。在此阶段,越来越多的学者加入到组织文化研究行列,一支以学者为主的广泛的组织文化理论研究队伍整体形成,对企业文化现象分析和研究上升到更高的学术层面,将文化管理的影响从企业组织扩展到企业以外的其他领域的组织,逻辑性更加严密,学术色彩更浓,使组织文化真正成为一种系统的理论。

20世纪80年代,组织文化理论传入我国。由于中国的企业事业单位具有重视思想政治工作的良好传统,而组织文化理论有助于丰富思想政治工作内容,提高思想政治工作的科学性、实效性,因此逐渐受到中国管理者的重视,并尝试用先进的组织文化推动本单位事业又好又快地发展,因此形形色色的企业文化、医院文化、校园文化等组织文化的研究应运而生,高校和一些研究机构也开始有了专门研究组织文化的学者,但是应用的实效性、理论研究的系统性和深刻性距国外发达国家还有很大差距。

二、组织文化建设的原则与影响因素

(一)组织文化建设的原则

优秀组织文化的建设与形成是一个长期而艰巨的过程,建设过程中有一些

笔记

必须遵循的原则,由此才能收到事半功倍的效果。

1. 目标原则　组织是因为特定的目标而存在的,作为组织内部起着推动组织发展作用的组织文化必须明确反映组织的目标和宗旨,通过目标的导向作用使组织成员的目标与组织的目标高度一致,形成组织成员与组织同呼吸共命运的责任感和使命感,从而使优秀的组织文化成为推动组织进步发展的动力。

2. 价值原则　在创建组织文化的过程中,要选择那些既能符合组织的要求,同时又能反映组织成员个人的需求,既能促进组织进步发展,同时又有助于组织成员个人成长,有利于个人与组织形成共同价值观的内容,作为组织文化建设的素材。

3. 创新原则　创新、创业、追求卓越是一个组织发展不竭的动力,领导者必须通过建设民主、自由、参与、倡导求异的组织文化,为组织成员创新、创业营造良好的氛围,从而使组织在不断创新过程中立于不败之地。

4. 激励原则　优秀的组织文化应该是鼓励先进鞭挞落后的文化,使先进者感到自豪,后进者感到压力甚至无地自容,从而激励组织成员为实现组织目标和自我价值而不懈奋斗。

5. 人本原则　优秀的组织文化除了给人以压力、催人奋进以外,还要使组织成员感到温暖、亲切、和谐、被信任和尊重,让他们产生归属感,视组织为自己的家。

6. 特色原则　管理是相通的,因此不同组织的组织文化一定会有共性的一面,但是,每一个组织都应该根据自己所处的社会环境、组织行业特征、组织目标、组织成员组成等因素,打造人无我有、特色鲜明的组织文化,从而强化组织成员的归属感、使命感、自豪感,彰显组织形象,更好地发挥组织文化的作用。

7. 稳定与发展相结合原则　一个组织的优秀文化是这个组织长期建设发展的结果,是其组织成员集体智慧的结晶,一旦形成应该保持其一定的稳定性和连续性,否则很难发挥组织文化应有的作用。但是,当组织内外环境发生巨大变化,原有的组织文化已经开始成为组织发展的障碍时,就要对原有的组织文化进行相应的改革完善。所以,组织文化的建设也要遵循稳定与发展相结合的原则,在谋求发展中保持相对稳定,在稳定中不忘与时俱进。

(二)组织文化建设的影响因素

组织文化的形成发展受着诸多因素的影响,了解这些因素的影响是创建优秀组织文化的前提。

1. 民族文化因素　作为组织文化的建设者和践行者的组织成员,他们同时也是一定民族文化背景下的社会成员,在他们的人格中无不打上民族文化的烙印,他们是带着这种烙印创建组织或走进组织的,所以任何一个组织的文化,都不可能摆脱民族文化的影响。

2. 制度文化因素　不同国家或者一个国家在不同的历史发展时期,它的基本的政治制度、经济制度各不相同,这种制度文化因素会造成不同国家同一行业或同一组织在同一国家不同社会制度下,其组织文化会有很大差别。

3. 外来文化因素　经济全球化、一体化已经成为当代经济发展的基本特征,任何一个组织都需要不断与其他组织互动交流,在互动过程中学习其他组织的

笔记

先进的管理经验,引进先进的文化,从而谋求自身的发展。广义的外来文化是指一个组织从其他国家、其他民族、其他地区、其他行业以及其他组织中引进的文化,由于这种外来文化的融入,使原来的组织文化得到完善、丰富和发展。

4. 组织传统因素 组织文化的更新发展总是在原有的组织传统基础上,经过对其进行去粗取精、去伪存真过程实现的。从某种意义上讲,组织文化形成的过程就是组织传统发育的过程,在组织传统形成的历史发展过程中,特别是组织初创者倡导的价值观、经营理念和行为方式,对组织最终形成独具特色的习俗与习惯产生重大影响。

5. 个人文化因素 由于组织文化是组织成员在长期的组织活动过程中养成并共同遵守的最高目标、价值标准、基本信念和行为规范,因此组织成员的思想道德素质、文化素质、专业素质、社会阅历以及社会背景都会影响到组织文化。在组织成员中,以组织创始人和高层管理者对组织文化的影响最大。

组织创始人的价值观、个性特点、经营哲学、领导方式等对组织文化的形成起着举足轻重的作用。创始人的品质、人格特征决定着组织的基本类型与特点。一个组织是创新还是保守,是鼓励竞争还是更强调合作,是采取集权制还是分权制,这些都与创始人的个人特点密切相关。创始人可谓组织文化的奠基者。

高层管理者在组织中是联系组织与基层组织成员的桥梁与纽带。一方面,高层管理者通过管理过程规范每一个组织成员的行为;另一方面,组织成员透过高层管理者的管理风格和行为方式更加深入领会本组织的文化内涵。所以说,高层管理者的价值观、工作作风在很大程度上贯穿于整个组织,对组织文化的形成具有很大影响。

6. 行业文化因素 在不同的行业中,由于行业性质的不同,决定了工作内容、工作方式、工作着重点、社会关注点、劳动力结构等方面的差异,从而造成不同行业的组织对组织的价值观、道德理念、行为规范等方面有着自己独特的选择,从而对组织文化产生影响。例如医疗行业强调的是以病人为中心,病人的利益高于一切,救死扶伤,实行革命的人道主义,全心全意为病人服务;教育行业强调的是以学生为中心,以促进学生的全面发展为己任,教书育人,一切为了学生,为了学生的一切。由此可见,由于行业不同,其组织文化也有很大差别。

7. 地域文化因素 由于各地区的地理特点、历史背景、生产力水平、文化教育、风土人情的不同,就形成了带有明显地域特征的文化,这种地域性的特色文化构成了组织外环境的一个重要组成部分,它通过组织成员以及组织与本地其他组织的交流,对组织文化产生潜移默化的影响。例如,在中国,东北地区具有粗犷、豪放和关系导向的地域文化;而江浙沪一带具有细腻、谨慎、精于心计和规则导向的地域文化。

三、组织文化设计

一个组织创立之初或现有的组织文化已经不适合组织内外环境而需要更新之时,便涉及组织文化设计问题,即在对现实组织文化客观评价的基础上,确定本组织的目标组织文化。所谓目标组织文化,就是领导者正式提出并在组织全体成员中倡导的群体价值观和行为规范。科学的组织文化设计需要充分考虑组织建设的原则和影响因素,凝练目标组织文化,做好组织形象设计。

(一)凝练目标组织文化

在进行组织文化设计之前,领导者首先要对现有的组织文化进行客观评价:本组织现实存在的微观文化,哪些是适应组织内外环境的,有利于组织发展的;哪些是不适应组织内外环境,不利于组织发展的。确定目标组织文化时,一方面应吸取现实组织文化中的积极部分,同时借鉴国内外先进组织的长处;另一方面要充分考虑目标组织文化的可行性和现实性,同时兼顾目标组织文化的发展性和前瞻性,目标组织文化一定要源于现实同时要高于现实。目标组织文化的凝练一定要由组织的主要负责人牵头,领导与群众结合,要自上而下和自下而上地反复讨论,期间要做好以下三方面的工作:①对组织过去的经验总结;②对组织目前文化的确认;③对组织未来文化的展望。目标组织文化的设计一定要注意塑造:①以人为本的组织价值观;②参与、协作、奉献的组织精神;③以市场为导向的经营哲学;④以激励为主的制度管理原则;⑤管理制度可持续发展的原则;⑥组织结构有序、协调、高效、创新的原则。

(二)组织形象设计

组织文化是组织客观存在的微观文化,组织形象是它在传媒上的映像,是组织文化形之于外的表现,是外界了解组织、认识组织的基本途径。所以,组织文化设计一定要重视组织形象的设计。目前组织形象设计采用最多的方法是企业识别系统(corporation image system, CIS),它包括以下三个层面:

1. 理念识别(MI) 它包括企业目标、企业哲学、企业宗旨、企业精神、企业道德等,相当于组织文化结构中的观念层,是组织形象设计中最重要的一环。以人的形象塑造为例:仪表美、语言美、行为美、心灵美构成了人的完美形象,其中心灵美是最重要的层面,是树根,语言美、行为美是树干,而仪表美是树叶和花朵,只有根深才能叶茂,只有心灵美才是真的美。同理,一个企业只有拥有先进的理念,才可能成为优秀的企业。如何才能让外界知道企业拥有先进的理念,这是企业形象设计者必须首要关注的问题。

2. 行为识别(BI) 如对内的组织管理、人员培训、礼仪风尚、工作环境与工作气氛等;对外的包括市场信息、产品推广、服务态度、公关活动等,相当于组织文化结构中的行为层。如何才能让外界通过对组织成员行为的考量认识组织的优秀品质,这是企业形象设计者又一个切入点。

3. 视觉识别(VI) 包括名称标示、标准字、标准色、精神标语、产品包装、招牌与旗帜、办公用品、衣着服饰、建筑风格、厂容厂貌、纪念品、广告等,相当于组织文化结构中的器物层部分。如何让外界通过看得见、摸得着的组织的外在物化标示,透视出组织的优秀品质,这是企业形象设计者关注的第三方面。在视觉识别的设计过程中应当遵循以下四个原则:①遵循品质文化的规范;②遵循知识经济的规律;③遵循技术审美的原则;④遵循顾客愉悦的原则。

在组织形象塑造的过程中,只有坚持由浅入深,由表及里,从视觉识别入手,并及时转向行为识别和理念识别的策划和培育,使视觉识别、行为识别、理念识

笔记

别形成有机整体,才能全方位地持久地树立起组织的良好形象。

四、组织文化的培育

任何一个优秀的组织文化都不是凭空产生的,它都是组织领导者通过长期主动地培育形成的。

(一)组织文化的创建

组织文化的创建大体有如下五个阶段:

1. 对更新必要性的判断 组织领导者意识到当前的组织文化已经无法适应组织内外环境的变化,急需建立一种新的组织文化取而代之,由此,组织文化的创建便开始了。

2. 新价值观的提出 组织领导者要认真调查研究,组织员工反复论证,与员工达成共识,形成具有可行性和前瞻性的共同的组织价值观。

3. 视觉识别物的设计 通过设计组织文化视觉识别物,将组织新的价值观向组织内外传播。

4. 制度的修订或建立 推行新的组织价值观必须有相应的制度保障,因此要对原来的制度进行必要的完善,甚至要制定出台新的规章制度。通过组织制度的制定引导、约束组织成员的行为,使其向着符合新的组织价值观的方向发展。

5. 观念与行为的变化 经过上述四个阶段的努力,如果组织成员的观念和行为发生了相应的变化,形成了新的组织习惯与组织个性,我们便可以说新的组织文化元素形成了。

我们可以这样概括组织文化创建的上述过程: 组织领导构建组织的基本价值观、基本理念、行为准则,把它通过一定的方式传播出去,为组织成员所接受,然后贯穿到组织制度和组织运行过程中,最终体现在组织成员的观念与行为上,形成新的组织文化。其实在真实的组织情境中,新的组织文化形成远非这样简单,它是一个极其漫长的过程。

(二)组织文化的维系与强化

组织文化一旦建立,组织的每一项管理措施都可能与组织文化的维系与强化有关,在此我们只选择四个主要的影响因素加以介绍。

1. 人员选用 组织在招聘组织成员时,不仅要考察应聘者完成工作所需的知识、理论、技能,同时还要考察他们的价值观是否与组织的价值观一致。在知识、理论、技能水平相近的前提下,那些与组织持有相同价值观的人更容易被录取,因为这样的员工容易与组织形成恰当的匹配,从而有利于工作效率的提高。这样,通过对将要进入组织新成员的选用,组织就可以筛掉那些可能对组织核心价值观构成威胁的人员,从而维系和强化组织文化。

2. 高层管理者 高层管理者是组织与组织成员联系的纽带和桥梁,他们价值观念和行为作风很大程度上贯穿于整个组织,其言行的表率作用,以及他们在坚持组织价值观中所表现出来的勇气、决心和自我牺牲的精神,能够更加坚定组织成员对组织文化的信仰。正如美国学者彼得斯(Peters)和沃特曼(Waterman)

笔记

在《追求卓越》一书中指出：出色公司的价值是由最高层的经理们以分分秒秒、年复一年的行动表现出来的，而且在全公司上上下下被透彻了解并深入全体人员心中的东西。

3. 培训 无论选拔录用工作做得多么好，也不可能保证所有的新成员都能完全认同和适应组织文化的要求，因此，必须对其进行系统的培训。首先要通过培训使新成员明白如何去做、怎样去做才能做好某项工作，从而使其从技术的层面认识到在组织中哪些是正确的生活和工作方式。另外要进行洞察力的培训，让新成员明白为什么要以某种方式完成某项工作任务，从而使其对组织内的行为准则有更加明确的理性认识。通过这样的培训，使新的组织成员尽快调整自己原有价值取向，使其与组织价值观趋同。

4. 强化 对组织来说，组织成员的行为无外乎两种：一种是组织期望的行为，如热爱集体、团结合作、服从指挥、勤奋工作等组织文化倡导的行为；另一种是组织反对的行为，如散漫、自私、缺乏团队精神、不服从领导等组织文化反对的行为。所谓的强化就是对符合组织文化的行为进行鼓励表彰，对不符合组织文化的行为予以批评惩罚，使组织成员加深对组织内行为准则的认识，从而起到强化组织文化的作用。

（三）组织文化的传承

在实际组织运行过程中，组织文化会以多种形式传承给组织成员，但最常见的传承形式有故事、仪式、物质象征和语言。

1. 故事 在许多组织中都流传着各种各样的反映组织文化的故事。例如，组织创始者或其接任者如何创业、创新、勤奋、勤俭、执着，使组织从小到大、从弱到强。这些故事就像神话、英雄传说一样在组织中流传下来，其中隐含着组织的价值观、经营理念、行为准则。领导者通过让这些故事的广泛流传，引导其组织成员认同组织的价值观，为实现组织目标而努力工作。

知识链接

在中国海尔集团公司流传着这样一个故事：1985年，张瑞敏刚到海尔（时称青岛电冰箱总厂）主持工作。一天，一位朋友要买一台冰箱，结果挑了很多台都有毛病，最后勉强拉走一台。朋友走后，张瑞敏派人把库房里的400多台全部拿出来检查一遍，发现共有76台存在这样或那样的质量问题。张瑞敏把职工叫到车间，问大家怎么办？多数人提出，也不影响使用，便宜点处理给职工算了。当时一台冰箱的价格是800多元，相当于一名职工两年的收入。张瑞敏说："我要是允许把这76台冰箱卖了，就等于允许你们明天再生产760台这样的冰箱。"他宣布，这些冰箱全部砸掉，谁干的谁来砸，并抢起大锤亲自砸了第一锤！很多职工砸冰箱时都流下了眼泪。然后，张瑞敏告诉大家——有缺陷的产品就是废品。三年后，海尔人捧回了我国冰箱行业的第一块国家质量奖。海尔人就是通过这样的故事向职工灌输质量是企业生命线的意识。

笔记

2. 仪式 仪式是组织定期举行的隆重的组织活动,目的在于显示组织最重要的价值观、最重要的目标、最重要的人物和最值得投入的事业。例如,学校每年的开学典礼、毕业典礼,医学院校每年的医学生誓言宣誓仪式,医院每年的护士节庆典,企业的年度命名表彰大会,市长的就职仪式等。

3. 物质表征 表征是指用一个具体的实际物品象征某种意义。如组织的旗帜、徽标、图式、建筑造型、办公用品、办公环境设计、管理人员的衣着等,都能起到表征作用,它们告诉组织成员:组织经营理念与管理风格是什么、谁是重要的人物、组织内平等的程度以及恰当行为方式是什么等。例如,销售额位居全美第一的沃玛特连锁公司的总裁瓦尔顿住在阿肯色州农村的一座朴实无华的住宅里,每天开着客货两用小卡车上班,他的办公室只用三合板做了简单装修。但公司的销售额在20世纪90年代初已经达到400亿美元。如此这般,体现了公司重视高质量、低成本的企业经营理念。

4. 语言 许多组织在长期的发展过程中,都形成了本组织特有的语言表达方式。例如组织常常会设计出独具特色的术语来描述主管、供应商、顾客、设备、产品等。通过这种特殊语言的学习,组织成员在证明他们在努力地接受这种文化,并且愿意维护它的存在。一般来说,新员工最初会对这些术语困惑不已,经过6个月的工作之后,这些内容将完全成为他们语言中的一个部分,使他们成为特定组织文化中的一个成员。

知识链接

2000年,联想集团新官上任的杨元庆胸前多了一个小标牌,上面写了5个字——"请叫我元庆"。从此以后,杨元庆绝对禁止联想的员工称他"杨总",而是叫他元庆。这项由人力资源部发起的"请叫我元庆"的活动,正是杨元庆针对联想组织内部缺乏沟通协作的情形,将亲情成分引入联想文化,试图以此建立一种信任和协作的文化。

五、组织文化建设的心理机制

组织文化建设的过程就是让组织成员接受组织价值观、道德观、行为准则的过程,其实也是改变一个人原有的态度和行为方式,建立新的态度与行为方式的过程,在此过程中必须遵循和有效利用心理学的规律,才能收到事半功倍的效果。

(一)正确运用心理定势

心理定势是指前面的一个比较强烈的心理活动,依据自身的惯性,对于继之而来的心理活动反应内容和反应趋势产生影响的过程。

组织文化建设的基本措施就是及时地对新组织成员进行培训。在此过程中,心理定势的作用显得尤为突出。作为组织的新成员,报到伊始,他们的头脑中还是一片空白。这时要对他们进行及时培训,通过培训不仅要把技术要求传授给他们,更要把组织的经营哲学、战略目标、价值观念、行为准则、道德规范、经验教训以及优良传统告诉他们,并通过认真讨论、总结、实践,加深对培训内容的理

笔记

解,入心入脑。如此,组织的新成员从加盟组织之初,就对组织文化形成强烈的心理定势,从而对其今后行为产生导向和约束作用。

在一个企事业单位转型改造过程中,相应地要更新和改造原有的组织文化,这就要着力打破原有的心理定势,建立新的心理定势。事实证明,组织价值观的改变绝非易事,它需要组织领导率先垂范、带头转变观念,然后组织员工通过参观、学习、培训等多种途径,使其理解和掌握新的价值体系,形成新的心理定势。

(二)恰当应用行为强化

强化(reinforcement)是指运用某种手段,通过一定的肯定或否定(奖励或惩罚),使得某种行为得到重复或制止,使某种心理品质变得更加牢固的过程。这种心理机制运用到组织文化建设上,就是及时表扬或奖励与组织文化一致的思想观念与行为,批评或惩罚与组织文化相违背的思想观念与行为,借助于外力促使组织成员趋同并且最终认同组织的价值观、道德观和行为准则。利用强化心理机制开展组织文化建设时,要坚持及时强化的原则和少批评、多表扬的原则。

(三)合理利用从众心理

从众(conformity)是指在群体压力作用下放弃个人意见而与大家保持一致的社会心理行为。个体从众的前提是实际存在或想象存在来自所在群体的压力,它不同于行政压力,不具有直接的强制性和威胁性。

在组织文化建设过程中,组织领导者应善于运用一切舆论工具,大力宣传本组织的文化,同时发挥管理者和英雄模范人物的带头作用,形成潮流和声势,巧妙地利用从众心理,促成全体员工在行动上与组织保持一致。一旦这种步调一致的局面初步形成,对个别后进的组织成员就构成群体压力,促使他们改变初衷,与大多数组织成员一致起来。这就实现了组织文化建设所需要的舆论和行动的良性循坏。

对于组织中局部存在的不正之风、不良风气、不正确舆论,则应采取措施,教育组织成员分清是非,防止消极从众行为发生。

(四)培养认同心理

认同(identity)是指个体将自己和另一个对象视为等同,引为同类,从而产生一体化的感觉。初步的认同发生在认知层次上,较深的认同进入情绪认同的层面上,完全的认同则是认知、情绪、行为的统一。个体对他人、群体、组织的认同,使个体与这些对象融为一体,休戚与共。

为了建设优良的组织文化,组织领导者必须把取得全体组织成员的认同当做首要任务。这就要求组织领导者要办事公正,作风正派,严于律己,宽以待人,真诚坦率,关心员工,富有民主精神,成为员工靠得住、信得过的"主心骨和当家人"。员工一旦对组织领导者产生认同感,他们就会心甘情愿地把领导倡导的价值观念、行为规范,当做自己的价值观念和行为规范,从而形成领导所期望的组织文化。

除此之外,还应着重培养员工对组织的认同感。为此,组织领导者应该充分尊重员工的人格和权益,同时,应尽最大努力使组织目标与个人目标协调一致,使员工深刻地认识到,个人的利益同组织的利益是一致的。长此以往,全体员工

笔记

就会逐步树立起与组织共命运的主人翁、责任感。

对组织认同感的最高表现形式是对组织的光荣感和自豪感。员工因为自己是组织的一员而感到无比的骄傲和自豪。例如,一个医院为培养这些积极情感,可能会开展撰写院史,设计院标,创作院歌,制作院徽、院服、院旗等活动,并且及时把社会对医院的良好评价反馈给员工。对组织充满光荣感和自豪感的员工,必定对组织满怀热爱之情,总是站在有利于组织发展的角度思考和行事,自觉地维护组织业已形成的好传统、好作风,使优秀的组织文化不断发展和完善。

(五)激发模仿心理

模仿(imitation)是指个人因为榜样的行为而出现按照与榜样行为相似的行为方式行动的倾向,它是现实生活中常见的人际互动现象。

组织中的模范人物、英雄人物是组织文化人格化的代表,全体员工对他们从钦佩、尊敬、爱戴到模仿,也就是对组织文化的认同实践的过程。

组织领导者首先应该成为员工模仿的对象。身教胜过言教,作为组织文化的倡导者,其一言一行都起着榜样和暗示作用。

组织领导者不仅要以身作则,还要通过大力表彰先进模范,树立典型,使他们的先进事迹深入人心,从而在全体员工中激发模仿心理机制,掀起赶学先进的热潮,从而达到建设组织文化的目的。但是树立的典型一定要名副其实,应该是能经得起推敲、立得住的真典型。

(六)化解挫折心理

在组织的各项活动中,组织成员之间、管理人员与组织成员之间以及管理人员之间,总难免会遇到这样或那样的矛盾;在实现组织目标过程里以及家庭生活中也总会遇到一些困难和挫折。这些负性情绪带到工作中,必然影响组织绩效,破坏组织和谐。所以,如何及时发现员工的情绪问题,及时化解挫折心理,也是组织文化建设的重要内容。发达国家的大型企业都设有专门的员工辅导机构,有完整而行之有效的员工心理问题干预机制。在我国的大型企业中,员工的心理卫生问题和心理辅导也开始得到重视。

第三节　学习型组织

一、学习型组织的概念

随着经济全球化、信息时代、生物科技时代、知识经济时代的到来,我们生活的世界将会更加复杂、节奏会更快、文化将会更加多样化。这就意味着组织和组织领导者必须成为永远的学习者。透视管理的过程就会发现,组织总是处在成长、发展和变革之中。组织的进步成长是一个不断创新的过程,而创新就离不开学习。例如,开发新产品,引进新技术,改造组织结构,打造新型的组织文化,都需要组织引进新理念、新知识,都需要通过学习来实现。如果说,员工的学习能力关系到员工个人的前途,而组织的学习能力则关系到组织的生死存亡。所以,组织领导者的责任就是要把自己领导的组织建设成为学习型的组织。

笔记

所谓学习型组织(learning organization)是指善于创造、获取及传递知识,并能修正其行为以获得新知识和见解的组织。学习型组织的内涵主要包括以下五个方面:

1. 团结、协调、和谐的氛围　团结、协调、和谐是一个组织开展好包括学习活动在内的一切活动的前提。从这个意义上说,组织领导班子的团结,组织上下协调以及群体环境的民主、和谐是建构学习型组织的基础。

2. 建立完善的"自我学习机制"　一是工作学习化,即把工作的过程看成是学习的过程,工作跟学习是同步进行的;二是学习工作化,即上班不仅仅是工作,而是要把生产、工作、学习和研究有机地联系起来,使学习成为工作新的形式。

3. 学习、思考和创新　学习是团体学习、全员学习,思考是系统、非线性的思考,创新是观念、制度、方法及管理等多方面的更新。

4. 系统思考　只有站在系统的角度认识及其环境,才能避免陷入系统动力的漩涡里去。

5. 团队学习　团队是现代组织中学习的基本单位。在一般的组织中也会经常发生关于组织现状、前景的热烈辩论,但这算不上团队学习。团队学习依靠的是深度会谈,而不是辩论。深度会谈是一个团队的所有成员,谈出心中的假设而进入真正一起思考状态的能力。深度会谈的目的是一起思考,得出比个人思考更正确、更好的结论;而辩论是每个人都试图用自己的观点说服别人同意的过程。

二、学习型组织理论的产生及意义

(一)学习型组织理论的产生

等级权力控制是以等级为基础,以权力为特征,对上级负责的垂直型单向线性系统。它强调"制度+控制",使人"更勤奋地工作",以达到提高企业生产效率、增加利润的目的。权力控制型企业管理在工业经济时代前期发挥了有效作用。但在工业经济后期,尤其是进入信息时代、知识经济时代以后,这种管理模式越来越不能适应企业在科技迅速发展、市场瞬息万变的竞争中取胜的需要。企业家、经济学家和管理学家们都在探寻一种更有效的能顺应发展需要的管理模式,即另一类非等级权力控制型管理模式,学习型组织理论就是在这样一个大背景下产生的。

学习型组织最初的构想源于美国麻省理工大学佛瑞斯特教授。他是一位杰出的技术专家,是20世纪50年代早期世界第一部通用电脑"旋风"创制小组的领导者。他开创的系统动力学是提供研究人类动态性复杂的方法。所谓动态性复杂,就是将万事万物看成是动态的、不断变化的过程,仿佛是永不止息之流。1956年,佛瑞斯特以他在自动控制中学到的信息反馈原理研究通用电气公司的存货问题时有了惊人的发现,从此致力于研究企业内部各种信息与决策所形成的互动结构,究竟是如何通过影响各项组织活动,并回过头来影响决策本身的起伏变化的形态。佛瑞斯特既不做预测,也不单看趋势,而是深入地思考复杂变化背后的本质——整体动态运作的基本机制。1965年,他发表了一篇题为《企业的新设计》的论文,运用系统动力学原理,非常具体地构想出未来企业组织的理想

笔记

形态——层次扁平化、组织信息化、结构开放化,逐渐由从属关系转向为工作伙伴关系,不断学习,不断重新调整结构关系。这是关于学习型组织的最初构想。

彼得·圣吉(P. Seage)是学习型组织理论的奠基人。作为佛瑞斯特的学生,他一直致力于研究以系统动力学为基础的更理想的组织。1970年在斯坦福大学获航空及太空工程学士学位后,彼得·圣吉进入麻省理工大学斯隆管理学院攻读博士学位,师从佛瑞斯特,研究系统动力学与组织学习、创造理论、认知科学等融合,发展出一种全新的组织概念。他用了近十年的时间对数千家企业进行研究和案例分析,于1990年完成其代表作《第五项修炼——学习型组织的艺术与实务》。他指出现代企业所欠缺的就是系统思考的能力。它是一种整体动态的搭配能力,因为缺乏它而使得许多组织无法有效学习。之所以如此,正是因为现代组织分工、负责的方式将组织切割,而使人们的行动与其时空上相距较远。当不需要为自己的行动的结果负责时,人们就不会去修正其行为,也无法有效地学习。

《第五项修炼》提供了一套使传统企业转变成学习型企业的方法,使企业通过学习提升整体运作的"群体智力"和持续的创新能力,成为不断创造未来的组织,从而避免了企业"夭折"和"短寿"。该书一出版即在西方产生极大反响,彼得·圣吉也被誉为20世纪90年代的管理大师,并认为未来最成功的企业将是学习型企业。学习型组织的提出和一套完整的修炼方法的确立,实际上宣告整个管理学的范式在彼得·圣吉这里发生了转变。正是在这个意义上,不少学者认为,《第五项修炼》以及随后的《第五项修炼·实践篇》《变革之舞》的问世,标志着学习型组织理论框架的基本形成。彼得·圣吉认为,传统的企业组织转化为学习型的企业组织必须进行如下五项修炼:

(1)建立共同愿景(building shared vision):愿景就是组织内成员就组织的前景形成共同意愿。建立共同的愿景实际上是将个人的愿景整合为组织的愿景。目的是将组织成员凝聚在一起,激发他们追求卓越真诚奉献的热情,从而造就组织的强大生命力。

(2)团队学习(team learning):团队智慧应大于个人智慧的平均值,通过团队讨论作出正确的组织决策,透过集体思考和分析,找出个人弱点,强化团队向心力。

(3)改变心智模式(improve mental models):心智模式是指人们对周围世界如何运行的看法。组织的障碍,多来自于个人的旧思维,例如固执己见、本位主义,唯有透过团队学习,以及标杆学习,才能改变心智模式,有所创新。

(4)自我超越(personal mastery):自我超越是学习型组织的精神基础。组织活力来源于人,如果每个组织成员都能积极主动挑战自我、超越自我,这个组织就不难成为充满活力的组织。

(5)系统思考(system thinking):是五项修炼的核心,指透过资讯搜集,掌握事件的全貌,辩证综观全局,看清问题的本质,最终明晰因果关系。

(二)学习型组织理论的贡献与意义

学习型组织理论从全新的视角分析、评判了传统组织因专业化分工、过分的竞争、专注问题忽视创造(反应性)而造成的组织缺陷,在此基础上提出了一整套具有可操作性的建设学习型组织,提升组织学习能力的基本途径和方法。这对企业在面对知识经济时代的挑战,如何通过建设学习型企业组织,不断提升企业的活力,使企业可持续发展,具有重要的启发和借鉴。

学习型组织的提出不仅仅是解决企业生命力的问题,实际上还涉及了企业中人的生命活力问题。有学者指出,在学习型组织中,人们能够"充分发挥生命的潜能,创造超乎寻常的成就,从而由真正的学习体悟出工作的意义,追求心灵的成长与自我实现,并与世界产生一体感"。学习型组织理论强调组织要永不间断地学习。组织和个人只有在不断学习、实践、创造过程中,才能超越自我、持续发展。

三、学习型组织的特点

了解学习型组织的特点,是建设学习型组织的重要前提。一个理想的学习型组织具有以下基本特征:

1. 共同的愿景 组织的共同愿景,来源于员工个人的愿景而又高于个人的愿景。它是组织中所有员工愿景的景象,是他们的共同理想。它能使不同个性的人凝聚在一起,朝着组织共同的目标前进。

2. 目标的和谐性 为了在工作中达成组织的共同愿景,组织成员可以升华个人利益和牺牲部门利益而服务于组织的整体目标。组织为每个成员创造发展机会,且每个成员的发展机会与组织的整体目标协调一致。

3. 实验性 组织鼓励其成员冒险、实验,不断改进和完善正在进行的工作计划,运用实验或论证来检验创新的构想,最终将这些实验的成果与组织中其他人分享,并为组织的正确决策提供依据。

4. 有系统地解决问题 要求组织成员用科学方法解决问题,强调数据,而非假设,且需要用上简单的统计工具。

5. 善于不断学习 这是学习型组织的特征。所谓"善于不断学习",主要有七点含义:

(1)强调主动终身学习:整个组织具有浓厚的学习氛围、畅所欲言的组织环境,组织中每个成员都具有强烈学习的欲望和能力,均养成终身学习的习惯,在工作中不断学习。

(2)强调全员学习:即企业组织的决策层、管理层、操作层都要全心投入学习,尤其是经营管理决策层,他们是决定企业组织发展方向和命运的重要阶层,因而更需要学习。

(3)强调全过程学习:即学习必须贯彻于组织系统运行的整个过程之中。约翰·瑞定提出了一种被称为"第四种模型"的学习型组织理论。他认为,任何企业的运行都包括准备、计划、推行三个阶段,而学习型企业不应该是先学习然后进行准备、计划、推行,不要把学习和工作分割开,应强调边学习边准备、边学习边计划、边学习边推行。

(4)强调团队学习:即不但重视个人学习和个人智力的开发,更强调组织成员的合作学习和群体智力(组织智力)的开发。在学习型组织中,团队是最基本

笔记

的学习单位,团队本身应理解为彼此需要他人配合的一群人。组织的所有目标都是直接或间接地通过团队的努力来达到的。

(5)全面学习:组织中的成员不仅要掌握本岗位上的工作技能,而且要学习了解其他岗位工作技能。只有这样,工作才能顾全大局、相互协作、高效,做到组织精简。

(6)善于从经验中学习:组织高度重视及时反思和评估以往的成败,总结经验教训,并且让反思的结果迅速在组织内传播。

(7)善于从别人身上学习:组织善于从其他组织那里寻找和采纳好的构想,乐于参观考察其他优秀的组织,并从中获益。

6. 知识转移 组织内部人际和谐、信息交流高效通畅,形成组织成员之间快速分享知识的机制。

7. 自主管理 按照学习型组织理论,现在的企业管理方式有两类,一类是权力型的,一类是学习型的。权力型的基本管理模式是等级式的,一级级管下来,问题要一级级上报。这种方法的一个致命弱点就是任何问题都是权力大的人在做主,不利于调动员工的积极性和创造性。学习型组织强调要充分发挥员工的管理积极性,实行"自主管理"。自主管理是使组织成员能边工作边学习,使工作和学习紧密结合的方法。通过自主管理,可由组织成员自己发现工作中的问题,自己选择伙伴组成团队,自己选定改革进取的目标,自己进行现状调查,自己分析原因,自己制定对策,自己组织实施,自己检查效果,自己评定总结,人人参与管理,每个成员都有机会参与讨论组织政策制定与战略形成的过程。团队成员在"自主管理"的过程中,能形成共同愿景,能以开放求实的心态互相切磋,不断学习新知识,不断进行创新,从而增加组织快速应变、创造未来的能量。日韩企业几乎都实行自主管理,不定期地召开会议,气氛很活跃,领导们都坐在后面以示支持。一个聪明的领导不仅要让员工的"手"动起来,还要让他们的"脑"动起来,给他们以自主管理的机会,肯定他们的工作成果,让他们体会到人生价值,这样他们就乐于奉献,领导就成功了,企业也就成功了。当然,实行自主管理,必须拥有高素质的员工,这就需要学习。

8. 扁平式结构 传统的企业组织结构是金字塔式的垂直组织结构,上下级之间是决策输送和信息反馈的逆转传递,上情下达或下情上达都同样要经过中间的层层结构传递,这导致了诸如信息损耗大、传递成本高、传递速度慢等不良后果。另外,企业内部的不同职能部门,往往形成部门职员之间沟通与合作的障碍。这种严格定位、分级负责的模式在传统经济发展阶段由于行业发展的可预测性较强而比较有效。但面对变化多端的现代化市场则变得反应迟缓,缺乏灵活机动性。西方经济学者把传统企业组织模式的失效归因于传统企业组织里一贯的"边界"的存在,认为传统企业之所以存在边界,其原因在于按照需要把员工、业务流程及生产进行区分,使各要素各有专攻、各具特色,但是经济发展的现实是经济信息化和全球化根本改变了企业生存的内外环境,要求企业从内部到外部建立合作、协调、高效的机制,改变大规模生产观念为灵活生产,变分工和等级为合作,调动职工积极性,协调外部经营环境,这就是对企业边界改革的呼唤。

笔记

学习型组织结构是扁平的,即从最上面的决策层到最下面的操作层,中间相隔层次极少。它尽最大可能将决策权向组织结构的下层移动,让最下层单位拥有充分的自主权,并对产生的结果负责。例如:美国通用电器公司目前的管理层次已由9层减少为4层,只有这样的体制,才能保证上下级的不断沟通,下层才能直接体会到上层的决策思想和智慧的力量,上层也能亲自了解到下层的动态,吸取第一线的营养。只有这样,企业内部才能形成互相理解、互相学习、整体互动思考、协调合作的群体,才能产生巨大的、持久的创造力。

9. 无边界行为　无边界行为是通用电气公司第8任总裁杰克·韦尔奇提出的。他提倡员工之间、部门之间、地域之间广泛的相互学习,汲取新思想。他说"你从越多的人中获取智慧,那么你得到的智慧就越多,水准被提升得越高"。这种"无边界行为"的推广,使得通用公司将注意力集中在发现更好的方法和思想上,促使公司不断发展。为了真正达到"无边界"的理想状态,韦尔奇坚决执行减少管理层次的决定,加强公司硬件建设;大力提倡全球化思维;创立"听证会"制度。"听证会"制度不仅使普通员工参与公司的管理,而且为领导者和员工相互沟通、学习提供了平台,从而大大提高了工作效率。

无边界行为是企业组织结构的创新。无边界原理认为,企业组织就像生物有机体一样,存在各种隔膜使之具有外形或界定。虽然生物体的这些隔膜有足够的结构强度,但是并不妨血液、氧气、营养物质畅通无阻地穿过。得益于这一现象的启发,企业各部门、上下级之间虽然存在边界"隔膜",但信息、资源、构想及能量也应该能够快捷便利地穿过企业的"隔膜",就好像没有边界一样。虽然企业各部分的职能和界定仍旧存在,仍旧有"权大位高"的领导,有特殊专业技术的员工,有承上启下的中层管理者,但组织作为一个整体的功能,却可能已远远超过各个组成部分的功能。可以看出,无边界原理其实是以有边界为基础,并非对所有边界的否定,其目标在于让各种边界更易于渗透扩散,更利于各项工作在组织中顺利开展和完成。

10. 有头脑的领导　学习型组织需要有头脑的领导,他要理解学习型组织,并能够帮助其他人获得成功,其作用具体体现在如下三个方面。

(1)能够主动进行学习型组织的设计:领导者是设计师,第一要确立组织的目标和核心价值观,它将用来指导员工。第二是设计支持学习型组织的新政策、战略和结构,以促进有利于学习型组织形成的新行为。第三是设计有效的学习程序,以使组织学习科学高效。

(2)共同创造愿景:领导提出组织愿景并与组织成员达成共识,同时对实现愿景拥有强烈的使命感,并能自觉地接受愿景的召唤。

(3)仆人般的服务:学习型组织是由那些为他人和组织的愿景而奉献自己的领导建立的。领导必须将权力、观念、信息分给大家,他就像仆人一样为组织及其成员服务。

11. 组织高弹性　学习型组织适应能力强,能不断调整、更新或再造自我,以适应瞬息万变的环境。这是学习型组织建设的目的和结果。

学习型组织有着它不同凡响的作用和意义。它的真谛在于:学习型组织通

笔记

过保持学习的能力,及时铲除发展道路上的障碍,不断突破组织成长的极限,从而保持组织持续发展的动力。学习一方面是为了保证企业的生存,使企业组织具备不断改进的能力,提高企业组织的竞争力;另一方面学习更是为了实现个人与工作的真正融合,使人们在工作中活出生命的意义。

(崔光成)

本 章 小 结

本章内容小结如下:①全面系统地介绍了组织文化的概念、组织文化的特征、组织的文化结构、组织文化内容、组织文化的作用、组织文化建设的原则、组织文化建设影响因素、组文化设计、组织文化的创建、组织文化的传承和组织文化建设的心理机制。②强调了组织文化建设的重要意义和创建健康组织文化的基本方法。③简要介绍了学习型组织的概念、学习组织的基本特点,使读者进一步了解组织学方面的新知识。

【讨论思考题】

1.举例说明什么是组织文化。

2.组织文化有哪些特征?

3.组织文化的功能及其作用是什么?

4.如何创建组织文化?

5.举例说明什么是学习型组织。

6.结合案例15-1,谈谈创立和维护组织文化可采用哪些策略和方法。

笔记

组织行为测评

通过本章的学习,你应该能够:

掌握 组织行为测量的基本概念,相关理论。

熟悉 组织行为测评主要工具的功能、应用条件和适用范围,组织行为测评工具开发的原则和测评工具的局限性。

了解 现代组织行为测评发展趋势和新进展。

案例16-1

到底应该录取谁?

某医院骨外科需要招聘一名医学博士充实到临床工作。最后入围的候选人有两位,其中一位临床技能考核80分,团队合作能力考核76分,以往科研能力89分,总计245分;另一位临床技能考核70分,团队合作能力93分,以往科研能力考核85分,总计248分。现在评审专家之间开始了激烈的争议,分歧较大。有人认为既然早已确定了考核计分办法,就应该坚决执行,录取后面一位候选人;另外的专家则认为骨外科的临床工作有独特的专业要求,虽然团队合作能力很重要,但是两位候选人在业务能力方面的差距太大,应该录取前面一位候选人,虽然他的总成绩不如后者。

如果你是考核组组长,你认为最后应该如何综合考虑专家们的意见,最后形成一个聘用决议?为什么?你认为这次招聘考核的主要问题是什么?

每个人都有自己看待别人的一套经验,一般会把他人分成容易合作的/难于合作的、热情的/冷漠的、有责任心的/无责任心的、有创造力的/墨守成规的等类型,并以此预测这些人可能的行为。那么请问,你平时与人交往过程中,是依据什么来判断对方的行为特点,根据什么来预测对方可能的行为呢?

组织行为测评是指在现代人力资源管理工作中,对组织内部的成员进行心理和行为变量的测量与评价。这些测评一方面需要有好的测评工具,另一方面需要有经验的测评专家,二者有机结合,才能实现甄别、聘用、激励、管理等人力资源管理任务,确保员工有能力完成工作任务。本章主要包括心理测验的概念、心理测量的性质与分类、心理行为测验的编制及标准化,还介绍一些常用的能力测验、人格测验、组织行为测验、态度和价值观测验等内容。

笔记

第一节 心理与行为测验概述

一、心理与行为测验的概念

20世纪脑功能成像技术的广泛应用,进一步揭示了人脑功能在细胞及分子水平上的机制,也为人的宏观行为表现与细胞、分子的微观活动之间的关系作出了初步的解释。同时,社会心理学等研究人类宏观行为的学科也利用现代科学技术研究了个体之间相互影响的动力学机制,更好地阐述了人际关系的影响。这些进步,为组织行为学研究提供了大量的技术手段和方法。

美国心理学家桑代克(E.L. Thorndike)和测量学家麦柯尔(W.A. McCall)在几十年前曾先后提出:"凡是客观存在的事物都有其数量","凡是有数量的东西都可以测量"。对物理现象的测量由来已久,人类可以对物体的长度、重量、大小、温度、时间、空间、运动等各种物理现象作出越来越精确的测量,人们对物理测量的科学性早已认同。对于心理现象可测量性,也开始采用更加先进的技术手段来实现。

组织行为学比较关心的是组织内部,关心如何做好员工工作能力的测评、潜力的开发、工作绩效提升、人际关系改善、组织文化的建设等具体问题,这些都需要很好的心理测量工具作为基础。

所谓心理测量,就是根据一定的测评工具对人的心理属性进行量化测量,更精确地评价出被试的行为特征与人格特征,以期望能够比较好地预测被试的行为倾向。其原理是依据一定的心理学理论,使用一定的操作程序,给人的行为确定出一种数量化的价值。本质上来讲,心理测量(psychological measurement)是量化心理现象的一种过程,这种过程的实现需要科学的手段和方法,是用心理测验量化心理现象的一种过程。

例如记忆测验,它是对组织成员工作的基本记忆能力的测量,每一个工作岗位都要求以一定的记忆能力为基础开展工作,测量对于评估组织成员记忆能力有重要的价值。但是对于一个人的记忆力,我们无法直接测量,可以通过编制一系列能够反映个人记忆力好坏的题目,让当事人去完成,并根据标准的评分程序,对其完成题目的情况进行评价,从而间接地推断他的记忆力好坏。如果编制的题目序列和评分标准能够很好地区分出不同被测者的记忆能力,我们说这就构成了比较好的记忆测验。在这个过程中,可以反映记忆力的题目有很多,我们选择的一定是最有代表性的题目(行为样本),对贯穿于完成题目行为活动中的记忆力水平,依据完成题目的情况,进行间接推断。由此看来,记忆测验是通过一系列可以引发记忆活动的刺激,引发记忆活动,并通过对记忆活动外在行为的评估,间接推断个体内在记忆力水平的一种工具。记忆测量是心理学工作者使用记忆测验评估量化个体记忆水平的过程。

最早的心理测验可以追溯到1879年德国心理学家冯特(W. Wundt)建立世界上第一个心理实验室的工作,科学家们在那里主要开展人类感知觉的测验。英国心理学家高尔顿(F. Calton)在1884年建立了一个人类学测量室,测量了近1

万人的各种生理、心理特质,为对人的个别差异的研究积累了大量的资料,他的工作推动了心理测验的发展。高尔顿的另一个贡献是将统计学用于心理测量,这些工作对美国的心理学家卡特尔(J.M. Cattell)产生了很大的影响,他在1890年发表《心理测验程序》,首先使用了"心理测验"这个概念,并指出心理测验应该依靠统计学和实验室工作的成果。

1905年,法国心理学家比奈(A. Binet)和助手西蒙(T. Simon)受该国教育部门委托,为甄别入学儿童的智力,首先编制出了世界上第一个儿童智力量表,这就是著名的"比奈—西蒙量表",该量表很快流传到其他国家。1916年,美国斯坦福大学心理学家特尔曼(L.M. Terman)在该量表的基础上修订并发表了"斯坦福—比奈智力量表",并采用了"智商"这个概念,为衡量不同年龄受试者的智力水平建立了统一的尺度。

"比奈—西蒙量表"只是一种主试对被试进行的个别测验。在第一次世界大战期间,为了大批筛选入伍的应征者,科学家们又开发出了可以同时对许多人进行测量的"团体测验"。到了第二次世界大战时期,美国心理学家韦克斯勒(D. Wechsler)进一步提出了"离差智商"的概念,阐述了新的心理测验规则。他编制的成套智力测验和记忆测验至今还在国际上广为应用。

心理测验除了应用在智力评价方面,它还应用于人格、特殊能力测评等各个方面。20世纪20年代瑞士心理学家洛夏(H. Rorschach)研制出了测试人格的投射性测验——墨迹测验,20世纪30年代又出现了另一种投射性测验,即主题统觉测验和自陈式人格量表——《明尼苏达多相人格调查表》。迄今为止,世界上已有上千种心理测验应用于人类各种活动领域。

我国古代史书上很早就有关于评定人的个性、才能等心理品质的详细记载,也有过类似心理测验的活动,如曾用七巧板、九连环之类智力玩具测试人类的聪慧程度。在近代,也有心理学家对国外的智力测验进行过引进和修订,但并没有得到广泛应用。新中国成立后,由于种种原因,心理测验一直无人敢于问津。1979年后,我国恢复了心理测验工作,通过心理学界20余年的努力,国外许多心理测验已经被引入国内,并被应用于越来越多的工作领域,部分心理学工作者正在尝试着编制出更适用于中国人的心理测验。

二、信度与效度

心理活动是内在的,表现出来能够被观察到的绝大多数是行为或生理指标的变化。用这些间接指标来推测心理内在活动的过程中,容易失真。人们用信度和效度来评价一个测量工具的准确性。

(一)信度

信度即可靠性,是对测验分数测量误差的估计,它可以反映出测量工具得出的分值与被测对象实际情况的符合程度。从统计学的角度来看,它是评价误差(error variance)在测验分数总体方差中所占的比例。

一般用信度系数表示误差的大小,其取值范围为-1到+1之间,绝对值越接近于1,误差越小,越接近0,误差越大。

测验中产生误差的主要原因可以归纳为以下几个方面：

（1）内容抽样误差：在编制一个测验时，测量同一功能的测验条目有很多，不能全都使用，为了提高测量的效率，选择其中有代表性的条目来组成测验工具，这样就容易产生抽样误差。

（2）时间抽样误差：即使是同一个主试对同一个被试进行测量，由于时间的原因，也会产生误差。

（3）评分者误差：由于不同人所掌握的标准之间是有差别的，即使是同一份测验结果，不同人也会给出不同的评分而产生误差。

1. 信度的测量方法

（1）分半相关：将测量条目按照难易程度进行排列，对其可能存在的抽样误差进行评估的办法。通常是将排号为奇数的题目和排号为偶数的题目分别两组间的相关系数。

（2）重测相关：主要用来测量由于时间因素而导致的抽样误差的大小。

（3）α系数：这是由L.J. Cronbach提出来的信度计算方法，用来测量内容抽样误差和条目内容的异质性。

（4）评分者之间一致性检验：该指标用来测量由于不同评分者进行测量而产生的误差。

2. 常用的信度标准　判断一个测量工具的信度，主要根据信度值的大小。但是信度值达到多少才能保证测量工具的可靠，尚无一个公认的标准。从目前业内的相关研究来看，如果测量的对象是个体，条目的内部一致性一般在0.80或0.85以上；如果测量对象是团体，则在0.70或0.75以上。相对来说，人格测验的要求相对低一些，而智力测验则要高一些。一般的研究所使用的测量工具，都要求高于这个标准。

（二）效度

效度是指测量工具能够有效反映出被测量的内容。检验效度的指标主要包括内容关联效度、效标关联效度和结构关联效度三种。

1. 内容关联效度　评估测量的项目要能够涵盖代表样本的行为范围。例如要编制某一类别人群的人格测量量表，可以在一定的研究基础之上编制出该类人格特征的描述性条目，然后聘请专家对上述条目的恰当性进行评价和筛选。这样可以保证样本能够较为准确反映出所研究对象的特点。

2. 效标关联效度　效标关联效度用来检验测量工具是否能够准确反映被试在特定活动中的操作情况。可以用现实效度和预测效度进行测量。前者用来对当前状态的诊断，如某被试是否具有从事某种岗位工作的能力；而后者则用来测量未来状态，如某被试是否具有潜在的从事某项工作的能力。

3. 结构关联效度　结构关联效度是用来反映编制的测量工具达到设计要求的程度。可以通过同类测验比较、因素分析等方法进行检验。既可以与同类测量结果进行趋同效度的检验，也可以与功能不同的测量进行鉴别效度的检验。

4. 增强效度　某些测量与其他测量工具或方法联合使用时，会大大提高其测评的准确性。例如在选拔人才时，通过职业兴趣测量、职业能力测量以及其个人的学习成就、工作与科研业绩等相关资料联合使用,能提高判断的准确性。

三、认知测验

认知能力是组织成员适应组织生活,完成组织分配的角色要求的基本能力,包括智力能力、自我认知与社会关系认知、理解工作要求和应对压力与挑战的能力等。在人才的选拔和配置过程中,管理者必须考虑个体认知的水平和认知结构与工作岗位匹配的程度,这就要求管理者要具备认知测验方面的基本常识。

(一)韦克斯勒成人智力量表

韦克斯勒成人智力量表(Wechsler Adult Intelligence Scale,WAIS)是由美国心理学家韦克斯勒(D. Wechsler)在1955年编制而成,主要用于评估成人智力发展状况。该量表在国际上得到了广泛的认同,是测量成人智力的基本工具。心理学家龚耀先等人于1981年将该量表引入中国,修订后的韦克斯勒成人智力量表简称为WAIS-RC,适用于16岁以上的成年人,分为城市版和农村版两种。现将其介绍如下:

1. 量表的结构 韦克斯勒成人智力测验由言语分量表和操作分量表两部分组成,每个分量表分别由6个和5个分测验组成,详见表16-1。

表16-1 WAIS-RC的构成及各分测验所测量的主要内容

分量表	分测验	项目数	所测量的主要智力层面
言语量表	1. 知识	29	知识的广度
	2. 领悟	14	实际知识与理解能力
	3. 算术	14	计算与推理能力
	4. 相似	13	抽象与概括能力
	5. 数字广度	19	注意力与机械记忆能力
	6. 词汇	40	词汇及定义能力
操作量表	7. 数字符号	90	知觉与运动的速度
	8. 填图	21	视觉与理解能力
	9. 木块图图案	10	视觉与结构分析能力
	10. 图片排列	8	对情境的理解能力
	11. 图形拼凑	4	部分与整体的关系知觉

2. 测验的实施、评定及结果的分析 WAIS-RC量表属于个别测验,需在安静无干扰的环境中,由一个主试对一个被试进行测试,完成全部测试大致需要120分钟。测试结束后,要统计各分测验的原始分,然后将原始分转换成量表分。此时,各分量表之间已经具有了可比性,言语分量表下的各分测验量表分相加,得到言语分量表分;同理可以得到操作分量表分。两个分量表分相加,得到全量表分。最后由分量表分和全量表分换算出言语智商(VIQ)、操作智商(PIQ)和全量表智商(FIQ)。现在通过计算机技术,可以立即计算出测评结果。

韦克斯勒成人智力量表采用离差智商的计算方法,根据个人的智力测验分数与同龄正常人被测总体的平均分数相差多少个标准差来计算。其公式是:

笔记

$$IQ = 100+15(X-\overline{X})/S$$

式中: X为个人所得原始分, $\overline{X}$为团体的平均分数, S为团体的标准差。智商与智力等级之间的关系见表16-2。

表16-2　WAIS-RC智商的理论分级和所占百分等级

智商	智力分级	百分等级
130以上	极超常	2.2
120~129	超常	6.7
110~119	高于平常	16.1
90~109	平常	50.0
80~89	低于平常	16.1
70~79	边界	6.7
69以下	智力缺陷	2.2

根据分测验和分量表分的高低,可以分析出被测者的智力结构特点,根据全量表智商,可以了解到被测者总体智力发展水平。例如,如果某个被测者总的智商是120,言语智商是110,操作智商是125,说明这个人总的说来智力发展水平是超常的,但是相比之下,操作智商显得更加出色,从理论上讲,这被测者的动手能力相对来说优于语言能力,在医院的手术科室工作成功的可能性,要比在非手术科室工作成功的可能性更大一些。韦克斯勒成人智力测验在人才的选拔和安置中,有助于管理者作出更加正确的决策。

（二）瑞文推理测验

根据斯皮尔曼（C. Spearman）的智力二因素论,英国心理学家瑞文（J.C. Raven）于1938年创造了瑞文推理测验,这是非文字智力测验,原名为瑞文渐进图阵或瑞文推理测验。

该测验要求被测者根据隐藏在一系列抽象符号和图案中的规律,将某个图放入合适的位置中。瑞文测验分为两型,1938年型适用于8年级到成人的被试,1947年型,适用于5岁半到11岁的儿童。瑞文测验既可以团体施测,也可以个别实施,完成全部题目约需要45分钟的时间,因此方便、经济,测试效率高,适合于智力筛选。又由于该测验是由无意义图案构成的非文字测验,其测验结果较少受特殊文化知识背景的影响,因此广泛适用于不同年龄、职业、民族、文化背景的人。

瑞文测验自问世以来,由于它的重要理论意义和实用价值,许多国家对它都进行了修订,我国心理学家对上述版本也进行过不同形式的修订。

（三）专门用于管理领域的能力测验

除了普通的心理测评工具之外,在企事业单位的人力资源管理过程中,还经常使用专门的能力测验。

1. 奥蒂斯独立管理心理能力测验　主要用于智力水平及能力要求较低的工作岗位,对求职者进行初步筛选。例如生产流水线的操作工作等。可进行团体测试,测试所需要的时间较少。

2. 魏斯曼人事分类测验　该测验适用于较高级人才选拔时的筛选,其测验内容有数学和语言两个部分。例如选拔基层管理人员时经常使用该测验,类属于团体测验,一次测验约需要半小时左右。

(四)创造力测验

创造性活动是人类最重要的实践活动,没有创造就没有人类社会的进步。很多能力心理学家都把研究方向转向了对创造性活动能力的研究,他们不仅研究创造力的构成,而且还研究发现个体创造力的方法、手段,创造力测验就是这一研究领域出现的成果之一。在所有创造力测验中,影响最大的当数美国心理学家吉尔福特(J.P.Guilford)及其同事研制的南加利福尼亚大学测验。该测验虽然还达不到实际应用的水平,但是其测量创造力的思路,将对管理者通过必要的过程了解员工的创造力会有很大的启发。

吉尔福特认为,创造力的核心是发散思维的水平,测量了发散思维水平的高低,就等于测量到了个体的创造力。他在南加利福尼亚大学测验中提出了如下测量发散思维的方法:

1. 语词流畅性　迅速写出包含一个特定字母的词。例如,"O",答案可能有:LOAD,POT,OVER……

2. 思想流畅性　迅速列举出所有属于特定类别的事物。例如,"会燃烧的物体",答案可能有汽油、煤油、酒精……

3. 联想的流畅性　迅速列举出近义词。例如,"艰苦",答案可能有:困难、苦难、艰辛……

4. 表达流畅性　迅速写出每个词都以指定的字母开头的四词句子。例如,"K—U—Y—I",答案可能有:Keep up your interest,Kill useless yellow insects……

5. 多项用途　迅速列出物体通常用途之外的所有可能的用途。例如,"报纸(用于阅读)",答案可能有:包东西、点火、擦桌子……

6. 相似解释　填充意义相似的几个句子。例如,"这个女人的美貌已经是秋天,它",答案可能有:……已经度过了最动人的时光……

7. 情节标题　写出一个短故事情节的所有合适的标题。例如,"冬天快到了,商店新来的售货员忙着销售手套。但忘记了手套应该配对出售,结果商店里最后剩下100只左手的手套"。答案可能有:左撇子的福音、只有左手的人……

8. 推断结果　列举出某种假设事件的所有不同的结果。例如,"如果人们不需要睡眠会产生什么结果?"答案可能有:干活更多、表失去用处……

9. 职业象征　列举出一个给定的符号或物体所象征的所有的职业。例如,"灯泡"。可能的答案有:电器工程师、灯泡制造商……

10. 加工物体　利用一套简单的图案,如圆形、三角形、长方形、梯形等,画出更多的特定的物体,任何一个图形都可以重复使用和改变大小,但是不能增加任何线条和其他的图案。

11. 绘图　把一简单的图形复杂化,组成尽可能多的可辨认物体的略图。

12. 火柴问题　移动特定数目的火柴,形成特定数目的方形或三角形。

13. 装饰　以尽可能多的不同的设计修饰一般物体的轮廓图。该套测验中的前9个测验要求言语反应,后4个测验为图形内容的非言语测验。大多数测验可用于初中以上文化程度的被试。它的计分既要考虑到反应的次数,还要根据被试反应的独特性和新颖性计分。

四、人格测验

人格测验(personality test)是为评估个体人格特质水平而编制的心理测评工具的总称,常用的测评工具主要有问卷式测验和投射性测验两种。一般来说,人格测验的信度、效度水平要低于智力测验。这里主要介绍问卷式测验。

问卷式测验(questionnaire test)是以自我报告的形式进行测评的自陈量表,它包括量表编制者依据一定的人格理论编制的一系列具体的问题。这些问题经过统计学处理标准化为问卷或调查表,被测者要根据自己的真实体验来回答这些问题,回答的方式多数为是非题或选择题的形式。主试要根据被试者完成测验的总体情况,描绘被测者的人格特点。由于问卷式测验计分方便,便于利用计算机统计处理,所以既可以个别测验也可以团体测试。

1. 明尼苏达多项人格调查表 明尼苏达多项人格调查表(Minnesota Multiphasic Personality Inventory, MMPI)是美国明尼苏达大学教授哈萨威(Hathaway)和麦克金里(Mckinley)在1943年编制而成的。该量表适用于16岁以上,具有小学文化程度的人,在1966年对该调查表进行了修订。MMPI被广为接受,转译成多种文字版本,广泛应用于人类学、心理学、医学以及管理学领域。1980年中国科学院心理研究所首先引进了该量表,1989年推出了中国常模,该量表现已在国内得到广泛的应用。

MMPI共由566个自我陈述的题目组成。其中的1～399题目是临床中常用的题目,包括身体各方面情况、精神状态、家庭、婚姻、宗教、政治、法律、社会等各个方面的态度和看法。被测者根据自己的实际情况对每个题目作出"是"或"否"的回答,若难以回答时可以不作选择,完成一次测试大约需要1.5小时。

MMPI全部量表由14个分量表组成,其中包括4个效度量表和10个临床量表,现将其含义说明如下:

(1)效度量表:①疑问(Q):被测者不能回答的题目数超过30个以上时,预示测验的结果不可靠。②掩饰(L):测量被测者对该调查的态度。高分者反映防御较强或个性天真、思想单纯。③效度(F):测量被测者的任意回答倾向。高分者预示被测者任意回答问题、诈病或个性偏执。④校正分数(K):测量被测者过分防御或不现实的程度。在一些临床量表分中加上K分数进行校正,可以使这些临床量表分数更加真实、客观。

(2)临床量表:①疑病量表(Hs):测量被测者疑病倾向及对自己身体过分关心的程度。②抑郁量表(D):测量被测者的抑郁倾向。③癔病量表(Hy):测量被测者自我中心、寻求他人关注以及肤浅的个性特征。④病态性偏离量表(Pd):测量被测者的遵守社会道德、风俗,适应社会的倾向。⑤男子气或女子气量表(Mf):测量被测者男子女子化倾向或女子男子化倾向。⑥妄想量表(Pa):测量被测者是否具有病理性思维。⑦精神衰弱量表(Pt):测量精神衰弱、强迫、恐怖以及焦虑等神经症的倾向。⑧精神分裂症量表(Sc):测量思维异常和行为古怪等精神分裂症的临床特点。⑨躁狂症量表(Ma):测量情绪紧张、过度兴奋、夸大、易激惹等轻躁狂症的特点。⑩社会内向量表(Si):测量主动接触社会的程度。

依据各分量表分的T分数,可在MMPI剖析图上绘出被测者的人格轮廓,使被测者的人格特征一目了然。MMPI多用于临床工作,但是在管理领域中,既可用于对员工的心理卫生状况的评估,也可用于对员工人格特征的了解。

2. 16种人格因素问卷 16种人格因素问卷(Sixteen Personality Factor Questionnaire,16PF)由美国心理学家卡特尔(R.B. Cattell)教授于1949年根据自己的人格理论编制而成。卡特尔认为人有16种根源特质,是构成人格的基础,只要测量出这16种基础因素在个体身上的表现程度,就可以描绘出他的人格特征。

16PF共由187个题目组成,每个题目都有3个备选答案,完整的测验共分为6种类型(A、B、C、D、E、F),前4型适用于具有小学以上文化程度的16岁以上的成年人,后2型适用于文化程度更低一些的或智力低下的人。全套量表由16个分测验组成,分别对应于16种根源特质,每一个分量表都分为两极,8~10分视为高分,1~3分视为低分,完成全部测试大约需要50分钟。表16-3列出了16人格因素的名称以及低分和高分的典型特征。在国内,已经有单位将其用于人才选拔和人事管理工作中。

表16-3 16PF的因素名称及特征简介

代号	中文名称	低分者特征	高分者特征
A	乐群性	缄默,孤独,冷淡	外向,热情,乐群
B	聪慧性	思想迟钝,学识浅,抽象思维能力弱	聪明,富有才识,善于抽象思考
C	稳定性	情绪激动,易烦恼	情绪稳定而成熟,能面对现实
E	恃强性	谦虚,顺从,通融,恭顺	好强,固执,独立,积极
F	兴奋性	严肃,审慎,冷静,寡言	轻松兴奋,随遇而安
G	有恒性	苟且敷衍,缺乏奉公守法的精神	有恒负责,做事尽职
H	敢为性	畏怯退缩,缺乏自信心	冒险敢为,少有顾虑
I	敏感性	理智的,着重现实,自恃其力	敏感,感情用事
L	怀疑性	信赖随和,易与人相处	怀疑,刚愎,固执己见
M	幻想性	现实,合乎成规,力求妥善合理	幻想的,狂放任性
N	世故性	坦白,直率,天真	精明强干,世故
O	忧虑性	安详,沉着,通常有自信心	忧虑抑郁,烦恼自忧
Q$_1$	实验性	保守的,尊重传统观念与行为标准	自由、批评、激进的,不拘泥于成规
Q$_2$	独立性	依赖,随群附和	自立自强,当机立断
Q$_3$	自律性	矛盾冲突,不顾大体	知己知彼,自律严谨
Q$_4$	紧张性	心平气和,闲散宁静	紧张困扰,激动挣扎

3. 艾森克人格问卷 艾森克人格问卷(Eysenck Personality Questionnaire, EPQ)是英国伦敦大学心理学系与精神病研究所艾森克(H.J. Eysenck)夫妇根据他们的人格维度理论编制的人格量表,发表于1975年,分为儿童(7~15岁)和成人(16岁以上)两式。国外EPQ儿童版本97项,成人版本101项。我国心理学家龚耀先的修订本成人和儿童均为88项。

笔记

完整的EPQ量表由4个分量表组成,即内外向分量表、神经质分量表、精神质分量表、测谎分量表。前3个分量表分别与艾森克人格理论中的三个人格维度相对应,最后一个量表属于效度量表。所有题目均以"是"或"否"的形式回答,全部题目完成之后,计算出每个分量表的原始分,而后再将其换算成T分数(平均数为50分,标准差为10分)。完成全部测试大约需要20分钟,既可以个别测试,也可团体测验。

各分量表得分高低的含义如下:

内外向分量表,简称为E量表。高分反映个性外向,具有好交际、热情、冲动性强等特征;低分反映个性内向,具有好静、稳重、不善言谈的特点。

神经质分量表,简称为N量表,也叫情绪稳定性分量表。高分反映情绪稳定性差,具有易焦虑、抑郁、烦恼、紧张的神经质倾向;低分者情绪稳定,情绪波动幅度不大,沉着镇静,不易忧伤。

精神质分量表,简称为P量表。测查与精神病理有关的人格特征。高分者可能具有孤独、缺乏同情心、好攻击、怪异、难以适应环境的特点;低分者合群,社会适应良好。

测谎分量表,简称为L分量表。高分反映被测者回答问题时过于掩饰,不够诚实,但也可能反映被测者的社会纯朴性及人格的幼稚程度。

根据分量表的T分大小,可以对人格的某一维度加以分类,例如,根据E量表的T分数的高低,可以将人格特征分为内向、偏于内向、中间型、偏于外向、外向;同理,根据N量表T分数的高低,可以将人格分为情绪稳定的、偏于稳定的、中间型、偏于不稳定、不稳定的。如果以E人格维度为X轴,以N人格维度为Y轴,组成一个平面直角坐标系,我们就可以根据被测者测试结果在坐标系中所处的位置,将其人格化为某一种类型。如,外向偏于稳定型、外向不稳定型、内向不稳定型、内向偏于稳定型等。

EPQ具有操作方便、省时、分析简单的特点,但由于测验的项目较少,能提供的人格信息相对有限,所以只能用于对被测者人格的初步简单的了解。

4. 加州心理调查表　加州心理调查表(California Psychological Inventory, CPI)是由美国加利福尼亚大学心理学教授高夫(H.G. Gough)1957年编制的用于调查人格的问卷式量表,先后修订过多次(1964年、1975年、1987年)。在美国和加拿大,CPI现已成为继MMPI之后使用最为广泛的人格量表。

CPI的结构模仿了MMPI,共有480个项目,其中178个项目取自MMPI,主要用于13岁以上的正常人的人格测试。CPI共有18个分量表,分属于四个范畴,现介绍如下:

第一范畴:由6个分量表组成,测量自信、支配地位和人际关系。6个分量表是:①统治(DO);②上进能力(CS);③社交能力(SY);④社会风格(SP);⑤自信(SA);⑥幸福感(WB)。

第二范畴:由6个分量表组成,测量社会化、责任心、人际价值和性格。6个分量表是:⑦责任感(RE);⑧社会化(SO);⑨自我控制能力(SC);⑩忍受能力(TO);⑪好印象(GI);⑫集体性(CM)。

第三范畴: 由3个分量表组成,测量成就潜能和智力有效性。3个分量表是: ⑬由顺从取得成就(AC); ⑭由独立取得成就(AI); ⑮智力有效性(IE)。

第四范畴: 由3个分量表组成,测量智慧的模式。3个分量表是: ⑯重思考(PY); ⑰善机变(IX); ⑱女人气(FE)。

CPI除上述分量表以外,还有3个效度量表,以保证测试结果的可靠和有效。

我国学者杨坚早在1992年就完成了CPI的引进修订工作,制定了14~55岁的中国年龄常模,但该量表在国内并没有得到广泛应用。

5. 中国人个性测量表　以往我国采用的人格量表都是从国外翻译过来修订的量表,由于历史、文化、社会制度等背景的不同,使用这些量表发生误差的概率较大,因此编制出更适用于本民族的人格量表是十分必要的。基于这种认识,中国科学院心理研究所的宋维真和香港中文大学心理学系的张妙清等人合作,编制出了中国人个性测量表(Chinese Personality Assessment Inventory, CPAI)。

CPAI含524个是否选择题型。分为三个分测验: 正常个性分测验(含22个分量表),病态个性分测验(含12个分量表),效度分测验(含2个分量表)。因素分析的结果表明,正常个性分测验反映可靠性、中国人传统性格、领导性、独立性等4大人格因素,病态个性分测验反映情绪问题和行为问题两大因素。

编制CPAI初衷很好,但其信度和效度还有待于在实践过程中进一步完善提高,我们期待着由中国人自己编制的、更适用于中国人的人格测验早日出现。

6. 华人工作相关人格量表　研究表明,某种特定的职业与某种特定的人格之间存在相关,于是,近年来有些研究者提出了工作相关人格的概念,即人格成分中与工作的成败密切相关的因素。香港大学心理学系的学者们致力于华人工作相关人格量表(Chinese Personality at Work, CPW)的研制,目前已取得初步的成果,现将其介绍如下。

该量表的题目取自The Assessment and Development Centre(ADC, 1996)所编制的题库,并在其中加入了与中国人工作相关人格特点的题目,最终形成15个分测验: ①个人成就动机; ②对权威的服从; ③计划性和条理性; ④寻求注意; ⑤自主性; ⑥友谊的需要; ⑦人际省察性; ⑧寻求支持; ⑨支配性; ⑩温顺和谦卑; ⑪关怀和助人; ⑫创新和求变; ⑬执着性; ⑭服务取向; ⑮管理素质。

测验的编排采取了和爱德华个人偏好量表(EPPS)相类似的结构。问卷中,每个人格构念都是用28对句子来度量的。每个人格维度,有14个句子出现在选择A中,另外14个出现在选择B中。被测者从每对句子(A或B)中选择一个比较像自己的作答。每个量表得分范围是0~28分。

研究表明,CPW在华人的人才选拔和人员培训中,具有一定的价值。该量表的开发和使用还在初始阶段,各种职业常模还有待于进一步建立。

第二节　职业能力、兴趣测验

能力倾向是指人们在某些方面可能具有的潜在能力。职业能力倾向是指个体从事某种职业可能成功的心理品质,具有较高的职业能力倾向和较强的职业兴趣,是取得职业成就的必要条件,两者缺一不可。因此,评估当事人的职业能力倾向和职业兴趣,是管理者做好人才的选拔、人员安置以及员工培训的重要前提。

胜任力研究

胜任力(competency)的概念最早由哈佛大学教授戴维·麦克利兰(David McClelland)于1973年正式提出,是指与工作绩效高度相关的、适合通过一定的方法和技术加以测量的个体特质。

早在20世纪60年代后期,美国国务院发现以智力因素为基础选拔外交官FSIO(Foreign Service Information Officer)的效果不理想,许多表面优秀的人才在实际工作中的表现令人非常失望。因此麦克利兰博士应邀帮助美国国务院设计一种能够有效地预测实际工作业绩的人员选拔方法,他在项目研究过程中,提出了胜任力研究的关键性理论和技术。

1973年,麦克利兰在《美国心理学家》杂志上发表了《以胜任力代替智商测评(Testing for Competency Rather Than Intelligence)》,认为传统的智力和能力倾向测验不能很好地预测职业成功或生活中的其他重要成就,这些测验对少数民族和妇女是不公平的,曾被认为能够决定工作成绩的一些人格、智力、价值观等方面因素,在现实中并没有表现出预期的效果。麦克利兰强调要从第一手材料入手,直接发掘那些能真正影响工作绩效的个人条件和行为特征,他为提高组织效率和促进个人事业成功作出实质性的贡献。

确定胜任力的过程需要遵循两条基本原则:①能否显著地区分工作业绩,是判断一项胜任力的唯一标准;②判断一项胜任力能否区分工作业绩必须以客观数据为依据。胜任力具有如下三个特征:

1. 个体特征——表明个体所拥有的特质属性,是一个人个性中深层和持久的部分,决定了个体的行为和思维方式,能够预测多种情景或工作中的行为。

2. 行为特征——是个体在特定情景下对知识、技能、态度、动机等的具体运用。一般而言,在相似的情景下某些行为特征可能反复出现。与胜任力关联的行为特征即指在相似情景下能实现绩优的关键行为。

3. 情景条件——胜任力是在一定的工作情景中体现出来。研究发现,在不同的职位、不同行业、不同文化环境中的胜任特征模型是不同的,胜任力必须置于人—职位—组织三者相匹配的框架中进行分析。

一、职业能力倾向测验

由于心理测评技术的发展,为职业选择、职业咨询以及人事管理工作科学化提供了手段。管理者既可以了解被管理对象的一般能力(例如智力),又可以了解他们的特殊能力。特别是对各种特殊能力(如机械、文书、艺术能力等)的测量,对于职业能力倾向测验有非常大的帮助。从初期阶段的单一特殊能力倾向测

笔记

验,发展到随着职业咨询和人事管理工作的需要,综合测量各种特殊能力的成套测验。

（一）单一特殊能力倾向测验

1. 心理运动能力测验　心理运动能力测验属于较早设计出来的特殊能力倾向测验,早在20年代和30年代广泛应用于工作和职业成绩的预测。后来在美国空军人事和训练研究中心编制了心理运动能力的综合分析方法,并将测试的范围扩展到飞行员训练和空战模拟的领域,进一步提高了心理运动能力在实际应用领域中的价值。

研究表明,心理运动能力测验对于预测重复性工作(如某些事务性工作和机械操作)的成功方面有效,而对预测某些需要较高级认知和知觉能力的复杂工作的成功方面相对较差。

心理运动能力测验可分为大幅度运动测验、精细运动测验和两者结合的测验三种类型,现分别介绍如下:

（1）幅度运动测验: 指测量手指、手和手臂大幅度运动的速度及准确性的测验。例如明尼苏达操作速度测验(Minnesota Rate Of Manipulation),这是一种手工敏捷测验,包括60个孔的、上有红黄两色木块的木板,分成5种分测验,即安放测验、翻转测验、撤换测验、单手翻转和安放测验、双手翻转和安放测验。在这些分测验中,分别要求将木块按指定的方式翻转、移动和安放。例如安放测验,要求将木块放进木板的孔中; 翻转测验要求将木块掉转并重新安放在孔中。根据被测者完成的速度记分。

（2）细运动测验: 例如克洛福德小动作测验(Crawford Small Parts Dexterity Test)测试的就是被测者的几种简单的动作技能。该测验的第一部分,要求被测者使用镊子将钉插入孔内并给每个钉子放一个小环; 第二部分,将小螺丝放入螺纹孔内并用改锥拧紧。根据被测者完成的速度记分。

（3）大小动作综合测验: 测验的内容既包括了大幅度运动能力的测试,也包括了精细运动能力的测试。例如本纳特手—工具敏捷性测验(Bnenett Hand-Tool Dexterity Test),该测验要求被测者先将工具箱左板上的三种不同规格的12个螺母从螺栓上拧下,然后将它们安装到右板上。根据被测者完成的速度记分。

2. 机械能力测验　心理运动能力被看作是大多数工业职业的基本要求,但是空间知觉、机械知识以及其他心理能力在决定工作成功方面也有重要的作用,其中,机械能力的测量得到人们更多的重视。

（1）明尼苏达空间关系测验: 由特拉布(M.R. Trabue)等人修订,该测验包括A、B、C、D四块板,两套几何形状的木块,一套插在A板和B板的凹陷处,另一套插在C板和D板的凹陷处。测验开始时,这些木块是零散摆放的,被测者的任务是拣起木块并尽可能快地将其放入木板中的特定凹陷处。完成全部测试时间为10～20分钟,成绩按需要的时间和错误次数记分。

（2）明尼苏达书面形状测验修订本: 由R.里克特等人修订,为明尼苏达空间关系测验的纸笔形式,采用多重选择题,每题包括一个分解几何图案题和五个拼凑成整体的选项图案,要求被测者在5个选项图案中选择出一个图案,正好是分

笔记

解图案拼凑成整体的形状。研究表明,该测验在预测包装、机械操作等工业职业以及牙科医生的实际成就方面有较大的用处。

3. 文书能力测验　虽然在文书工作中必须具有动作敏捷和快速知觉的要求,但是言语和数学能力也同样重用,所以,文书能力不能认为是完全有别于智力的一种简单能力。因此,许多文书能力测验既包括与智力测验类似的题目,也包括测量知觉速度和准确性的题目。下面以两个一般文书能力测验为例,说明这类测验的形式。

(1)明尼苏达文书测验(Minnesota Clerical Test):该测验主要用于选拔职员、检验员以及其他要求具有快速知觉和操纵符号能力的人。测验包括两个部分:数字比较和姓名比较,要求被测者检查200对数字和200对姓名匹配的正误。现列举一题说明如下:

指导语:如果每对中两个数字和姓名完全相同,请在中间线上打上{对号};如果不同,不用做记号,例如:

795421——795241

57943678——57943678

Johc C. Linder——John C. Lender

Investors Syndicate——Investors Syndicate

测验成绩以正确题数减去错误题数记分。

(2)一般文书能力测验(General Clerical Test):包括9个部分,按三种不同能力记分:文书速度和准确性、数字能力、言语流畅性。

(二)能力倾向成套测验

1. 一般能力倾向测验　一般能力倾向成套测验(General Aptitude Test Battery, GATB),是美国就业服务处编制的,专供国家就业服务机构的职业咨询工作者们使用,可用来为中学生的专业定向和成人谋职提供帮助。该测验由12个分测验组成,测量9个因素:

(1)一般学习能力(G):把测量V、N、S因素的三个测验(词汇、算术推理、三位空间)分数相加得到的分数。

(2)言语能力倾向(V):由要求被测者指出每组词中哪两个词的意义相同或相反的测试形式进行测量。

(3)数字能力倾向(N):由计算和算术推理两个测验进行测量。

(4)空间能力倾向(S):由三维空间测验来测量,包括理解三维空间物体的二维表示及想象三维运动的结果。

(5)形状知觉(P):由两个测验测量,一个是匹配画有同样工具的图画,另一个是匹配同样的几何图形。

(6)文书知觉(Q):与P类似,但要求匹配名称,而不是匹配图形或形状。

(7)运动协调(K):由一个简单的纸笔测验测量,要求被测者在一系列方格中,用铅笔作出特定的记号。

(8)手指灵巧(F):由装配和拆卸铆钉与垫圈的两个测验来测量。

(9)手指敏捷(M):由在一个木板上传递和翻转短木桩的两个测验来测量。

2. 日本普通职业能力成套测验　该测验是日本学者根据塞斯顿的智力群因素理论参考美国的GATB设计的测验。这套测验的研制工作始于1949年春,经过数十次讨论,确定了它的结构,并设计了各个分测验。1950年5月以后,通过对1472名被测者的测试分析而使测验标准化;同时,也完成了对各种职业所需的能力的分析。该测验在日本已经广泛用于职业咨询和人事管理。现将其基本内容介绍如下:

（1）言语测验: 言语测验所用的仪器是一个分类器。上面有9个槽,供摆放写有词汇的刺激卡用;其下有9个入口,供投放相应分类卡片用。

测试时,要求被测者将手中的18张分类卡,分别投入与其意义相近和相反的9张刺激卡下面的入口处,如手中写有"黑"、"雪"的分类卡,要投入写有"白"的刺激卡下面的入口处。以一定时间内完成的正确分类数计分。

（2）算术测验: 算术测验所用的仪器也是分类检验器。所不同的是,分类卡和刺激卡上面写的都是数字。

测试时,要求被测者将手中与刺激卡相加、相减等于10的卡,投入刺激卡下的入口处,即,将7和13投入3下面的入口处,以一定时间内完成的正确计算数计分。

（3）比较测验: 所用仪器同上。刺激卡与分类卡都写有四个阿拉伯数字,四个数字围成一圈,要求把相同的投入下面的入口处。以一定时间内完成的正确数计分。

（4）瞄准测验: 该测验所用的仪器有靶盘一只,小锤一个。靶盘表面有四行靶桩,每行10个。当用锤击靶时,靶桩就下去。被测者的任务是依次将靶桩击下,以完成任务所用的时间计分。

（5）协调测验: 测验所用的仪器是放大器、迹线图和基板。测试时,将放大器的前轴放进基板卜部的洞里,把铅笔放进笔套里固定好,被测者双手握住放大器的柄,然后使铅笔沿着迹线图两线中间移动,在限定的时间内所走的距离,可从线上的印刷基数看出,以此计分。

（6）插环测验: 是一架手指灵活性检测器,包括50个环、一把镊子、一根插杆,还有放环的贮藏器。测试时,被测者用镊子从贮藏器中将环挨个夹起,并尽快地将环在插杆上面通过。以限定时间内在杆上通过环的数量计分。

（7）积木测验: 测验所用的器材是一套积木和六张画有积木各种拼法的图案板。测试时,由易到难地完成六种拼摆,按指定时间内完成积木测验的个数计分。

（8）模板测验: 测验所用器材为形状板装置。分甲、乙两种测验,甲测验: 两块图形板①与②,每块有9个洞,还有9块模板;乙测验与此相似,只是每个洞中需要放两块模板,才能将洞充满。测试前,主试将9块模板放在图板①的9个洞里;测试时,要求被测者把9块模板从图板①中逐个地移向图板②中的相应的9个洞中,以移动所需要的时间计分。乙测验的做法与此相同。

（9）心理速度测验: 测验所用仪器为心理反应装置。该仪器有10个前窗,还有10个按钮与其相应,以及10个展开的刺激物。在10组对应物中,只有1组相同,其他9组都不同,要求被测者找出相同的1组刺激物,并按下相应的按钮。如果被测者按钮正确,小窗里便出现新的刺激物,被测者继续按钮,直到小窗里的刺激物消失为止,以完成20次按钮任务所用的时间计分。

笔记

3. 行政职业能力倾向测验　根据心理学的研究发现,人的高层次能力是建立在基本能力之上的,只有基本能力达到一定的程度并具有相关的经验时,才可能形成较高层次的能力。行政职业能力倾向测验主要用来预测被试者从事国家行政机关工作的潜能,预测其职业领域内取得成功的可能性。我国心理学工作者在对行政职业能力的调查和工作分析的基础上,整理出了从事机关行政工作的公务员应该具有5方面的能力水平,包括知觉的速度与准确性、数量关系的把握与运算、言语的理解与运用、分析推理与判断、数据资料的分析与理解。测量包括了140个测题12个分测验,它们是知觉速度、数字推理、数字运算、事件排列、演绎推理、图形推理、类比推理、定义理解、短文理解、阅读理解、图形分析、表式分析。

有关研究表明,现行的国家公务员选拔考试所采用的行政职业能力测验具有较好的构想效度。通过因素分析技术抽取出三个因子:抽象关系能力、资料分析能力、言语理解能力。对计划能力、理解贯彻能力、观察判断能力、应变能力、工作质量、工作效率等部分工作表现有一定的预测作用,但是对组织协调能力等非智力因素含量较高的复合素质的预测性不够明确。因此,行政职业能力倾向测验对于预测行政工作成功的可能性来说,它只是一个必要条件而非充分条件。

二、职业兴趣测验

虽然研究表明工作的成功与个体的能力之间有密切的关系,但是个体的职业兴趣却对职业选择、职业稳定性和对工作的满意程度有很大的影响。人们不一定有机会选择到自己喜欢的职业,但是却很容易避开自己所不喜欢的职业。基于这个假设,可以推断出职业兴趣测验的分数也许更能够预测被测者不会去做什么。

在职业的指导、咨询的过程中,被采用的职业兴趣测验种类很多,这些测验的结构和通过测量所要达到的目的大同小异。下面以较为常用的斯壮—坎贝尔兴趣问卷(Strong-Campbell Interest Inventory,SCII)为例,介绍职业兴趣测验的主要内容。

1974年是美国心理学家斯壮(E.K. Strong)和坎贝尔(D.P. Campbell)发表了SCII职业兴趣测验量表。该测验试图消除不同性别在题目内容和职业名称方面的差异,形成较为中性的问卷。该测评使用了霍兰德(J.L. Holland)的职业分类的理论体系,将各种职业分为6种领域:现实的、调查的、审美的、进取的、社会的和事务的。SCII测试时没有时间限制,适用于初高中年龄以上的被测者,采用计算机计分和解释的方法。它所提供的职业基本上是大学生所选择的职业,其中也包括部分技术性工作。

(一)SCII的格式

1985年版的SCII共有325题,分为7大部分:

1. 职业　共有131种职业,要求被测者对每一种职业选择下列反应之一:喜欢(L)、无区别(I)、不喜欢(D)。

2. 学校科目　共有36门学校科目,反应方式同上。

3. 活动　共有51种一般职业活动,反应方式同上。

4. 娱乐　共有39种娱乐或业余爱好,反应方式同上。

5. 人的类型　共有24种类型的人,反应方式同上。

6. 两种活动之间的偏好　要求被测者对30对活动表明偏好哪一种:左边的

（L）、右边的（R）、无偏好（—）。

7. 本人特征　要求被测者对14种自我描述的特征表示同意、不同意。

（二）SCII量表

该量表根据5种测量计分,现将各种测量介绍如下:

1. 实施指标　在解释各种测量之前,首先应该检查总反应情况和未反应题目数及其他实施指标。这些指标标志被测者在反应时是否草率和具有反应定势,从而判定实施、计分是否适当。如果反应总数不是325,或没有回答的题目(次数)太多,则结果无效。

2. 一般职业框架　根据荷兰德"职业人格"系统分类,将反应分成6种广泛的形式,以标准T分数和言语描述表示(从高到低)

3. 基本兴趣量表　包括23个量表。基本兴趣量表分数表示被测者较强烈的和一致的兴趣(例如商业、社会服务、公共关系等)。23种量表又可以集合于6种框架之下,每种框架之下包括1～5个量表。6种职业范畴和基本兴趣量表的对应关系如下:

（1）现实性职业: 农业、自然、探险、军事活动、机械活动。

（2）研究性职业: 科学、数学、医学科学、医学服务。

（3）艺术性职业: 音乐、戏剧、美术、写作。

（4）社会性职业: 教学、社会服务、运动、家政、宗教活动。

（5）进取性职业: 公共演说、法律、政治、商业、销售、商业管理。

（6）事务性职业: 办公室工作。

4. 职业量表　由164个职业量表组成,根据性别分别建立常模。每个量表由在某种职业中的人群与一般人群进行比较而选择的题目构成。被测者在量表上的分数要有+1或-1的权数,该权数表示题目鉴别度,即正向或负向题目。再将被测者在各题上的得分转换成T分数,参照团体(由某种职业的从业人员构成)的平均T分数是0.50。被测者的分数与职业标准化常模分数相比较,用语言描述表示相似性高低(分为很低、低、中等、高、很高)。

5. 特殊量表　包括两个分量表。

（1）学术合适性量表: 根据比较高中或大学中学习成绩较好学生的反应与成绩较差学生在SCII上的反应编制而成,成绩的高低与是否继续学习的倾向有关。

（2）内-外向量表: 根据比较在明尼苏达多相人格问卷上内向型与外向型被测者SCII上的反应编制而成。内向被测者偏好单独工作,外向被测者偏好与他人一同工作。

长期的追踪研究表明,SCII具有良好的信度和效度,对预测工作的满意度和稳定程度非常有效,但由于测验结构复杂,主试者需要接受较为专业的训练。

第三节　组织行为测验

一、领导行为评测

管理者的个性特征、生活阅历、管理的范畴、管理经验都不一样,导致其领导

笔记

行为的差异。这种差异主要体现在管理者的决策风格、价值取向、与下属沟通的能力等管理过程的各个环节之中,不同的领导风格针对不同的工作情境,会产生不同的绩效。领导风格、领导行为方式是一个管理者所具有的相对稳定的特点,甚至成为管理者个人性格的组成部分,是可以利用心理测量的技术加以测评的。

(一)最难共事者问卷

对与自己共事过程中最难合作的那些人的评价,可以间接反映出被测者的领导风格。最难共事者问卷(Least Preferred Coworker Questionnaire,LPC)是费德勒(F. Fiedler)发明的一种测量个人领导风格的量表。该量表由16组反义形容词组成。主试让被测者回想一下自己共事过的所有同事,并在其中找出一个最难共事者。在16组形容词中按1~8等级对他进行评估(表16-4)。费德勒相信,在LPC问卷的基础上,可以判断出管理者最基本的领导风格。如果以相对积极的词汇描述最难共事者(LPC分数较高),则说明被测者愿意与同事形成友好的人际关系,也就是说,如果他把最难共事的同事描述得比较积极,费德勒称之为关系取向型;相反,如果他对最难共事的同事看法比较消极(LPC分数较低),说明他感兴趣的主要是生产,因而费德勒称之为任务取向型。有84%的人可以被划为两型中的某一型。费德勒认为,不同领导风格的人,在不同工作情境、条件下(领导与被领导者的关系、任务结构、职位权利),其工作绩效有显著差异。

表16-4 最难共事者问卷

指导语: 回想一下你自己最难共事的一个同事,他可以是现在和你共事的,也可以是以前与你共事的。他不一定是你最不喜欢的人,只不过是你现在工作中相处最为困难的人。用下面16组形容词来描述他,在你认为最为准确描述他的等级上打上对勾。不要空下任何一组形容词。

快乐	8 7 6 5 4 3 2 1	不快乐
友善	8 7 6 5 4 3 2 1	不友善
拒绝	8 7 6 5 4 3 2 1	接纳
有益	8 7 6 5 4 3 2 1	无益
不热情	8 7 6 5 4 3 2 1	热情
紧张	8 7 6 5 4 3 2 1	轻松
疏远	8 7 6 5 4 3 2 1	亲密
冷漠	8 7 6 5 4 3 2 1	热心
合作	8 7 6 5 4 3 2 1	不合作
助人	8 7 6 5 4 3 2 1	敌意
无聊	8 7 6 5 4 3 2 1	有趣
好争	8 7 6 5 4 3 2 1	融洽
自信	8 7 6 5 4 3 2 1	犹豫
高效	8 7 6 5 4 3 2 1	低效
郁闷	8 7 6 5 4 3 2 1	开朗
开放	8 7 6 5 4 3 2 1	防备

注: 将16项的得分相加,如果得分为64分以上,那么被测者是一位LPC得分很高的关系导向型领导;如果得分在57分以下,那么被测者是LPC得分很低的任务导向型领导;如果得分在58~63之间,属于中间型的领导

笔记

(二)决策风格问卷

决策是领导行为的重要组成部分,不同的管理者有不同的决策风格,对于同一需要解决的问题,由于管理者的决策风格的差别,可能导致不同的绩效。另外,了解人们怎样做出决策有助于解释和预测他们的行为。下面介绍一个在企业管理中,经常使用的决策风格问卷,供读者参考。

1. 问题

第一部分

指导语: 圈出与你平时的感觉或活动最接近的答案,每个项目无对错之分。

(1)我更重视

a. 人们的感觉　　　　　b. 人们的权利

(2)我常和　　　　合得来

a. 富于想象力的人　　　b. 现实的人

(3)我更乐于被别人称为

a. 真情实感的人　　　　b. 一贯理性的人

(4)和别人共同做事时,对我最有吸引力的是

a. 按照被别人接受的方式活动　b. 自己发明一种新的方法活动

(5)最令我烦恼的是

a. 别出心裁的理论　　　b. 那些不喜欢理论的人

(6)把某人称为　　　　　,是对他的更高的赞扬

a. 有想象力的人　　　　b. 按部就班的人

(7)我常常让

a. 我的心统领我的脑　　b. 我的脑统领我的心

(8)我认为更糟糕的是

a. 表现出过度的关怀　　b. 缺乏同情心

(9)如果我是教师,我宁可教

a. 理论性强的课程　　　b. 事实性的课程

第二部分

指导语: 下面每组配对词中哪个词对你更有吸引力? 圈出a或b

(10) a. 同情　　　　　b. 远见

(11) a. 公正　　　　　b. 仁慈

(12) a. 生产　　　　　b. 设计

(13) a. 谦和　　　　　b. 坚定

(14) a. 文字的　　　　b. 图形的

(15) a. 想象的　　　　b. 实事求是的

---

2. 答案与解释　把被测者对每一个问题的答案选择和记分键核对(表16–5),然后利用赋分栏汇总他的得分。

例如,如果被测者对第一个问题的答案是a,那么其得分就是感情栏中1a对应的分值(0分)。把每一栏的得分加起来后,就是被测者在每个因素上的实际得分。

如果被测者的直觉型得分大于或等于感知型,则定为直觉型; 若被测者的感知型得分大于直觉型,则定为感知型; 若被测者的感情型得分大于思考型,则定

为感情型;若被测者的思考型得分大于感情型则定为思考型。

表16-5 决策风格问卷计分键

感知型	得分	直觉型	得分	思考型	得分	感情型	得分
2b	1	2a	2	1b	1	1a	0
4a	1	4b	1	3b	2	3a	1
5a	1	5b	1	7b	1	7a	1
6b	1	6a	0	8a	0	8b	1
9b	2	9a	2	10b	2	10b	1
12a	1	12b	0	11a	2	11a	1
15a	1	15b	1	13b	1	13b	1
16b	2	16a	0	14b	0	14b	1
合计							

　　直觉型得分较高的人,一般会以一种整体的眼光看待这个世界,较富有创造力;感知型得分较高的人,一般会比较现实,常常依据事实来看待世界;感情型得分较高的人,通常情况下其决策多半是基于感情因素;思考型得分较高的人,通常情况下具有很强的逻辑思维能力,其一般会将决策建立在缜密的分析基础上。

(三)倾听能力自我问卷

　　管理者与员工进行良好的沟通是提高管理效率必不可少的工作环节,而管理者是否具有良好的倾听能力,则是实现沟通过程的关键。通过测评可以对每个管理者的倾听能力有所了解,对改进沟通有重要意义。下面的倾听能力自我问卷,将有助于这一目标的实现(表16-6)。

　　1. 问卷

表16-6 倾听能力自我问卷

　　指导语:请把下面15个题目回答两遍。第一遍,对每个问题回答是或否,并填在其后恰当的空格中。请根据你在最近的会议或聚会上的表现真实填写。第二遍,如果你对自己的回答感到满意,则在第三栏中填上"+"号;如果你希望改变你的回答,则填"-"号。

	是	否	+或-
1. 我常常试图同时听几个人交谈。	□	□	□
2. 我喜欢别人只给我提供事实,让我自己作出解释。	□	□	□
3. 我有时假装自己在认真听别人说话。	□	□	□
4. 我认为自己是非言语沟通方面的好手。	□	□	□
5. 我常常在别人说话之前就知道他要说什么。	□	□	□
6. 如果我不感兴趣和某人交谈,我常通过注意力不集中的方式结束谈话。	□	□	□
7. 我常常用点头、皱眉等方式让说话人了解我对他所说的内容。	□	□	□

续表

	是	否	+或-
8. 常常别人刚说完话,我就紧接着谈自己的看法。	☐	☐	☐
9. 别人说话的同时,我也在评价他的内容。	☐	☐	☐
10. 别人说话的同时,我常常在思考接下来我要说的内容。	☐	☐	☐
11. 说话人的谈话风格常常影响到我对内容的倾听。	☐	☐	☐
12. 为了弄清对方所说的内容,我常常采取提问的办法,而不是进行猜测。	☐	☐	☐
13. 为了对方的观点,我总会很下工夫。	☐	☐	☐
14. 我常常听到自己希望的内容,而不是别人表达的内容。	☐	☐	☐
15. 当我和别人的意见不一致时,多数人认为我理解了他们的观点和想法。	☐	☐	☐

2. 答案与解释

记分为:(1)否;(2)否;(3)否;(4)是;(5)否;(6)否;(7)否;(8)否;(9)否;(10)否;(11)否;(12)是;(13)是;(14)否;(15)是。

把错误的回答个数加在一起,乘以7,再用105减去它,就得到最后的得分。如果得分在91～105分之间,那么就意味着被测者有良好的倾听习惯;77～90分表明倾听能力还有很大程度可以提高;要是得分还不到76分,那么意味着被测者是一个很差的听众,需要在倾听技巧上多下一些功夫。

二、组织承诺测评

组织成员对组织承诺水平的高低直接影响着组织的稳定,是管理者必须关注的工作领域。近年来,很多学者都为这个领域的发展作出了重要贡献。

1979年莫迪(R.T. Mowday)等人设计的组织承诺问卷(Organizational Commitment Questionnaire, OCQ)是测试组织承诺较好的量表,该量表的题目分为三个方面:①对组织目标强烈的信念和接受;②渴望为组织发挥作用;③强烈的维持组织成员资格的欲望。

1993年梅耶(J.P. Meyer)和他的同事在莫迪研究的基础上设计了包含更多信息的组织承诺量表,该量表包括三个分量表:①情感承诺;②连续性承诺;③规范化承诺。

情感承诺是指个体对组织认同的程度;连续性承诺是指个体为组织连续工作的要求,这是一个积累的维度;规范化承诺与感情承诺相类似,是社会规范对个体遵从组织的程度的影响。简单地说,人们之所以留在组织中是由于他们愿意(情感)、有需要(连续性),或是感到理应如此(规范化)。

下面是该问卷的典型题目:
(1)情感承诺的问卷题目:"我喜欢把组织看作是我的家"。
(2)连续性承诺的问卷题目:"我没有可选择的离开组织的理由"。
(3)规范化承诺的问卷题目:"组织应该得到我的忠诚"。

研究表明,组织承诺问卷能够较好地预测离职现象,甚至能够预测离职意象,因此,及时的组织承诺测试,对保持组织的稳定具有重要的意义。

笔记

375

三、工作满意度测评

提高工作满意度是组织文化建设的重要内容,是组织士气和员工幸福水平的重要体现。测量工作满意度可以诊断组织潜在的问题,发现出勤和离职率波动的原因,并估计组织变化对员工的影响,改善组织内部的沟通。

评估工作满意度的方法大体可以分为两种方式:单一整体评估法(Single Global Rating)和工作要素总和评分法(Summation Score)。

单一整体评估法是要求被测者回答一个问题,例如,"把所有的因素都考虑进去,你对自己的工作满意吗?"被测者要从数字1～5中圈出一个合适的数字,这些数字分别代表从"非常不满意"到"非常满意"的程度。

工作要素总和评分法是一种相对复杂的测评方法。它首先要确认工作中的关键因素,然后询问员工对每个因素的感受。根据标准量表来评价这些因素,然后将分数相加就产生了工作满意度的总分。下面是一些典型的工作要素总和评分法的量表。

最常用的工作满意度测量量表是职务描述指数(Job Descriptive Index,JDI),由史密斯(P. Smith)编制。量表共分为5个方面的内容,即工作、监督、报酬、晋升、同事。每项内容又存有若干问题,用"是"、"否"进行回答。

美国学者洛克(E.A. Locke)提出了另一种工作满意度评定维度,可在表16-7清楚地体现,供读者测评员工工作满意度时参考。

表16-7 工作满意度的维度

	一般类别	特定维度	对维度的描述
事件或条件	工作	工作本身	内在的兴趣、多样化、学习的机会、困难、工作量、成功的机遇、对工作流程的控制
	奖励	报酬 晋升 认可	数量、公平的报酬根据 机会、公正 表扬、批评、对所作的工作的称赞
	工作背景	工作条件	时数、休息时间、工作空间质量、温度、通风、工厂的位置等,福利退休金、医疗和生活保险计划,每年的假期、休假等
人物	自己	自己	价值观、技能和能力
	公司内的其他人	监督管理 同事	管理风格和影响,技能的熟练程度,行政管理技能等 权限、友好、帮助、技术能力
	公司外的其他人	顾客 家庭成员(洛克没有提到)	技术能力、友好 支持、对职务的了解、对时间的要求等

明尼苏达工作满意度维度问卷(Minnesota Satisfaction Questionnaire,MSQ)的简式共有20个题目,涉及一般满足、内在满足、外在满足等部分。每题后

的满意度分数分为5级回答。累加结果并与常模进行比较。该量表的复杂式为100个题目,含20个分量表,即能力效价、成就、行动、进取、权威、政策和训练、补偿、同事、创造力、独立性、道德价值、赞誉、责任、安全感、社会服务、社会地位、人际关系管理、技术管理、多样化和工作条件。

面孔量表是库宁(T. Kunin)1955发明的一种评估工作满意度的量表,也从5个方面评价对工作的满意度,只不过答题不用文字,而是要求被测者在一系列不同情绪的面孔上进行选择。

四、工作倦怠测评

工作倦怠(job burnout)也称"职业倦怠",国内也有翻译为"工作耗竭"、"职业枯竭"等。它是与工作相关的一系列症状,通常认为是工作中的慢性情绪和人际压力的延迟反映。这一概念最早用于形容长期药物滥用后出现的一系列症状,比如情绪耗竭、动机丧失等。

目前应用最广泛的就是马勒斯和杰克逊等人提出的概念。他们从心理社会角度来探讨工作中的情感压力,重点探讨工作环境与工作倦怠感的关系。三维度模型对其做了操作定义,他们认为工作倦怠是一种心理上的综合病症。

主要有3方面的表现情绪衰竭(emotional exhaustion)、人格解体(depersonalization)以及个人成就感丧失(diminished personal accomplishment)。其中情绪衰竭是这一系列症状的主要方面。它指一种过度的付出感以及情感资源的耗竭感。对人格解体的进一步描述是对他人消极、冷淡、过分隔离、愤世嫉俗以及冷淡的态度和情绪。而自我成就感丧失是指自我能力感降低,以及倾向于对自己作出消极评价,尤其是在工作方面。早期大部分人都认为工作倦怠现象较多发生于服务行业,因此当时的研究较多关注服务行业员工的情绪衰竭。随着研究的进展这一概念的范围被修正扩大适用于更广的职业范围,修正后的概念也包括三个维度:衰竭(exhaustion)、工作怠慢(cynicism)以及自我效能降低(decreased professional self-efficacy),其中衰竭(exhaustion)被定义为心理资源的损耗。而对工作怠慢的定义是,对自己的工作不关心并有距离感即工作懈怠。

Maslach 工作倦怠问卷(Maslach Burnout Inventory MBI)该问卷采用 Likert7 分等级量表,0代表"从不",6 代表"非常频繁",整个量表分3部分,22个项目:情感衰竭(EE)9个项目,人格解体(DP)5个项目,个人成就感(PA)8个项目。

在情感衰竭和人格解体维度,得分越高倦怠感越强;在个人成就感维度,得分越低,倦怠程度越强。国内李超平和时勘对 MBI 进行了修订,在他们的一项研究中,MBI-SS 三个维度的内部一致性系数分别为:0.89、0.79 和 0.87。

五、态度测量

对于管理者来说,客观地了解被管理者对事物的态度是十分重要的,因为这是正确决策的一个必要前提。由于态度是一种内在的心理活动,不可能直接观察到,因而要想了解人对某事物的态度,就必须从人们的言语、行为以及其他形之于外的表现间接推断,这就涉及态度的评估与测量问题。态度的测量方法可以分为四种方法：量表法、自由反应法、行为观察法和生理反应测定法。

（一）量表法

1. 里克特量表　该量表由美国心理学家里克特（R.A. Likert）所发明，由20个以上的题目组成。它有一个前提，即构成态度的各个问题等值，每个问题的意义大小尚无本质差异。只需要被测者对所提出的问题表示同意或者反对。其赞同的程度一般分为三等级（同意、中立、反对）或五等级（非常同意、同意、中立、不同意、极不同意，赋予5、4、3、2、1分）。

量表中所提出的问题分为正向和负向问题。例如，为测量人们对节制生育的态度而设计的量表中有这样的问题："人们应当劝导和说服其亲友和邻居控制生育"。这样的问题属于正向问题，回答时越是同意得分越高。还有这样的问题："人们认为控制生育是违反天意的，人应该顺其自然地生育"。这类问题属于负向问题，越是同意得分越低。

被测者在关于生育态度问题上的得分总和就代表了他对此事所具有的好恶程度，总分越高表示他对此事抱肯定态度，总分越低表示他对此事持否定态度。由于里克特量表编制过程较为简单，分数评定也较为容易，所以被人们普遍使用。

2. 语义分析量表　语义分析量表由美国社会心理学家奥斯古德（C.E. Osgood）所发明。语义分析原用于分析词句或观念的意义。辞典上的解释是一个词句或观念的命名意义，所有的人对其理解是相同，然而对其隐含意义的理解却是因人而异的。一个人因为与该观念所代表的实际对象过去的交往经验不同而产生特殊的意义。同样是"老师"一词，有人产生的联想是和蔼、善良、体贴、渊博，而有人产生的联想可能是傲慢、尖酸、无知，这便是"老师"一词对个人所具有的隐含意义。

语义分析用于态度的测量是测量态度对象对个体所具有的隐含的意义。主试根据所要测量的态度，设计一套由双极形容词组成的问卷，问卷中成对的形容词被写在线段的两端。线段上有5个或7个刻度，分别代表人们对某对象的几种态度水平，要求被测者根据自己的真实想法，选择适当的刻度，画下圈或勾，然后将被测者所得的分数加起来，即得到被测者肯定或否定的态度。下面是一个5等级态度量表的实例（表16-8）。

表16-8　语义分析量表举例

		人生是			
明朗的	5	4	3	2	1	阴暗的
痛苦的	1	2	3	4	5	快乐的
欢喜的	5	4	3	2	1	悲伤的
空虚的	1	2	3	4	5	充实的
热情的	5	4	3	2	1	冷淡的
向前的	5	4	3	2	1	后退的
有希望的	5	4	3	2	1	无希望的
不满足的	1	2	3	4	5	满足的
充分成长的	5	4	3	2	1	中途受挫的
易老的	1	2	3	4	5	不易老的

笔记

3. 社会距离量表　此量表是社会心理学家博格达斯所设计的,它主要用于测量人们愿意与其他群体的人保持什么样的社会距离,以此反映其态度。下面是美国人同其他民族的社会距离测量表(表16-9)。

表16-9　美国人对加拿大人的社会距离表

序号	观测点	分值
(1)	愿意与其通婚	1
(2)	愿意让其参加社团活动	2
(3)	愿意与其作邻居	3
(4)	愿意与其作同事	4
(5)	愿意让其作美国公民	5
(6)	只允许其来美国观光	6
(7)	拒绝他们	7

将此表发给被测者,要求他们在上表中选择符合自己态度的一项并勾画出来。根据被测者的选择,便可以了解某个美国人对加拿大人的喜爱程度。

4. 等距量表　这种方法为社会心理学家瑟斯顿(L.L. Thurstone)所发明,最初它主要被用来测量人们对教会的态度。首先由研究者根据他对某一态度的观念,及熟悉的相关资料,编出比最后正式项目数多出一倍的题目。请若干名专家来评定每一项句子的量表值。量表值最高分11分,最低分0分。假设0分到11分为等距分数值。例如,在评估人们对战争的态度的量表中有这样一个句子:"战争是一种光荣"。由评定者评定这个句子的含义,反映赞同战争的程度,并赋了0到11之间的相对值,分数越高表示越赞同战争。用一个坐标图标示出全部判断者对此项目的评定情况,并绘出评分的累计次数百分比图。横坐标是0到11的分数值,纵坐标表示全部评定者将此项目归入各个分数值的累积百分比。这样便获得一个次数分配曲线,自50%处画一水平线与横坐标平行。由水平线与曲线相交之点向横坐标画一垂直线。垂直线与横坐标交叉之处的分数值即为中数,亦即此态度项目的量表值。

对其他的项目重复上述的步骤,最后每个题目都有了量表值。经过项目分析,把无区别性的题目淘汰掉,便成为正式的战争态度量表。被测者在量表上勾出他赞同的句子,将这些句子的量表值自低分往高分排列,求其中数,此分数便是该被测者在对待战争上的态度分数(表16-10)。

表16-10　用瑟斯顿等距法编制的战争态度量表

指导语: 对你同意的句子打"勾",不同意的句子打"叉"

序号	项　目	判断	量表值
1	在某些情形下,为了维护正义,有必要进行战争。	(　)	7.5
2	即使对胜利者,战争的获益也比损失要少得多。	(　)	3.5

续表

序号	项 目	判断	量表值
3	战争产生了人类精华。	（ ）	9.7
4	战争是没有可被接受的理由的	（ ）	0.2
5	战争有一定的利益,但要获得它们付出的代价太大了。	（ ）	6.9
6	战争通常是维护国家利益的唯一手段。	（ ）	8.7
7	战争是一场可怕的浩劫。	（ ）	0.8
8	我从来不考虑战争,我对此无兴趣。	（ ）	5.5
9	战争徒劳无益,是导致自我毁灭的无意义斗争。	（ ）	1.4
10	战争不会得到所期望的结果。	（ ）	8.3
11	和平主义者有正确的态度,但有些和平主义者走得太远了。	（ ）	4.7
12	战争的罪恶大于任何可能的利益。	（ ）	2.1
13	虽然战争有麻烦,但还是有些价值。	（ ）	6.8
14	国际纠纷不应该用战争方式去解决。	（ ）	3.7
15	战争是一种光荣。	（ ）	11.0
16	防御战争是正义的而其他战争不是这样。	（ ）	6.5
17	战争使人不尊重人类的生命。	（ ）	2.4
18	没有战争就没有进步。	（ ）	10.1
19	为了阻止战争而牺牲一定的权益是正确的做法。	（ ）	3.2
20	战争是改正严重错误的唯一方法。	（ ）	9.2

在实际使用过程中,题目的量表值是不告诉被测者的,此处所示只是为了说明各题目经过项目分析后,具有不同的量表值。

（二）投射法

研究表明,利用投射技术可以使被测者在无意识的过程中将其态度"投射"出来,使测量的结果显得更加真实,只是对主试的专业要求更高一些。在态度测量过程中,常用的投射性测验有主题统觉测验和句子完成测验。

（三）行为观察法

此法主要是通过观察人的行为表现来推断其态度。其优点在于可以在被试自然的生活情景中客观地收集资料。社会心理学家曾以学生上课选座位的距离为指标,来研究白人的种族歧视态度。如果选择了与黑人座位较远的距离,则表示较强的种族歧视态度。

但要明确,行为观察法是以行为而非态度本身作为观察对象的,它不像量表法那样相对直接地测量个人的态度,其可靠性是值得研究的,但无论如何,行为观察仍然是评估态度的极为重要的参考方法。

（四）生理反应测量法

如果某种刺激与个人原有的态度反差过大时,必然引起当事人情绪上的波

笔记

动并由此诱发心理生理反应,所以测量被测者的心理生理反应也可以间接评估个体态度。

六、人际关系测量

美国卡内基工业大学曾经对1万个人的案例记录进行分析,结果发现,"智慧"、"专门技术"和"经验"只占成功因素的15%,其余的85%决定于良好的人际关系。根据哈佛大学就业指导小组调查的结果,数千名被解雇者中,人际关系不好的比工作不称职的高出两倍。我国的研究报告证明,在每年的调动工作的人员中,因人际关系紧张而无法施展其所长的占90%以上。可见,良好的人际关系是多么的重要。人际关系是影响团体内聚力、团体士气、组织气氛、团体力量和工作绩效的重要心理因素,所以,协调和改善组织成员的人际关系,是管理者必须重视的经常性的工作。因此,管理者要具备人际关系测量的基本常识。

(一)社会测量法

社会测量法是测量直接接触的小群体成员人际关系的一种方法。它是美国精神病学家莫里诺(J.L. Moreno)在20世纪30年代首次提出的,后有不少的学者采用,并进行了改革。

社会测量法的具体做法,主要是向群体成员提出各种不同类型与性质的问题,要求他们经过认真思考后作出回答。例如,"你愿意和谁一个小组学习?""愿意跟谁一起郊游?"等,这类问题称之为社会测量的标准。选择的标准有强弱之分。强的标准涉及对被测者生活中意义最大的方面。例如,有关工作、学习以及公益活动问题;弱的标准是有关情境性因素方面的问题,如共同完成一次任务,作为游戏、郊游的同伴等。

社会测量程序要求主试从研究的目的与任务出发,明确地规定选择的标准与选择人数的数目。选择的标准,通常采用 5 ~ 7 个标准,少则 2 ~ 3 个。选择人数可以是"自由"的,或限制在 3 ~ 5 人以内。这两种情况,通常都要求被测者按照自己的意愿,第一选谁,其次选谁等排列选择的先后次序。也可以提出不喜欢的人是谁,方法同上。但后者往往有副作用,一般不宜采用或慎用。将这些回答整理出来绘制成社网图,便把群体中的人际关系的状况淋漓尽致地表示了出来(图16-1)。

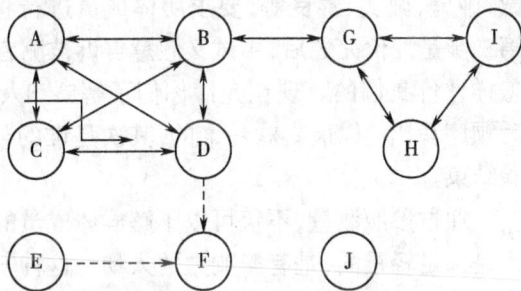

图16-1 莫里诺的社会网络图

上图是一个典型的社网图,群体成员由圆圈代表,而他们之间的选择用连线表示,连接圆圈的实线双箭头表示相互选择,虚线单箭头表示单方面选择。

通过社网图,我们首先可以看出在群体内部是否存在着亚群体或次群体。在上图中就有两个小集团:A、B、C、D和G、H、I。另外,社网图还能够确定

笔记

个体在群体内的地位,受大家爱戴的人,往往处于中心地位,这种人叫做"社会计量明星"。当然,也有人属于孤独者,既不喜欢别人,别人也不喜欢他。如上图中的 J。社网图还能表示出群体的内聚力、群体内部个体间社会互动中的变化、群体的层次等许多有关群体的结构和动力学的情况。

(二)人际关系分析法

社会心理学家塔基乌里(B. Tagiuri)曾就莫里诺的社会测量法加以扩大,添上主观判断的项目,以进一步分析人际关系,称为人际关系分析法。他以面对面的小团体为对象,要他们回答下列四种问题:①举出你所喜欢的人。②举出你认为喜欢你的人。③推出团体中谁喜欢谁。④推测团体中谁被谁喜欢。结果发现,对于"我认为某某人喜欢我",判断正确者,对于"谁喜欢谁"的判断,并不一定正确。另外,能正确推测"谁喜欢谁"者,也不一定能正确地估计"谁喜欢我"。

此外,塔基乌里所发现的一般现象为:

(1)在人际关系中有相互选择的知觉现象,即由于自己喜欢他,所以也认为他也喜欢我。

(2)在团体内,人缘好者,自己不认为有那么多的人选择他,而人缘不好者,自己也不认为有那么多的人不喜欢他。中等人缘者,对别人待己的估计较为正确。

(3)每个人都有夸大估计自己所选择对象人缘好的倾向,认为自己所选择的对象,别人也都会选择他。

在社会测量法的基础上,加上这种人际关系的分析,会使测量的结果更加接近真实。

(三)参照测量法

参照测量法是谢德林娜提出的,这种方法能够把个性品质、行为方式以及意见、目标方面对个体均有意义的一些人揭示出来,也就是说能够把个人所属群体内部潜藏的参照群体揭示出来。

参照测量程序由两步组成:第一步是研究者提出某些个性品质,如聪明、骄傲、谦虚、诚实、善良等,要求团体成员进行相互评价,谁符合或具有这些品质。第二步是评价完之后,主试又假意告诉被测者:大家都知道团体中的其他成员是怎样评价我们的。现在允许你们了解5~8人是怎样评价自己的,现在请你按先后顺序写出:"你最喜欢看谁的,其次是谁的" 等的名字。将材料收齐后,宣告实验结束。

通过参照测量,不仅可以了解群体成员的个性品质,还可以了解群体中哪些人是举足轻重的,是有影响力的人物。这种方法的巧妙之处在于隐去真实目的,被测者在不知不觉中为管理者提供了团体中参照群体的可靠信息。

七、工作价值观测量

尽管价值观对行为没有直接的影响,但它却强烈地影响一个人的态度。所以对个体的价值系统进行了解能够使我们深入认识一个人的态度。

人们的价值观是不同的,管理者可以使用有效的价值观调查表问卷来评价那些将来可能成为员工的人,以便判断他们的价值观是否与组织的主导价值观一致。当员工的价值观与组织的主导价值观相匹配时,那么他的绩效和工作满意度可能会更高。下面介绍罗克奇(M. Rokeach)设计的罗克奇价值观调查问卷(Rokeach Value Survey, RVS)(表16–11)。该问卷包括两种价值观类型:

(1)终极价值观(terminal values):是一种期望存在的终极状态,是一个人希望通过一生而实现的目标;

(2)工具价值观(instrumental values):是指偏爱的行为方式或实现终极价值观的手段。通过该问卷的测试,可以大体了解个人价值取向的特点。

表16–11　罗克奇价值观调查表项目

终极价值观	工具价值观
舒适的生活(富足的生活)	雄心勃勃(辛勤工作、奋发向上)
振奋的生活(刺激的、积极的生活)	心胸开阔(开放)
成就感(持续的贡献)	能干(有能力、有效率)
和平的世界(没有冲突和战争)	欢乐(轻松愉快)
美丽的世界(艺术与自然的美)	清洁(卫生、整洁)
平等(兄弟情谊、机会均等)	勇敢(坚持自己的信仰)
家庭安全(照顾自己所爱的人)	宽容(谅解他人)
自由(独立、自主选择)	助人为乐(为他人的福利工作)
幸福(满足)	正直(真挚、诚实)
内在和谐(没有内心冲突)	富于想象(大胆、有创造性)
成熟的爱(性和精神上的亲密)	独立(自力更生、自给自足)
国家的安全(免遭攻击)	智慧(有知识的、善思考的)
快乐(快乐的、闲暇的生活)	符合逻辑(理性的)
救世(救世的、永恒的生活)	博爱(温情的、温柔的)
自尊(自重)	顺从(有责任感、尊重的)
社会承认(尊重、赞赏)	礼貌(有礼的、性情好)
真挚的友谊(亲密关系)	负责(可靠的)
睿智(对生活有成熟的理解)	自我控制(自律的、约束的)

综上所述,组织行为测量是组织管理工作中的一项技术,涵盖了有关心理学、行为科学、认知科学和社会学等相关学科中关于组织中人的心理与行为的测评技术,该领域近年来发展很快,体现出了组织行为学学科的特点。这里所提及的测量技术随着科学技术的发展,也会不断推陈出新,学习经典,紧跟学术前沿发展,是积极促进组织行为学发展的关键,相信更具有组织行为学学科特点的测评技术将不断丰富和发展,组织行为学会有一个更美好的明天。

(陈俊峰)

笔记

本 章 小 结

本章小结内容如下：①组织行为学是一门融理论与实践为一体的、注重实用的学科，它涵盖了从个性、人格到组织内群体行为研究的多个方面。②本章介绍了与组织行为学相关的国内外基本测量技术，使学员们了解组织行为测量在国内外的发展并在工作生活中合理使用。

【讨论思考题】

1. 什么是组织行为测量？
2. 常用的组织行为测量技术主要有哪些？
3. 什么是组织承诺？
4. 如何测量工作倦怠问题？

笔记

▶ 教学建议

一、教学目的

组织行为学是从个人行为、群体行为和组织三个层面研究组织体系中人的行为表现及其规律,提高管理人员预测、引导和控制人的行为的能力,以实现组织目标的一门科学。学习本课程的目的在于让学生掌握组织行为管理过程的普遍规律、基本原理和应用方法,学会将组织行为学的理论与技术应用于管理实践,培养卫生管理类专业学生解决实际问题的能力。

二、前期需要掌握的课程名称

组织行为学是高等学校卫生管理类专业开设的一门核心课程之一。学生在学习本课程《组织行为学》前期,建议应先修完《管理学》或《管理学原理》等课程。学生在学习《组织行为学》过程中可参考阅读《组织理论》、《普通心理学》和《社会心理学》等书籍。

三、学时建议

教学内容	学习要点	学时安排（学时）
第一章 绪论	1. 组织行为学的基本概念和基本研究方法。 2. 组织行为学的研究对象与研究内容。 3. 组织行为学的发展历史及当前挑战。 4. 组织行为学在卫生管理中的应用和意义。	3
第二章 人性假设理论	1. 经济人假设、社会人假设、自我实现人假设和复杂人假设的理论及内涵。 2. 人性假设管理措施及其应用。 3. 人性假设对我国卫生组织管理和组织制度建设的启示。	3
第三章 需要、动机与行为	1. 需要的基本概念、种类及其与行为的关系。 2. 动机的概念、种类、功能及与行为的关系;动机冲突的基本类型。 3. 挫折的概念、产生原因及其心理应对。	4
第四章 激励理论	1. 激励的概念、分类和作用,激励过程的三种模式。 2. 马斯洛需要层次理论的对应关系、规律及应用。 3. 成就需要理论、ERG理论和双因素理论的内容及其在管理中的应用。 4. 期望理论和公平理论的内容及其在管理中的应用。	6

笔记

教学内容	学习要点	学时安排（学时）
第五章 社会认知	1. 社会认知的内涵,社会认知偏差的校正,归因的概念。 2. 社会认知的分类,社会认知的偏差,归因理论的内容。 3. 影响社会认知的因素,认知方式的分类,归因理论的应用。	3
第六章 态度与管理	1. 态度的概念、特征、功能与作用;态度改变的过程、理论与方法及其影响因素。 2. 工作满意度的概念,工作满意度对工作绩效的影响。 3. 了解组织承诺与工作绩效的关系。	3
第七章 个性与管理	1. 个性概念、特点、内容与发展。 2. 能力、智力、卡特尔的型态论,智力水平与发展。 3. 气质和性格的概念与类型及其在管理中的应用。	3
第八章 工作压力与管理	1. 应激、职业性应激源、应对的概念;应激源的分类;职业性应激源的基本类型;Lazarus R的应激交互作用理论。 2. 工作压力的概念;工作压力的表现和测量;工作压力的影响因素和管理。 3. 工作倦怠、认知评价和社会支持的概念。 4. 应激、工作压力和工作倦怠的关系。	3
第九章 群体与团队	1. 群体、群体规范、群体凝聚力和非正式群体的概念。 2. 团队的概念与类型;团队的形成与管理原则。 3. 团队与群体的区别;团队精神与集体主义的区别。 4. 群体规范的诱导;影响群体凝聚力的因素;高效团队的特点与创建。	3
第十章 群体行为	1. 群体压力和从众行为的概念,从众产生的原因及类型以及影响从众行为的因素。 2. 群体决策的概念、方法和利弊;冒险转移及其发生的原因,群体极化及其解释,群体思维的表现、过程及预防。 3. 群体行为助长与惰化的机制;行为去个性化及产生原因。 4. 竞争与合作的辩证关系、策略取向及影响因素。 5. 冲突的相关理论,群体冲突的起因和影响,解决冲突的原则和模式。	4
第十一章 人际交往与沟通	1. 人际关系的概念、种类、作用和改善方法。 2. 人际吸引的概念及影响因素。 3. 人际沟通的概念、方法、有效性及其相互作用分析;人际沟通的现代沟通理论。 4. 组织沟通的特殊方式。	3
第十二章 领导行为	1. 领导的概念,领导的特质理论、行为理论、和权变理论;领导者–管理者矩阵。 2. 权力的概念、来源;领导权威与权术。 3. 领导与管理差异,领导与权力的差异。	3
第十三章 组织发展	1. 组织发展的概念,形式和特点。 2. 组织发展的类型,理论基础及生命周期。 3. 组织培育的程序和方法。	2

笔记

续表

教学内容	学习要点	学时安排（学时）
第十四章 组织变革	1. 组织变革的动因、阻力、过程和模式。 2. 克服组织变革的阻力与方法，卫生组织变革。 3. 组织中的政治行为及其产生原因。	3
第十五章 组织文化	1. 组织文化的概念、结构、内容、发展及作用。 2. 组织文化的设计与培育；组织文化建设的心理机制，原则与影响因素。 3. 学习型组织的概念、特点，学习型组织理论的产生及意义。	2
第十六章 组织行为测评	1. 组织行为测量的基本概念与相关理论。 2. 组织行为测评主要工具的开发的原则、功能、应用条件、适用范围及局限性。 3. 现代组织行为测评发展趋势和新进展。	6
		54

四、其他说明

1. 本教材按照3个学分编写，建议学时在48~54学时。

2. 教师在教学过程中应注意《组织行为学》与《管理学》、《组织理论》等课程在内容上的协调。

3. 根据学生的认知规律，综合考虑课堂教学和学生自主学习等特点，建议增加探讨式教学。课堂教学主要通过教师讲授、课堂案例讨论、课程教学游戏、学生课后阅读等紧密配合，坚持理论知识和实践应用并重的原则。

笔记

参考文献 ◂

1. 安景文. 新编组织行为学. 北京: 北京大学出版社, 2008.

2. 陈力. 组织行为学. 北京: 人民卫生出版社, 2005.

3. 戴晓阳. 常用心理评估量表手册. 北京: 人民军医出版社, 2011.

4. 丁茂生. 管理心理学. 第3版. 合肥: 中国科学技术大学出版社, 2008.

5. 傅永刚. 组织行为学. 北京: 清华大学出版社, 2010.

6. 顾海根. 人员测评. 合肥: 中国科学技术大学出版社, 2005.

7. 胡君辰, 杨永康. 组织行为学. 上海: 复旦大学出版社, 2006.

8. 胡立君. 组织行为学. 武汉: 武汉理工大学出版社, 2010.

9. 黄淇敏, 尹爱田, 等. 医院组织行为学. 上海: 上海科学技术出版社, 2009.

10. 姜宝钧. 使用组织行为学. 北京: 高等教育出版社, 2012.

11. 姜良. 组织行为学. 西安: 西北工业大学出版社, 2011.

12. 康善招. 新编组织行为学. 上海: 华东师范大学出版社, 2012.

13. 李剑峰. 组织行为学. 第2版. 北京: 首都经济贸易大学出版社, 2008.

14. 李靖. 管理心理学. 第2版. 北京: 科学出版社, 2011.

15. 李永勤. 组织行为学. 昆明: 云南大学出版社, 2010.

16. 李中斌, 杨成国, 胡三嫚, 等. 组织行为学. 北京: 中国社会科学出版社, 2010.

17. 蔺洪杰, 刘畅. 组织行为学. 武汉: 武汉理工大学出版, 2008.

18. 刘鲁睿. 管理心理学. 北京: 中国中医药出版社, 2010.

19. 刘毅. 管理心理学. 第2版. 成都: 四川大学出版社, 2008.

20. 潘习龙. 医院服务营销与服务管理. 北京: 中国人民大学出版社, 2007.

21. 彭聃龄. 普通心理学. 第4版. 北京: 北京师范大学出版社, 2012.

22. 苏东水. 管理心理学. 第4版. 上海: 复旦大学出版社, 2011.

23. 孙卫敏. 组织行为学. 第2版. 济南: 山东人民出版社, 2006.

24. 王承先. 实用组织行为学. 南京: 凤凰出版社, 2011.

25. 肖志雄, 刘宇璟. 组织行为学. 武汉: 华中科技大学出版社, 2008.

26. 邢月梅, 等. 管理心理学. 北京: 中华工商联合出版社, 2006.

27. 徐世勇. 组织行为学. 北京: 中国人民大学出版社, 2012.

28. 严进. 组织行为学. 北京: 北京大学出版社, 2012.

29. 易利华. 医院管理创新. 北京: 中国协和医科大学出版社, 2005.

30. 尹爱田, 陈昌祥. 卫生管理心理学教程. 合肥: 安徽科学技术出版社, 2003.

31. 张晨辉. 新编实用管理心理学. 北京: 清华大学出版社, 2007.

32. 张作俭. 管理心理学. 北京: 科学技术文献出版社, 2006.

33. 章志光. 社会心理学. 北京: 人民教育出版社. 2008.

34. 周菲. 管理心理学. 北京: 清华大学出版社, 2005.

笔记

35. 周三多.管理学.第3版.北京: 高等教育出版社,2010.

36. 朱新华.组织行为学.郑州: 中原农民出版社,2007.

37. 菲利普·津巴多,迈克尔·利佩.态度改变与社会影响.邓羽,等译.北京: 人民邮电出版社,2007.

38. 希特.组织行为学: 基于战略的方法.北京: 机械工业出版社,2012.

39. 关培兰.组织行为学.第2版.北京: 中国人民大学出版社,2008.

40. 珍妮弗·M·乔治,加雷思·R·琼斯,等.组织行为学.第5版.于欣,等译.北京: 北京大学出版社,2010.

41. 斯蒂芬·P·罗宾斯,等.组织行为学.第12版.李原,等译.北京: 中国人民大学出版社,2008.

42. 斯蒂芬·P·罗宾斯,玛丽·库尔特.管理学.第9版.孙健敏,等译.北京: 中国人民大学出版社,2008.

43. 埃德加·沙因.组织文化与领导力.马红宇,等译.北京: 中国人民大学出版社,2011.

44. 戴维·迈尔斯.社会心理学.第9版.张智勇,等译.北京: 人民邮电出版社,2006.

45. 黛布拉·L·纳尔逊,等.组织行为学: 基础、现实与挑战.第3版.桑强,等译.北京: 中信出版社,2004.

46. 弗雷德·鲁森斯.组织行为学.第11版.王垒,等译.北京: 人民邮电出版社,2009.

47. 弗雷德里克·泰勒.科学管理原理.黄榛,等译.北京: 北京理工大学出版社,2012.

48. 里基·W·格里芬.组织行为学(中国版).刘伟,译.北京: 中国市场出版社,2010.

49. 罗伯特·M·卡普兰,丹尼斯·P·萨库佐.心理测验.第6版.陈国鹏,席居哲,等译.上海: 上海人民出版社,2010.

50. 乔伊斯·奥斯兰,等.库伯&奥斯兰组织行为学.王永丽,等译.北京: 中国人民大学出版社,2011.

51. Andrew J. Dubrin. 职业心理学——平衡你的工作与生活.姚翔,陆昌勤,译.北京: 中国轻工业出版社,2009.

52. Stephen P. Robbins, Timothy A. Judge. Organizational Behavior(15th Edition).Prentice Hall,2012.

笔记

中英文名词对照索引

笔记

笔记

笔记